DICIONÁRIO *de*
HISTÓRIA
da ÁFRICA

SÉCULOS XVI A XIX   VOLUME 2

NEI LOPES • JOSÉ RIVAIR MACEDO

DICIONÁRIO de
HISTÓRIA
da ÁFRICA

SÉCULOS XVI A XIX   VOLUME 2

autêntica

Copyright © 2022 Nei Lopes e José Rivair Macedo

Todos os direitos reservados pela Autêntica Editora Ltda. Nenhuma parte desta publicação poderá ser reproduzida, seja por meios mecânicos, eletrônicos, seja via cópia xerográfica, sem a autorização prévia da Editora.

EDITORAS RESPONSÁVEIS
Rejane Dias
Cecília Martins

REVISÃO
Bruna Emanuele Fernandes

CAPA
Alberto Bittencourt

DIAGRAMAÇÃO
Waldênia Alvarenga

**Dados Internacionais de Catalogação na Publicação (CIP)
(Câmara Brasileira do Livro, SP, Brasil)**

Lopes, Nei
  Dicionário de história da África : séculos XVI a XIX : vol. 2 / Nei Lopes, José Rivair Macedo. -- 1. ed. -- Belo Horizonte : Autêntica, 2022.

  ISBN 978-65-5928-058-2

  1. África - Civilização 2. África - História 3. Dicionários - Educação I. Macedo, José Rivair. II. Título III. Série.

21-72604   CDD-960

Índices para catálogo sistemático:
    1. África : História 960

Aline Graziele Benitez - Bibliotecária - CRB-1/3129

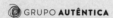

Belo Horizonte
Rua Carlos Turner, 420
Silveira . 31140-520
Belo Horizonte . MG
Tel.: (55 31) 3465 4500

São Paulo
Av. Paulista, 2.073 . Conjunto Nacional
Horsa I . Sala 309 . Cerqueira César
01311-940 . São Paulo . SP
Tel.: (55 11) 3034 4468

www.grupoautentica.com.br
SAC: atendimentoleitor@grupoautentica.com.br

"Minha ideia é ir viver a vida patriarcal [...] nos Estados Unidos, no sul [...] Possuo neste momento cinquenta mil francos que mal me darão quarenta negros. Preciso de duzentos mil francos, porque quero duzentos negros, a fim de satisfazer meu gosto pela vida patriarcal. Os negros, o senhor sabe, são filhos vindos prontos dos quais se faz o que se quer, sem que um curioso procurador do rei venha lhe pedir contas. Com esse capital negro, em dez anos eu terei três ou quatro milhões."

– Vautrin, personagem de H. de Balzac (Paris, 1799-1850) no romance *O pai Goriot*.

Este livro é dedicado à memória de José Maria Nunes Pereira (1937-2015), sociólogo brasileiro, cofundador, em 1973, do Centro de Estudos Afro-Asiáticos do Conjunto Universitário Candido Mendes no Rio de Janeiro, onde se destacou como um dos grandes pioneiros do resgate da História africana no Brasil.

Ao mestre e amigo Alberto da Costa e Silva. Ao amigo Eloá dos Santos Cruz, doador de afeto em forma de livros. Aos professores Mário José Maestri Filho e Luiz Dario Teixeira Ribeiro, entre os pioneiros e inspiradores dos estudos africanos no Rio Grande do Sul.

Sumário

Introdução
11

Nota técnica
15

Abreviaturas
17

Síntese cronológica
19

Verbetes
23

Bibliografia
501

Introdução

O fim do século XVI, com a queda do Império Songai de Gao diante de forças marroquinas integradas por mercenários provenientes da Espanha e de Portugal, marca o encerramento do ciclo dos "Grandes Séculos" africanos. E, chegado o século XVII, muitos outros problemas vindos do exterior atribularam ainda mais a vida cotidiana dos povos da África. A ação dos europeus fortaleceu a exploração do continente com a escravatura comercial, que logo tomou grandes proporções na costa ocidental, no golfo da Guiné, na área Congo-Angola e no litoral do Índico. Alguns historiadores chegaram mesmo a afirmar ter ocorrido ali uma "primeira partilha da África". Nascia o chamado "comércio triangular", em que produtos da Europa, como tecidos, metais, armas de fogo, tabaco e álcool, seguiam para o chamado "continente negro", que enviava escravos para as Américas, de onde seguia o açúcar e algodão para a Europa, numa vantajosa triangulação.

O comércio atacadista de africanos escravizados era assim organizado para atender, com menos custos, às necessidades de mão de obra para os senhores de escravos no Novo Mundo. As bases físicas do tráfico humano eram as feitorias, estações distribuídas por todo o litoral do continente e onde se concentravam os cativos, em geral trazidos do interior, para venda local ou exportação. Milhões de escravizados foi o saldo da sangria humana, que teve também, como agentes, uma emergente classe de mercadores africanos especializados nesse tipo de negócio, além de aristocratas e governantes locais. E os também muitos que resistiram a essa prática odiosa, no continente e fora dele, pagaram um alto preço por isso. O fato é que o tráfico negreiro representou, antes de tudo, um bloqueio direto à evolução das sociedades africanas, pois as privou de milhões de jovens e adultos, de ambos os sexos, que constituíam a sua base humana, a fonte de sua criatividade e sua realização.

As gradativas mudanças sociais, decorrentes dessa presença europeia no litoral atlântico, e, em menor proporção, do poder turco-otomano no litoral mediterrânico, bem como da influência magrebina na área subsaariana, levou à intensificação de processos de internacionalização a partir de modelos político-sociais afro-muçulmanos ou afro-europeus, responsáveis pela fusão e crioulização, e também pelo surgimento de novos grupos sociais dedicados ao comércio, à agricultura de exportação e à atividade intelectual, sobretudo educacional e religiosa. Tinha início também o fenômeno da Diáspora africana no Novo Mundo, pelo qual seres humanos de ambos os sexos e diversas faixas etárias, forçados a migrar em condição de cativeiro, tiveram que reorganizar suas existências individuais e coletivas, reconstituindo, quando puderam, suas histórias. Deste modo, a própria noção do que era África se alargou, passando a dizer respeito não apenas ao espaço geográfico do continente, mas também aos espaços ocupados pelos nativos escravizados. Eis o motivo pelo qual, neste dicionário, foram incluídas, em verbete específico, pessoas de origem africana deportadas em cativeiro para as Américas (inclusive para o Brasil) e Ásia, que, ainda nas condições precárias em que foram arrancados de seus povos e culturas tiveram, para sobreviver e continuar a existir, que refazer seus laços vitais, embora, em muitos casos, apenas de forma simbólica.

Na segunda metade do século XVIII, as nações europeias já haviam ocupado grande parte do litoral africano. O vasto interior, entretanto, permanecia quase desconhecido; até que, do século XIX em diante, exploradores e missionários passaram a se aventurar terra adentro. Enquanto isto, a partir da década de 1850 ia se estabilizando na África uma rotina de negócios baseada na exportação agrícola e/ou extrativista para a Europa, o que, aos poucos, consolidava uma posição de dependência, mas que ainda não se traduzia em controle direto ou perda de soberania das unidades políticas locais. Nesse contexto, muitos povos nativos lutaram contra a ocupação político-militar, inclusive através de guerras santas muçulmanas, conseguindo, às vezes, algum sucesso, mas quase sempre sucumbindo ante o poder de fogo dos europeus.

As mudanças históricas decisivas que determinaram a situação de dependência geral e de atraso experimentada pela África ocorreram mais tarde. Aí, apesar de toda a resistência, a colonização destruiria as tradicionais formas de vida do continente, quebrando seu equilíbrio cultural e material, e instalaria relações de dependência e submissão. Veja-se, como escreveu o historiador e africanista britânico Basil Davidson, que a derrota dos africanos diante dos europeus, depois de embates que se estenderam por quatro séculos, não se deveu a nenhum fator derivado de inferioridade, civilizacional, mental ou moral. A principal causa do triunfo europeu foi que, nesse logo período em que se definiram os destinos em jogo, as civilizações da África continuaram manufaturando os produtos de seu labor, enquanto os europeus, lucrando com os recursos naturais que extraíam e principalmente exaurindo os recursos humanos do continente africano, criaram e utilizaram máquinas e equipamentos com os quais garantiram a supremacia político-econômica (DAVIDSON, 1981, p. 211-213).

Neste dicionário, procuramos reconstituir ligeiros perfis biográficos de personagens que viveram, do século XVI ao fim do XIX, os momentos em que a África estava sendo inserida no sistema-mundo europeu. Nosso objetivo foi dar a conhecer o papel desses protagonistas como sujeitos históricos plenos, fossem qual fossem suas condições sociais ou de gênero: governantes e escravizados; mercadores e traficantes; chefes de guerra e líderes religiosos; malfeitores e santos; tradicionalistas e reformadores; artistas e pensadores; rebeldes e colaboracionistas etc. Mesmo porque, em alguns, a dubiedade também se fez presente. Paralelamente, procuramos colocar em evidência alguns conceitos básicos para a elaboração de conhecimento histórico acerca do período anterior ao colonialismo, quando a África passou por transformações estruturais que a forçaram a se abrir para a modernidade, em condição subalterna.

No entanto, vencedores ou vencidos, detentores ou não das regras do jogo, pouco importa. Na arena da história, a vitória ou a derrota dependem da posição e da perspectiva de quem olha, e essa verdade transparece em um conhecido provérbio africano: "O rio tem muitas curvas para que ninguém lhe mostre o caminho".

Nota técnica

A apresentação em forma de dicionário dos conteúdos deste livro, como já havíamos feito em obra anterior, cobrindo o período entre os séculos VII e XVI, obedece a um objetivo meramente didático. Como escreveram Balandier e Maquet na apresentação do *Dictionnaire des civilisations africaines*, constante da bibliografia, a forma facilita a pesquisa do termo ou tema de interesse específico, ao mesmo tempo que também permite a descoberta de informações às vezes inesperadas, motivando confrontações. Além disso, o jogo das remissões, relacionando verbete a verbete, pode suscitar a ampliação dos conhecimentos e sua melhor organização. Esclarecemos igualmente que, do ponto de vista de sua concepção e desenvolvimento, esta obra é tributária das perspectivas de análise adotadas por especialistas em estudos africanos de diversas tendências e procedências, mas privilegia o ponto de vista de historiadores africanos ou afrodescendentes, como Walter Rodney, Joseph Ki-Zerbo, Amadou Hampâté Bâ, Théophile Obenga, Pathé Diagne e outros. Para o quadro geral, tivemos por base os volumes 5 e 6 da coleção História Geral da África, e, para o enquadramento conceitual e teórico, orientamo-nos a partir das sínteses propostas por Elikia M'Bokolo nos dois volumes de sua *África subsaariana: história e civilizações*.

A verbetização dos personagens aqui perfilados não teria sido possível sem a consulta a obras de referência. Assim, a lista bibliográfica inserida ao final do livro contempla diversos dicionários históricos de países africanos, entre os quais destacamos como verdadeiramente indispensáveis o volume 3 da *Encyclopedia of African History and Culture*, editada em 2005 por Willie F. Page – na época professor emérito do Brooklyn College, prestigiosa instituição acadêmica norte-americana –, e a *African Encyclopedia*, publicada pela Oxford University, de Londres, em 1974. Nosso débito maior, entretanto, é para com as informações obtidas no monumental *Dictionary of African Biography*, organizado por Emmanuel K. Akyeampong e Henry Louis Gates Jr. e publicado pela Oxford em 2012. Estas obras forneceram importantes referências na criação de inúmeros verbetes sobre personagens e eventos pouco conhecidos fora dos círculos especializados. Assim, procuramos, com este dicionário, facilitar o acesso às informações sobre diversas fontes narrativas a partir dos nomes constantes da bibliografia. E, além disso, no verbete "Relatos europeus" incluímos um vasto repertório bibliográfico de escritos sobre os africanos feitos por observadores estrangeiros, sobretudo viajantes europeus. Tais registros contêm informações preciosas acerca de costumes, instituições, grupos sociais etc. e constituem fontes primárias importantes para a reconstituição histórica das sociedades africanas anteriores ao colonialismo.

Abreviaturas

a.C. antes de Cristo

c. cerca de

cf. conferir

c.p. comparar com

d.C. depois de Cristo

ex. exemplo

HGA *História Geral da África*. Brasília: UNESCO/MEC/UFSCar, 2010, 8 v. As referências extraídas desta coleção estão identificadas pela sigla HGA, seguida da indicação do volume em algarismos romanos, do ano de publicação e da(s) página(s).

n.r. nota de rodapé

p. página(s)

p. ext. por extensão

q.v. queira ver

tb. também

var. variante

Síntese cronológica

SÉCULO XVI: No Oceano Índico, Vasco da Gama impõe tributo a Quíloa (**1502**). Tomada de Sofala pelos portugueses (**1505**). No Congo, afirmação do cristianismo sob o reinado de Mvemba a Nzinga ou Dom Afonso I (**1509-1540**). No Congo, repressão à Religião Tradicional motiva a Revolta da Casa dos Ídolos (**1514**). Tomada do Cairo pelos turco-otomanos (**1517**). Início do tráfico atlântico de escravos: primeiro navio negreiro sai da África Ocidental para as Índias Ocidentais (**1518**). Na Etiópia, os portugueses chegam em embaixada à Abissínia (**1520**). Na atual Angola, o Reino do Dongo, insuflado pelos portugueses, deixa de pagar tributo ao Congo (**1526**). Os turcos ocupam Argel; a Etiópia é invadida por forças muçulmanas (**1529**). Na Senegâmbia, Koli Tenguelá funda o Reino de Kingi (**1532**). Batalha de Danki e fim da Confederação Jolof (**1549**). Invasão do povo mané ao litoral dos atuais países de Serra Leoa e Libéria (**1550**). Primeiro carregamento inglês de escravizados para as colônias espanholas da América (**1562**). Invasão portuguesa e destruição do Reino do Monomotapa (**1567**). Invasão dos Jagas no Reino do Congo (**1568**). Ascensão de Idris Aluma e afirmação político-militar do Kanem-Bornu (**1569**). Fundação da cidade de Luanda pelos portugueses em Angola (**1575**). Invasão dos Galas (Oromos) na Etiópia (**1577**). Batalha de Alcácer Kibir, no Marrocos, com a morte do rei português D. Sebastião (**1578**). Ataque dos Zimbas em Quíloa e Mombaça (**1587**). Derrota das tropas do Império Songai pelos marroquinos na Batalha de Tondibi (**1591**).

SÉCULO XVII: Nzinga Mbandi torna-se a rainha do Dongo; e já "Rainha Jinga" luta contra os portugueses (**1623-1626**). Garcia II, rei do Congo, forçado, assina tratado cedendo Luanda aos portugueses, que perdem a cidade para os holandeses, aliados à Rainha Jinga (*c.* **1641**). Marrocos impõe domínio sobre Djenê e Maciná (**1644**). Tríplice aliança entre a Rainha Jinga, o rei do Congo e os holandeses derrota os portugueses em Massangano; Brasil toma o lugar de Portugal em Angola (**1648**). Holandeses fundam pequena colônia no Cabo da Boa Esperança (**1652**). Árabes de Oman expulsam os portugueses dos postos do litoral do Índico (**1660**). Início da Companhia do Senegal (**1673**). Grande migração de peúles do Maciná e do Hodh para o Futa Jalom (*c.* **1675**). Franceses tomam Gorée aos holandeses (**1677**). Intensificação da política de povoamento europeu na região do Cabo, na atual África do Sul (**1679-1699**). Florescimento do Buganda (*c.* **1680**). Fundação do Reino Axânti; chegada de Akaba a Abomé (*c.* **1685**). O Congo cai na dependência de Portugal (**1693**). Osei Tutu I e Okomfo Anokyé criam a Confederação Axânti e vencem Denquira (**1699**). Tomda do Forte Jesus aos portugueses pelos árabes de Oman (**1698**). Decadência da Etiópia: Tekla Haimanot é assassinado; guerra interna no Benin (*c.* **1700**). Os rózwis invadem o Monomotapa (**1700**).

SÉCULO XVIII: Reconstrução do Zimbábue, no Monomotapa, pelos rózuis (**1725**). Grandes guerras santas muçulmanas, do oeste ao centro do continente (**1725-1864**). Agajá, rei do Daomé, anexa Alada e Porto-Novo (**1727**). Abomé cai sob o domínio de Oyó (**1738**). O Bunyoro entra em declínio (**1750**). Guerra de colonos europeus na atual África do Sul (**1779**). Primeiros choques entre os xosas e os bôeres; primeira das Guerras Cafres (**1775**). Expedição de Napoleão ao Egito (**1798-1799**).

SÉCULO XIX: Ingleses no Egito; retirada do exército francês (**1801**). Início da jihad de Usman dan Fodio, no norte da atual Nigéria (**1804**). A colônia do Cabo torna-se possessão britânica (**1806**). Primeiras campanhas do zulu Chaka (**1808**). Início da jihad de Cheiku Amadu (**1810**). O Mfecane zulu provoca gigantesco movimento de dispersão e assimilação de povos na África Austral (*c.* **1815**-*c.* **1835**). Muhamad Bello sucede Usman dan Fodio (**1817**). Tomada de Tombuktu pelos peúles do Maciná, liderados por Cheiku Amadu (**1826**). Morte de Chaka (**1828**). Os franceses invadem a Argélia (**1830**). Zuanguendaba vence os rózuis do Zimbábue (**1834**). Morte do alafim de Oyó motiva migração de seu povo e a fundação da nova Oyó (**1835**). Os africânderes, fugindo ao controle britânico, avançam para o norte (**1836**). Início da Jihad de El Hadj Omar Tall a partir do Mali (**1852**). Os ingleses ocupam Lagos, na atual Nigéria (**1857**). Abertura do canal de Suez (**1859**). Descoberta de diamantes na África do Sul (**1867**). Primeira invasão britânica do Reino Axânti (**1874**). Primeira guerra anglo-bôer (**1880**). Tippu Tip, o negreiro, parte para o interior do continente com um carregamento de mil espingardas (**1883**). Abertos os primeiros campos para exploração de ouro na África do Sul; reunião da Conferência de Berlim (**1884-1885**). A Iorubalândia torna-se protetorado britânico (**1888**). Invasão britânica na África Oriental; alemães tomam Tanganica (**1890**).

Criação do governo-gerla da África Ocidental (**1895**). Ocupação britânica de Kumasi, capital dos axântis (**1896**). Ndebeles e Xonas resistem aos britânicos na Rodésia (**1896-1897**). Os britânicos destroem o poderio do Mahdi na batalha de Ondurman; ingleses descobrem as terras altas do Quênia (1898). Segunda guerra anglo-bôer (**1899-1902**).

Fontes: KI-ZERBO, 1972, v. II; DAVIDSON, 1981.

ABD. Elemento que compõe antropônimos da língua árabe, indicando relação de servidão. Ex.: Abdala (Abdadallah), "servo de Alá".

ABD AL-AZIZ AL-FISHTALI (1549-c. 1620). Escritor marroquino a serviço da dinastia dos Saadianos, como vizir e como secretário do sultão Ahmad al-Mansur (r. 1578-1603). É autor da crônica intitulada *Manahil al-Safa*, redigida em 1623, em que retrata as origens da dinastia.

ABD AL-KADER (1808-1883). Nome pelo qual passou à História o emir Muhiji Aldin, líder da resistência argelina à dominação francesa no século XIX, referido em algumas fontes como unificador dos povos da atual Argélia. Educado na tradição islâmica, fez peregrinação a Meca aos 20 anos de idade. Assumindo a liderança militar de seu pai após a perda de Argel em 1830, foi proclamado sultão de Tahert. Para derrotá-lo, os franceses estenderam seu domínio para o sul, atravessando o planalto até a borda do Saara (Hourani, 2006, p. 356). Em 1847, ele rendeu-se aos franceses, sendo preso e permanecendo encarcerado por cinco anos. Liberto, radicou-se na Turquia, onde, por volta de 1860, salvou diplomatas e cidadãos franceses de serem massacrados por rebeldes locais, pelo que ganhou honrarias. Segundo Hourani (*op. cit.*), passou seus últimos dias em Damasco, muito respeitado pela população e mantendo boas relações com os representantes da França e de outros países europeus. Ver EMIR; KADÍRIA.

ABD AL-KADER TORODO (*Abd Al-Kader; Abd El-Kader; Abdul Kader*). Uma das transliterações do nome do líder dos fulânis no Futa Toro, no atual Senegal, governante entre 1776 e 1807. Formado no Cayor e na Mauritânia, residiu muito tempo no Bundu e no Futa Jalom. Sucessor de Suleymane Bal no movimento de reforma islâmica (*jihad*) eclodido em sua região natal, proclamando-se imame, chefe religioso, depôs a dinastia Koli, não muçulmana, reinante no Futa Toro e no Tacrur, estabelecendo um governo teocrático. Morreu em 1807, derrotado pelas forças do Bundu e do Kaarta. O elemento "Torodo" que acompanha seu nome se refere ao clã da região do Futa Toro a que ele pertencia, e é usado, na historiografia contemporânea, para distingui-lo de seu homônimo argelino. Ver ABD AL-KADER; KADÍRIA.

ABD AL-KADIR AL-JILANI. Ver KADÍRIA.

ABD AL-KARIM SABUN. Líder fundador do sultanato de Wadai, estado muçulmano criado no leste do atual território do Chade, entre 1804 e 1815. Adotando uma política expansionista, aparelhou seu exército, introduzindo o uso de armas de fogo e de uniformes com cotas de malha, o que garantiu vitórias militares contra os estados do Bornu e de Baguirmi, e também em Darfur,

ABD AL-MALIK I (1541-1578)

no Sudão, onde impôs o pagamento de tributo. Com isso, assumiu o controle das rotas de comércio caravaneiro de mercadorias e escravos em toda a região do Sudão Central. No fim do século, entretanto, cumprindo o mesmo destino de outras unidades políticas africanas, o sultanato foi acossado por forças coloniais francesas, resistindo, porém, até 1912. Ver WADAI.

ABD AL-MALIK I (1541-1578). Sultão do Marrocos, da dinastia saadiana, governante a partir de 1576. Referido em fontes portuguesas como "Mulei Moluco" ou "Mulei Maluco", morreu na Batalha de Alcácer-Quibir. Ver ALCÁCER-QUIBIR.

ABD AL-RAHMAN. Ver RAHMANIYA.

ABDALA IBN MUHAMAD (1846-1899). Governador do Sudão durante o Estado Mahdista lá instado. Ocupou o cargo de 1885 a 1898, sendo depois executado pelas tropas anglo-egípcias a mando do general inglês Horatio Kitchener.

ABDALA WAD JAMMA (1482-1562). Líder político e religioso do território da atual República do Sudão. Em aliança com Umara Dunqas, dominou os reinos cristãos de Soba e Qarri e colaborou na fundação do Sultanato de Sennar. Foi o fundador de uma linhagem de vicereis que detinham o título de *manjil* e que governaram até o fim do século XVIII (HILL, 1967, p. 5). Ver DUNQAS, Umara.

ABDEL KADER TORODO. Ver ABD AL-KADER TORODO.

ABDUH, Muhamad (1849-1905). Teólogo muçulmano de origem egípcia, modernista e reformador, nascido na província de Gharbiya. Lecionou Teologia e Gramática Árabe na madraça (escola corânica) de Tanta e na Mesquita-Universidade de Al-Azhar, no Cairo, *c.* 1866.

ABDULLAH IBN MUHAMAD. Ver MUHAMMAD, Abdullah Ibn.

ABDUSSALAMI (*Abdul Salami*). Primeiro emir fulâni na cidade de Ilorin, governante de 1824 a 1830. Era irmão de Alimi, o qual, junto com Afonjá, tinha ocupado a cidade, retirando-a da área de influência de Oyó, a tendo governado por apenas sete meses. Ver AFONJÁ; ALIMI; ILORIN.

ABENGOUROU. Cidade da Costa do Marfim, situada na fronteira com a atual República de Gana. Foi fundada por volta de 1860 por um aristocrata do povo agni chamado Mian Kouadio. Ver AGNIS.

ABEOCUTÁ (*Abeokuta*). Cidade-Estado do povo egbá, na atual Nigéria, fundada em 1830 no "país iorubá" ou Iorubo com a participação de refugiados do Estado de Oyó. Sua população era composta por quatro subgrupos de língua Egbá: os Ake, os Gbagura, os Oke-Oná e os Owu. Sofreu diversos ataques dos daomeanos, os quais, entretanto, jamais conseguiram subjugá-la (SILVA, 2012, p. 409). No reinado de Guêzo, o Reino daomeano de Abomé tentou tomá-la em 1844 e 1851, e no de Glele, em 1863. Na segunda tentativa de Guêzo, os ingleses reforçaram a defesa dos egbás com armas, munições e assessoramento técnico. Segundo algumas avaliações, o Daomé fracassou na tentativa de controlar o rico interior iorubano por causa de sua incapacidade de subjugar Abeocutá e os egbás (BOAKYE, 1982, p. 44). Ver AWORI;

CIDADES; DAOMÉ; EGBÁS; IORUBÁS; IWE IROHIN; SARÔS; SEHDONG-HONG-BEH.

ABEWEILA (século XIX). Cognome pelo qual foi conhecido o *oni* (Rei) de Ifé, falecido em 1849, cuja mãe, segundo a tradição, seria filha do povo de Owu. Passou à História como um tirano cujos servos eram obrigados a vender a produção de sua horta pela cidade a preços exorbitantes. Daí a ironia da origem de seu cognome: *A-bi-ewe-ila-berengede*, "aquele que tem folhas de quiabo muito grandes" (BASCOM, 1969, p. 14). Ver IFÉ; OWU.

ABEXIM. Ver ABISSÍNIA.

ABID AL-BUKHARI. Expressão que no Marrocos do século XVIII identificava cada um dos membros da chamada "Guarda Negra" (q.v.).

ABIODUM (*Abiodun*). Nome pelo qual passou à posteridade Abiodun Adegolu, alafim (rei) de Oyó, governante entre 1775 e 1805, aproximadamente. Após um período de conflito armado inicial e de eliminação de lideranças influentes no palácio real, incentivou as atividades comerciais, mantendo contatos econômicos e pacíficos com os europeus, pelo que seu reinado geralmente é lembrado como um tempo de paz e prosperidade em seus domínios. Ver BAXORUM; IORUBÁS; OYÓ.

ABIPA. Alafim de Oyó, morto provavelmente em 1614-1615. Reconduziu a sede de governo de Oyó Igboho, fundada no século XVI, para Oyó Ilé, o núcleo inicial de poder do Estado. Ver IORUBÁS; OYÓ.

ABISSÍNIA. Denominação da região planaltina do Maciço da Etiópia, provavelmente derivada do árabe *Habash ou Habbashat*, etnônimo de uma das tribos consideradas, pela tradição, como fundadoras do país. A denominação foi outrora usada como sinônimo de Etiópia, e os nativos do país foram, sobretudo os cristãos, referidos como "abexins" ou "abissínios". Na atualidade, a denominação generalizada para todo o território da República proclamada na década de 1970 é "Etiópia". **História da Conquista da Abissínia**. Preciosa documentação sobre a região e o país etíope foi feita pelo cronista Shihab al-Din Ahmad ibn abd al-Qadr, conhecido como Arab-Faqih, e publicada em francês sob o título *Histoire de la conquete de l'Abyssinie*, em 1897. O texto faz ampla descrição das guerras movidas pelo sultão de Harar, Ahmad ibn Ibrahim, na atual Etiópia, durante as primeiras décadas do século XVI. Ver ETIÓPIA.

ABLA POKU (*Abla Pokou*). Rainha fundadora do Reino Baulê. Nascida *c.* 1700 e falecida com prováveis 60 anos de idade, segundo a tradição do povo baúlê, era axânti (sobrinha do rei Osei Tutu I), e em 1730, vendo seu irmão preterido na pretensão de assumir o trono, emigrou com seu povo para o oeste e fundou um novo Estado no território da atual Costa do Marfim. Esse episódio é assim detalhado: após as mortes de Osei Tutu I e Okopu Ware, o jovem irmão deste último, Dakon, por ele designado, teria de reinar. Mas o conselho real preferiu escolher o velho Koussi Obodoum, tio de Dakon, e Dakon foi morto. Para evitar o massacre de seus partidários, sua irmã, Abla Poku, os reuniu e organizou sua fuga para oeste. Este êxodo possibilitou a fundação do Reino Baulê e o desenvolvimento de uma civilização vista como uma das mais originais

ABOLICIONISMO

e brilhantes da África Ocidental. Ver BAULÊS.

ABOLICIONISMO. Denominação da doutrina que defendia a abolição da escravatura. Na Europa ocidental e nos Estados Unidos, tomou forma de movimento a partir da metade do século XVIII e mobilizou diferentes grupos de apoiadores, desde aqueles que defendiam interesses econômicos capitalistas até integrantes das camadas populares e determinados intelectuais negros. Na França, o antiescravismo mobilizava iluministas e os ideais políticos que levaram à promulgação da Declaração dos Direitos do Homem e do Cidadão. Em 1788, era fundada em Paris a *Société des Amis des Noirs* (Sociedade dos Amigos dos Negros), e pouco antes, em 1770, o abade Guillaume Raynaut publicou em seis volumes uma detalhada denúncia contra os interesses comerciais europeus que promoviam a escravização na África e nas Américas, a *Histoire Philosophique et politique des établissements et du commerce des européens dans les deux Indes* (História filosófica e política dos estabelecimentos e do comércio dos europeus nas duas Índias). O idealismo francês viria, contudo, a ser posto à prova pelos acontecimentos que levaram à independência da colônia de São Domingos (1791-1804), decorrente de uma grande rebelião de escravos, conduzida e liderada por homens negros como Toussaint L'Ouverture e Jean-Jacques Dessalines – que fundaram a República do Haiti. Na Grã-Bretanha, o aparente humanitarismo vinha a par com o cálculo capitalista, que, no bojo da Revolução Industrial, passou a considerar a mão de obra escrava como uma força de trabalho

ultrapassada. As máquinas vinham, aos poucos, substituindo o trabalho antes puramente manual. Uma destas foi o descaroçador mecânico de algodão inventado e patenteado nos Estados Unidos, que reduziu drasticamente a demanda por trabalhadores africanos nas plantações de algodão do Sul, sendo o algodão um produto essencial na economia inglesa. Então, em 1833, apenas treze anos após essa prosaica invenção ser patenteada, a Inglaterra promulgou uma lei abolindo a escravidão e tornando ilegal o tráfico negreiro em seus territórios. Haverá que se considerar, todavia, o papel que os próprios negros, africanos ou afrodescendentes, desempenharam no movimento, conferindo-lhe legitimidade e popularidade. Nos Estados Unidos, um dos focos do antiescravismo foram as igrejas independentes negras, como a *Free African Society* (1787), *Bethel Church* (1794) e a *African Methodist Episcopal Church* (1816), que advogavam uma concepção igualitária de sociedade. Em Boston, foi constituída em 1787 uma loja de maçons negros chamada *Free African Lodge*. Logo tais instituições promoveram traduções de obras negrófilas escritas em francês, bem como a publicação de autobiografias de africanos antes escravizados, como a de Ottobah Cugoano, de origem étnica Fânti (Gana), e a de Olaudah Equiano, de origem Ibo (Nigéria). Alimentadas pela ideia de uma fraternidade cristã, tais iniciativas negras de inspiração protestante estiveram vinculadas ao primeiro movimento de retorno à África por afro-americanos em Serra Leoa e na Libéria, em 1822, à revelia das autoridades locais. Esse humanitarismo cristão supunha, além

ABREM (*Abrom*)

disso, a conversão dos africanos como condição para a elevação espiritual e a abolição do tráfico como condição para a elevação econômica e a entrada no mundo "civilizado". Assim, cristianismo, comércio "lícito" e "civilização" tornaram-se, no decurso do século XIX, tópicos recorrentes no discurso ocidental sobre a África, muito empregados em argumentos favoráveis ao colonialismo moderno. Por sua vez, os paradoxos, as ambiguidades e a hipocrisia nas relações entre ocidentais e lideranças africanas vinculadas ao tráfico aparecem em 1841 nas palavras de Obi Ossai, rei Abo (Nigéria), quando ele diz: "Até o presente, pensávamos que era vontade de Deus que os negros fossem escravos dos brancos. Os brancos começaram por nos dizer que lhe devíamos vender escravos e nós vendemos; e agora os brancos dizem-nos que não vendamos escravos. Se os brancos renunciam a comprar, os negros renunciarão a vender" (M'BOKOLO, 2011, p. 150). Ver CUGOANO, Ottobah; EQUIANO, Olaudah; FULLER, Thomas; LIBERTADOS; SOCIEDADE DOS AMIGOS DOS NEGROS.

ABOMÉ (*Abomée, Abomey*). Cidade no atual Departamento de Zou, na República do Benin, situada a cerca de oitenta quilômetros do litoral atlântico. Fundada entre o fim do século XVII e o início do XVIII, época dos reinados de Akaba (1685-1708) e Agajá (1708-1732), foi a cidade-Estado sede de governo do Reino de Daomé. Nesta obra, preferimos mencionar esse Estado como "Reino daomeano de Abomé", pois o território do atual Benin sediou outras unidades monárquicas, como os reinos de Alada e Uidá, conquistados na década de 1720

pelas forças de Abomé. Nela, estão preservados os palácios reais do povo fon, cujas estruturas de argila, construção e decoração revestem-se de grande interesse histórico, motivo pelo qual passaram a ser considerados Patrimônio Mundial pela Unesco. Ver ABEOCUTÁ; ADANDOZAN; ADANDÚ; ADEGON, Batalha de; AGAJÁ; AGASSU; AGOLI-AGBO; AGONGLO; AHOSI; AJA-FON; AJAUTÓ; AKABA; AKEBIORU; AKITOYÉ; AKPLOGÁN; ALADA; ARDRA; ARQUEOLOGIA; ASSEN; AVOGÁ; BADAGRI; BEHANZIN; BENIN; BOKONON; CABECEIRAS; CHACHÁ DE AJUDÁ; DADÁ; DAOMÉ; ESTADOS NEGREIROS; FON; FONGBÉ; GANJÓ; GANKPÉ; GLELE; GUÊZO; HANJITÓ; HWANJILE, Na; IFÁ; IORUBÁS; KPENGLA; MALÊ; MIGAN; MIGANSI; QUETO; SAVI; TEGBESSU; TOFFA, Dé; UEGBADJA.

ABREM (*Abrom*). Antigo Estado akan situado no interior da Costa do Ouro, no território da atual República de Gana, também identificado nas fontes europeias como Abermus, Beremus e Abramboe. Ao final do século XV, era um dos mais importantes fornecedores de ouro aos portugueses sediados no Castelo de São Jorge da Mina. De acordo com tradições orais, sua origem remontaria ao Reino de Bono-Tequiman, o primeiro dos reinos Akan, de onde retirou as bases de sua organização política e social de caráter militar – que viriam a ser identificadas nos séculos seguintes pelo termo geral *asafo* (BALL'ONG-WEN-MEWUDA, 1993, p. 105). A julgar pelas informações fornecidas no relato de Jean Barbot, traficante de escravos que atuava na Costa do Ouro, em 1678 a cidade de Abremboe estaria situada cerca de 43 quilômetros a norte do litoral, próxima ao Reino de Efutu. Algumas décadas mais tarde, cairia sob a influência dos povos fânti, e depois passaria a integrar as áreas dominadas pelo Império Axânti. Ver AKAN; COSTA DO OURO.

ABU YUSUF (século XVIII). Governante egípcio de ascendência mameluca. Desempenhou o cargo de *bei* no Alto Egito, assumindo a liderança junto ao povo de Hawwara até 1769, quando morreu. Foi um dos opositores ao governo turco-otomano da dinastia Ali, sediado no Cairo, exercendo influência política na Província de Qena.

ABUSHIRI (1845-1889). Nome pelo qual foi mais conhecido Al-Bashir ibn Salim al-Harthi, líder revolucionário de Tanganica, atual Tanzânia. Próspero mercador e proprietário rural, de origem mista, árabe e oromo, celebrizou-se pela chamada "Revolta de Abushiri", movida contra as forças da Companhia Alemã da África Oriental (*Deutsch-Ostafrikanische gesellschaft*) ocorrida no território da atual Tanzânia. Sob sua liderança, os mercadores árabes e os povos locais uniram-se contra o colonialismo alemão. Na revolta, iniciada no princípio de 1888, os comandados de Abushiri atacaram cidades e postos de comércio mantidos pelos germânicos em várias partes do leste africano. A Companhia, incapaz de controlar a insurreição, pediu ajuda ao governo de Berlim, que enviou tropas, as quais, contando com apoio naval, bombardearam as cidades costeiras garantindo a reocupação alemã. Além disso, as tropas bloquearam as fontes de suprimento e armamento dos rebeldes.

Assim, já no final do ano, boa parte das alianças com os povos locais tinham se inviabilizado, pelo que Abushiri teve que buscar reforço junto a mercenários árabes. Em seu reduto de Jahazi, uma aldeia próxima a Bagamoyo, o líder foi atacado e conseguiu escapar, conquistando a adesão de guerreiros dos povos yao e bunga para prosseguir na luta. Então, quando tentava novos ataques a Dar es Salaam e Bagamoyo, Abushiri foi preso e condenado à morte, em sentença cumprida em dezembro de 1889. O nome Abushiri é aglutinação de *Al-Bashir*, forma também usada em algumas referências a este personagem.

ACHOLI. Povo da África Central, localizado no norte de Uganda e no Sudão do Sul, também referido como *Acoli*, *Gang* e *Shuli*. Seus membros descendem de antigos povos falantes do idioma luo, tidos como emigrados, provavelmente entre os séculos XVII e XVIII, de áreas adjacentes ao território do atual Sudão do Sul para onde hoje se localiza o distrito de Acoli de Uganda. Embora jamais tivesse tido uma estrutura centralizada de governo, esse povo se tornou admirado por suas tradições culturais, seus trabalhos em metal, sua música e suas danças. Ver LUOS; UGANDA.

ACRA (*Accra*). Cidade da África Ocidental, capital da atual República de Gana. Sua história começa no século XV, quando o povo ga, ainda vivendo na área a oeste da lagoa Korle, fundou um povoado, de onde seus membros logo depois fizeram seus primeiros contatos com navegantes portugueses. No período enfocado neste dicionário, a cidade sediou um importante porto de embarque de escravos para as Américas. Em 1650,

ADANDOZAN

exploradores holandeses nela ergueram o Forte de Crèvecoeur, e logo depois, em 1661, o Castelo de Christiansborg, onde passaram também a atuar dinamarqueses e depois ingleses. A partir desses estabelecimentos, os negociantes e agentes dos interesses europeus estabeleceram alianças com os povos locais, primeiramente com os ga e depois com os fânti, aos quais se aliaram para combater a confederação Axânti. Com a efetivação da conquista inglesa na região, em 1877 Acra se tornou a capital da colônia britânica da Costa do Ouro. Ver AXÂNTIS; FÂNTIS; GANA.

AÇÚCAR. Ver AGRICULTURA.

ADAL, Sultanato de. Estado muçulmano existente no Chifre da África, em terras dos atuais Djibuti e Somália, do século X ao século XVI. Sua capital era a cidade de Harar; daí ser mencionado também como Sultanato de Harar. De lá partiram diversas incursões contra os cristãos da Etiópia, no período de governo da dinastia Salomônica, entre os anos 1506 e 1543, lideradas sobretudo por Ahmad Gran.

ADAMA (1771-1848). Líder fulâni no atual território de Camarões. Discípulo de Usman dan Fodio, assumiu a chefia de seu povo no vale do rio Benué e criou o emirado de Adamaua ("Terra de Adama"), governando-o de 1806 a 1848. Seus descendentes deram continuidade a sua linhagem até a invasão alemã em 1910 (ENCICLOPÉDIA, 2000, p. 256). Ver CAMARÕES.

ADAMAUA. Região no atual território de Camarões. Sediou um emirado fundado pelo líder Adama, discípulo de Usman dan Fodio, o qual, com o mesmo nome da região, é informado como um

dos "estados negreiros" da África, entre os séculos XVII e XVIII (DORIGNY; GAINOT, 2017, p. 40). Ver ADAMA; ESTADOS NEGREIROS.

ADANDOZAN. Rei daomeano reinante em Abomé, no período entre 1797 e 1818; ou de 1803 a 1819 (SEGUROLA; RASSINOUX, 2000, p. 6). Seu nome é também transliterado como *Adanzan, Adahounza, Adarunzá*, etc. e, às vezes, acrescido do termo *Madogogou*, talvez uma alcunha, significando, na língua fongbé, algo como "sem importância", pelas razões adiante expostas. Procurando negociar com os portugueses melhores condições de comércio e melhoramentos em seu reino, Adandozan enviou duas embaixadas ao Brasil e trocou cartas com representantes de potências europeias. Por volta de 1804, teve a ousadia (ou ironia) de pedir aos europeus a instalação de uma fábrica de armas de fogo em seus domínios (RODNEY, 1975, p. 153). Nos registros históricos, este rei é muitas vezes retratado como incompetente e acusado de ter vendido a rainha Agotimé, sua madrasta, para o tráfico atlântico. Descrito também como louco, lutou abertamente contra as pretensões europeias e a influência de Francisco Félix de Souza, o Chachá de Ajudá. Deposto em favor de Guêzo, mencionado como seu meio-irmão, teve o nome apagado da relação de reis de Abomé. Entretanto, modernas correntes historiográficas, apontando as reformas que ele tentou realizar nos planos religioso, social e econômico sem sucesso (JOLLY; ARAÚJO, 2007, p. 59), procuram reabilitá-lo. E isto no sentido de que ele preferiria a utilização de mão de obra escrava no próprio país

ADANDÚ

em empreendimentos agrícolas e industriais, o que contrariava os interesses do escravismo comercial vigente, no qual a venda de cativos era mais importante, em termos lucrativos, do que a exploração de sua força de trabalho. Ver NA AGONTIMÉ.

ADANDÚ. Termo, provavelmente deturpado da língua fongbé, que, de acordo com o padre Vicente Ferreira Pires (1957, p. 101), designava, na corte de Abomé, o "cabeceira" encarregado de resgatar fugitivos, motivo pelo qual dispunha de certo número de guerreiros armados, especialmente dedicados a esta função. No léxico da língua fongbé, o vocábulo *adánzún* é ligado à ideia de "bravura", "coragem". Ver CABECEIRA.

ADANSE, Confederação. Liga de países situados na confluência dos rios Offin e Pra, em território da atual República de Gana, constituída por comunidades do conjunto de povos akan, nas primeiras décadas do século XVII. Nesta complexa formação política, o poder circulava entre as famílias governantes dos vários pequenos estados que a compunham. Na língua twi, o termo *adanse* tem o significado de "testemunho" (KOTEY, 1998, p. 20).

ADDO. Cognome pelo qual se fez conhecido o *otumfuo* ("poderoso") Ansa Sasraku IV, governante do Reino akan de Akwamu, entre 1699 e 1702, estendendo sua influência até Uidá. Assumindo posição inversa à de seus predecessores, contrários à presença europeia no litoral, estabeleceu com os estrangeiros amistosas relações comerciais. Ver AKWAMU; ANSA SASRAKU II.

ADEGON, Batalha de. Conflito entre tropas francesas e forças daomeanas de Abomé, ocorrido em 6 de outubro de 1892, na cidade que lhe deu o nome. Na batalha. morreram 86 guerreiros e 417 guerreiras do grupamento das *Ahosi*, e, do lado francês, 6 soldados foram mortos e 32 ficaram feridos. O resultado da batalha assinala o enfraquecimento da resistência daomeana face à ocupação colonial francesa. Ver AHOSI.

ADELEKAN. Oni de Ifé (1894-1910). Ver IFÉ.

ADINKRA. Denominação de cada um dos símbolos ou ideogramas da tradição cultural dos povos akan, impressos por xilogravura, a partir de desenhos feitos em pedaços de cabaças. Usados principalmente na estamparia de tecidos, encerram sempre um sentido filosófico. No twi, língua dos povos akan, a palavra *adinkra* significa literalmente "despedida", "gesto de adeus". E, segundo a tradição, a expressão nasceu por causa de um certo rei chamado Nana Kofi Adinkra, na atual Costa do Marfim. Esse rei não só detinha o segredo de fabricação de tecido que depois ganhou seu nome, como também o estampava com desenhos do trono de ouro, símbolo maior do poder entre os akans, alegando ser seu verdadeiro dono. Diz-se que, um certo dia, o axântiene reinante em Kumasi, sentindo-se ameaçado por esse potencial usurpador, declarou-lhe guerra, no que foi bem-sucedido. Derrotado e morto o inimigo, o vencedor – diz a tradição – teria se apoderado das vestes do pretenso conquistador, bem como das técnicas de fabricação de tecido e sua estamparia. A partir daí, o nome do rei morto passou a significar "adeus", "despedida", estendendo-se ao

ÁFRICA AUSTRAL

tipo de tecido que usava e aos grafismos nele estampados (Fisher, 1998, p. 53). Um dos adinkras mais conhecidos é o *Sankofa*, que estampa uma ave com o corpo retorcido, olhando na direção do rabo. Sua mensagem quer dizer que "nunca é tarde para voltar e recolher o que ficou lá atrás, no passado". Ver AKAN; AXÂNTIENE; AXÂNTIS; KUMASI; NANA; OSEI BONSU.

ADIS ABEBA. Atual capital da Etiópia, criada como capital do Império Etíope, em 1889, por Menelik II.

ADJACHÉ (*Ajashe*). Nome da cidade-Estado correspondente ao Reino de Porto-Novo, dependente do antigo Daomé. Ver PORTO-NOVO.

ADJAHUTÓ. Ver AJAUTÓ.

ADJÁS. Clã do povo Houédá ao qual é creditada a fundação do Reino daomeano de Alada. São também referidos como *Agassuvis*. Ver ALADA.

ADLAN, Nasra bint. Ver NASRA bint ADLAN.

ADORO. Divindade feminina cultuada na região de Nsukka, entre os povos ibos, do sudeste da Nigéria, até o fim do século XIX. Era considerada protetora das comunidades contra ataques externos que pudessem reduzir as populações ao cativeiro. O seu culto foi duramente perseguido pelos missionários cristãos no início do século XX, e muitos de seus lugares de culto foram demolidos.

ADUA (*Adowa, Adwa*), Batalha de. Confronto bélico ocorrido em 1° de março de 1896 no local em que, na atualidade, ergue-se a cidade etíope de mesmo nome. Nela, tropas da Etiópia, estimadas em 70 mil homens sob o comando do Imperador Menelik II, derrotaram um exército de italianos e aliados. O número de baixas do inimigo somou 8 mil italianos e cerca de 4 mil somális, e a derrota frustrou os planos dos colonialistas, fazendo-os reconhecer incondicionalmente a independência do país etíope (Pachkov, 1984, p. 242). Ver ETIÓPIA; MENELIK II.

AFAN. Denominação do oráculo Ifá entre os povos minas do Togo. Ver IFÁ; MINAS.

AFAR. Povo localizado no nordeste da Etiópia e em parte do território da moderna República de Djibuti. São também chamados Adal, em amárico, e Danakil, em árabe. Tradicionalmente muçulmanos e guerreiros, dividiram com o povo issa, o "Território dos Afar e dos Issas", como se denominava o Djibuti antes da independência.

AFONJÁ. Líder militar dos iorubás de Ilorin. Na década de 1810, época da *jihad* de Usman dan Fodio, Afonjá força Arogangan, alafim de Oyó (também mencionado como *Awole*), a cometer suicídio, declara Ilorin independente de Oyó e se alia ao líder fulâni Alimi. Incentivados por Afonjá, numerosos grupos de fulânis e hauçás vêm se estabelecer em Ilorin. Entretanto, esses muçulmanos recém-vindos para Ilorin incentivam os escravos hauçás de Afonjá à revolta e à fuga e, juntamente com iorubás convertidos ao Islã, fazem uma *razzia* pela Iorubalândia e vendem os prisioneiros como escravos. Em 1831, Afonjá é assassinado. Ver ALIMI; ILORIN; USMAN DAN FODIO.

AFONSO I. Ver MVEMBA-A-NZINGA.

AFONSO II. Ver MVEMBA-A-NZINGA.

ÁFRICA AUSTRAL. Denominação da porção mais meridional do continente africano,

ÁFRICA CENTRAL E CENTRO-OCIDENTAL

também mencionada como África Meridional. Compreende, na atualidade, os territórios de Angola e Zâmbia (partes deles), Namíbia, Botsuana, Zimbábue, Malauí, Essuatíni, Lesoto, África do Sul, Moçambique, Madagascar e Ilhas Maurício.

ÁFRICA CENTRAL E CENTRO-OCIDENTAL. Denominação da porção do continente africano historicamente habitada, principalmente, por povos do grupo etnolinguístico Banto. Compreende as atuais áreas políticas de Angola, Congo (Brazzaville), Congo (ex-Zaire), Gabão, Camarões, República Centro-Africana e Zâmbia. Sobre essa ampla região, observe-se que, antes de 1680, os europeus interessados no tráfico negreiro para as Américas não dispensavam maiores atenções às potencialidades da faixa litorânea entre os atuais territórios de Angola e Camarões, e que só com a desorganização política e a derrocada econômica do Reino do Congo é que eles dirigiram seus interesses, em termos de tráfico negreiro, para a região (FAGE; TORDOFF, 2017, p. 350).

ÁFRICA DO SUL, República da. País banhado pelos oceanos Índico, a leste, e Atlântico, a oeste. Em 1652, o território da atual República, habitado por povos dos grupos koi e san, recebia, na região do Cabo da Boa Esperança, os primeiros exploradores europeus. Esses adventícios, estabelecendo-se em caráter definitivo como colonizadores financiados pela Companhia Holandesa das Índias Orientais, fundaram a Cidade do Cabo, o primeiro núcleo colonial local. Muito além de apoio à colonização, entretanto, a Companhia tinha por objetivo explorar o território em todas as suas possibilidades, e assim se ocupou também do tráfico negreiro através dos litorais atlântico e indico. Como os colonizadores bôeres, ocupavam cada vez mais e mais terras, desalojando as populações autóctones, e a partir do século XVIII os conflitos começaram a tomar grandes proporções. Primeiro, os bôeres encontraram a reação dos povos san e koi; depois, a dos Xosas e outros povos. Enquanto isso, a Cidade do Cabo se desenvolvia como próspero centro de comércio, o que atraiu, também, imigrantes da França e da Inglaterra, o que também provocou choques com os primeiros colonizadores – da mesma forma que o fortalecimento bélico dos nativos do povo Ngúni conhecidos como zulus, a partir da primeira metade do século XIX, foi traçando as novas linhas da história e da geografia do país. No fim do século, a administração britânica da Cidade do Cabo tentou estabelecer controle sobre os bôeres, o que redundou na chamada Guerra Anglo-Boer, ao final da qual as províncias do Cabo e Natal, o Estado Livre de Orange e o Transvaal, fundadas pelos bôeres, tornaram-se parte do Império Britânico. No dizer do grande líder sul-africano Nelson Mandela (1918-2013), após o *Native Land Act* – com que, em 1913, o parlamento sul-africano regulou a posse da terra no país –, povos como bechuana, soto, xosa, zulu e outros, livres e independentes no passado, formaram um aglomerado de "marginais sem lar, de mendigos nômades, de trabalhadores sem terra procurando emprego nas minas e nas fazendas onde, antes, haviam sido senhores absolutos da terra" (MANDELA, 1988, p. 126). Ver

AFRICÂNDER (*Afrikaans*)

ÁFRICA AUSTRAL; BANTOS; BE-CHUANAS; BÔERES; CABO DA BOA ESPERANÇA; CAFRARIA; COISSÃ; COMPANHIAS DE COMÉRCIO; DINGUISWAYO; GAZA, Império de; GRAAFF-REINET; LESOTO, Reino de; LOBENGULA; LOZIS; MFECANE; NAMÍBIA; NATAL; NDEBELES; NGÚNIS; NGWANES; ORANGE; PARTILHA DA ÁFRICA; RACISMO; SAN; SOTOS; TRANSVAAL; UNIÃO SULAFRICANA; ZÂMBIA; ZULU-LÂNDIA; ZULUS.

ÁFRICA EQUATORIAL FRANCESA. Unidade colonial criada na década de 1880, estendida desde o rio Congo até o deserto de Saara e compreendendo os atuais territórios de República do Congo, Gabão, República Centro-Africana e Chade.

ÁFRICA NEGRA. Expressão outrora usada para designar a porção do continente africano atualmente mencionada como África Subsaariana.

ÁFRICA OCIDENTAL. Porção oeste do continente africano, entre o Oceano Atlântico, o Saara, os maciços centrais e a região do lago Chade. Outrora mencionada como Sudão Ocidental, reúne, no seu conjunto de países, os atuais Senegal, Cabo Verde, Guiné-Bissau, Guiné-Conacri, Serra Leoa, Libéria, Costa do Marfim, Burkina Fasso, Gana, Benin, Nigéria e partes de Mauritânia, Mali, Níger e Chade.

ÁFRICA ORIENTAL. Parte do continente africano que engloba, na atualidade, os territórios de Quênia, Uganda, Eritreia, Djibuti, Etiópia, Somália, Ruanda, Burundi, Tanzânia, Comores, Moçambique e Madagascar. Em algumas referências, Sudão, Sudão do Sul e Egito são também considerados parte da África Oriental, sob o argumento de que a divisão da África em regiões não se basearia apenas em critérios geográficos, mas também históricos e políticos. Entretanto, a visão geral acolhe os países do leste do continente banhados pelo oceano Índico, os quais partilham uma longa história de contatos entre si e com povos de outros continentes, principalmente asiáticos, contatos estes que se estendiam até o interior, onde se encontrava a maior parte das fontes de riquezas que alimentavam o comércio marítimo – como o ouro, o marfim, e a mão de obra escrava. Observe-se que, no século XIX, quando a escravatura já tinha decaído em escala mundial, o leste africano permanecia como centro de um tráfico bastante volumoso e truculento (GERBEAU, 1979, p. 251).

ÁFRICA SETENTRIONAL (África do Norte). Porção do continente africano que abriga predominantemente populações árabo-berberes, compreendendo os territórios de Egito, Líbia, Tunísia, Argélia, Marrocos, Saara ocidental e partes de Mauritânia, Mali, Níger, Chade e Sudão.

AFRICÂNDER (*Afrikaans*). Língua surgida no ambiente dos bôeres no século XVII, também mencionada como *africaner*. Tendo como base o neerlandês, língua dos holandeses, também recebeu influências do inglês e do francês, bem como de línguas asiáticas e africanas. Na atualidade, é considerada uma língua reestruturada, pois, originalmente um pidgin (língua simplificada, reduzida, com palavras encurtadas), desenvolveu-se até se diferenciar da língua matriz, neerlandesa. Ver BÔERES.

AFRICÂNDER, Família (*Afrikander*)

AFRICÂNDER, Família (*Afrikander*). Denominação colonial de um conjunto de chefes do grupo khoikhoi que no início do século XIX se deslocaram da região do Cabo para as atuais Namíbia e Botswana. Com sua autoridade tribal reconhecida pelas autoridades sul-africanas e inglesas, talvez com motivos estratégicos, alguns deles reivindicaram para si o título de "capitães" (*kaptjin*). Os mais importantes membros desse contingente foram: Jager Afrikaner (1800-1823); Jonker Afrikaner (1823-1861); Christian Afrikaner (1861-1863); e Jan Jonker Afrikaner (1863-1889). Ver KHOIKHOI.

AFRICÂNDERES. O mesmo que bôeres.

AFROASIÁTICO. Relativo, cumulativamente, à África e à Ásia; que constitui um amálgama das duas culturas. **Línguas Afro-asiáticas**. Moderna classificação das línguas africanas antes denominadas "hamito-semíticas", tais como: berberes, chádicas, egípcias, semíticas e cuxíticas (Lopes; Macedo, 2017, p. 22). Ver CAMÍTICA, Hipótese.

AFUA KOBI (1815-1900). Rainha-mãe (*Asantehemmea*) dos axântis em Kumasi. Mãe de cinco filhos, dois dos quais detiveram o título de Axântiene, nesta condição atuou como membro do Conselho Real (*Mantehene*) de 1835 a 1850. Assumiu posição francamente hostil à presença britânica, influenciando o Conselho a declarar guerra aos europeus e seus aliados locais no ano de 1873.

AGADEZ (*Agadés*). Antiga cidade fundada em 1430, no território da atual República do Níger, na região do Maciço de Air, entre o Saara e o Sahel. Conhecido ponto de passagem dos tuaregues, que dela fizeram sua capital, seu nome é uma referência aos contínuos deslocamentos de caravanas das populações do deserto: em tamaxeque (*tamasheq*), a língua dos tuaregues, o vocábulo *egdez* significa "visitar", e *tadakest* significa "lugar de encontro dos visitantes". Situada no entroncamento de rotas do comércio transaariano, destacou-se como ativo entreposto do tráfico negreiro a partir do século XVI, época da construção da mesquita que permanece, na atualidade, como centro de atração de fiéis muçulmanos e turistas. Por essa época, o célebre ásquia Muhamad, soberano do Songai (*c.* 1493-1528), conquistou a região, na qual Agadez, mais tarde, foi capital de um sultanato dissolvido pelos franceses em 1907. **As crônicas de Agadez**. Sob essa dominação, tornou-se conhecido um conjunto de textos contendo a transcrição das tradições históricas relativas às dinastias dos sultões de Air desde o século XV até 1830, copiadas do árabe em 1907, durante o período de governo do sultão Ibrahim-ed-Dasouqy, e parcialmente traduzidas e editadas pelo capitão francês Y. Urvoy no *Journal de la Société des Africanistes* (Jornal da Sociedade dos Africanistas), tomo 4, n. 2, publicado em 1934.

AGADIR. Porto marítimo da costa atlântica marroquina disputado pelos portugueses em 1505 e reconquistado pela dinastia marroquina dos saadianos em 1543, permanecendo sob o controle dos sultões marroquinos até 1765, quando as atividades ali desenvolvidas foram transferidas para Mogador (Essaouira). Ver SAADIANOS.

AGAJÁ (*Agadjá*) (1673-1740). Cognome que identifica o rei daomeamo governante em Abomé no período de 1708 a 1732.

Destacou-se por campanhas militares bem-sucedidas contra os pequenos estados litorâneos de Savi (1727), Godomé (1723) e Alada (1723) e pelo controle direto do tráfico negreiro com os negociantes europeus. À frente de um contingente de 15 mil homens, sitiou e destruiu o forte holandês de Djekin, e com tal demonstração de força foi reconhecido como liderança local pelos ingleses do Forte Williams, franceses do Forte Saint Louis de Gregory e luso-brasileiros do Forte de São João de Ajudá. Esta ampliação da influência para o litoral foi o ponto de partida da transformação do Daomé em Estado militarizado e englobante. Segundo algumas fontes, tendo conquistado os reinos litorâneos, Agajá monopolizou o tráfico negreiro na região, praticamente dominando o comércio atlântico. Também a ele é atribuída a criação do célebre corpo de combatentes mulheres conhecido como "Amazonas do Daomé", bem como a criação do palácio real em Abomé. Mas esse expansionismo esbarrou na superioridade militar do Reino de Oyó, a quem, após derrota em batalha, passou a enviar tributos anuais desde 1712 (CORNEVIN, 1962, p. 104-106). Seu nome de nascimento seria Dossu (*Dossou*), mas as tradições orais daomeanas o lembram também, além de Agajá, como *Hounto*, isto é, "aquele que toma o caminho dos barcos" – e isto por ele ter tomado um barco europeu após conquistar Uidá (JOLLY; ARAÚJO, 2007, p. 58). Além disso, é mencionado em algumas fontes como *Agajá Trudo*, com seu nome seguido talvez de um epíteto, referente a suas vitórias guerreiras ou, quem sabe,

do fongbé *togodo*, "coisa redonda". Ver AMAZONAS DO DAOMÉ.

AGASSU (*Agasú***).** Herói fundador do povo fon do antigo Daomé, cultuado como ancestral das famílias de Alada, Abomé e Porto-Novo. É representado pela imagem de uma pantera (*kpo*), animal associado ao mito de origem da família real de Abomé (SEGUROLA; RASSINOUX, 2000, p. 20-21).

AGASSUVI (*Agasuvi***).** Forma reduzida de *Agasúví Alada Sádó*, expressão que, na língua fongbé, designa cada um dos "filhos de Agassu", ou seja, os originários de Alada e Tado ou Sado; o mesmo que adjás.

AGBANLIN. Ver TÉ AGBANLIN.

AGBODRAFO. Cidade no sul do atual território do Togo, entre o oceano Atlântico e o lago Togo. Cresceu em torno de uma fortaleza erguida pelos portugueses, e foi por eles chamada de Porto Seguro. Ver TOGO.

AGGREY, John. Rei fânti de Oguaa entre 1865 e 1866. Mencionado em algumas obras como o primeiro rei cristão do ponto Fânti. Resistindo à conquista colonial britânica da Costa do Ouro, foi destronado, aprisionado e deportado para Serra Leoa, de onde retornou ao seu reino, em 1869, para morrer. Ver CONFERÊNCIA DE BERLIM; FÂNTIS; OGUAA; RESISTÊNCIA ANTICOLONIALISTA.

AGHA, Beshir (1657-1746). Eunuco da guarda do harém do império otomano, a qual chefiou investido de grande poder. De origem abissínia, foi levado como escravo ao Egito, onde, submetido à castração, foi destacado para servir na guarda imperial otomana, tornando-se

AGNIS (*Agni*)

tesoureiro do harém em 1707. Supervisionou a educação das mulheres e dos jovens dessa área do palácio, acumulando grande poder e influência. Ver DIÁSPORA AFRICANA.

AGNIS (*Agni*). Grupo integrante do conjunto de povos akan. Constituiu-se como etnia no território da atual Gana, de onde migraram, em vagas sucessivas de milhares de indivíduos, para a Costa do Marfim. Aí, notadamente a partir do século XVIII, subdividiram-se em subgrupos responsáveis pela fundação de diversas unidades políticas, algumas reunidas em confederações. Uma dessas unidades, mencionada pelo nome Agni, é informada como um dos "estados negreiros" da África, entre os séculos XVII e XVIII (DORIGNY; GAINOT, 2017, p. 40).

AGOKOLI (*Torgbui Agorkoli, c. 1670-1720*). Soberano de Notsie, cidade no sudeste do atual território de Togo. Segundo a tradição, durante o seu reinado, indivíduos do povo ewe, fugindo à sua tirania, deslocaram-se para regiões vizinhas, nos territórios dos atuais Gana, Togo e Benin, na migração durante a qual os ancestrais dos ewés modernos teriam se estabelecido nas áreas da África Ocidental que atualmente ocupam.

AGOLI-AGBO. Décimo terceiro rei daomeano em Abomé (1894 e 1900), nomeado pelo militar representante do governo francês e exilado no Gabão quando deposto. É mencionado como o "chefe tribal fantoche" traidor do rei Béhanzin, a quem sucedeu (PACHKOV, 1984, p. 81). Em 1910 retornou ao Daomé, onde, embora descartado pela administração francesa, ainda gozou de relativa autoridade (MAUPOIL, 2017, p. 173). Ver BEHANZIN.

AGONGLO. Oitavo rei daomeano em Abomé. Reinou entre 1789 e 1797. A ele é atribuída uma série de reformas, como a abolição de certos tributos e de certos sinais distintivos impostos aos povos vencidos, como o Kpodonou – instrumento de madeira em forma de T utilizado para dificultar a comunicação oral dos prisioneiros. Liderou diversas expedições contra o Reino de Queto (Ketu) e contra as aldeias de Dovi e Somé. Morreu provavelmente vitimado pela varíola (CORNEVIN, 1962, p. 115-116).

AGOTIMÉ. Ver NA AGONTIMÉ.

AGRICULTURA. Não obstante as pesquisas históricas tenham sido dirigidas mais para os dados da vida urbana, dos centros políticos e das figuras de proa dos Estados, é possível afirmar que até o século XIX as sociedades africanas eram essencialmente rurais, e a base de sua população, camponesa. Em todo o continente, a agricultura e, em menor proporção, o pastoreio constituíram o cenário principal da vida social. A variedade de produtos cultivados, as técnicas de produção e suas consequentes circulação e difusão estão, todavia, por ser estabelecidas numa visão de conjunto. O certo é que, em todas essas esferas, coube às mulheres papel central no desenvolvimento da agricultura. **O arroz africano.** Durante muito tempo prevaleceu a ideia de que o cultivo do arroz foi introduzido na África pelos portugueses, a partir de uma espécie asiática (*oryza sativa*). Contudo, pesquisas recentes demonstraram que o arroz foi domesticado separadamente na Ásia e na África,

AGRICULTURA

e havia desde muito antes da chegada dos europeus uma espécie nativa de arroz africano (*oryza glaberrima*), cujo centro primário de domesticação correspondia à região do Delta interior do Níger, às regiões de Casamansa, Guiné, Libéria e Serra Leoa. Nesses locais, destacam-se o seu cultivo nos mangues, com o recurso a barragens que permitiam o melhor aproveitamento da colheita. Plantavam-se igualmente variedades de milhetes, sorgo, trigo e legumes, produtos destinados ao autoconsumo e aos mercados comerciais das cidades. Esse arroz africano constituiu a agricultura de base das aldeias e povoados, e seu uso foi transferido para as Américas pelas populações escravizadas durante o período do tráfico negreiro. Em estudo aprofundado, a geógrafa norte-americana Judith Carney (2017) demonstra que foram as mulheres africanas (sobretudo a partir de quilombos e comunidades cimarrons) que transferiram as tecnologias de plantio, colheita e preparo do arroz na Carolina do Sul e na Geórgia (Estados Unidos), no México, Cuba, Guiana, Suriname e no norte e nordeste do Brasil. **Rizicultura na África oriental**. Espécies orizícolas nativas também eram amplamente difundidas na área nilótica pelos camponeses abissínios, e na região dos Grandes Lagos pelos povos falantes das línguas do grupo banto. Haverá que se considerar, ainda, as trocas de culturas alimentares entre Indonésia, Madagascar e Índia com os povos do litoral Índico que deram origem a variedades de sorgo, milho e arroz, e que levaram ao desenvolvimento de sistemas hidráulicos e de irrigação nessas regiões (MARZOUK, 1989, p. 14-15). **Algodão no Egito**.

Embora conhecido desde a Antiguidade, o algodão só ganhou efetiva importância econômica no Egito durante o reinado do sultão Muhamad Ali (r. 1805-1849). Segundo algumas versões, ele teria conhecido uma espécie de algodão com fibras mais longas e finas através de um francês chamado Jummel. O quediva teria ficado tão impressionado que deu ao francês o cargo de gerente da cotonicultura do Estado, o que resultou na expansão dessa cultura por toda a região do Delta do rio Nilo. Dominando o negócio, o Egito de Muhamad Ali desenvolveu sua produção em conexão com a indústria têxtil na Europa, com grande margem de lucro. Após a morte de Ali, seus sucessores tomaram empréstimos em bancos europeus com o fito de modernizar a produção. Com a guerra interna americana (1861-1865), os Estados Unidos deixaram de fornecer algodão à Europa, o que fez com que a economia egípcia vivesse tempos faustosos. Nessa conjuntura, e no mesmo tom ufanista que envolveu a abertura do Canal de Suez, o quediva Ismail (1830-1895) punha em prática o projeto de fazer do Cairo a "Paris no Rio Nilo", como propagava. Mas, terminada a guerra americana, os Estados Unidos, com novas tecnologias, recuperavam a liderança mundial na produção do algodão, e os tempos de bonança acabavam no Egito. Quando a França e a Inglaterra forçaram Ismail a abdicar, o Egito se tornou uma colônia – mas a fama de excelência do "algodão egípcio" perdura até a atualidade. **Bananeiras e "plantas americanas" nos Grandes Lagos**. O cultivo da banana veio a desempenhar papel fundamental em toda a África central e na região dos Grandes

AGRICULTURA

Lagos. Conhecida como mobanjo entre os povos do Dongo, e como macobeque no Congo, dela se aproveitava as folhas para o artesanato, e o fruto como importante componente alimentar. No Reino de Buganda, a bananeira veio a ser o principal produto da atividade agrícola, com mais de cinquenta variedades que forneciam uma ampla gama de produtos que correspondiam a todas as necessidades alimentares, havendo bananas para cozinhar (*matoke*), bananas para assar (*gonja*), bananas para fazer cerveja (*mbide*) e bananas-fruta (*menvu*). No Burundi, os dois cereais de base eram o painço (*eleusina coracana*) e principalmente o sorgo, que constituía a base alimentar da elite. Desde o século XVII, uma variedade de legumes e cerais originários da América passaram a ser cultivados e amplamente consumidos pela população, entre os quais o feijão, a mandioca e a batata doce (M'BOKOLO, 2011, p. 47). **O circuito atlântico e a Área Congo-Angola**. Os Estados do Congo e do Dongo eram sustentados por comunidades agrícolas autossuficientes, que dispunham de ferramentas de base para o cultivo feitas de ferro, como enxadas e *temos* – semelhantes a foices ou enxós. Plantavam-se legumes, tubérculos, cereais e o sorgo. Havia também diversas espécies de frutas, bananeiras e coqueiros; árvore de palma, de onde retiravam a ráfia para o fabrico de tecidos; árvores de noz-decola e espécies semelhantes a ameixas amarelas (MACEDO, 2013, p. 84). Nas idas e vindas de navios através do Atlântico, os portugueses levaram para lá o amendoim, a batata doce, goiabeiras, cajueiros e mamoeiros, arroz, milho e sobretudo a mandioca (proveniente do Brasil), que se tornou sua principal base alimentar. Segundo Mário Maestri: "Dentre todos os gêneros do complexo americano, foi a mandioca, junto com o milho, um dos produtos agrícolas que mais influenciaram e transformaram a fisionomia da agricultura na África central. Oriunda dos atuais territórios brasileiros, vai a mandioca ser introduzida pelos portugueses nas costas ocidentais do continente africano possivelmente nas últimas décadas do século XVI. Das costas angolanas ela vai penetrar cada vez mais profundamente o coração da África central, desempenhando assim um importante papel na história agrária destas sociedades. Neste processo de interiorização, vão jogar um rol importante os grandes eixos do comércio escravagista e, fundamentalmente, as qualidades específicas deste produto" (1978, p. 85). **Monoculturas e agricultura comercial**. Com finalidade comercial, data de 1481 a primeira referência a plantações de algodão na ilha de Santiago de Cabo Verde, logo estendida no século XVI para a ilha do Fogo e, em menor proporção, à ilha de Brava. O objetivo era produzir matéria-prima para a comercialização de tecidos com os mercadores africanos no litoral da Guiné (BRITO, 2013, p. 79-80). No século XVIII, realizava-se o plantio de cacau e de tabaco em grandes fazendas, baseado na exploração do trabalho escravo, com a finalidade de exportação para o consumo dos europeus e das elites africanas vinculadas ao tráfico. **Plantações de açúcar**. Com a chegada à então desabitada Ilha da Madeira, por volta de 1425, navegadores portugueses lá introduziram o plantio de cana-de-açúcar, logo tornando seu país o maior produtor açucareiro do mundo. Na sequência, espanhóis estabeleceram suas culturas no arquipélago das Canárias, a partir daí mencionado como Ilhas do Açúcar, tornando-se concorrentes dos lusitanos. Das Canárias, o cultivo da cana e a produção do açúcar estenderam-se ao litoral africano, de onde chegaram à colônia portuguesa de São Tomé e atravessaram o Atlântico para chegar seguidamente ao Brasil, ao Caribe e às colônias inglesas da América do Norte. Nessa conjuntura, em que a mão de obra africana foi decisiva, nascia o escravismo moderno, tendo fazendas e engenhos produtores de açúcar como as principais bases econômicas das sociedades coloniais nas Américas. Segundo algumas fontes, em 1500, as ilhas da Madeira, dos Açores e São Tomé exportavam açúcar para quase toda a Europa e também para Constantinopla. Essa prevalência dos portugueses despertou a cobiça dos holandeses da Companhia das Índias Ocidentais, marcando a forte rivalidade entre Portugal e Holanda nos séculos seguintes. Ver AÇÚCAR; AMENDOIM; BUGANDA; BURUNDI; CARITÉ; CONGO, Reino do; DONGO; FONYO; INHAME; NOZ-DE-COLA; TETTEH QUARSHIE.

AGUARDENTE. Ver ÁLCOOL; JERIBITA.

AGUDÁS (*Agoudas*). Nome pelo qual são conhecidos nos atuais Benin, Togo e Nigéria os descendentes de portugueses e brasileiros outrora dedicados ao comércio de escravos na região entre os séculos XVIII e XIX, bem como os descendentes de africanos para lá retornados do Brasil ao longo dessa última centúria. Também referidos como *brésiliens*, "brasileiros", a grande característica de sua identidade são os sobrenomes de origem portuguesa (D' Almeida, Souza, Silva etc.), bem como algumas expressões de cultura luso-brasileira que mantêm em sua vida social. Os primeiros desses agudás se estabeleceram em Uidá, nome provavelmente originário da denominação do forte português de São João Batista da Ajuda, pela pronúncia desse nome como "Ajudá". O mais célebre deles foi o primeiro Chachá de Ajudá, Francisco Félix de Souza. O fenômeno foi igualmente observado na cidade de Lagos (Nigéria) e no Togo, onde os retornados são conhecidos como *amarôs*, e em Gana, onde são mencionados como *tabom*. Ver CHACHÁ DE AJUDÁ; LIBÉRIA; MOÇÂMEDES; RETORNADOS; SARÔS.

AGYAMAN PREMPEH (1870-1931). Soberano do povo axânti. Destacou-se principalmente por dominar uma série de revoltas eclodidas entre os clãs Kokofu, Mampong e Nsuta, e assegurou o retorno de muitos indivíduos do clã Juaben (*Dwaben*) exilados em Akyem. Assim, formalmente entronizado como Axântiene, em 1894, conseguiu organizar os axântis da capital, Kumasi, recuperando muito da antiga coesão do Estado. Também referido como Prempeh I ou Kwaku Dua III Asamu – seu nome de trono em 1896 –, acabou preso pelas forças inglesas, sendo mandado para o exílio em 1924. Dois anos mais tarde, "reassumiu" o trono, com o Axânti já integrado à colônia britânica da Costa do Ouro.

AGYEI AXÂNTI. Nome ou cognome com que passou à História um alto dignitário do Estado Axânti, conselheiro pessoal do Axântiene Osei Bonsu a partir de 1805.

AGYEN KOKOBO

Na juventude, foi carregador de sal. Ao ser incorporado ao corpo de servidores do palácio real, assumiu importantes funções de governo: começou como servidor pessoal do chefe de governo da província de Akwamu, galgou diversos postos administrativos, atuando como embaixador e, por fim, como representante direto do governo em todos os negócios estrangeiros. Acumulou bens, terras, mulheres, escravos e ouro para que pudesse ostentar uma riqueza que correspondesse às suas altas funções. No léxico da língua twi, o vocábulo *agya* é traduzido como "pai", o que nos leva a ver no nome do personagem um cognome irônico: "Pai dos Axânti".

AGYEN KOKOBO. Comandante de uma facção do povo fânti, no atual território da República de Gana. Por volta de 1500, liderou a migração de um grupo de mercadores e guerreiros de seu povo em direção às florestas situadas próximas ao Forte de São Jorge da Mina, onde lançaram os alicerces da futura cidade-Estado de Akwamu.

AHANJITÓ. Ver HANJITÓ.

AHANTA, John Konny de. Negociante africano originário da Costa do Ouro. De 1717 a 1724, exerceu localmente o controle das relações comerciais que envolviam ouro e escravos em Ahanta e em Nzema, em detrimento dos interesses holandeses da Companhia de Brandemburgo, com quem manteve negociações em 1722, as quais, porém, resultaram em conflito armado nos anos seguintes.

AHMAD BABA Ibn AHMAD (1556-1627). Erudito oeste-africano, trineto do célebre *cádi* Muhamad Aqit. Também referido como Ahmad Baba al-Massufi al-Timbukti ou Ahmed Baba es Sudane, nasceu em Arauane e foi educado em Tombuctu, por seu pai e pessoas de sua família, tendo também como mentor o sábio diúla Muhamad Baghayogho. Embora não existam muitas informações sobre sua biografia até 1594, sabe-se que por essa época, após a batalha de Tondibi e a conquista marroquina, foi deportado para o Marrocos. Escreveu mais de quarenta livros sobre os mais variados assuntos, inclusive uma biografia do sábio Al-Maghili (teólogo muçulmano falecido c. 1505); e produziu uma cópia do *Muqqadima*, obra de Ibn Khaldun. Na cidade de Tuat, escreveu, em 1615, um tratado sobre as bases legais, religiosas e morais da escravidão, o *Mi'raj al-Su'ud*, em que questiona o fundamento da instituição entre os muçulmanos e critica a escravização dos povos do Bilad al-Sudan. Ver BAGAYOGO; MUHAMAD AQIT, Mahmud Ibn Omar Ibn; TONDIBI, Batalha de.

AHMAD BEI. Governante de Tunis (1837-1855).

AHMAD DE TUCULOR. Ver AMADU SEKU TALL.

AHMAD GRAN. Nome com que passou à História Ahmad ibn Ibrahim, sultão de Adal ou Harar (1506-1543). Também referido como Ahmad ibn Ibrahim al-Ghazi, liderou diversas incursões contra a dinastia salomônica da Etiópia. Em 1523, passou suas investidas como *jihads*, guerras santas. Por seus feitos guerreiros, foi lembrado por como *al-Ghazi*, isto é, "O vitorioso", enquanto os etíopes o apelidaram de *Grany* (de "gragne", canhoto) devido à sua excepcional habilidade com o braço esquerdo.

AHMAD Ibn FARTUA. Ver FARTWA, Ahmed ibn.

AHMAD LOBBO. Um dos nomes ou cognomes pelos quais foi conhecido Cheiku Amadu (q.v.).

AHMAD. Transliteração na língua inglesa do antropônimo árabe correspondente à forma francesa *Ahmadou* (em português, Amadu), traduzido aproximadamente como "merecidamente louvado".

AHOSI. Nome (pron. *arrôssi*) pelo qual se designava no antigo Daomé o batalhão de elite composto por mulheres. A denominação, do fongbé *ahosi*, "esposa do rei", ou *ahwansi*, em referência às sacerdotisas de Hevioso (SEGUROLA; RASSINOUX, 2000, p. 34), parece remontar ao fato de o grupamento, em sua origem, ter sido integrado por mulheres do harém real. Além disso, as assim chamadas eram também referidas como *mino*, termo correspondente, em português, à expressão "nossa mãe". No período dos contatos com os europeus, elas foram nomeadas pelos adventícios como "Amazonas do Daomé" (q.v.).

AHOSSI. Denominação de um estabelecimento em Uidá que, no período do tráfico negreiro, servia como mercado de escravos de origens nagô e marrim. Lá, segundo relatos de viajantes, os cativos eram separados por gênero sexual (homens e mulheres) e faixa etária (crianças, homens, velhos). A denominação é uma provável corruptela do termo *ahwansi* com que são referidas as sacerdotisas de Hevioso que vão esmolar no mercado (SEGUROLA; RASSINOUX, 2000, p. 34).

AIGIRI (século XIX). Rei da pequena cidade-Estado de Assínia, na área litorânea do atual território da Costa do Marfim. Em 1843, firmou um tratado com os franceses, confirmando antigas relações politicas e colocando o território sob proteção do rei francês Luiz Filipe I. Ver ASSÍNIA; PROTETORADO.

AIR, Maciço de. Formação montanhosa situada ao norte do Níger, nomeada, na língua hauçá, pelo nome *Abzin*. Área de ocupação e trânsito de tuaregues, hauçás e outros grupos. No período enfocado por este dicionário, encontrava-se na área de influência política dos sultões de Agadez.

AISA KILI NGIRMARAMMA. Governante kanuri do Bornu no período de 1563 a 1570. Embora não seja mencionada em fontes árabes, tem sua memória preservada nas tradições orais (LIPSCHUTZ; RASMUSEN, 1989, p. 11). É destacada por ter conservado o trono do Bornu em sua família até a ascensão de Idris Aluma. Ver BORNU; IDRIS ALUMA; KANÚRIS.

AISSA, Mamadi. Sábio muçulmano, celebrizado como cádi (juiz) em Nioro, localidade próxima à atual fronteira entre Mali e Mauritânia. Detentor de conhecimentos sobre o mundo mandinga e bambara, é autor de um manuscrito escrito em árabe sobre tradições que remontam à época do antigo Gana e chegam ao período de dominação dos tuculores, no século XIX. O texto foi traduzido para o francês por Maurice Delafosse, com o título *Traditions historiques et legendaires du Soudan occidental* (Tradições históricas e legendárias do Sudão ocidental) e publicado em 1913. Ver TUCULORES.

AJÁ (*Aja*). Povo da África ocidental, localizado a partir da região de Tadô ou Sado. Compreende subgrupos como Fon, ao qual se deve a fundação do Reino de Daomé, *e* Marrim, no Brasil conhecidos genericamente como "jejês" ou "mina-jejês". Foram responsáveis pela fundação do Reino de Tadô, também referido como Reino Ajá de Tadô, localizado em terras do sul do moderno Togo (República Togolesa). Ver DAOMÉ; FON; MARRIM; TADÔ; TOGO.

AJA-FON. Expressão que adjetiva algo que se refira conjuntamente aos povos aja e fon, como a área cultural representada pelas antigas cidades-Estado de Alada, Abomé, Porto-Novo, Savi e Uidá, cujos fundadores, originários do mesmo tronco étnico, emigraram de Aja-Tadô (Kossou, 1981, p. 86).

AJAMI. Termo de origem árabe que designa a ortografia, em caracteres arábicos, usada para grafar palavras de línguas africanas.

AJAN, Ologum. Soberano do Reino de Onin, na década de 1820. Ver ONIM; OSENWEDE, Obá.

AJÁ-TADÔ. O mesmo que Tadô (SEGUROLA; RASSINOUX, 2000, p. 36).

AJAUAS (Yao). Povo banto localizado, no atual território de Moçambique, abaixo do rio Rovuma, entre o lago Niassa e o rio Lúrio. Dedicados ao comércio de longa distância e ao fabrico de utensílios de ferro, atravessavam o Lúrio, passavam por Itoculo e iam comerciar com os portugueses no Mossuril, em frente à Ilha de Moçambique (FRELIMO, 1978, p. 22). Assim, constituíram-se em um dos mais fortes grupamentos de traficantes de escravos da África centro-oriental entre a mencionada ilha e Quíloa ou Kilwa (ALPERS, 2018, p. 88), na costa da atual Tanzânia. A opção por Quíloa se tornou a única, a partir de 1750, quando se acirrou a guerra dos povos do norte de Moçambique contra Portugal.

AJAUTÓ (Ajáhùtò). Alcunha pela qual passou à História o rei Kokpón, líder dos agassuvis que deram origem a Alada, no antigo Daomé. O nome significa algo como "o matador Adja", por ter ele assassinado o irmão que lhe usurpara o trono de Tadô e, em seguida, fugido para o leste, onde deu origem às dinastias de Alada, Abomé e Porto-Novo (SEGUROLA; RASSINOUX, 2000, p. 35). Ver ABOMÉ; ADJÁS; AGASSUVI; ALADA; DAOMÉ; PORTO-NOVO; TADÔ.

AJAXÉ (Ajase). Nome pelo qual os falantes do iorubá designavam Porto-Novo, o Reino e a cidade. Ver PORTO-NOVO.

AJI, Sulimane Bona. Personagem da história da escravidão na África Oriental, referido como traficante de escravos provenientes dos entrepostos comerciais de Zanzibar e Quíloa. Seu nome, também mencionado como "Suliman Bwana Haji", contém três prováveis referenciais islâmicos, na língua suaíli: *bwana*, senhor, e *haji* (peregrino muçulmano em Meca). No período de 1817 a 1850, foi o chefe de Quitangonha, Estado islâmico que ocupava toda a área da península de Matibane e o norte da Ilha de Moçambique.

AJUDÁ, Forte de. Estabelecimento português construído em 1698 na baía de Benin sob o nome completo de Forte de São João Batista de Ajudá, com o fim específico de incrementar o tráfico negreiro para as Américas. Por determinação do Conselho Ultramarino português, toda a jurisdição, administração, encargos e direitos relacionados àquela fortaleza caberiam à Junta Comercial Geral do Brasil, que era quem nomeava seus respectivos quadros administrativos, com exceção dos governadores. As atividades comerciais estavam diretamente sob controle de comerciantes portugueses ou luso-brasileiros sediados em Salvador, Bahia, que para lá iam vender rolos de fumo, jeribita e armas de fogo em troca de escravos. O nome "Ajudá" é corruptela do fongbé *Xue Da*, fortaleza (pronunciado "ruedá"), que deu origem às formas *Ouidah*, *Wydah* e *Uidá*, respectivamente, francesa, inglesa e portuguesa. Assim, na denominação, funcionava apenas como um indicativo da localização do estabelecimento, sem nenhuma relação com "ajuda", como informado em algumas fontes. Ver HUEDÁ; UIDÁ.

AKABA. Quarto rei daomeano em Abomé. Reinou entre 1685 e 1708, período de construção de Abomé. Sua irmã gêmea, Ahangbé, dividiu o governo com o irmão, tendo um palácio próprio em Allada-Vikpé. Segundo a tradição oral, logo após sair pela primeira vez da residência real, Akaba teria dito: "*Dé bé kaba kaba aganman non lia houn*", que em fongbé significa "O camaleão aproxima-se lentamente e docemente para comer o queijo", numa alusão a sua idade avançada ao assumir o trono. Sua principal atividade militar foi dirigida contra os Ouéménou, de Huedá. Liderados por Yahassé Kpolou, atacaram Abomé logo no início do reinado de Akaba, sendo, entretanto, logo rechaçados. A vitória daomeana forçou a submissão dos chefes de aldeias situadas às margens do rio Couffo, e logo os reis de Gboli, Sinhoué e Sahé foram a Abomey render-lhe homenagem. Faleceu acometido pela varíola, doença contagiosa que assolou o Golfo do Benin logo após os primeiros contatos com os europeus (CORNEVIN, 1962, p. 100).

AKAFOU. Chefe do povo n'gban, subgrupo dos baulês da Costa do Marfim na resistência aos franceses. Liderou rebeliões contra a administração colonial francesa, em 1894 e 1902. Esta última foi violentamente reprimida, e Akafou morreu em circunstâncias misteriosas (DADDIEH, 2016, p. 71).

AKALE WELD (1831-1919). Erudito etíope nascido no norte de Shewa. Estudou canto (*zema*), e escreveu diversos poemas em gueês, língua da Antiguidade etíope, da época do Reino de Axum. Alcançou notoriedade na corte do *négus* (imperador) Teodoro II.

AKAN [1]. Conjunto de povos da África Ocidental, falantes da língua de mesmo nome e suas variantes, como *akwapem-twi, fânti e axânti twi* (KOTEY, 1996, p. 7), e compartilhando traços culturais comuns. Originários da região de fronteira entre as atuais repúblicas de Costa do Marfim e Gana, no século XVI, os povos do grupo Akan emigraram, em vagas sucessivas, primeiro nas direções norte e leste até as atuais regiões de Kumasi, Mampong e Akyem. Depois, nos rumos sul e sudoeste, chegaram às regiões de Wassa, Igwira, Sanwie e Assínia. No século XVII, mais indivíduos deste povo se deslocaram, em diferentes grupos, para o norte; de Kwahu para nordeste, até a região de Kulango; e ainda, na direção sudoeste, para áreas como as de Wassa, e Sefwi. Na atualidade, os povos akan se subdividem geograficamente em akans do leste (axântis, akwapem, akyem, akwamu, abrom, wassa, kwahu, fântis, assinie, denquira e gomu, todos falantes do twi) e akans do oeste (agnis, baulês, nzima, ahanta, sanwi, aowin e safwi) (BOAHEN,

AKAN [2]

2010, p. 477-179). Ver ABREM; ADAN-SE; ADINKRA; ADDO; AGNIS; AKONNO; AKWAMU; AKWAPEM; ARQUEOLOGIA; ASAFO; ASAN-TEHEMMA; ASIKADWA KOFI; AS-SÍNIA; AUTORIDADE COMPARTI-LHADA; AXÂNTIS; BAULÊS; BONO; COSTA DO MARFIM; COSTA DO OURO; EGUAFO, Reino de; FÂNTIS; GA-ADANGBE; GANA; GUYAMAN; INSÍGNIAS DE PODER; NANA; OBOSSOM; ODWIRA; OGUAA; OR-GANIZAÇÕES MILITARES; OSEI; OSEI TUTU I; OURO; REIS DIVINOS; RELIGIÃO TRADICIONAL AFRICA-NA; SANKOFA; TWIFO; VODUM.

AKAN [2]. Principal língua nativa entre as faladas pelo conjunto dos povos akan. Compreende três variantes dialetais, inteligíveis entre si: axânti e akwapem (que em conjunto são designadas como twi, ou seja, axânti-twi e akwapem-twi) e fânti. Desde 1978, a língua e suas variantes são escritas segundo uma ortografia unificada.

AKEBIORU (século XVIII). Quadragésimo *alaketu*, soberano do Reino de Queto. Seu nome é lembrado pela circunstância de um ataque ao seu reino pelas forças daomeanas de Abomé, em 1789, que ocasionou a vinda para o Brasil dos primeiros contingentes de seu povo, importante na formação da tradição religiosa afro-brasileira. Ver ABOMÉ; DAOMÉ; KPENGLA; QUETO.

AKENTEM, Oti. Soberano axânti, antecessor de Obiri Yeboa. Reinou a partir de 1650. Ver AXÂNTIS.

AKYAAWA YIKWAN (1774-c. 1832). Sacerdotisa axânti. Membro da família real, desempenhou papel relevante como líder religiosa e representante de sua comunidade. Em 1825, após a Batalha de Katamanso, travada por forças axântis contra povos do litoral que recebiam apoio dos fortes europeus, foi encarcerada. Após três anos de prisão, recebeu a liberdade em troca de sua participação como intermediária nas negociações de paz entre os comerciantes de Accra e o governo axânti, concretizadas com sucesso em 1831. Ver ACCRA; AXÂNTIS.

AKIM (*Akyen*). Reino Akan. Foi o primeiro dos estados tributários do Akwamu a se rebelar e a organizar a revolta contra a tirania do rei Akwonno, que derrotou em 1730 (M'BOKOLO, 2009, p. 449).

AKINMOYERO (século XVIII). Quarto oni de Ifé antes de Abeweila; também chamado Odunlé. Foi deposto por membros da sociedade Oro, acusado de vender indivíduos de seu povo para traficantes de escravos que viviam entre refugiados de Oyó, acampados fora dos muros de Ifé (BASCOM, 1969, p. 31). Ver ORO.

AKITOYÉ (*Akíntóyè*). Governante (*oba*) da cidade-Estado de Lagos – para os iorubás, *Èkó*, por vezes também referida como *Onin* – em dois mandatos. Assumiu o poder pela primeira vez em 1841, numa disputa dinástica, após a morte do *oba* Oluwole, com o apoio de Madame Tinubu, poderosa traficante de escravos. Entretanto, em 1845, uma revolta o destronou, colocando em seu lugar seu sobrinho Kosoko, também membro da aristocracia, o qual contava com apoio militar dos daomeanos de Abomé, então governados por Guêzo, e do Reino de Ijebu. Em 26 de dezembro de 1851, no episódio que ficou conhecido como o "Bombardeio de Lagos", navios de guerra e uma flotilha de barcos ingleses atacaram o palácio do *oba*,

AKWAMU

e, apesar de opor resistência, Kosoko acabou fugindo para Ijebu. Reinstalado como *oba* de Lagos, no ano seguinte Akitoyé assinou com os ingleses o tratado que aboliu o tráfico negreiro, falecendo, entretanto, três meses depois (ABRAHAM, 1981, p. 155-156). Ver LAGOS; MADAME TINUBU.

AKONDI. Divindade feminina cultuada na região de Accra. A ela está vinculada a aplicação da justiça e a proteção de mulheres e crianças.

AKONNO. Chefe do Reino Akan de Akwamu do ano de 1702 a 1725. Sucedeu seu irmão, Addo, e liderou diversas guerras contra Kwahu e Akwapem, estendendo os limites do reino. É lembrado por suas extremas violência e crueldade em relação aos povos conquistados.

AKOUA BONI. Rainha do povo baulê (1760-1790), neta e continuadora de Abla Poku, líder de seu povo quando do estabelecimento dele em território da Costa do Marfim.

AKPLOGÁN. Ministro do rei daomeano de Abomé, guardião dos túmulos reais de Abomé e Alada (SEGUROLA; RASSINOUX, 2000, p. 47). Segundo o padre Vicente Ferreira Pires, viajante brasileiro no Daomé em 1800, atuava sob a supervisão do *migan*, que era uma espécie de primeiro-ministro. Ver MIGAN.

AKROSAN, Irmãos (século XVII). Negociantes de origem africana agentes do tráfico negreiro a partir do Reino de Fetu, no atual território da República de Gana, no período de 1640 a 1662 – quando mantiveram relações comerciais com holandeses, dinamarqueses e suecos. O mais velho, John Ahanakwa, fundou uma cidade, Ahenakwakrom, que serviu de ponto de encontro entre mercadores africanos vindos do interior e os europeus. Quando morreu, em 1656, foi sucedido pelo irmão mais novo, John Claessa (ou Cloyce), que deu continuidade aos negócios, nos quais incluiu um parente mais novo. Instado a assumir o trono real, recusou essa deferência, uma vez que um número pesado de interdições impedia o rei de se dedicar ao comércio. Entretanto, instalou no trono um sobrinho ou irmão mais novo (M'BOKOLO, 2009, p. 491). Ver TRAFICANTES.

AKU. Antiga denominação usada para referir cada um dos indivíduos oeste-africanos conhecidos, a partir do fim do século XIX, como "iorubás". O termo, segundo Cunha (2012, p. 133, nota), deriva do elemento *oku*, presente em muitas saudações e cumprimentos da língua por eles falada.

AKWAMU. Cidade-Estado localizada na região de floresta ao sul do território da atual república de Gana. Uma das primeiras grandes unidades políticas dos povos akan, foi criada por lideranças do povo de mesmo nome, subgrupo dos fântis. Tornou-se poderosa em meados do século XVII sob a liderança de Ansa Sasraku, sobretudo por desenvolver um lucrativo comércio de escravos, com vítimas capturadas nas guerras e vendidas no litoral. Por volta de 1703, seus limites chegavam até quase o Daomé, mas em 1731 foi vencida por um exército dos povos de Akwapem, Akiem e Accra (AFRICAN ENCYCLOPEDIA, 1974, p. 51). Em seu ápice, o Império Akwamu controlava uma faixa de 350 quilômetros da costa oriental de Accra, cruzando o atual território do Togo,

45

mas em nenhum ponto tinha acesso às minas de ouro. A oportunidade de abertura desse caminho surgiu por volta de 1665, quando britânicos e dinamarqueses, estes em menor volume, envolveram-se no comércio de escravos. Com a garantia do monopólio concedido à Royal African Company, os portos foram abertos aos fântis de Akwamu. Mas estes tinham como adversário e concorrente o poderoso Denquira, além dos axântis de Kumasi. Akwamu é referido, juntamente com Denquira, como um dos centros onde o rei axânti Osei Tutu I teria adquirido a sólida formação política e militar que, no século XVII, o alçou à condição de fundador do Império Axânti (M'BOKOLO, 2011, p. 27). É também informado como um dos "estados negreiros" da África, entre os séculos XVII e XVIII (DORIGNY; GAINOT, 2017, p. 40). Ver AKWAPEM; AXÂNTIS.

AKWAPEM. Denominação de um dos subgrupos do povo akan, falante do dialeto akwapem-twi, também usado pelo povo akwamu (KOTEY, 1996, p. 9).

AKYE. Vocábulo, provavelmente do léxico fânti, proposto em Mauny na forma *aqui* (2011, p. 32) para designar um peso de ouro empregado nas transações envolvendo esse metal realizadas na Costa do Ouro desde pelo menos o século XVII. Cada um desses pesos corresponderia à décima sexta parte de uma onça.

AKYEM. Povo do grupo akan, localizado na porção leste do território da atual República de Gana, também mencionado como Akyem Abuakwa.

ALADA (*Aladà, Allada*). Cidade histórica oeste-africana, capital do reino de mesmo nome, fundada pelo povo adja (Ajá), no território do atual Benin. É referida também como *Arada*, *Arda*, *Ardra* e *Ardres*. No século XVIII, foi conquistada pelo fons de Abomé, então governados por Agajá. Nessa ocasião, a família real dos adjas fugiu para o leste, indo estabelecer-se na região oriental do lago Nokué, onde fundaram o Reino de Adjaché, que os portugueses denominaram Porto-Novo (PARÉS, 2006, p. 33). Era uma cidade portuária, com casas rústicas não muito diferentes das existentes nos ambientes rurais ingleses, ligando-se a Abomé por uma estrada que em meados do século XIX era mencionada como larga, bonita e segura (SILVA, 2012b, p. 75; 77). Ver ABOMÉ; ADJÁS; AGAJÁ; AJAUTÓ; ALADA; ARDA; GODOMÉ; IORUBÁS; PORTO-NOVO.

ALAFIM (*Alafin*). Título dos reis iorubanos de Oyó. Do iorubá *alafin*, o "dono do palácio".

ALALI, Chief (século XIX). Comerciante em Bonny, no Delta do Níger, diretor da *Anna Pepple Trading House*, poderosa casa de negócios que funcionava quase como unidade de uma cidade-Estado. A história de Alali está intimamente ligada à de Jaja de Opobo, que foi seu escravo por compra a um senhor de Bonny, o sucedeu, após sua morte em 1863, e dez anos mais tarde intitulou-se Rei de Opobo. Ver JAJA DE OPOBO.

ALAQUETO. Forma abrasileirada para o título iorubá *alaketu*, com que se distinguia cada um dos reis de Queto. Ver AKEBIORU.

AL-ARBAB, Idris Ibn Muhamad (f. 1649). Sábio muçulmano, nascido na região do Nilo Azul. Falecido já centenário, viveu uma existência de santidade no Sudão, durante os sucessivos períodos de mando de treze governantes do Sultanato Funje, atuando como conselheiro espiritual de vários deles. Além de sábio, era visto como alguém dotado de alta inspiração profética.

ALAUÍTAS. Dinastia de governantes reinante no Marrocos a partir de 1631. O nome remete a Ali, genro do profeta Maomé e quarto califa árabe, de quem os dinastas se afirmam descendentes. Ver MULAI.

AL-AYYASHI, Abdala ibn Muhamad (1628-1679). Erudito marroquino pertencente a uma família da região dos Montes Atlas. Adepto e depois líder espiritual da Dila, ordem religiosa de orientação sufi, estudou os fundamentos da mística dessa vertente, em Fez, e aprimorou os seus conhecimentos em viagens a lugares como Meca, Medina e Jerusalém, passando pelo Cairo. Escreveu diversos tratados de religião e filosofia, sendo sua principal obra um relato de viagens intitulado *Ma'u al mawad'id*, na qual fixou informações sobre os eruditos, homens santos, teólogos e escritores dos locais que visitou.

AL-BASHIR IBN SALIM AL-HARTHI. Ver ABUSHIRI.

AL-BURTUGHALI. Ver MUHAMAD AL-BURTUGHALI.

ALCÁCER-QUIBIR (*Alkazarquivir*). Localidade do Marrocos, no caminho da cidade de Fez, onde, em 1578, travou-se a batalha celebrizada com seu nome. O combate foi travado entre magrebinos e portugueses, com seus respectivos aliados, e nela morreram o legendário rei lusitano Dom Sebastião, além dos dois sultões que disputavam o trono marroquino: "Abu Abdallah Mohammed Saadi II, o *"mulai* Moamed", e Abd al-Malik I, seu tio, conhecido em Portugal como *"mulai* Moluco", subordinado ao Império Otomano (q.v.). Ver AL-MANSUR, Ahmed.

ALCATI. Do árabe *al-kadi*, em português, *alcaide*. Na Senegâmbia, denomina o representante de um soberano local nas aldeias. Aparece nos textos sob diversas variantes, como *algayer, alkaire, alcair, alquer, alkatys*. No século XIX, por vezes foi usado para designar o agente de polícia africano (MAUNY, 2011, p. 30).

ÁLCOOL. O consumo de bebidas alcoólicas, obtidas sobretudo através de processos de fermentação, tem uma longa história nas sociedades africanas. Contudo, o teor alcoólico delas, a finalidade e a frequência de seu consumo sofreram alterações significativas devido ao tráfico negreiro. **Bebidas africanas.** Em toda a África ocidental consome-se o vinho de palma. No Congo, essa bebida, conhecida como *malafu* ou *malavu,* era obtida com a fermentação do sumo leitoso extraído da palmeira de ráfia. Outra, conhecida como *ovallo* ou *walo,* era uma espécie de cerveja produzida a partir de uma variedade de cereais locais, especialmente de milho-painço e de sorgo. No antigo Daomé, um tipo de cerveja de milho recebia o nome de *Pitó* (PIRES, 1957, p. 37), e o explorador Mungo Park, embora não tenha registrado o nome, fornece informação detalhada sobre o processo de fermentação e malteação do milho (PARK, 2008, p. 53). O teor alcoólico dessas bebidas era, contudo, muito baixo: o da cerveja era de cerca de 2%, e o do vinho de palma girava em torno de 5%. Ao que parece,

ALFA YAYA (c. 1850-1912)

apenas quando ingeridas de forma excessiva causavam embriaguez. Seu consumo ocorria em determinadas festividades e, inclusive, em rituais religiosos. **Bebibas não-africanas**. A introdução do álcool não-africano pelos negociantes europeus alterou completamente a frequência e os usos associados ao consumo alcoólico. Em troca de cativos ou para agradar os chefes locais e obter o seu consentimento nos negócios do tráfico, os negociantes portugueses ofereceram primeiramente vinho proveniente da Europa, e a seguir vinho preparado especialmente para a comercialização em larga escala nas ilhas de Açores e Madeira. Além da ampliação da oferta, o teor alcoólico do vinho europeu era muitíssimo superior ao do vinho africano: este oscilava entre 9% e 12%, enquanto o vinho fabricado na ilha da Madeira atingia até 17%. A partir de 1650, bebidas produzidas na América, como a jeribita no litoral brasileiro e o gim nas ilhas do Caribe, circulavam através do Atlântico nos negreiros (Curto, 2000, p. 66). **Consequências sociais.** O saldo desse comércio insidioso foi enorme para os africanos, tanto aos que eram trocados por álcool quanto para os que o consumiam. De fato, houve um gradual aumento do consumo de bebidas, e os números e estimativas resultantes da avaliação dos especialistas são assustadores. No século XVIII, encontrava-se em toda parte do litoral a *Eau-de-Vie* (Água da Vida), aguardente diluída parcialmente em água e consumida em toda parte do Reino de Daomé, conforme o testemunho de Vicente Ferreira Pires (1957, p. 37). Segundo consta, em 1780 a África ocidental importava cerca de 2.880.000 litros de álcool estrangeiro por ano. Durante o século XIX, a média anual passou dos 3.840.000 litros da década de 1820 para 23.000.000 litros na década de 1860. Desde então, o consumo de bebidas alcoólicas se tornou um problema endêmico em todo o continente (Macedo, 2013, p. 114-115). Ver JERIBITA; TRÁFICO NEGREIRO.

ALFA YAYA (c. 1850-1912). Imame governante de Labé, uma das nove províncias do estado muçulmano do Futa Jalom, no território da atual Guiné-Conacri. Filho de um chefe de Kansala, a capital do Reino de Kaabu ou Gabu, assumiu o poder quando os franceses começavam a ocupar o interior do país. Depois que os franceses derrotaram Bokar Biro, em 1896, Alfa Yaya firmou com eles um tratado, mas foi preso e deportado para o Daomé em 1905, falecendo alguns anos depois. Ver BOKAR BIRO; DAOMÉ; GABU; GUINÉ-CONACRI; IMAME; FUTA JALOM; KAABU.

ALFA. Termo de origem songai para designar o "letrado" ou "mestre". Em tamaxeque, a língua dos tuaregues, uma palavra de sentido equivalente é *Alfagha* (Saad, 1983, p. 296).

AL-FASI, Ahmad ibn Idris (1760-1837). Líder espiritual e reformador do sufismo nascido nas proximidades de Fez, no Marrocos. Com grande influência em Magrebe, Egito e Iêmen, fundou uma *tariqa* (confraria) que ficou conhecida como Idrisi. Um de seus discípulos foi Sayyid Muhamad Ibn Ali as-Senussi, fundador da ordem sufi de Sanusia (q.v.).

ALFAYAS. Título dinástico dos descendentes de Karamoko Alfa, líder dos peúles do Maciná.

ALIYU IBN ABDULLAHI-MAJE KAROFI (século XIX)

AL-GHALIB, Abdallah (1517-1574). Segundo sultão da dinastia saadiana no Marrocos, reinante a partir de 1557. Transferiu a capital de Fez para Marraquexe. Foi criticado pelos representantes do clero muçulmano devido às relações amistosas que manteve com os cristãos europeus.

AL-GHAMBA, Muhamad (século XIX). Erudito muçulmano influente no Império Axânti. Em 1807, estabeleceu-se em Kumasi, onde passou a ensinar em escolas corânicas, no período de governo do axântiene Osei Bonsu (1800-1823).

AL-GHASSANIY, Muyaka bin Haji (1776-1840). Poeta originário de Mombaça, Quênia. Compôs inúmeros poemas em quadras versificadas em escrita kiswahili, no estilo conhecido como shairi. Neles, são tratados temas da vida mundana que envolvem o amor e a infidelidade, aventuras eróticas e aspectos da vida social de Mombaça.

AL-GHAWRI, Qansuh (*Qansawh*). Penúltimo governante do sultanato mameluco do Egito, cujo prenome é também transliterado como *Qansawh*. Governou no período de 1501 a 1516, quando faleceu. Liderou diversas expedições contra os portugueses em disputa de influência no Mar Vermelho, em 1508, e lutou contra as tropas do Império Otomano, sendo derrotado pelo sultão Selim I na Batalha de Kaldiran, em 1514.

ALGODÃO. Ver AGRICULTURA.

ALI BEI, O GRANDE (1728-1773). Líder mameluco do Egito, tendo governado de 1760 a 1773. Era originário de uma família de cristãos da Geórgia, na região da Ásia Menor. Modernizou o exército, ao qual associou batalhões de mercenários portando armas de fogo, reformou e fortaleceu a administração central. Para financiar tais inovações, impôs pesadas taxas e tributos aos mercadores, artesãos e camponeses. Ver MAMELUCO.

ALI, MUHAMAD. Ver MUHAMAD ALI I.

ALIMI, Ahmad. Chefe de origem kanuri, governou o Bornu de 1791 a 1808. Lutou contra os fulânis no período de formação do Califado de Sokoto e, ao ser derrotado, abdicou em favor de seu irmão, Dunama, morrendo alguns meses depois. Ver KANÚRIS; SOKOTO, Califado; Jihad.

ALIMI. Imame fulâni também mencionado como Mallam Alimi. Tornou-se o emir de Ilorin em 1831, após o assassinato de Afonjá, mas foi morto sete anos depois. Ver AFONJÁ; ILORIN.

ALIMOTU PELEWURA (1865-1951). Comerciante nigeriana, nascida no seio do subgrupo iorubá dos *Awori*, líder da Associação das Mulheres do Mercado de Lagos, sua cidade natal, uma das mais importantes organizações femininas do período colonial. Filha de uma comerciante de pescado, seguiu o caminho materno com grande êxito. Em 1910, já uma importante líder das mulheres peixeiras, recebeu o título de *chief* das mãos do Oba Eshugbayi Eleko, governante tradicional de Lagos. Na década de 1920, com o apoio do importante político Herbert Macaulay, tornou-se líder da recém-formada Associação de Mulheres do Mercado de Lagos. Ver IORUBÁS; LAGOS; MACAULEY, Herbert.

ALIYU IBN ABDULLAHI-MAJE KAROFI (século XIX). Último emir de Kano, antiga cidade-Estado hauçá no território da atual Nigéria, também mencionado como *Babba* e *Mai Sango*. Seu reinado,

AL-JANNA, Ibn Twayr (1788-1849)

altamente militarizado, foi, na década de 1890, marcado por guerras longas e pela construção de fortificações que teriam prejudicado as atividades comerciais do reino. A par disso, levou uma vida aventureira, celebrada em narrativas orais.

AL-JANNA, Ibn Twayr (1788-1849). Historiador africano. Nascido em Wadan, em território da atual Mauritânia, por motivos religiosos e diplomáticos ganhou notoriedade como viajante e cronista. É autor da obra denominada *Rihla* (Relato), em que descreve detalhadamente sua peregrinação a Meca e suas várias viagens ao Egito através do Deserto do Saara e na área subsaariana.

AL-KANEMI (1776-1837). Nome pelo qual passou à História o *shehu* (sultão) al-Hajj Muhamad al-Amin ibn Muhamad al-Kanemi. Letrado muçulmano, professor e líder religioso e militar, liderou o Bornu de 1809 até sua morte. É destacado principalmente por seu sucesso em resgatar o Bornu dos jihadistas fulânis de Usman dan Fodio, e também como introdutor de importantes reformas sociais e políticas que deram ao velho império da época do Mai Idris Aluma um novo sopro de vida. No período de 1808-1824, suas atividades militares e sua grande capacidade diplomática frearam as pretensões dos reformistas fulânis e garantiu a influência do Bornu frente aos ataques do Estado Baguirmi (BOAKYE, 1982, v. 2, p. 13). Embora recusasse qualquer título pra si próprio e reservasse ao *mai* (rei) a maioria das funções de estado, tornou-se aparente que ele, como comandante do exército, era efetivamente o governante do Bornu. Assim, construiu sua própria capital em Kukawa, e a cidade se tornou a capital do Bornu, no lugar da antiga capital Birni Ngazargamu. E, embora esse não fosse seu desejo, seu governo acabou por fazer nascer uma nova dinastia.

AL-KHAMIS, Mohamed Bayram (1840-1889). Professor, escritor, jurisconsulto e reformador tunisiano. Membro de uma família do alto escalão do governo turco-otomano, defendeu inovações no ensino e mandou construir uma biblioteca em Zaytuna, na Tunísia.

AL-KUNTI, Ahmad al-Bakkai (c. 1803-1865). Chefe dos Kuntas em Tombuctu que liderou o grupo de 1847 em diante. Tido como notável erudito, estudou na região de Azawad, onde recebeu formação islâmica clássica, em língua árabe, aprendendo jurisprudência e teologia. Em 1864, liderou a rebelião contra os tuculores, na qual morreu o líder inimigo, El Hadj Omar Tall.

AL-KUNTI, Sidi al-Mukhtar (1729-1811). Místico sufi a quem se atribui a difusão dos princípios da confraria muçulmana da Kadíria na região do sudoeste do Saara durantes as últimas décadas do século XVIII e princípios do século XIX.

ALLADA. O mesmo que ALADA; ARDA; ARDRA.

ALLORON. Chefe sudanês originário da região de Bari (Nilo Branco). Era mercador, traficante de escravos e líder emergente na cena política na década de 1860, quando a presença turco-egípcia e europeia aumentava gradativamente no Sudão. Em 1869, fez oposição e combateu os ingleses liderados por Samuel Baker, mas este acabou por ocupar o Sudão do Sul com o apoio do quediva Ismail em 1869. Lutou também contra as forças britânicas lideradas por

Charles Gordon, e contra as tropas turco-egípcias de Amin Paxá.

ALMADA, André Álvares de. Militar cabo-verdiano nascido de pai português e mãe africana. Com larga experiência comercial com os povos de Senegâmbia e Guiné e graduado como capitão, foi personagem de destaque na cidade de Ribeira Grande, Ilha de Santiago, nas décadas finais do século XVI. É autor do *Tratado breve dos rios (ou dos reinos) de Guiné do Cabo Verde*, publicado em 1594, reconhecido como um dos mais detalhados registros de cunho etnográfico sobre os costumes, instituições políticas e atividades econômicas dos grupos que habitavam o litoral dos atuais Senegal, Gâmbia, Guiné-Bissau, Guiné-Conacri e Serra Leoa.

ALMADIA. Tipo de embarcação fluvial utilizada por diversos povos costeiros da África ocidental, como os bijagós da Guiné-Bissau e os krus de Costa do Marfim e Libéria. Eram canoas movidas a remo, em geral feitas de um só tronco de madeira, com capacidade média para três ou quatro remadores, muito utilizada nos rios da Senegâmbia e em toda a Costa da Guiné. A denominação tem origem no árabe *al-madia* e foi grafada nos séculos XVI a XVII nas formas *almadye, almadis, almades* (MAUNY, 2011, p. 31). Ver BIJAGÓS; BUDUMAS; KRUS.

ALMÂMI. Forma aportuguesada para o pulaar (língua dos tuculores) *almaami*, originário do árabe *al-imam*, título dos chefes religiosos do Futa Toro e do Futa Jalom (NIANG, 1997, p. 3; MAUNY, 2011, p. 31). Ver IMAME.

AL-MANSUR, Ahmed. Governante do Marrocos (de 1578 a 1603) da dinastia saadiana. Assumiu o trono em virtude da morte de Abd al-Malik na Batalha de Alcácer-Quibir em 1578. Durante o seu governo, o Marrocos incorporou territórios sob o domínio do Império Songai após a Batalha de Tondibi, em 1591. Adversário dos portugueses e dos espanhóis, estabeleceu relações diplomáticas com a Inglaterra da rainha Elizabeth I, propondo, em 1603, sem sucesso, uma invasão conjunta dos domínios espanhóis no Caribe. No interior do reino, criou um sistema administrativo conhecido como *makhzen*, baseado em isenções de determinadas taxas aos ministros e governadores que assumissem o controle local das tribos berberes.

AL-MIRGHANI, Hasan (1820-1869). Líder muçulmano do Kordofan, no norte da atual República do Sudão. Destacou-se como fundador da *tariqa* (confraria sufi) denominada *Khatmiyyah*, com grande número de seguidores.

AL-MUMIN. Antigo título muçulmano, também grafado como *al-Muminin*, usado com o significado de "o comandante dos crentes". Foi atribuído a Cheiku Amadu, o fundador do Império de Maciná. Ver MACINÁ.

AL-SAMLALI, Abu Hassoun Ali (século XVII). Líder espiritual e político marroquino. Membro do clã Samlala, ramo da tribo Jazula, nasceu na cidade de Massa, região de Sous. Durante o governo da dinastia Saadiana em seus pais, destacou-se como um dos mais respeitados "homens santos" da comunidade muçulmana, e por sua influência política era popularmente referido como o "emir de Sous", em alusão à sua região natal. Com a autoridade conquistada, exercia controle local nas rotas

AL-SANUSSI, Muhamad ibn Ali

de caravanas que escoavam o ouro do Bilad al-Sudan, contando com forças militares que dispunham de armas de fogo obtidas junto aos mercadores europeus – especialmente os holandeses. Desde a década de 1610, com o Marrocos dividido em dois centros políticos, Marraquexe e Fez, líderes de confrarias religiosas e de entidades políticas desafiavam a autoridade dos saadianos, com o objetivo de levar ao poder a dinastia do Alauítas. Al-Samlali, partidário da dinastia reinante, resistiu militarmente aos alauítas no momento da ascensão deles ao poder, sendo aprisionado em 1641 e exilado na região de Tafilalet, a noroeste de Marraquexe, onde morreu. Ver ALAUÍTAS; MARROCOS; SAADIANOS.

AL-SANUSSI, Muhamad ibn Ali. Ver SANUSIA.

AL-SIDDIQ, Abu Bakar (século XVIII). Personagem da História da escravidão, nascido em Tombuctu, provavelmente em 1790. Talvez ainda adolescente, depois de passar por Djenê, Kong e Buna, na fronteira do Império Axânti, foi feito cativo, em 1804, por guerreiros axântis, então em guerra com Buna. Enviado para uma feitoria na Costa do Ouro, foi vendido, embarcado e levado em um navio negreiro até a Jamaica. Lá, onde viveu com o nome Edward Donellan, obteve a liberdade em 1834. No ano seguinte, na Inglaterra, embarcou com o explorador John Davidson em uma expedição a Tombuctu, onde chegou através do Saara. Contudo, durante a travessia do deserto, a expedição foi atacada, Davidson morreu e Abu Bakr Al-Siddiq desapareceu. Antes dessa viagem final, entretanto, Al-Siddiq escreveu, em árabe, um relato de suas experiências, publicado por G. C. Renouard no *Journal of the Royal Geography em 1836.*

AL-TAHTAWI. Ver RIFA'A RAFI AL-TAHTAWI.

AL-TIJANI, Ahmed. Ver TIJANIA.

ALTO VOLTA. Antiga denominação da atual República de Burkina Fasso, que perdurou até a década de 1980. Ver BURKINA FASSO.

ALULA ENGIDA, Ras (1847-1897). Líder militar abissínio, considerado herói nacional da Etiópia. Nasceu em uma família camponesa na região do Tigré. Liderou diversos combates contra as forças turco-egípcias nas batalhas de Gunnet e Gura (1875), contra os sudaneses do MAHDI, em Kufiya, Set e Matemma (1885-1889) e contra os italianos, em Dogali (1887) e Adua (1896).

ALUMA, Idris. Ver IDRIS ALUMA.

ALVARENGA, Rosa de Carvalho. Também referida como Dona Rosa ou Nhá Rosa, era membro de uma família de negociantes de origem cabo-verdiana estabelecida na Alta Guiné, ativa em Cacheu e Casamansa, no comércio de marfim, escravos, cera de abelha e peles. Casada com João Pereira Barreto, alto oficial da capitania de Cacheu, mantinha boas relações com nativos papéis, banhus e felupes, tendo acesso a fornecedores do interior dos rios. Nas primeiras décadas do século XIX, contrariando as determinações da Inglaterra, participou do tráfico de cativos para o Brasil e o Caribe. Por volta de 1850, era também proprietária de fazendas onde se cultivavam arroz e algodão com utilização de mão de obra escrava. Dona Rosa, falecida na década de 1860, foi um dos muitos exemplos de mulher africana empreendedora e poderosa. Seu poder refletiu-se no fato de que um de seus filhos, Honório Pereira Barreto, ocupou o posto de governador da Guiné, e que sua linhagem, a dos Barreto e Alvarenga, integra a elite guineense até os dias atuais.

ÁLVARO I e ÁLVARO II. Reis do Congo, pai e filho, ambos portadores do nome nativo Mpangu Nimi-a-Lukeni lua Mvemba e reinantes respectivamente no período de 1568 a 1614 e no biênio seguinte. O segundo, tido como filho de uma mulher de condição escrava, venceu disputa com os demais irmãos pela sucessão do pai, assumindo o governo como manicongo (rei). Organizou uma força militar integrada por guerreiros escravizados do povo teke, e, com estes guerreiros, sem nenhum vínculo com as linhagens da aristocracia, conseguiu manter elas e os chefes locais sob controle. Da mesma forma, impôs tributos mais pesados aos mercadores portugueses e realizou diversos ataques a povos vizinhos para reduzi-los à condição de tributários. Ver CONGO, Reino do; TEKES.

ÁLVARO III. Nome cristão de Mbika-a-Mpangu Lukeni lua Mvemba, rei do Congo no período de 1615 a 1622 (GONÇALVES, 2005, p. 217-218).

AL-WALATI, Muhammad Al-Bartili (1727-1805). Professor e escritor nascido na cidade saariana de Walata, na atual Mauritânia. Estudou teologia, direito, gramática, filologia e retórica. Escreveu uma detalhada crônica acerca da história do Reino de *Tekrur, intitulada Fath ash-Shakur fi Marifat A'yan Ulama al-Takrur* (A chave dada por Deus para dar a conhecer os estudiosos notáveis de Tekrur).

AL-WANSHARISI, Ahmad (1430-1508). Sábio argelino, foi um renomado conhecedor do direito muçulmano ligado à escola de interpretação maliquita. É autor de 29 tratados de jurisprudência, mas sua obra principal é uma extensa compilação intitulada *Kitab al-Mi'yar,* onde são transcritas longas *fatwas*, isto é, decisões legais a consultas jurídicas sobre as mais variadas matérias. Ver MALIQUITA.

AL-YUSI, Sidi Lahcen (1631-1691). Erudito muçulmano de Marrocos, também mencionado como Hassan al-Yusi. Considerado um dos maiores sábios marroquinos, é venerado como homem santo. Deixou para a posteridade 48 livros de literatura, poesia, jurisprudência e teologia. Entre os mais difundidos está o tratado *Muhadarat* (leituras), em que apresenta suas impressões sobre os principais assuntos e eventos de seu tempo. Escreveu também três epístolas ao sultão Mulai Ismail (1672-1727), lembrando-o sobre os limites de sua autoridade e apontando situações em que cometeu abuso de poder. Ver MARROCOS; MULAI.

AMABUTHO. Forma plural do substantivo *butho* (regimento) usada na língua do povo zulu (isiZulu) para designar cada um dos grupamentos armados constituídos por homens da mesma faixa de idade. Ver ORGANIZAÇÕES MILITARES.

AMADOR. Nome pelo qual foi conhecido o líder da população dos angolares na maior revolta escrava na Ilha de São Tomé. Organizou um mocambo

AMADI NGONÉ COUMBA. Rei do Baol (1791-1810)

no interior da ilha, de onde partiam ataques contra cidades e fazendas de plantação da cana-de-açúcar. No final do século XVI, durante o período de conflito entre o bispo Francisco de Villanova (1590-1600) e o governador Fernando de Menezes (1593-1596), Amador juntou-se a outras lideranças escravas (Lázaro e Domingos), organizando uma grande revolta, invadindo a Igreja de Trindade e matando muitos brancos e mestiços. Em 14 de julho de 1595 foi proclamado rei, motivo pelo qual é lembrado na história do "Rei Amador". Os revoltosos foram organizados em quatro unidades de combate, que resistiram, sem sucesso, aos ataques das forças portuguesas. Então, Amador foi aprisionado e executado no dia 4 de janeiro de 1596, tendo seu corpo esquartejado e sua cabeça exposta no pelourinho. A revolta estimulou a partida de muitos plantadores de cana-de-açúcar para o Brasil. Após a Independência de São Tomé, ocorrida em 1975, Amador passou a ser considerado herói nacional em virtude de sua liderança na luta anticolonial. Sua efígie imaginária aparece nas notas da *dobra*, a moeda circulante no país, e o dia de sua execução é considerado feriado nacional. Ver ANGOLARES.

AMADI NGONÉ COUMBA. Rei do Baol (1791-1810). Seus guerreiros, chamados *ceddo* ou *tiedo*, invadiram o território de Diander, habitado pelos Lebus (Lebou). Estes, liderados por Dial Diop, os enfrentam, derrotam e fundam uma república teocrática governada por leis baseadas em princípios corânicos e estabelecem sua capital em Dacar. Dial Diop foi sucedido por seu filho Moktar Diop. Ver CEDDO.

AMADU BAMBA, Cheikh (1853-1927). Líder religioso sufi no Senegal. Nascido na comunidade de Mbàkke, no Reino de Baol, em uma família de marabus da confraria Kadíria, fundou, na cidade de Tuba (*Touba*), a confraria (*tariqa*) dos Múridas (*Muridiyya*), a mais importante congregação muçulmana do Senegal contemporâneo. Místico, asceta e pacifista, autor de inúmeros textos religiosos, poemas e folhetos voltados para a meditação, Cheikh Amadu Bamba conquistou inúmeros seguidores e representou uma ameaça ao colonialismo francês, sendo por isto exilado no Gabão (1895-1902) e na Mauritânia (1903-1907), para ser finalmente libertado em 1910. É considerado o mais importante chefe religioso da história do Senegal, por ser aquele que cristalizou as aspirações de uma população oprimida pela colonização e por todas as transformações por ela provocadas. Seu nome é expresso, em uolofe, como *Aaamadu Bamba Mbàkke*; na forma árabe, como *Ahmad Ibn Muhamad Ibn Habib Allah*, também como Khadimu r-rasul (o "servo de O mensageiro"); e, ainda, como *Seri Tuuba* ou *Serignè Touba*. Ver SÉRIGNÉ.

AMADU SEKU TALL (1836-1895). Líder político e religioso, governante do Império tuculor de Segu de 1864 a 1884. Também referido como Ahmad do Tuculor, era filho de El Hadj Omar Tall. Após a morte do pai, foi *faama* (rei) das regiões orientais de Segu, sufocando rebeliões de populações vizinhas, mas entrando em choque com seus irmãos. Em 1892, quando o exército colonial francês tomou Segu, fugiu para Sokoto, na atual Nigéria, onde morreu em 1895.

AMADU CHEIKU. Líder religioso e guerreiro dos fulânis do Maciná. Filho mais velho de Cheiku Amadu e irmão de Amadu-Amadu, sucedeu o pai em 1844 e foi sucedido pelo irmão, quando de sua morte em 1853. Ver CHEIKU AMADU.

AMADU-AMADU (*Amadou Amadou*). Líder do Império Fulâni do Maciná, filho mais novo ou neto de Cheiku Amadu, morto em 1862 durante a tomada de sua capital, Hamidulai, pelo exército tuculor de El Hadj Omar Tall (Bâ, 2003, p. 26). Era irmão de Amadu Cheiku. Ver CHEIKU AMADU; AMADU CHEIKU.

AMAKIRI I (*c.* 1750-1800). Governador de Ijaw, no Calabar, fundador de uma dinastia que leva o seu nome. Assumindo a liderança de uma casa de comércio se tornou, tanto pelo sucesso comercial quanto por seu temperamento guerreiro, maior e mais poderoso que seus concorrentes e rivais. Segundo cronistas de seu tempo, a prosperidade e o poder das comunidades do Delta do Níger se deveram muito à sua influência (AFRICAN ENCYCLOPEDIA, 1974, p. 55).

AMALAMAN ANO (*Amalaman Anoh*). Rei Sanwi que liderou os Agnis em seu estabelecimento na Costa do Marfim por volta de 1740.

AMANDEBELES. O mesmo que Ndebeles e Wamandebelo (OLDEROGGUE, 1984, p. 220).

AMARI NGONE (*Amadi N'Goné Fall*). Damel do Cayor. Em 1786, derrotou o *almami* (imame) Abdul Kadiri Kaan do Futa Toro, restabelecendo a aristocracia no seu estado e no Ualo.

AMÁRICO. Relativo ao povo etíope amhara. Feminino: amárica. Ver AMHARA.

AMAZONAS DO DAOMÉ. Expressão pela qual se tornou conhecido nos textos de observadores ocidentais, escritores e administradores coloniais o grupamento de mulheres-soldados a serviço do Reino do Daomé nos séculos XVIII e XIX, também mencionadas como *Ahosi*. As primeiras informações sobre a atuação dessas guerreiras datam do período de governo de Agajá. Muito bem treinadas, suas integrantes eram encarregadas do policiamento do palácio real e da guarda pessoal do soberano, além de participarem das guerras em que o reino se envolvia. Já em 1793, o oficial escocês Archibald Dalzel assinalava a presença de várias centenas delas entre as integrantes do palácio de Abomé. E, cem anos depois, essas guerreiras se tornavam o foco das atenções das tropas coloniais francesas. O batalhão de mulheres-soldados fora criado como força de defesa do harém e para auxiliar os 3 mil membros da Guarda Real. No momento de consolidação da instituição, as mulheres eram escolhidas entre escravas não daomeanas, que não tinham nenhuma ligação com o rei. Esse processo de seleção sofreu alterações por volta de 1850, quando o rei Guêzo concedeu às mulheres status igual ao dos homens e estabeleceu processo de recrutamento, seleção e prestação de serviços por três anos. Na década de 1880, as comandantes eram escolhidas das melhores famílias da nobreza, o que fazia delas uma força tanto militar como política. Pelos relatos dos contemporâneos, as mulheres-soldados daomeanas, testadas na campanha ofensiva de 1840 contra os povos egbá, demonstraram qualidades excepcionais na guerra. **Eurocentrismo.** O

AMBACA

termo *ahosi* com que também foram referidas essas "amazonas", e mesmo esta denominação, traduzem evidente caráter eurocêntrico e produziram uma imagem fortemente exotizada do grupo. Na época, contava-se que, enquanto um guerreiro levava cinquenta segundos para carregar um mosquetão, uma ahosi podia executar a mesma tarefa em trinta. Aquelas mulheres que, além de guerreiras, fossem hábeis caçadoras de elefantes, eram autorizadas a usar um penteado especial, que consistia em um par de chifres de antílope. Segundo relatos de europeus que estiveram na corte do rei Behanzin, os soldados daomeanos do sexo masculino, sempre portando um rifle e um facão, eram musculosos, silenciosos e austeros; e as mulheres, que portavam as mesmas armas, eram tão intimidadoras quanto eles. Essas impressões se refletem nos relatos de guerra, nos quais os observadores destacam sempre a valentia e o furor, às vezes sanguinário, das mulheres-soldados. Essa força de guerra, aliada à utilização de armas europeias, fez do exército do Daomé um dos mais temidos adversários dos franceses no século XIX. Entretanto, em 1892, as balas francesas e a varíola escreviam a última página da legenda das "amazonas do Daomé" (SKELTON, 1998, p. 70-71). Ver AHOSI; SEH-DONG-HONG-BEH.

AMBACA. Ver MBAKA.

AMBAR, Malik. Ver MALIK AMBAR.

AMBOMU (*Mbomu*). Povo da África Central, tido como um dos formadores do atual povo zande ou azande (q.v.). Ver AZANDES.

AMBUÍLA (*Mbwila*). Região no território da atual província angolana de Uije. Foi o palco da grande batalha travada entre as forças luso-brasileiras (sendo Angola então governada pelo brasileiro André Vidal de Negreiros) e as do Reino do Congo, em 29 de outubro de 1665. Nesse embate, morreu o *ntotila* (rei) Vita-a-Nkanga Nlaza, "Mwana Nlaza", D. Antonio I (PARREIRA, 1990a, p. 162). Embora dispondo de um contingente numericamente muito grande de guerreiros recrutados em diversas províncias, os congoleses foram vencidos pelos portugueses e seus aliados mestiços e uma poderosa "Guerra Preta" integrada por jagas que empregaram armas de fogo. Além do rei, morreram em combate 98 nobres de alta linhagem, cerca de 400 chefes de guerra e milhares de homens da tropa. A derrota ocasionou imediatos enfraquecimento e perda de influência da mais importante formação estatal da África centro-ocidental nos séculos XVI-XVII, que se tornou fonte direta de fornecimento de cativos no tráfico transatlântico. Ver ARMAS DE FOGO; GUERRA PRETA.

AMBUNDOS (*Mbundu*). Conjunto de povos de matriz linguística banto falantes do quimbundo e de variantes dialetais suas, cuja área abrange os territórios das atuais províncias angolanas de Luanda, Bengo, Malanje e Cuanza-Norte (MPLA, 1980, p. 51). Sua localização histórica se deu principalmente entre o rio Loango, ao sul, e o Bengo, ao norte; e, para leste, entre o rio Luando, no sul, até o curso inferior do Kambo (PANTOJA, 2011, p. 45). Suas lideranças foram responsáveis pela fundação do Reino do Dongo. No século XVI, os ambundos estavam distribuídos por grupos

AMÉRICA, Africanos na conquista da

politicamente desconectados. Em resposta às pressões do Reino do Congo, ao norte, suas lideranças buscaram unir-se em torno do *ngola* (rei) do Dongo. Mas esta centralização foi destruída pelos portugueses, que, do século XVI ao fim do século XVII, provocaram guerras e escravização entre os povos da região. Os ambundos se relacionam linguística e culturalmente tanto com os ovimbundos, seus vizinhos do sul, quanto com os congos, localizados ao norte de seu território original (disponível em: <www.britannica.com/topic/Mbundu>. Acesso em: 10 set. 2017). Ver BACONGOS; BUNDAS; CONGO, Reino do; DONGO; HOLOS; IMBANGALAS; JAGAS; JINGAS; JINGA, Rainha; LUANDA; MOÇÂMEDES; MULEMBA; NDUMBA TEMBA; NGOLA KILUANJE; NGOLA-A-ARI; NGOLA-MUSURI; NGOLEME; OVIMBUNDOS; QUIMBARES; QUIMBUNDO; UMBUNDO; TRÁFICO NEGREIRO.

AMENDOIM (*Arachis hypogeae, L*). Planta cujas sementes, além de alimentícias, são usadas na feitura de inúmeros produtos. Na segunda metade do século XIX, constituiu item importante da economia da Senegâmbia, sendo exportado por meio do rio Gâmbia e da região da Pequena Costa, entre o rio Gâmbia e Dacar (PERSON, 2010, p. 747). Ver AGRICULTURA.

AMÉRICA, Africanos na conquista da. Ocorrida nas primeiras décadas do século XVI, quando o tráfico de cativos a partir de Senegâmbia e Guiné já contava cerca de meio século, a conquista dos povos ameríndios pelos espanhóis teve participação de africanos escravizados deslocados para a América. **Auxiliares.**

Os primeiros desses africanos atravessaram o Atlântico já em 1502; e, como a partir de 1510 o tráfico regular de cativos foi autorizado pela monarquia espanhola, ao final do século XVI cerca de 100 mil africanos tinham sido transportados para as áreas pretendidas pelos espanhóis. Alguns, como o célebre "Estebanico", acompanharam os aventureiros e exploradores nos primeiros contatos com as populações locais. Outros, ao contrário, abandonaram seus senhores e engrossaram as fileiras dos nativos americanos, como acontecido em 1502 e reportado por Nicolau de Ovando, governador de Hispaniola. Nas décadas de 1520-1530, muitos africanos escravizados faziam parte das tropas comandadas por Hernán Cortez na conquista do México, provavelmente como transportadores e auxiliares dos soldados. Mas alguns, em virtude de suas habilidades pessoais e capacidade de iniciativa, lograram alterar a situação inicial e assumir posições de protagonistas. De alguns restaram apenas o nome, caso de Sebastian Toral, Pedro Fulupo (provavelmente de origem felupe, da Guiné), Juan Bardales, Antonio Perez *etc*. Poucos ganharam notoriedade, mas destes é possível recuperar a história. É o caso de Juan Garrido, escravizado na década de 1480 na África ocidental e levado para Lisboa, Sevilha, e para o Caribe em 1502-1503. Alguns anos mais tarde, já como homem livre, ele e outros negros tomaram parte junto com Ponce de León da conquista de Porto Rico, e em 1515 invadiram Cuba junto com Diego Velázquez, participando igualmente da ocupação da Flórida na América do Norte. Caso semelhante foi

AMHARA

o de Juan Valente, escravizado na África ocidental provavelmente em 1505 e levado ainda criança por traficantes portugueses para a Europa. Valente, esteve entre os cativos enviados ao México logo depois da queda do Estado asteca, tendo sido vendido em 1530 a Alonso Valiente. Alguns anos mais tarde, em acordo firmado com o proprietário, juntou-se às tropas de Diego de Almagro, e de 1535 a 1553 participou dos combates contra os povos mapuches, onde obteve os recursos necessários para negociar sua liberdade e adquirir propriedades na cidade de Santiago – da qual foi um dos fundadores. Foi como conquistador e *encomendero* que ele morreu durante a Batalha de Tucapel, em 1553 (RESTALL, 2004, p. 92-105). Ver DIÁSPORA AFRICANA.

AMHARA. Topônimo e nome étnico que designa, ao mesmo tempo, uma região do planalto central da Etiópia, sede do Império Etíope cristão, e seus habitantes originais, falantes do amárico e construtores, na Antiguidade, da civilização de Axum. No século XVI, os amharas, enquanto civilização, davam sinais de declínio. A partir daí, seu vasto território acabou se tornando substancialmente reduzido, principalmente durante a época de Ahmad Gran, celebrado guerreiro muçulmano e líder político. Sob o imperador Galawdewos, a Etiópia iniciou sua gradativa reconstrução, obstaculada, entretanto, pela invasão dos oromos, que desestabilizou a monarquia amárica tanto quanto a ação islâmica (PAGE, 2005, v. III, p. 12).

AMIN, Qasin Mohammed (1863-1908). Ativista e escritor nascido em Alexandria, foi filho de um oficial otomano e mãe egípcia. Destacou-se por seu engajamento intelectual em defesa de reformas do Islã e, sobretudo, em defesa do direito das mulheres egípcias à educação e à participação em espaços públicos.

AMINA, Rainha. Governante de Zaria (Zazzau), uma das cidades-estado hauçás, onde detinha o título de *saraunya*, equivalente ao de rainha ou esposa do rei. Sucedeu o pai, Bakwa Turunku, e exerceu suas funções, segundo alguns estudiosos, provavelmente de 1533 até 1583, e segundo outros, a partir de 1576. Liderou diversos combates contra as cidades vizinhas e o Reino Nupe, cobrando-lhes tributo. É também mencionada como Amina Zazzau, expressão talvez relacionada ao topônimo Zazzau.

AMINA BINT Al-HAJJ ABD AL-LATIF. Escritora marroquina. Foi uma eminente moradora de Tetuan, cidade do noroeste de Marrocos, capital da província de mesmo nome, no reinado do sultão Suleiman (1793 -1822), tendo atuação pública entre 1802 e 1812. O enunciado de seu nome revela ser filha (*bint*) de um peregrino muçulmano (*hajj*). Nessa condição, destacou-se como grande conhecedora de jurisprudência islâmica, sendo reconhecida por sua erudição. Além de escritora, foi exímia copista de manuscritos, exercendo uma arte tão tradicional quanto rara entre mulheres em sua época. Deste seu trabalho, conservaram-se a última parte do *Targhib wa'l-Tarhib*, de autoria de Al-Mundhiri (1802), e uma cópia do Alcorão datada de 1812. Ver ISLAMIZAÇÃO.

AMISTAD, La. Denominação do navio negreiro no qual se desenrolou um célebre e inusitado episódio da história das rebeliões escravas. Em 27 de junho de 1839, a escuna *La Amistad* saiu de Havana rumo à cidade cubana de Porto Príncipe com um carregamento de cativos recém-chegados da África. Eram cerca de cinquenta indivíduos do grupo Mende, de Serra Leoa, colônia britânica onde a escravidão já tinha sido abolida. Teriam sido sequestrados por traficantes portugueses e vendidos, em Havana, a dois proprietários de plantações de açúcar cubanas, situadas na cidade de Porto Príncipe, na atual província de Camagüey. No trajeto, porém, liderados pelo cativo de nome Joseph Cinqué, os escravizados insurgiram-se, matando o capitão e três marinheiros e ordenando aos tripulantes a volta à África. Os condutores obedeceram, mas levaram o navio por outra rota. Assim, em agosto, em Long Island, Nova York, a embarcação interceptada por uma brigada costeira dos Estados Unidos e sua carga humana foram levadas para Connecticut, estado em que a escravidão ainda estava em vigor. Em 1841, depois de um rumoroso julgamento, Cinqué (ou Sengbe Pieh) e os companheiros sobreviventes foram libertados e retornaram à África. Ver CINQUÉ, Joseph; MENDES; SERRA LEOA.

AMO GUINEA AFER (1703-1783). Cognome usado por Anton Wilhelm Amo, reconhecido como o primeiro filósofo africano da Idade Moderna. Esse cognome expressa uma reivindicação de cunho identitário, significando, literalmente "Amo da Guiné, o Africano". Nascido nas proximidades de Axum, na Costa do Ouro, e falecido em Shama, aos 7 anos Amo foi levado para a Europa como escravo, sendo depois entregue pela Companhia das Índias Ocidentais ao Duque de Brunswick-Wolfenbüttel para ser acompanhante do filho dele em sua corte. Residiu primeiro na Holanda (Amsterdam), e depois na atual Alemanha. Realizou seus estudos sob a proteção do duque, e ao ser batizado cristão adotou os nomes das pessoas a quem estava ligado, adicionando ao seu nome próprio, Amo, o primeiro nome do Duque (Anton Ulrich) e o do filho do Duque (Wilhelm Augustus), de modo que seu nome europeu ficou Anton Wilhelm Amo. Estudou Filosofia e Direito na Universidade de Brunswick e na Universidade de Halle, e em 1729 defendeu a tese de direito intitulada *De jure maurorum in Europa* (Do direito dos mouros na Europa), na qual argumentou sobre a inexistência de base jurídica no Direito Romano para a escravidão dos negros africanos. Logo depois, a partir de 1730, estudou na Universidade de Halle-Wittenberg, onde obteve o título de mestre em Filosofia e Artes, com uma dissertação a respeito dos reflexos da apatia (*apatheia*) na mente humana. Nos anos seguintes, foi admitido como lente na própria Universidade de Halle-Wittenberg (1734-1737) e na Universidade de Iena (1739-1740), alcançando fama como filósofo e especialista em psicologia e parapsicologia, além de como autor de um extenso tratado de lógica. Em 1740, foi indicado para ser conselheiro na corte do rei da Prússia, em Berlim. Anos mais tarde, em 1753, retornou para sua terra natal, sendo reverenciado como "O homem que conhece o futuro", devido aos seus conhecimentos de astrologia e astronomia. Passou seus últimos anos em um forte holandês em Shama, onde faleceu.

AMPONSEN I, Boa

AMPONSEN I, Boa. Rei de Denquira (*c.* 1670-1692), anterior a Ntim Gyakari, no período de apogeu do domínio desse reino na comunidade Akan.

ANÁ (*Ana*). Povo da Iorubalândia, localizado a partir da fronteira com o antigo Daomé. O nome designa também o reino fundado por esse povo. Ver IORUBALÂNDIA.

ANA JOAQUINA DOS SANTOS. Ver ANA MULATA, Dona.

ANA MULATA, Dona (1800-1859). Nome pelo qual se fez conhecida Ana Joaquina dos Santos e Silva, comerciante e traficante de escravos nascida em Angola, filha de pai português e de mão luso-africana. Também referida pelo nome nativo ou cognome Andembo-ya-Tata (AGUALUSA, 2009, p. 115), destacou-se como rica e influente financiadora, investidora e empreendedora, com atuação principal nos negócios do tráfico transatlântico. Ao longo da vida casou-se, sucessivamente, com dois mercadores portugueses dos quais herdou bens e deu continuidade aos negócios. Foi proprietária de fazendas de açúcar em Ikolo e Bengo, e de outras plantações no distrito de Colungo Alto e em Moçâmedes, no litoral sul de Angola. Detinha a propriedade de diversos navios negreiros que circulavam dos portos de Luanda e Benguela para a Bahia, Recife, Rio de Janeiro e também abasteciam os mercados de escravos em Montevidéu e em Lisboa. Em 1843, ela também atuava junto aos sertanejos e pombeiros no apresamento de escravos no interior, em parceria com o comerciante e explorador português Joaquim Rodrigues Graça. Ver POMBEIROS; TRAFICANTES; TRÁFICO NEGREIRO.

ANA NZINGA. Uma das formas de referência a Nzinga Mbandi, a legendária Rainha Jinga (q.v.).

ANDERSON, Benjamin (1834-1910). Político, escritor e viajante nascido e educado na Libéria, onde foi Secretário do Tesouro entre 1864 e 1866. Visitou os Estados Unidos junto com Edward Wilmot Blyden, quando persuadiram dois filantropos a financiar uma expedição ao interior do país. Deixou Monrovia em 1868, e após vários meses de viagem alcançou o Reino mandinga de Musardu. Descreveu a viagem e o local visitado no livro *Narrative of a Journey to Musardu* [Narrativa de uma viagem a Musardu] (1870). Ver BLYDEN, Edward Wilmot.

ANDONI. Outro nome atribuído ao povo obolo, da região do Delta do Níger, no sul do atual território da Nigéria, integrante o grupo étnico Ijaw. No período do tráfico transatlântico de escravos, manteve relações especialmente com Bonny e Opobo.

ANDRIANAMPOINIMERINA (1745-1810). Governante de Ambohimanga, uma das províncias do Reino Merina, em Madagascar, a partir de 1780, é também mencionado como Naipoina. Por volta de 1782, assumiu o controle de todo o reino, promovendo uma série de mudanças administrativas que permitiram a centralização do poder político. Reorganizou a economia, desenvolveu canais de irrigação para as plantações de arroz, incentivou o tráfico negreiro com mercadores franceses das ilhas Mascarenhas. É lembrado como o unificador do Reino Merina. Ver MADAGASCAR.

ANDULO (*Ndulu*). Reino em Angola. Ver KATEKULU-MENGO.

ANGOLA

ANÉHO. Cidade da região sul do Togo, no Golfo da Guiné, próxima à fronteira com Benin, outrora referida como *Anécho*. Observe-se que, no nome, da língua fon ou fongbé, a pronúncia da letra "h" é aspirada, soando como "Anerro". Fundada no final do século XVII por indivíduos do povo guin-Mina, fugitivos dos ataques dos Axântis em Elmina, desenvolveu-se como movimentado porto escravista. Entre 1885 e 1887, foi a capital da Togolândia, unidade colonial alemã, e em 1914 foi ocupada pelos franceses. Ver TOGO.

ANEK MATHIANG YAK (século XIX). Líder política no território do atual Sudão do Sul. Nascida em Pagok Pathiong Gok Dinka por volta de 1860, ainda criança foi aprisionada e vendida no entreposto de Tonj como escrava. Tendo aprendido a ler e escrever em árabe na cidade mahdista de Omdurman, por ocasião da ocupação do Sudão pelas forças turco-egípcias escapou do cativeiro e retornou ao seu local de origem, assumindo gradualmente posição de liderança local. Ver MAHDISTA; SUDÃO.

ANGLO-BÔER, Guerras. Ver BÔERES.

ANGOLA. País atlântico do sudoeste africano. O território da atual República, ocupado por povos bantos entre os séculos VIII e XIII, viu nascer suas primeiras unidades políticas por volta do século XI. A penetração portuguesa consumou-se em 1575, quando foi criado na Ilha de Luanda o forte e entreposto comercial que deu origem à cidade de mesmo nome, capital da futura república. A partir daí, os lusitanos avançaram militarmente para o interior e ergueram, ao longo dos rios Cuanza e Lucala, diversos postos avançados, misto de fortificações e entrepostos comerciais. Diante desse avanço, as diversas unidades políticas locais, aliadas ou não, resistiram firmemente à ocupação. O mencionado entreposto era a pedra fundamental da colônia, que, seguindo o modelo brasileiro, Portugal projetava para a África. Mas os vários reinos existentes na região reagiram, impondo às forças lusitanas derrotas contundentes como a de Angoulême, em 1590. No século XVII, depois de fracassarem no Congo, os portugueses voltaram-se para a bacia do rio Cuanza. Lá, conseguiram a deposição da sucessora ao trono do Dongo, um dos principais reinos locais, impondo em seu lugar um títere, obediente aos seus propósitos. Esse evento impulsionou a trajetória de Nzinga Mbandi, a célebre "Rainha Jinga", que a partir do Reino de Matamba construiu sua legenda de resistência, de 1618 a 1657. Entre 1641 e 1648, Luanda esteve sob o domínio dos holandeses, os quais, aliados à Jinga, mantiveram os portugueses confinados na região de Massangano, datando dessa época a opção forçada dos portugueses pelo tráfico da contracosta. Durante as guerras angolanas, um volumoso contingente de escravos foi embarcado para as Américas. Finalmente, em 1671, o Dongo, que se destacara como o principal inimigo dos lusitanos, e por eles designado como "Reino de Angola" (ou do *Ngola*, título de seu soberano), foi sendo cada vez mais pressionado e reduzido em seu território. A situação era agravada pelo fato de que, além de outros reinos dominados, diversos chefes locais passavam para o lado inimigo, assinando "tratados de vassalagem" e sendo obrigados a obediência e fidelidade absolutas à

ANGOLA

coroa portuguesa. Assim, o Dongo acabou sendo denominado "Reino Português de Angola" (HEINTZE, 1995, p. 9). A cronologia dessa luta, apenas até a abolição do tráfico negreiro entre a Angola e o Brasil, pode ser assim resumida: (1676/1738) revoltas populares nos Estados livres da Quissama; (1679) resistência dos Jagas no Libolo; (1681) Batalha de Matamba, na qual morre o comandante português; (1692/1872) os Dembos resistem a nordeste de Luanda; (1692/1902) revoltas no Planalto de Bié; (1764/1772) o governador português tenta conter o tráfico negreiro e desenvolver Angola, sem êxito; (1774/1776) expedições portuguesas contra Bailundo e Ndulu; (1839) entra em vigor a lei de 1836 que proíbe o tráfico; (1845) a Inglaterra decreta o Bill Aberdeen, lei que submete os brasileiros suspeitos de tráfico à jurisdição dos tribunais ingleses, sendo punidos como piratas; (1850) o tráfico negreiro para o Brasil subsiste na clandestinidade. **Angola e Brasil**. Durante os séculos XVII e XVIII, a política portuguesa em Angola era dirigida do Brasil, e as ligações políticas e econômicas entre os dois países eram tão estreitas, com tantos personagens e fatos históricos comuns que o historiador Jaime Cortesão não hesitou em considerá-la "uma província portuguesa do Brasil". **Angola nos Estados Unidos**. Em 2011, no livro *Angolanos na formação dos Estados Unidos da América* (edição do autor), o pesquisador luandense Vladimiro Fortuna demonstra, lastreado em copiosa bibliografia, que os primeiros africanos, chegados à América do Norte, mais especificamente a Jameston, Virginia, em 1619, eram provenientes de Angola. Como fonte principal dessa informação, Fortuna cita um artigo do historiador norte-americano Engel Sluiter, *New Light on "20 and Odd Negroes" Arriving in Virginia in 1619* (Nova luz sobre os 20 e tantos negros chegados a Virginia em 1619), também acessível na internet (cf. referência bibliográfica ao final deste corpus). A conclusão veio depois de localizados os registros das viagens efetuadas pelos portugueses que forneciam africanos cativos para as colônias espanholas na América. Ainda segundo Fortuna, a colônia de Virginia beneficiou-se do controle holandês sobre Luanda, o qual tornou Nova Amsterdam, a atual Nova York, o segundo maior centro receptor de serviçais provenientes do que hoje é Angola, sobretudo durante a década de 1640. Como peculiaridade, todos esses africanos falavam apenas o quimbundo e o quicongo, além de rudimentos do português, num momento histórico em que a Virginia ainda não teria adotado a forma servil de trabalho caracterizada como escravismo, e o trabalho dos africanos consistiria numa espécie de servidão. Fortalecendo sua tese, o autor menciona a existência, em registros de batismos da Nova Amsterdam seiscentista, de diversas ocorrências dos sobrenomes "van Angola" e "d'Angola", indicando a origem dos recém cristianizados (FORTUNA, 2011, p. 114-115; 122-123; 130-131). *Catálogo dos Governadores de Angola*. Este título designa importante obra anônima, fundamental para o conhecimento da história do país, compreendendo quatro crônicas breves, redigidas em forma manuscrita, sobre a administração dos primeiros administradores portugueses em Angola, estendendo-se do período de Paulo Dias de Novais (1575-1589) até o do governador em exercício na época da escrita – 1784, no primeiro caso, à década de 1790, no segundo caso, e cerca de 1824, no terceiro caso; além de uma seção dedicada exclusivamente aos anos 1758-1772. Tais documentos encontram-se em forma impressa na *Collecção de notícias para a história e geografia das nações ultramarinas, que vivem nos domínios portuguezes, ou que lhes são vizinhas*, obra publicada pela Academia Real das Ciências de Lisboa (tomo III, parte I, 1825). Ver ÁFRICA AUSTRAL; ÁFRICA CENTRAL E CENTRO-OCIDENTAL; AMBUÍLA; AMBUNDOS; BACULAMENTO; BAILUNDO; BENGUELA; BIÉ, Planalto de; BRASILEIROS NA ÁFRICA; BUNDAS; CABINDA; CAÇANJE; CHÓCUES; CONGO, Reino do; CONGO, Rio; CONTRACOSTA; COSTA DOS ESCRAVOS; CUANGO; CUANZA; DONGO; EKUIKUI; EUROPEUS NA ÁFRICA; FEIRAS; HORDAS ITINERANTES; HUAMBO; IMBANGALAS; JAGAS; JERIBITA; KAKONDA; KATIAVALA; KINDONGA; LOANGO; LOZIS; LUANDA; LUANGO; LUCALA; LUENAS; LUNDA; MALANJE; MASSANGANO; MATAMBA; MOÇAMBIQUE; MOÇÂMEDES; MULEMBA; NAMÍBIA; NGOLA KANINI; NGOLA KIA MBANDI; NGOLA KILUANJE; NOVO REDONDO; NZINGA MBANDI; OVIMBUNDOS; PARTILHA DA ÁFRICA; POMBEIROS; PRESÍDIOS; PUNGO ANDONGO; QUILENGUES; QUILOMBO; QUIMBARES; SANGA; RACISMO; JINGA, Rainha; RELIGIÃO TRADICIONAL AFRICANA; RODÉSIA; SOBA; TRÁFICO NEGREIRO; TXIACA; VIYÉ; YAKAS; ZAMBEZE; ZÂMBIA.

ANGOLARES. População de artesãos e pescadores ocupante do litoral sul da Ilha de São Tomé, ao sul no Distrito de Caué e ao noroeste no Distrito de Lembá, além das comunidades de São João da Vagem, Pantufo e Praia Melão. Segundo a tradição, sua origem remonta a 1540-1550 e estaria vinculada aos remanescentes de um negreiro proveniente de Angola que teria ou naufragado nas proximidades do litoral ou sido destruído após uma revolta dos cativos nele transportados. A essas comunidades é atribuída uma série de ataques a plantações e vilas são-tomenses na segunda metade do século XVI, bem como a grande revolta chefiada por Amador em 1595. Para muitos, o vínculo de origem com os povos angolanos é comprovado pela proximidade entre a língua dos angolares e a língua quimbundo, e pela própria semelhança física deles com populações do noroeste angolano, como os povos biessos e bailundos. Atualmente, além desta hipótese há duas outras possibilidades de interpretação da origem dos angolares: a de que poderiam ser descendentes de populações autóctones (contrariando a ideia de que a ilha estivesse desabitada antes do estabelecimento dos primeiros portugueses) ou que tenham sido descendentes de comunidades de escravos levados para trabalhar nas roças são-tomenses desde o final do século XV. Ver AMADOR.

ANGÔNIA. Região de Moçambique no território da atual província de Tete. Segundo Galvão e Selvagem (1953, p. 57-58),

ANGÔNIS (*Angoni, Ngoni*)

a criação da Angônia teria ocorrido na década de 1820, quando do envio, pelo zulu Chaka, de tropas comandadas por um chefe chamado Ngala para combater o "Manicusse", que o derrotou. Temendo voltar e ser castigado pelo fracasso, Ngala atravessou o Zambeze, estabelecendo-se nas terras altas das vizinhanças de Tete, onde fundou o "país dos angônis". Ver ANGÔNIS; CHAKA; MANICUSSE; ZULUS.

ANGÔNIS (*Angoni, Ngoni*). Denominação com que, em Moçambique, são referidos os ngúnis "propriamente ditos", ramo do povo ngúni. Forçados a deixar seu habitat durante o *Mfecane*, movimento ocorrido entre os anos de 1815 e 1835, aproximadamente, migraram para terras atualmente pertencentes a Maláui, Moçambique, Tanzânia e Zâmbia. Nelas, formaram pequenas unidades políticas ampliadas, por cerca de meio século, pela utilização dos mesmos métodos usados pelos zulus que os haviam expulsado (PAGE, 2005, v. III, p. 209). Em Moçambique, a denominação *angôni* é usada para designar, especificamente, o povo que em 1824 ocupou o sudeste da atual República Moçambicana – região que ganhou o nome de Angônia – sob a chefia de Sochangane, também referido como Manicusse. No dizer de Ki-Zerbo (1972, v. II, p. 11), a denominação ngoni foi a adotada pelos ngúnis dissidentes que se rebelaram contra Chaka, e isto ao mesmo tempo em que Chaka renomeava seu povo como *Zulu*. O nome *ngoni* parece ter relação com o xhosa *ingonyama*, leão (FISHER, 1985, p. 349), ou mesmo com *ngone*, vocábulo que na língua changana designa o "cão, peça de arma de fogo" (SITOE, 1996, p. 148). Observe-se, no verbete respectivo, a existência de um chefe dos Ngonis, referido como Manicusse ou Sochangane, possivelmente falante da língua changana. Em meados do século XIX, os angônis tinham estabelecido um estado centralizado situado no atual território de Moçambique e expandido até o sul do Zimbábue, mesclando-se à população local para criar novos e maiores reinos (RODNEY, 1975, p. 191). No fim do século XIX, entretanto, todos os povos do grupo Angôni caíram sob o domínio colonial de Portugal, Inglaterra ou Alemanha. Ver ÁFRICA DO SUL, República da; CHAKA; MALÁUI; MOÇAMBIQUE; NATAL; NGÚNIS; SOCHANGANE; TANZÂNIA; ZÂMBIA; ZULUS.

ANGUANÁSSI (*Ngwanasi*). Uma das formas pelas quais é referido (a outra é "Neguanássi") um personagem da história de Moçambique. Líder na região de Maputo, em 1896 se revoltou contra os domínios português e dos mercadores indianos. Derrotado na Batalha de Macassene, foi forçado a se exilar, no que a região foi dominada pelos portugueses (ALMEIDA, 1978, v. II, p. 303).

ANGUNE, Amari (*Amary Ngoone; Amary Ngoné Sobel; Amary Ngoné Sobel Fall*). *Damel* (governador) do Cayor e do Baol no período situado entre 1549-1593, destacou-se em toda a Alta Guiné como o pioneiro africano na política de livre-comércio, negociando, nas águas do Atlântico, tanto com portugueses quanto com franceses e ingleses.

ANIABA (*Anabia; Anniaba*). Ver DIÁSPORA AFRICANA.

ANJOS, Paulo Mariano dos. Ver PAULO MARIANO DOS ANJOS.

ANKOLE. Antigo reino no atual território de Uganda. Até o século XVIII, esteve sob

ANTERA DUKE (1735-1809)

domínio de Bunioro-Quitara, ampliando o seu espaço de influência com o enfraquecimento deste último. Passou, então, a exercer hegemonia sobre pequenos Estados vizinhos, guerreando contra Toro, Caragwe e Busongara e impondo-lhes o pagamento de tributos. O governante que deu início ao seu processo de expansão militar, Omugabe Ntare IV (*c.* 1699-1727), ficou conhecido como "kiitabanyoro", isto é, "matador de banioros", por ter vencido a batalha que deu projeção política ao seu povo. O apogeu do poder de Ankole ocorreu no período de governo de Mutambuka (1839-1867), mas depois perdeu espaço, sendo atacado por Ruanda e Buganda, caindo sob controle dos ingleses em 1894.

ANLOS. Um dos povos integrantes do conjunto dos ewés. Estabelecidos entre a atual Costa de Gana e o Rio Volta, seus integrantes seriam provenientes da região de Noisie, no Togo, tendo chegado a essa localização no século XVII. Ver EWÉS.

ANOKYE, Okomfo. Ver OKOMFO ANOKYÉ.

ANOMABU (*Anomabo; Annamaboe*). Cidade litorânea na região central da Costa do Ouro, no território da atual República de Gana. Sediando uma importante fortaleza do tráfico, ganhou relevância também pelo comércio de ouro exercido principalmente por mercadores do povo fânti. Ver COSTA DO OURO; FÂNTIS.

ANSA SASRAKU II (século XVII). *Akwamuhene* (rei) de Akwamu, no sudoeste do atual território de Gana. Entre 1677 e 1681, seus exércitos atacaram e subjugaram diversos povos vizinhos nas direções leste e oeste, o que fez de Akwamu, por algum tempo, o mais poderoso estado litorâneo da região situada entre os rios Volta e Pra. Faleceu em 1689. Ver ADDO; AKWAMU.

ANTEIMORO. Etnia integrante da população de Madagascar. O nome é traduzido em malgaxe como "povo da costa", e esse povo emergiu em Madagascar no fim do século XV, integrado por mestiços de crença muçulmana, descendentes de indivíduos originários da cidade de Malindi, do litoral do Quênia, e de povos nativos. Segundo as tradições locais, seu ancestral teria sido Ramakararube, um chefe muçulmano que ali se estabelecera, fundando uma linhagem. Seus sacerdotes, conhecidos como *ombiasses*, eram respeitados pelos seus conhecimentos espirituais e por sua capacidade de cura. Aqueles dedicados ao comércio mantiveram relações com os franceses desde que estes chegaram no sul de Madagascar, em 1638.

ANTERA DUKE (1735-1809). Nome pelo qual é mais comumente referido o africano também mencionado como Duke Ephraim Antera, personagem da história do tráfico atlântico de escravos. Nascido em Duke Town, Velho Calabar, nas proximidades do rio Cross, no sudeste da Nigéria, pertencia a uma família de influentes mercadores locais, de etnia Efik. Assim, teria sido educado na Inglaterra e, mais tarde, destacado-se como traficante. Nessa atividade, foi o único africano a deixar um relato escrito sobre seus negócios, o que fez em um diário que cobre o período de 1785 a 1788. O manuscrito original foi levado pela sociedade missionária escocesa para Edimburgo, mas teria desaparecido durante a Segunda Guerra

Mundial, restando duas cópias parciais. Ver TRAFICANTES.

ANTON WILHELM AMO. Ver AMO GUINEA AFER.

ANTÔNIO I. Nascido em data incerta no Reino do Benin (atual Nigéria), foi escravizado e enviado em 1556 para Ponta Delgada, na Ilha de São Miguel (Açores), onde passou a pertencer ao português Paulo Manriques. Embora fosse identificado por alguns como homem, atendia pelo nome de Vitória, vestia-se com trajes femininos, comportava-se como mulher e, com o assentimento de seu proprietário, praticou a prostituição, primeiro em Açores e depois no cais de Lisboa. Paralelamente às suas atividades sexuais, Antônio/Vitória era respeitado(a) curandeiro(a). Foi denunciado(a) ao Tribunal da Inquisição de Lisboa por sodomia e comportamento desviante, examinado(a) fisicamente para saber se era hermafrodita (segundo os dados do processo, mofrodito). Ao ser confirmada sua identidade física masculina, foi condenado às galés perpétuas (SWEET, 2017). Ver HOMOAFETIVIDADE.

ANTONIANISMO. Denominação do movimento político-religioso liderado por Beatriz Kimpa Vita no Congo de 1704 a 1708. É considerado o primeiro exemplo documentado de cristianismo independente na África subsaariana (APPIAH; GATES JR., 1999, p. 428). No movimento, de caráter sincrético, a protagonista afirmava ser possuída pelo espírito de Santo Antônio de Pádua. Ela e seus seguidores propagavam a ideia de que o *moyo* (alma) sobrevivia à morte e podia ocupar outro corpo. Ficou conhecida por realizar curas, operar milagres, por anunciar profeticamente o fim da presença europeia e a reunificação do Congo. Assim, além de defender a religião tradicional, Kimpa Vita era a porta-voz dos anseios populares de restauração da capital M'banza Kongo. Ao final, a líder foi presa e executada em 1706, mas sua morte não arrefeceu o ímpeto do movimento, que se prolongou até 1708, quando foi finalmente vencido pelas tropas a serviço do futuro rei Dom Pedro IV, o qual, entretanto, no ano seguinte, entrava vitorioso na M'banza Kongo, como a profetisa antecipara (SETAS, 2011, p. 235).

ANTROPOFAGIA E CANIBALISMO. Antropofagia é a prática social expressa no consumo de uma ou várias partes do corpo humano, em geral com finalidade ritual e cerimonial. Baseia-se na ideia da absorção da energia e da virilidade da vítima ou do prisioneiro. Distingue-se do canibalismo, relacionado a um hábito alimentar ou a uma finalidade eminentemente predatória. No período compreendido por este dicionário, tal prática aparece associada a alguns grupos de povos nômades, migrantes ou altamente militarizados: primeiramente aos jagas durante sua irrupção no Reino do Congo e no Dongo em 1567, aos zimbas em suas incursões no Vale do Zambeze em 1592, aos oromos do sul da Abissínia, aos *fang* do atual Gabão e aos povos manes no princípio do século XVI, durante sua expansão na Libéria e em Serra Leoa.

ANYENTYUWE (século XIX). Nome pelo qual foi conhecida uma renomada escritora e catequista africana nascida *c.* 1858 em Libreville, Gabão. Filha de um proeminente mercador da costa, pertencente ao grupo Mpongwe, aproximou-se de

ARGÉLIA (*Algérie*)

missionários presbiterianos norte-americanos, através dos quais foi professora na comunidade de Baraka durante a década de 1880. Serviu de informante sobre os costumes locais ao missionário Robert Hamill Nassau, que viveu no Gabão a partir de 1874 e escreveu obras de caráter etnográfico sobre a cultura gabonesa, como *Fetichism in West Africa* (O fetichismo na África ocidental) (1904).

ANZICO. Antigo Reino do povo teke, também chamados anzicos. Ver TEKES.

APA. Cidade portuária no litoral oeste-africano destacada por sua grande atividade no auge do comércio escravista.

ARABÁ (*Araba*). Em Ifé, título do sacerdote chefe dos *oluwos*, líderes do corpo de babalaôs (*babalawo*). Ver BABALAÔ; IFÉ.

ARÁBICO, Deserto. O mesmo que Deserto Oriental Africano, região localizada a leste do rio Nilo e a oeste do Mar Vermelho. Limitada ao sul pelo deserto da Núbia, estende-se do norte do Egito até o sul da Eritreia e o nordeste do lago Nasser, incluindo partes de Sudão e Etiópia.

ARBAB. Ver AL-ARBAB, Idris Ibn Muhamad.

ARDA. Variação fonética de Ardra, Ardres ou Alada. Em Silva (2012a, p. 377), lê-se que "Ardra foi capital do reino de mesmo nome, conquistado por agajá, rei daomeano de Abomé, em 1724". Ver ALADA.

ARDRA. Ver ALADA; ARDA;

ARGEL. Cidade da atual Argélia, situada próxima às encostas das colinas do Sael, no litoral do Mediterrâneo. No início do período otomano, sediou o governo provincial da região do Magrebe, mas, a partir da década de 1570, dividiu o poder com Trípoli e Túnis, sendo as

três províncias cada uma chefiada por um bei enviado pelo governo imperial de Istambul. No século XVIII, assim como Túnis, a província foi dominada por chefes janízaros, capitães de navios e corsários barbáricos. Esses grupos, unidos, tiveram força para nomear governantes de seu interesse, reconhecidos como beis (HOURANI, 2006, p. 303-306). Ver BARBÁRICOS, Estados; BEI; JANÍZAROS; TRÍPOLI; TÚNIS.

ARGÉLIA (*Algérie*). País mediterrâneo do Magrebe, limitado ao norte pelo Mar Mediterrâneo, com Tunísia e Líbia ao leste, Níger e República do Mali ao sul, Mauritânia e Saara Ocidental a sudoeste e Marrocos a noroeste. **Domínio otomano**. Nos primeiros anos do século XVI, seu litoral foi palco de reiteradas disputas navais entre, de um lado, portugueses e espanhóis, e, de outro, o Império Turco-otomano, até que Argel foi conquistada em 1516 pelos chefes turcos conhecidos como Irmãos Barbarossa, Aruj e Khair ad-Din, ficando sob controle deste último até 1546. Com isso, a Argélia se tornou um posto avançado estratégico dos otomanos, de onde pretendiam controlar o restante do Magrebe. **Governo independente.** Assim foi até 1689, quando, após uma bem-sucedida revolta militar encabeçada por chefes janízaros, teve início um período de governo independente que se prolongou até 1830. Doravante, seus governantes reconheciam apenas nominalmente a autoridade dos sultões turcos, e reivindicavam para si o título de dey, que, em turco, significa "tio materno". **Economia de pilhagem.** Quanto às atividades econômicas, eram essencialmente comerciais e, em grande parte, resultantes de ações de pirataria, cobrança de resgate de reféns aprisionados em território cristão ou imposição de tributos periódicos a comunidades sob risco de ataque. Tais atividades diminuíram gradualmente em proporção simétrica ao fortalecimento das marinhas europeia e norte-americana. Durante algum tempo, os Estados Unidos foram forçados a pagar tributo em troca da imunidade para suas embarcações que singravam o Mediterrâneo, mas em 1815 uma esquadra atacou Argel e forçou o seu governador a tomar medidas de proteção para as embarcações norte-americanas. Em 1816, uma ação combinada das marinhas britânica e holandesa destruiu várias embarcações argelinas, e algum tempo depois, em 1830, teve início a ocupação colonial francesa da Argélia. Ver ABD AL-KADER; ÁFRICA SETENTRIONAL; ARGEL; DEI; DERVIXES; IMPERIALISMO, Era do; JANÍZAROS; LALLA FATMA N'SOUMER; LÍBIA; MAGREBE; MARROCOS; MAURITÂNIA; OTOMANO, Império; PARTILHA DA ÁFRICA; RACISMO; RHAMANIYA; TÚNIS; TUNÍSIA; TRÍPOLI; ZUAVOS.

ARINGA. Antiga denominação, corrente principalmente em Moçambique, para designar cada um dos campos fortificados construídos para defesa de populações nativas. Ver MUTOLOS; QUILOMBO.

ARMAS. Termo que designou o conjunto dos integrantes das forças marroquinas que conquistaram o Império Songai após a Batalha de Tondibi, em 1591. Originou-se do vocábulo árabe *ar-rumah*, arcabuzeiro, atirador com arcabuz. Essas forças, constituídas parcialmente por marroquinos e parcialmente por mercenários andaluzes e renegados ibéricos, hábeis no manejo de armas de fogo, vieram, por seus descendentes, a constituir a elite governante de Tombuctu. De geração em geração, esses descendentes mestiços, frutos de uniões dos armas com mulheres nativas, foram assimilando características, até mesmo físicas, dos songais. No século XVII, estenderam seu poder sobre Tombuctu e Djenê, grandes centros comerciais do oeste africano, e, após o declínio do Império do Mali, dominaram os bambaras ou bamanas (SILVA, 2002, p. 297; 504; 799). Na atualidade, o nome *Arma* designa um grupo étnico do vale médio do rio Níger, tido como descendente dos armas do século XVI. Ver SONGAIS; TONDIBI, Batalha de.

ARMAS DE FOGO. Arma de fogo é o instrumento de ataque ou defesa que utiliza o poder explosivo da pólvora ou de substância similar. A partir do uso da pólvora em foguetes, a história dos artefatos bélicos registra a invenção do canhão (inicialmente carregado pela boca e transportado sobre carreta) e depois a do arcabuz. Primeira arma portátil, o arcabuz disparava pela detonação da pólvora através de um morrão (espécie de mecha) ou de faísca obtida por atrito de pederneira, denominação popular do sílex. Na Europa, o uso de armas de fogo em batalhas remonta ao século XIV. E, na África, a Batalha de Tondibi, travada em 1591 em território do atual Mali, marca a introdução do arcabuz, principal responsável pela vitória do exército marroquino sobre as tropas do Império Songai de Gao (LOPES; MACEDO, 2017), sendo depois gradualmente utilizado nas cidades-estado hauçás e no

Kanem-Bornu. A intensificação do tráfico negreiro para as Américas a partir do século XVII fez com que africanos com acesso aos mercadores de escravos europeus passassem a adquirir armas de fogo relativamente sofisticadas. Isso lhes conferia uma vantagem nítida de poder sobre as populações dos sertões, que eles costumavam atacar para obter escravos. Esses escravos eram posteriormente trocados por armas adicionais, o que aumentava a capacidade militar dos caçadores de escravos (ISAACMAN, 1979, p. 83). Aí, as armas de fogo estabeleciam a lógica mais perversa do escravismo: para obter escravos, era preciso capturá-los como prisioneiros de guerra; para fazer a guerra e assim conseguir escravos, era preciso ter armas; para conseguir armas, era preciso pagar com escravos. Foi o que aconteceu entre 1757-1787, com a ascensão e governo de Kango em Iatenga, ao introduzir o uso de armas de fogo entre os Mossi, e com os principais estados militarizados do Golfo da Guiné e da Costa do Ouro, como o Reino do Daomé e a Confederação Axânti. O uso de armas de fogo, sobretudo mosquetes, estava amplamente difundido entre os povos da Senegâmbia ao fim do século XVIII, sendo observado entre as comunidades do rio Gâmbia, entre os Mandingas do Gajaaga. Mais para o interior, também eram empregadas pelas comunidades fulas, no Reino de Bundu e no Reino Bambara. Neste período, observa-se o gradual aumento da venda de espingardas – mais eficazes que arcabuzes e mosquetes – na África ocidental: cerca de 140 mil no ano de 1796, cerca de 210 mil em 1799 e 220 mil em 1802. Algo equivalente ocorreu também com a pólvora: 122.400 quilos em 1750, 373.500 quilos em 1770 e mais de 900.000 quilos em 1790 (MACEDO, 2015, p. 113; GORDON, 2003, p. 49). Ver ADANDOZAN; DENQUIRA; FORTIFICAÇÕES EUROPEIAS; IORUBÁS.

AROCHUKWU. Antiga aldeia dos povos ibos, localizada no sul do território do estado de Abia, na atual Nigéria. É mencionada em algumas fontes como "Reino de Arochuwu", o que contraria o entendimento segundo o qual, no período focalizado neste dicionário, os ibos não teriam constituído nenhuma unidade política com poder centralizado. **O Oráculo de Arochukwu**. A localidade ficou conhecida por abrigar um importante oráculo, ligado diretamente a Chukwu, a divindade suprema dos ibos. Frequentemente consultado para resolução de questões políticas e econômicas que afetavam a coletividade, sua existência é tida como anterior a 1500, antecedendo os contatos dos povos locais com os europeus. Ver IBINI UKPABI; ORÁCULO; RELIGIÃO TRADICIONAL AFRICANA.

AROGANGAN (*Arogongon*). Alafim (rei) de Oyó, sucessor de Abiodum, reinante na década de 1810. É também mencionado como Awole ou Asamu. Ver ABIODUM; IORUBÁS; OYÓ.

ARQUEOLOGIA. Desde o período colonial, na África ocidental, a arqueologia esteve entre as disciplinas valorizadas pelos agentes metropolitanos. De modo mais geral, somente a partir dos anos 1980 os países da África ocidental puderam contar com quadros intelectuais formados no próprio continente, e de lá para cá tem havido pesquisas regulares em diferentes sítios, mas, desde o período das independências, na década de 1960, os governos das repúblicas africanas tomaram iniciativas para a constituição de disciplinas destinadas à preservação de seu patrimônio histórico-cultural, como foi o caso da criação da *Nigerian Federal Department of Antiquities* [Departamento Federal de Antiguidades da Nigéria], que remonta a 1964, e a primeira escavação foi direcionada para o sítio do antigo palácio dos Obás, do Benin, que tinha sido pilhado pelos britânicos em 1897. Anos antes, em 1959, o Instituto Etíope de Arqueologia realizava escavações sistemáticas em Matara, na atual Eritreia, de modo a identificar marcas da ocupação dos povos ali existentes desde o período de Axum. **Cooperação internacional**. Em virtude das exigências técnicas, dos custos estruturais e de manutenção, trata-se de uma área de pesquisa que em larga medida depende de projetos com financiamento internacional. Para o período tratado neste dicionário, convém mencionar alguns projetos desenvolvidos em sítios do litoral da Costa do Marfim e da Costa do Ouro, na área cultural Akan, por investigadores locais associados a norte-americanos interessados pela arqueologia da diáspora africana no Atlântico sob a direção do arqueólogo Christopher DeCorse, da Universidade de Syracuse. Além do estudo das estruturas das fortalezas e aldeias circunvizinhas a elas, o foco tem se dirigido para a análise dos vestígios da cultura material (cerâmica, utensílios, metalurgia) nos períodos anterior e posterior aos contatos entre as comunidades costeiras com os europeus e as alterações técnicas, econômicas e sociais deles decorrentes. Estudos pormenorizados têm sido realizados através do *Abomey Plateau Archeological Project* [Projeto Arqueológico do Planalto de Abomé], sob a supervisão do norte-americano J. Cameron Monroe, da Universidade da Califórnia, em que se procura detectar o raio de ação das estruturas estatais daomeanas dos séculos XVIII-XIX a partir, sobretudo, do complexo palaciano de Abomé. Em termos comparativos, o interesse de pesquisa tem sido menor na área subsaariana da bacia do Níger, embora missões arqueológicas tenham sido realizadas desde 1985-1986 pelo casal Susan e Roderick McIntosh em Tombuctu e Djenê, e mais recentemente por Timothy Insoll, da Universidade de Cambridge, com atenção dirigida aos monumentos históricos e, sobretudo, à estrutura das mesquitas de Sankoré e de Djinguereber (INSOLL, 2004, p. 259-260). **África oriental e austral**. Para a região dos Grandes Lagos, entre 1957-1960 prospecções sistemáticas foram empreendidas por Peter Shinnie e Merrick Posnansky em Uganda para identificar e datar vestígios da cultura material dos antigos Estados de Quitara, Bunioro e Buganda (CHRÉTIEN, 1985, p. 1345). Na África central, foram estudados os sítios de Sanga, Katoto, Katongo, Kikulo e Kamilamba, a sudeste da República Democrática do Congo, com vistas ao estabelecimento dos processos de desenvolvimento do habitat, de artefatos e das técnicas de construção dos povos das formações políticas Lunda e Luba durante os séculos XVI-XVIII, sendo os materiais encontrados postos em confronto com os dados obtidos através das tradições orais de grupos étnicos atualmente existentes em Congo, Zâmbia e Ruanda. Mais para o sul, na África austral, merece destaque o sítio de Ingombe Ilede, no Vale do Zambeze, a sudeste do atual território da República da Zâmbia, próxima à fronteira com Moçambique, onde vestígios arqueológicos correspondentes aos séculos XIV-XVI sugerem a existência de produção artesanal local principalmente de artefatos de cobre, bem como a existência de um centro comercial por onde circulavam tecidos e pérolas provenientes provavelmente do oceano Índico. O sítio foi descoberto no princípio dos anos 1970, e as escavações estiveram a cargo do arqueólogo J. H. Chaplin. **Arqueologia angolana**. Em Angola, data de 1976 a criação do Museu Nacional de Arqueologia, onde atuaram pesquisadores portugueses como Henrique Abranches, Luís Pais Pinto, Rui de Souza Martins e, sobretudo, Carlos Ervedosa, autor da primeira publicação especializada no assunto, a *Arqueologia angolana* (1980). Tratam-se, todavia, de pesquisas muito incipientes, e o pouco que se fez privilegiou a pré-história ou determinados lugares considerados como patrimônio nacional ou mundial, como é o caso de estudos recentes realizados pelo brasileiro Bruno Prastre Máximo sobre a paisagem no sítio de M'banza Kongo – situado no norte do território da atual República de Angola.

ARTES E ARTISTAS. A tradição africana propiciou a diversos viajantes estrangeiros, na época focalizada neste dicionário, a oportunidade de relatos expressivos sobre manifestações artísticas no continente africano. Eminentemente utilitária, essa arte acompanhou e retratou todos os momentos da vida, dos povos e de seus governantes, nas aldeias e nas cortes, do nascimento à morte, no trabalho e nos ritos religiosos, nas guerras e na paz, e manifestou-se em criações exemplares nos campos da música e da dança, na cerâmica, na estatuária, na confecção de objetos de adorno, na tecelagem etc. (LOPES; MACEDO, 2017, p. 37-38). Para a época estudada neste volume, veja-se, entre outros, os seguintes verbetes: BRONZES DO BENIN; GREEN, Jonathan Adagogo; HANJITÓ; MÚSICA E DANÇA; RAAGE UGAAS; SHANU, Herzekiah Andrew; SI MOHAND.

ASABA. Cidade situada na área de influência dos povos ibos, no sudoeste da Nigéria. Teria sido fundada no século XVII pelo herói legendário Nnesebi.

ASAFO. Vocábulo da língua akwapem-twi, do grupo Akan, traduzido em português como companhia, sociedade, partido ou gangue (KOTEY, 1996, p. 39). No contexto bélico que caracterizou as sociedades do território da atual República de Gana, no período pré-colonial, o termo (traduzido em algumas fontes como "pessoas de guerra" ou "pessoas que fazem a guerra") ganhou um significado específico. Aí, aplicou-se aos grupamentos de guerreiros ou soldados recrutados pelos governantes dos estados da Costa do Ouro desde pelo menos o século XVII até o período da dominação colonial britânica. Ver AKWAPEM; ORGANIZAÇÕES MILITARES.

ASAMANI (*Asammani; Asomani*). Influente negociante africano do litoral da Costa do Ouro nas décadas finais do século XVIII. Segundo algumas versões, teria começado como cozinheiro no forte inglês de Accra, passando, entretanto, a manter relações comerciais com Akwamu. Tirando partido da relação conflituosa entre os governantes de Akwamu e os agentes da Dinamarca que atuavam no Forte de Christiansborg, atacou o estabelecimento em 1693, mantendo os europeus que ali estavam como reféns durante cerca de um ano.

ASANTE, David (c. 1834-c. 1892). Missionário e pastor protestante, nascido em Akuropon, na atual República de Gana. Estudou em Basiléia, Suíça, onde recebeu instrução em alemão, latim, grego e hebraico. Formado em Teologia no ano de 1862, entregou-se à atividade missionária junto aos povos axântis nas décadas de 1870 e 1880. É autor de uma gramática e de um dicionário de sua língua natal, o twi (q.v.). Ver TWI.

ASANTEHEMMA. Ver YAA ASANTEWA.

ASANTEHENE. Ver AXÂNTIENE.

ASANTEWA, Yaa. Ver YAA ASANTEWA.

ASASE YAA. Na tradição axânti, deusa da terra, reconhecida como fonte da verdade. Ver RELIGIÃO TRADICIONAL AFRICANA.

ASCETAS MUÇULMANOS. Ver HOMENS SANTOS.

ASIKADWA KOFI. Em uma das línguas do grupo Akan, expressão traduzida como "trono de ouro da sexta-feira". Designa o assento real que, segundo a tradição, desceu do céu no mencionado dia da semana por invocação do Okomfo Anokyé, para legitimar o poder do *ohene* (rei) Osei Tutu I, unificador dos axântis (FISHER, 1998, p. 187). Ver INSÍGNIAS DE PODER.

ASMA'U, Nana. Ver NANA ASMA'U.

ASMARA. Cidade no Chifre da África. Outrora uma das principais cidades da Etiópia, na atualidade é a capital da Eritreia (q.v.). Ver ERITREIA.

ÁSQUIA (*Askia*). Título privativo de cada um dos governantes do Songai, entre 1493 e 1591. A chamada "Dinastia dos Ásquias" nasceu com Muhamad Ibn Abi Bakr, celebrizado como Ásquia Muhamad e também referido pelo epíteto "O Califa dos Negros". Ver DENDI, Reino de.

ASSEMAN, Ano. Rei dos Agnis. De acordo com as tradições orais marfinesas, estabeleceu-se no século XVIII na Costa do Marfim.

ASSEN (*Aséén*). Na tradição do povo fon do Daomé, cada um dos objetos metálicos, em geral ornados com pingentes e cumulados de figuras simbólicas, materializando a presença de um morto ilustre, mormente um ancestral. É usado como uma espécie de "altar portátil" que se fixa na terra e sobre o qual se derramam as oferendas de estilo, tais como bebidas, comidas e o sangue dos sacrifícios. Cada assen é privativo de um falecido, mas esse morto pode ter vários deles (SEGUROLA; RASSINOUX, 2000, p. 63). Alguns desses objetos, certamente os de maior valor artístico-cultural confeccionados em memória de antigos reis, encontram-se preservados no *Musée Historique d'Abomey* [Museu Histórico de Abomé]. Ver INSÍGNIAS DE PODER; RELIGIÃO TRADICIONAL AFRICANA.

ASSIKASSO. Assentamento do povo agni (*agnibilekrou*) estabelecido por volta de 1700 na Costa do Marfim. Ver AGNIS.

ASSIN. Estado criado pelo povo de mesmo nome, também mencionado como Essuma, pertencente ao grupo linguístico Akan no atual território da Costa do Marfim. Ver ASSÍNIA; ESSUMAS.

ASSÍNIA (*Assinie*). Antiga cidade portuária, capital do Reino Assin, no atual território marfinense, cujo nome refere também o próprio porto (Silva, 2002, p. 966). Antes chamada *Issiny*, foi o primeiro entreposto comercial na Costa do Marfim, sendo, por isso, um dos pontos do litoral por onde os axântis conseguiam acesso ao mar. Em 1637, cinco missionários franceses da companhia dos chamados "Capuchinhos" lá se estabeleceram. Meio século depois, anos após a promulgação do Código Negro, outros missionários e mercadores fixaram-se no extremo leste da costa, próximo à Costa do Ouro, mas abandonaram o local seguindo para o recém-fundado Forte de Saint Louis, no Senegal, onde o tráfico negreiro era mais lucrativo. Esses franceses foram os que levaram consigo o jovem príncipe Aniaba e seu parente Banga para a França, dados de presente ao rei Luís XIV. No século XIX, a cidade sediava uma feitoria ligada a Kumasi por terra, a qual era provavelmente o posto militar mencionado como lá existente em 1843 e contando com um total de 486 espingardas em seu arsenal (M'bokolo, 2011, p. 28). Ver AKAN; ANIABA; ASSIN; AXÂNTIS; CÓDIGO NEGRO; COSTA DO MARFIM; COSTA DO OURO.

ASSOCIATION FOR PROMOTING THE DISCOVERY OF INTERIOR PARTS OF AFRICA (Associação para promoção do descobrimento de partes do interior da África). Sociedade fundada na Inglaterra em 1788. Depois de financiar viagens de exploração como as três realizadas pelo escocês Mungo Park, entre 1795 e 1797, deu lugar à *Royal Geographical Society* [Sociedade Geográfica Real]. Ver COLONIALISMO; EUROPEUS NA ÁFRICA.

ATAKORA. Região montanhosa do nordeste do atual território de Benin, fronteiriça a oeste com o Togo e a norte com Burkina Fasso. Ver BARIBAS; BATTAMARIBA; DAOMÉ.

ATAKPAMÉ. Cidade do Togo, situada a cerca de 160 quilômetros de distância da capital, Lomé. Em 1764, foi palco de um confronto armado entre tropas do Império Axânti e os aliados do Reino de Akyem provenientes de Oyó, com a subsequente derrota que levou à queda de Nana Kusi Obodum, imperador axânti entronizado em 1750.

ATIBÁ. Alafim de Oyó, sucessor de Oluewu, governou de 1836 a 1859. Transferiu a capital para Ago-oja, no sítio da Oyó atual. Ver ALAFIM; OLUEWU; OYÓ.

ATITSOGBI (século XIX). Nome nativo de Geraldo de Lima, traficante de escravos mencionado como "príncipe mercador" do Reino daomeano de Abomé. Escravo doméstico do traficante brasileiro César Cerqueira Lima, atuante na então Costa do Ouro, em 1862, com a morte do senhor, herdou seus bens, inclusive imóveis, na África e na Europa. Além disso, assumiu o sobrenome do falecido e, segundo costume local, como se fosse seu irmão, tomou para si as esposas de Cerqueira Lima. De 1865 a 1886, adaptando-se às mudanças causadas pelo fim do tráfico negreiro, tornou-se ainda mais rico e poderoso, comerciando com azeite de dendê, borracha, algodão e outro produtos da terra, além de fornecer armas de fogo e munição para os exércitos axântis (Silva, 2012b, p. 124). Entretanto, seus interesses econômicos acabaram conflitando com os de ingleses, no que foi apoiado por alguns governantes locais e atacado por outros.

AUDIÊNCIAS

A disputa ganhou intensidade entre 1878 e 1884, quando foi acusado de mandante do assassinato de dois oficiais britânicos. Com a cabeça posta a prêmio, foi perseguido, aprisionado e levado em cativeiro para a cidade de Accra.

AUDIÊNCIAS. Nos antigos estados da África ocidental, as audiências para apreciação dos pleitos e aplicação da justiça revestiam-se de grande solenidade, pois eram momentos privilegiados para a exteriorização do prestígio, da autoridade e da influência dos governantes sobre os povos a eles submetidos. Apenas nesses momentos eles deixavam os seus palácios para se mostrar publicamente. Toda a cerimônia era cercada de grande solenidade, e o governante era intermediado por intérpretes, tamboreiros, havendo cortejos, danças e músicas. O corpo do monarca não podia ser tocado por ninguém, e toda e qualquer forma de resíduo por ele secretado, como cuspe ou saliva, tinha que ser cuidadosamente recolhido pela domesticidade devido à crença compartilhada no poder que ele continha. Nos estados costeiros do Golfo do Benin, como Oyó, o antigo Daomé e o Império Axânti, tais acontecimentos foram detalhadamente descritos nos relatos dos traficantes, viajantes, missionários e exploradores europeus que, para ter sucesso, precisavam compreender os códigos de comportamento locais. De acordo com o testemunho ocular do Padre Vicente Ferreira Pires (1957, p. 30), diante do rei de Daomé apenas os mais altos dignitários tinham o direito de permanecer sentados, todos os demais sendo obrigados a permanecer de pé ou de joelhos. Ao se dirigir a qualquer uma das autoridades, dava-se em geral "um aperto de mão seguido de três estalos de dedo, termo e sinal pelo qual demonstram respeito" (PIRES, 1957, p. 30; 57). Ver GOVERNO, Formas de; INSÍGNIAS DE PODER; REIS DIVINOS.

AURÉLIA, Mãe (1800-1870). Uma das formas de tratamento pelas quais foi conhecida Aurélia Correia, mercadora de escravos na atual Guiné-Bissau. Também referida como "Mamé Correia" ou "Nhá Aurélia", era filha de pai cabo-verdiano e de mãe bijagó, da Ilha de Orango, e integrante da poderosa família Correia, uma das que dominavam o comércio local pelo menos desde o século anterior. Mãe Aurélia atuava no porto de Bissau junto com o companheiro, Joaquim Antônio de Matos (1788-1843), titular de importantes cargos na administração da capitania, inclusive o de governador. Proprietária de navios, na década de 1840 concentrava seus negócios na cidade de Bolama, em território bijagó, vendendo para o Caribe os cativos lá obtidos. Também era proprietária de plantações, nas quais explorava mão de obra escrava. Ver ALVARENGA, Rosa de Carvalho; ANTERA DUKE; ASSAMANI; ATITSOGBI; CORREIA, Família; CRIOULIZAÇÃO; DONAS; HEARD, Betsy; JÚLIA, Mãe; LAWRENCE, Fenda; ANA MULATA, Dona; ALVARENGA, Rosa de Carvalho; SIGNARES; SILVA, Ana Joaquina dos Santos; TRAFICANTES; TRÁFICO NEGREIRO; VAZ, Bibiana.

AUTORIDADE COMPARTILHADA. Em diversas sociedades da África ocidental, as instituições políticas ancestrais não eram regidas pelo princípio da autoridade monárquica, mas por sistemas duais de compartilhamento de poder, referidos em inglês pela expressão "*dual sex system*". O fenômeno pode ser observado no antigo Mali, no período anterior à islamização, quando ao lado da representação masculina do poder, corporificada no *mansa*, o rei, aparecia a representação feminina, corporificada na primeira-esposa do governante masculino, chamada *kasa*. Nas sociedades de povos falantes da língua akan, a autoridade política encontrava-se dividida entre um representante masculino, que detinha o título de *omanhene*, e uma representante feminina, chamada *ohemmaa* – palavra que significava, literalmente, "chefe mulher", e cuja maior expressão diz respeito às figuras das *asantewaa* entre os axântis. Também entre povos ibos da Nigéria prevaleciam formas duais de representação de poder, estando as figuras femininas de Omu colocadas em paralelo às figuras masculinas personificadas no vocábulo Obi. Nesses sistemas compartilhados de poder, as mulheres dispunham de poder em matéria judicial, tinham autoridade e, por vezes, poder de veto nos conselhos e detinham plena jurisdição nas questões que envolviam outras mulheres. Ver GOVERNO, Formas de; KPOJITÓ; MWALI; MIGANSI; NA DABO; NWAGBOKA, Omu; OKINKA; PIA-MUENE; YAA ASANTEWAA.

AUTSHMAO (1600-1663). Personagem da história da África do Sul também mencionado como Autshumato. Nascido entre o povo goringhaikona, do grupo Khoisan, atuou nas vizinhanças de Table Bay, no território da atual Cidade do Cabo. Serviu de intérprete de Jan Van Riebeeck, por ocasião da chegada dos primeiros holandeses na região, em 1652. Paralelamente, manteve negócios com os forasteiros, envolvendo-se, entretanto, em conflitos que o levaram à prisão junto com outros khoikhoi em 1659. Ver CHRISTIAN AFRICO; COREE.

AVOGÁ. No Daomé, corruptela de *yovógán*, "chefe branco", termo pelo qual era referido o governador de Uidá (SEGUROLA; RASSINOUX, 2000, p. 534). Por extensão, teria passado a designar os dignitários da corte de Abomé incumbidos do papel de representar o rei nas negociações com os mercadores da costa, que em fongbé eram denominados *yovo* (brancos). Esta função foi criada no tempo de governo de Agajá, no início do século XVIII, quando o Daomé começou a assumir o controle local do tráfico no Golfo do Benin.

AWAYS MOHAMED, Sheikh (1847-1909). Líder muçulmano na Somália. Negro, nascido em Brava, liderou uma comunidade vinculada à confraria Kadíria. Seus seguidores fundaram diversas comunidades religiosas dedicadas a atividades agrícolas (chamadas *jama'a*) na região de Juba. Embora demonstrasse simpatia pelos sultões de Zanzibar e má vontade para com os colonialistas europeus, jamais assumiu uma posição declarada em relação a eles. Por isso, entrou em choque com outras lideranças que adotaram a guerra aberta e acabou sendo assassinado por seguidores do líder rebelde Mohamed Abdule Hassan.

AWOLE. Alafim de Oyó. Governando de 1790 a 1797, reprimiu com muito custo uma revolta do povo nupe em 1791. Tornou-se impopular ao autorizar, em 1793, um ataque contra Ifé, a cidade-mãe dos povos iorubás. Ver ALAFIM; NUPES; OYÓ.

A

AWORI (*Worri; Uarri*). Povo falante da língua iorubá, localizado nas proximidades da atual cidade de Lagos, no sul do território da Nigéria. Ver IORUBÁS; LAGOS.

AWORO. Povo da Iorubalândia localizado na região de Kabba.

AXÁ. Espécie de fumo de rolo. Ver TABACO.

AXAJÉ-IPÓ (*Ajase-Ipo*). Estado tributário de Oyó no século XVIII (BOAKYE, 1982, p. 44).

AXÂNTI. Forma de referência ao estado constituído pelos povos axântis, informado como um dos "estados negreiros" da África, entre os séculos XVII e XVIII (DORIGNY; GAINOT, 2017, p. 40). Ver AXÂNTIS.

AXÂNTIENE (*Asantehene*). Título do monarca absoluto dos axântis de Gana. Do twi ohene, rei. Ver AXÂNTIS.

AXÂNTIS (*Asante; Ashanti; Achanti*). Grupo étnico da África Ocidental integrante do conjunto de povos akan, localizado no centro do território da atual República de Gana, onde teriam chegado por volta do ano 1300. Embora originalmente litorâneos, estabeleceram-se no interior da floresta densa, uma vez que o litoral era ocupado pelo poderoso Reino de Denquira, erigido pelo povo fânti, também do grupo Akan. Na selva, os axântis fundaram vários pequenos reinos tributários do forte estado litorâneo. Contudo, no século XV, sua força já se fazia notar. Integrados à vida comercial da região, trocavam ouro de aluvião e escravos pelos artigos de que necessitavam. A região era ponto de encontro das rotas de comércio de ouro e nozes-de-cola originárias do país dos mandês, a noroeste, e do país dos hauçás, a nordeste. **A Confederação Axânti.** Apesar de constituir uma inegável comunidade de povos ligados pela língua e pela cultura, os Akan, por volta da metade do século XVII, ainda estavam divididos em uma multiplicidade de pequenos reinos entre os quais se tinham estabelecido laços sutis de dependência e de aliança, mas que também se opunham em conflitos muitas vezes sangrentos. Nesse quadro, antigas lideranças de há muito sonhavam com a unificação dos reinos axântis contra o opressor comum, mas foi com o *asantehene* (rei) Obiri Yeboa (1669-1695) que o sonho de independência começou a se tornar realidade: esse rei usou a atração do comércio europeu na costa como o principal fator para conseguir a união dos axântis. Ele argumentava com a ideia de que, se pudessem vencer, eles ganhariam acesso ao litoral e participariam diretamente do comércio atlântico, sem o impedimento e a interferência do reino opressor. A ideia de unificação cresceu e se fortaleceu ainda mais sob o reinado de Osei Tutu I (1695-1717), quem, inspirado e aconselhado pelo sábio Okomfo Anokyé, consolidou a união. O sábio, que era sacerdote da religião tradicional e também versado nas artes políticas, convenceu o rei de que era necessário "dar a todos uma lei única, apoiada por crenças que lhe dessem firmeza" (DAVIDSON, 1981, p. 133). Assim, num momento em que estavam reunidas todas as autoridades axântis, disse a eles que tinha consultado o oráculo e que, segundo ele, Onyame, o Ser Supremo dos axântis queria que seu grande povo fosse unificado sob a autoridade de Osei Tutu I, e para tanto tinha lhe recomendado a feitura de um trono de ouro, como

AXÂNTIS (*Asante; Ashanti; Achanti*)

de fato o fizera. A associação reunia os reinos Juaben, Msuta, Mapong, Bekwai, Kokofu e Kwaaman (Ki-Zerbo, 1972, v. I, p. 343). Sob o comando de Osei Tutu I, em 1701, a confederação derrotou os fântis de Denquira, pondo fim ao reinado e à vida de Ntim Gyakari. **Osei Tutu I**. O governo do *asantehene* Osei Tutu dotou o estado Axânti de meios para implementar sua política de expansão e aprimoramento. Para tanto, o exército, equipado com armas de fogo compradas dos europeus e adotando novas técnicas e táticas de guerra inspiradas nas desenvolvidas pelo Akwamu, foi transformado em uma corporação de caráter nacional, na qual cada província tinha lugar definido. Assim, Osei Tutu, com muito sucesso, consagrou seu reino às artes da guerra. Seus sucessores, Opoku Ware I e Osei Kojo, seguiram o mesmo caminho. Desta forma, o poder dos axântis se estendeu de Kumasi para todas as direções, sendo que a resistência mais vigorosa veio dos fântis, dispersos por vários pequenos estados ao longo da Costa do Ouro (M'bokolo, 2009, p. 452). Comandada pelos axântienes que sucederam Osei Tutu I, a confederação entretanto dependia do controle e do comércio das minas de ouro, que eram propriedade do estado Axânti. **O Império Axânti**. No fim do século XVII, os axântis, segundo Gueye (1979, p. 199), abriram caminhos para a costa atlântica, a fim de comerciar diretamente com os europeus. Para tanto, coibiram a ação dos intermediários que atravessavam seu território em busca de cativos que apreendiam nos países vizinhos para vender no litoral, assumindo o próprio reino esse protagonismo, o que contribuiu para que o tráfico se tornasse um negócio de grandes proporções e, segundo algumas interpretações, mesmo um monopólio de Estado. Durante os séculos XVIII e XIX, os axântis, já efetivamente constituindo um império, controlaram todo o espaço hoje compreendido entre o sul de Gana, o Togo e a Costa do Marfim. Sua economia era baseada no comércio de ouro e escravos, e seus parceiros principais eram ingleses e holandeses, dos quais adquiriam armas de fogo. Entre 1807 e 1874, axântis e fântis, com aliados, enfrentaram-se numa série de batalhas, em disputa pelo comércio do litoral e pela garantia de suas respectivas soberanias. Na batalha do rio Adaando, os britânicos deram, pela primeira vez, suporte aos fântis. Em 1816, os exércitos axântis devastaram o país Fânti, e em 1820 o axântiene exercia sua autoridade sobre 47 povos e nações (M'bokolo, 2011, p. 27). Em 1826, britânicos e axântis se enfrentaram em Katamenso, ao norte de Accra, e nesse mesmo século o Império Axânti empreendeu uma sequência de campanhas militares contra o poder colonial britânico. De início vitoriosos, os exércitos axântis acabaram derrotados a partir de 1826, até a submissão aos ingleses em 1902. Segundo Boakye (1982, v. 2, p. 42), o declínio e a queda do Império Axânti deveram-se a uma série de causas internas e externas. A principal delas teria sido o enfraquecimento tanto do sistema centralizado de governo quanto da estrutura administrativa, além, é claro, da ação britânica. Ver ACRA; ADINKRA; AFUA KOBI; AGYEI AXÂNTI; AKAN; AKENTEM, Oti; AKWAMU; AKWAPEM; ANÉHO; ARMAS DE FOGO; ASANTE, David; ASASE YAA; ASIKADWA KOFI; ASSÍNIA; ATAKPAMÉ; AUDIÊNCIAS;

AXÂNTIS GOVERNANTES (Axântiene) SÉCULOS XVII-XIX

AXÂNTIENE; BANNERMAN, James; BAULÊS; BONO; BREW, Família; BUNA; CAPITEIN, Jacobus Elisa Johanes; CIDADES; DAOMÉ; DENQUIRA; DUA I, Kwaku; EMBAIXADORES; FÂNTIS; FESTIVAIS E CERIMÔNIAS; FREFRE, Opoku; GA-ADANGBE; GANA; GOVERNO, Formas de; GUYAMAN; INSÍGNIAS DE PODER; KUMASI; OFFIN, Rio; OKOMFO ANOKYÉ; OKOMFO; ORGANIZAÇÕES MILITARES; OSEI; OURO; PRA, Rio; RELATOS EUROPEUS; RELIGIÃO TRADICIONAL AFRICANA; SERRA LEOA; YAA ASENTEWAA.

AXÂNTIS
GOVERNANTES (Axântiene)
SÉCULOS XVII-XIX

NOME	PERÍODO DE GOVERNO
Osei Tutu I	*c.* 1680-*c.* 1712-1717
Opoku Ware I	*c.* 1720-*c.* 1750
Kusi Obodom (deposto)	1750-1764
Osei Kwadwo	1764-1777
Osei Kwame	1777-1798
Opoku Fofie	1798-1799
Osei Bonsu	1800-1823
Osei Yaw	1824-1833
Kwaku Dua I	1834-1867
Kofi Kakari	1867-1874
Mensa Bonsu	1874-1883
Kwaku Dua II	1884
Agyaman Prempe I (1870-1931)	Exilado em 1896

Fonte: LIPSCHUTZ; RASMUSSEN, 1989, p. 17-18.

AXIPÁ (Àsipa; Ashipa). Guerreiro do povo awori no século XVI. Na época em que a cidade-Estado de Lagos era dependente do antigo Reino de Benin, o *oba* (rei) desse estado era quem nomeava o governante de Lagos (*Eko*) com o título *eleko* ("senhor, dono de Eko"). O guerreiro Axipá, entretanto, subverteu essa ordem quando tomou para si o governo de Lagos com o título de *oba*, ou o recebeu do *oba* de Benin, talvez Orhogbua, segundo outras versões. De acordo com essas outras narrativas, ele foi enviado pelo rei dos binis para servir de árbitro numa contenda entre lideranças de povos sob a autoridade do soberano, e, cumprida a missão, recebeu o título de *olugorun* (SILVA, 2002, p. 340), provavelmente *Olugbohun*, "dono da voz". Esse evento marcou o fim do domínio dos edos de Benin sobre Lagos e inaugurou uma dinastia, a de Axipá, reinante até muito tempo depois. Ver AWORI; BENIN; EKO; LAGOS; ORHOGBUA.

AXUM. Cidade e reino etíope na região de Tigré. Ver ETIÓPIA.

AYAWASO (ou *Ayaso*). Cidade localizada no litoral da atual República de Gana, fundada no século XI pelo povo gadangme. Era governada nos primeiros séculos por sacerdotes, tornando-se uma monarquia no século XVII. Seu *mantse* (governante) mais influente foi Okai Akwei, que governou de 1640 a 1677. Algum tempo depois, a comunidade caiu sob o domínio de Akwamu, passando a lhe render tributo. Ver AKWAMU; GA-DANGBE.

AYIPÉ, Dè. Soberano de Alada reinante em Porto-Novo (1775-1783).

AYUBA SULEIMAN DIALLO. Ver DIÁSPORA AFRICANA (Africanos e descendentes na Diáspora: histórias exemplares).

AZAMOR (*Azemmour*). Cidade marroquina da costa do oceano Atlântico. Foi conquistada em 1512 pelos portugueses, permanecendo sob controle lusitano até 1542. Nela nasceu Estebanico, o escravo que acompanhou o explorador espanhol Álvar Nuñez Cabeza de Vaca em sua viagem à Flórida, na América do Norte, em 1527. Ver DIÁSPORA AFRICANA (Estebanico).

AZANDES (*Azande*). Povo agricultor localizado em partes das atuais repúblicas do Sudão do Sul, Democrática do Congo e Centro-Africana. Também referidos como *zandes, nzakara* ou *niam niam*, juntamente com outros pequenos grupos – como os *avukaya, baka, moru, mundu* e *abare* – ocupam a região de Equatória, desde o período de existência do Sultanato Funje. No século XVIII, um povo da região do rio Mbomu, autodenominado *Ambomu*, conquistou uma vasta extensão da região acima mencionada, subjugando muitos povos, alguns dos quais foram completamente assimilados. Segundo algumas fontes, os atuais azandes são resultado desse amálgama. Ver EQUATÓRIA; HOMOAFETIVIDADE; SULTANATO FUNJE.

AZINHATE. Rei do povo Papel. Ver INCINHATE.

AZIZA OTHMANA (1606-1669). Princesa tunisiana pertencente à alta linhagem dos governantes janízaros de Tunis. Cresceu no palácio do avô, Ohtman Dey, sendo educada de acordo com os ensinamentos do Corão e da Xaria. Ganhou notoriedade por sua piedade e caridade, pelo cuidado com as meninas pobres e pela assistência aos doentes. A seu pedido, foi fundado o hospital Maristan, ainda em funcionamento na Tunísia.

BÂ, Maba Diakhou (1809-1867). Líder muçulmano do Futa Toro, no atual território do Senegal. Negro de origem tuculor, liderou uma *jihad* no Reino mandinga de Badibou. Amigo de Lat Dior, um dos mais destacados líderes da resistência senegalesa ao colonialismo francês, ofereceu-lhe asilo em 1865. Morreu em combate contra guerreiros do povo sererê, na Batalha de Somb. Ver LAT DIOR; SERERÊS; SOMB.

BA. Nas línguas do grupo banto, forma prefixal numeral (de singular e plural) que entra na formação do plural das palavras. Outras são *ma, va, wa* etc. Este prefixo entra na própria formação do vocábulo "banto" (*ba-ntu*, plural de *mun-ntu*, pessoa). Assim, na formação de nomes de povos, encontramos, por exemplo: *bakongo*, como plural de *kongo*; *watutsi* ou *batutsi*, como plural de *tutsi* etc. Ver BACUBAS; BAKELE; BATETELAS, Revolta dos; VANGÚNIS.

BAARTMAN, Sarah Saartjie (1789-1815). Personagem da história dos racismos sul-africano e europeu. Nascida entre o povo khoikhoi, na Província do Cabo, atual África do Sul, foi levada para a Europa no início do século XIX. Em virtude das dimensões e do aspecto de seu corpo, considerados exóticos pelos europeus, foi exibida publicamente primeiro na Inglaterra e depois na França, ficando popularmente conhecida como "Vênus Hotentote". Objeto de exploração extrema, tanto de cunho racista quanto sexista, sua imagem foi amplamente divulgada com evidente conotação erótica, e seu corpo passou por dois tipos de exposição: em vida, ao ser exibido em espetáculos e examinado em supostas sessões de anatomia; e após a morte, ao ser examinado, dissecado, e depois parcialmente preservado e exposto no Musée de l'Homme até 1974, quando seu esqueleto, órgãos genitais e cérebro foram retirados da exibição pública. O caso motivou reiteradas manifestações de repúdio e pedidos de retorno de seus restos mortais ao continente africano, o que só veio a ocorrer após um pedido formal encaminhado pelo presidente Nelson Mandela em 1994. Após uma longa tramitação, em 2002 os restos mortais de Sarah Baartman foram repatriados para a África do Sul, sendo então enterrados no Vale do Rio Gamtoos, onde um memorial foi edificado em sua homenagem. Ver KHOIKHOI; NEGRO; RACISMO.

BABA ELÉGOUN OYÉDÉ. No antigo Reino de Queto, título do funcionário encarregado da guarda e da preservação das tradições, principalmente orais, do povo local (CORNEVIN, 1962, p. 72). O título parece qualificar, na língua iorubá, o cargo ou título conseguido (*oyè dé*) como "espinhoso" (*elegun*) ou conseguido com dificuldade. E o elemento *bàbá*, "pai", certamente evoca

BACULAMENTO

a respeitabilidade do titular. Ver TRADIÇÃO ORAL.

BABALAÔ (*Babalawo*). Entre os povos iorubás, ritualista especializado na consulta ao sistema divinatório conhecido como Ifá, em geral pertencente ao um grupo liderado por um oluô (*oluwo*). Entre os povos do grupo Aja-Fon, suas atribuições correspondiam às do *bokonon*. Ver AJA-FON; ARABÁ; BOKONON; IFÁ.

BABARI. Governante de Gobir, importante cidade hauçá, do ano de 1741 a 1769. Ver HAUÇÁS.

BABBA, Aliyu (*c.* 1808-1859). Governante do Califado de Sokoto a partir do ano de 1842, também mencionado como Ali Ibn Bello. Ver SOKOTO, Califado; Jihad.

BACONGOS. Ver CONGOS; VANGÚNIS.

BACUBAS (*Ba-kuba*). Povo banto localizado em território da atual República Democrática do Congo (Congo-Quinxassa), na região do rio Cassai. São também referidos em algumas fontes como buxongos (*bushongo*), denominação de um de seus subgrupos. No século XVI, fugindo do alcance de hordas jagas e da influência portuguesa no litoral, migraram do curso inferior do rio Congo (ou Zaire) para as margens do rio Cassai, onde, sob a liderança de um clã dos buxongos, fundaram o Reino Cuba. No século seguinte, o rei Xamba Bolongongo organizou a estrutura do Estado – semelhante à do Reino do Congo –, fortaleceu as artes e os ofícios, incentivando a tecelagem, os bordados, a escultura e a cestaria, introduziu novas culturas agrícolas, como fumo, dendê e mandioca, e tentou, utopicamente, abolir a guerra através da proibição da lança e do arco. Mesmo assim, os bacubas controlaram importantes rotas de comércio através de partes da África Central, as quais se mantiveram importantes até os tempos coloniais. Além disso, celebrizaram-se pela criação de elaboradas esculturas em madeira retratando os reis que governaram seu povo desde o século XVII. Um dos últimos importantes chefes do Estado Bacuba foi Kata Mbula, governante na primeira década do século XIX. Após 1880, a influência europeia fez declinarem as atividades produtivas, até que, em 1910, o Reino Kuba foi incorporado ao Congo Belga.

BACULAMENTO. Tributo cobrado pelos vencedores aos vencidos nas guerras entre os povos antigos de Angola. O termo – do quimbundo *bakula,* pagar; tributar –, por extensão, passou a designar os tributos, prestações e obrigações das autoridades centro-africanas submetidas ao domínio português a partir do século XVII. Com efeito, sabe-se que, após a conquista do Dongo, os chefes deste reino ficaram obrigados a entregar anualmente cem escravos ao governador-geral de Angola, e cada soba devia igualmente, a título de tributo, entregar anualmente quatro escravos. **Livro dos baculamentos**. Sob esta denominação, a história registra um documento manuscrito redigido em língua portuguesa, preservado no Arquivo da Biblioteca Pública de Évora, com o título de *Livro dos baculamentos que os sobas deste Reino de Angola pagam a sua Majestade* (1630). Nele, consta o registro formal de submissão e respectivo compromisso do pagamento de tributo dos sobas do Reino do Dongo ao governador português de Angola, chamado Fernão de Souza, após o

BADAGRI (*Badagry; Agbadarigi*)

acordo de vassalagem selado com Ngola Ari em 1626 e o deslocamento da rainha Jinga para Matamba. O documento foi publicado em 2011 pelo Arquivo Nacional de Angola, com texto estabelecido e anotado pelas pesquisadoras Aida Freudenthal e Selma Pantoja. Ver DONGO; JINGA, Rainha; SOBA.

BADAGRI (*Badagry; Agbadarigi*). Cidade portuária na Costa dos Escravos, nas proximidades da atual cidade de Lagos, Nigéria, na fronteira do antigo Reino daomeano de Abomé. Fundada no fim do século XV, funcionou durante séculos como porto de embarque de escravos com destino a Salvador, Bahia. Em 1863, caiu sob domínio inglês. Ver ABOMÉ; COSTA DOS ESCRAVOS; DAOMÉ; LAGOS.

BADI III. Monarca muçulmano (1692-1716) do Sultanato Funje, em território da atual República do Sudão. Também referido como "O Vermelho", em seu governo, edificou um imponente complexo palaciano na cidade de Sinnar. Ver FUNJES; SULTANATO FUNJE.

BAFUR (*Bafour*). Antiga denominação para a região de savana que se estende ao sul do Saara, de leste a oeste (BÂ, 2003, p. 14). Remete a um povo de mesmo nome, habitante original da antiga Mauritânia (q.v.), referido em tradições muçulmanas e tido como ancestral dos atuais sererês, songais, malinkês, bambaras, diúlas (LOPES; MACEDO, 2017, p. 45).

BAGAS (*Baga*). Povo oeste-africano localizado no território da atual Guiné-Conacri relacionado, entre outros, com os Nalus e Temnés. Suas atividades são descritas no Tratado Breve dos Rios da Guiné, escrito em 1591 pelo cabo-verdiano André Álvares de Almada.

Organizados em pequenos estados, por volta de 1720, um de seus chefes tentou uma aliança para interromper a escravatura e o tráfico, sendo, contudo, derrotado por mercadores negreiros europeus, mulatos e africanos que não admitiram que ele se desviasse da função que lhe cabia, que era a de aprisionar e vender escravos (RODNEY, 1975, p. 119).

BAGAYOGO. Família de eruditos originários da cidade de Djenê no período de existência do Império Songai. Alguns de seus membros, como o sábio Muhamad Bagayogo (1523-1594), tiveram atuação destacada nas madraças (escolas corânicas) de Tombuctu a partir de 1580, inclusive sob o governo dos paxás da dinastia Arma. Pessoas originárias dessa família migraram nos séculos XVIII-XIX para a região do Futa Jalom, para os territórios mandingas do Kaabu (em Bijini e Janna) e para as áreas de Dagomba e Mamprussi, no nordeste do atual território de Gana, durante a época de maior difusão do islamismo no extremo oeste do continente. Ver ARMAS; DJENÊ; KAABU; TOMBUCTU.

BAGIBO I, Abá (1802-1861). Rei de um dos cinco estados do povo oromo, no sudoeste da atual Etiópia, entronizado em 1825. O elemento *abá* é um título de soberania.

BAGUIRMI (*Bagirmi*). Antigo reino e sultanato islâmico situado a sudeste do lago Chade, na África central. Foi fundada entre os séculos XV e XVI e durou até 1897, quando se tornou um protetorado francês. Sua capital era Massenya, e entre os séculos XIV e XVIII sua expansão, ao longo dos rios Chari e Logone, motivou um grande movimento dos povos locais, sendo que no começo do século XVI uma parte do país esteve sob o domínio do sultão do Bornu, Idris Katagarmabé. Durante o governo de Abdullah IV (1568-1608), o islamismo foi implantado na corte, e seus governantes adotaram o título "sultão", governando a partir da cidade de Massenya – localizada ao norte do rio Chari e próxima à fronteira com a atual República de Camarões. Curiosamente, a partir dessa época, embora fosse um país muçulmano, o Baguirmi se tornou um grande centro formador e exportador de eunucos (SILVA, 2012a, p. 340-341, n. 345). Na década de 1890, o reino foi devastado por um chefe militar mencionado como Rabah. A chegada dos europeus conteve a obra de pilhagem e destruição desse caudilho, mas deu início ao processo de colonização francesa da região. Ver BORNU; CHADE, lago; RABAH.

BAHTA HAGOS (século XIX). Líder da resistência da Eritreia contra as ações colonialistas de etíopes e italianos no atual território eritreu. Lutou contra os primeiros na Batalha de Massawa, em 1885, e enfrentou os italianos na revolta contra a ocupação, em 1894, morrendo em combate.

BAI. Título do soberano do povo temné. Ver BUREH, Bai; TEMNÉS.

BAILUNDO. Cidade angolana na moderna província de Huambo, na região do Planalto Central. Abrigou no passado um reino considerado o maior, mais poderoso e influente da área central de Angola, fundado por Katiavala, herói migrado do norte. Durante o século XIX, o reino foi sucessivamente fustigado por tropas portuguesas, em sucessivos combates findados em 1896, com

a derrota do rei Numa II, sucessor de Ekwikwi II.

BAKAFFA, Walde Gioyrgis. Imperador (*négus*) da Etiópia de 1721 a 1730.

BAKELE. Povo do litoral do atual Gabão, localizado na área entre os rios Como e Remboué, onde teve de se fixar, pressionado pela migração dos povos fang. Vivendo, no século XVIII, como caçadores e negociantes de escravos, no século seguinte, com a proibição do tráfico, seus mercadores passaram gradualmente a atuar na extração e venda de ébano e outros tipos de madeira, além do comércio de borracha. Este povo é também mencionado como *Ongom*.

BAKHITA (1869-1947). Beata africana nascida no território que corresponde à atual República do Sudão e falecida em Vicenza, Itália. Escrava, foi vendida a um diplomata italiano, tornando-se livre, na Europa, por força de lei. Em Veneza, batizada com o nome de Giuseppina Margherita Fortunata, descobriu sua vocação religiosa e ingressou na congregação das Irmãs Canossianas, onde revelou seus dons espirituais. Foi beatificada pelo papa João Paulo II em 17 de maio de 1992. Ver CRISTIANISMO; DIÁSPORA AFRICANA.

BAL, Suleymane. Líder de um movimento de reforma islâmica no Futa Toro, morto em *c.* 1770.

BALAMA SADIKI. Nome pelo qual passou à história Muhamad Al Sadeq, filho do *askia* Daúde. Em 1588, sendo o *balama* (comandante militar) da região de Tombuctu, desentendeu-se com o representante do *askia* Muhamad IV, seu irmão, que controlava a cidade de Kabara. Daí, protagonizou uma rebelião que durou vários meses, aumentando a instabilidade do Songai e enfraquecendo sua resistência, o que de certa forma facilitou a invasão marroquina em 1591 (LOPES; MACEDO, 2017, p. 47). Ver TOMBUCTU.

BALANTAS. Povo oeste-africano habitante de partes das atuais repúblicas de Guiné-Bissau, Senegal e Gâmbia. Falantes do balanta, idioma da mesma família das línguas fula, uolofe, diúla etc., foram mencionados pela primeira vez em documentação escrita no início do século XVI por Valentim Fernandes, editor, impressor e tradutor germânico radicado em Portugal. Assim como os diúlas e outros povos vizinhos, os balantas, além de se dedicar a bem-sucedidas ocupações como pescadores e agricultores, integraram uma rede mercantil que ligava, desde o século XI ou XII, o litoral às rotas transaarianas (SILVA, 1996, p. 617). Por causa dessas atividades, bem como também da pecuária que desenvolveram, eles jamais praticaram a escravidão ou o tráfico negreiro e jamais permitiram a instalação de tangomaus em seu meio (SILVA, 2002, p. 205, 208, 260). O etnônimo Balanta foi também grafado nas formas *Balante, Belante, Bulanda, Bulanga, Brassa* e *Bolenta*. Ver GÂMBIA; GUINÉ-BISSAU; TANGOMAUS.

BALOGUM (*Balogun*). Na corte de Oyó, espécie de ministro do alafim, comandante dos chefes de guerra. Ver ALAFIM; IORUBÁS; OYÓ.

BAMANAS (*Ban-Mâna; Bamananké*). Nome pelo qual se autorreconhecem os indivíduos do povo do grupo mandê, localizado entre os cursos inferiores dos rios Níger, no território do atual Mali, bem como no Senegal e na Gâmbia. São habitualmente referidos como "bambaras", assim como "bambara" é a denominação que se dá à sua língua. Entretanto, uma corrente historiográfica contemporânea rejeita essa denominação (HALL, 2017), principalmente por causa de informações divergentes, constantes das narrativas sobre os indivíduos desse povo, produzidas ao longo dos tempos: ora são vistos como "rudes e violentos", ora são "místicos e reflexivos" etc., de acordo com os interesses de observadores com diversas origens e propósitos. Inclusive algumas denominações informadas como nomes étnicos referem-se, na verdade, a regiões ou, quando mais próximas da realidade, baseiam-se no nome da etnia local mais visível (HALL, 2017, p. 84). O conhecimento estabelecido localiza os "bambaras" nos atuais territórios de Burkina Fasso, Costa do Marfim, Mali, Guiné, Senegal e Mauritânia e fixa sua origem da região entre Bougouni e Sikasso, em território do atual Mali, onde teriam chegado e se fixado, às margens do rio Níger, no século XII. Distinguindo-se por sua histórica resistência à islamização e por sua preservação da religião tradicional, sua denominação étnica, deturpação do vernáculo *bamana*, ganhou a conotação de "infiel", "não muçulmano". De todo modo, a língua do povo aqui referido é considerada a variante normativa mais importante do mandinga e, por alguns habitantes do Mali, como "a língua malinesa" por excelência. Entre os séculos XVIII e XIX, teria se estabelecido como uma língua distinta a partir do Reino de Segu (BAZIN, 2017). **A invasão dos peúles.** No ambiente de anarquia que se instaurou na Bacia do Níger após a queda do Império Songai em 1591, os peúles,

BAMANAS (*Ban-Mâna; Bamananké*)

em seu movimento expansionista, chegados à região de Dienê (Djenê) encontraram a forte resistência dos bamanas. Após uma série de confrontos, já no século XVII, os peúles derrotaram os bamanas e lhes impuseram seu domínio, organizando-os militarmente e os levando à conquista das regiões de Segu e Baíko, habitadas principalmente por povos do grupo soninké. A partir daí, os bamanas, sob a influência dos peúles, dividiram-se em dois reinos principais: o de Segu, à margem direita do rio Níger, tendo como chefe Baramangolo; e o segundo, na margem esquerda, chefiado por Niangolo e tendo a cidade de Sunsaná como sede do poder. **No Segu**. Assimilando os soninkés, o sucessor de Baramangolo, o chefe Kaladian Coulibaly (1652-1682), pôde dispor de forças poderosas e se libertar da autoridade dos peúles, bem como dos compromissos com os mandatários do sultão de Marrocos que administravam Djenê, talvez tendo até mesmo conduzido um ataque a Tombuctu. Entretanto, sob o comando de Danfassari (1682-1697) e Sumá, o brilhantismo do Reino de Segu foi ofuscado, até que Mamari Koulibaly assumiu o trono. **No Kaarta**. Enquanto isso, em Sunsaná, sede do Reino bamana do Kaarta, Niangolo não se revelava um mau político; casou um de seus filhos com uma mulher do clã dos Keita, o que enobreceu a família, confirmando-lhe direitos sobre terras pertencentes ao antigo Império do Mali. Um outro filho seu foi um monarca que conseguiu aumentar seus recursos em homens e capital. Seu sucessor, Benefali (1710-1745), utilizou esses recursos da melhor maneira, mas seu poder crescente preocupava Mamari Koulibaly,

seu poderoso primo do Segu. Ele teve a sabedoria de evitar o conflito, mas seu irmão Fouloro, assumindo o trono, foi menos inspirado e se deixou abater pelo impiedoso adversário. **As dinastias Massassi a Dyara**. Considerado o verdadeiro construtor do Reino bamana de Segu, Mamari Koulibaly, filho de Suma, neto de Danfassari e bisneto de Niangolo, fundador do Reino de Kaarta, foi um dos personagens mais poderosos de seu tempo, representando o auge da expansão do povo que se formou pela mestiçagem entre a massa dos bamanas e os aristocratas peúles vindos do leste. Sendo essencialmente um chefe guerreiro, com o apoio dos peúles atacou o poderoso Reino de Kong, liberou o país do domínio dos soninkés do grupo Boaré e tomou a capital Kirango. Depois, solicitado pelos soninkés de Murdiá, destrói Sunsaná, capital do reino fundado por Niangolo, mata seu chefe Foulakoro, em 1754, e unifica todos os bamanas do Vale do Níger. Durante seu governo, como desenvolvido aqui na entrada relativa ao seu nome, as fronteiras sob seu domínio se estenderam, nas duas margens do Níger, entre Bamako e Tombuctu. Daí, impôs sua soberania aos peúles do Maciná. Com sua morte, Mamari foi sucedido por seu filho Dankoro (1755-1757), o qual, tendo se revelado arrogante e cruel, foi assassinado pela guarda de escravos-soldados (*tondyon*) de seu exército, que colocou no trono seu irmão Ali. Mas este, muçulmano inflexível, proibiu a religião tradicional, impondo hábitos islâmicos como a proscrição do consumo de bebidas alcoólicas e provocando a revolta dos chefes dos tondyon, que o massacraram com toda a sua família – exceto duas filhas, salvas por um dos membros da elite militar, Ngolo Dyara, que se casou com uma delas. Assim, extinta a dinastia reinante, os chefes dos tondyon disputaram o poder, e foi Ton-Mansa Dambele, da aldeia de N'Goï, situada a 7 quilômetros de Segu, o primeiro a subir ao trono. Ele, contudo, morreu de morte violenta, como, aliás, também seus sucessores Kaniouba-Niouma e Kafa-Diougou. (BOAKYE, 1982, v. I, p. 83-84). Então, somente com Ngolo Dyara (1766-1790), o salvador das filhas do muçulmano Ali, foi que os bamanas conseguiram alguma estabilidade. Foi ele o fundador da dinastia dos Dyara de Segu. Porém, o clã Coulibaly-Massassi, do Kaarta, jamais admitiu essa dinastia, menosprezando-a não só por ela ser recente, sem tradição, mas também sob a alegação do fato de seu criador ter sido escravo de Bitòn Coulibaly, um dos antepassados da dinastia dos Massassi – embora, segundo N'Diaye (1970, p. 95), o então soberano tivesse sido integrado ao corpo dos tondyon por dívidas de seu pai. O fato é que Ngolo, em seu longo governo, conseguiu se fazer respeitar e estender sua autoridade às regiões de Maciná, Sokoto, Djenê e Tombuctu, só não conseguindo vencer os mossis do Iatenga. Nesse entremeio, reinaram em Kaarta os sucessores de Fulakoro, que foram Sey Bamana e Deni Babo, os quais não conseguiram realizações relevantes. Até que Dessé Koulibali (1788-1799) tentou impor-se aos bamanas de Segu. Morto o grande Ngolo Dyara, dois de seus filhos disputavam o poder; o vencedor, Mansong ou Monzon Dyara (1792-1808), atacou os inimigos do Kaarta, mas não conseguiu sustentar a guerra e a evolução dos reinos seguiu

quase paralela. O filho de Mansong, reinando de 1808 a 1829, foi celebrado como um grande *fama* (rei), mas, segundo avaliação de Boakye (1982, v. I, p. 83), o Reino bamana de Kaarta jamais superou o de Segu em importância. Até que os tuculores de El Hadj Omar Tall, em 1861, conquistam a cidade-Estado de Segu e põem fim à proeminência dos reinos do povo bamana ou de alguns dos povos impropriamente denominados "bambaras". Ver BAMBARAS; RELIGIÃO TRADICIONAL AFRICANA; TONDYON.

BAMBARAS. Denominação que, segundo algumas correntes historiográficas, tem sido usada para designar diversos povos oeste-africanos, como se fossem um só – o também chamado *banmana* –, na suposição de que os povos assim nomeados partilham os requisitos que definem uma etnia, o que constituiria um erro (BAZIN, 2017). A propósito, observemos que textos antigos referem a designação como aplicada a todos os sudaneses não muçulmanos. Assim, os diúlas de Sikasso chamavam os senufos, e os de Odienê chamavam os malinkés ou mandingas não islamizados (LOPES, 2008, p. 38, nota). Ver BAMANAS.

BAMBUQUE (*Bambouk; Bambuhu; Bambuk; Bambucu*). Território situado a leste do atual Senegal e a oeste do Mali, estendendo-se desde os Montes Bambuk até o vale do rio Falemé e as terras altas a leste (LOPES; MACEDO, 2017, p. 48). Nele, situaram-se importantes áreas de mineração de ouro, exploradas desde, pelo menos, os tempos dos impérios de Gana, Mali e Songai. Observe-se que os montes Bambuk situam-se no Senegal e que a cadeia montanhosa do

Futa Djalom, algumas vezes com eles confundida, localiza-se em território da atual Guiné-Conacri. Ver BATIMANSA; OURO; MALI, República do.

BAMILEKÊS (*Bamileke*). Povo banto da região planaltina do atual território de Camarões, onde seus indivíduos se instalaram em diferentes ondas migratórias entre os séculos XVI e XIX (IMBERT, 1973, p. 15). Permaneceu na região montanhosa do sul de Camarões, de onde se acredita serem originários todos os povos do grupo linguístico banto, daí ser considerado o mais importante dentre esses povos. Segundo Granguillhome (1979, p. 32), ainda na década de 1910 eles eram pouco conhecidos dos europeus, inclusive dos colonizadores alemães da região.

BAMUM (*Bamoun*). Antigo reino situado na região de altas campinas do noroeste do atual território de Camarões, tendo sido fundado, pelo povo de mesmo nome, provavelmente no final do século XIV. Com capital na cidade de Fumbam (*Foumban*), sua afirmação política data, contudo, dos séculos XVIII-XIX, e está associada aos resultados obtidos por três governantes: Ncharé e Mbuembue, destacados por suas conquistas militares; e, sobretudo, Njoya, filho deste último. Njoya assumiu o poder após uma renhida disputa pela sucessão do pai, o *mfon* (rei) Mbuembue, vítima de assassinato, e com ele o Bamum se tornou parte integrante do protetorado alemão de Camarões. Mas seu governo, mesmo antes dessa incorporação, já se caracterizava por um significativo conjunto de iniciativas que levavam ao fortalecimento administrativo, institucional e ao brilhantismo cultural que caracterizou o reino em seu tempo. Durante o longo período de governo de Njoya, de *c.* 1885 a 1933, o Bamum passou por intenso processo de urbanização, unificação cultural e linguística, além de experimentar a criação de uma língua escrita oficial, com o empréstimo de caracteres de origem árabe, e de ter uma religião nacional por ele codificada. Na avaliação de M'Bokolo (2011, v. II, p. 41), o governo de Njoya foi um dos exemplos mais bem-sucedidos de modernização a partir de referenciais endógenos, propriamente africanos, interligados a inovações vindas do estrangeiro. Ver CAMARÕES; MBUEMBUE; NCHARÉ; NJOYA, Mbouombuo.

BAMUNS (*Bamoun*). Povo de agricultores fundador do Reino Bamum no atual território de Camarões. Seus governantes tradicionais portavam o título *mfon*, costumeiramente traduzido como "rei", e o mais célebre deles foi Njoya. Ver BAMUM.

BANCO (*Bango*). Na África Ocidental, termo que, segundo Mauny (2011, p. 36), tendo origem mandê, denominava a terra ou argila que, pisada, era utilizada na construção de residências. Em bambara, registra-se *bogo, boua,* termos traduzidos como "argila" (SAUVANT, 1923).

BANDIAGARA. Pequena cidade localizada a cerca de 65 quilômetros, na direção leste-sudeste, da região de Mopti, no atual território do Mali, entre a savana e a planície do rio Níger. Sua população atual inclui indivíduos dos povos dogon, Fulâni e Bambara (ou Banmana). Teria sido fundada, segundo a tradição, por um caçador dogon chamado Nangabanu Tembély, em 1864. Bandiagara

BANDITISMO SOCIAL

foi escolhida por Tidjani Tall, sobrinho e sucessor de El Hadj Omar Tall, como a capital do Reino Tuculor do Maciná. A cidade é também conhecida pela Falésia de Bandiagara, fratura geológica de cerca de 200 quilômetros de extensão cujas paredes escarpadas na rocha constituem o habitat do povo dogon. Ver DOGONS; EL HADJ OMAR TALL; MACINÁ; TIDJANI TALL.

BANDITISMO SOCIAL. Forma de resistência ao colonialismo europeu ocorrida na África, principalmente na segunda metade do século XIX, estendendo-se até o século seguinte. Suas ações consistiam, por exemplo, em ataques a propriedades de colonos e do governo; assaltos a mercadores e funcionários; destruição de linhas telegráficas etc. Nessa modalidade reativa, um dos líderes mais destacados foi o chefe Kadungure, cognominado Mapondera, no Vale do Zambeze, Moçambique. De origem nobre, idoso e venerado por seu povo, esse guerreiro, assim como seu sucessor Dambucaxamba, teria se tornado um "bandido social" premido pelos "abusos do governo colonial" (Isaacman, 1976, p. 191). Ver MOÇAMBIQUE; ZAMBEZE.

BANEANES. Termo pelo qual eram designados os mercadores indianos envolvidos no comércio de longa distância com Moçambique a partir de 1686 como representantes do vice-rei das Índias. Foram frequentemente acusados pelos portugueses de praticar usura, roubo e desrespeito às autoridades. Segundo Houaiss *et al.* (2001), *baneane* é um vocábulo originário do sânscrito, designando "mercador". Ver ÍNDIA, Africanos na.

BÂNGALAS (*Mbangala; Ngala*). Povo banto historicamente localizado desde a curva do curso médio do rio Congo até os atuais territórios de Camarões e Gabão. Ver LINGALA.

BANGASSOU (1850-1907). Chefe supremo do povo bandia, integrante do conjunto dos azandes, no Reino de Nzakara, no sudeste da atual República Centro-Africana. Em 1876, enfrentou tropas a serviço de Rabih, traficante de escravos originário do território do atual Sudão do Sul; e em 1894 seu reino caiu sob domínio francês. Na atualidade, o nome Bangassou designa a capital de Mbomou, uma das quatorze prefeituras da República Centro-Africana, localizada na região do reino mencionado. Ver AZANDES; Rabih al-Zubayr.

BANHUNS. Povo habitante, nos séculos XV-XVII, próximo ao rio de São Domingos, em território da atual Guiné-Bissau, numa grande aldeia chamada Bugendo.

BANI. Rio da África Ocidental. Principal afluente do Níger, forma-se na confluência dos rios Baulê e Bagoê, no leste do atual território do Mali, e desemboca no Níger próximo a Mopti.

BANIARUANDAS (*Banyaruanda*). Denominação aplicada a um conjunto de povos localizados a partir dos territórios de Ruanda e que inclui, entre outros, os hutus e tutsis, tradicionais inimigos. Ver BURUNDI; HUTUS; RUANDA; TUTSIS.

BANNERMAN, James (1790-1858). Mercador em Cape Coast. Filho de uma nativa do povo ga com um escocês, tornou-se próspero comerciante na Costa do Ouro, com negócios realizados na esfera de influência inglesa. Em 1826 tomou como esposa uma filha do Axântiene Osei Bonsu, capturada por ocasião da derrota dos axântis frente aos britânicos na Batalha de Katamanso ou Dodoa, travada naquele mesmo ano. Ver AXÂNTIENE.

BANTOS (*Bantu*). Grande conjunto de povos agrupados por afinidades etnolinguísticas, localizados nos atuais territórios da África Central, Centro-Ocidental, Austral e parte da África Oriental (LOPES; MACEDO, 2017, p. 49). Na África do Sul, o termo é usado para designar todas as populações negras, sem distinção de etnias, exceto os povos coissãs. Segundo algumas avaliações, até meados do século XVIII a maior parte dos territórios ocupados por falantes de línguas do grupo Banto teria sido menos afetada que a África Ocidental pela crescente onda do comércio intercontinental que transformava radicalmente o continente africano. Assim, por exemplo, o litoral entre Camarões e Angola só teria efetivamente entrado na rota do tráfico negreiro após o domínio total de Portugal sobre o Congo, na década de 1680. E na costa oriental isto só teria ocorrido após o fim do século XVIII, quando os interesses europeus nesse negócio começaram a suplantar os dos suaílis, omânis e xangamires. Entretanto, consoante Vansina (2010 p. 7) e Heywood (2009, p. 19), sem sombra de dúvida que quase metade dos africanos que cruzaram o Atlântico nessa quadra histórica eram bantos da África Central, sendo que, para o Brasil, os que vieram da porção ocidental dessa parte do continente africano constituíram a maioria. **Subdivisão e localização.** Em Obenga (1985, p. 22-30), tem-se uma importante listagem da distribuição geográfica das línguas banto pelo território africano, através da qual é possível localizar os principais povos falantes dessas línguas, como os seguintes: 1) Bantos do noroeste (de Camarões até o norte do Gabão): bubis, dualas, tekes etc.; 2) Bantos do equador (partes de Gabão, Congo, República Democrática do Congo, Uganda, Quênia e Somália): fangs, mbochis, ngalas etc.; 3) Bantos subequatoriais (porções inferiores dos territórios dos países acima mencionados): mongos, mboles, tetelas etc.; 4) Bantos do centro (partes de Congo, República Democrática do Congo, Uganda, Angola, Zâmbia): congos, ambundos, chócues, lundas, lubas etc.; 5) Bantos do litoral nordeste (Somália, Quênia, Tanzânia): suaílis, nyikas etc.; 6) Bantos das altas terras do Quênia: quicuios, merus, taitas etc.; 7) Bantos interlacustres (partes de Uganda, Tanzânia e Maláui): toros etc.; 8) Bantos da Tanzânia: grupo do Rift, grupo dos Nyamwezis; 9) Bantos do médio Zambeze: lozis, tongas etc.; 10) Bantos do sudoeste: cuanhamas, hereros, ovimbundos etc.; 10) Bantos do grupo Xona (Zimbábue e Moçambique); 11) Bantos do grupo Tonga (Moçambique); 12) Bantos do grupo Ngúni (África do Sul): zulus, xosas etc.; 13) Bantos do grupo Soto (Botsuana). Ver ÁFRICA CENTRAL E CENTRO-OCIDENTAL; AGRICULTURA; AJAUAS; AMBUNDOS; ANGOLA; BA; BACUBAS; BAMILEKÊS; BÂNGALAS; BASSUTOS; BECHUANAS; BEMBAS; BUSOGA; CABINDA; CAMÍTICA, Hipótese; CHANGANA; CHEWAS; CHÓCUES; COLOLOS; CONGO, Rio; CONGOS; CUATA-CUATA; FERREIRO; GABÃO; GANDAS; HEHES; IMBANGALAS; JINGAS; LÍNGUAS AFRICANAS;

LUBAS; LUENAS; LUHYAS; LUNDA; LUNDAS; MACONDES; MADAGAS-CAR; MANILHAS; MBEGHA; MFE-CANE; MIJIKENDAS; MPONGWE; NAMÍBIA; NGÚNIS; NHUNGUES; NIANJAS; OMÂNI; ORATÓRIA; OVAMBOS; OVIMBUNDOS; PON-DOS; QUICUIOS; QUILENGUES; QUIMBANDA; RELIGIÃO TRA-DICIONAL AFRICANA; RONGAS; RUANDA; SAMBÚRUS; SENAS; SUAÍLI; TEKES; TEMBOS; TONGAS; TSONGA; TSUANAS; XANGAMIR; XINJES.

BANTU. O mesmo que banto (masculino) ou banta (feminino). É a forma não flexionada preferível na tradução do inglês *bantu* e do francês *bantou* (LOPES; MACEDO, 2017, p. 49).

BANZA CONGO (*Mbanza-a-Congo*). Remota designação, na língua quicongo da povoação principal do Reino do Congo, local de residência do *ntotila;* a sede de governo dos antigos soberanos bacongos, ao final do século XV. A palavra *mbanza* tem, em quicongo, entre outros, o significado de "aldeia principal", "residência do chefe", "a capital" (LAMAN, [1936] 1964, p. 523). Então, assim se denominava a capital referida pelos portugueses como "Cidade de São Salvador", cujo nome era também estropiado como "Banza Congo". Segundo Parreira (1990a, p. 161), situava-se na confluência das regiões de Mpemba, Kiova e Nsundi, em território da moderna Angola (LOPES; MACEDO, 2017, p. 205). Com a gradual influência dos portugueses, a denominação São Salvador do Congo prevaleceu.

BANZA PUMBO (*Mbanza-a-Mpumbu*). Antiga localidade na região de Nsundi, no Reino do Congo, principal ponto do comércio local de escravos no século XVI. Parreira menciona Mpumbu como uma região de intenso comércio que foi chamada posteriormente Stanley Pool. O topônimo, referido em Laman, é visto, por algumas fontes, como origem do substantivo "pombeiro" (LOPES; MACEDO, 2017, p. 205). Ver MBANZA-A-KONGO; ECONOMIA DO TRÁFICO; POMBEIROS.

BAOL (*Bawol*). Região no atual território do Senegal, outrora chamada Diourbel ou Jurbel, onde floresceu o reino de mesmo nome. **O reino.** Situado ao longo da costa e em terras interioranas ao sul da atual localização de Dacar, a capital senegalesa, no século XIV o Reino de Baol era um simples satélite do Império Uolofe, e algum tempo depois de 1556 foi conquistado pelo estado vizinho de Cayor, que o controlou até 1686. No final desse século, os invasores foram os uolofes, o que ocasionou a fuga de boa parte da população local. A partir daí, os governantes do Baol tentaram neutralizar as tentativas de conquista dos europeus, até que a França ocupou seu território em meados do século XIX. Ver CAYOR; DACAR; SENEGAL; UOLOFES.

BAQUAQUA, Mahommah Gardo. Ver DIÁSPORA AFRICANA.

BARAMANGOLO. Primeiro soberano histórico dos bamanas de Segu. Ver BAMBARAS; SEGU.

BARBACIN (*Barbassin*). Termo empregado nos textos de escritores portugueses quinhentistas e seiscentistas para designar um dos Reinos dos uolofes. Resulta de adaptação ao português da expressão *Buur-ba-sin*, aplicada aos governantes do Reino de Sin, ou Sinê, que na origem integrava o estado Jolof. Ver JOLOF; SINÊ.

BARBÁRICOS, Estados. Antiga denominação (derivada de "Berbéria", terra dos berberes) do conjunto de regiões da África Setentrional localizadas nos atuais territórios de Líbia, Tunísia, Argélia e Marrocos; também mencionado como "Regências Barbarescas". Nesse conjunto, Argel, Túnis e Trípoli foram cidades-estados fundadas nas bordas de um deserto úmido, escassamente povoado, e, no século XVI, os estados locais, governados por chefes turcos janízaros obedientes ao sultão em Istambul, constituíram a base ocidental do Império Otomano em sua guerra contra os espanhóis, os governantes tratavam a atividade dos corsários como um negócio, regulado pela Taife Reisi, uma associação profissional (ROGOZINSKI, 1997, p. 333). Nascia aí, por exemplo, a fama dos Irmãos Barbarossa, corsários gregos que até meados do século XVI disputaram o controle do Mediterrâneo com os espanhóis e tomaram várias cidades portuárias na Tunísia e na Argélia, principalmente Argel.

BARENDS, Barend (1770-1839). Líder do povo gríqua, no atual território da África do Sul. Foi um dos mais importantes chefes nas origens de seu povo, constituído por afro-europeus, descendentes em geral de homens bôeres e mulheres khoisan. Atuou como magistrado e como líder cristão junto à *London Missionary Society* (Sociedade Missionária de Londres). Também conhecido como caçador de elefantes, cujas presas vendia na Cidade do Cabo, participou da guerra contra o povo ndebele em 1831. Ver ÁFRICA DO SUL, República da; BÔERES; COISSÃ; CRIOULIZAÇÃO; GRÍQUAS.

BARIBAS (*Bariba*). Confederação de povos oeste-africanos localizados na porção nordeste do território do Daomé, atual Benin. Criadores do antigo estado Bariba de Borgu, comumente referido como o "Reino de Borgu". Esse estado, com sua capital em Kouandé, exercia autoridade sobre pequenos reinos locais como Nikki, Bouay, Kika e Sandilo. No século XIX, enquanto os soberanos de Nikki eram ameaçados a leste pelo poder cada vez maior dos peúles, os baribas de Kouandé, pelo oeste conquistavam povos vizinhos graças à superioridade de sua cavalaria e da organização militar que lhes permitiu vencer em terreno plano os povos das montanhas do Atakora. Contudo, o Reino de Kouandé não conseguiu resistir à conquista europeia (CORNEVIN, 1970, p. 32).

BAROTSE. O mesmo que Lozi e Rózui. A denominação étnica Barotse estendeu-se ao topônimo designativo do território desse povo, que no século XIX encontrava-se disperso entre os atuais Namíbia, Botswana, Zimbábue, Zâmbia e Angola. Ver RÓZUIS.

BARRETO, Família. Influente núcleo familiar da Guiné-Bissau. Seus membros são descendentes do padre João Pereira Barreto, sacerdote luso-africano instalado em Cacheu no ano de 1770 e nomeado capitão-mor da cidade em 1804. Sua descendência iniciou-se com os dois filhos que teve com uma escrava, e outros descendentes seus continuaram, ao longo do tempo, a ocupar postos na administração e participar ativamente do comércio local. Ver CACHEU; CRIOULIZAÇÃO; GRUMETES.

BARTER, Thomas Edward — Ver TOM EWUSI.

BARUÉS (*Barwes; Báruè*). Conjunto de povos do Planalto de Manica, na atual República de Moçambique, mencionados em Baumann e Westermann (1948, p. 143) como *Bargwe*. Alguns etnolinguistas os incluem como falantes da língua Xona, outros os vinculam aos tsongas. Ocupavam uma região montanhosa entre o rio Zambeze, Rodésia, Pungue e Gorongosa. A partir de 1821, seus exércitos invadiram várias terras concedidas como "prazos", alguns deles já controlados por chefes nativos rivais, com os quais se bateram. Entre 1870 e 1902, em sua luta por independência, evidenciou-se como o único grande reino zambeziano fora da esfera de controle dos portugueses (Isaacman, 1979, p. 95), resistindo ao avanço das tropas chefiadas por João de Azevedo Coutinho (1891) e Manuel Antonio de Souza (1892) (Almeida, 1978, v. II, p. 277). Ver GORONGOSA; PRAZOS, Sistema dos; RODÉSIA; TONGAS; ZAMBEZE.

BASSAS (*Basa*). Povo localizado no território da atual república de Camarões. Inicialmente vivendo da agricultura de subsistência e da pesca ao longo do litoral atlântico, acabaram desalojados pelos dualas e por comerciantes europeus. Com o domínio alemão em Camarões, muitos de seus indivíduos foram submetidos a trabalho forçado, pelo que engrossaram as fileiras da luta contra a colonialismo, essencialmente na região de Bassa-Bacongo. Muitos, entretanto, beneficiaram-se da ação dos missionários cristãos na obtenção de educação ao estilo ocidental e oportunidades de trabalho. **Os Bassas (*Basa*) da Libéria**. No território da atual Libéria, um povo de mesmo nome vive nas regiões litorâneas centrais, sendo majoritário na capital Monrovia, além de em pequenas comunidades em Serra Leoa e na Costa do Marfim. Esses bassas são tidos, por algumas fontes, como oriundos do Egito.

BASSUTOLÂNDIA (*Basutoland*). Antiga denominação do atual Reino de Lesoto (q.v.).

BASSUTOS. Uma das formas usadas para designar os indivíduos do povo Soto, da África Austral. A sílaba inicial da palavra é o prefixo banto indicativo do plural, também usado em outros nomes gentílicos, como em bacongos (congos); balubas (lubas); balundas (lundas) etc.

BATALHA DOS TRÊS REIS. Ver ALCÁCER-QUIBIR.

BATAMMARIBA. Povo oeste-africano também referido, no singular, como Otammari; e especificamente, no Benin, como *sombas*. Localiza-se na região de Atakora, na fronteira norte entre o Togo e o Benin, onde se estabeleceu entre os séculos XVII-XVIII. É lembrado por seu estilo de construção de residências em adobe, de dois andares e com sofisticado sistema de distribuição.

BATANGUE. Termo de origem mandê que na Gâmbia, segundo Mauny (2011, p. 37), designa o pão de farinha de milho, mencionado em 1685. Variante: *basangue*.

BATÉ, Império. Forma de referência a uma das unidades políticas surgidas no oeste africano por força da fragmentação do Império Tuculor de El Hadj Omar Tall, após a morte deste, em 1864. Sua capital

BAXORUM (*Basòrun*)

foi a cidade de Kankan, em território da atual Guiné-Conacri. Ver KANKAN; WASSOULOU, Império.

BATEQUÊS. Ver TEKES.

BATETELAS, Revolta dos. Série de três rebeliões, seguidas de uma insurreição de menor porte, ocorridas no Estado Livre do Congo entre 1895 e 1908 e atribuídas a membros do povo Tetela. Deflagrada com um motim das tropas da Força Pública de Luluabourg, atual Kananga, e se estendendo até 1908, quando os últimos rebeldes foram derrotados, a revolta acabou se tornando um dos mais importantes movimentos anticoloniais contra a ocupação belga do Congo. Ver CONGO, Estado Independente do; NGONGO LUTETE; TETELAS.

BATIMANSA. Nome pelo qual foi mencionado em textos portugueses o senhor (*mansa*) da região de Bati, na margem esquerda do rio Gâmbia, na atual região de Vintan ou Bintan. Governava em nome do Mandimansa, o *"mansa do Mande"*, isto é, o governante máximo do antigo Mali, sob cuja autoridade estavam as minas de ouro do Alto Níger (Burem) e do Bambuk. As primeiras informações a seu respeito aparecem no relato de uma viagem à foz do rio Senegal escrito por Alvise Cadamosto e Diogo Gomes, ambos a serviço do Infante Dom Henrique (ALBUQUERQUE, 1994, v. I, p. 126).

BATUAS. Ver TWAS.

BAUCHI, Planalto de. O mesmo que Planalto de Biu, é uma área de altiplano no nordeste do território da atual Nigéria, situada entre a bacia do Alto Benué ao sul e a bacia do Chade ao norte. Abriga nascentes de vários rios que formam o Gongola.

BAULÊS (*Baoulé*). Povo da Costa do Marfim localizado na parte central do país, numa zona de savana que penetra "como uma cunha" na floresta costeira. Um dos principais povos marfinenses, os baulês teriam surgido como um ramo do povo axânti, numa genealogia assim explicada: com a morte do rei Axânti Osei Tutu i, em 1718, sua sucessão provoca enorme desentendimento. Opoku Ware I, seu sucessor legítimo, toma posse dois anos depois, reinando até 1750. Com sua morte, entretanto, novas e violentas discussões se travam, e o pretendente legítimo, Dakon, acaba assassinado. Entre os akans, o trono era transmitido através das mulheres: somente a irmã ou a sobrinha do rei podia gerar seu herdeiro, e a mulher cujo filho ou irmão fosse escolhido rei normalmente partilhava o poder com ele. Sentindo-se ameaçada, a princesa Abla Poku, irmã de Dakon, então com cerca de 50 anos de idade, reúne seu povo e empreende um impressionante êxodo para o oeste. Este episódio é que vai ocasionar a fundação do Reino Baulê e o desenvolvimento de uma das civilizações mais originais e mais brilhantes do oeste africano (LOUCOU, 1977) – o qual, não obstante, foi informado como um dos "estados negreiros" da África, entre os séculos XVII e XVIII (DORIGNY; GAINOT, 2017, p. 40). Ver ABLA POKU; AXÂNTIS; ESTADOS NEGREIROS; OPOKU WARE I; OSEI TUTU I.

BAWOL. Ver BAOL.

BAXORUM (*Basòrun*). Título do primeiro-ministro do Reino de Oyó. Um deles foi o referido como "Baxorum Gá", de triste memória: mantendo-se no poder entre 1754 e 1774, notabilizou-se por sua crueldade, até ser deposto e morto por ordem do alafim Abiodum.

BAYANO. VER DIÁSPORA AFRICANA.

BAYAS (*Gbaya; Gbeya*). Povo de agricultores localizado em partes do território ocidental da República Centro-Africana, do centro-leste de Camarões e do norte da República do Congo. Estabeleceu-se nessa região após longa migração a partir da Nigéria durante as guerras santas capitaneadas por Usman dan Fodio no período de formação do Califado de Sokoto. Ver SOKOTO, Califado; Jihad; USMAN DAN FODIO.

BEAFADAS. Povo oeste-africano atualmente localizado em partes das repúblicas de Guiné-Bissau, Senegal e Gâmbia. Nesse primeiro país, onde sua presença é mais expressiva, habitam principalmente, em subgrupos distintos, a margem esquerda do rio Geba, a região de Quinará e a província de Tombali, na fronteira com a Guiné-Conacri. A denominação deste povo também é expressa através das variantes *Beafares* e *Biafadas*.

BEATRIZ KIMPA VITA. Ver KIMPA VITA, Beatriz.

BECHUANALÂNDIA. Antiga denominação da República de Botsuana. Ver BOTSUANA.

BECHUANAS (*Tswana*). Povo da África austral integrante de um dos subgrupos dos Sotos. Provavelmente constituem o mais antigo grupo étnico banto da África do Sul, tendo seus primeiros componentes se miscigenado com indivíduos do povo khoisan (GRANGUILLHOME, 1979, p. 35).

BEGHO, Empório de. Ver DIÚLAS.

BEHANZIN (*Gbéhanzin*). Rei fon do Daomé, reinante em Abomé entre 1889 e 1894. Neste último ano de reinado, após dois anos de resistência contra o exército francês e depois de uma batalha encarniçada e longa, terminou derrotado e preso – e, assim, foi mandado para o exílio na Argélia, onde morreu em 1905. Deixou para a posteridade um "discurso de adeus", pronunciado em 20 de janeiro de 1894, em que se lê o seguinte: "Nós tínhamos a certeza de conduzir nosso exército à vitória. Quando meus guerreiros se levantaram aos milhares para defender o Daomé e seu rei, reconheci com intrepidez a mesma bravura que manifestavam aqueles de Agadjá, de Tégbessou, de Ghézo e de Glele. Em todas as batalhas eu estava ao lado deles" (JOLLY; ARAÚJO, 2007, p. 62).

BEI. Título outrora privativo dos oficiais superiores do exército otomano, e depois estendido aos príncipes dependentes do sultão e também a altos funcionários administrativos. O território sob a sua jurisdição recebia o nome de *Beilhique* (Beylik) (HGA, 2010, v. 5, p. 31). Ver JANÍZAROS; OTOMANO, Império TÚNIS.

BEIRA. Cidade e centro de comércio de proveniência portuguesa em Moçambique, cuja origem data de 1487, quando ali se estabeleceu o navegador Pero da Covilhã. Situada nas proximidades dos rios Pungue e Buzi, nos séculos XVI-XVIII a cidade se tornou importante ponto de passagem no comércio com o Índico, com o Zimbábue e o Malawi. Ver MOÇAMBIQUE.

BÉLGICA. País da Europa Ocidental. Na década de 1880, quando as potências

BENIN, Antigo

europeias se empenharam em uma disputa ferrenha pelo território africano, a Bélgica era um Estado sem ambições imperiais. Contudo, seu soberano tomou a si, pessoalmente, o encargo de explorar as riquezas africanas. Assim, contratou o explorador americano Henry Stanley para instalar sua colônia na imensa vastidão de terras que denominou "Estado Independente [ou Estado Livre] do Congo", que só em 1908 foi anexado à Bélgica. Ver EUROPEUS NA ÁFRICA (A Bélgica no Congo).

BELLA. Vocábulo que, na língua songai, designava as pessoas escravizadas entre os tuaregues. Amplamente empregado nas áreas saeliana e do território da atual Nigéria, equivale a *iklan* na língua tamaxeque, e a *buzu* em hauçá (HSAIN, 2006, p. 61). Mencionados em fontes escritas no período entre os séculos XVII e XIX, os indivíduos assim designados eram aqueles pertencentes a diferentes grupos étnicos, considerados estrangeiros, aprisionados e reduzidos a cativeiro. Podiam trabalhar livremente e constituir família, mas estavam sujeitos a perder a liberdade, serem vendidos ou privados de seus bens (SARDAN, 1982, p. 64-65). Ver BUZU.

BELLO, Muhamad. Ver MUHAMAD BELLO.

BEMBAS. Povo banto do nordeste da Zâmbia, localizado nas proximidades das atuais repúblicas Democrática do Congo e do Zimbábue. Nos séculos XVIII e XIX, durante o período de apogeu do Reino Lunda de Kazembe, os bembas lutaram pelo controle das rotas de comércio que levavam ao interior da África, através das quais participaram ativamente dos negócios com marfim e das guerras para a obtenção de cativos, buscados principalmente entre os maraves. Ver MARAVES.

BENGUELA. Região litorânea no território de Angola, ao sul do rio Cuanza. Alcançada por navegantes portugueses por volta da segunda década do século XVII, foi durante muitos anos cobiçada por exploradores que acreditavam existir em seu solo riquezas minerais, principalmente minas de cobre. Berço de diversos Estados do povo ovimbundo, foi também conhecida como movimentado porto de embarque de escravizados para as Américas.

BENIÉ KOUAMÉ. Rei dos Agnis da Costa do Marfim no século XIX.

BENIN (*Bénin*). Nome pelo qual, a partir de 1975, denominou-se a República do Daomé, localizada em uma área onde os povos Ewés constituíram, no século XVII, os reinos de Hogbonu e Daomé (cuja capital era Abomé). A denominação evoca o antigo Reino do Benin, localizado em território da atual Nigéria, numa homenagem talvez mais histórica do que baseada em afinidades étnicas. Ver BENIN, Antigo; DAOMÉ.

BENIN, Antigo. Estado monárquico da África Ocidental, também referido como Reino Edo do Benin, situado a oeste do rio Volta e estendendo-se até a foz do rio Níger, na atual Nigéria. Suas primeiras unidades políticas teriam criadas pelos edos ou binis (em ioruba, *Ìbin'nín*), povo aparentado aos iorubás, no primeiro milênio da Era Cristã; e sua estrutura de governo sobrevive até a atualidade, na forma de uma chefatura tradicional de grande prestígio e poder, localizada no território da República da Nigéria (GOMES,

BENIN, República de

2019, p. 22). Segundo Balandier e Maquet (1968, p. 66), a civilização do Benin só se origina, efetivamente, no século XIII com um príncipe que os edos teriam ido buscar na prestigiosa cidade de Ilé Ifé, o que parece remeter ao episódio lendário da criação das cidades dos futuros iorubás pelo líder Odudua. O certo é que, algumas décadas após a chegada dos primeiros portugueses, durante o reinado de Esiguie, no século XVI, a cidade-Estado de Bini (Benin) ou Edo tinha controle sobre centenas de aldeias e estava no auge de seu poder. Destacando-se como importante centro mercantil, alcançou ainda maior prosperidade graças ao comércio de escravos incrementado por seus parceiros comerciais portugueses, e depois holandeses e ingleses. As negociações com os mercadores portugueses provenientes do Forte de São Jorge da Mina ou de São Tomé foram intensas até meados do século XVI, e depois minguaram em virtude das imposições estabelecidas pelos obás. No século XVII, o caráter militar dos governantes perdeu força, sua imagem passou a ser revestida de forte simbolismo religioso, e a participação nos negócios do tráfico de cativos perdeu a importância que tivera antes. O comércio do Benin foi, por isto, dirigido para produtos oriundos do artesanato, da caça ou da agricultura, como tecidos de algodão, contas de pedra, óleo de palma e, sobretudo, marfim e pimenta malagueta, conforme tratado comercial firmado em 1715 com a Companhia Holandesa das Índias Ocidentais (M'bokolo, 2009, p. 442). Ao final do século XIX, caiu sob domínio inglês, após a Expedição Punitiva de 1897, quando forças britânicas com cerca de 1.200 homens sob o comando do almirante Harry Rawson, após 17 dias de movimentação, adentrou na cidade do Benin, atacou o palácio real e destronou o obá, seguindo-se uma grande pilhagem de valioso artesanato em bronze e marfim. Várias centenas de artefatos e utensílios esculpidos em bronze foram confiscados como despojos de guerra, sendo empregados parcialmente como pagamento aos integrantes da expedição e levados para a Inglaterra. Diversas esculturas pilhadas foram posteriormente adquiridas pelo Museu Britânico e por outros museus da Europa e dos Estados Unidos, passando a fazer parte de seu acervo como sofisticadas obras de arte. Ver ÁFRICA OCIDENTAL; BINIS; BRONZES DO BENIN; EDO; ESTADOS NEGREIROS; EUROPEUS; EXPEDIÇÕES PUNITIVAS; MÚSICA E DANÇA; NIGÉRIA; OBÁ; OZOLUA; RELIGIÃO TRADICIONAL AFRICANA; TRÁFICO NEGREIRO.

BENIN, República de. Moderno estado na África Ocidental, em território do antigo Reino de Daomé, com capital em Abomé.

BERBERES. Grupo étnico subdivido em diversos subgrupos habitantes da África Setentrional , sobretudo nas áreas montanhosas e desérticas, desde tempos anteriores à chegada dos árabes (Lopes; Macedo, 2017).

BETIS. Povo da África Central, presente nas atuais repúblicas de Camarões e do Gabão. Seu nome também aparece por vezes grafado como Bati, Betis, Betsi, Betsis, Pahouin, Pahouins. Segundo alguns, o nome poderia derivar de *nti*, com a significação de "senhor" ou "nobre". Em Camarões, ocupam majoritariamente o centro, o sul e o leste do país. De acordo com determinadas tradições orais, ali teriam se estabelecido em fins do século XVIII, fugindo aos ataques desferidos contra eles pelas tropas de Usman dan Fodio. Ver USMAN DAN FODIO.

BETSILEO. Povo de Madagascar cuja origem remonta aos séculos XIII-XIV. No princípio do século XIX, foram conquistados e incorporados ao Reino Merina. Data deste momento a fundação da cidade de Fianarantsoa, que se tornou a capital do povo betsileo.

BEXERIM. Vocábulo pelo qual foram referidos cada um dos missionários islâmicos atuantes na região da Guiné nos séculos XV a XVI; o mesmo que *marabu*. Grafado de diversas formas, tais como *bischerif* (1506), *bixirim* (1594), *bicherin* (1637), *bexerin* (1732) etc. (MAUNY, 2011, p. 38), o termo tem provável origem no árabe *baxir (basheer)*, "portador de boas novas, alegres notícias" (cf. Alcorão, 5:19). Ver SÉRIGNÉ.

BHUNU (1876-1899). Rei da Essuatíni, também mencionado como Mahlokohla, assumiu o governo em 1894, durante uma epidemia de peste bovina que matou 90% do rebanho existente no reino. Em meio à grande instabilidade regional, potencializada pela eclosão da segunda guerra anglo-bôer, manteve boas relações com os britânicos. Data de seu período de governo o aparecimento da primeira cidade edificada em estilo europeu na região, a cidade de Bremersdorp – na atualidade chamada *Manzini*.

BIAFRA, Golfo de. O mesmo que Golfo de Bonny. Reentrância na extremidade nordeste do golfo da Guiné, localizada a sul do Delta do Níger. Abriga os estados do sul da atual Nigéria, o litoral de Camarões, a ilha de Bioko, além de parte do Gabão e as ilhas de São Tomé e Príncipe. Ver IBOS.

BIBIANA VAZ (século XVII). Negociante africana estabelecida na cidade de Cacheu, na atual Guiné-Bissau, com grande influência e poder econômico nas décadas de 1670 e 1680. Casada com um antigo governador de Cacheu, dispunha de ampla rede de contatos locais. Por volta de 1684, liderou uma revolta contra o governador português Gonçalves de Oliveira, mantendo-o prisioneiro em uma de suas propriedades durante quatorze meses. Ver CACHEU; ECONOMIA DO TRÁFICO; GUINÉ-BISSAU; SIGNARES.

BIÉ, Planalto de. Também referido como Planalto Central de Angola, ocupa grande parte da região central do território da atual República Angolana. Nele, nascem grandes rios, como Cunene, Cuanza, Cuango e Zambeze. Ambiente natural dos ovimbundos, por volta de 1600 a região foi berço da formação de unidades políticas relevantes como o Reino de Uambo, segundo a tradição fundado pelo chefe Uambo-Kalunga. Cerca de meio século depois, migrando de lá, o chefe de nome Tchilulu fundava o Reino Tchyaka. Duas décadas mais tarde, outro chefe migrante, Katekuku-Mengu, vindo dos Bângalas, fundava o Reino Andulo ou Ndulu. Na sequência, até o século XVIII, foram nascendo, da mesma forma, os outros reinos planaltinos: Bailundo, fundado por Katiavala; Bié, por Viyé; Kakonda, fundado pelo líder que lhe deu o nome. Além destes, havia no Planalto outros reinos, menores, concentrados

BIJAGÓS, Arquipélago dos

no sul, como Ngalangi, Sambu, Tchivula, Tchingolo, Tchikomba, Tchitata, Ekekete, Tchikuma e Kalukembe. Segundo historiadores angolanos ligados ao Movimento Popular de Liberação de Angola (MPLA), eram reinos que nasciam para atender ao desenvolvimento das forças produtivas, ainda fora da influência dos europeus. Assim, os povos do Planalto se tornaram conhecidos como comerciantes, inclusive na costa oriental (MPLA, 1975, p. 94-95). **O Reino de Bié**. Histórico reino do povo ovimbundo, o Bié localizava-se na atual cidade de Cuito, na região central do país, e seu nome evoca o do fundador, chamado Viyé, tido como filho de Feti, mitológico herói fundador dos ovimbundos (Lopes; Macedo, 2017, p. 125). **Agressões e resistência**. De 1645 até o final do século XIX, a história do Planalto do Bié é uma longa crônica de guerras contra o colonialismo português e principalmente de resistência às expedições para captura de escravos na modalidade conhecida como *kuata-kuata*! ("pega-pega!"). Ver COLONIALISMO; NDUNDUMA.

BIJAGÓS, Arquipélago dos. Conjunto de 88 ilhas situadas no largo do litoral da atual Guiné-Bissau.

BIJAGÓS (*Bijagó*). Povo habitante do arquipélago de mesmo nome, na atual República da Guiné-Bissau, cujas principais ilhas são as de Bolama, Bubaque, Carache, Caravela, Formosa, Orango, Orangozinho, Roxa e Uno. Nos primeiros mapas portugueses da África Ocidental, o arquipélago recebe o nome de "Ilhas de Buam". Os nativos tripulavam almadias de notável dimensão, o que indicou aos recém-chegados europeus tratarem-se de povos afeitos à navegação. São mencionados pela primeira vez pelo navegador veneziano Cadamosto, e seus costumes foram descritos detalhadamente por Álvares d'Almada no *Tratado breve dos rios de Guiné do Cabo Verde* (1594), que deles diz o seguinte: "[...] *não fazem mais do que três coisas – guerra, e fazer embarcações, e tirar vinho das palmeiras*". Até o século XIX, representaram forte ameaça ao domínio português nos territórios da atual Guiné-Bissau, sendo considerados saqueadores e piratas, além de apresadores de escravos. Segundo a socióloga Dilma de Melo Silva, os indivíduos do povo bijagó foram vistos como belicosos por resistirem firmemente à penetração dos portugueses, enfrentando-os com armas próprias, e também por rechaçarem as tentativas de islamização à força promovidas por fulas e mandingas, em suas violentas "guerras santas". Ressalta a autora que a visão portuguesa jamais os percebeu como "porta-vozes de cultura própria, de uma visão de mundo, com um quadro de valores perfeitamente articulados em outros referenciais" (Silva, 2000, p. 19). Por este motivo, foram reiteradamente acossados pelas autoridades europeias, com os ataques se tornando mais frequentes a partir da década de 1870, quando a ilha de Bolama se tornou a sede da administração da Guiné Portuguesa. As guerras de conquista se prolongaram do início do século XX até 1936, quando os bijagós foram submetidos ao domínio colonial. Ver ALMADIA; AURÉLIA, Mãe; GUINÉ-BISSAU; JÚLIA, Mãe; OKINKA.

BIGENE. Cidade na região de Cacheu, na Guiné-Bissau. Faz fronteira com Bula,

São Domingos e Farim, e na zona norte faz fronteira com Senegal. Também mencionada como Bijini. Ver TARIKH MANDINKA DE BIJINI.

BILAD AL-SUDAN. Uma das transliterações da expressão árabe (dos radicais *blad*, "*país*", mais *sud*, "negro") usada para designar o "País dos Negros", ou seja, o conjunto de regiões da África subsaariana que compreendia as bacias dos rios Senegal, Níger e Chade, além dos territórios mais meridionais da savana e da floresta equatorial (LOPES; MACEDO, 2017, p. 62). Em algumas fontes, a expressão aparece também grafada como *Bilad-es-Sudan*.

BILALI, Salih. Ver SALIH BILALI.

BINAO (1867-1927). Nome pelo qual é mencionada a rainha do povo sakalava, de Madagascar, governante a partir de 1881. Em 1894-1895 apoiou a ocupação francesa e o estabelecimento de um protetorado francês em seu país.

BINIS (*Bini*). O mesmo que Edos. Ver EDOS.

BIRAMA, Kondé. Ver KONDÉ BIRAMA.

BIRNI NGAZARGAMU. Antiga capital do Bornu, substituída por Kukawa quando da ascensão de Al-Kanemi ao poder, no início do século XIX. Na expressão que denomina a localidade, o elemento *Birni* tem o significado de "cidade fortificada".

BIRO, Boubakar. Ver BOKAR BIRO.

BISAS. Povo da bacia do rio Zambeze. No século XIX, os mercadores existentes em seu meio, muitos deles associados a prazeiros, ganharam fama como poderosos traficantes de escravos.

BISSANDUGU (*Bisandugu*). Cidade da África Ocidental onde, em 1888, Samori Turê assinou um tratado de paz com os franceses, que a tomaram três anos depois.

BISSAU. Cidade oeste-africana, capital da atual República de Guiné-Bissau. Foi fundada pelos portugueses com a construção do Forte de Nossa Senhora da Conceição, no território sob governo de lideranças do povo papel, no período situado entre 1687 e 1692. Entretanto, suas primeiras edificações urbanas só foram erguidas a partir de 1766, quando a cidade passou a funcionar, efetivamente, como um centro de comércio. Ver PAPEL.

BITTON. Cognome ou epíteto de Mamari Koulibaly, rei e principal personagem da história dos bambaras de Segu. Ver MAMARI KOULIBALY; TONDYON.

BIU, Planalto de. Ver BAUCHI, Planalto de.

BLYDEN, Edward Wilmot (1832-1912). Educador, escritor, diplomata e político nascido nas Índias Ocidentais, nas atuais Ilhas Virgens Americanas. Emigrado para a Libéria em 1850, alcançou grande notoriedade, inclusive estendendo sua atuação a Serra Leoa. É considerado por muitos autores como um precursor do pan-africanismo, pois em seus escritos encontram-se, por exemplo, os primeiros argumentos do que viria a ser denominado "personalidade africana" (*african personality*) e "etiopianismo". Sua obra mais destacada é o livro *Christianity, Islam and the Negro Race* (Cristianismo, Islã e a raça negra), publicado em 1887. Ver NACIONALISMO AFRICANO.

BOADU AKAFO BREMPONG. Rei do Denquira (*c*. 1657-1668). Segundo algumas versões locais, invejando a prosperidade do vizinho Reino de Ebrossa, pequeno e de criação recente, bem como de seu rei

Ano Assoman, enviou contra eles uma expedição de conquista. Recebido com forte e inesperada resistência, acabou morto em combate.

BOAKYE, Kwasi (1827-1904). Personagem da diáspora africana na Europa. Membro da família imperial axânti, nascido em Kumasi, ainda criança foi enviado por sua família para ser educado na Holanda. Na sequência, cursou Engenharia de Minas em Freiberg, no sudeste da Alemanha, e depois de formado, aos 30 anos de idade, foi destacado pelo governo holandês para trabalhar na Índia. Passando a viver em Bitenzorg, na Ilha de Java, lá se casou, foi pai de três filhos e viveu até o fim de seus dias. Ver DIÁSPORA AFRICANA.

BOBO DIULASSO (*Bobo Dioulaso*). Cidade da África Ocidental, em território da atual República de Burkina Fasso. Sua fundação remonta provavelmente ao final do século XV e vincula-se aos movimentos expansionistas do povo bobo e dos mercadores conhecidos como *Diúla*, cujos nomes sua denominação evoca. Ver BOBOS.

BOBOS (*Bobo*). Povo localizado no território da atual República de Burkina Fasso, com alguns segmentos situados no norte do Mali. Ver BOBO DIULASSO.

BÔERES. Povo originário dos primeiros colonizadores holandeses da África do Sul, depois referido como "africânderes". Com o domínio britânico sobre a Colônia do Cabo, em 1814, o território foi também ocupado por milhares de colonos ingleses, o que logo motivou hostilidades por parte dos bôeres, racistas empedernidos, devida principalmente à maior liberalidade das relações interétnicas dos ingleses com os habitantes originais do território. Essa divergência foi a causa da grande migração dos bôeres, em 1836, na direção noroeste, a qual, referida como Grande Trek ou a "Grande Jornada", deu causa à fundação de dois países independentes: o Transvaal e o Estado Livre de Orange. De 1880 até o fim do século XIX, na disputa por esses territórios, os bôeres estiveram envolvidos em uma série de conflitos com povos nativos e com os ingleses, sendo o mais intenso a chamada "Guerra dos Bôeres" (1899-1902), finda com vantagem para o Império Britânico. Ver CABO DA BOA ESPERANÇA.

BOKAR BIRO. Imame fulâni governante do estado muçulmano do Futa Djalom (1890-1896), no território da atual Guiné-Conacri. Também mencionado como Boubakar Biro, Bubacar Biro ou Bokar Biro Barry, celebrizou-se pela coragem e firmeza de suas ações (KI-ZERBO, 1972, v. II, p. 94), sendo o último líder de seu estado na luta contra a colonização europeia. De início, estabeleceu negociações com as forças de ocupação, mas logo foi forçado a resistir pelas armas, sendo derrotado na Batalha de Porédaka e executado pelas tropas de Amourou Bademba, um dos chefes locais, aliado aos franceses. Ver IMAME; RESISTÊNCIA ANTICOLONIALISTA.

BOKO. Designação da escrita, em caracteres latinos, usada para grafar palavras da língua hauçá. Ver AJAMI; ESCRITAS AFRICANAS.

BOKONON. Na área cultural Aja-Fon, notadamente na corte de Abomé, título do ritualista responsável pelas consultas ao sistema divinatório (oracular) *Fa*. Tinha como local de exercício de suas atribuições o *fagbasa*, "salão de *Fa*", onde interrogava o oráculo e os ancestrais a propósito de todos os assuntos, de qualquer importância, que interessassem à vida do reino. Das saídas do rei às guerras e às festas, nada se decidia sem a consulta ao *Fa*. Em harmonia com o bokonon, atuava o *kpámégán*, encarregado da farmacopeia, da medicina tradicional e dos poderes mágicos, tendo por missão "fazer do soberano o ser mais forte, o taumaturgo" capaz de realizar prodígios e milagres (KOSSOU, 1981, p. 920). Ver BABALAÔ; IFÁ; RELIGIÃO TRADICIONAL AFRICANA.

BONDO (*Mbondo*). Região do Reino do Ndongo, na Angola pré-colonial. Ver CAÇANJE.

BONDUKU (*Bondoukou*). Antigo povoado fundado na Costa do Marfim, entre 1490 e 1520. Originalmente um núcleo comercial dos diúlas, Bondoukou foi conquistado pelos abrem, um povo akan, no início do século XVII. Depois, tornou-se o centro econômico do Reino Gyaaman. Em novembro de 1888, o rei abron de Bonduku assinou um tratado de protetorado com os franceses, mas sete anos depois a cidade foi tomada por Samori Turê, que destronou o rei abrem colocando em seu lugar um chefe muçulmano diúla. Em 1899, a cidade foi incorporada à África Ocidental. Ver ABREM.

BONETTA, Sarah Forbes (1843-1880). Personagem da história do povo egbá, escrava do rei daomeano Guêzo dada de presente à rainha Vitória, da Inglaterra. Nascida na aldeia de Oke-Odan, em Egbado, no seio da aristocracia dos egbás, o nome nativo pelo qual foi conhecida era *Omoba*, provavelmente do iorubá, significando "filha do rei". Seus pais morreram durante um ataque do exército daomeano no período de governo do rei Guêzo, em 1848, quando foi levada como cativa para o Daomé. Resgatada pelo oficial britânico Frederick E. Forbes, passou a ser chamada de Sarah, sendo-lhe acrescentado o sobrenome do seu protetor, Forbes, e o nome do navio deste (*Bonetta*). Dada como presente pessoal do rei daomeano Guêzo à rainha Vitória, viveu desde os 5 anos no palácio real britânico, na qualidade de afilhada da rainha. Recebendo alta instrução na Europa e na África, na idade adulta se casou com o Capitão J. P. L. Davies, influente negociante iorubano na cidade de Lagos, com quem teve três filhos. Sua descendência passou a integrar o rol das famílias aristocráticas em Serra Leoa e na Nigéria no século XX. Ver DAVIES, James Pinson Labulo; DIÁSPORA AFRICANA; GUÊZO; LAGOS; MULHERES.

BONKANI (*Bunkani*). Príncipe do povo dagomba. No início do século XVII, invadiu o nordeste do território da atual Costa do Marfim, fundou o Reino de Buna (Bouna) e deu ao seu povo o nome Kulango, que segundo Joseph Ki-Zerbo significa "aqueles que não receiam a morte".

BONNY. Antigo estado situado na porção meridional do atual território da Nigéria. Seu núcleo populacional inicial era composto pelo povo ubani ou ibani, pertencente ao grupo dos Ijaws. Sua origem data provavelmente do século XI, mas sua influência regional passou a ocorrer no século XVI. A sede do governo localizava-se em uma cidade portuária situada às margens do rio que leva o

BONO

mesmo nome, perto do Golfo de Bonny ou, como é mais conhecido, Golfo de Biafra. Desde o estabelecimento das fortificações europeias, destacou-se como importante centro de fornecimento de cativos ao tráfico transatlântico de escravos. Por volta de 1790, momento de apogeu desse tráfico, cerca de 20 mil pessoas eram de lá embarcadas para as Américas (PAGE, 2005, v. III, p. 38). O Bonny disputou a supremacia local com o Reino Andoni, movendo-lhe diversas guerras, sobretudo no período de governo do rei William Dappa Pepple, que assumiu o trono em 1830 e em 1846 anexou o reino adversário. Em 1850, este mesmo governante negociou com os britânicos a cessação do tráfico negreiro, sendo obrigado a limitar-se ao comércio de exportação de óleo de palma. Ver ECONOMIA DO TRÁFICO; TRÁFICO NEGREIRO.

BONO. Forma usual de referência ao *Bonoman*, "estado de Bono", unidade política criada pelo povo abron ou brong, do grupo Akan, localizada no atual território de Brong-Ahafo. Com origens remotas no século XII (ou entre os séculos XIV e XV) até os anos setecentos, o povo de Bono se dedicou sobretudo às atividades de extração e comércio, principalmente de ouro e noz-de-cola. Assim, relacionando-se, no litoral atlântico, com os comerciantes mandingas conhecidos como *uângaras*, suas elites dirigentes abraçaram o Islã. No século XVIII, o Bonoman caiu sob domínio do Reino de Gonja, passando depois à tutela do Império Axânti.

BORGU (*Bourgou*). Região da África Ocidental em partes dos atuais territórios de Benin e Nigéria. Núcleo do povo bariba, tradicional adversário do povo de Oyó, foi sede do estado referido como Reino Bariba de Borgu ou simplesmente Borgu. **O reino**. Situado na rota de comércio que ligava as cidades de Kano e Gonja, por onde transitavam mercadores de noz-de-cola, ouro e marfim, o reino tinha sua população constituída por diversos grupos, com maioria de baribas e dendis. A partir do século XVI, floresceram no território diversas pequenas chefaturas, como os reinos de Illo, Nikki e Busa, todos atribuindo sua origem a Kisra, herói fundador árabe do tempo de Maomé. Ao longo da História, seus chefes resistiram firmemente aos ataques dos estados vizinhos mais poderosos, como os songais de Gao e os de Kanem-Bornu, mas acabaram dominados pelo Império de Oyó da metade do século XVI até o século XVIII. Embora tenha declarado sua independência em 1783, o Borgu continuou a enviar tributos aos alafins de Oyó até 1818. Ver ALAFIM; BARIBAS; DENDI, Reino; GAO; KANEM-BORNU; MALÊ; NOZ-DE-COLA; OYÓ; SONGAIS.

BORI, Culto. Denominação de um ramo da religião tradicional africana, marcadamente caracterizado por transe espiritual, desenvolvido entre os hauçás e muito difundido no século XIX. Em Robinson (1925, p. 46), vê-se o vocábulo *bori* definido como "espírito diabólico", e a frase abonadora como "estar possuído". Ver RELIGIÃO TRADICIONAL AFRICANA.

BORNU (*Borno*). Denominação da região a sudoeste do lago Chade, no território da atual Nigéria, outrora sede da cidade-Estado de mesmo nome. De início uma província do Império do Kanem,

BORNU (*Borno*)

mais tarde, no século XIV, tornou-se sua capital. Seu nome, então, provavelmente derivado da expressão "Império Kanem do Bornu", foi incorporado à denominação do Estado: Kanem-Bornu ou simplesmente Bornu. **O Estado.** Controlando a área do entorno do lago Chade desde o século IX, o Bornu, sob a dinastia dos Seifauas, consolidou-se como um império. No início do século XIV, porém, o povo bulala obrigou os seifauas a abandonarem Kanem, sendo a capital do império transferida para Birni Ngazargamu, no Bornu. Mas, no século XVI, Kanem foi reabilitada em sua importância, principalmente por Idris Aluma, que iniciou sua expansão com um exército que foi o primeiro na região do Sudão central a usar armas de fogo e também a desenvolver um centro islâmico de cultura e ensino religioso. A partir desse governante, o império estendeu seu território e se consolidou politicamente. **O século de Idris Aluma.** Segundo Barkindo (2010, p. 606), o século XVII marcou a idade de ouro do Bornu com a consolidação das conquistas de Idris Aluma e as grandes reformas administrativas implantadas principalmente nos reinados de Abd al-Karim bin Jame e Ali bin Umar. Do ponto de vista econômico, observa-se a continuidade das trocas de produtos rodeados de valor no comércio através do deserto do Saara. Pelo sul, através de Salaga, seus negociantes estabeleciam contatos com os povos akan, dos quais obtinham ouro, noz-de-cola e também escravos; já pelo norte, os produtos eram escoados através do deserto até cidades do Magrebe, por Tuat, Trípoli, Ghat e Gadamés. Dos contatos com comerciantes magrebinos, turcos ou egípcios, obtinham couros e, inclusive, cavalos, que eram sumamente valorizados pela elite dos reinos subsaarianos. A vitalidade dessas relações e o dinamismo do Bornu provam o equívoco de avaliações apressadas de determinados historiadores europeus, segundo os quais, no jogo das relações internacionais, a partir do século XV a caravela tinha suplantado a caravana, numa metáfora ao suposto encolhimento do comércio transaariano. **Os sucessores.** Os governantes que sucederam o *maí* Idris não foram fortes o suficiente para manter a unificação. Assim, no fim do século XVII, muitas partes do território tinham se separado. A partir de Ali bin Dunama, no século XVIII, o Bornu viveu um período de crises que culminou com a *jihad* de Usman dan Fodio, no princípio do século XIX. Nesse momento, os guerreiros fulânis, disputando com os hauçás a área a oeste do lago Chade, obrigaram o rei do Bornu a pedir ajuda ao chefe militar Al-Kanemi, que acabou se tornando o verdadeiro detentor do poder, comandando o Bornu até sua morte, em 1837. Morto Al-Kanemi, a dualidade de poder entre Omar, seu filho, e o *maí* de Bornu voltou a ocorrer – até 1846, quando Omar mandou executar o maí de Bornu, pondo fim à dinastia dos seifauas. Entretanto, meio século depois, o sucessor de Omar foi deposto por Rabih Al-Zubayr ibn Fadl Rabah, ex-comandante dos exércitos do Mahdi. **Diwan al-salatin Bornu.** Em 1851, o alemão Heinrich Bart reuniu informações orais com a listagem e a filiação dos diferentes *maís* (soberanos) do Bornu da dinastia Seifaua, com breve

BOSQUÍMANOS

notícia dos principais feitos de seus respectivos reinados. A compilação recebeu o nome *Diwan- al-salatin Bornu*. **Tráfico negreiro**. O Bornu é também incluído entre os "estados negreiros" da África, entre os séculos XVII e XVIII (DORIGNY; GAINOT, 2017, p. 40). Ver AISA KILI NGIRMARAMMA; ESTADOS NEGREIROS; IDRIS ALUMA.

BOSQUÍMANOS. Antiga denominação de referência a um conjunto de povos hoje localizados no deserto do Calaari, no sudoeste africano. Sendo uma tradução do inglês *bush men*, "homens da selva", é rejeitada como insuficiente (LOPES; MACEDO, 2017, p. 65). Ver COISSÃ.

BOTSUANA (*Botswana*). País interior da África Meridional. A partir do século XVIII, diversos interesses coloniais se cruzaram no território da atual república, o qual, por volta de 1830, passou a sentir duramente os efeitos da migração dos bôeres em direção ao norte. Assim como no Lesoto e na Essuatíni, um de seus líderes reuniu sob seu comando alguns guerreiros para resistir aos zulus e aos bôeres, não obtendo sucesso. Seis décadas depois, os então três principais chefes foram a Londres pedir apoio contra os bôeres, numa embaixada que acabou por transformar o país num protetorado britânico. Ver KHAMA III.

BOUBACAR, Abdul. Líder muçulmano, na região do Futa Toro, de 1870 a 1890. Tentou reorganizar os tuculores em oposição à ocupação francesa em 1877, sendo, entretanto, forçado a reconhecer o domínio francês em seus territórios. Ver TUCULORES.

BOUSSO, Mame Dyara. Ver MAME DYARA BOUSSO.

BRAK. Título do soberano do Reino senegalês de Ualo, mencionado na forma *barag* em Diouf (2003, p. 62), onde Walo consta como "antiga província". O título remontava ao século XIII e era exclusivo dos nobres pertencentes, pelo lado paterno, ao clã M'Bodje ou Mbodj, e, pelo lado materno, a uma das três mais importantes famílias do Reino: Loggar, Dyoos e Teedyekk. Eleito pelos mais importantes dignitários, o Brak se tornava uma pessoa sagrada após a cerimônia de entronização, tendo, então, sua figura cercada de uma série de interdições e tabus.

BRAMES. Povo da atual República de Guiné-Bissau, também referido, à época colonial, como Mancanha. No tempo das explorações portuguesas, eram, juntamente com os papéis e manjacos, referidos como "buramos". Entretanto, Valentim Fernandes os mencionou como "*cacheos*", talvez porque habitassem as proximidades do rio Cacheu (LOPES; MACEDO, 2017, p. 65), na vizinhança dos banhuns. Ver BANHUNS.

BRANCOS E NEGROS, Primeiros contatos entre. Pouco habituados, até o século XV, ao contato com pessoas de fora de seu ambiente natural, os africanos da área subsaariana reagiram de diversas formas quando se acharam, pela primeira vez, frente a indivíduos com traços fenotípicos radicalmente diferentes dos seus, como cor de pele e olhos, tessitura de cabelos, formato de narizes e lábios. A maior parte das reações parece ter sido de medo, e isso gerou denominações de caráter assombroso, conotando monstruosidade, sobretudo, para o europeu do sexo masculino. Na África Ocidental, um termo muito empregado para designar um indivíduo "branco" ou europeu é *toubab*, do uolofe *tubaab* e de variantes como: toubabou em bambara; *tuubaako* em pulaar, a língua dos tucoleres; *ba--ture* em hauçá etc. Na Mauritânia, o vocábulo mais empregado para designar os indivíduos de origem árabo-berbere, de pele mais clara, era *bidane* ou *beidane*, do árabe *beida*, isto é, "branco", segundo Mauny (2011, p. 38, 103). **Reações ao "branco"**. Quanto ao modo pelo qual os africanos da área subsaariana interpretaram a presença de populações brancas, com as quais não tinham contato antes do período da Expansão Europeia, é possível perceber em diversos registros que os recém-chegados foram confundidos com "espíritos" (muitas vezes associados à cor branca) ou com antropófagos (Thornton, 2003). Foi esta a primeira impressão de Olaudah Equiano quando, levado ao forte para ser vendido, viu pela primeira vez um navio negreiro. Nas tradições orais do Reino de Uidá, consta que quando os primeiros europeus aportaram no litoral do Golfo do Benin dois nativos que os avistaram ficaram muito assustados e um deles fugiu com muito medo. Em *fongbé*, esses primeiros brancos são lembrados por meio da expressão "*zo já gué*", que significaria algo como "o fogo emergiu das águas", segundo Adande (2001-2002, p. 64). Mas é no relato de Mungo Park sobre os reinos africanos ao longo do rio Gâmbia que se pode encontrar o primeiro testemunho do autorreconhecimento da branquidade de um europeu no contato com os povos negros. No Reino de Bundu, ao ser visto pelas mulheres do rei, ele se tornou objeto de curiosidade, admiração e certo desprezo "*sobretudo pela excessiva brancura de minha pele e a proeminência de meu nariz. Por minha parte, sem discutir minha própria deformidade, lhes fiz muitos elogios por sua beleza africana. Elogiei suas lustrosas peles e a formosa depressão de seus narizes; mas logo me disseram que a adulação (como muito enfaticamente denominaram), 'boca de mel', não era apreciada no Bundu*". No Reino de Tisi, mulheres e crianças se mostraram inquietas com sua presença, e enquanto ele viajava ao Reino de Galam, topou com três guerreiros montados, pelo que escreveu: "(...) *ao vê-los, me detive, e eles fizeram o mesmo; os três pareciam igualmente surpresos e confusos pelo encontro. Ao se aproximarem, seus temores aumentaram e um deles, depois de olhar-me como horror, fugiu a galope; o outro, dominado pelo pânico, fechou os olhos com as mãos e continuou a rezar orações até que seu cavalo, creio eu que sem que o cavaleiro se desse conta, o levou lentamente para onde o seu companheiro tinha fugido*" (Park, 2008, p. 64-65, 86, 92-93). **Racialização**. Segundo interpretação de Joel Rufino dos Santos, da mesma forma que agiria um inglês de Bristol em relação a um compatriota de aldeia, nos primeiros contatos nem os europeus viam os africanos como uma raça nem os africanos se viam como tal. Havia, segundo o historiador, preconceitos de parte a parte, mas não essencialmente baseados na cor da pele. Assim, no tempo focalizado neste dicionário, a cor "não forjava laços fortes nem apagava diferenças acentuadas" (Santos, 2008, p. 65). Ver CAMÍTICA, Hipótese; COLONIALISMO; COSTA DA GENTE

BRASILEIROS NA ÁFRICA

MÁ; CRIOULIZAÇÃO; FARIM; NEGRO; PORTINGALES; RACISMO; SARACOLÊS; TONGA.

BRASILEIROS NA ÁFRICA. Desde a década de 1980, sobretudo a partir de publicações como *Negros, estrangeiros: os escravos libertos e sua volta à África,* de Manuela Carneiro da Cunha (1985), *Fluxo e refluxo do tráfico de escravos entre o Golfo de Benin e a Bahia de Todos os Santos,* de Pierre Verger (1987) – sem esquecer o pioneiro *Brasileiros na África,* de Antonio Olinto (1964) –, importantes pesquisas têm revelado aspectos das ligações históricas entre o Brasil e os povos do litoral africano até então minimizadas pela historiografia. Tais estudos ressaltam os profundos vínculos mantidos entre sociedades situadas nos dois lados do Atlântico do século XVI até o século XIX, vínculos estes criados pelo tráfico internacional de cativos. **Inserção comercial.** Se, de um lado, as ligações se faziam da África para o Brasil através de sucessivas camadas de africanização alimentadas pela diáspora negro-africana, também se fazia a partir do que então era a América portuguesa – seja através das comunidades de retornados, de onde emergiram importantes lideranças no litoral da África, seja através de iniciativas de negociantes portugueses ou luso-brasileiros que gradualmente se inseriram nos negócios do tráfico a partir da segunda metade do século XVII, com ou sem a anuência da coroa portuguesa. A criação de organismos como a Companhia do Grão-Pará e do Maranhão (1755) ou a Companhia Geral de Pernambuco e Paraíba (1759) foram tentativas do governo metropolitano no período pombalino visando restabelecer o exclusivo metropolitano na circulação de cativos para o Brasil. Entretanto, ao longo desse mesmo século, ganhou paulatina importância a exportação de tabaco e de jeribita para o litoral angolano e o Golfo do Benin, com negociações diretas com os entrepostos negreiros. Neste último caso, por determinação do Conselho Ultramarino, toda a jurisdição, administração, encargos e direitos dos negócios realizados no Forte de Ajudá dele resultantes caberiam à Junta Comercial Geral do Brasil, a qual poderia nomear livremente seus respectivos quadros administrativos, com exceção dos governadores do forte. A área ficava, assim, fora da esfera de influência das feitorias de São Tomé e Príncipe e de Cacheu, sendo controlada pelos negociantes provenientes do Brasil, principalmente da Bahia, e sendo, por outro lado, da responsabilidade dos vice-reis sediados em Salvador fazer o pagamento da guarnição e custear a manutenção do estabelecimento. Logo esses negociantes mantinham contatos com intermediários africanos e europeus em Popô, Apa, Calabar e Camarões (TAVARES, 1999, p. 24-25). **Relações diplomáticas.** Essas conexões de caráter econômico explicam as reiteradas negociações através de continuadas relações diplomáticas entre lideranças africanas e portuguesas e/ou luso-brasileiras em Salvador e, depois, no Rio de Janeiro. Já em 1643, uma embaixada do rei do Congo foi enviada para negociar com os holandeses em Pernambuco, sendo recebida pelo Príncipe Maurício de Nassau. Como se sabe, entre os anos 1750 e 1822 ocorreram pelo menos oito missões diplomáticas provenientes do Golfo da Guiné, tendo quatro sido enviadas do Daomé (1750, 1795, 1805, 1818), três de Onim (atual Lagos) (1770, 1807, 1822), e uma de Ardra (Porto-Novo) (1810), além de uma farta correspondência trocada entre os africanos e as autoridades coloniais e metropolitanas (RODRIGUES, 2008). O interesse brasileiro pelas negociações com esses parceiros comerciais, por sua vez, tendeu a diminuir na primeira década do século XIX, quando a continuidade do tráfico passou a ser posta em questão pela Inglaterra. A derradeira embaixada africana enviada ao Brasil durante o período colonial ocorreu entre 1822-1823, e coube ao rei mencionado como *Ajan*, de Onim, através de seu emissário, o tenente-coronel Manoel Alves Lima, ser o primeiro governante a manifestar apoio e reconhecer a independência do Brasil. No mesmo instante, em Benguela (Angola), um movimento capitaneado por parceiros africanos do tráfico cogitou a emancipação de Portugal para juntar-se ao Brasil, numa tentativa de continuidade dos interesses econômicos comuns (VANSINA, 1965, p. 143). Ver AGUDÁS; CHACHÁ DE AJUDÁ; DOMINGOS JOSÉ MARTINS; MOÇÂMEDES; RETORNADOS; TABOM.

BRAVA. Cidade portuária situada ao sul de Mogadixu, na costa da atual Somália, muito ativa no comércio através do oceano Índico. Em 1506, foi saqueada por uma expedição naval comandada pelo português Tristão da Cunha. Décadas mais tarde, em 1585, caiu sob domínio turco, e no século XVII passou ao controle do Sultanato de Oman, quando se tornou ativo entreposto do tráfico negreiro através do Índico.

BREMPONG, Boadu Akafo. Ver BOADU AKAFO BREMPONG.

BRÉSILIENS. Ver AGUDÁS.

BREW, Família. Poderosa família de negociantes euro-africanos da região de Cape Coast, em Gana, descendentes do mercador irlandês Richard Brew (1725-1776). Foram grandes intermediários comerciais do Império Axânti. Seus principais chefes foram: Sam Kanto Brew, morto em 1823, e que se dedicava exclusivamente ao tráfico negreiro; Samuel Collins Brew (*c.* 1810-1881), que a partir de 1840 investiu no comércio de azeite de dendê, ouro e marfim; e James Hutton Brew (1844-1915), líder político, nacionalista e fundador de diversos jornais locais nas décadas de 1870 e 1880.

BRONZES DO BENIN. Expressão que designa o conjunto de obras de arte criadas desde o século XIII e que, em grande parte objeto de pilhagem cometida por autoridades coloniais inglesas, foram incorporadas a acervos de importantes museus europeus e norte-americanos. Ver EXPEDIÇÕES PUNITIVAS.

BUBA YERO (século XIX). Governante fulâni do Emirado de Gomba (*Gombe*), fundado em 1804 no território da atual Nigéria. Seguidor de Usman dan Fodio, era o emir representante do governo na parte sul do Califado de Sokoto, e como tal empenhou-se em campanhas guerreiras que o levaram até a região do Adamaua. Foi sucedido por seu filho, Muhamad Kwairanga, que reinou de 1844 a 1882.

BUBU (*Boubou*). Na língua uolofe, *mbubb*, *mbubboo*. Espécie de túnica comprida, de confecção esmerada, usada especialmente pelos oeste-africanos islamizados pelo menos desde 1732, ano

BUDUMAS

da publicação do relato de Jean Barbot (MAUNY, 2011, p. 40).

BUDUMAS. Subgrupo do povo kanuri ocupante de territórios situados no entorno do lago Chade. Mencionados como exímios canoeiros e tendo como sua principal atividade o comércio de mercadorias locais, feito sobretudo com os tuaregues, entre os séculos XIV e XIX esteve na esfera de influência do Kanem-Bornu. Ver ALMADIA.

BUGANDA. Estado formado pelos povos ganda ou baganda, florescido no território da atual Uganda, na margem norte do lago Vitória. No decorrer do século XVI, ampliou consideravelmente o seu território (SILVA, 2012a, p. 422), e no fim do século XVII já era uma grande potência militar da região. No período de governo do *kabaka* (rei) Kamanya, de 1798 a 1825, a regra de sucessão ao trono, antes baseada na descendência e na colateralidade (transmissão de poder entre irmãos), passou a ser feita por indicação e pela eleição por parte de uma pequena assembleia de chefes e notáveis. A estabilidade dos monarcas e a existência de longos períodos individuais de governo (Kamanya reinou por 27 anos; Suna, por 31 anos; e Mutesa, por 28 anos) fortaleceu a posição do Buganda junto a vizinhos e o transformou em uma potência política local com domínio sobre uma rede de pequenos estados tributários e reinos clientes (M'BOKOLO, 2011, p. 58). A partir da década de 1870, com a gradual intervenção inglesa na região dos Grandes Lagos, os governantes de Buganda resistiram pelas armas, até serem derrotados em 1894. O *kabaka* Mwanga II (1868-1901) foi deposto em 1897 e exilado nas ilhas Seicheles. Ver BUNIORO; GANDAS; MWANGA II; UGANDA.

BUKHARI, ABID AL-. Expressão que no Marrocos do século XVIII identificava cada um dos membros da Guarda Negra. Ver ABID AL-BUKHARI; GUARDA NEGRA.

BUKR, Ahmad. Sultão de Darfur de 1682 a 1722, tomou medidas para fortalecer a administração do Estado, lutou contra chefes locais e procurou difundir o islã nos territórios, mandando construir mesquitas e madraças. Deu início à conquista da região do Cordofão, tomando-a da dinastia rival dos Musabaat. Seu filho **Abd al-Rahman ibn Ahmad Bukr** (*c.* 1725-1801) reinou a partir de 1785, num governo em que o número de cativos enviados para o Egito através do rio Nilo foi bastante aumentado devido à conquista do Cordofão por suas tropas em 1786. Ver DARFUR.

BULA (*Mbula*). Província do Reino do Congo situada ao norte de M'banza Kongo, junto ao rio Congo ou Zaire.

BULA MATÁRI. Ver MBULA MATADI.

BULALAS. Povo rebelde do Kanem-Bornu objeto da violência de Ïdris Aluma.

BULAWAYO. Cidade no território da atual República do Zimbábue. Fundada em 1840, pelo rei Lobengula, após longa marcha durante o Mfecane, sediou a capital do povo ndebele. Assim, foi cenário de exibições militares, competições e exibições do poderio de seu rei, inclusive com execuções de guerreiros inimigos. Depois de sediar uma grande batalha, foi dominada pelos britânicos em 1893. Ver LOBENGULA; MFECANE; NDEBELES; ZIMBÁBUE.

BUNIORO (*Bunyoro*)

BULUS, Guerra dos. Conflito ocorrido no atual território de Camarões, entre 1899 e 1901, protagonizado pelo povo bulu (*boulou*) em luta contra o colonialismo alemão. Ver CAMARÕES.

BUNA (*Bouna*). Antigo reino localizado no nordeste do atual território da Costa do Marfim. Fundado pelo príncipe Bonkani, do povo dagomba, era um reino centralizado e apoiado em uma força militar distribuída por diversos distritos para defender e manter a atividade econômica principal ali desenvolvida, isto é, a exploração de minas de ouro. Até o século XVIII, Buna era a principal concorrente do Reino Abrem nesta lucrativa atividade extrativa, tornando-se, depois, aliado do Império Axânti. Perdeu importância no século XIX após ataques dos governantes de Abrem, sendo por fim conquistado por Samori Turê em 1896, e depois incorporado ao Império Britânico. Ver ABREM; AXÂNTIS; BONKANI; DAGOMBA; OURO; SAMORI TURÊ.

BUNCE *(Bounce Island)*. Ilha localizada em Freetown Harbour, a cerca de trinta quilômetros de Freetown, capital de Serra Leoa.

BUNDAS (*Mbunda*). Povo do sudeste de Angola e do oeste da Zâmbia, também mencionado como babundas e mabundas. Seus indivíduos são falantes do *bunda* ou *mbunda*, idioma diverso do quimbundo e do umbundo, embora com eles aparentado. Ver AMBUNDOS; OVIMBUNDOS; QUIMBUNDO; UMBUNDO.

BUNDO, Nassib. Ver NASIB BUNDO.

BUNDU. Região situada na África Ocidental, entre os cursos superiores dos rios Senegal e Gâmbia, próximo ao Reino de Kayor, entre o Futa Toro e o Futa Jalom. Em 1680, o reformador Malik Si instalou-se na região, dando origem a um Estado de feição islâmica, congregando fulas, mandingas, soninquês e uolofes (Silva, 2012a, p. 309). É também referida como Bondu. Ver MALIK SI.

BUNGOY, Batalha de. Confronto armado ocorrido em 1796, no território da atual Mauritânia, entre as tropas do líder tuculor *almami* Abd Al-Kader Torodo e as forças lideradas pelo *damel* do Cayor, Amari Ngoone, com a vitória deste último. O resultado enfraqueceu a autoridade do chefe muçulmano reformista Torodo, que após a batalha foi temporariamente mantido como prisioneiro na corte do Cayor.

BUNIORO (*Bunyoro*). Estado fundado pelo povo nioro (*nyoro*) no século XIV nas terras do sul e do oeste da atual Uganda. Segundo alguns autores, foi o sucessor do legendário Estado de Quitara (Kitara), pelo que é também mencionado como "Bunioro-Kitara". Sua maior extensão e sua mais perfeita organização foram alcançadas durante os reinados de Isaza Nyakikooto, último soberano da dinastia Abatembuzi, e Ndaura Kyarubinda, primeiro rei da dinastia dos cuézis (*bacwezi*), a qual reinou entre 1300 e 1500, aproximadamente. No período enfocado neste dicionário, os governantes de Bunioro enfrentaram uma gradual crise de autoridade em virtude do aparecimento de novos estados na região do lago Vitória, mas principalmente em decorrência de debilidades internas ligadas à carência de mecanismos de poder que pudessem garantir sua autoridade nos territórios que o

BUNIORO – REIS SÉCULOS XVIII-XIX

integravam e, sobretudo, em decorrência das dificuldades na sucessão dos governantes. O costume previa que cada rei (*omukama*) se fizesse sozinho, o que inviabilizava a indicação de um sucessor por parte daquele que detinha o governo, e quando isso raramente acontecia, não tinha valor efetivo. O excessivo número de filhos dos reis governantes e a dispersão extraordinária do clã dos Bito, que no século XIX encontrava-se subdividido em 156 subclãs, mostravam-se obstáculos efetivos na continuidade do poder. Os recursos variados de que o reino dispunha despertaram, por outro lado, a cobiça de seus vizinhos imediatos, sobretudo do Reino de Buganda, Ankole e dos negociantes provenientes de Cartum, no Sudão (M'BOKOLO, 2011, p. 55-56). Ver AGRICULTURA; BURULI; KABAREGA; UGANDA.

BUNIORO –

REIS

SÉCULOS XVIII-XIX

NOME	PERÍODO DE GOVERNO
Kyebambe III, Nyamutukura	1786-1835
Nyabongo II, Mugenyi	1835-1848
Olimi V, Rwakambale	1848-1852
Kyebambe IV, Kamurasi	1852-1869
Chwa II, Kabarega	1869-1899

Fonte: M'BOKOLO, 2011, p. 57.

BUNUS (*Bunu*). Povo falante do iorubá localizado, na região de Kabba, próximo à curva do rio Níger, a sudoeste de Aworo e a sudeste de Yagba, no nordeste da antiga Iorubalândia.

BUR (*Buur*). Título do soberano do Sinê, no antigo Senegal. Do uolofe *buur*, "rei".

BUREM (*Bouré; Buré*). Antigo e rico centro de mineração de ouro na África Ocidental, localizado no curso superior do rio Níger em território da atual Guiné-Conacri. Também referido como Burem. Ver GALAM; OURO.

BUREH, Bai (1840-1908). Líder político, militar e espiritual da resistência do povo temne, no norte de Serra Leoa, contra a colonização britânica. Em 1898, derrotado na guerra, exilou-se na Costa do Ouro, onde morreu. Também referido como Kabalai. Ver BAI.

BURKINA FASSO (*Burkina Faso*). País oeste-africano do Sahel, ao sul do Saara, até a década de 1980 denominado Alto Volta. Com território situado entre os dos atuais Mali, Níger, Benin, Togo, Gana e Costa do Marfim, foi criado pela aristocracia dos povos mossis com a participação de outros povos minoritários como os gurunsis, bobos e lobis. Os principais estados mossis, como Uagadugu, Tenkodogo, Iatenga e Fada-n-Gurma, mantiveram-se independentes até o século XIX apesar dos ataques de poderosas formações políticas vizinhas, como o Império Songai e os povos fulânis. Seu elogiado desempenho militar deveu-se, em parte, ao uso sistemático da cavalaria (PAGE, 2005, v. III, p. 41). A conquista colonial europeia teve início em 1886, com o avanço de uma expedição alemã. Entre 1886 e 1895, tropas francesas invadiram o país, devastando-o e promovendo grande mortandade, o que levou a um êxodo de suas populações para o atual território de Gana. Já no século XX, o Alto Volta foi integrado pelos franceses à colônia Alto Senegal-Níger.

BURULI. Chefatura do povo ruli, fez parte do Reino de Bunioro, no território da atual República de Uganda, até o século XVIII.

BURUNDI (*Uburundi; Urundi*). País montanhoso localizado na região dos Grandes Lagos, entre Ruanda, Tanzânia e República Democrática do Congo (Congo-Quinxassa). Na segunda metade do século XVII, ocorreu, no atual território do país, a fundação pelo povo tutsi de um reino sob o governo de Ntare Rushatsi (1675-1705), cuja autoridade foi alargada por seus sucessores nos séculos seguintes. O apogeu do reino deu-se no governo de Ntare II Rugamba (1795-1852), o qual estabeleceu quase todos os atuais limites do Burundi, ocupando também territórios ao sul de Ruanda e do oeste da Tanzânia. Todavia, os governantes (*mwami*) da dinastia Rundi nunca conseguiram concretizar um processo de centralização política, vendo-se envolvidos em conflitos endêmicos com chefes locais das áreas sob sua influência. Tais rivalidades internas facilitaram o avanço dos colonialistas alemães, que em 1890 se apoderaram do país, unindo-o a Ruanda poucos anos depois para formar a colônia Ruanda-Burundi. Ver RUANDA.

BUSSAS (*Busa*). Povo oeste-africano falante de língua do grupo Mandê, também mencionado como Bussa e Bussangi. Localiza-se, na atualidade, na fronteira entre Nigéria e Burkina Fasso e áreas vizinhas. No século XVII, à semelhança do que acontecia com outros pequenos estados do Borgu, mantinha-se na condição de tributário dos estados vizinhos centralizados, até que, no século XIX, caiu sob domínio britânico.

BUXONGOS. Subgrupo do povo kuba, da atual República do Congo. De 1600 a 1620, sob o governo do *nym* (rei) Xamba (*Shamba*) Bolongongo, suas lideranças forneciam homens para atuar na administração e no exército do Reino Cuba (*Kuba*). Ver BACUBAS.

BUSOGA. Antigo reino situado ao norte da região dos Grandes Lagos, mais especificamente entre o lago Vitória o lago Kyoga, no atual território de Uganda. Seus indivíduos, os *soga* ou *ba-soga*, dedicados à agricultura, desenvolveram grandes cultivos de banana. Falantes de uma língua do grupo banto, incluem-se entre os bantos interlacustres (OBENGA, 1985, p. 27). Até o século XIX, o Busoga esteve na esfera de influência, primeiro, do Reino de Nyoro e, depois, do Reino de Buganda.

BÚZIOS. Na África Ocidental, tipo de conchas marinhas, de procedência asiática, referidas em inglês como *cowry shells*, provável origem da forma aportuguesada "cauris". Bastante usados como moeda e, por conseguinte, em oferendas religiosas, sua importação ocorria tanto através do Mediterrâneo quanto do oceano Índico.

BUZU. Vocábulo da língua hauçá que designa o indivíduo escravizado e, especialmente, o filho de pai negro e mãe tuaregue. Plural: *bugaje* (ROBINSON, 1925, p. 52).

BWANA HERI (+ 1897). Líder guerreiro na África Oriental. Também referido como Muhamad Bin Juma Mafazili, a partir de 1860 foi governador da cidade portuária de Saadani, no litoral do território da atual Tanzânia. Ganhou notoriedade como líder da resistência contra o colonialismo germânico e em defesa dos interesses dos sultões de Zanzibar, na chamada "Guerra Suaíli", entre 1888 e 1890.

CABAÇA. Designação, também na forma *cabassa*, que aparece em textos portugueses do século XVI associada aos nomes de alguns chefes políticos locais, mas principalmente para designar o nome da capital do Reino do Dongo. Sua origem é o quimbundo *kabasa*, "principal", no sentido de "chefe", "comandante". Por metonímia, a "sede do poder do principal". Para a segunda acepção, Parreira (1990a, p. 130) propõe o quimbundo *kambanza*.

CABECEIRAS. No português arcaico, "cabeceira" era um termo usado como sinônimo de chefe ou caudilho (Dicionário de Cândido de Figueiredo, 1925). O termo foi amplamente difundido na África Ocidental, desde o século XVII, em diversas variantes: *cabessaire* (1687), *capessaire* (1692), *cabecherre* (1698) *capchère* (1714), *cabochir* (1825). Assim, era empregado para designar os africanos que serviam de intermediários nos negócios com os traficantes europeus (MAUNY, 2011, p. 42). No antigo Daomé, indicava os grandes do reino, particularmente as pessoas dos estratos sociais superiores que não pertenciam diretamente à família real, como os governantes de áreas sob domínio real e os principais dignitários, ministros e servidores do palácio de Abomé. Nesse contexto, o indivíduo era referido, na língua fongbé, como *gbonugán*, e em francês como *cabécère*, "aquele que comanda de fora do palácio" (SEGUROLA; RASSINOUX, 2000, p. 222).

CABILA. Termo originário do árabe *qabila(t)*, significando "tribo" ou "bando" (VARGENS, 2007, p. 149). No âmbito deste dicionário, designa, no feminino plural, as unidades políticas constituídas por berberes da África Setentrional, localizadas notadamente no Marrocos e na Argélia. Durante o período aqui focalizado, as cabilas da Argélia foram os principais núcleos de resistência contra a ocupação francesa, e um fator constante de instabilidade causada aos poderes coloniais no período de instalação militar destes no Magrebe.

CABINDA. Antigo povoado marítimo na região de Loango, no litoral atlântico de Angola. Na atualidade, o território sedia uma província da República de Angola, enclavada entre Congo-Quinxassa e Congo-Brazzaville. Era ocupado por povos bantos da periferia do Reino do Congo desde pelo menos os séculos XV-XVI. A autoridade local era exercida pelos *ma-Ngoyo*, título atribuído aos governantes do Reino de Ngoyo. No século XVII, o porto de Cabinda se tornou fonte alternativa de fornecimento de cativos a negociantes europeus e euro-africanos relacionados a França, Holanda e Inglaterra, em concorrência aos portos de Luanda. O gradual domínio português começou a ocorrer a partir do ano de 1783.

CABO DA BOA ESPERANÇA

CABO DA BOA ESPERANÇA. Importante referência geográfica no território da República da África do Sul. No século XVII, a região sediou uma colônia surgida em torno do posto de abastecimento que os holandeses criaram para seus navios. **A Cidade do Cabo**. O núcleo, origem da atual Cidade do Cabo (*Cape Town; Kaapstad*) e da província de mesmo nome, concentrou lavradores, que ficaram conhecidos como bôeres (do neerlandês *boer*, "camponês") e, mais tarde, huguenotes franceses. A colônia, desenvolvendo-se aos poucos, foi também criando, a partir da língua holandesa, um dialeto, o africânder. Em 1795, a Grã-Bretanha ocupou a região com o propósito de proteger sua rota marítima para as Índias, o que resultou na fundação da colônia do Cabo. Duas décadas mais tarde, os britânicos tomaram posse do território. A Cidade do Cabo abrigou um ativo porto de embarque de escravos para as Américas. Ver BÔERES.

CABO DELGADO. Região no extremo norte do território da atual República de Moçambique. Por volta de 1750, foi palco de importantes movimentos de resistência à dominação portuguesa, sendo comandado pelo chefe Mourassa, estendido até Nampula, e liderado por Morimo.

CABO LÓPEZ. Região peninsular no território do atual Gabão, na Linha do Equador.

CABO VERDE (*Cap Vert*). Região peninsular no atual Senegal, onde se situa a capital do país, Dacar. No passado, abrigou o reino de mesmo nome. Ver DACAR; GORÉE.

CABO VERDE. País insular da África Ocidental formado pelo arquipélago de mesmo nome, no oceano Atlântico, a quinhentos quilômetros da costa do Senegal. Escala importante na rota marítima para as Américas, foi colonizado pela Coroa portuguesa, e para lá foram enviadas sucessivas quantidades de populações escravizadas provenientes dos atuais Guiné-Bissau, Gâmbia e Senegal. Povoada por pessoas provenientes de Portugal desde 1462, a Ilha de Santiago serviu como local estratégico para a gradual ocupação ou penetração em áreas vizinhas da Senegâmbia e Guiné. Já no fim do século XV, a cidade de Ribeira Grande, situada ao sul da Ilha de Santiago, foi considerada pela monarquia portuguesa como sede da Capitania da Guiné do Cabo Verde. Lá se formaram as primeiras gerações de luso-africanos que viriam aos poucos a povoar as demais ilhas, como a do Fogo, Brava, Sal e Santa Luzia. Até meados do século XVII, ali se desenvolveram os principais entrepostos comerciais no fluxo de escravos para o nordeste do Brasil, o Caribe e os Estados Unidos, e também de produtos de interesse local, como tecidos e metais. Entre as atividades agrícolas, observa-se a introdução do cultivo de algodão e cana-de-açúcar e a criação de cavalos – muito procurados pelas elites africanas dos reinos wolof e fulâni. A partir daí, Ribeira Grande dividirá com outras praças e cidades – como Cacheu, na Guiné-Bissau, fundada em 1604, e Praia, fundada em 1612 – a primazia nos negócios do comércio transatlântico nessa parte do continente. Os negociantes cabo-verdianos continuaram a desempenhar papel de destaque na comercialização de produtos e escravos vindos da Guiné, através da Companhia da Costa da Guiné (1664), da Companhia de Cacheu e Rios da Guiné (1676-1682), e pela Companhia de Cacheu e Cabo Verde, criada em 1690. Ver ALMADA, André Álvares de; DONELHA, André.

CABO, Cidade do. Ver CABO DA BOA ESPERANÇA.

CAÇANJE (*Kasanji*). Região em território da atual Angola, entre os rios Camba, Lutoa e Cuango, também mencionada como "Baixa do Caçanje" (SILVA, 2012a, p. 429). Sediou o estado de mesmo nome, fundado em 1630 por um suposto ramo dos imbangalas, e um dos principais mercados de escravos do centro-oeste africano. O nome Caçanje também designou um soba, chefe de uma horda de jagas, por isso popularizado como "Jaga Caçanje", mas provavelmente o mesmo também referido como Kakingudi. Em 1680, o rei da Matamba, aliado ao soba do Bondo, invadiu as terras desse chefe, provavelmente Kakingudi, que foi morto em combate (PARREIRA, 1990a, p. 146). Ver IMBANGALAS; JAGAS; KULAXINGOS; MATAMBA; SOBA.

CAÇANJES. Horda de jagas referida em Thornton (2009, p. 99) como "o maior bando imbangala". Ver CAÇANJE; IMBANGALAS; JAGAS.

CACHAÇA. Ver ÁLCOOL; JERIBITA.

CACHEU. Cidade costeira da Guiné-Bissau fundada por negociantes cabo-verdianos nas proximidades do rio Cacheu, do qual nasceu o nome. Situava-se em domínios do reino dos povos papéis. As primeiras negociações, em 1587-1588, e o seu estabelecimento definitivo deu origem a uma guerra, mencionada no *Tratado breve dos rios da Guiné* (1591),

de Álvares Almada. Sua elevação à condição de capitania, em 1604, afetou os interesses dos negociantes cabo-verdianos de Ribeira Grande, pois a cidade tornou-se logo um ponto de passagem aos rios que se projetavam para o interior do continente – onde se obtinham produtos e riquezas comercializados com os povos brames e papéis, entre os quais a cera, o marfim e escravos. O primeiro agente português a administrá-la foi nomeado em 1614. Nos séculos XVII-XVIII, ali eram negociados cereais, noz-de-cola, tecidos e, principalmente, cativos para o tráfico transatlântico, através da Companhia da Costa da Guiné (1664), da Companhia de Cacheu e Rios da Guiné (1676-1682), e da Companhia de Cacheu e Cabo Verde, criada em 1690. Esses cativos foram aleatoriamente denominados "cacheus", mas pertenciam a povos como angicos, balantas, bijagós, papéis, fulas, brames, bambaras e especialmente mandingas (PARÉS, 2018, p. 81).

CACIZ. Na Alta Guiné, termo usado nos séculos XV-XVII para designar o religioso muçulmano empenhado na divulgação de sua crença. O vocábulo é consignado em Houaiss e Villar (2001, p. 553) na acepção de "sacerdote cristão ou muçulmano", sendo originário do árabe *kaschish* (*qasis*, em VARGENS, 2007, p. 150), "sacerdote", e corrente em antigas regiões coloniais, como o norte da África. Ver BEXERIM; ISLAMIZAÇÃO.

CACOATAS. No Reino da Lunda, denominação de grupos de guerreiros a serviço dos governantes, com funções de vigilância e política. O termo parece relacionar-se ao verbo quimbundo *kuata,* "agarrar", "pegar", "segurar", presente

CACONGO (*Kakongo*)

na expressão "guerras de *kuata-kuata*", de captura de escravos, promovidas por negreiros no Congo.

CACONGO (*Kakongo*). Denominação de um clã, povoado ou aldeia no universo dos povos falantes do quicongo (LAMAN, [1936] 1964, p. 203). Nos séculos XV-XVII, o nome designava uma localidade habitada por povos do grupo Bacongo, falantes de um dialeto kikongo e organizados em torno de um reino de mesmo nome, vizinho a Loango e Ngoyo. No século XVII, essa localidade era um centro mercantil por onde circulavam mercadorias de cobre, marfim e cativos para serem negociados no porto de Cabinda. Na atualidade, Cacongo é um município na província de Cabinda, enclave de Angola. Ver CABINDA; NGOYO.

CAFRARIA. Antiga denominação da região no extremo sudeste da África do Sul, entre as províncias do Cabo e Natal, por ser o habitat natural das populações derrogatoriamente mencionadas como "cafres". Ver CAFRES.

CAFRES. Denominação genérica (do árabe *kaffir*) outrora aplicada a todos os indivíduos negros da África Austral, independentemente dos grupos étnicos a que pertencessem, excluídos os dos povos coissãs, então referidos como bosquímanos e hotentotes. Foi inicialmente usada pelos árabes, na forma *kafr*, para designar, no singular, a pessoa não muçulmana, sem conotação de inferioridade racial. Depois, generalizou-se. **As guerras cafres.** De aproximadamente 1750 a 1850, as hostilidades entre bôeres e xosas evoluíram para graves conflitos que se desdobraram em oito confrontos eclodidos, respectivamente: dois deles entre 1780 e 1793; e, entre 1811 e 1853, outros seis. As guerras tiveram como principal motivo disputas por terras e gado, sendo que a segunda e a oitava tiveram também motivação religiosa, capitalizada por três profetas xosas denominados, respectivamente: Makãa, morto em 1819; Mlanjeni, falecido em 1853; e Nongkane, uma jovem de 16 anos que, em 1856, profetizando uma espécie de apocalipse, fez com que os xosas abatessem todo o seu próprio gado, o que levou o povo à fome e favoreceu os boêres, vencedores, afinal (M'BOKOLO, 2011, p. 301-303). Ver BAMBARAS; BÔERES; CHARWE; NEHANDA; RACISMO.

CAFRE-TETENSE. Denominação colonial da língua xinhungue, falada no antigo distrito de Tete, em território do atual Moçambique, e em vasta extensão do curso inferior do rio Zambeze.

CAFUXE (*Kafuxi*). Em Angola, durante os séculos XVI-XVII, região ao sul do rio Cuanza, sob a autoridade do soba de mesmo nome. Localizava-se no caminho de Cambambe, pelo que foi objeto de ações militares por parte de expedições portuguesas em busca de supostas minas de prata.

CALABAR. Região no sudeste da Nigéria, desdobrada em Velho Calabar e Novo Calabar. Foi sede da cidade-Estado mercantil de mesmo nome, criada pelo povo efik, a leste do rio Cross, na baía de Biafra (SILVA, 2012a, p. 400, nota 391). À medida que o comércio de escravos se expandia, as comunidades do Calabar – como Bonny, Novo Calabar, Okrira e Brass (ou Nembe) – transformavam-se em importantes estados mercantis. As populações desses novos estados cresceram de

CAMARÕES (*Cameroon; Cameroun; Kamerun*)

algumas centenas de indivíduos para milhares, mas o comércio de escravos criou uma desigualdade econômica e política sem precedentes. O status do ancião mudou de líder religioso para líder político, e ser chefe de um grupo dependia agora da riqueza obtida com o comércio de escravos. A força de cada grupo exteriorizou-se, então, na "casa-canoa", organização comercial cujo poder se sustentava na riqueza de seu chefe. Cada casa tinha numerosos escravos, e muitas delas competiam entre si para controlar o tráfico negreiro e, assim, ter poder na cidade (GORDON, 2003, p. 51). Ver AMAKIRI I; ANTERA DUKE; BRASILEIROS NA ÁFRICA; CASA-CANOA; CREEK TOWN; DUKE TOWN; CROSS, Rio; EFIKS; IBOS; IJOS; NIGÉRIA; NSIBIDI; RIOS DO AZEITE; ROBIN JOHNS, Irmãos; SOCIEDADES SECRETAS.

CALAMINA. Cidade daomeana situada a aproximadamente onze quilômetros de Abomé. Também mencionada como Cana, abrigava uma das residências reais, justamente aquela onde morreu o rei Agonglo. Ver AGONGLO.

CALIFADO. Unidade política governada por um califa, título muçulmano privativo de um líder considerado sucessor de Maomé.

CALISTO ZELOTES DOS REIS MAGOS (século XVII). Sacerdote cristão nascido no antigo Reino do Congo, em data incerta, de uma família da alta nobreza. Foi educado provavelmente no colégio dos jesuítas, e durante algum tempo atuou como intérprete destes e dos missionários capuchinhos na evangelização das populações locais. Em 1648, foi aprisionado, junto com outros sacerdotes, por uma expedição comandada por Jinga Mona, de Matamba, e enviado para a corte da Rainha Jinga, da qual passou a ser secretário, conselheiro e confessor (cf. SOUZA, 2014). Ver CRISTIANISMO AFRICANO; CRISTIANIZAÇÃO.

CAMARÕES (*Cameroon; Cameroun; Kamerun*). País situado no vértice do Golfo da Guiné, com território limitado, na atualidade, por Nigéria (a norte e noroeste); Chade (a norte e nordeste); República Centro-Africana (a leste); Guiné Equatorial, Gabão e Congo-Leopoldville (a sul-sudeste). Por ser o ponto de interseção das regiões ocidental, setentrional e central da África, seu território é considerado o centro de gravidade do continente, do qual se afiguraria como uma espécie de versão reduzida (IMBERT, 1973, p. 5). Assim, desde meados do século VIII a região era beneficiada com a sólida organização material e política dos impérios do Kanem e do Bornu. Os primeiros contatos com europeus ocorreram no século XV, quando navegantes portugueses criaram entrepostos mercantis em Duala e em outras localidades da costa, nas quais foram desenvolvidos, sobretudo, o comércio de escravos e o de azeite de dendê. Missionários cristãos também logo chegaram ao território que, ao longo dos séculos, abrigou grande variedade de povos, portadores de diferentes hábitos e tradições culturais. Entre esses povos contavam-se os ancestrais dos atuais fangs, bulus e betis, localizados próximos à costa, além dos fundadores dos pequenos reinos conhecidos como Bafut e Kom, além dos bamilekês. A partir do último quartel do século XVIII, enquanto, no litoral, os dualas dominavam a faixa

CAMBAMBE (*Kambambi*)

costeira, em outras várias regiões os povos fustigavam uns aos outros, muitos deles motivados pelo tráfico negreiro. Em seu conjunto, eram populações cuja organização política não ia além dos clãs, em êxodo desde muito tempo atrás; e, num contexto em que boa parte do norte tornara-se dominada, a partir da *jihad* do líder Adama, por governantes fulânis muçulmanos (ONAMBÉLÉ, 1979, p. 28-30). Tudo isso facilitava as pretensões colonialistas. A partir da década de 1860, o território da atual República de Camarões constituía-se em uma importante base de atividades mercantis e missionárias. Ingleses e alemães competiam pelo comércio, e exploradores germânicos trabalhavam, sobretudo no interior, com o fito de alcançar poder político e comercial, até que em 1884 os alemães assumiram protetorado sobre a porção do território que se estendia até o lago Chade. Nessa quadra histórica, conquistava destaque no atual território de Camarões o Reino de Bamum, graças aos resultados obtidos pelos governantes Ncharê, Mbuembue e, principalmente, Njoya. Na década de 1890, tendo ocupado a costa, os alemães começaram a ampliar seu território, delimitando as fronteiras. Nesse ambiente é que ocorrem as expedições germânicas contra diversos povos locais, como os bulus. Ver ADAMA; ADAMAUA; BAMUM; BAMUNS; BULUS, Guerra dos; DENDÊ; DUALA; MBUEMBUE; NCHARÉ; NJOYA, Mbouombuo.

CAMBAMBE (*Kambambi*). Denominação do presídio situado na região angolana do Museke, erigido pelos portugueses a partir de 1602. A região do Museke constituía o centro pulsante do Reino do Dongo (PARREIRA, 1990a, p. 145). Ver DONGO; MUSEKE; PRESÍDIOS.

CAMÍTICA, Hipótese. Ocorrência analítica de cunho racista, herdada do período colonial, muito frequente na explicação dos processos históricos de constituição das formações políticas antigas na África. Também mencionada como "Hipótese hamítica", baseia-se na equivocada ideia de uma superioridade inata de populações estrangeiras mais claras, constituída por pastores do norte ou nordeste da África, pertencentes ao grupo outrora mencionado como "camita" (berberes, cuxitas, nilóticos, de língua afro-asiática), sobre populações nativas mais escuras (em geral, de origem banto). Amplamente utilizada do final do século XIX até o fim da Segunda Guerra Mundial, sobretudo nos estudos do médico e etnólogo britânico Charles Gabriel Seligman, autor do livro *The Races of Africa* (1930), a ideia da superioridade de populações caucasoides sobre as populações negroides foi gradualmente abandonada. Mas sua influência persiste, de forma subjacente a quatro tipos de interpretação usualmente empregadas para explicar o surgimento de organizações políticas na África Subsaariana: 1) a formação dos estados por conquista; 2) a identificação dos conquistadores como estrangeiros; 3) a atribuição de algum tipo de superioridade a esses conquistadores; 4) e a formação do Estado de forma total e instantânea, com pouca modificação posterior das estruturas políticas (MILLER, 1995, p. 10). No âmbito cronológico deste dicionário, o maior risco de incidência da hipótese hamítica reside nos acontecimentos que envolvem: as formações políticas dos Grandes Lagos e o suposto predomínio de populações nilóticas ou falantes de línguas afro-asiáticas (luos, tutsis, massais) no Quênia, Tanzânia e Ruanda; o suposto predomínio dos fulânis sobre outros grupos na Bacia do Níger e na Senegâmbia; a suposta influência de populações provenientes da Líbia ou do Magrebe no lago Chade (Kanem-Bornu) e na área hauçá da Nigéria. Ver brancos e negros; GRUPO ÉTNICO; luos; massais; negro; NILÓTICO; racismo; TUTSIS.

CANÁRIAS, Arquipélago das. Conjunto de ilhas situado no oceano Atlântico, a cerca de cem quilômetros do litoral meridional do Marrocos. Ver AGRICULTURA; EUROPEUS NA ÁFRICA; SAARA OCIDENTAL.

CANARINS. Denominação dada aos indianos de Goa que se estabeleceram em Moçambique nos primeiros séculos de ocupação portuguesa. Em geral adeptos do cristianismo, ocuparam importantes postos na administração como sacerdotes, oficiais, soldados, professores e mercadores (AZEVEDO *et al.*, 2003, p. 24). Ver ÍNDIA, Africanos na.

CANÚRIS. Ver KANÚRIS.

CAPE COAST. Denominação internacional da "Costa do Cabo", parte central do litoral da atual República de Gana, antiga Costa do Ouro, ocupada antes do século XV pelo povo oguaa. Dos primeiros contatos com os portugueses, no século XVI, resultou a edificação de um forte, o qual acabaria se tornando a base das operações britânicas. No século XVII, os maiores interessados foram negociantes suecos, holandeses e, finalmente, ingleses, que a partir de 1664, baseados no forte, negociavam mel, marfim, ouro e principalmente escravos. Também mencionada como "Cabo Corso" em escritos portugueses, a região é referida na língua twi como *Oguaa*, nome que, na atualidade, se estende à principal cidade do povo fânti, dominante na região (KOTEY, 1996, p. 111). Ver COSTA DO OURO; GANA; FÂNTIS.

CAPITANIAS HEREDITÁRIAS. Forma de administração adotada por Portugal a partir do século XV, primeiro nas ilhas atlânticas, depois no Brasil e em Angola. Promovendo a exploração colonial sem ônus para o Estado, o sistema consistia da concessão, pelo reino, de vastos domínios territoriais, além de privilégios e atributos de soberania. Isto ocorreu, primeiro, no arquipélago de Cabo Verde, quando em 1485 foi atribuído a Rodrigo Afonso a parte norte da Ilha de Santiago. O explorador Paulo Dias de Novais, instalado na costa angolana em 1575 e morto em 1589, recebeu vasta extensão do território da atual República de Angola como sua capitania, o que motivou a forte reação de diversos governantes nativos. Ver ANGOLA; COLONIALISMO; EUROPEUS NA ÁFRICA.

CAPITEIN, Jacobus Elisa Johanes. Personagem da História da escravidão africana. Em 1728, capturado e vendido em Shama, Costa do Ouro, e levado para Middleburg, nos Países Baixos, foi libertado pelo capitão do navio que o conduzira, motivo pelo qual ficou conhecido como *Capitein* (Capitão). Mais tarde, recebendo o batismo cristão, acumulou como seus os nomes (Jacobus, Elisa e Johanes) de três pessoas da família adotiva, e como sobrenome a alcunha que o identificava. Estudou teologia na

CARAGUÉ

Universidade de Leiden, com leituras em latim, grego e hebreu, e em 1742 retornou à África, tornando-se professor em uma escola para mulatos em Elmina e também promovendo a evangelização de povos da Confederação Axânti. Em sua defesa de tese, apresentou a *Dissertatio política-theologica de servitude, libertate christianae non contraria* [Dissertação político-teológica sobre a escravidão, não contrária à liberdade cristã], na qual defendeu argumentos favoráveis à continuidade da escravidão dos africanos pelos cristãos. Em 1737, escreveu um tratado de ética em que apontava as vantagens da conversão dos africanos ao cristianismo. Ver CUGOANO, Ottobah; CRISTIANISMO; DIÁSPORA AFRICANA; EQUIANO, Olaudah; ESCRITAS AFRICANAS.

CARAGUÉ. Antigo reino entre o lago Vitória e os lagos Eduardo e Kivu. Tornou-se poderoso a partir do século XVII (SILVA, 2012, p. 413).

CARDOSO, Júlia da Silva. Ver JÚLIA, Mãe.

CAREY, Lott. Cofundador e primeiro administrador negro da colônia de Monróvia, na recém-fundada Libéria, de 1828 a 1829. Nos Estados Unidos, de onde partiu rumo à África, como retornado, tinha sido escravo na Virgínia. Quando se estabeleceu na Libéria em 1822, era pastor batista e amigo pessoal do líder da expedição norte-americana, Jehudi Ashmun, a quem substituiu. Ver LIBÉRIA.

CARITÉ (*karité*). *Vitellaria paradoxa*, planta nativa da África Ocidental ocorrente em países como o Burkina Fasso, Senegal, Gana, Costa do Marfim, Guiné e Nigéria. A castanha do fruto produz uma gordura vegetal conhecida popularmente como "manteiga de carité", muito utilizada na preparação de alimentos e, atualmente, no fabrico de cosméticos.

CARLOS LUANGA, São. Santo católico nascido Charles Lwanga entre o povo ngabi, em território da atual República de Uganda, em 1860. Converteu-se ao catolicismo em 1885, e se tornou catecúmeno. Devido ao seu fervor em defesa dos missionários católicos, e pelo fato de criticar publicamente as autoridades pela execução do bispo anglicano James Hannington, foi executado em 1886 por ordem de Mwanga II, *kabaka* (rei) de Buganda, motivo pelo qual passou a ser visto como mártir. Ele e outros companheiros executados foram canonizados pelo papa Paulo VI em 1964. É também mencionado como São Karoli Lwanga. Ver CRISTIANISMO.

CARREGADORES. Ver TRANSPORTADORES NO INTERIOR DA ÁFRICA.

CARTUM (*Alkhartoum*; *Khartoum*). Cidade africana situada no nordeste do continente, na confluência dos rios Nilo Azul e Nilo Branco. Foi fundada em 1821 como acampamento militar egípcio, quando Egito e Grã-Bretanha dividiam o controle do país então denominado Sudão Anglo-Egípcio. Em 1885, forças muçulmanas locais, rebeladas contra os europeus, assumiram o comando da cidade, capital sudanesa; porém, 13 anos mais tarde, egípcios e ingleses retomaram o poder.

CARVALHO ALVARENGA, Família. Grupo familiar luso-africano constituído na região senegalesa de Ziguinchor, na Casamansa, na primeira metade do século XIX. Com interesses no comércio de longo curso e controlando postos administrativos na administração e no exército, estabeleceu laços matrimoniais e econômicos com os Costa, Carvalho e com outras famílias euro-africanas da Senegâmbia. Ver CRIOULIZAÇÃO; GRUMETES.

CASA-CANOA (*Canoe house*). Entre o povo efik, do antigo Calabar, denominação de cada uma das unidades comerciais integrantes da sociedade Ekpe e responsáveis pela venda de cativos a mercadores e traficantes europeus. A expressão designava não só a base física dessa atividade, centrada em barcos que serviam de moradia aos negociantes, como também o conjunto de pessoas da mesma linhagem integrantes de cada uma dessas unidades. Exemplo: "F. pertence à casa-canoa N". A denominação surgiu do espanto dos portugueses com as grandes canoas que viram em seus primeiros contatos com os povos ijo. Ver EFIKS; EKPE.

CASA DOS ÍDOLOS, Revolta da. Rebelião ocorrida em Mbanza-a-Kongo no ano de 1514 sob a liderança de Dom Jorge Muxuebata, em protesto contra a proibição do culto aos ancestrais, materializados em imagens e objetos sacralizados, decretada pelo rei Mvemba-a-Nzinga (Afonso I). Em Abranches (1988, p. 68 *apud* Lopes; Macedo, 2017, p. 252), são ressaltados o catolicismo fanático do rei e o fato de o nobre rebelado ser também católico, o que demonstraria a complexidade das razões do conflito. A expressão "Casa dos Ídolos" se refere, certamente, a um local, no ambiente da corte, onde permaneciam resguardadas as imagens dos ancestrais divinizados, vistos como "ídolos", e os objetos de seu culto. Ver EVANGELIZAÇÃO; NKISI; RELIGIÃO TRADICIONAL AFRICANA.

CASAMANSA, Reino de. Denominação do antigo estado monárquico, localizado na região de mesmo nome (em francês, *Casamance*), no território da atual República do Senegal, ao sul da Gâmbia e a norte da Guiné-Bissau, cortada pelo rio Casamansa. Sua existência remontava a um tempo anterior ao século XV. Foi organizado por grupos de origem Bainunk (Bainounk) e Diúla, e a sede de governo encontrava-se situada na cidade de Brikama, nas proximidades da atual cidade de Goudoump. Na segunda metade do século XVII, foi absorvido pelo estado do Kaabu ou Gabu. Em 1836, colonialistas franceses instalavam-se na Casamansa, e dois anos depois fixavam-se em Sediou (Person, 2010, p. 750). Ver GÂMBIA; GUINÉ-BISSAU; SENEGAL.

CASAMENTEIRAS. No antigo Marrocos, denominação aplicada a mulheres integrantes de um grupo doméstico de escravas negras de ricas famílias, sobretudo na cidade de Fez. A elas estavam reservadas as tarefas preparatórias dos rituais de casamento das pessoas de linhagens importantes, sendo lembradas como "aquelas que levam a esposa à casa do marido na noite de núpcias". Com o tempo, organizaram-se em corporações sob a direção, cada uma delas, de uma patroa (*malmma).* Cada grupo obedecia à direção geral de uma líder referida como *amina,* a qual era sempre uma mulher idosa, rica e respeitada, escolhida pelas patroas e reconhecida como responsável por todas as corporações. Outras denominações ou qualificações, em língua local, aplicadas às casamenteiras eram: *neggafat*, "prudentes", "circunspectas"; e *machitat*, "penteadoras", "roupeiras" (M'BOKOLO, 2009, p. 362-363). Ver MULHERES.

CASELY HAYFORD, Joseph Ephraim (1866-1930). Jornalista, escritor, editor e advogado nascido na Costa do Ouro e falecido em Accra, no território da atual República de Gana. Também conhecido como Ekra-Agiman, ganhou notoriedade com a publicação de uma série de livros sobre a África Ocidental, entre os quais se incluem *Gold Coast Native Institutions* [Instituições nativas da Costa do Ouro, de 1903] e *Ethiopia Unbound* [A Etiópia não consolidada, de 1911], que é considerado o primeiro romance africano escrito em inglês. Ver COSTA DO OURO; GANA; NACIONALISMO AFRICANO.

CASSAI (*Kasai*). Rio da África Central. Nasce na atual província angolana de Lunda Sul e deságua no rio Congo.

CATANGA (*Katanga*). Região no sul do território da atual República Democrática do Congo, outrora chamada pelos portugueses como Garanganja. Notabilizou-se pelas ricas jazidas de cobre existentes em seu território. Ver COBRE, Jazidas de.

CATECISMOS AFRICANOS. Ver CRISTIANISMO.

CATUMBELA. Antiga vila angolana na região de Benguela. Invisível do mar alto e, consequentemente, fora do alcance visual das patrulhas da Marinha britânica, em 1847 os portos que abrigava, Lobito e Novo Redondo, eram ativos embarcadouros do tráfico clandestino de escravos (FORTUNA, 2011, p. 39). Ver BENGUELA.

CAVALOS. Até o século XV, os cavalos foram pouco utilizados nas sociedades da África Subsaariana. Usando com mais frequência asnos e camelos como meios de transporte e de carga, essas sociedades só passaram a fazer uso mais frequente do cavalo a partir da chegada dos primeiros exploradores europeus. Aí, gradualmente, os equinos foram integrados ao ambiente, por meio do comércio atlântico ou do comércio saariano, para se constituírem em elemento distintivo, por exemplo, entre os uolofes, mossis, hauçás e bornuenses, na paz e na guerra. A presença deles na Senegâmbia e na Guiné decorre dos contatos comerciais abertos na segunda metade do século XV, quando cavalos de grande porte passaram a ser trocados por escravos, em proporção variável ao valor atribuído a eles pelos negociantes europeus ou africanos. No *Manuscrito Valentim Fernandes* e no *Esmeraldo de Situ Orbis*, escritos em 1508 por Duarte Pacheco Pereira, são mencionadas as equivalências usuais entre uns e outros, que oscilava entre 9 e 14 cativos por 1 animal. O valor atribuído a eles era ainda maior devido à dificuldade de sua criação em ambiente infestado de parasitas tropicais, sobretudo a mosca tsé-tsé, de modo que já no século XVI o uso de cavalos em combate e a excepcional destreza como domadores e cavaleiros passou a constituir elemento distintivo dos uolofes. Data também desse período o aparecimento de raças mestiças de cavalos de pequeno porte no próprio continente africano. A criação de cavalos com fins comerciais se tornou uma atividade de ganho para os colonizadores da Ilha de Santiago, em Cabo Verde. O prestígio associado à posse e ao uso dos cavalos era tal que mesmo um cavalo enfermo tinha utilidade, pois da crina e do rabo eram feitos abanadores de moscas cujo uso era signo de distinção social. Fora da Senegâmbia, a importação de cavalos era feita através das rotas transaarianas. No final do século XVI, os milhares de cavalos árabes que entravam nos domínios dos *maí* (reis) do Bornu, no Sudão Central, e que davam enorme prestígio a sua cavalaria, lá chegavam com as caravanas que atravessavam o Saara. Na África Centro-ocidental, a introdução dos cavalos foi uma imposição da monarquia portuguesa aos conquistadores de Angola, face ao uso que poderiam ter nas guerras contra os povos do Dongo. De acordo com Roquinaldo Ferreira (2007), nas primeiras décadas de presença portuguesa, os animais eram levados de Cabo Verde, Espanha, Argentina e Itália, mas no decurso do século XVII o Brasil se tornou a principal área de fornecimento deles, que eram transportados regularmente nas mesmas embarcações destinadas ao tráfico de cativos.

CAYOR (*Kajoor*). Reino oeste-africano fundado pelo povo uolofe, no atual território do Senegal, em princípios do século XVI, após o fim da Confederação Jolof. Localizado na costa atlântica, confinando com os reinos, também uolofes, Ualo e Baol, seu primeiro *damel* (governante) foi Amari Ngoné Sobel (1549-1593). Até o século XIX, Cayor e Baol estiveram, em diversos momentos, sob uma mesma autoridade, ao sabor do jogo de forças entre os seus líderes. Entretanto, mais rico e povoado e mais distante de Saint Louis, o Cayor resistiu com mais sucesso ao colonialismo, até 1855. Porém, a partir dos reinados de Makodu, entre 1859 e 1861, e Majoojo ou Madiodio, de 1861 a 1864, o reino mergulhou em absoluta anarquia (PERSON, 2010). Ver SENEGAL.

CAZOLA, Francisco (século XVII). Líder místico no antigo Reino do Congo, atuante na localidade de Namba Kalombe, às margens dos rios Dande e Lifume, por volta de 1632. Depois de ganhar fama como curandeiro e adivinho, cristianizou-se, mas logo se rebelou contra a Igreja Católica. Assim, foi perseguido pela Inquisição, mas conseguiu escapar, internando-se na mata (SANTOS, 1972, p. 41-42). Ver ANTONIANISMO; KIMPA VITA, Beatriz.

CEDDO. Vocábulo da língua uolofe que designa o indivíduo animista, seguidor da Religião Tradicional (DIOUF, 2003, p. 81). Seu uso estendeu-se para designar um tipo particular de soldados-guerreiros da guarda palaciana dos antigos soberanos do Cayor, mantidos na condição de escravos e historicamente reconhecidos como símbolos da resistência ao islamismo. Ver GUARDA NEGRA; ORGANIZAÇÕES MILITARES; TONDYON.

CENTRO-AFRICANA, República. País da África Central, localizado entre Chade, Sudão, Congo-Quinxassa, Congo-Brazaville e Camarões. O território da atual república foi majoritariamente influenciado, em sua História, pelos eventos ocorridos no Sudão e na bacia do rio Congo, bem como pelas rotas de comércio que cortavam as partes centrais do continente africano. Migrações acontecidas entre os séculos XVII e XIX determinaram a presente localização de povos como os baya, banda e azande.

CETEWAYO. Ver CETSHWAYO.

CETSHWAYO (século XIX). Chefe guerreiro ngúni (zulu) também referido como

Ketshwayo, Cetewayo etc. A grafia que adotamos é a consignada em Doke *et al.* (1990, p. 106) que informam tratar-se do "rei zulu, filho e sucessor de Mpande" ou Umpande. Nascido no território da atual província sul-africana de KwaZulu-Natal, Cetshwayo assumiu o governo do Reino Zulu em *c.* 1856, e comandou seu exército em diversas batalhas contra as tropas britânicas a partir de 1867. Neste ano, ocorria a descoberta das minas de diamante da região de Kimberley, evento que determinou o interesse europeu pela ocupação e controle da área de influência dos zulus. Assim, em 1879, os ingleses declaravam guerra aos nativos, sendo, entretanto, massacrados pelos guerreiros de Cetshwayo na Batalha de Isandhlwana. Não conformados, porém, os ingleses voltaram à luta, incendiando a cidade de Ulundi e capturando o chefe. Como resultado, o estado zulu foi dividido em 33 pequenas unidades, cujas chefias foram entregues a títeres dos ingleses, mesmo por compra, inclusive a um aventureiro escocês (M'BOKOLO, 2011, p. 305). Até o domínio total da região, em 1907, Cetshwayo foi exilado para a Colônia do Cabo, onde morreu em 1884, suspeita-se que vitimado por envenenamento. Ver ÁFRICA DO SUL, República da; CHAKA; DIAMANTES; NATAL; SOTOS; UMPANDE; ZULUS.

CEUTA. Cidade portuária marroquina situada no litoral do Mar Mediterrâneo, do lado africano do Estreito de Gibraltar. Caiu sob domínio português em 1417, e desde 1688 permanece sob domínio espanhol.

CHACHÁ DE AJUDÁ. Cognome pelo qual passou à história o brasileiro Francisco Félix de Souza, traficante de escravos falecido octogenário, ou talvez nonagenário, em 1849. O significado do termo "chachá" é controverso, mas o léxico da língua fon ou fongbé, a língua da corte do Daomé, consigna o adjetivo *cyácyá* com o significado de "barulhento", "ruidoso" (SEGUROLA; RASSINOUX, 2000, p. 115). Após a morte de Félix de Souza, o cognome tornou-se uma espécie de título nobiliárquico, passando, em sequência, aos seus filhos remanescentes, respectivamente mencionados como Chachá I, Chachá II etc. **História**. Nascido provavelmente na Bahia ou, segundo outros, no Rio de Janeiro, teria se estabelecido no Golfo da Guiné por volta de 1800. Antigo comandante do forte português de Ajudá, teria voltado ao Brasil e retornado para se fixar em Aného, de onde, em 1818, em novo retorno, assumiu o comando do velho estabelecimento português. Agora, nomeado pelo rei Guêzo, a quem ajudara a subir ao trono daomeano em Abomé com a deposição de Adandozan, vinha exercer controle direto sobre o Forte de Ajudá ou Uidá. Guêzo lhe conferiu a autoridade de "chefe dos brancos e vice-rei de Ajudá", título antes atribuído a integrantes da elite daomeana conhecidos como avogá. Nesta posição, assumiu o controle dos negócios do tráfico negreiro, acumulando imensos prestígio e poder que logo foram transferidos aos integrantes da família Souza, uma das mais conhecidas famílias dos agudás do atual Benin. Sua importância na região se fez cada vez maior, a ponto de se dizer que foi "um verdadeiro chefe africano que soube dar, graças à sua experiência brasileira, os primeiros elementos de urbanismo a Uidá" (CORNEVIN, 1970,

p. 43). Segundo voz geral, os navegadores que frequentavam o litoral daomeano elogiavam sua hospitalidade e o viam, efetivamente, como um líder daomeano que era, como tal, reconhecido. Tanto que, quando de sua morte, seu sepultamento teria sido seguido de todas as honras funerárias devidas aos reis, inclusive sacrifícios humanos (*op. cit.* p. 44). **Posteridade**. Rodeada de incertezas e de lendas, sua figura polêmica, de traficante de escravos a patriarca dos "brasileiros" do atual Benin, tornou-se amplamente conhecida após ser retratada em filme (*Cobra Verde*, de Werner Herzog, 1987), romance (*O Vice-Rei de Uidá*, de Bruce Chatwin, 2005) e biografia (*Francisco Félix de Souza, mercador de escravos*, de Alberto da Costa e Silva, 2004). Ver AGUDÁS; AVOGÁ; BRASILEIROS NA ÁFRICA; PORTAL DO NÃO RETORNO; RETORNADOS; SINGBOMEY; UIDÁ.

CHADE (*Chad; Tchad*). País situado na porção mais setentrional da África Ocidental, entre os atuais territórios de Líbia, Sudão, República Centro-Africana, Camarões, Nigéria e Níger. Por seu território passavam duas rotas tradicionais do tráfico transaariano de escravos. No século XVI, após o auge do Kanem-Bornu, estado florescido no oeste, várias outras unidades políticas se desenvolveram no território hoje ocupado pela República do Chade. No século XVIII, sacerdotes europeus fundaram missões católicas na parte meridional do país, e esta foi a porta de entrada do colonialismo. No centro do território, o sultão Rabih impôs forte resistência aos franceses, sendo, entretanto, vencido em 1900, numa sequência de episódios que culminou com a criação da África Equatorial Francesa. Na Conferência de Berlim, coube à França o território, efetivamente ocupado pelo exército francês conhecido como "Legião Estrangeira" já na década de 1920. Ver ABD AL-KARIM SABUN; ÁFRICA EQUATORIAL FRANCESA; ÁFRICA SETENTRIONAL; AL-KANEMI; BAGUIRMI; BORNU; CAMARÕES; CENTRO-AFRICANA, República; CONFERÊNCIA DE BERLIM; IDRIS ALUMA; KANEM-BORNU; LÍBIA; NIGÉRIA; PEÚLES; RABAH; RABEH; SUDÃO OCIDENTAL.

CHADE, Lago. Grande extensão de águas localizada na quádrupla fronteira formada pelos atuais territórios de Chade, Camarões, Nigéria e Níger. Formado principalmente pelos rios Chari e Logone, o lago propiciou o nascimento, no seu entorno, de algumas unidades políticas significativas, sendo a mais importante delas o Bornu emergido, a oeste, no século VIII. Ver BAGUIRMI.

CHAIMITE. Denominação do local em que estava situada a sede de governo do líder Gungunhana durante o período de existência do Império de Gaza, no sul de Moçambique. Ver GAZA, Império; GUNGUNHANA.

CHAKA (*Tchaka; Shaka*). Chefe guerreiro da África Austral, comandante do subgrupo do povo ngúni mais tarde chamado "zulu", e também mencionado como *Chaka Zulu* ou *Chaka kaSenzanghakona*, numa referência a seu pai, *Senzanghakona*. Nascido provavelmente em 1787, criou o Império Zulu dentro de parâmetros estritamente militares e liderou seu povo aproximadamente de 1808 até a sua morte, em 1828. **Origens.** Mencionado como filho bastardo de

CHAKA (*Tchaka; Shaka*)

Senzanghakona, chefe de um pequeno grupo zulu, Chaka, indispondo-se com ele, engajou-se no exército de Dinguiswayo, chefe do povo mthethwa e senhor a quem seu pai era subordinado. Treinado militarmente por esse comandante, com a morte do pai, em 1816, Chaka usurpou a posição de seu meio-irmão Dingane e assumiu a chefia de seu povo. **Trajetória**. A partir daí, com seus guerreiros organizados em regimentos, inclusive femininos, e aprendendo modernas estratégias, criou um dos mais bem-equipados exércitos de sua época. Para um corpo guerreiro que contava com serviços de intendência (abastecimento), correios e espionagem, Chaka modificou o armamento, substituindo as lanças de arremessar, de cabo comprido – que quase sempre se perdiam –, por outras de cabo curto e lâmina larga, para serem usadas em combates corpo a corpo; acabou também com as sandálias, que dificultavam os movimentos da tropa, botando os guerreiros descalços; e modificou totalmente as estratégias de ataque e defesa. **Truculência**. Segundo o historiador francês Hubert Deschamps, a disciplina imposta por Chaka era violenta. Todo o corpo do exército que não tivesse conseguido a vitória e todo guerreiro que voltasse sem sua lança estava irremediavelmente condenado à morte, e os que chorassem tinham seus olhos arrancados. Os habitantes das terras conquistadas eram massacrados, salvando-se apenas os mais jovens e fortes, que eram incorporados ao exército zulu. Assim, em pouco tempo os zulus semearam o temor e a devastação entre os ngúnis e povos vizinhos. Entretanto, Chaka, mergulhado cada vez mais numa loucura sanguinária, conforme o historiador francês, tornou-se perigoso para seus próprios familiares e seguidores e acabou assassinado por seus irmãos, um dos quais, chamado Dingane, assumiu o poder em *c.* 1828. **Conquistador**. A truculência assinalada em Deschamps é, de certa forma, minimizada pelo escritor sul-africano Mazisi Kunene. Segundo ele, graças a Chaka, os zulus conquistaram outros povos, expandiram seu território e se tornaram uma grande potência. "Além de inovar o estilo e os métodos de guerrear", escreveu Kunene (1985, p. 19), Chaka implantou um tipo de liderança que buscava restabelecer a lei social, enfraquecida por egoístas lideranças políticas. Segundo a crença zulu, essa lei social se materializava nos códigos sagrados dos ancestrais." "A liderança de Chaka", prossegue o escritor zulu, "baseava-se na ideia de serviço, segundo a qual o chefe assume os mesmos riscos que o resto da população. Desde então, a abnegação no serviço à comunidade constituiu-se num dos princípios fundamentais do Estado zulu, instituindo-se o mérito como critério para a seleção dos dirigentes em todos os níveis." Segundo Ki-Zerbo (1972, v. II, p. 13), Chaka foi um homem excepcional, que só podia ser mesmo um ditador. Foi um dos maiores conquistadores da história da África, e merece ser lembrado nos anais da História Universal. Em **1828**, morto Chaka em uma trama na qual seu meio-irmão Dingane teria dele se vingado, os ingleses começam a cobiçar as terras dos zulus. Então, travaram-se várias batalhas, com os zulus chefiados por Dingane, até que, a partir de 1830, os ingleses tomam conta do que passa a ser a província de Natal, deixando lá

CHARWE (c. 1863-1898)

os nativos, com seus próprios hábitos e costumes, na condição de seus "protegidos". Ver CETSHWAYO; DINGANE; DINGUISWAYO; ISANDHLWANA, Batalha de; NGÚNIS; TREK, Grande; ZULUS.

CHANGAMIRE. Ver XANGAMIR.

CHANGANA [1] (*Shangaan; Shanga*). Língua banta (*bantu*) de Moçambique, falada nas atuais províncias de Inhambane, Manica e Sofala e expandida à África do Sul e ao Zimbábue.

CHANGANA [2]. Nome pelo qual é também referido, em fontes portuguesas, o chefe Sochangane ou Manicusse. Ver MANICUSSE; SOCHANGANE.

CHAR BUBÁ (*Char Boubba*; *Cher Baba*; *Sher Bubba*; *Shurrba*), Guerras de. Nome pelo qual é mencionada a sucessão de conflitos armados ocorrida nos atuais territórios de Mauritânia e do Saara Ocidental, entre 1644 e 1674, incluindo a chamada "Guerra dos Marabutos". Também referido, por sua duração, como a "Guerra dos Trinta Anos da Mauritânia", o evento teve como motivo principal a resistência da confederação dos povos sanhaja à invasão dos árabes Bani Hassan, provenientes do Iêmen, numa guerra que se prolongou de 1644 a 1674. No conflito, estava em jogo o controle das rotas do comércio caravaneiro, sobretudo as que passavam por Adrar. Na resistência, destacou-se a liderança de Nasir al-Din ou Nacer Eddin, imame (marabu) do clã berbere dos Lamtunas; mas, ao final do conflito, os árabes saíram vitoriosos. Os termos da submissão dos sanhajas foram estabelecidos no Tratado de Tin Yedfad, pelo qual ficaram obrigados a prestar diversos serviços aos Bani Hassan e a lhes pagar tributos e render uma espécie de vassalagem. O acontecimento foi um importante ponto de virada dos povos da atual Mauritânia, com a subsequente arabização de suas elites, integradas pelos atuais mouros árabo-berberes, e a gradual islamização da população. Ver GUERRA DOS MARABUTOS; ISLAMIZAÇÃO; MAURITÂNIA; NASIR AL-DIN.

CHARLOTTE MAXEKE (1871-1939). Nome pelo qual tornou-se conhecida Mannya Makgomo Maxeke, líder religiosa, ativista social e política sul-africana. Destacou-se como a primeira mulher negra a se formar com um diploma universitário na África do Sul, bem como a primeira mulher negra africana a formar-se em uma universidade norte-americana, a Wilberforce University, em Ohio, onde concluiu pós-graduação em 1901.

CHARWE (c. 1863-1898). Nome pelo qual passou à posteridade a sacerdotisa Nehanda Charwe Nyakasikana, uma das principais lideranças religiosas e guerreiras da resistência africana ao domínio europeu no território da Rodésia, atual Zimbábue, no final do século XIX. Nativa do povo xona, foi chefe do culto de Nehanda, espírito ancestral poderoso reverenciado por seu povo. Em 1890, diante da truculência dos colonialistas europeus que, sob a bandeira da Companhia Britânica da África do Sul (BSAC), invadiram o território dos xonas, confiscando terras e rebanhos dos povos locais, Nehanda Charwe liderou o povo ndebele em uma revolta eclodida no ano de 1896. Na rebelião, diversos agentes do colonialismo foram mortos, inclusive um oficial graduado

CHEFATURA

– pelo que, depois de aprisionada, a heroína foi julgada, sentenciada e executada. Ver ANTONIANISMO; CAFRES; KAGUBI; NEHANDA; RESISTÊNCIA ANTICOLONIALISTA.

CHEFATURA. Tradução livre do francês *chefferie*, termo que, no âmbito enfocado neste dicionário, designou cada uma das pequenas circunscrições independentes, sob influência de um Estado, comandadas por um chefe local. Quando o número e a concentração de habitantes não permitiam que o Estado influente a governasse diretamente, tendo que se valer de um representante, a unidade política passava a ser considerada um "Reino" ou um "vice-Reino" (MAQUET, 1971, p. 90). Ver REINO.

CHEFFERIE. Ver CHEFATURA.

CHEHEM, Aboubaker Ibrahim (c. 1810-1885). Governante (paxá) de Zeila, no atual Djibuti, seu país natal, a partir de 1857. Acumulou poder e prestígio, controlando as atividades de captura e comércio de cativos de origem abissínia e dando suporte às atividades de comércio dos europeus no litoral abissínio.

CHEIKU (*Cheikou*). Uma das transliterações para o título árabe xeque ou xeique (*sayh*), "chefe de tribo", "guia religioso", "soberano", algumas vezes usado como antropônimo. É também expresso, no ambiente africano, nas formas *Sekou, Shehu, Seeku* e *Seku*.

CHEIKU AMADU (c. 1775-1845). Líder político e religioso oeste-africano. Fundador do Império fulâni de Maciná, estado teocrático islâmico no delta interior do rio Níger, no atual território do Mali, seu nome de nascimento era Amadu Hammadi Boubou. Pertencia ao clã Bari e nasceu em uma aldeia de Mopti, às margens do rio Bani, próximo a Djenê. Governou como imame de 1818 até o fim da vida. Em 1805, participou dos estágios iniciais da *jihad* de Usman dan Fodio na Hauçalândia. Influenciado pelos ensinamentos do grande líder, em quem se inspirou para as transformações sociais que veio a fazer na região do Maciná, após deixar Sokoto, estabeleceu-se em uma aldeia próxima a Djenê. Mas, tornando-se popular, foi expulso pelo *arna*, governante local, pelo que se mudou para o Reino de Sebera, onde abriu uma escola corânica. Lá, sua fama como professor, reformador e devotado muçulmano da Irmandade Kadíria começou a se espalhar, até que o soberano local, temeroso de perder sua posição, pediu ajuda a Da Dyara, rei bamana de Segu, para destruí-lo. Fugindo para Hamidulai, onde, eleito *al-Muminin* por seus seguidores, deflagrou sua *jihad*. A partir daí, capturou Djenê, estabeleceu sua capital em Hamidulai (1819) e conquistou Tombuctu em 1826-1827. Criou um estado teocrático, que governou dentro dos mais rigorosos princípios da Lei islâmica, inclusive contrariando interesses dos mercadores, e sua morte provocou uma revolta popular (BOAKYE, 1982, p. 7-8). O título *chekou* é o mesmo que *sheik, xeique*. Não deve ser confundido com Amadu Seku Tall. Ver AMADU SEKU TALL; DINA.

CHER BUBÁ, Guerras. Ver MAURITÂNIA.

CHEWAS (*Cewa; Chewa*). Povo banto localizado em partes da África Central e da África Austral, falante do *chichewa,* tido como um dialeto da língua Xona. Constituindo na atualidade o maior grupo étnico de Maláui, os chewas seriam historicamente relacionados aos bembas, do

CHOPIS (*Tchopi*)

antigo Congo Belga, mas tiveram partes de seu território, segundo algumas fontes, influenciadas por contingentes dos ngúnis, como consequência do Mfecane, na primeira metade do século XIX. Nos séculos XVI e XVII, os chewas fizeram parte da Confederação Marave ou Império Marave, que, por volta de 1480, reuniu povos linguisticamente aparentados migrados do norte para as regiões central e meridional do atual território de Maláui. Ver MARAVES; MFECANE.

CHIFRE DA ÁFRICA. Expressão que designa, em referência à forma e à localização, a extremidade nordeste do território africano, que constitui a Península da Somália.

CHIKABA, Teresa. Ver DIÁSPORA AFRICANA.

CHIMURENGA. Nome, significando algo como "guerra revolucionária", dado pelos xonas à sua resistência armada à dominação colonial, deflagrada na antiga Rodésia do Sul em 1896. Ver RODÉSIA; XONAS.

CHITAPANKWA, Mutale Mutaka (1810-1883). Rei do povo bemba, da atual Zâmbia. No seu período de governo, tiveram início os contatos comerciais com mercadores suaílis da costa, que envolviam principalmente a oferta de marfim e de escravos em troca de roupas, aguardente e armas de fogo.

CHOCHANGANE. Ver SOCHANGANE.

CHÓCUES (*Chokwe; Cokwe; Tchokwe; Quiocos*). Povo banto, localizado a partir da margem direita do rio Cassai, nas atuais províncias angolanas de Lunda-Sul e Moxico. Segundo Page (2005, v. III, p. 51) eram governados por príncipes, deserdados de um clã da aristocracia lunda, que teriam se estabelecido entre os rios Cuango e Cassai a partir do início do século XV. Seminômades, principalmente caçadores e coletores, de início os chócues ocupavam apenas um estreito território próximo das nascentes dos rios Cassai e Cuango. Sua expansão deveu-se à potencialização de suas possibilidades de caça, do comércio e da rapina. Os produtos de suas coletas e caçadas (mel, cera, marfim etc.) eram exportados principalmente para o oeste, até o território dos ovimbundos, distante cerca de duas semanas de marcha. Embora seminômades, os chócues destacaram-se como ferreiros, e mais ainda como escultores e entalhadores em madeira (BALANDIER; MAQUET, 1968, p. 419-420), além de ceramistas e cesteiros. Foram especialmente notados pela confecção de objetos cerimoniais criados em honra de seus governantes, incluindo estátuas reproduzindo suas imagens, bem como finamente entalhados cetros, bastões e tronos. Sua arte e seu artesanato chegaram às cortes da Lunda e a todo o vale do Cuango. No início do século XVIII, os chócues começaram a prosperar graças ao comércio de marfim e partiram para conquistar territórios vizinhos. Entretanto, seu sucesso teve curta duração, pois, no século XIX, em decorrência das disputas internas e de ações colonizadoras dos europeus, os chócues foram integrados ao Império Ultramarino Português.

CHOPIS (*Tchopi*). Povo do sul de Moçambique, localizado em território da atual província de Inhambane. No século XIX, incluía-se entre os grupos submetidos pelos angônis, do Império de Gaza. Ver ANGÔNIS; GAZA, Império de.

CHRISTIAN Africo (c. 1737-1756). Chefe khoikhoi do povo hessequa. Atuou junto à Companhia Holandesa das Índias Orientais e, ao lado de alguns membros de sua comunidade, colaborou com os missionários da Igreja Morávia em sua instalação na Cidade do Cabo, bem como no processo de evangelização do seu povo. Sua biografia revela a ambiguidade de posições dos africanos face ao colonialismo, uns notabilizando-se pela resistência, outros, como este chefe, francamente colaboracionistas. Ver COREE.

CHRISTIANSBORG, Forte de. Antigo estabelecimento localizado nas proximidades da atual cidade de Accra, na República de Gana. Foi construído por exploradores suecos em 1652, ocupado por holandeses em 1660 e tomado por dinamarqueses logo depois. Em 1693, foi tomado pelas forças fântis de Akwamu, comandadas pelo líder Asomani (AFRICAN ENCYCLOPEDIA, 1974, p. 226).

CIDADE DO CABO. Ver CABO DA BOA ESPERANÇA.

CIDADES. A existência ou não de cidades na África antes do período colonial é matéria de discussão entre especialistas, e a resposta depende dos critérios adotados para a conceituação do que é uma cidade e do que constitui o fenômeno urbano. Em geral, os parâmetros levados em consideração têm como referência as experiências urbanas e modelos ocidentais ou conceitos produzidos na Europa. Deste modo, a História das cidades e da urbanização na África tende a ser abordada, explícita ou implicitamente, em perspectiva comparativa, com resultados nem sempre significativos. **Definição.** É preciso, neste caso, questionar a perspectiva eurocêntrica e se afastar a ideia de que o modelo urbano por excelência seja o ocidental, questionando também como e desde quando ocorre o fenômeno urbano na África. Consoante Cocquery-Vidrovich (1986, p. 266-267), a cidade africana é um centro, um lugar de concentração não só de população, mas também de civilização. É um polo de difusão, de transmissão cultural, com maior ou menor capacidade de difundir as suas instituições, sem que, por isto, tenha estado condicionada pela "industrialização" ou pela "modernização" que caracterizaram as cidades ocidentais. Lembramos que ressaltar a existência do fenômeno urbano na África antes do domínio europeu implica em reconhecer o papel de dinâmicas e processos históricos endógenos, mais ou menos articulados a fatores externos ao continente, que tornaram possível o surgimento de diferentes tipos de cidades. Para o geógrafo beninense Jean Igué (2008, p. 17), são três os critérios que, na África "précolonial", distinguem uma cidade de uma aldeia ou um povoado: a complexidade de suas atividades econômicas (população integrada por agricultores, artesãos, servidores, mercadores); intensa atividade comercial em mercados regulares de troca; sistema administrativo bem estruturado, organizado por um poder que baseava sua legitimidade na religião, em uma linhagem ou nos atributos pessoais de seu chefe; população com número superior a cerca de 5 mil habitantes, pelo menos. **Tipologia e grupos urbanos.** Levando em conta esses critérios, pode-se identificar, no período abrangido por este dicionário, pelo menos os seguintes grupos de cidades: a) **Cidades mediterrânicas do Norte da África.** Um amplo e detalhado quadro geográfico desta parte do continente aparece descrito no livro de Leão, o africano redigido na década de 1520, onde são descritas várias comunidades do Marrocos (Tednest, Azamor, Fez, Rabat, Meknes, Marraquexe, Bazra, Arzila, Tanger etc), da Argélia (Tlemcen, Tessala, Oran, Gezeir, Argel), da Tunísia (Bougia, Kairuan, Al-Mahdia, Túnis), da Líbia (Trípoli, Constantina) e do Egito (Alexandria, Bosira, Tebas, Cairo, Assuã) (JEAN LEON L'AFRICAIN, 1981). b) **"Cidades imperiais" da Etiópia**. Neste caso, embora o país se mantivesse essencialmente rural, floresceram, nos séculos XVII-XIX, as "cidades imperiais", onde se concentravam os palácios dos governantes da dinastia salomônica. A maior e mais importante foi Gondar, fundada no período de governo de Fazílidas, que, por volta de 1770, tinha população estimada em 60 mil moradores. Outras comunidades menores, entre as quais Yebaba, Azazo e Aringo, também funcionavam como centros de atração populacional. Registre-se ainda a existência de comunidades menores nas províncias, como Adua, na região do Tigré, Antalo e Thalaqot, Addigrat e Adis Abeba, esta última fundada no final do século XIX para ser a sede do governo monárquico (PERRET, 1986). c) **Cidades da Bacia do Níger e do Sudão Central**. Muitas delas tinham sido fundadas em data recuada, mas permaneciam ativas como centros comerciais, artesanais e políticos sob o controle dos governantes dos Estados songai e dos reinos bambaras (Gao, Djenê, Tombuctu), enquanto outras surgiram, nos séculos XVI-XVII (Tondibi, Karabara, Kabara, Bandiagara, Honbori), na área cultural hauçá e do Kanem-Bornu (Dawra, Zinder, Katsina, Zaria,

Yawri, Rano, Kano, Gobir, Zanfara, Kororofa). d) **Cidades entrepostos**. Situadas na região de transição entre a paisagem da savana e da floresta tropical, foram fundadas em sua maior parte nos séculos XVII-XIX por mercadores envolvidos com a circulação de mercadorias entre o litoral atlântico, a floresta e as rotas transaarianas. Entre elas estão: Buna, que no século XIX contava com 10 mil habitantes; Kong, fundada por mercadores diúlas no século XVI e que teve importância acrescida no século XVIII como destacado centro islâmico, com população estimada em 20 mil pessoas no ano de 1888; Salaga, conhecido centro comercial de noz-de-cola, com população avaliada em 10 mil pessoas no ano de 1888; Kintampo, fundada em 1874 e ponto de passagem de caravanas hauçás; Djougou, ponto de passagem obrigatório de mercadores Wangarás e diúlas que se dirigiam ao Daomé. e) **Cidades da região da floresta**. Situadas nas proximidades do Golfo do Benin, este grande conjunto de cidades vincula-se em grande parte ao comércio atlântico de escravos. Eram comunidades fundadas por chefes e linhagens de povos falantes da língua iorubá – algumas muito antigas, da "primeira geração", onde se destacam Ifé, Benin, Popó, Ilexá; Queto, Ilé-Sabé, Oyó; outras, da "segunda geração", como Edé, Igboho, Lagos, Ibadan, Abeocutá; outras ainda, da "terceira geração", fundadas no século XIX, como Owu, Ilorin, Ekiti, Parapo. Outras vinculavam-se aos povos de matriz Aja-Fon (Alada, Abomé, Porto-Novo, Savi, Cana, Tado) e povos falantes de línguas akan ou twi (kumasi, beckwai, mapong, nkwanku, nsuta, juaben). f) **Cidades da área Congo-Angola**. Algumas delas foram fundadas em período anterior ao contato com os europeus, como Mbanza-a-Kongo, depois renomeada como São Salvador, que em 1587 contava com aproximadamente 100 mil moradores; Loango, que em 1787 abrigava 15 mil moradores; Mbanza-a-Soyo e Buali, cujas populações, em 1712, eram de cerca de 12 mil pessoas; São Paulo de Luanda, fundada em 1575 pelo capitão português Paulo Dias de Novais, e que tinha população aproximada de 5 mil pessoas em 1847. g) **Cidades suaíli**. Situadas no litoral do Oceano Índico, em sua maior parte já existiam antes do século XVI, permanecendo ativas e sujeitas às transformações históricas nos séculos seguintes. As mais importantes estavam situadas na atual Somália (Mogadixo, Brava), no Quênia (Mombaça, Malindi) e na Tanzânia (Ilha de Zanzibar, Paté, Kilwa e Pemba). h) **Cidades da África Austral**. Na atual República de Moçambique, a antigas cidades portuárias, como Sofala, surgiram novas, resultantes da ocupação portuguesa, como Beira (1487), Tete (1531), Quelimane (1763), Lourenço Marques (1787) e Manjacaze (Mandlakazi) (1895). Na África do Sul, o mais antigo assentamento urbano foi o da Cidade do Cabo, fundada pelos holandeses em 1652, e nos séculos seguintes outras comunidades seriam criadas pelos bôeres, como Durban (1835) e Johanesburgo (1886). Ver ABENGOUROU; ABEOCUTÁ; ACRA; ADIS ABEBA; ADUA, Batalha de; AGADEZ; AGBODRAFO; AKWAMU; ALADA; APA; ARGEL; ASABA; ASMARA; ASSÍNIA; ATAKPAMÉ; AXUM; AZAMOR; BADAGRI; BAILUNDO; BAMBARAS; BANDIAGARA; BANZA CONGO; BANZA PUMBO; BEIRA; BIGENE; BISSAU; BISSANDUGU; BIRNI NGAZARGAMU; BOBO DIULASSO; BONDUKU; BRAVA; BULAWAYO; BUNA; CACHEU; CALAMINA; CARTUM; CEUTA; COTONU; DACAR; DAR ES-SALAAM; DAURA; DENQUIRA; DJENÊ; DONGOLA; DUALA; EBROHIMI; EDO; EKO; FARIM; FAZÍLIDAS; FREETOWN; GAO; GLEHUÊ; GOBIR; GONDAR; GORONGOSA; GRAAFF-REINET; GRAHAMSTOWN; GRANDE POPÔ; GWATO; HAMIDULAI; HARAR; HOGBONU; IATENGA; IAUNDÊ; IBADAN; IJAYE; IJEBU; IJEXÁ; IJOS; ILÉ IFÉ; ILEXÁ; ILORIN; ISHOYA; KANKAN; KANO; KATSINA; KEBBI; KIBANGO; KLAARWATER; KOMENDA; Kong; KOROROFA; KUMASI; LAGOS; LEÃO, O AFRICANO; LIBREVILLE; Loango; LOBÉ; LUANDA; MAGDALA; MALANJE; MALINDI; MAMPRUSSI; MARADI; MASSANGANO [1]; MEDINA; MOÇAMBIQUE, Ilha de; MODAKEKE; MOGADIXU; MOMBAÇA; MOREE; MORONOU; MURDIÁ; NAIRÓBI; NGOLEME; NIANI; NOVO REDONDO; NYORO; ODIENÊ; OGUAA; OPOBO; OSU; OWU; OXOGBO; PEMBA; POPÔ PEQUENO; PORTO-NOVO; QUELIMANE; QUETO; QUÍLOA; RANO; SÃO SALVADOR; SONGAIS; TETE; TLEMCEN; TOMBUCTU; Tondibi, Batalha de; TRÍPOLI; TÚNIS; UAGADUGU; UIDÁ; ZAMFARA; ZANZIBAR E PEMBA; ZARIA; ZINDER.

CINQUÉ, Joseph (1814-*c*. 1879). Agricultor do povo mende, de Serra Leoa, também mencionado como Sengbe Pieh. Protagonista do episódio que inspirou o filme *Amistad*, do cineasta norte-americano Steven Spielberg, de 1997.

COBRE, Jazidas de

CIVILIZAÇÕES. Em uma de suas acepções, o vocábulo "civilização" é definido como o conjunto dos modos de viver e pensar de uma sociedade, e isso implica em dizer que todo o conjunto de mecanismos organizacionais que os indivíduos de um grupo social criam, em seu esforço coletivo para controlar a vida, constitui uma "civilização", na acepção aqui abordada; e que, ao longo da História, vários povos africanos constituíram civilizações notáveis. Assim, a antiga ideia de que, na África Subsaariana, a "civilização" só tivesse chegado após o contato com os europeus é uma falácia já desmentida por muitos estudos acadêmicos, pelo menos desde a década de 1950. E, para expor essa evidência, os cientistas franceses Georges Balandier e Jacques Maquet, à frente de uma grande equipe de colaboradores, deram á luz, em 1968, ao *Dictionnaire des civilisations africaines* (cf. a bibliografia), no qual são listados, como importantes núcleos irradiadores de civilizações – quase todos referidos na presente obra –, os seguintes, respeitadas as denominações e grafias originais: *Ashanti; Azande; Baga; Bambara; Bamileke; Bamum; Baulê; Bini; Bobo; Bushmen; Dan; Dogon; Ekoi; Fang; Fon; Gouro; Guéré; Hottentots; Ibibio; Ibo; Ifé; Ijo; Kiridi; Kissi; Kongo; Kota; Kuba; Kuyu; Luba; Lulua; Lunda; Massa; Mossi; Moussey; Mpongwe; Pende; Rega; Sao; Senufo; Teke; Tchokwe; Yaka; Yoruba; Zulu.*

CLÃ. Agrupamento de várias linhagens unidas por laços de parentesco.

CLASSES DE IDADE. Divisões horizontais das coletividades existentes em grande parte das sociedades africanas tradicionais. Seu principal objetivo é estimular a solidariedade e a cooperação mútua entre grupos de indivíduos da mesma faixa etária desde a época de sua iniciação. Assim, em diversas sociedades adotava-se no governo o princípio da senioridade, que se tornou um princípio estruturante das relações de poder, fixando modelos de autoridade de tipo vertical ligados à anterioridade geracional. Por exemplo, entre os caramojongues do norte de Uganda, as responsabilidades sociais e as tarefas de governo encontravam-se distribuídas entre grupos organizados em faixas etárias de 10 e 60 anos. Acima desta idade, passava-se a fazer parte do grupo dos "velhos", dos "anciãos", aos quais competia legislar e aplicar a justiça, solucionar as disputas e outras questões comunitárias e atuar como sacerdotes (DAVIDSON, 1981, p. 146). Ver ESTRUTURAS SOCIAIS; GOVERNO, Formas de; KARIMOJONGUES; NANA; QUICUIOS; OSEI; SAVALU.

COBRE, Jazidas de. Em 1895, uma grande expedição europeia localizava ricas jazidas de cobre na África Central, ao longo do rio Kafukue, hoje Kafue, cerca de duzentos quilômetros ao norte das Cataratas do rio Incalla, no território da então Rodésia do Norte, estendendo-se até a região de Catanga. Os exploradores constataram tratar-se de um dos maiores campos de cobre do continente, e também que os nativos vinham trabalhando esse minério havia séculos. No relatório da expedição, registrou-se que o cobre era, inclusive, negociado, tanto na costa ocidental, com os portugueses, quanto na oriental, com mercadores árabes. Presente no cotidiano local desde o século XVI, segundo Dorigny e Gainot (2017, p. 41), o cobre extraído das minas do Congo financiava a

COCOLIS (*Kokoli*)

aquisição de cativos do Reino de Benin, por sua vez trocados por ouro do Gana. Ver CATANGA; CONGO, Reino do.

COCOLIS (*Kokoli*). Povo oeste-africano aparentado aos landumas, com os quais seus indivíduos são, muitas vezes, confundidos. No fim do século XV, localizados no interior do território da atual Guiné-Bissau, acompanharam o líder fulâni Koli Tenguelá. Ver GUINÉ-BISSAU; KOLI TENGUELÁ; LANDUMAS.

CÓDIGO NEGRO (*Code Noir*). Decreto promulgado em 1685 pelo rei francês Luís XIV, inspirado e redigido originalmente por Jean-Baptiste Colbert. É um dos mais importantes documentos legislativos sobre as condições impostas aos escravos negros e às populações afrodescendentes em domínio francês e americano, pois suas determinações foram aplicadas nas colônias das Américas Central e do Norte. Além de uma série de dispositivos disciplinares e repressivos, o documento fixa o catolicismo romano e as regras morais do cristianismo como norma de conduta aos escravos e aos negros livres, estabelecendo uma série de determinações sobre o casamento, os costumes e as relações sexuais. Embora criado na época pré-colonial, as disposições sobre o tráfico negreiro tiveram alguma repercussão no continente africano e afetaram diretamente a condição dos africanos em situação de diáspora. Ver ANIABA; NEGRO; RACISMO.

COISSÃ. Forma aportuguesada para o etnônimo *khoisan*, que denomina um grupo de línguas faladas pelos povos da África Meridional outrora referidos como "bosquímanos" e "hotentotes" e, na atualidade, chamados coissãs (LOPES; MACEDO, 2017, p. 83). Ver ÁFRICA DO SUL, República da.

COLA (*Kola*). Item da pauta de exportações da África. Espécies: *Cola nitida; Cola accuminata*. **Noz-de-cola**. A semente da coleira, a planta contém cafeína e teobromina, daí suas propriedades estimulantes. Ao ser mastigada, reduz o cansaço, a fome e a sede. No mundo islâmico, era apreciada devido aos seus efeitos medicinais. Entre os iorubás, chamada *obi*, era e ainda é profusamente usada também em rituais religiosos. Na Guiné, quando macerados, a sua casca e o seu fruto constituem matéria-prima muito empregada na preparação de corante de cor ocre para o tingimento de tecidos. **Extração**. Pouco considerada no comércio internacional extra-africano, a noz-de-cola, em virtude de suas propriedades, era produto muitíssimo apreciado em várias partes do continente africano, sendo, no início, artigo de consumo de luxo, reservado aos grupos que detinham maior poder e prestígio em suas respectivas sociedades. Mesmo depois, com a popularização de seu uso, ela preservou seu caráter distintivo, sendo consumida em determinadas solenidades ou oferecida a visitantes como sinal de hospitalidade, oferecida como presente em casamentos ou em outros eventos importantes. No século XVII, viajantes e exploradores europeus que atuavam no litoral atlântico afirmavam que, para os africanos, a cola era tão ou mais valiosa que o ouro. **Circulação.** Seu consumo foi ampliado em virtude do dinamismo das redes de comércio mantidas pelos comerciantes de origem mandinga (uângaras e diúlas), e depois hauçás e bornuenses, que periodicamente iam obtê-la nas florestas da Guiné e, sobretudo, de Serra Leoa,

COLONIALISMO

onde abundavam árvores produtoras dos frutos de *Cola nitida*. Logo os próprios mercadores europeus ou euro-africanos se deram conta dos lucros que se podia obter com o negócio, passando a integrar a cola em suas atividades, mas os principais negociantes continuaram a ser os mercadores africanos que distribuíam cola nas comunidades do rio Gâmbia, na Bacia do Níger e na Hauçalândia, e mesmo ao norte, na área saariana. Assim, junto com o sal, tecidos, couros e outros artigos de consumo diário, a cola exemplifica as potencialidades do comércio intra-africano que se desenvolveu em paralelo, e por vezes interconectado, ao comércio extra-africano voltado para a Europa ou para as Américas, o que levou o pesquisador Paul Lovejoy (1980) a chamar a atenção dos historiadores para o caráter diferencial dos fenômenos e dinâmicas internos do continente.

COLOLOS (*Kololo*). Subgrupo do povo banto Soto, da África Austral. Após a morte do chefe zulu Chaka, comandados por Sebituanê, empreenderam longa migração, saindo do Vale do Kuruman, a nordeste da atual Província do Cabo, na África do Sul. Perseguidos pelas tropas ngúnis de Mzilikazi ou Moselekatsé, atravessaram todo o território da Bechuanalândia e depois se dirigiram para o norte, chegando à região do curso superior do rio Zambeze, e se apoderam do Reino Lozi. Os cololos são também mencionados como o "povo gêngi", ou seja, "feroz", "destemido" (SANTOS, 1986, p. 21). Ver MFECANE.

COLONIALISMO. Termo derivado do substantivo "colônia", com significados políticos e econômicos a este substantivo associados. Ao vocábulo "colônia" se pode

depreender, em primeiro lugar, o sentido de ocupação e exploração de determinado espaço por pessoas ou grupos adventícios, estrangeiros. Desta situação se pode detectar pelo menos dois sentidos principais: em um deles, colonização equivale à exploração da terra, e colono equivale a agricultor; no outro, a ênfase recai no modo pelo qual se dá o processo de ocupação, e as relações estabelecidas entre grupos de colonizadores (adventícios; alógenos) e colonizados (originários, endógenos). Data do século XVIII a percepção, na Europa, de que colônias fossem estabelecimentos fundados por suas nações em território estrangeiro, habitado por populações "nativas" que passariam a ser consideradas "menos evoluídas" e, consequentemente, dependentes. Foi esta dimensão estruturante, classificatória, hierarquizadora que deu os contornos daquilo que viria a ser denominado colonialismo. Assim, o processo histórico do estabelecimento de colônias, na primeira acepção, remonta à Antiguidade, podendo ser observado, na África, desde a fixação de comunidades fenícias ao norte do continente no Primeiro Milênio antes de nossa era. Quanto ao processo histórico que levou ao colonialismo europeu, com a imposição de normas e instituições externas, a eliminação (ou desconsideração) da autonomia de lideranças locais, a subordinação ou eliminação de lideranças adversárias, a extração de tributos ou o estabelecimento de obrigações coletivas, as tentativas de conversão religiosa e de transformação das culturas originárias, seu período de gestação data dos séculos XVI-XVIII nas Américas e dos séculos XIX-XX na África e na Ásia. Não obstante a presença de negociantes

COMÉRCIO

europeus ou representantes de organizações econômicas ou governos da Europa em todo o litoral atlântico africano, seu raio de ação limita-se às áreas próximas às fortalezas ou feitorias em que habitavam e de onde mantinham contato (direto ou indireto) com as populações locais. Salvo raras exceções, tais grupos foram além do litoral, adentrando no rio ou no sertão, isto é, no interior. Sua presença e atuação dependiam, por outro lado, da autorização ou da anuência das lideranças africanas que detinham a soberania local, e que deviam, por isso, ser regaladas com ofertas de objetos e artigos de consumo – considerados pelos europeus como simples presentes, mas que eram, na prática, uma forma de reconhecimento da soberania da autoridade local. Em diversas partes do litoral, esta prática esteve regularmente inserida nas atividades diplomáticas entre europeus e africanos, e a palavra empregada para designar as rendas anuais pagas pelos europeus aos chefes dos locais em que traficavam era *costume (coutumes; customs)* (MAUNY, 2011, p. 52). Em alguns casos, todavia, iniciativas portuguesas antecipavam os processos posteriores adotados pelo colonialismo: em suas áreas de influência no Arquipélago de Cabo Verde, São Tomé e Príncipe e Angola, a monarquia lusitana fixou instituições novas, como as capitanias em Cabo Verde, e delegou poder a governadores em Angola após sua conquista militar ao longo do século XVII. Em Moçambique, a legislação relativa aos prazos, durante os séculos XVII-XVIII, gerou progressivas transformações que ao longo do tempo privaram as populações nativas de sua autonomia e as colocaram em gradual condição de subalternidade. Ver BACULAMENTO; BATETELAS, Revolta dos; BANDITISMO SOCIAL; BINAO; capitanias hereditárias; COMPANHIAS DE COMÉRCIO; CONFERÊNCIA DE BERLIM; EUROPEUS NA ÁFRICA; IMPRENSA E COMUNICAÇÃO; MAPA COR DE ROSA; PRESÍDIOS; protetorado; RESISTÊNCIA ANTICOLONIALISTA.

COMÉRCIO. Na África pré-colonial, o comércio interno, tanto quanto as operações mercantis realizadas com mercadores vindos da Europa e do Oriente, constituíram um sistema altamente organizado. Navios portugueses, espanhóis e italianos frequentavam regularmente os portos mediterrânicos do continente, onde carregamentos, por exemplo, de roupas e produtos manufaturados até cavalos eram negociados em troca de tâmaras, azeitonas, nozes-de-cola, algodão, cobre etc., ou seja, de itens importantes para a economia local – como era, obviamente, a força de trabalho humana. **As Rotas Saarianas**. No Saara, as rotas comerciais através do deserto, que perduram na atualidade, ligaram o oeste do continente ao Chifre da África desde tempos remotos. Podendo conectar Tombuctu e Ualata a Gibraltar e Túnis, por exemplo, elas foram decisivas para o desenvolvimento que a África Ocidental experimentou até o século XVI. Um dos itens mais importantes do comércio saariano era, como ainda é, o sal, riqueza que chegou a ser usada como moeda de troca, posto que tão valiosa quanto o ouro. **Na Costa Oriental**. No litoral índico, florescendo desde as conquistas árabes, no século VII, o comércio de longa distância foi decisivo para a evolução da civilização

COMÉRCIO

suaíli. E nesse ambiente, a partir do século XV, com a chegada dos primeiros portugueses à Índia, expandiu-se a importação de grandes quantidades de tecidos de algodão, baratos, pelos mercadores suaílis para atender às populações locais. Enquanto na África Ocidental os mercadores tinham que enfrentar os rigores do deserto e as doenças transmitidas por insetos nas florestas, na costa oriental as condições ambientais eram mais favoráveis, pelo que a região foi a que melhor rendimento teve, durante muitos anos, em termos comerciais, Entretanto, esse antigo comércio, da África Índica com o Oriente, foi bastante dificultado, a partir de certo momento, pela crescente resistência política e econômica de europeus e africanos ao controle asiático do comércio local. **Dos litorais ao interior**. Desde o advento das grandes navegações europeias, o comércio africano prosperou e se expandiu dos litorais para o interior, chegando do Golfo da Guiné até as "portas" do Saara e se expandindo para fazer florescer a intensa vida comercial na região do Calabar e arredores. Enquanto isso, na África Central, o comércio de longa distância expandia-se com os povos lunda e luba, entre outros, perfazendo a ligação entre os oceanos Índico e Atlântico. Os bens comercializados chegavam aos mercados de todas as maneiras: no dorso de muares e camelos, nos ombros e cabeças de carregadores, nos compartimentos de cargas dos navios. Nessa atividade, os africanos comprovavam sua capacidade de barganha, frequentemente enviando seus parceiros europeus de volta a seus países com uma outra opinião a respeito de sua acuidade nos negócios (DAVIDSON,

1967, p. 89). **Comércio triangular.** No século XVIII, no contexto mais amplo do escravismo, ampliou-se o circuito conhecido como "comércio (ou tráfico) triangular". Nele, os produtos eram permutados por cativos que eram levados através do Atlântico. Com o dinheiro obtido nos leilões de escravos, os comandantes dos navios compravam açúcar, tabaco e outras mercadorias para vender na Inglaterra e na França. E essa triangulação enriqueceu até mesmo pessoas de menor capacidade financeira (DAVIDSON, 1981, p. 182). Ver AGADEZ; AJAUAS; ÁFRICA DO SUL, República da; ANGUNE, Amari; AXÂNTIS; BACUBAS; BALANTAS; BANEANES; BANZA PUMBO; BEIRA; BEMBAS; BISSAU; BONNY; BORNU; BRAVA; CABO VERDE; CALABAR; CASA-CANOA; CHAR BUBÁ, Guerras de; CHÓCUES; COLA; COMPANHIAS DE COMÉRCIO; COSTA DO OURO; COSTA DOS ESCRAVOS; DIÚLAS; DONGO; DUALAS; EFIKS; ESCRAVATURA COMERCIAL; ESPECIARIAS; EUROPEUS NA ÁFRICA; FÂNTIS; FEIRAS; FORTIFICAÇÕES EUROPEIAS; GANGUELAS; GOMA ARÁBICA; GWATO; HOROMBO; IJEBU; TRÁFICO NEGREIRO; ITSEKÍRIS; IYE IDOLORUSAN; JAJA DE OPOBO; JERIBITA; JUBA-ARABIC; JUDEUS NA ÁFRICA; KANKAN; KANO; KOMENDA; KRUS; KUMASI; KUNTAS; LAGOS; MAKOKO; MAMMY SKELTON; MERCANTILISMO; MPONGWE; NIGÉRIA; OMAN, Sultanato de; OURO; PUMBO; SARÔS; SENEGAL; SERRA LEOA; SOFALA; SOMÁLIA; SUAÍLI; TEKES; TETE; TRÁFICO NEGREIRO; ZANZIBAR E PEMBA.

COMMITEE OF LIBERATED AFRICANS. Comitê de africanos libertos composto por indivíduos dos sarôs de Serra Leoa, além de retornados do Brasil e de Cuba. Foi criado em Lagos, Nigéria, em 1855, com o fim de regular disputas comerciais (Cunha, 2012, p. 249). Ver ABOLICIONISMO; BRASILEIROS NA ÁFRICA; RETORNADOS; SARÔS.

COMORES. País insular da África Oriental formado por um arquipélago localizado na entrada do Canal de Moçambique. Num passado remoto, assim como a vizinha Madagascar, recebeu em sua população, além de asiáticos, contingentes dos nativos chamados "cafres" pelos europeus. No século XVI, sob o domínio de mercadores de Quíloa e participando do fluxo local de riquezas, o arquipélago foi vitimado pela destruição levada à região pelos portugueses. Com a expulsão dos lusitanos remanescentes e o estabelecimento de Zanzibar como capital do sultanato de Oman, o país recuperou sua importância. Entretanto, na década de 1840, com Zanzibar retomada aos muçulmanos, a França impôs sua influência estendendo, a partir de Mayotte, seu domínio por todo o arquipélago.

COMPANHIAS DE COMÉRCIO. Ao longo do século XVII e seguintes, foram criadas na Europa diversas empresas mercantis para explorar, com privilégio monopolista, o comércio de bens entre a Europa e a África. Tais empresas tinham como objetivo o lucro imediato, por isso viam os nativos africanos apenas como fonte de renda, e, segundo algumas análises, foram contrárias ao povoamento europeu da África. Assim, aos poucos foram trocando o comércio convencional pela compra e venda de escravos, mediante monopólio português no século XVI, o qual passou respectivamente aos holandeses, franceses e aos ingleses nos dois séculos seguintes. A seguir, aparecem as mais importantes delas, cuja atuação data do período anterior ao colonialismo europeu na África. **Companhia das Índias Ocidentais** (*West-Indische Compagnie*). Também conhecida como ou Companhia Neerlandesa das Índias Ocidentais e Companhia das Índias, foi uma empresa mercantil holandesa criada em 1621. Deteve o monopólio do tráfico negreiro no Brasil, Caribe e América do Norte, operando também na África (entre o Trópico de Câncer e o Cabo da Boa Esperança) e nas Américas. **Companhia das Índias Orientais** (*Oost-Indische Compagnie*). Nome de três empresas particulares, de origens inglesa, francesa e holandesa, que atuaram no sudeste da Ásia no século XVII. A holandesa, criada em 1602, foi autora e executora do projeto de colonização que fixou os bôeres na África Austral. **Companhia do Senegal** (*Compagnie du Sénégal*). Empresa criada em 1673 por ordem de Luís XIV, rei da França. Foi uma das muitas empresas coloniais francesas e a segunda empresa europeia fundada no século XVII para atender diretamente o comércio de escravos. **Companhia Francesa das Índias Ocidentais** (*Compagnie Française des Indes Occidentales*). Com existência no período de 1664 a 1674, foi criada pelo ministro francês Jean-Baptiste Colbert, no governo de Luís XIV, para atuar nos atuais Canadá, Antilhas e nos territórios dos atuais Senegal e República do Benin. **Companhia de Saint-Malo** (*Compagnie de Saint-Malo*). Protagonista da primeira tentativa francesa de penetrar no território da Costa do Marfim, dela participaram em 1637 cinco missionários para tentar converter a população local. **As companhias majestáticas**. Neste caso, tratavam-se de associações comerciais, criadas sobretudo nas décadas finais do século XIX, portadoras de uma carta de concessão (por isso eram chamadas, em inglês, de *chartered company*) de um governo que lhes conferia o direito a certos privilégios comerciais. Nas colônias administradas por concessão, o poder público não se exercia diretamente por meio dos órgãos do Estado soberano, mas era confiado por este a sociedades comerciais que exercem esse poder sob fiscalização do governo. Essas companhias se desenvolveram na Europa no início das grandes conquistas coloniais. Geralmente criadas por um grupo de investidores privados, elas tinham um monopólio de exploração e colonização dos territórios coloniais em nome do governo concedente, bem como direito aos lucros advindos dessas atividades. Os governos europeus formaram ou encorajaram a criação dessas companhias nacionais para concorrer com as empresas de nações rivais. Neste caso, podem-se destacar: **Companhia Britânica da África do Sul** (*British South African Chartered Company*). Empresa criada pelo magnata inglês Cecil Rhodes através da fusão da *Central Gold Search Association* e a *Exploring Company, Ltd*. e aprovada pela coroa britânica em 1889. Seu objetivo era explorar toda a África Austral, mas encontrou oposição no Transvaal. Estabeleceu domínio soberano sobre os territórios que mais tarde formaram Rodésia do Sul e Rodésia do Norte e assinou tratados com Lobengula, Lewanika e outros chefes locais, fazendo

disso pretexto para estender sua autoridade a Rodésia e a Zâmbia em 1897. **Companhia Real do Níger** [*Royal Niger Company*]. No final do século XIX, estabeleceu um governo britânico em Bida, capital do povo nupe. **Companhia de Moçambique**. Criada em 1891, recebeu do governo português a concessão de terras dos territórios de Moçambique das atuais províncias de Manica e Sofala. **Companhia do Niassa**. Criada em 1890, recebeu concessão do direito de exploração territorial da área correspondente aos atuais territórios de Cabo Delgado e Niassa, em Moçambique. **Companhia da Zambézia**. Criada em 1892, recebeu do governo português permissão para explorar a região de Chire, na fronteira com Niassalândia, Zimbo e Luenha, que pertenciam à colônia inglesa da Rodésia. **Companhia Real do Níger** (*Royal Niger Company*). Recebeu do governo britânico, em 1881, os direitos de exploração dos baixo e médio rio Níger, abrangendo o atual território da Nigéria. **Companhia Imperial Britânica da África Oriental** (*Imperial British East África Company*). Criada entre 1885 e 1888, recebeu do governo inglês autorização para explorar as atividades comerciais do litoral índico, com forte atuação no porto de Mombaça e como responsável direta pela anexação colonial do Buganda com protetorado britânico. Ver COLONIALISMO; ECONOMIA DO TRÁFICO; SANTA HELENA, Arquipélago de; TRÁFICO NEGREIRO.

COMPOUND. Termo multilinguístico usado para designar uma área cercada ou murada dentro da qual se erguem grupos de edificações, sobretudo residenciais. Na África, costumam abrigar

CONFEDERAÇÃO AXÂNTI

núcleos familiares menos ou mais extensos. Ver CIDADES.

CONFEDERAÇÃO AXÂNTI. Ver AXÂNTIS.

CONFEDERAÇÃO BRASÍLICA. Denominação de uma utópica união independentista idealizada em Moçambique na década de 1820. Pretendia reunir Angola, Cabo Verde, Moçambique e Brasil para se emanciparem do domínio português (GALVÃO; SELVAGEM, 1953, p. 52).

CONFEDERAÇÃO FÂNTI. Ver FÂNTIS.

CONFERÊNCIA DE BERLIM. Uma das formas de referência ao encontro diplomático ocorrido na cidade que lhe empresta o nome entre os meses de novembro de 1884 e fevereiro de 1885. Nela, após complexas negociações, as potências europeias partilharam a África à revelia das autoridades africanas, que não foram convidadas a participar do evento. Assim, no acordo final, a África foi dividida e teve seu domínio entregue (ou ratificado) às potências europeias consoante a seguinte distribuição: **Inglaterra**: África Oriental Britânica; Bassutolândia; Bechuanalândia; Costa do Ouro; Egito; Gâmbia; Nigéria; Orange; Rodésia do Norte; Rodésia do Sul; Serra Leoa; Somália Britânica; Essuatíni; Sudão Anglo-Egípcio; Transvaal; Uganda; União da África do Sul. **França**: Alto Volta; Argélia; Chade; Congo-Brazzaville; Costa do Marfim; Daomé; Gabão; Guiné-Conacri; Madagascar; Marrocos; Mauritânia; Níger; Senegal; Tunísia. **Alemanha**: África do Sudoeste Alemã; África Oriental Alemã; Camarões; Togo. **Portugal**: Angola; Guiné-Bissau; Cabo Verde; São Tomé e Príncipe, Moçambique. **Itália**: Eritreia; Líbia; Somália Italiana. **Espanha**: Marrocos Espanhol; Rio Muni; Rio do Ouro. **Bélgica**: Congo Belga. Ver BINAO; MAPA COR DE ROSA; RESISTÊNCIA ANTICOLONIALISTA.

CONFRARIAS. Ver DERVIXES; ISLAMISMO; ISLAMIZAÇÃO; TARIQA.

CONGO BELGA. Ver BÉLGICA.

CONGO E ANGOLA, Bispado de. Circunscrição eclesiástica criada em 1596 pelo papa Clemente VIII, juntamente com a elevação da principal igreja da Mbanza-a-Kongo, cidade de São Salvador, à categorial de catedral. Ver CAPITANIAS HEREDITÁRIAS; COLONIALISMO; CRISTIANISMO; MBANZA-A-KONGO.

CONGO PORTUGUÊS. Ver CABINDA.

CONGO, Estado Independente do. Ver BÉLGICA.

CONGO, Reino do. Importante estado do centro-oeste africano com território estendido ao longo de todo o curso do rio Congo. No tempo dos primeiros encontros com navegadores portugueses, no final do século XV, o "manicongo", soberano local, tinha autoridade sobre vários reinos, até o atual Gabão, para o norte, e o Dongo, na direção sul. E o contato com os lusitanos inseriu o Congo no ambiente da diplomacia e do comércio internacional da época, sobretudo no reinado de Nzinga-a-Nkuwu, batizado com o nome cristão de D. João I, até Mvemba-a-Nzinga, batizado como Dom Afonso I. Sob esse rei e seus sucessores, Portugal aprofundou sua influência, o tráfico negreiro se generalizou, aumentaram as guerras com os reinos tributários e a produtividade decresceu assustadoramente. **Mudanças dramáticas.** Já no século XVI, os povos do Congo começaram a vivenciar dramáticas mudanças, que se estenderam pelos trezentos anos seguintes. Em 1567, São Salvador, a antiga capital (*M'banza Kongo*) era arrasada pela grande invasão dos jagas. Nesse ambiente de terror, os mais poderosos passaram a capturar prisioneiros e vendê-los como escravos, por conta própria, incentivados, principalmente, pelos mercadores lusitanos estabelecidos em São Tomé. Registre-se que a principal atividade comercial praticada pelos portugueses no Congo durante essa época foi a de compra e venda de escravos: os lusitanos fixados no país, embora exercendo atividades diversas, inclusive o sacerdócio católico, participavam desse tipo de negócio, inclusive estipulando que suas remunerações fossem pagas em escravos (FORTUNA, 2011, p. 36). Nesta conjuntura, certamente motivada pelo rompimento da relação de dependência do *ngola* ("rei") do Dongo, na atual Angola, com o Reino do Congo, a Coroa portuguesa funda em 1575 a fortaleza de São Paulo de Luanda, a qual se torna o centro do comércio com o interior africano. A reação à influência portuguesa se espraia pelos vários reinos tributários, que, inclusive, promovem invasões armadas a diversos redutos, o que força o manicongo a pedir ajuda militar portuguesa para restabelecer sua autoridade. **Congo, Benin e Gana**. Por esse tempo, num ambiente em que o tráfico negreiro começava a se ampliar, conforme análise em Dorigny e Gainot (2017, p. 41), o cobre extraído das minas do Congo financiava a aquisição de cativos do Reino de Benin, os quais eram negociados pelos portugueses em troca do ouro que chegava a Lisboa, oriundo principalmente do Reino do Gana. E isso perfazia o ciclo que alimentava toda a economia ocidental à época. **Lutas dinásticas**. Depois da morte de Dom Álvaro II, ocorrida em 1614, o reino ingressou em um período de tumultuosas disputas entre dinastias. O clã *Mpanzu*, dominante, passou a sofrer o assédio do clã *Nlaza*, desejoso do poder. Em 1649, era firmado um tratado segundo o qual o rei Dom Garcia II (*Rimbaku Ki-Nlaza*) cedia à Coroa portuguesa as montanhas de seu território onde se supunha existirem minas de ouro e prata. A versão definitiva do acordo estabeleceu a cessão das terras meridionais do reino, sem menção às jazidas. Com a morte de Dom Garcia, assumiu o trono Dom Antônio I, o qual, embora seu filho, opunha-se ao tratado de 1649. Assim, a guerra foi declarada e forças portuguesas, realimentadas em Angola, invadiram o Congo, encontrando forte resistência, inclusive de 190 armas de fogo (ALMEIDA, 1978, v. I, p. 324). Contudo, em 1665, venciam a encarniçada Batalha de Ambuila, matando e decapitando o manicongo Antônio I. **Guerra Interna**. Após Ambuila, a crise política agravou-se ainda mais, com o reino cindido em três: Kongo-dia-Lemba, em Mbula, no atual Congo-Quinxassa; Kibangu, no monte de mesmo nome; e Soyo (Sonho) na embocadura do rio Congo. Nessa conjuntura, a antiga capital, M'banza Kongo (São Salvador), foi saqueada várias vezes e completamente arrasada em 1678, e os principais protagonistas da disputa eram o Conde de Soyo e seu adversário Dom Pedro III, senhor de Bula. Essas disputas aceleraram o declínio do reino, que vivia em completo desequilíbrio, com violentas disputas pelo poder frente a escolhas múltiplas e simultâneas de

CONGO, Reino do

governantes. Os chefes, eleitos por clãs rivais, estabeleciam-se ao mesmo tempo em São Salvador, Bula e Kibangu. Além disso, os importantes reinos tributários de Soyo, Mbamba, Mbata e Nsundi tinham se tornado independentes. A capital São Salvador foi saqueada primeiro pelo Conde do Soyo, antigo dependente dos manicongos; mais tarde, foi rapinada e incendiada por Dom Pedro III, que reinava em Bula. Após a vitória de Ambuíla, os lusitanos tinham voltado para Luanda, deixando o Congo aos cuidados de um governador-geral, que em 1690, através de um tratado, tomou para si o poder de nomear o rei (ALMEIDA, 1978, p. 350). Assim, Portugal colocava o reino efetivamente sob sua dependência direta. Nesse cenário, em 1696, Dom Pedro IV, do clã Nlaza, proclamado rei em Kibangu e tentando ser reconhecido como seu único soberano, foi a São Salvador para ser coroado. Entretanto, prevenindo-se do eminente ataque inimigo, voltou ao Kibangu. Três anos depois, casava-se com uma princesa do clã Mpanzu, mas teve que enfrentar a resistência de Dom Pedro Constantino, chamado *Kibenga*, afinal vencido em 1709. **Colônia portuguesa**. A decomposição política do reino dava ensejo ao aparecimento de movimentos religiosos de fundo político, como aquele liderado pela mística Kimpa Vita entre 1704 e 1706, e tido como estratégia para reocupação de São Salvador e a restauração do antigo Reino do Congo. Chegado o século XIX, o outrora prestigioso título de "manicongo" era usado por reis que não passavam de régulos. No fim do século XIX, o reino já constituía um simples distrito do Congo Português, governado por nobres transformado em meros sobas. Até que, em 1895, um nobre do clã Ki Vuzi, Dom Álvaro XIV, conclamou à revolta todos os chefes das cercanias da M'banza Kongo, reunindo mais de mil homens que foram à capital para ouvi-lo. Mas as autoridades portuguesas ameaçaram apontar para a multidão os novos canhões de cobre de que dispunha, o que dispersou os manifestantes (SETAS, 2011, p. 264). Assim, o Reino do Congo finalmente sucumbiu às investidas colonialistas, confirmando-se a repartição de seu território de influência entre França, Bélgica e Portugal acertada na Conferência de Berlim. Ver ÁFRICA CENTRAL E CENTRO-OCIDENTAL; ÁFRICA EQUATORIAL FRANCESA; AGRICULTURA; ÁLCOOL; AMBUÍLA; AMBUNDOS; ANGOLA; ANTONIANISMO; ANTÔNIO I; ANTROPOFAGIA E CANIBALISMO; ARQUEOLOGIA; AZANDES; BACONGOS; BACUBAS; BÂNGALAS; BANTOS; BANZA CONGO; BANZA PUMBO; BASSAS; BATETELAS, Revolta dos; BAYAS; BÉLGICA; BEMBAS; BRASILEIROS NA ÁFRICA; BULA; BURUNDI; BUXONGOS; CABINDA; CACOATAS; CACONGO; CALISTO ZELOTES; CATANGA; CAZOLA, Francisco; CENTRO-AFRICANA, República; CHEWAS; CIDADES; COBRE, Jazidas de; CONFERÊNCIA DE BERLIM; CONGO-BRAZZAVILLE; CONGO-QUINXASSA; CONGO E ANGOLA, Bispado de; CONGO PORTUGUÊS; CONGO, Rio; CONGOS; COPPERBELT; COSTA DO OURO; COSTA DOS ESCRAVOS; CRISTIANIZAÇÃO; CRUZETAS; CUANGO; DEMBOS; DIAMANTES; DIÁSPORA AFRICANA; DONGO; ESCRAVATURA COMERCIAL; ESCRITAS

CONGO – MANICONGOS SÉCULOS XVI-XVII

AFRICANAS; ESPÍRITOS; CONGO, Estado independente do; EUROPEUS NA ÁFRICA; FAMÍLIA; FANGS; FÂNTIS; FEIRAS; FERREIRO; FUMOS; GABÃO; GARCIA II; GOVERNO, Formas de; GRANDES LAGOS, Planalto dos; GUINÉ; HOMOAFETIVIDADE; HORDAS ITINERANTES; INSÍGNIAS DE PODER; NTOTILA; NYAMWEZIS; ORGANIZAÇÕES MILITARES; PEDRO DE MANICONGO; JAGAS; KIBANGO; MANICONGO; MBAKA; MBAMBA; MBANZA-A-KONGO; MPANZU; MBULA MATADI; MVEMBA-A-NZINGA; PEDRO IV; PUMBO; PUNGO ANDONGO; QUILOMBO; QUIMBANDA; RABIH AZ-ZUBAYR; REINO; RELATOS EUROPEUS; RELIGIÃO TRADICIONAL AFRICANA; RESISTÊNCIA ANTICOLONIALISTA; ROBOREDO, Manuel; RUANDA; SÃO SALVADOR; SÃO TOMÉ E PRÍNCIPE; SHANU, Herzekiah; SIMULAMBUCO, Protetorado de; SISTEMAS FLUVIAIS; SÔNIO; SONYO; SOYO; TANGANICA; TEKES; TETELAS; TIPPU TIP; TRÁFICO NEGREIRO; TUMBEIROS; UGANDA; URROBOS; WILLIAMS, George Washington; XONAS; YAKAS; ZAIRE; ZAMBEZE; ZÂMBIA; ZEMIO IKPIRO.

CONGO – MANICONGOS
SÉCULOS XVI-XVII

NOME	PERÍODO DE GOVERNO
João I (Nzinga-a-Nkuwu)	1482-1509
Mpangu-a-Nzinga	1509
Afonso I (Mvemba-a-Nzinga)	1509-1540
Pedro I (Mvemba-a-Nzinga)	1540-1544
Francisco (Mpudi-a-Nzinga)	1544-1546
Diogo I (Nkubi-a-Mpundi)	1546-1561
Afonso II (Mvemba-a-Nzinga)	1561
Bernardo I (Mvemba-a-Nzinga)	1567-1568
Henrique (Mvemba-a-Nzinga)	15687-1568
Álvaro I (Mpangu Nimi-a-Lukeni lua Mvemba)	1568-1574
Álvaro II (Mpangu Nimi-a-Lukeni lua Mvemba)	1574-1614
Bernardo II (Nimi-a-Mpangu Lukeni lua Mvemba)	1614-1615
Álvaro III (Mvika-a-Mpangu Lukeni lua Mvemba)	1615-1622
Pedro II Afonso (Nkanga-a-Mvika lua Ntumba-a-Mvemba)	1622-1624
Garcia I (Mvemba-a-Nkanga Ntinu)	1624-1626
Ambrósio I	1626-1631
Álvaro IV	1631-1636
Álvaro V	1636-1638
Álvaro VI	1638-1641
Garcia II (Nkanga-a-Lukeni)	1641-1663

CONGO, Rio

Antonio (Vita-a-Nkanga, "mwana" Nlaza)	1663-1666
Álvaro VII (Mpangu-a-Nzundi)	1666-1667
Pedro III (Nsuku-a-Ntamba)	1667-1679
Álvaro VIII	1667-1678
Afonso III Afonso	1667-1669
Garcia III (Nkanga-a-Mvemba)	1669-1678
Rafael I	1669-1675
Daniel I	1678-1680
João II (Nsuku-a-Ntamba)	1679-1719)
André (Nlaza)	+ 1679
Manuel (Nzinga)	+ 1680
Álvaro IX (Nimi-a-Mvemba)	+ 1680
Pedro IV (Nsaku-a-Mvemba)	1694-1710
Pedro Constantino	+ 1709

Fonte: GONÇALVES, 2005, p. 217-218. A presente tabela atualiza a constante do 1º volume deste dicionário, publicado em 2017.

CONGO, Rio. Também referido como Zaire (*Nzaidi*), o Congo é, depois do Nilo, o rio mais longo da África. Banhando vasta extensão da África Equatorial e desembocando no Atlântico, seu curso forma centenas de quilômetros de corredeiras e dezenas de grandes cataratas. O Congo nasce no Congo-Quinxassa, no sul da região de Catanga (*Shaba*), próximo à fronteira com a Zâmbia, porém sua fonte mais remota é o rio Chambezi, entre os lagos Niassa e Tanganica, em território zambiano. Seu curso é marcado por acidentes e territórios de importância histórica, como as cataratas Stanley, a lagoa Malebo e a cidade de Kisangani, bem como pela ocorrência de afluentes notáveis como os rios Kasai, Ubangui e Sanga. Depois de passar por eles, o caudaloso rio desemboca num grande estuário entre o Congo-Quinxassa e Angola. Na bacia do rio Congo, ao longo dos séculos, formaram-se importantes unidades políticas, sobretudo entre os povos luba e lunda. Além destes, outros povos bantos constituíram, com maiores ou menores graus de relevância, reinos e pequenos estados tributários do Reino do Congo, como os de Loango, Cacongo, Cabinda, Ngoyo, Matamba, Imbangala, Dongo, Bundo e Kuba. No final do século XIX, o choque de interesses na bacia do rio Congo envolvendo portugueses, ingleses, belgas e franceses foi que motivou a Conferência de Berlim. Ver CONFERÊNCIA DE BERLIM.

CONGO-BRAZZAVILLE. Forma de referência desambiguadora usada para distinguir a atual República do Congo em relação à República Democrática do Congo, referida como "Congo-Quinxassa". As duas repúblicas, separadas pelo traçado do rio Congo ou Zaire, compartilham histórias comuns até a Era Colonial, quando o Congo-Brazzaville caiu sob domínio francês, e o Congo-Quinxassa, sob tutela dos belgas. Ver CONGO-QUINXASSA.

CONGO-QUINXASSA. Denominação desambiguadora para a República Democrática do Congo, país situado no centro do continente africano, com estreita faixa litorânea no oceano Atlântico. O território é limítrofe a Congo-Brazzaville, República Centro-Africana, Sudão do Sul, Uganda, Lago Tanganica, Zâmbia e Angola. Quando da chegada dos portugueses, no século XV, o território do país (chamado Zaire entre 1970 e 1997) abrigava um dos mais poderosos e antigos reinos da África Central, o Reino do Congo, além de outros reinos importantes. Entre estes, contam-se: o Reino Luba fundado no rio Lualaba, no século XVI; o reino fundado pelo povo kuba no rio Casai, no século XVII; e o Reino do povo lunda, importante centro comercial nos séculos XVIII e XIX. Neste último século, mercadores afro-muçulmanos de língua suaíli chegaram ao território atraídos pelo tráfico negreiro, enquanto aventureiros europeus penetravam o território em busca de riquezas, notadamente borracha e marfim. Após a partilha do continente africano decidida na Conferência de Berlim, o país, numa situação jurídica inaudita, tornou-se propriedade particular do rei belga Leopoldo II, de 1885 a 1907, até que a Bélgica, pessoa jurídica de Direito Internacional, assumiu o governo colonial, em 1908. Ver LUBAS; LUNDAS.

CONGOS (*Kongo*). Povo banto do centro-oeste africano. O mesmo que bacongos (*ba-Kongo*).

CONIAGUIS. Povo estabelecido em território da atual Guiné-Conacri no início do século XVI, ao tempo do líder Koli Tenguelá.

CONTINENTE NEGRO. Antiga e dúbia forma de referência à África, explorada em algumas vertentes literárias, tanto pela presença majoritária de nativos de pele escura quanto pelo desconhecimento que durante muito tempo pairou sobre as realidades e potencialidades do continente. Com efeito, durante muitos séculos os europeus enxergaram a África apenas como uma enorme massa territorial a ser circunavegada no caminho das fabulosas riquezas indianas. Era o "continente negro", o único território ainda não plenamente explorado pelos "grandes descobridores". Por isso, era um continente sobre o qual não se imaginava que tivesse uma história a ser estudada e contada – e assim ele foi entendido e descrito até os primeiros cronistas ou geógrafos, como o grego Heródoto, no século V a.C., que conheceu a área mediterrânica do continente. Na realidade, a África, como hoje sabemos, tem um passado rico e diversificado que recua a milhares de anos, em sagas muito distantes daquelas de simples sociedades humanas indígenas. E isto por causa não só de suas próprias aquisições culturais como pelos aportes que recebeu ao longo dos séculos, da Antiguidade ao período estudado neste dicionário e do século XX até a atualidade, quando, libertando-se institucionalmente do colonialismo europeu, passou a empreender uma nova saga, ainda em curso, na qual os países independentes de seu território convivem com outros de todo o mundo em condição de igualdade e visibilidade, pelo menos do ponto de vista jurídico, no seio da ONU, a Organização das Nações Unidas.

CONTRACOSTA. Denominação com que outrora se identificava o litoral africano banhado pelo oceano Índico, em oposição à "Costa d'África", que era o litoral atlântico.

COPPERBELT. "Cinturão do cobre". Denominação moderna da região da África Central localizada ente o sul do Congo-Quinxassa e o norte da Zâmbia, cujo solo é rico em jazidas de cobre.

COPTAS. Denominação dos seguidores da Igreja Ortodoxa Copta, ramo do cristianismo florescido em partes do Egito e expandido à Etiópia cerca de 300 d.C. (LOPES; MACEDO, 2017, p. 87). Ver IGREJA ORTODOXA ETÍOPE.

CORDOFÃO (*Kordofan; Kurdufan*). Região a oeste do Nilo Branco e a leste do Darfur, constituindo a área central e meridional do território da atual República do Sudão. Representa uma faixa do grande deserto líbio que se estende, ao sul, até o monte Nuba e aos pântanos do Bahr el Gazal.

COREE (*c.* 1580-*c.* 1626). Chefe do subgrupo Gorachouqua, do povo khoikhoi, cujo nome é também grafado como *Corey, Corie, Chora, Khori, Quore* e *Xhoré*. No período inicial da presença britânica no Cabo da Boa Esperança, manteve contato com os agentes da Companhia das Índias Orientais, aprendeu a falar inglês e visitou Londres, onde permaneceu durante alguns anos. Ao retornar, entre 1614 e 1615, rompeu os contatos e, nos anos seguintes, dificultou as relações com os adventícios, o que acabou por inviabilizar temporariamente a instalação dos europeus na área do que viria a ser, mais tarde, a Cidade do Cabo. Ver CHRISTIAN AFRICO.

CORREIA, Aurélia. Ver AURÉLIA, Mãe.

CORREIA, Família. Linhagem fundada por Francisco Correia, mestre de embarcação em Geba, Guiné-Bissau. Em 1793, mantinha contatos comerciais importantes com localidades próximas.

CORSÁRIO. Em tempos passados, termo que designava o navio armado por particulares com autorização de um governo para dar combate a embarcações mercantes de uma nação inimiga, bem como, por extensão, o comandante desse tipo de navio. No período histórico enfocado neste dicionário, a atividade se desenvolvia no contexto de disputas políticas e econômicas estabelecidas no norte do continente, às margens do Mediterrâneo, no que se convencionou designar como Estados Barbáricos. Em Argel, Túnis e Trípoli, os governantes tratavam a atividade dos corsários como um negócio, regulado pela Taife Reisi, uma associação profissional (ROGOZINSKI, 1997, p. 333). No Marrocos, ao longo do século XVII, a cidade de Salé sediou uma república de corsários. Ver BARBÁRICOS, Estados; HAMIDOU; SALÉ.

COSTA ALEGRE, Caetano de (1864-1890). Poeta santomense celebrado como o primeiro autor de seu país a ter publicado um livro escrito em língua portuguesa. Com estudos fundamentais realizados em sua terra natal, aos 10 anos de idade foi estudar em Lisboa, onde cursou a Escola Politécnica. Sua experiência em Portugal denota as dificuldades e barreiras raciais impostas a um intelectual negro em uma sociedade dominada por concepções discriminatórias. Morto por tuberculose aos 26 anos, seus poemas, compostos na década de 1880, foram publicados postumamente, em 1916, no livro *Versos*, por iniciativa do jornalista lisboeta Arthur da Cruz Magalhães. Ver NEGRO; RACISMO.

COSTA DA GENTE MÁ (*Côte des Mal-Gens*). Denominação atribuída por exploradores europeus a uma localidade no oeste do atual território da Costa do Marfim, entre Cavally e Sassandra. Opõe-se à Costa da Gente Boa (*Côte des Bonnes-Gens*), nome dado ao trecho seguinte. Os nomes certamente fazem referência ao tratamento recebido por parte de seus habitantes locais.

COSTA DA MALAGUETA. Expressão que denominou, no ambiente do tráfico negreiro, a região entre a Serra Leoa e o extremo oeste do Golfo da Guiné, nas proximidades da atual fronteira entre Costa do Marfim e Gana. Ver LIBÉRIA.

COSTA DA MINA. Denominação histórica da faixa litorânea oeste-africana, estendida do Castelo de São Jorge da Mina, no território da atual República de Gana, incluindo a Costa do Ouro, até a Costa dos Escravos, na atual Nigéria. Antes mencionada como "Costa a sotavento da Mina", a denominação que perdurou é referência à feitoria fortificada de São Jorge da Mina, também chamada de Castelo da Mina ou Elmina, erguida em 1482 no litoral da antiga Costa do Ouro, atual República de Gana. A região foi um importante centro de fornecimento de ouro nos séculos XV e XVI, e, depois, um dos maiores centros do tráfico negreiro no litoral atlântico africano, nela sendo embarcados trabalhadores escravizados de diversas origens, genericamente mencionados como "minas", denominação por vezes acrescida da vaga marca étnica de cada indivíduo. Ex.: "mina-jeje"; "mina-nagô" etc. Ver COSTA DO OURO; COSTA DOS ESCRAVOS.

COSTA DO MARFIM (*Cote d'Ivoire; Ivory Coast*). País da África Ocidental Atlântica. No século XVI, movimentos de populações vindas de várias direções começaram a conformar o mapa étnico do território onde hoje se situa a República da Costa do Marfim. Entretanto, segundo algumas fontes, os maiores grupos étnicos locais estabeleceram-se em tempos relativamente mais recentes. **Povoamento**. Por volta do início do século XVII, o povo kru migrou do atual território da Libéria, enquanto os senufos e lobi tiveram como ponto de partida os atuais territórios de Burkina Fasso e Mali. Assim, somente nos séculos XVIII e XIX é que povos falantes de línguas dos grupos Akan, incluindo os baulês, migraram do atual território ganense para o leste marfinense, e os malinkês ou mandingas iam de onde é hoje Guiné-Conacri para o oeste. No início do século XVIII, era fundado o Reino de Kong, e em cerca de 1750, uma linhagem bambara de Segu, aliada aos diomandês, fundou o Reino de Safana, na região de Odienê. Ainda por esse tempo, no nordeste, o povo lorhon foi aniquilado ou assimilado pelos invasores Dagombas, e o Bonkani fundou o Reino de Buna, dando o nome de Kulango ao seu povo. **História**. A grande revolução comercial e cultural motivada pela expansão marítima portuguesa logo se fez sentir, a partir do século XV, no litoral conhecido desde então como Costa do Marfim. Nele, topônimos como São Pedro, Fresco, Soeiro da Costa etc. desde cedo marcaram a presença portuguesa; praticou-se sobretudo o comércio de ouro e especiarias, além do tráfico negreiro, primeiro de modo furtivo e, a seguir, com apoio de feitorias. Entretanto, foi no século XVII que a região entrou efetivamente na História com a instituição de um tráfico negreiro sistemático praticado por holandeses e a criação de um estabelecimento comercial francês. Assim, embarcações de companhias comerciais europeias passam a frequentar a costa, como foi o caso da Companhia de Saint-Malo. **Penetração francesa**. Essa companhia protagonizou a primeira tentativa francesa de penetrar no território do atual país. Em 1637, ela desembarcou cinco missionários na restinga entre a laguna Abi e o litoral. Com o insucesso dessa tentativa, que resultou na morte de três dos missionários e no asilo dos sobreviventes em um entreposto holandês, cerca de meio século depois a monarquia francesa enviava outro missionário e levava, da região para a França, um jovem membro da aristocracia local que passaria à História com o nome "Louis-Jean Aniaba", ou simplesmente Aniaba. Mas foi só no último quartel do século XIX que os franceses conseguiram real avanço no território. De 1891 a 1918, as populações do interior, lutando **por** independência, envolveram-se em guerras amargas contra o colonialismo francês. Ao final, os insurgentes foram não apenas derrotados como forçados a viver sob o arbítrio de leis fortemente repressivas, que acabaram compelindo um grande número de pessoas a emigrar para a vizinha Costa do Ouro. A principal causa dessas guerras foi a relutância da França em cumprir os termos dos tratados assinados com os chefes locais entre 1887 e 1889. Por esses acordos, os franceses tinham se obrigado a não interferir nos costumes tradicionais, sobretudo os relacionados à propriedade da terra e ao governo, mas eles logo perceberam que o cumprimento dessas regras era um empecilho aos seus reais objetivos. Então, decidiram ignorá-las. Os africanos, contudo, insistiram na observância do que fora pactuado, particularmente no que dizia respeito à escolha de seus chefes sem a intromissão dos franceses, e se ressentiram ainda mais quando, em 1893, consumada a dominação colonial, os franceses instituíram a cobrança de impostos. Isto foi visto não só como um retrocesso – nas antigas práticas, os comerciantes franceses é que pagavam tributos anuais aos chefes do território –, mas também como um claro sinal da subalternidade que os europeus começavam a impor aos africanos. Os franceses potencializaram o problema quando tentaram impor taxas a toda a população do país, o que levou à guerra no início da década de 1900. E o pior de tudo foi que as lideranças nativas da atual República da Costa do Marfim, esmagadas e aniquiladas, foram, em toda a África Ocidental, as que mais sofreram a truculência dos dominadores europeus (BOAKYE, 1982, v. II, p. 73-75). Assim, em 1893 se estabeleceria a colônia da Costa do Marfim. **Escravismo**. Com relação ao tráfico negreiro, algumas análises dão conta de que, em relação aos países localizados nas antigas Costa do Ouro e Costa dos Escravos, os da Costa do Marfim sofreram menos com o tráfico. E isto porque a maior parte dos negreiros e companhias preferiram outras áreas, com enseadas e melhores ancoradouros naturais. Mesmo assim, interesses mercantis franceses estabeleceram e mantiveram monopólio sobre a costa. Ver ABLA POKU; AGNIS; ANIABA; ASSÍNIA; BAULÊS; COMPANHIAS DE COMÉRCIO; KONG.

COSTA DO NÍGER, Protetorado da (*Niger Coast Protectorate*). Denominação da unidade política criada em 1894 pelo Império Britânico, cujo território compreendia a parte do território da atual Nigéria estendida do Delta oriental do Níger até o Calabar. Ver COLONIALISMO; CONFERÊNCIA DE BERLIM.

COSTA DO OURO. Denominação histórica da faixa litorânea do território da atual República de Gana. Também identificada em fontes portuguesas dos séculos XV a XVII como "Costa da Mina", em referência ao Forte de São Jorge da Mina, edificado em 1482, era apenas parte do litoral que recebeu esse nome. **Domínio português.** Com o estabelecimento dos portugueses, abriu-se para os mineradores de ouro do interior oeste-africano e aos mercadores uângaras e diúlas a perspectiva de enviarem a riqueza diretamente para novos compradores, na costa, em vez de o fazerem através do Saara, até o Mediterrâneo. Para os portugueses, a região oferecia a vantagem de ser muito próxima e de acesso fácil às minas de ouro dos Akans, além de possuir muitos ancoradouros naturais. Assim, eles monopolizaram o comércio até o fim do século XVI, sendo em seguida ameaçados pelos holandeses no período da União Ibérica (1580-1640), em virtude da rivalidade entre a Holanda e a Espanha. O primeiro ataque dos holandeses a Elmina foi um malsucedido bombardeio naval, em 1596. A partir daí, segundo estimativas, até vinte navios particulares holandeses visitavam anualmente a Costa do Ouro. Na chegada do século XVII, a verdadeira "febre do ouro" vivenciada por portugueses e outros europeus desorganizou as sociedades locais, gerando migrações, conquistas, mestiçagens, aniquilando as atividades produtivas e transformando todos ou em caçadores de escravos ou em escravos, afinal. Os monopolistas lusitanos reagiram à ação da concorrência atacando os navios sempre que possível ou punindo brutalmente os nativos que fizessem negócio com os rivais europeus. Na primeira infração, orelhas podiam ser cortadas, e a reincidência era motivo para execução sumária (BRIGGS, 2008, p. 11). Possivelmente, como resultado dessa política cruel, na década de 1600 um chefe do povo fânti de Asebu teria enviado embaixadores à Holanda reivindicando a construção de um forte em Moree, a capital de seu reino, a vinte quilômetros de Elmina. Os holandeses, segundo consta, atenderam à proposta, enviando material e mão de obra para a construção, pelo que o forte foi erguido rapidamente. Além disso, eles se equipavam para atacar as posições lusitanas na Costa do Ouro, com a retaguarda fornecida pela Companhia das Índias Ocidentais, criada em Amsterdam em 1621. Incorporando cerca de quarenta navios ao comércio da Costa do Ouro, a companhia contribuiu decisivamente para o empoderamento das forças navais holandesas, que sucessivamente tomaram os estabelecimentos portugueses de Elmina, Shama e Axum. Desta

COSTA DOS ESCRAVOS

forma, em meados do século XVII, o protagonismo dos lusitanos, pioneiros no oceano Índico e na bacia do Congo, encerrava-se na Costa do Ouro. **Domínio holandês**. Ao mesmo tempo, iniciava-se um período de intensa rivalidade, entre várias potências europeias, pelo domínio mercantil da região, algumas, sem sucesso. Os suecos, por exemplo, construíram e ocuparam, em Cape Coast, o Forte Carolusborg em apenas onze meses, mas os resultados não corresponderam ao esperado. Os alemães de Brandemburgo ergueram, em Pokesu, o Forte Gross Friederichsburg, no qual só permaneceram por pouco mais de três décadas. Mesmo os franceses não ocuparam na região nenhum estabelecimento por mais de uma década. O domínio holandês só tinha como reais competidores os dinamarqueses, com os quais, entretanto, mantinha uma aliança tática para defesa contra os mais fortes. Fora o posto avançado que mantinham em Keta, os dinamarqueses limitavam suas ações na Costa do Ouro a Osu, a atual Acra. Lá, o forte inicialmente denominado Castelo de Christiansborg cresceu até se tornar um dos mais importantes da região, sendo ocupado quase sem interrupção por mais de dois séculos, até ser vendido à Inglaterra. A mais significativa interrupção na ocupação dinamarquesa de Osu ocorreu entre 1681 e 1683, quando o forte foi capturado pelos portugueses numa última tentativa de retomar algo do comércio da Costa do Ouro. **Domínio britânico.** A primeira companhia da África Ocidental, criada na Inglaterra em 1640, estabeleceu-se com a construção em Coromanti de uma pequena cabana, incendiada logo depois

de construída possivelmente por ação de sabotadores holandeses ou a seu serviço. Mais sucesso obteve a *Company of Royal Adventurers of English Trading of África*, de confessos "aventureiros", dedicando-se ao comércio inglês na África, como sua denominação expressava, tendo sido criada vinte anos depois da primeira, com o apoio entusiástico do futuro rei da Inglaterra. Como demonstração de força, essa companhia atacou as posições holandesas, conquistando os fortes de Takoradi, Shama, Moree e Anomabu, bem como o Carolusburg, em Cape Coast, recém-tomado dos suecos pelos holandeses. Entretanto, não conseguindo controlar todas as fortalezas conquistadas, a companhia concentrou-se na defesa de Carolusburg, convertendo o modesto forte em um castelo quase inexpugnável. Com seu lugar garantido na Costa do Ouro, a Companhia dos Aventureiros foi ainda mais fortalecida com sua transformação na Companhia Real da África, em 1672. **Opção mais lucrativa.** No fim do século XVII, os ingleses tinham se tornado mais economicamente poderosos que seu mais forte rival. A razão era simples: em vez de comerciar com ouro, os britânicos tinham decidido entrar numa área de comércio muito mais lucrativa, o tráfico atlântico de escravos (BRIGGS, 2008, p. 89-11). Ver ACRA; AKAN; AXUM; CAPE COAST; COMPANHIAS DE COMÉRCIO; COSTA DA MINA; COSTA DOS ESCRAVOS; ELMINA; GANA; MOREE; OSU.

COSTA DOS ESCRAVOS. Expressão usada principalmente nos séculos XVII e XVIII para nomear a parte do litoral oeste-africano estendida da foz do rio Volta, no território da atual República de Gana, até a do rio Lagos, na atual Nigéria. Embora algumas fontes estabeleçam outros limites geográficos, esta foi a localização consagrada após o tráfico negreiro ter se tornado a modalidade mais lucrativa do comércio europeu na África. As principais referências para a denominação vieram de Uidá ou Ajudá, Badagri e Porto-Novo, a partir do momento em que Portugal e depois Holanda adotaram como política não comprar mais escravos na Costa do Ouro, por acreditarem, com razão, que o tráfico negreiro interferia na comercialização da produção aurífera. Assim, o movimento maior da atividade foi deslocado mais para o sul, mas o comércio não se restringiu a essa localização, pois já no século XVII a região Congo-Angola suplantava, em exportação de cativos, as outras regiões do litoral atlântico. Ver COSTA DA MINA; COSTA DO OURO.

COSTA, Família. Influente família guineense com atuação, desde 1770, em Bissau e Farim, de onde mantinham negócios com casas comerciais controladas pelos ingleses, detinham importantes postos administrativos e participavam intensamente da política local. Segundo consta, em 1847 José Maria da Costa teria liderado uma revolta de "grumetes" (mestiços) e mandingas em Farim, motivo pelo qual teve os bens confiscados para o pagamento das despesas de guerra. Ver CRIOULIZAÇÃO; FARIM; GUINÉ-BISSAU; GRUMETES.

COSTUMES. Forma em português para o termo francês *coutumes* (em inglês, *customs*, "taxas alfandegárias"), designativo, no antigo Daomé, do tributo que os capitães de navios mercantes europeus deviam pagar aos reis antes das transações comerciais, inclusive as de compra de escravos. Por extensão, o vocábulo passou a designar também as cerimônias que envolviam sacrifícios humanos, como as dos funerais dos reis em Abomé e outras periódicas de revigoramento da força vital da corte e do reino. Nesta acepção, compare-se o uso, nos cultos afro-cubanos, ainda na atualidade, do termo *derecho* ("direito") para designar a importância monetária devida aos ritualistas e auxiliares pela execução de seu trabalho. Ver HUETANU.

COTONU (*Cotonou*). Cidade portuária do antigo Daomé localizada entre Porto-Novo e Uidá. Destacou-se como importante centro mercantil.

CREEK TOWN. Denominação inglesa para o porto de Ikoritungo ou Ikot Itunko, no Velho Calabar (*Old Calabar*) (Sosa, 1984, p. 17). Ver RIOS DO AZEITE.

CRÉOLE. Termo da língua francesa usado para designar, nas colônias americanas e africanas, o indivíduo nativo, mas descendente do colonizador, bem como a variante linguística baseada no francês por ele falada. Corresponde ao inglês *creole*, ao português *crioulo* e ao espanhol *criollo*. **Créoles de Serra Leoa.** Em Serra Leoa, o qualificativo *créoles* foi aplicado aos indivíduos que de 1805 a 1889, aproximadamente, emergiram como um distinto e poderoso grupo, dominando a vida política, social e econômica do país. Seus antepassados foram os pioneiros negros levados da Inglaterra e das Américas, entre 1787 e 1800, para fundar a antiga colônia. Muitos destes eram legalistas que tinham lutado ao lado dos britânicos na

CRIOULIZAÇÃO

guerra pela independência americana, aos quais mais tarde se juntou um novo grupo, chegado da Nova Escócia em 1792, além de um terceiro contingente, de *maroons* da Jamaica, chegado através da mesma região. A estes, somaram-se ex-escravizados de várias partes do território africano, do Senegal a Angola, cujos descendentes compuseram o painel dos *créoles* serraleoneses, também referidos como *krios* (HAM, 2009, p. 742). Ver ABOLICIONISMO; CRIOULO; RETORNADOS.

CRIOULIZAÇÃO. No período abrangido por este dicionário, as sociedades africanas estiveram abertas a diferentes formas e graus de interação social, cultural, linguística e religiosa, que têm sido usualmente caracterizadas pela teoria social como miscigenação ou mestiçagem, aqui referenciadas a partir do conceito de crioulização. Por processos de crioulização entende-se o compromisso alcançado por grupos pertencentes a comunidades etnolinguísticas não somente diferentes, mas social e politicamente desiguais, cuja coexistência (forçada ou não) gera interdependências, fluxos lexicais, trocas e empréstimos os mais variados, produzindo formas novas e originais. **Entre africanos**. Esses circuitos de comunicação e coexistência podem ser observados entre comunidades africanas postas em contato por diferentes razões, como migrações (caso das populações nilóticas estabelecidas na região dos Grandes Lagos), expansões militares (caso das populações de origem ngúni estabelecidas no Vale do Zambeze), conquista política ou expansão religiosa. Neste último caso, entre os séculos XV e XVIII, pode-se mesmo falar, na África Ocidental, desde a bacia

do Níger até o litoral atlântico, de um processo de mandinguização, decorrente do estabelecimento de povos de origem mandinga (sossos, djalonkês, diúlas) e de um processo de fulanização promovido por peúles (fulânis) que abrangeu desde as falésias de Bandiagara (Mali) até o Futa Jalom e o Futa Toro e toda a bacia do Níger, na esteira dos movimentos de reforma muçulmana implantadas em diferentes territórios e em diferentes povos, responsável pelo surgimento de grupos culturalmente miscigenados, como os tuculores e os hauçá-fulânis. Neste caso, haveria que se pensar nos efeitos das trocas entre instituições socioculturais originárias da África em gradual interação com formas originárias do islã, responsáveis por diferentes processos de aproximação de caráter religioso, cultural e linguístico já observados desde antes do século XV no caso da cultura suaíli da África Oriental e da cultura magrebina ao norte do Saara. **Entre africanos e europeus**. Nos estudos dos contatos entre africanos e europeus, a ênfase tem sido dada aos processos de amálgama e sincretismo, bem como aos sujeitos que emergem destes processos, mas a própria qualificação desses sujeitos não é consensual, oscilando entre a denominação genérica de euro-africanos (Georges E. Brooks) e luso-africanos (Jean Boulegue), ou afro-europeus e afro-portugueses (James Sweet). O problema das recomposições sociais nas áreas africanas sob gradual influência portuguesa vincula-se ao tema mais geral dos(as) mulatos(as), categorias intermediárias emergentes em Cabo Verde, São Tomé e Príncipe e Angola desde o século XVI, e mais além na Guiné e

CRIOULIZAÇÃO

em Moçambique. Na área sob gradual influência inglesa, observa-se, no início do século XIX, o surgimento de grupos miscigenados descendentes dos sarôs de Serra Leoa. No rio Gâmbia, denominava-se Akus o grupo resultante das uniões e intercursos sexuais entre europeus e escravos provenientes de Banjul e Freetown. Também no extremo sul do continente, do intercurso sexual entre holandeses, bôeres ou ingleses com mulheres dos povos khoikhoi, tswana, san e xosa, nos séculos XVII e XVIII, resultou o grupo de pessoas "de cor" (*coloured*) denominado de Gríquas, que tinha o significado aproximado de "bastardos". **Casamentos interétnicos**. Na África ocidental, algumas instituições sociais favoreciam a abertura de contatos interétnicos, intergrupais no sistema de relações entre "senhores da terra/estrangeiros" que era regido pelas normas da reciprocidade, criando ou fortalecendo relações fictícias de parentesco. Neste sistema, os estrangeiros estabelecidos nas comunidades eram providos de comida e de alojamento, estabelecendo pactos de aliança e, inclusive, recebendo esposas que seriam suas durante o tempo de permanência da comunidade. É provável que aí esteja a origem de um tipo particular de instituição difundida em todo o litoral da Senegâmbia, conhecida como "casamento à moda da terra", que selava uniões temporárias entre europeus e africanas, com validade limitada ao período em que o homem permanecia na África (MAUNY, 2011, p. 75). Os grupos de adventícios europeus mais propensos a esse tipo de relação foram os lançados, aventureiros comerciantes de fé cristã ou judia que logo

misturaram-se às filhas de chefes locais na antiga Senegâmbia, tendo por filhos grupos de mestiços fortemente africanizados, identificados como tangomaus. Nessas relações, as mulheres africanas vieram a ocupar lugar de destaque, e suas relações com europeus contribuíram para alterar a estrutura social tradicional. Daí o surgimento de categorias sociais novas, como as donas de Cabo Verde, Guiné, São Tomé e Moçambique, e especialmente as signares do Senegal. Devido a sua excepcional posição entre o mundo europeu e o mundo africano, os mestiços se destacaram já no século XVI como um grupo social específico, e disto dão provas diversas cartas de legitimação exaradas pela monarquia portuguesa com o intuito de promovê-los social e politicamente. O qualificativo *mulato* aparece nas crônicas angolanas do século XVII e em diversas variantes em língua francesa, como *melato, mulati, mulotte, mulastre, mulâtre* e o feminino *mulatresse* (MAUNY, 2011, p. 78). Em outros locais, as denominações variaram, mas a realidade social dos mestiços era equivalente: grumetes na Guiné ou muzungu em Moçambique, a identificação desses grupos de cor parda com a descendência europeia lhes garantia localmente posição de prestígio. Vivendo ao redor das principais praças, distinguiam-se como cristãos, por terem sido batizados, mas se mantinham apegados aos costumes locais, tirando o melhor proveito de sua dupla ascendência. Sua situação de elite já se fazia sentir no século XVIII, quando seus filhos tinham acesso a uma instrução elementar em escolas cristãs situadas nos fortes europeus, e alguns iam mesmo receber instrução na Europa. No ano de 1768,

CRIOULO [1]

em São Tomé, os mestiços recusavam-se a atuar no exército junto com os "pretos", autodeclarando-se como "brancos da terra", e em Angola, pela mesma época, mulatos ricos de Luanda e Benguela passaram a tomar para si o qualificativo de *angolenses*. Em breve, tais grupos autoidentificados como "filhos da terra" viriam a protagonizar os primeiros movimentos nativistas de resistência ao colonialismo europeu. Ver AJAMI; BREW, Família; BÔERES; CRIOULO; DONAS; FREDERICK PEDERSEN SVANE; GRÍQUAS; GRUMETES; HAUÇÁ-FULÂNIS; KASSONKÉS; KRIOS; LANÇADOS; NGÚNIS; RACISMO; SARÔS; SIGNARES; TANGOMAUS; TONGA; TUCULORES; TUNGUMAS; VAN-DUNEM; XOSAS.

CRIOULO [1]. Nas colônias portuguesas na África e no Brasil, termo que designava o nativo descendente do colonizador europeu. Ver CRÉOLE.

CRIOULO [2]. Língua africana falada em Cabo Verde e na Guiné-Bissau, resultante da justaposição fonética entre elementos das línguas de origem africana e elementos da língua portuguesa. Em Cabo Verde, a coexistência de falantes de inúmeras línguas maternas, aproximados e mantidos em proximidade pela condição do cativeiro, levou à fusão dessas línguas, mesclando-se com a língua do dominador. Na Guiné-Bissau, o kriol, que originalmente fazia o papel de um pidgin, estabilizou-se dando origem a uma língua nova, compósita, em que prevalecem os elementos das línguas africanas originais, que persistem como línguas maternas. O seu uso é atestado desde cerca de 1670, conforme informação das crônicas seiscentistas da Guiné de Francisco Lemos Coelho. Ver CRÉOLE.

CRISTIANISMO AFRICANO. Difundido na África desde o período de suas origens, o cristianismo assumiu características particulares no Egito (Alexandria), no norte da África até o século VII, na Núbia e na Etiópia – onde se constitui, até o presente, a crença dominante em sua forma monofisista. Mesmo no período posterior ao século XVI, na África Ocidental e na África Centro-ocidental, o cristianismo levado pelos missionários europeus, em sua vertente católica ou protestante, interagiu com as religiões tradicionais africanas, dando origem a formas religiosas originais, sincréticas, abertas a diferentes graus de africanização. Ver ANTONIANISMO; COPTAS; MONOFISISTA; UNCIONISMO; ZIONISTAS.

CRISTIANIZAÇÃO. Os primeiros núcleos cristãos no continente africano surgiram em Alexandria, com a Igreja Copta do Egito e o cristianismo monofisista (que recusa a ideia da dupla natureza de Cristo) dos coptas etíopes. No Egito, a partir do século III, e na Etiópia, desde o século V, as comunidades cristãs protagonizaram uma sequência de eventos importantes, tendo como polos de difusão a região mediterrânica oriental e a do Mar Vermelho. Até aí, estamos diante de um fenômeno religioso natural e compreensível. A partir do século XV, entretanto, as explorações europeias levam até a África, tanto pelas águas do oceano Atlântico quanto pelas do Índico, uma nova feição do cristianismo. Tratava-se de uma fé por muitos vista como contraditória, pois ao mesmo tempo que pregava fraternidade, igualdade

CRISTIANIZAÇÃO

e benevolência, compactuava com o sequestro, o cativeiro e o desterro de multidões de infelizes, arrancados de suas próprias aldeias e levados escravizados para terras distantes. E isto quando os próprios arautos da fé não participavam, eles mesmos, de todas essas atrocidades. O desconhecimento ou a recusa em admitir que sociedades como as africanas tivessem, antes do contato com o mundo exterior, desenvolvido concepções sobre suas relações com o Universo, sua posição e função dentro dele e sua relação com as Forças que o impulsionam foi a mola propulsora do processo de evangelização que caminhou par a par com a ocupação e a colonização do continente africano pelos europeus. **Missões jesuíticas e de capuchinhos.** A partir da expansão marítima portuguesa, o estabelecimento de contatos políticos com as autoridades africanas ocorria em paralelo com tentativas de conversão religiosa, primeiro por frades franciscanos no século XV e depois por jesuítas no decurso do século XVI. Com o apoio da monarquia, missões da Companhia de Jesus foram enviadas para a Etiópia (1549), Moçambique (1542, 1560) e para o Reino do Congo e Angola. Em 1604, os jesuítas fundaram um colégio em Luanda, e no ano de 1625, em São Salvador do Congo. No período de 1604 a 1640, outros tentaram, sem sucesso, a conversão dos povos da atual Guiné-Bissau; logo passaram a ser objeto de críticas devido ao seu envolvimento no tráfico negreiro. Paralelamente, outros grupos de religiosos provenientes da França, Espanha e Itália agiam sob a ordem da Congregação para a *Propaganda Fide*, órgão diretamente vinculado ao Vaticano. Uma

embaixada foi enviada a Santa Sé pelo rei Dom Álvaro II no ano de 1604 com a finalidade de diminuir a influência portuguesa no Congo e fortalecer os laços com a cúpula da Cristandade. No período situado entre 1645 e 1665, cerca de 150 frades capuchinhos atuaram no Congo e em Angola, mas este primeiro ciclo missionário se prolongou, com menor intensidade, até a metade do século XVIII. A conversão começava pelos chefes locais, cujo apoio era condição imprescindível para o estabelecimento de núcleos religiosos e para o combate às lideranças religiosas tradicionais. Depois, vinha o esforço no ensinamento da língua latina e o aprendizado das línguas locais, sem o qual não seria possível transmitir os novos valores e princípios que se pretendia difundir. Por tudo isso, o primeiro alvo dos missionários eram as crianças, e depois as mulheres, consideradas mais flexíveis aos ensinamentos, menos resistentes à recepção do cristianismo. **Conquista espiritual e colonialismo.** A partir de 1830, diversas expedições missionárias, sobretudo inglesas, adentraram o continente africano, principalmente nos territórios de Libéria, Costa do Ouro e Nigéria, num esforço de evangelização dos povos. Integradas por anglicanos, metodistas, batistas e presbiterianos, bem como também por luteranos e calvinistas alemães a serviço da sociedade missionária de Londres, chegaram até próximo ao norte do rio Orange, buscando cristianizar povos locais. Mais tarde, missionários de diversas ordens, provenientes de Alemanha, Inglaterra, França, Holanda, Suécia e Estados Unidos, chegaram à África Austral. Entre 1860 e 1880, na região

CRISTIANIZAÇÃO

dos Grandes Lagos, estabeleceram-se unidades-modelo com o objetivo de instruir a população livre no cultivo de produtos para comercialização. Era um projeto de missionários abolicionistas e a favor do trabalho assalariado, em acordo com orientação do Congresso de Viena. Entre os católicos, uma corrente defendia a "regeneração da África pela própria África", sem intervenção política dos Estados europeus. Todos os projetos evangelizadores tinham, entretanto, propósitos comuns: buscavam não só a cristianização dos africanos, mas também impor-lhes os valores da chamada "civilização ocidental", incutir neles a ideia de separação entre a vida terrena e a espiritual e, com isso, minimizar o poder das autoridades locais, tradicionalmente legitimado pela religião tradicional. Algumas populações-alvo desses projetos de evangelização opuseram-lhes resistência, e em alguns casos o resultado foi o surgimento de movimentos proféticos ou messiânicos de feição sincrética. **Catecismos africanos**. Como instrumentos de apoio à evangelização das populações nativas, os padres jesuítas e missionários de outras ordens criaram conjuntos de textos que ficaram conhecidos como "catecismos africanos". Os primeiros foram preparados no princípio do século XVII e seguiam as orientações e normas doutrinais e morais estabelecidas pela administração central da Igreja Católica no Concílio de Trento. A particularidade desses textos consiste no fato de que, como aconteceu em outras partes do mundo contatadas pelos europeus, os manuais de ensinamento cristãos passaram a ser escritos em forma bilíngue, em colunas ou linhas alternadas com letras em línguas europeias e africanas. O primeiro catecismo introduzido na África Central chamou-se *Doutrina Christã*, tendo sido redigido em língua portuguesa pelo Padre Marcos Jorge, da Companhia de Jesus, em 1566, e adaptado no Reino do Congo para a língua *muxikongo* (quicongo) em 1624. Décadas mais tarde, em 1658, missionários espanhóis escreveram o manual intitulado *Doctrina christiana y explicacion de sus misterios en nuestro idioma español y em lengua arda*, no Reino de Ardra ou Alada. Mais tarde, os próprios africanos que foram educados e convertidos ao cristianismo deram continuidade a esse tipo de produção textual, como foi o caso de Christian Jacob Protten (1715-1769), missionário que atuou em Elmina (Gana) em 1737, autor de um livro de gramática da língua fânti e de um catecismo trilíngue em Gwa-Fânti-Dinamarquês. **Missões protestantes: Huguenotes**. Além da Igreja Católica, organizações cristãs de outras vertentes também tiveram papel ativo no discutível processo de cristianização da África, como foram, por exemplo, membros das igrejas protestantes ditas "históricas", como luteranos, presbiterianos, anglicanos, metodistas e huguenotes, calvinistas franceses. Sobre estes, ressaltemos o seguinte: na segunda metade do século XVII, as decisões políticas tomadas pela monarquia francesa que restringiam o direito de exercício de culto a esse grupo de adeptos da Reforma Protestante, sobretudo após a revogação do Édito de Nantes, em 1685, forçaram o exílio de milhares para a Holanda, Inglaterra, Suíça e Prússia. Mas cerca de 300 huguenotes aventuraram-se a ir mais longe, estabelecendo-se na atual Cidade do Cabo, na África do Sul. Estimulados pela Companhia Holandesa das Índias Ocidentais com promessas de condições vantajosas, 175 deles aí desembarcaram em 1688-1689. A maioria era composta de agricultores, entre os quais, viticultores. Receberam terras a cerca de oitenta quilômetros do Cabo, no Vale de Berg, que se tornou uma "colônia francesa" (De Fransche Hoek). **Catequese e ajuda humanitária.** No início do século XIX, forças europeias já colonizavam boa parte do continente africano. As exceções eram Libéria e Etiópia, que sucessivamente repeliam invasões tentadas por tropas italianas. Nesse contexto, muitos missionários eram favoráveis à colonização ou mesmo agentes desse domínio. Assim, o número de catequistas ou evangelizadores cresceu durante esse tempo, e os objetivos de sua ação se ampliaram. Sociedades missionárias católicas e protestantes ocupavam as lacunas deixadas pelo Estado colonial, oferecendo serviços sociais, como escolas e hospitais, o que sensibiliza inclusive os críticos do colonialismo. No final do século, o cristianismo se diversificava, com a chegada de cristãos de novas denominações religiosas, como "Testemunhas de Jeová" e "Adventistas do Sétimo Dia". Mas em que pese a ajuda humanitária levada à África por essas missões, o prejuízo causado pela escravidão comercial, desagregando as sociedades, e a instauração do colonialismo, arruinando culturas e destruindo concepções filosóficas singulares e milenares, talvez jamais seja compensado. Ver ANIABA; ANTONIANISMO; ASANTE, David; BAKHITA; CALISTO ZELOTES DOS REIS MAGOS; CAPITEIN, Jacobus Elisa Johannes; CARLOS LUANGA, São; CHRISTIAN AFRICO; CONGO E ANGOLA, Bispado de; Crowther, Samuel Ajayi; FREDERICK PEDERSEN SVANE; INQUISIÇÃO; IKENGA IBEA, J.; joão pinto; JOHNSON, James; JOHNSON, Samuel; KROTOA; NTISIKANA; PAGÃO; PAIS, Pero; PROTTEN, Christian Jacob; QUAQUE, Philip; RELIGIÃO TRADICIONAL AFRICANA; ROBOREDO, Manuel; SECHELE I; SOCIEDADE MISSIONÁRIA CRISTÃ; URIETA KAZAHENDIKE; TIYO SOGA.

CRÔNICAS AFRO-MUÇULMANAS. Entre as fontes para a história da África anterior ao período do colonialismo europeu, as crônicas escritas nas áreas islamizadas do continente constituem registros privilegiados dos modos de ver e interpretar o mundo a partir de uma perspectiva eminentemente africana, uma prova em contrário do caráter a-histórico imputado durante longo tempo às sociedades africanas. Sob o ponto de vista formal, enquadram-se no gênero da literatura muçulmana dos *ta'rikhs*, ou crônicas históricas, de onde retiram seus modelos narrativos e sua percepção da cronologia e do calendário. Apresentam, entretanto, aspectos originais, não apenas no conteúdo que retratam, mas no quanto incorporam elementos oriundos das tradições locais. **Traduções.** Escritas originalmente em árabe ou em línguas ajamiadas, isto é, vertidas de línguas africanas (hauçá, mande, pulaar) para o árabe, muitas dessas narrativas foram dadas a conhecer aos europeus no início do século XX, em pleno período colonial. Em 1898, a crônica denominada *Tarikh al-Sudan*, escrita em árabe na metade do século XVII, foi traduzida pelo arabista francês Octave Houdas. Pouco depois, em 1911, o explorador Bonnel de Mézières, encarregado de uma missão nas regiões de Tombuctu e Taoudeni, encontrou um exemplar manuscrito do *Tarikh al-Fattash* na residência de um líder religioso local, copiando-o e traduzindo-o para o francês. Na atual Nigéria, um dos mais antigos testemunhos narrativos, a *Kano cronicle* (Crônica de Kano), foi localizado na área hauçá e traduzido do árabe para o inglês por H. R. Palmer em 1908. Quanto a um dos mais importantes relatos do mundo muçulmano Somali, o *Kitab al Zunug* (Livro dos Zandj) foi encontrado pelo estudioso italiano Enrico Cerulli, traduzido e publicado em versão bilíngue árabe-italiano em 1957. Ver AI-JANNA, Ibn Twayr; DYAO, Yoro; FARTWA, Ahmed Ibn; IBN ABI DHIAF, Ahmed; IBN GHALBUN, Muhamad Ibn Khalil; IBN SALIH, Muhamad Zangi; KITAB AL ZUNUG; LEÃO, O AFRICANO; MAHMUD KATI; MOHAMED AL-IFRANI; MUSSA KAMARA, CHEIKH; SINÊ; TARIKH MANDINKA DE BIJINI; TARIKH; TEDZKIRET EN-NISIAN FI AKHBÂR MOLOUK ES-SOUDAN.

CROSS, Rio (*Cross River*). Hidrovia no sudeste do atual território da Nigéria e em parte de Camarões, estendendo-se por mais de 483 quilômetros em direção à Baía de Bonny, no Golfo da Guiné. Trata-se de um rio historicamente associado aos povos ibos e efiks, e também a diversos grupos de peúles ou fulânis. Em algumas obras publicadas em espanhol, é referido como *Rio de La Cruz* (SOSA RODRIGUEZ, 1982, p. 27; SOSA, 1984, p. 13).

CROWTHER, Samuel Ajayi (1809-1891). Líder religioso, linguista e intelectual oeste-africano. Nascido em Oxogun, em território sob o domínio do então Império de Oyó, na atual Nigéria, na juventude foi feito escravo, mas o navio em que era transportado através do Atlântico foi interceptado por ingleses, sendo ele levado para Freetown, Serra Leoa, onde se converteu ao cristianismo. Após longos anos de estudo, parte na África e parte na Inglaterra, foi ordenado sacerdote na Igreja Anglicana Abolicionista. Nessa condição, atuou como professor em navios negreiros aprisionados pela marinha inglesa, e depois em escolas de instrução para ex-escravos. Sagrado bispo em 1864, no mesmo instante em que obteve o título de doutorado na Universidade de Oxford, atuou na evangelização de povos africanos, participando de missões em Abeokuta e entre os povos do rio Níger. Desempenhou importante papel na fixação por escrito da língua iorubá ao publicar em 1843 o *Yoruba vocabulary* (Vocabulário iorubá), traduzindo a seguir do inglês ao iorubá o livro de orações cristãs intitulado *Book of Common Prayer* (Livro de orações comuns), além de cartilhas escritas em língua igbo (1857) e em língua nupe (1860) e uma gramática da língua nupe (1864). Além disso, verteu pela primeira vez o texto da Bíblia para o iorubá, a *Bibeli Mimá* (1880). Ver CRISTIANIZAÇÃO.

CRUZEIRO DO SUL, O. Jornal publicado em Angola a partir de 1873, aos cuidados do advogado português Joaquim Eugênio de Salles Ferreira. Ver IMPRENSA E COMUNICAÇÃO.

CUBANGO (*Kubangu*)

CRUZETAS. Denominação dos lingotes de cobre ou de latão em forma de cruz, de "X", de duplo "Y" ou "H" utilizados na costa oriental africana, nos domínios do Monomotapa e na área Congo-Angola como referenciais de valor nas trocas (cf. RODRIGUES, 2002, p. 32). Ver ARQUEOLOGIA; MANILHAS; MONOMOTAPA.

CUANDO (*Kwandu*). Rio do centro-oeste africano. Nasce no Planalto Central de Angola e corre para sudeste, formando parte da fronteira entre aquele país e a Zâmbia.

CUANGO (*Kwangu*) [1]. Rio do centro-oeste africano. Nasce no Alto Chicapa, na atual província angolana de Lunda Sul, e corre na direção noroeste, marcando a fronteira com o Congo-Quinxassa, para desaguar no rio Congo. Ver CUANGO[2].

CUANGO (*Kwangu*) [2]. Região angolana no encontro dos rios Cuango e Congo, onde floresceram os reinos de Matamba e Caçanje e o dos Holos. Por volta de 1680, foi palco de uma sequência de eventos que passou à história referida como a **"Crise do Cuango".** Iniciou-se com a disputa pela sucessão do rei de Caçanje, protagonizada por dois príncipes pretendentes ao trono. O primeiro, aliado dos portugueses, tinha como programa de governo manter a rota comercial Caçanje-Luanda através do território do Dongo, mantendo o Caçanje como intermediário entre o interior e os pombeiros portugueses. O outro pretendia uma nova rota, para o Loango, através do Reino de Matamba, sob o argumento de que no Loango havia franceses que pagavam um melhor preço pelas mercadorias. Esse príncipe desejava que o Caçanje, mais do que apenas intermediário, enviasse seus mercadores até o litoral para negociar diretamente com os compradores. Assim, o quadro gerador da crise tinha, de um lado, os interesses dos pequenos estados africanos e, de outro, o dos portugueses da colônia de Luanda. Então, o Ngola Kanini, rei de Matamba, na defesa dos interesses nativos, invadiu Caçaje com um grande exército, mas foi derrotado pelos portugueses. Como consequência, em 1683, subiu ao trono da Matamba a rainha mencionada como Vitória, que tentou resistir aos portugueses de Luanda, mas acabou capitulando e assinando um tratado humilhante. Não obstante, aliada ao Caçanje, prosseguiu na resistência (MPLA, 1975, p. 89).

CUANHAMA. Língua dos cuanhamas falada em território da República de Angola, na área das atuais províncias de Cunene e Ovambo, transpondo a fronteira com a Namíbia. Ver OVAMBOS.

CUANZA (*Kwanza*). Rio de Angola. Nasce no Planalto do Bié e deságua no oceano Atlântico, nas proximidades de Luanda. Ver LUANDA.

CUATA-CUATA. Expressão usada para tipificar certo tipo de incursão guerreira ("guerra de *cuata-cuata*") praticada em territórios bantos com a finalidade de conseguir cativos para o tráfico negreiro. A denominação origina-se no verbo quimbundo *kwata*, "pegar", formando a expressão imperativa "pega-pega!". Ver CACOATAS.

CUBANGO (*Kubangu*). Rio africano. Nascendo na região de planalto do centro de Angola, ao chegar à fronteira com a Namíbia, depois de receber as águas do Cuito, entra no território de Botsuana, onde ganha o nome Okavango. A região é habitat de populações dos hereros e coissãs. Ver COISSÃ; HEREROS.

CUÉZI (*Cwezi*). Em Uganda e Ruanda, denominação do clã a que pertenceram governantes legendários do antigo Reino de Quitara. Nos reinos de Bunioro e Buganda, esses chefes eram venerados como espíritos ancestrais, incorporados por médiuns do culto de Kubandwa (CHRÉTIEN, 1985, p. 1337).

CUGOANO, Ottobah (1757-1791). Abolicionista oeste-africano, nascido em Adjumako, na Costa do Ouro, atual Gana, como membro do grupo Fânti. Vendido como escravo em 1770, foi enviado para a colônia antilhana de Granada e mais tarde para a Inglaterra, onde aprendeu a ler e a escrever. Em Londres, obteve a liberdade, e em 1773 foi batizado na igreja anglicana, recebendo o nome John Stuart. Trabalhou durante anos como doméstico na residência e no estúdio de Richard Cosway, artista bem conhecido por seus retratos e miniaturas. Em 1787, teve editado o livro *Thoughts and Sentiments on the Evil and Wicked Traffic of the Slavery and Commerce of the Human Species* [Pensamentos e sentimentos sobre o maligno e perverso tráfico da escravidão e do comércio da espécie humana], contundente libelo contra as abomináveis práticas do tráfico negreiro e a crueldade da escravidão (PAGE, 2005, v. III, p. 58). Trata-se da primeira obra do tipo escrita por um ex-escravo, o que lhe conferiu grande credibilidade e, ao mesmo tempo, levou a que alguns críticos tenham levantado a suspeita de que a autoria seria de uma pessoa anônima – em uma evidente demonstração de preconceito em relação à capacidade intelectual de Cugoano. Nela, ele propôs que a Inglaterra enviasse embarcações para fiscalizar a costa ocidental da África, de modo a impedir o comércio negreiro (M'BOKOLO, 2011, v. II, p. 137). Amigo pessoal de outro importante abolicionista negro, Olaudah Equiano, pouco se sabe de sua vida após a publicação do seu livro, nem mesmo as circunstâncias de sua morte, que permanecem desconhecidas. Ver ABOLICIONISMO; DIÁSPORA AFRICANA; EQUIANO, Olaudah.

CULAXINGOS. Ver KULAXINGOS.

CUVALES (*Kuvale*). Ver MUCUBAL.

D'GIJIAMA, Bukar. Chefe kanuri do povo mandara, que até seu tempo permanecia sob controle do Estado do Bornu. Em 1781, liderou uma rebelião e depois chefiou diversas batalhas pela independência local, primeiro contra o Bornu e depois, numa aliança com Al-Kanemi, contra investidas dos fulânis do Califado de Sokoto. Ver AL-KANEMI; BORNU; KANÚRIS.

DACA (século XVI). Líder guerreira na área de ocupação do povo luo, na região dos Grandes Lagos, durante o período de existência do Reino Bunioro-Quitara, no atual território de Uganda. Mencionada pelo título *mukama*, feminino de *omukama*, "rei" no idioma local, atuava como representante do soberano, recolhendo tributos e exercendo autoridade. Muito tempo depois, seu nome continuava vivo na memória popular e os novos chefes se autoproclamavam membros do *Koch Pa-Daca*, "O povo de Daca". Ver BUNIORO; QUITARA.

DACAR (*Dakar*). Cidade oeste-africana, capital da atual República do Senegal. No século XVI, era uma simples aldeia chamada N'Dakarou, mas na segunda metade do século XIX, com a inauguração de seu porto marítimo, adquiriu grande importância. Em 1857, os franceses, comprimidos em Gorée, ocuparam Dacar, prospectando unir a cidade a Saint Louis por via telegráfica. Ver GORÉE; N'DAKAROU; SAINT LOUIS; SENEGAL.

DACHI, Gobana. Ver GOBANA DAACHE.

DADÁ (*Dada*). Título de soberania atribuído aos reis daomeanos governantes em Abomé. Do fongbé, significa "pai" e só é empregado em referência ao rei ou ao Ente Supremo, o Deus dos católicos (Segurola; Rassinoux, 2000, p. 119). Ver DAOMÉ.

DAGBON. Antigo reino do povo dagomba, no território da atual República de Gana, fundado no século XV. Abrangia partes do norte e das altas áreas do oeste e do leste do atual território ganense.

DAGOMBA (*Dagbamba*; *Dagbon*). Reino do povo de mesmo nome integrante do grupo Mossi localizado no norte do atual território da República de Gana. É informado como um dos "estados negreiros" da África entre os séculos XVII e XVIII (Dorigny; Gainot, 2017, p. 40). Ver ESTADOS NEGREIROS.

DAKODONU (*Dãkodonú*). Cognome de Arrô (*Ahò*), rei daomeano de Alada. Reinou em Abomé entre 1620 e 1645, aproximadamente. Ver ALADA; DAOMÉ.

DALA BIRNI BISSE, Muhamad. Ver BAGUIRMI.

DALA MODU DUMBAYA (1770-1841). Personagem da história do Islã na África Ocidental. Filho de proeminente mercador do povo sosso, nasceu em Wokafong, próximo à atual Guiné-Conacri. Amealhou riqueza e poder como intermediário entre negociantes ingleses e as populações interioranas

DALLINGTON, Maftaa (1859-1880)

de Serra Leoa, país onde se estabeleceu. Entretanto, a partir de 1806, atuando como intérprete entre autoridades britânicas e lideranças locais, teve que dispender grandes esforços no sentido de resolver os conflitos surgidos nessas relações. Assim, começou a se distanciar dos interesses materiais para aproximar-se do Islã. Nesse intento, além de consagrar-se imame, líder religioso, mandou construir mesquitas e escolas corânicas no interior de Serra Leoa. Ver ISLÃ; SERRA LEOA; SOSSOS.

DALLINGTON, Maftaa (1859-1880). Personagem da história da África Central. Também referido como Dallington Scorpion Muftawa, foi um ex-escravo cristianizado na década de 1870. Em 1874, serviu como intérprete e assistente do explorador Henry M. Stanley na expedição ao lago Vitória, a Buganda, Tanganica e ao oceano Atlântico. De 1875 a 1878 trabalhou como secretário e escriba de Mutesa I, *kabaka* (rei) de Buganda, no território da atual República de Uganda.

DAMBELE, Ton-Mansa. Governante dos bamanas de Segu. Subiu ao trono após o assassinato do *fama* (rei) Ali, por volta de 1757. Ver BAMANAS; BAMBARAS; SEGU.

DAMBUCAXAMBA. Ver BANDITISMO SOCIAL.

DAMEL (*Dammel*). Título privativo dos governadores uolofes de Cayor, como o célebre Lat Dior. Do uolofe *dammel*.

DAMOTE (*Damat, Damot, Damut*). Antigo reino a noroeste de Axum, em território da atual Etiópia, abaixo das montanhas ao sul do Lago Tana e da garganta do Nilo Azul (LOPES; MACEDO, 2017, p. 94). O mais antigo dos microestados

etíopes, nele persistiram instituições próprias, baseadas em costumes e tradições locais. Considerado pelos governantes e escritores etíopes como um reino "pagão", foi alvo de diversas incursões da monarquia no período da dinastia salomônica, e se enfraqueceu após reiterados ataques dos exércitos muçulmanos provenientes do Sultanato de Adal, de 1531 a 1547, além das posteriores incursões dos oromos, o que forçou sua população a migrar para o sul de Gojam entre 1574 e 1606. Ver ABISSÍNIA; ADAL, Sultanato de; ETIÓPIA; GOJAM; OROMOS.

DANAKIL. Uma das denominações, em árabe, do povo afar. O nome designa também a região desértica que constitui seu habitat original. Ver AFAR.

DANFASSARI. Rei (*fama*) bambara de Segu (1682-1697), sucessor de Kaladian Koulibali.

DANKORO (*Denkoro*). Rei (*fama*) dos bamanas de Segu (1755-1757), filho e sucessor de Mamari Koulibaly.

DAOMÉ (*Dahomey*). Antigo estado oeste-africano, localizado em território correspondente ao da atual República do Benin, cujo nome foi transliterado também como *Dangomé* e *Danxomé*. Sua estrutura de governo ainda existe na forma de uma chefatura tradicional (GOMES, 2019, p. 16), e seu território abrigou, entre outros, dois reinos do povo fon, um com capital em Abomé, que era o "Daomé" propriamente dito, e outro com capital em Arda ou Alada. O povo fon migrara do oeste, da região de Tadô, no moderno Togo, e os reinos que criaram – Alada, Ajaxé (Porto-Novo) e Daomé – são mencionados entre os pequenos, mas poderosos estados

DAOMÉ (*Dahomey*)

que emergiram, entre os séculos XIII e XV, em áreas de produção aurífera na porção meridional do oeste africano (HAM, 2009, p. 29). Além dos fons, localizados no sul, o território daomeano também abrigava: os povos mahi e nagô, em sua porção intermediária; baribas, peúles e gandos, no norte; além de populações mescladas, como a dos Fon-Mahi, de Savalou. **Os fundadores do Reino de Abomé.** Florescido no século XVII na porção territorial hoje correspondente à quase totalidade das repúblicas de Benin e Togo, o Reino do Daomé ou de Abomé foi fundado, ao que consta, por uma família de nobres originária do reino litorâneo de Alada, criado pelos ajá, povo aparentado e intimamente relacionado aos ewés. Por volta de 1620, expulsa de seu território por questões sucessórias e pela intervenção dos holandeses, essa família, liderada por Do-Aklin, teria se estabelecido pacificamente no planalto de Abomé, a cerca de cem quilômetros da costa. Com a morte do líder em 1620, seu filho Dakodonu tomou o poder aos chefes locais, poder este que seus sucessores Uegbadja e Akaba conseguiram manter, além de conquistar territórios vizinhos, principalmente a sul e sudeste. A Dakodonu sucederam Uegbadja (1645-1685), Akaba (1685-1708) e Agajá (1708-1732). Na primeira metade do século XVIII, embora um reino interiorano integrado por apenas quarenta pequenas cidades, o Daomé era firmemente estruturado, e sua consolidação como Estado ocorreu pelas mãos de Agajá – sob cujo reinado, apoiado num competente serviço de inteligência e espionagem, o Daomé se expandiu, a princípio para noroeste e, depois, na direção sul. No início do século XVIII, como décadas antes fizera o Axânti, o reino abriu caminho para a costa atlântica. Em princípio, segundo algumas fontes, ele teria resistido ao tráfico negreiro; entretanto, foi forçado a aderir para poder ter o necessário acesso à proteção de seu povo contra as expedições de captura de escravos promovidas por inimigos, notadamente os de Oyó (GORDON, 2003, p. 69). Desta forma, passou a negociar diretamente com os mercadores europeus e, assim como os Axântis, eliminou a intermediação de captores de escravos, assumindo o próprio reino esse polêmico protagonismo (GUEYE, 1979, p. 199). Como consequência, em 1727, o poder de Abomé já tinha anexado os reinos de Uidá e Savê, no território conhecido pelos portugueses como Ajudá. Dois anos depois, Agajá toma Alada e ocupa as fortalezas de Djekin e Offra, dominando completamente a zona litorânea e tornando seu reino um dos principais exportadores do gado humano na chamada "Costa dos Escravos". Os sucessores de Agajá – Tegbessu, Kpengla e Agonglo – continuaram a expansão. E isso se passava num momento em que os franceses já tinham em Uidá um porto que se tornou o centro local do comércio de escravos, e os portugueses e luso-brasileiros de Salvador mantinham representantes no Forte de São João de Ajudá e em Porto-Novo. O fato é que, nesse século XVIII, o tráfico negreiro encorajou chefes locais a invadir territórios e declarar guerras, como as que se deram entre os exércitos de Abomé e os de Alada, Savalu e Abeocutá (cidade hoje situada em território nigeriano), entre outros. **As guerras iorubás.** Os

DAOMÉ (*Dahomey*)

motivos das guerras longas e recorrentes em que os fons do Daomé se bateram contra os iorubás de Oyó e dos reinos vizinhos foram, antes de tudo, econômicos e políticos, principalmente porque os daomeanos lutavam por autossuficiência e independência, e os iorubanos exportavam escravos através do porto de Uidá, no Daomé. O expansionismo de Abomé provocou a reação do poderoso reino iorubá de Oyó, o qual, a partir de 1726, hostiliza fortemente o Daomé. Em 1738, sob Tegbessu, Abomé é ocupada pelos iorubás, que exigem o pagamento do tributo anual, imposto no reinado de Agajá. Por volta de 1750, com a economia do Daomé severamente combalida pela recessão do tráfico negreiro, esteio da atividade econômica do estado, não só os habituais campos de captura de escravos haviam secado como os Oyós, tradicionais fornecedores de escravos para o Daomé, tinham decidido embarcar no estado tributário de Ajaxé-Ipo os escravos que vendia. As condições pioraram ainda mais para os daomeanos quando os britânicos aboliram o tráfico negreiro em 1807, cinco anos depois de o Reino da Dinamarca tê-lo feito. De 1819 a 1869, a marinha inglesa patrulhou o Atlântico, abordando os navios negreiros e conduzindo as cargas de escravos, a partir daí libertos, para Freetown, em Serra Leoa. Assim, Lagos e Uidá se tornaram os dois únicos portos do litoral oeste-africano a servirem abertamente ao tráfico escravista (CORNEVIN, 1970, p. 42-43). Em Uidá, o movimento era organizado por Francisco Félix de Souza, o Chachá de Ajudá, chegado em 1818 para colocar no trono o príncipe Dankpe, depois, Guêzo, no lugar de Madougougou Adandozan. O

Chachá era o intermediário entre os mercadores estrangeiros e o rei em Abomé. Em busca de autossuficiência, o rei percebia a necessidade de assegurar novos locais de aquisição de cativos, caso o tráfico revivesse. E se o consumo de produtos agrícolas ganhasse importância, o reino poderia, aí, dispor de mais áreas adequadas ao cultivo. A corte de Abomé sentia também que o reino poderia expandir seu território para o leste, na direção dos estados iorubás de Egbá, Egbadô e Queto. Neste caso, entretanto, havia um sério choque de interesses entre o Daomé e o Egbá com relação ao Egbadô: enquanto o Daomé desejava o Egbadô como fornecedor de escravos e como território agricultável, o Egbá queria dominar o vizinho para ter acesso ao porto costeiro de Badagri, já que o caminho de sua capital Abeocutá até Badagri passava por dentro de Egbadô. O Daomé era um estado tributário de Oyó desde 1730, e seus reis eram subordinados ao alafim de Oyó de várias maneiras. O conflito com Oyó era, portanto, uma luta por independência política, conseguida por Guêzo, unilateralmente, logo após sua entronização como *dadá*, em 1818, à qual Oyó, enfraquecido, não teve como resistir. Com o enfraquecimento do outrora poderoso reino, motivado pelas guerras com os fulânis (fulas, peúles), Adandozan suspendeu o pagamento do tributo. Na guerra do Daomé contra o Egbá, o fator político derivava de diferenças de atitude dos estados com relação às missões alegadamente "civilizatórias" dos europeus. Enquanto o Daomé as enxergava como potencialmente perigosas e resistia à sua influência, o Egbá as recebia calorosamente, dando-lhes boas-vindas e encorajando a expansão de suas influências. Diferenças como essas eram determinantes para levar à guerra mais cedo ou mais tarde. (Boakye, 1982, p. 43-44). Em 1821, Guêzo, após esmagadora vitória, ratifica totalmente a independência. Com ele, o Reino de Daomé despontava como a "maior monarquia militar" no oeste africano (Gebara, 2010, p. 209), e acaba por anexar Oyó. Em meados da década seguinte, os exércitos de Abomé atacam e destroem completamente a cidade de Refurefu, no Egbadô. Em 1858, durante o cerco de Queto, o rei Guêzo morre de varíola e sem jamais ter, apesar de várias tentativas, derrotado Abeocutá, cidade-Estado que ganhou fama de indestrutível. E seus sucessores, Glele e Behanzin, prosseguem nas hostilidades aos iorubás, até serem derrotados pelos franceses em 1894. Segundo algumas avaliações, o fracasso do Daomé na tentativa de controlar o rico interior iorubano só ocorreu por sua incapacidade de subjugar Abeocutá e os egbás. Assim, seus problemas econômicos ficaram sem solução por um longo tempo, embora obtivessem relativo êxito em Queto, destruído em 1886 (Boakye, 1982, p. 44). Em 1894, após a derrota e o consequente exílio do último *dada*, o rei Behanzin, a França efetivamente dominou o país. **A Diáspora Daomeana**. Durante seu apogeu, o Daomé exportava anualmente, através de Ajudá, cerca de 10 mil escravos, os quais integravam numerosos contingentes de povos vizinhos, como Iorubás e Mahis, estes conhecidos no Brasil como Jejêmarrins e em Cuba como *Ararás mahinos*. Durante a época em que esteve sob o domínio de Oyó, para fazer face aos pesados encargos tributários, o reino intensificou sua atividade de venda de escravos. Mesmo com a proibição do tráfico e apesar da vigilância inglesa, a crescente demanda de mão de obra para as *plantations* do Sul dos Estados Unidos e os engenhos brasileiros e cubanos alimentava o comércio. A partir de 1818, sob o reinado de Guêzo, a economia do reino – embora dependente do tráfico até os anos de 1860, quando o eixo do comércio de escravos se desloca para a costa oriental africana – se diversifica, principalmente através da exportação de azeite de dendê, até cair sob o domínio total da França. Os vendidos como escravos no Daomé eram predominantemente Ewés e Fons, vítimas de um processo de submissão que convertia uns em súditos de outros e que possibilitava, aos dominantes, a venda de indivíduos de seus próprios grupos étnicos. O sistema institucional vigente permitia escravizar súditos, de forma temporária ou permanente, por diversos motivos, e apenas os escravizados por dívidas não podiam ser vendidos. No fim do século XIX, o nome Daomé designava o país que, além da antiga cidade-Estado de Abomé, compreendera os reinos de Porto-Novo, no sul, Borgu, a norte do rio Níger, e também a região de Atakora, no noroeste do território. Ver ABOMÉ; AGAJÁ; AHOSI; AJÁ; AKWAMU; ALADA; AMAZONAS DO DAOMÉ; ANÁ; ARDA; BEHANZIN; BENIN; CHACHÁ DE AJUDÁ; CONFERÊNCIA DE BERLIM; COSTA DOS ESCRAVOS; COSTA DA MINA; DAKODONU; DJEKIN; DENDÊ; EFAN; ESTADOS NEGREIROS; EUROPEUS NA ÁFRICA; FON; FONGBÉ; GLELE; GODOMÉ; GUN; IDAXÁ: IORUBÁS; ISHAGA; IXÁS; JEJE; KPENGLA;

MONO; NAGÔ; NIGÉRIA; OYÓ; PA-RAHOUÉ; QUETO; REIS DIVINOS; RELIGIÃO TRADICIONAL AFRICANA; SABÊ; SAVALU; SAVI; SERRA LEOA; TRÁFICO NEGREIRO; UEGBADJA; UIDÁ; VODUM.

DAOMÉ

Governantes (*Dada*) em Abomé

SÉCULOS XVII-XIX

NOME	PERÍODO DE GOVERNO
Dakodonu (rei de Alada)	1620-1645
Uegbadja	1645-1685
Akaba	1685-1708
Agajá	1708-1732
Tegbessu	1732-1774
Kpengla	1774-1789
Agonglo	1789-1797
Adandozan	1797-1818
Guêzo	1818-1858
Glele	1858-1889
Behanzin	1889-1894

Fonte: LIPSCHUTZ; RASMUSSEN, 1989, p. 52.

DAOMEANO. Relativo à região do antigo Reino de Daomé e de sua capital Abomé.

DAR ES-SALAAM. Antiga cidade portuária na atual Tanzânia, no oceano Índico. Fundada antes do século XIX, é um dos mais importantes núcleos comerciais da África Centro-Oriental.

DARFUR. Região no oeste da atual República do Sudão limitada, na atualidade, pelos territórios de Líbia, Chade, República Centro-Africana e Sudão do Sul. Entre 1603 e 1874, e de 1898 a 1916, a região foi sede de um sultanato, conquistado pelos britânicos e incorporado ao Sudão Anglo-Egípcio. Ver SUDÃO ANGLO-EGÍPCIO.

DAURA. Cidade-Estado tida como núcleo de origem dos povos hauçás e como a mais antiga das unidades políticas por eles constituídas. É também mencionada como um dos "estados negreiros" da África, entre os séculos XVII e XVIII (DORIGNY; GAINOT, 2017, p. 40). Ver ESTADOS NEGREIROS; HAUÇÁS.

DAVID III. Ver LEBNA DENGEL.

DAVIES, James Pinson Labulo (1828-1906). Personagem da história de Serra Leoa. Nascido em uma família de falantes da língua iorubá libertados pela marinha inglesa, estudou em uma igreja missionária em Freetown. Ainda na juventude ingressou em um grupamento da marinha britânica atuante na África Ocidental, alcançando o posto de tenente. Em 1851, participou do bombardeio a Lagos, o qual resultou na derrubada do *obá* Kosoko e na retomada do poder por Akitoyé, quando recebeu ferimentos que o invalidaram para a vida militar. Cinco anos depois, estabeleceu-se como comercialmente em Lagos, onde se tornou um próspero negociante, fazendeiro e industrial. Conhecido como "Capitão J. P. L. Davies", casou-se em segundas núpcias com Sarah Forbes Bonetta, com quem teve três filhos. A ele são atribuídas as primeiras iniciativas que levaram à introdução do cultivo do cacau na África Ocidental. Ver AGRICULTURA; AKITOYÉ; BONETTA, Sarah Forbes; KOSOKO; LAGOS; LIBERTADOS; MERCANTILISMO – África Ocidental.

DÈ. No antigo Daomé, forma de tratamento dirigida a pessoas veneráveis (FERRETTI, 2009, p. 295). O elemento figura nos títulos de soberanos de Alada reinantes em Porto-Novo, como Dè Misé (1872-1874), Dé Toffa (1874-1908) etc. Ver ALADA; DAOMÉ; PORTO-NOVO.

DEGREDADOS. O vocábulo "degredado" refere o indivíduo condenado a pena de degredo, desterro ou exílio. Cumprindo o degredo geralmente em colônias penais, mas também soltos pelas cidades, em Angola muitos se embrenhavam pelos matos em "busca de fortuna" (AGUALUSA, 2009, contracapa). Em Portugal, ao longo dos séculos, inúmeros praticantes de crimes ou outros atos ilícitos, sobretudo de caráter menos grave que aqueles punidos com pena de morte, obtinham, através de decreto real, mercê ou perdão, com condenação ao degredo no Além-Mar, ou seja, nas

terras ultramarinas conquistadas pelos navegadores lusitanos. Assim foi que diversos contingentes de emigrados brancos chegaram às terras africanas, como os referidos como "lançados" na Guiné, além de militares, mestres de ofícios e outros degredados em Angola e em Moçambique do século XVI ao século XIX. Ver LANÇADOS.

DEI. Título de cada um dos oficiais dos janízaros em Argel e Túnis, bem como dos chefes do governo em Argel, de 1671 a 1830, em Túnis, entre 1591 e 1673. A origem do termo estaria em uma palavra da língua turca traduzida como "tio materno" (ROGOZINSKI, 1997, p. 100).

DÉKHÉLÉ, Batalha de. Conflito ocorrido em outubro de 1886 na cidade de mesmo nome, em território do antigo Reino de Cayor. Nela, morreu o líder Lat Dior, em luta contra a ocupação colonial francesa do Senegal. Na atualidade, a cidade abriga o mausoléu do herói sacrificado. Ver LAT DIOR.

DELAGOA BAY. Denominação inglesa pela qual se tornou mais conhecida a "Baía da Lagoa", na atual cidade de Maputo, capital da República de Moçambique, alcançada por navegadores portugueses em 1502. Em 1887 foram inaugurados pela empresa norte-americana Delagoa Bay & East África os primeiros oitenta quilômetros da via férrea que ligou a região à cidade de Kolomati, no Transvaal.

DELTA DO NÍGER. Designação geográfica da área, no território da atual Nigéria, onde o rio Níger, depois de englobar diversos afluentes, deságua em braços que formam um desenho aproximadamente triangular, ou seja, um delta. No século XVIII, esse emaranhado de vias fluviais, mangues e pântanos que se estendem

DEMBOS (*Ndembu*)

pela vasta área de 150 quilômetros ao longo da costa era navegado por grandes embarcações impulsionadas por até cinquenta remadores cada uma (Meredith, 2017, p. 143). Ver CALABAR; IBIBIOS; IBOS; IJOS; NÍGER, Rio.

DEMBOS (*Ndembu*). Na Angola pré-colonial, denominação aplicada a chefaturas (pequenas unidades políticas) localizadas no norte de Angola, ao longo da linha do rio Cuanza, cuja existência é atestada desde pelo menos o século XVII. Sem abandonar a sua organização política original, seus habitantes reconheciam a autoridade de indivíduos poderosos, que dispunham de aparato político e burocrático centralizado, dos quais dependiam. Esse tipo de dependência ocorreu, primeiro, em relação ao Reino do Congo, e, depois, ante as autoridades portuguesas, a quem os nativos rendiam tributo. **Extensões do sentido**. O termo *dembo* teve seu sentido alargado para denominar não só a região onde se localizavam as chefaturas como os que as chefiavam. Esses chefes eram identificados pelo título *Dembo*, acrescido do nome do território sobre o qual exerciam autoridade, por exemplo *Dembo Caculo Canhenda* ou *Dembo Cazuangongo*. No século XIX, governantes nativos e habitantes da região dos Dembos, falantes do quicongo e do quimbundo, hostis aos portugueses, bloquearam o tráfego entre São Salvador, capital do Congo, e Luanda, capital angolana. As duas cidades eram importantes centros comerciais e criavam suas próprias rotas para comerciar com ingleses, franceses e espanhóis em condições mais vantajosas. Do ponto de vista dos portugueses, faziam contrabando (Pantoja, 2011, p. 84). A região dos Dembos foi palco de repetidas revoltas antilusitanas, ocorridas principalmente em 1692, 1693, 1766, 1793, 1841, 1843, 1845 e 1872 (MPLA, 1975, p. 163).

DENDÊ. Fruto do dendezeiro, do qual se extrai o azeite de dendê. Seu nome advém do fruto chamado "dendê", vocábulo originário de *ndende*, ocorrente no quimbundo e no quicongo, cujo produto mais conhecido é o azeite de dendê, comumente referido na África como "óleo de palma". Importante item local de consumo alimentar, esse azeite também veio a desempenhar importante papel nas exportações africanas no século XIX, após a cessação do tráfico negreiro, principalmente no período situado entre 1810 e 1860, por ocasião da segunda Revolução Industrial na Inglaterra. O maior volume do produto tinha por destino a Inglaterra, onde, com o avanço das fábricas e do maquinismo, o dendê servia de matéria-prima na fabricação de lubrificante. Em 1823, com os progressos da química, dele se conseguiu extrair o ácido esteárico necessário ao fabrico das velas, e o óleo de palma passou a ser um item necessário para a iluminação das cidades, servindo, ainda, para o fabrico de sabão (Davidson, 1981, p. 200), que logo passou a ser um produto de consumo de massa. Ver BACUBAS; CAMARÕES; COMÉRCIO; DAOMÉ; DENDEZEIRO; EDOS; EFIKS; EPÔ; GUÊZO; IJOS; JAJA DE OPOBO; NANA OLOMU; NIGÉRIA; OIL RIVER STATES; ÓLEO DE PALMA; SERRA LEOA; TOGO; URROBOS; VODUM.

DENDEZEIRO. Denominação em português da *Elaeis guineenses*, palmeira nativa do continente africano também mencionada como palmeira-de-dendê, coqueiro-de-dendê, dendê, palmeira-de-óleo-africana, palma-de-guiné, palma, dendém, palmeira-dendém, etc. Muito encontrada na costa ocidental da África, desde o Senegal até Angola. Ver DENDÊ.

DENDI, Reino de. Reino constituído às margens do rio Níger após a ocupação marroquina do Império Songai em 1591. Sob a liderança do *askia* Nuh, uma nova capital foi estabelecida em Lulami, onde os governantes continuaram a reinar e a se opor aos Paxás de Tombuctu, embora com autoridade muito reduzida. O reino, que continuou a existir até 1901, quando sob o governo de *askia* Mallam a região foi ocupada pelos franceses, é também informado como um dos "estados negreiros" da África, entre os séculos XVII e XVIII (Dorigny; Gainot, 2017, p. 40). Ver ESTADOS NEGREIROS.

DENDO, Mallam (1760-1833). Líder fulâni de Kebbi, uma das cidades hauçás no norte do atual território da Nigéria. Também referido como Muhamad Bangana ou como "Manko", era mestre em direito corânico e se tornou chefe de guerra no Reino Nupe, o qual, com muitos seguidores entre fulânis e hauçás, deu origem, nos anos 1818-1830, ao Emirado de Bida, ligado ao Califado de Sokoto. Ver HAU-ÇÁS; NUPES; SOKOTO, Califado de.

DENGEL, LEBNA. Ver LEBNA DENGEL.

DENGEL, ZA. Ver ZA DENGEL.

DENIANQUÉ (*Denyanké; Deniankobé*). Clã ou estirpe fulâni remotamente originária do Futa-Toro. Fundada por Koli Tenguelá no vale do rio Senegal, manteve-se no poder, constituindo uma dinastia de 1512 até o século XVIII (Lopes; Macedo, 2017, p. 96). Também conhecidos como "fulas pretos", os denianqués foram derrubados em 1776, após a *jihad*

comandada por Suleiman Baal e Abdul Kader. Seus governantes recebiam o título de sotiguis. Ver FULÂNIS.

DENKORO. Rei bamana de Segu (1755-1757) filho de Mamari Koulibaly. Governou na cidade que mandou fundar, chamada Segu-Kura (*Ségou-Koura*). Foi morto durante uma sedição palaciana urdida por um dos chefes de linhagens que lhe faziam oposição, com o apoio de um escravo do palácio.

DENQUIRA (*Denkyira*). Centro de poder do povo twifo, considerada como a primeira cidade-Estado akan a se tornar um império. Localizada próxima à margem direita do rio Pra, ao sul de Kumasi e a noroeste do território do povo fânti, sua existência remonta a 1620. Governada por um denquiraene (*denkyirahene*) e tendo como capital Jukwaa, na região de Abankeseso, integrou a Confederação Adanse, da qual se retirou depois da Guerra (1650-1970), e se impôs como poder dominante, sendo, por volta de 1695, o maior dos Estados akan. Entre 1660 e 1690, tendo submetido Adanse, Twifo, Wassa, Aowin e Sefwi, além de controlar Gomoa-Assim, foi o poder dominante na parte sudoeste da região do Golfo da Guiné, no território da moderna Gana. Seus guerreiros dispunham de armas de fogo europeias, o que lhes possibilitou submeter os axântis. Mas em 1701 o *denkirahene* (rei) Ntim Gyakari foi vencido e morto pelos axântis de Osei Tutu. Ironicamente, Denquira teria sido juntamente com Akwamu, um dos estados onde o vitorioso líder axânti teria adquirido sua sólida formação política e militar (M'bokolo, 2011, p. 27). Por outro lado, é também incluído no rol de "estados negreiros" da África, entre os séculos XVII e XVIII (Dorigny; Gainot, 2017, p. 40). Ver AKWAMU; AXÂNTIS; ESTADOS NEGREIROS.

DERVIXES. Termo de origem persa ou turca usado para designar os ascetas muçulmanos adeptos do sufismo. Na África, datam dos séculos XI-XII as primeiras manifestações de ideias e práticas sufis, a que se relacionam o modo de vida comunitário das confrarias ou *tariqas*. Pelo nome "dervixes" também foram conhecidos os mahdistas, seguidores do Mahdi. Ver CONFRARIAS; ISLAMIZAÇÃO; MAHDI; SUFI; TARIQA.

DEUTSCH SUD-WEST AFRIKA (África Alemã do Sudoeste). Denominação, à época da Conferência de Berlim, da colônia estabelecida pelos alemães no atual território da Namíbia. Ver COLONIALISMO; CONFERÊNCIA DE BERLIM; HEREROS; NAMÍBIA.

DIAKHOU BÂ, Maba. Ver BÂ, Maba Diakhou.

DIAL DIOP. Ver LEBUS.

DIALLO. Denominação de um dos clãs ou linhagens dos povos mandês.

DIAMANTES. Um diamante é um fragmento de rocha de carbono puro habitualmente extraído e lapidado para fins industriais e confecção de "pedras preciosas", de alto valor monetário. Até a década de 1870, diamantes eram encontrados principalmente em pedras extraídas por lavagem de outras rochas nos leitos de córregos ou rios. Em 1867, algumas ocorrências desse tipo de minério foram descobertas na África do Sul, em porções de argila. Esses primeiros achados deram-se na superfície, mas logo encontraram-se outros locais, também ricos em diamantes, estendidos por centenas de metros abaixo da superfície. Desde então, no solo sul-africano, minas profundas foram cavadas para extração de diamantes desses depósitos naturais. Esses trabalhos resultaram, por exemplo, na descoberta, em 1905, numa jazida próxima de Pretoria, do diamante Cullinan, pesando 3106 quilates (mais de 600 gramas) antes de lapidado. Muitos dos diamantes que até hoje deslumbram o mundo têm origem no continente africano, notadamente em Angola, Botsuana, Congo-Quinxassa, Gana, Namília e Botsuana, além da África do Sul, país onde as descobertas mencionadas, a partir 1867, provocaram grandes mudanças na história de sua população. Ver ÁFRICA DO SUL, República da; OURO.

DIARA (*Dyara*). Antigo reino soninquê na região do sahel senegalês. Circunscrição ou chefatura dependente do songai no século XVI. Pronúncia: *diarrá*. Ver DIARRÁ; DYARA.

DIARRÁ. Transcrição fonética do nome Dyara.

DIARRÁ, Ngolo. Ver NGOLO DYARA.

DIARRASUBÁ. Transliteração fonética para o nome do povo diarassouba, um ramo dos bamanas ou bamana de Segu.

DIÁSPORA AFRICANA. "Diáspora" é um vocábulo de origem grega significando "dispersão". De início, designou principalmente a dispersão forçada dos judeus pelo mundo, e hoje aplica-se também à desagregação que, compulsoriamente, por força do tráfico negreiro, espalhou africanos escravizados por todos os continentes. A Diáspora Africana compreende dois momentos principais: o primeiro, gerado pelo tráfico negreiro, ocasionou a dispersão de povos africanos tanto através do Atlântico

DIÁSPORA AFRICANA

quanto através do oceano Índico e do Mar Vermelho, caracterizando um verdadeiro genocídio a partir do século XV – quando talvez mais de l0 milhões de indivíduos foram levados, por traficantes europeus, principalmente para as Américas. O segundo momento ocorre a partir do século XX, com a imigração, sobretudo para a Europa, em direção às antigas metrópoles coloniais. O termo "diáspora" serve também para designar, por extensão de sentido, os descendentes de africanos nas Américas e na Europa e o rico patrimônio cultural que construíram. **Reinterpretação**. Em todos os sentidos, o termo "diáspora" relaciona-se à consciência da perda de um lugar de origem, associada à necessária reestruturação do sentido da existência social nas condições precárias decorrentes da mudança de território, da privação da liberdade e do ambiente social e cultural distante e adverso. Deste modo, o conceito liga-se primeiramente à ideia de deslocamento, de relações transnacionais, transculturais, e ao sentimento de afinidades extranacionais e de solidariedade entre os membros da imensa comunidade negro-africana. Paul Gilroy (2001, p. 57-62) entende o Atlântico como um sistema cultural e político, e a *Middle Passage* (Passagem do Meio), isto é, a imagem arquetípica do deslocamento dos "navios negreiros", como uma forma de articulação entre unidades culturais e políticas altamente significantes na elaboração de uma outra modernidade, aquela construída pelas comunidades afro-americanas mesmo em condição de cativeiro. Neste sentido, as referidas embarcações são interpretadas como elementos móveis na constituição de espaços de mudança entre os pontos de origem e de destino que elas conectaram, porque as culturas da diáspora pressupõem sempre circulação, transformação e reconfiguração sociocultural. **Africanos e descendentes na Diáspora: histórias exemplares**. A Diáspora africana, nas Américas e em outras partes do mundo, revelou personagens extremamente ricos em suas respectivas histórias de vida, bem como exemplos eloquentes da complexidade do escravismo não só na História da África como em sua continuidade nas Américas e em toda a Diáspora. Como pequena mostra, apresentamos neste verbete as seguintes notas biográficas, dispostas em ordem alfabética: **Alufá Rufino (Brasil, século XIX)**. Nascido em área sob domínio do Império de Oyó, com nome informado como *Abuncare,* era, na África, adepto do islamismo. Em meio a um contexto complexo de luta religiosa, foi aprisionado por um grupo muçulmano rival e, feito cativo, foi enviado em 1822 (época da *jihad* de Al-Kanemi no oeste africano) para o Brasil, onde passou a se chamar Rufino. Viveu como escravo na cidade de Salvador, depois em Porto Alegre, na década de 1830, e, por fim, no Rio de Janeiro, onde, já provavelmente liberto, trabalhou como cozinheiro em navios e, logo após, como intermediador de negócios do tráfico negreiro, tornando-se ele próprio um pequeno negociante de escravos. Em 1853, residindo em Recife, Pernambuco, gozava de certa influência junto à comunidade de origem nagô devido aos seus conhecimentos da tradição muçulmana, pelo que era chamado de "Alufá Rufino" (cf. REIS *et al.*, 2010). O termo alufá designava, no Brasil, o sacerdote malê ou muçurumim. **Aniaba (França,**

século XVII). Personagem também mencionado como Jean-Louis Aniaba, junção de seu nome cristão recebido em 1691 por ocasião do batismo. Jovem membro da aristocracia de um dos reinos da região da Assínia (Issiny), foi mandado em 1687 com um escravo para a França, onde permaneceu por treze anos na corte de Luís XIV, sendo batizado pelo célebre bispo e intelectual francês Bossuet. Em seu retorno, foi acompanhado por outros dois missionários e uma guarnição de militares e funcionários, que, segundo consta, deu origem à construção do Forte Saint Louis. **Anna Kingsley (Cuba – Estados Unidos, século XIX)**. Nome abreviado de Anna Madgigine Jai Kingsley, nascida *Anta Madjiguene Ndiaye* no atual território do Senegal, no seio do povo uolofe, em 1793. Com 13 anos de idade foi capturada e levada como escrava para Cuba, sendo comprada pelo dono de uma fazenda na Flórida, cidade da América do Norte então pertencente à Espanha. O fazendeiro Zephaniah Kingsley, de quem recebeu o sobrenome e que a engravidou quatro vezes, a emancipou quando Anna tinha 18 anos, mas, com a emancipação, a liberta recebeu a responsabilidade de cuidar dos empreendimentos agrícolas do patrão. Revelando-se boa administradora, aumentou o patrimônio dos Kingsley, adquirindo cinco acres de terra e comprando doze escravos, organizando a fazenda que se chamou *"Ma'am Anna House"* [Casa de Madame Anna]. Entretanto, a partir de 1821, quando a Flórida passou do domínio da Espanha para o dos Estados Unidos, pressões raciais e restrições legais dificultaram a convivência da família, que se mudou temporariamente para o Haiti até que seu chefe faleceu. Até aí, o grupo familiar informal viveu e prosperou com seu trabalho, mas após a morte do chefe, ocorrida em 1836, Anna teve de voltar aos Estados Unidos para fazer valer seus direitos ante as reivindicações dos parentes do falecido. Por causa de um tratado antes firmado entre os Estados Unidos e a Espanha, Anna e os filhos tiveram ganho de causa, e, assim, estabeleceram-se em Jacksonville, onde Anna viveu seus últimos dias, e onde a fazenda Kingsley se tornou um bem do patrimônio histórico local. **Ayuba Suleiman Diallo (América do Norte, século XVIII)**. Também conhecido como Job ben Solomon, nasceu no Reino Bundu, na Senegâmbia. Filho de um sacerdote muçulmano, dedicava-se ao negócio familiar de tráfico negreiro. Entretanto, em 1731, foi capturado por traficantes inimigos e vendido. Enviado para Maryland, nos atuais Estados Unidos, foi incorporado ao plantel de uma fazenda de tabaco. Conseguindo fugir, foi resgatado pelo escritor Thomas Bluett, que, depois de lhe ensinar a ler e escrever na língua inglesa, o levou para a Inglaterra, onde o ex-escravo ganhou notoriedade como erudito muçulmano. Em Londres, teria participado da Spalding Society, famosa sociedade literária, tendo inclusive se apresentado na corte real. No final da vida, retornou ao seu local de origem. Sua vida foi contada no livro *Some Memories of the Life of Job, the Son of the Solomon High Priest of Boonda in Africa; Who was Enslaved about two Years in Maryland; and Afterwards being Brought to England, was set Free, and sent to his Native Land in the Year 1734*

DIÁSPORA AFRICANA

[Memórias de Job, filho de Salomão, alto sacerdote em Bundu, na África; Que foi escravizado por cerca de dois anos em Maryland; e, posteriormente, sendo trazido para a Inglaterra, foi libertado e enviado para a sua terra natal no ano de 1734]. **Bayano (América Espanhola, século XVI)**. Também referido como *Ballano* ou *Vaino*. Nativo de um dos povos mandês da África Ocidental, foi escravizado e levado para o atual Panamá no ano de 1552. Logo depois, emergiu como líder de uma grande revolta escrava contra os espanhóis, passando a ser conhecido como *El Rey negro bahyano*. Liderou cerca de 1.200 *cimarrones* (escravos fugitivos) e fundou uma comunidade (*palenque*) numa área montanhosa do interior, de difícil acesso para os caçadores de escravos. De lá, ele e seus seguidores partiam em expedições e ataques contra viajantes, mercadores e comboios de transporte, sobretudo no Camino Real, que ligava o Peru ao México. Uma expedição militar, liderada por um certo Gil Sanchez, foi rechaçada, mas em 1556 uma segunda expedição obteve sucesso, e o líder rebelde foi aprisionado e mandado para o exílio no Peru e, depois, na Espanha. **Baquaqua (Brasil – Estados Unidos, século XIX)**. Aventureiro e viajante, é geralmente mencionado pelo nome completo *Mahommah Gardo Baquaqua*. Nascido provavelmente entre 1820 e 1830 em Djougou, no noroeste do antigo Daomé. Filho de pai muçulmano, era adepto do islamismo, tinha boa instrução, certamente proporcionada pela família influente em que nasceu. Capturado por adversários, foi vendido como escravo no Forte de Ajudá em 1845. Trazido à

força para o Brasil, circulou entre vários donos e locais, passando por Recife, Rio de Janeiro e pela Província de Rio Grande (atual Rio Grande do Sul). Em 1847, embarcou, com seu derradeiro proprietário, para os Estados Unidos, onde conquistou a liberdade. Esteve em Nova Iorque e no Haiti sob a proteção da American Baptist Free Mission Society, bem como no Canadá (Ontário). Além do árabe, aprendeu a língua portuguesa, o *créole* haitiano e o inglês, língua em que escreveu sua autobiografia, intitulada *An Interesting Narrative. Biography of Mahommah G. Baquaqua: a Native of Zoogoo, in the Interior of Africa* [Uma interessante narrativa. Biografia de Mahommah G. Baquaqua: um nativo de Zoogoo, no interior da África], publicada em Detroit no ano de 1854. Depois, mudou-se para a Inglaterra, onde permaneceu até 1857. Não restam outras informações sobre sua vida, sabendo-se apenas que tinha planos de retornar à África. **Domingos Sodré Pereira (Brasil, século XIX)**. Sacerdote da tradição iorubá nascido em Onim (Lagos), foi escravizado e vendido, tendo desembarcado na cidade de Salvador em 1820. Permaneceu em cativeiro num engenho no Recôncavo Baiano por mais duas décadas, até ser alforriado. Em meados do século XIX vivia na Ladeira de Santa Tereza, onde hoje se localiza o Museu de Arte Sacra, em Salvador. Lá, ganhou influência como babalaô, isto é, sacerdote de Ifá, divindade do oráculo iorubá de grande prestígio até a atualidade na África e nas Américas. Ao mesmo tempo respeitado, admirado e temido, sendo alvo de constante perseguição por parte das autoridades, foi preso em 1862 após

DIÁSPORA AFRICANA

denúncia de práticas de "feitiçaria", estigma que ainda pesa sobre as práticas da Religião Tradicional Africana no Brasil. **Domingos Álvares (Brasil – Portugal, século XVIII)**. Nascido provavelmente em 1710 no Daomé, pertencia ao grupo Marrim. Foi escravizado no período situado entre 1728 e 1732 e levado em um negreiro para Pernambuco, onde trabalhou em um engenho próximo a Recife; depois, viveu no Rio de Janeiro. Ganhou fama como curandeiro e sacerdote vodum, dedicando-se ao culto a divindade conhecida como Sakpata. Denunciado ao Tribunal da Inquisição como feiticeiro e levado a Lisboa, foi inquirido e condenado ao degredo em Castro Marim, na fronteira com a Espanha (1744) e em Bragança (1748) (SWEET, 2011). **Estebanico (Espanha, século XVI)**. Navegante e explorador, também referido como Esteban de Dorantes, Estevanico, Estevãozinho, Mustafa Zemmouri ou Esteban el Moro. Escravizado por portugueses e vendido a um nobre espanhol, participou da expedição que em 1528, sob a liderança de Pánfilo de Narváez, alcançou a Flórida. Depois, acompanhou o explorador Álvar Nuñez Cabeza de Vaca em suas viagens pela Nova Espanha, região no norte do atual México, em 1536. Serviu como intérprete e mediador entre os espanhóis e as populações nativas americanas. É, por isto, considerado o primeiro africano a aportar nos Estados Unidos. **Ignatius Sancho (Inglaterra, século XVIII)**. Nascido escravo a bordo de um navio negreiro a caminho das Antilhas, filho de pais mortos na viagem, foi educado na Inglaterra e protegido por um casal de nobres, o duque e a duquesa de Montagues, de quem se tornaria herdeiro, tendo recebido fina educação. Em 1782, teve publicado, postumamente, o livro *Letters of the Late Ignatius Sancho, an African: to Which are Prefixed Memoirs of his Life* [Cartas do falecido Ignatius Sancho, um africano: precedidas de uma memória sobre sua vida]. O volume consta de cartas que ele escreveu, entre 1768 e 1780, a personalidades como a duquesa de Kent, as quais, defendendo princípios liberais, revelam, segundo a crítica, erudição e discernimento (LOPES, 2011, p. 619). **Juan Latino (Espanha, século XVI)**. Também referido como Juan de Sesa, é celebrado como poeta e humanista do período do Renascimento europeu. Nascido na Espanha, filho de escravos da África subsaariana, viveu na condição de cativo nos primeiros anos de sua vida, nos domínios do condado de Cabra, passando depois por Jaén e Sevilha. Enviado a Granada para estudar na escola da Catedral, conquistou seguidamente bacharelado em Gramática Latina (daí vindo seu cognome), licenciatura e mestrado. Dez anos depois, livre da escravidão, passou a lecionar Humanidades na própria escola onde se formou. Primeiro africano a publicar obras em uma língua europeia, destacando-se também como tradutor, legou à posteridade as seguintes obras: *Epigramas* (1573); *De translatione corporum regalium* (Da transferência dos corpos reais) (1576); e *Ad Excellentissimum et invictissimum D. Gonzalum Ferdinandes a Corduba* [Ao excelentíssimo e invicto D. Gonzalo Ferdinando de Córdoba] (1585). **Kofi (Guiana, século XVIII)**. Líder rebelde originário de um dos povos akan, na Costa do Ouro, também mencionado

DIÁSPORA AFRICANA

como Kuffy. Capturado na África e vendido como escravo, foi levado para a colônia holandesa de Berbice, no território da atual Guiana. Juntamente com outro cativo, Accara, organizou um levante numa fazenda em Magdalenenburg, próxima do rio Kanje, o qual deu início a uma sucessão de revoltas, com a morte de trinta "brancos", além de pilhagem e roubo de armas de fogo das propriedades atacadas. Uma expedição militar enviada pelo governador local foi vencida pelos rebeldes, que passaram a controlar parcialmente Berbice, ameaçando marchar em direção ao Forte Nassau. Divergências internas entre os dois líderes enfraqueceram a autoridade de Kofi e geraram uma disputa entre ambos, dividindo o grupo que, enfraquecido, foi derrotado por tropas do governo. Reconhecido pela posteridade como herói na luta pela liberdade, Kofi teve a data de sua morte, ocorrida em 23 de fevereiro de 1764, reconhecida como fato histórico relevante e instituída como feriado nacional na Guiana. **Makandal (Haiti, século XVIII).** Nascido provavelmente em uma comunidade muçulmana da África ocidental, tornado cativo, foi levado para a Ilha de São Domingos, atual Haiti, onde serviu como escravo em uma fazenda de cana-de-açúcar. Na década de 1740, escapando para as montanhas, fez-se líder de um reduto de escravos fugitivos. A ele eram atribuídos poderes sobrenaturais e de curas pelo uso de plantas nativas. Liderou diversos ataques a fazendas e, segundo algumas versões, teria sido o responsável por milhares de mortes de colonos franceses, inclusive por envenenamento dos reservatórios potáveis da Ilha. Preso em um dos

ataques, foi condenado à morte por decapitação no ano de 1758. **Osifekunde (Brasil, século XIX).** Nascido provavelmente em 1795 em Epke, Reino de Ijebu, no sudoeste da atual Nigéria, pertencia a uma família de alta linhagem e era um abastado comerciante. Foi capturado em 1820, transportado até Warri e, depois, para a cidade de Jakpa, sendo então vendido a traficantes de escravos e mandado para o Recife, no Brasil, onde viveu cerca de dezessete anos na condição de cativo de um negociante francês chamado Navarre. Levado pelo seu proprietário a Paris em 1837, ficou automaticamente livre, e quando o ex-dono retornou ao Brasil, ele permaneceu na França, onde passou a trabalhar em serviços domésticos. Entrevistado diversas vezes pelo etnógrafo Pascal de Castera-Macaya d'Avezac, da Sociedade Etnológica de Paris, o relato de suas memórias foi publicado pelo entrevistador com o título *Notice sur le pays et le peuple des Yébous en Afrique* [Notícia sobre o país e o povo de Ijebu, na África] (1845). **Páscoa Vieira (Brasil-Portugal, séculos XVII-XVIII).** Nasceu em Massangano, no atual território de Angola, em 1658, filha de escravos, sendo ela própria escrava de uma senhora chamada Domingas de Carvalho, que a batizou e realizou o seu casamento com outro cativo da mesma propriedade, de nome Aleixo. Anos mais tarde, em 1695, devido à insatisfação da proprietária com o seu comportamento, foi embarcada para Salvador, no Brasil, tendo sido comprada pelo tabelião Francisco Álvares Távora. Contra a vontade deste, estabeleceu relações conjugais com o cativo Pedro Ardas, motivo pelo qual, no ano

DIÁSPORA AFRICANA

de 1700, foi denunciada pelo senhor à Inquisição de Lisboa, tendo sido inquirida, julgada e condenada pelo crime de bigamia. Passou três anos em degredo na cidade de Castro Marin, no sul de Portugal, tendo fim ignorado (VIEIRA, 2017). **Phillis Wheatley (Estados Unidos, século XVIII).** Nascida na África Ocidental, escravizada aos 7 ou 8 anos de idade, foi vendida e levada para os Estados Unidos, recebendo o nome Phillis do navio negreiro que a transportara. Pertencente à família Wheatley, viveu em Boston, onde aprendeu a ler e escrever, revelando grande talento como poetisa. Ganhou fama aos 20 anos ganhou, quando sua primeira obra foi publicada com o título *Poems on various subjects and moral* [Poemas sobre vários assuntos e temas morais], despertando o interesse de personalidades como George Washington e Voltaire. Emancipada após a morte de seu proprietário, casou-se com um negro livre, John Peters. A partir daí, teve grande dificuldade em dar sequência à carreira de escritora: trabalhando como serviçal doméstica para sobreviver, perdeu dois filhos ainda bebês e morreu em extrema pobreza com 31 anos de idade, em 1784. Sua glória é a de ser a primeira mulher afroamericana a ter um livro publicado. **Sally Hemings (Estados Unidos, séculos XVIII-XIX).** Mencionada popularmente como *Black Sal,* nasceu no Condado de Charles City, na Colônia de Virgínia, por volta de 1773, falecendo aos 62 anos em Charlottesville, no então estado da Virgínia. Foi escrava e concubina de Thomas Jefferson, presidente dos Estados Unidos, por muitos anos, e com ele teve uma extensa prole de filhos mulatos, como os irmãos Easton, John e Madison Hemings. **Teresa Chikaba (Espanha, séculos XVII-XVIII).** Nascida na África Ocidental em local incerto – por vezes denominado em espanhol como *Mina Baja del Oro* –, ainda na infância foi tornada cativa e enviada à Ilha de São Tomé. Escrava doméstica na casa dos marqueses de Mancera, em Madri, recebeu instrução formal para ser acompanhante da senhora. Depois da morte da proprietária, conquistou a liberdade e o direito a uma pequena renda mensal. Em 1704, tornou-se monja no Convento da Penitência, em Salamanca, onde foi conhecida como Sor Teresa Juliana de Santo Domingo, ou pelo apelido *La negrita de la Penitencia* ou apenas *La Negrita*. Ao final da vida, escreveu um texto autobiográfico que serviu de base para a sua hagiografia, intitulada *Compendio de la vida ejemplar de la Venerable Madre Sor Tereza Juliana de Santo Domingo*, redigida por Juan Carlos Paniagua em 1752. **Thomas Peters (América do Norte, século XVIII).** Nascido provavelmente em uma comunidade de falantes de língua iorubá, foi tornado cativo e vendido por traficantes franceses para a América do Norte. Em 1776, escravo de William Campbell, na Carolina do Norte, serviu como soldado das forças britânicas durante as guerras pela independência dos atuais Estados Unidos. Reivindicou, junto ao governo britânico, a obtenção de terras para os ex-escravos que lutaram em favor da Coroa, e em 1790, com o apoio de abolicionistas, obteve autorização para fundar uma colônia de afro-americanos em Serra Leoa na cidade de Freetown, onde morreu dois anos depois. **Ukawsaw Gronniosaw (América do Norte – Antilhas – Inglaterra, século XVIII)**. Nascido provavelmente em Bornu, no nordeste da atual Nigéria, na linhagem dos reis hauçás de Zaria, foi aprisionado e vendido como escravo na Costa do Ouro. Enviado em um navio negreiro para a América do Norte, depois chegou a uma das Antilhas. Convertido ao cristianismo, recebeu o nome *James Albert*, e quando obteve a liberdade e mudou-se com a família que constituíra para a Inglaterra. Ao final da vida, escreveu sua autobiografia, publicada em 1772 com o título *A Narrative of the Most Remarkable Particulars in the Life of James Albert Ukawsaw Gronniosaw, an African Prince, as Related by Himself* [Uma narrativa dos mais notáveis detalhes da vida de James Albert Ukawsaw Gronniosaw, um príncipe africano, como relatado por ele mesmo]. **Venture Smith (América do Norte, séculos XVIII-XIX)**. Nascido provavelmente na comunidade de Dukandarra, na Guiné-Conacri, com o nome de Broteer, foi aprisionado por um grupo de caçadores de escravos bamanas e vendido no forte de Anomabu, na Costa do Ouro, de lá sendo levado em um navio negreiro para a América do Norte. Após vários anos como escravo em Rhode Island, Connecticut, em 1764 comprou a própria liberdade e a da família que formara. O nome "Ventura", significando "sorte", foi-lhe dado pelo primeiro proprietário, Robinson Mumford, que ao comprá-lo esperava realizar um bom empreendimento. O sobrenome Smith referia seu último proprietário, chamado Oliver Smith. Em 1798, publicou sua autobiografia, intitulada *A Narrative of the Life and Adventures of Venture, a Native of Africa: but Resident Above Sixty Years in the United States of America, Related by Himself* [Uma narrativa da vida e aventuras de Ventura, um nativo da África: mas residente há mais de sessenta anos nos Estados Unidos da América, narrada por ele próprio]. **Zamba Zembola (Estados Unidos, séculos XVIII-XIX)**. Africano nascido no Congo pertencente a uma linhagem real. Teria viajado aos Estados Unidos, onde foi escravizado e mantido cativo durante décadas. Descreveu a experiência de quarenta anos de cativeiro em um texto de caráter autobiográfico intitulado *The Life and Adventures of Zamba, an African Negro King; and his Experience of Slavery in South Carolina* [Vida e as aventuras de Zamba, um rei negro africano; e sua Experiência de Escravidão na Carolina do Sul]. O livro, publicado em 1847 por Peter Neilson, um abolicionista escocês, divide a opinião dos especialistas quanto à autenticidade do relato, já que muitos vêm atribuindo a autoria do texto ao editor. Ver AGUDÁS; AMÉRICA, Africanos na conquista da; amo guinea afer; CUGOANO, Ottobah; EISAMIN, Ali; EQUIANO, Olaudah; FULLER, Thomas; ÍNDIA, Africanos na; NASIB BUNDO; KOFI; MALÊ; NAVIO NEGREIRO; PASSAGEM DO MEIO; PORTAL DO NÃO RETORNO; PUMBO; RETORNADOS; SARÔS; TABOM; TUMBEIROS.

DIFAQANE. O mesmo que Mfecane. Ver MFECANE.

DIILE. Líder rebelde senegalês, no Reino Ualo. Ferreiro, em 1827 comandou uma rebelião reformista em nome de um islã mais igualitário. Em algumas semanas,

DILA (*Ait Iddila*)

conquistou todo o país, sendo, entretanto, reprimido pelas forças francesas de Saint Louis, que o levaram à forca (PERSON, 2010). Ver CAYOR; SAINT LOUIS; SENEGAL; UALO.

DILA (*Ait Iddila*). Confraria (*tariqa*) sufi fundada em 1566 entre os sanhajas que ocupavam a região dos Montes Atlas, no Marrocos. Seu criador, o pregador Abu Bakar (1536-1612), destacou-se localmente como guia espiritual, e seus adeptos difundiram os princípios por ele defendidos nas demais comunidades locais. Os chefes das famílias de maior prestígio, identificados com esta confraria, recebiam apoio dos sultões da dinastia saadiana, tendo assumido o controle em diferentes locais, como Fez e Salé. No século XVII, entretanto, foram gradualmente eliminados pelos sultões alauítas, no momento em que estes ascendiam ao poder. Ver ALAUÍTAS; MARROCOS; SANHAJAS; SUFI.

DINA. Palavra de origem árabe significando "religião", em geral, no léxico da língua fulbê ou fulâni (TAYLOR, 1995, p. 36). Na região do Maciná, tinha o sentido de "teologia", servindo para designar o movimento reformista islâmico deflagrado e liderado por Cheiku Amadu. Ver CHEIKU AMADU.

DINASTIAS. Dinastia é a sequência de soberanos de uma mesma linhagem ou família, ocupantes do governo de uma unidade política (LOPES; MACEDO, 2017, p. 97-99). No âmbito temporal deste dicionário, merecem destaque, principalmente, as seguintes: Alauítas (Marrocos); Ásquias (Songai); Denianqué (Futa Toro); Dyara (Segu); Hassanes (Mauritânia); Husseinidas (Túnis); Karamanlis (Líbia); Kayra (Darfur); Koli (Futa Toro); Koulibaly (Segu); Merina (Madagascar); Oatácidas (Marrocos); Rózui (Zimbábue); Saadiana (Marrocos); Salomônica (Etiópia); Seifauas (Kanem-Bornu); Sisibé (Futa Toro); Xangamires (Zimbábue); e Zagués (Etiópia).

DINGAAN. Ver DINGANE.

DINGANE (*Dingaan*) (c. 1795-1840). Comandante do povo zulu entre *c.* 1828 e 1840. Também mencionado como Dingaan, assumiu o poder depois de ter participado, segundo a tradição, do assassinato de seu meio-irmão Chaka, em 1828. As características do poder exercido por Chaka motivou muita rivalidade, tanto por parte de antigos seguidores seus quanto de mercadores brancos que tinham seus interesses contrariados. Assumindo o poder, Dingane primeiro procurou eliminar as bases de apoio de Chaka. Para tanto, estabeleceu sua capital próxima ao rio Umfolozi, mantendo ligações com os portugueses da Baía de Delagoa, que lhe compravam marfim e escravos. Mais tarde, começou a enfrentar o assédio de ingleses e bôeres estabelecidos ao sul, em Natal, em disputas motivadas por roubo de gado. Por volta de 1837, Dingane teria atraído bôeres a uma cilada que resultou na morte de cerca de quinhentos deles. No livro *Infância: cenas da vida na província* (2010, p. 118), o romancista sul-africano J. M. Coetzee refere o episódio citando o líder bôer Piet Retief como tendo sido "enganado por Dingaan", Mas o comandante zulu acabou morto na Essuatíni, depois de mais de uma década e meia de lutas. Ver BÔERES; CHAKA; ESSUATÍNI; ZULUS.

DINGUISWAYO (1770-1817). Chefe do povo mthethwa, um dos subgrupos do povo Ngúni no atual território da África do

Sul, cujo nome é também transcrito como Dinguissuaio (FAGE; TORDOFF, 2017, p. 327) e outras variantes. Comandou seu povo por aproximadamente dez anos, e é apontado como o mestre do zulu Chaka em técnicas de guerra e artes militares. Algumas versões apontam suas ligações com os mercadores portugueses da Baía de Delagoa bem como a ação de europeus na introdução de armas de fogo e cavalos em seu exército. Ver CHAKA; NGÚNIS.

DINKAS (*Dinka*). Povo localizado na bacia do curso superior do rio Nilo, na atual República do Sudão do Sul. É citado em Basil Davidson como exemplo histórico de sociedade sem governo central, na qual os ordenamentos se transmitiam, horizontalmente, de linhagens para linhagens, e onde cada "pequena família" integrava um grupo maior de "famílias", denominado *gol*. Cada acampamento dinka era composto de diversos *gols*, cada um deles integrado por diversas "pequenas famílias" sob a chefia de conselhos de anciãos. A junção das diversas "grandes famílias" (*gols*) formava, por sua vez, uma comunidade mais vasta denominada *wut*, termo que significa, literalmente, "acampamento de pastagem", igualmente regulado por um conselho ampliado de anciãos. O conjunto dos wuts (ou wot, plural de wut) formava o povo dinka (DAVIDSON, 1978, p. 149).

DIOGO I. Ver NKUBI-A-MPUDI.

DIOLAS. O mesmo que diúlas. Ver DIÚLAS.

DIÚLA. Língua do grupo Mandê falada na região de Casamansa, no território da atual República do Senegal.

DIÚLAS (*Dyoula*). Povo oeste-africano localizado do sul do curso inferior do rio Gâmbia até Cacheu, na atual Guiné-Bissau. Compreendendo diversos subgrupos, o povo se caracteriza pelo uso da língua diúla, com variantes dialetais. Sua história é marcada pelos contatos litorâneos com exploradores e colonialistas europeus, como ingleses, franceses e portugueses. **Origens**. Originalmente, a denominação *dyoula*, tal como consta do léxico da língua Bambara, tinha o significado de "mercador" (SAUVANT, 1926, p. 43) e era designativa de certa categoria de mercadores oeste-africanos, principalmente soninquês, malinquês e hauçás, dedicados ao comércio de artigos de consumo como sal e noz-de-cola, além de ouro, bem como ao tráfico negreiro. Segundo Suret-Canale (1980, p. 100), os *dioulas* ou *juula* seriam, na verdade, soninkés "*malinkisés*", isto é, impregnados de características dos malinquês ou mandingas. Origens à parte, importa é que, ativos em toda a savana do oeste africano, os diúlas contribuíram decisivamente para o estabelecimento, entre outros, do grande empório de Begho (*Bigho*; *Bigo*). Quando, no final do século XVII, Begho foi destruída, diúlas refugiados migraram para o Reino de Abrom e criaram Bonduku. Depois, foram repelidos para oeste pelos baulês. Em meados do século XVIII, bandos de diúlas armados, vindos do Reino bamana de Segu, desalojaram os senufos e criaram um reino, o Nafana, em Odienê (*Odienné*) (KI-ZERBO, 1972, v. I, p. 336). Ver ABREM; BEGHO, Empório de; BONDUKU; DIÚLAS; MALINQUÊ.

DJADO, Planalto de. Região elevada e plana no deserto do Saara, na porção nordeste da atual República do Níger.

DJEKIN. Ver JAKIN.

DJELI (Dyéli). Vocábulo da língua bambara, ocorrente com variações em outras línguas do grupo Mandê, que designa o griô (*griot*), músico, cronista, genealogista, ator etc. encontrado em quase todas as sociedades africanas e especialmente nas da África Ocidental. *Diély* ou *diali* é o griô bambara, malinquê ou kassonquê; guesserê (*guésséré*) é o griô saracolê; *bambado* (plural *wambabé*) é o griô fula ou peúles; e *gaoulo* (plural *aouloubé*) é o griô tuculor. Observe-se que "griô" é palavra de origem francesa (LOPES; MACEDO, 2017, p. 101). Ver GRIÔ; TRADIÇÃO ORAL.

DJENÊ (Dienné; Jenné). Antiga cidade localizada em território da atual República do Mali, na região de Mopti, à margem esquerda do rio Níger. Notabilizada como importante centro de prática e difusão do islamismo, foi a primeira capital do Reino do Maciná, fundado por Seku Amadu, o qual, entretanto, mudou-se dela após fundar Hamidulai, na outra margem do rio. Ver HAMIDULAI; CHEIKU AMADU.

DJIBUTI (Jibuti). País do Chifre da África limitado ao norte pela Eritreia, a leste pela Somália e ao Sul pela Etiópia. Desde sua origem, mantém ligações com a Península Arábica e destaca-se por sua vinculação ao Islã. No século XVI, era núcleo importante do Sultanato de Adal. Caiu sob dominação francesa no século XIX, ganhando independência política, bem como essa denominação, apenas em 1977. Em 1862, num cenário em que os portos da região eram controlados pelo Império Otomano, um dos sultanatos da costa somaliana, Tadjoura, vendeu aos franceses o porto de Obock e as terras adjacentes. Três décadas depois, o sultanato não mais existia, e o que fora seu território tornava-se a capital da colônia francesa chamada Costa dos Somális. Ver ADAL, Sultanato de; AFAR.

DJOUF, Deserto de. O mesmo que El Djouf, porção do deserto de Saara que cobre o nordeste da Mauritânia e parte do noroeste da atual República do Mali.

DJOUMBER, Fatima (1836-1878). Governanta Ilha de Mwali, nas Ilhas Comores, pertenceu à dinastia Merina, de Madagascar. Governou a partir de 1842 sob o controle efetivo dos franceses. Ver MADAGASCAR;

DJUDER PASHA. Ver JUDER PAXÁ.

DJUKUN (Djoukoun). Reino oeste-africano, também mencionado como Kwararafa, erguido por um dos ramos dos povos hauçás. Integrante dos domínios de Muhamad Bello, é também incluído entre os "estados negreiros" da África, entre os séculos XVII e XVIII (DORIGNY; GAINOT, 2017, p. 40). Ver ESTADOS NEGREIROS; HAUÇÁS; MUHAMA BELLO.

DOGONS. Povo localizado no atual território da República do Mali, desde o século XIII, provavelmente. Celebrizou-se por seus saberes e sua ontologia (LOPES; MACEDO, 2017).

DOLA, Rainha. Ver IDOLORUSAN, Iye.

DOMINGOS JOSÉ MARTINS. Traficante de escravos brasileiro nascido na Bahia, estabelecido em Ajudá e, depois, em Porto-Novo, a partir de 1833. Acumulou uma fortuna em libras esterlinas nos negócios do tráfico, sobretudo no período de 1845 a 1850, quando teve grande influência junto aos reis africanos, sobretudo junto

DONGO (*Ndongo*)

ao *ologun* Akitoyé. Com a proibição do tráfico, continuou a comercializar escravos ilegalmente, investindo também no comércio de azeite de dendê (M'BOKOLO, 2011, p. 150). Ver BRASILEIROS NA ÁFRICA; RIOS DO AZEITE.

DONA BEATRIZ. Ver KIMPA VITA, Beatriz.

DONAS. Denominação pelo qual ficaram conhecidas, em diferentes locais de ocupação portuguesa, as mulheres afro-mestiças de origem europeia filhas de "casamentos à moda africana". O título "dona" revestia-se de grande valor social e as distinguia das mulheres africanas, colocando-as em posição de significativa influência político-econômica. Em Cabo Verde e em São Tomé, elas foram importantes articuladoras locais dos negócios realizados no sertão, e já no período anterior ao século XVIII algumas dessas senhoras, estabelecidas na cidade de Cacheu, dispunham de uma sólida rede de relações de poder em âmbito local. Em Moçambique, para a ocupação da Zambézia, a Coroa portuguesa incentivou a concessão de prazos, conferindo (à revelia dos africanos) direitos de exploração a pessoas que pudessem explorar por conta própria áreas consideradas ignotas. Assim surgiu o grupo das "Donas da Zambézia", como ficaram conhecidas poderosas terratenentes, em geral mulatas ou negras associadas a europeus, que assumiram gradualmente posições de liderança em âmbito local como "prazeiras da Coroa". As primeiras a ganhar notoriedade viveram no século XVIII, como: Dona Ignez Gracia Cardoso, que em 1757 era senhora de terra em Luabo; Dona Catarina de Fama Leitão, que por volta de 1780 detinha vasta extensão de terras em Quelimane e cerca de mil escravos; ou Dona Sebastiana Fernandes de Moura, proprietária de terras em Macuze e em Quizungo, além de cerca de trezentos escravos (CAPELA, 1996, p. 80-83). Ver BIBIANA VAZ; CRIOULIZAÇÃO; SIGNARES.

DONELHA, André. Escritor cabo-verdiano filho de pai português. Na juventude, viajou a Serra Leoa, onde realizou negócios com mercadores africanos no Rio Gâmbia. Em 1625, escreveu a *Descrição da Serra Leoa e dos Rios de Guiné do Cabo Verde*, onde são identificados acidentes geográficos e descritos aspectos da flora e da fauna, bem como particularidades das terras e dos climas. A obra contém, ainda, uma detalhada relação dos povos da Senegâmbia e da Guiné, com suas formas de organização social e política, crenças, cerimônias e, inclusive, acontecimentos envolvendo as relações entre portugueses e determinados chefes locais.

DONGO (*Ndongo*). Reino florescido em parte do território da atual Angola no século XVI. Constituiu-se, segundo Vansina (2010, p. 651), pela conglomeração de inúmeras pequenas chefias, sem a organização política encontrada, por exemplo, na origem de estados como o Congo e o Loango. Em 1520, quando da chegada dos primeiros portugueses, era governado pelo Ngola Kiluanje Inene. Daí em diante, sua crônica registra os nomes dos seguintes *ngola* (reis): Ndambi-a-Ngola (*c.* 1556-*c.* 1562); Ngola Kiluanje-kia-Ndambi (*c.* 1562-*c.* 1575); Nzinga Ngola Kilombo-kia-Kasenda (*c.* 1575-1592); Mbandi Ngola Kiluanje (1592-1617); Ngola Nzinga Mbandi (1617-1624); e a célebre Nzinga Mbandi, que reinou de 1624 a 1626. Após esse

DONGOLA

período, instaurou-se a dominação portuguesa na região, e os governantes locais, Ngola Hari I e II, foram apenas títeres da Coroa lusitana na conquista do Reino de Angola, que passou a ser dominado por Portugal. Em 1618, uma campanha militar portuguesa no Dongo teria resultado na captura de 50 mil pessoas (FORTUNA, 2011, p. 38), e essa ofensiva transformou a região em uma das principais zonas de fornecimento de escravizados da África para as Américas. Na década seguinte, os portugueses criaram, com a mesma denominação, um estado que veio a se destacar como centro do comércio de sal e de escravos, mas foi destruído na Batalha de Pungo Andongo, em 1671. A partir daí, o principal foco de resistência aos portugueses foi o Reino de Matamba. Observe-se que durante todo o século XVII forças portuguesas atacaram o Dongo, visando principalmente incrementar o tráfico transatlântico de escravos. Para tanto, os lusitanos fizeram alianças ocasionais com imbangalas, mas sempre tendo a Rainha Jinga como oponente. Ver ANGOLA; MATAMBA; NGOLA; NGOLA KILUANJE; JINGA, Rainha; SOBA.

DONGOLA. Cidade da atual República do Sudão situada entre a terceira e a quarta catarata do rio Nilo. Nos primórdios de sua história, era uma das comunidades cristãs da Núbia, até ser gradualmente conquistada pelos sultões mamelucos do Egito nos séculos XIII-XIV, passando a ser gradualmente islamizada. Em 1484, foi incorporada aos domínios do Sultanato Funje, até voltar a ser anexada aos domínios do Egito sob o governo de Muhamad Ali. Décadas mais tarde, em 1883, veio a ser ocupada pelos adeptos do Mahdi, voltando a

ser definitivamente ocupada, desta vez por tropas anglo-egípcias, em 1896. Ver MAHDI; MUHAMAD ALI I.

DORI. Região da África Ocidental que no século XVIII constituía a parte norte do território de Gurma. Abrigou o pequeno Reino peúle de Liptako. Ver LIPTAKO.

DRAKENSBERG, Cordilheira do. Cadeia de montanhas que constitui o limite sul do planalto central da África. Estende-se por mais de mil quilômetros, paralelamente ao litoral oriental da África do Sul, abrangendo parte do território do Lesoto e as províncias de KwaZulu-Natal, Estado Livre, Limpopo e Mpulumanga. Na língua isizulu, é chamada *ukhahlamba*, "barreira de lanças".

DUA I, Kwaku (1797-1867). Oitavo governante do Império Axânti, tendo governado a partir de 1834. Também referido como Quaco Duah.

DUALA (*Douala*). Cidade no Golfo da Guiné em território da atual República dos Camarões. Ver CAMARÕES.

DUALAS (*Douala*). Povo localizado no atual território de Camarões. No século XVI, os dualas se destacaram como os donos do comércio na faixa litorânea do território, com uma proeminência talvez iniciada por elites locais. Além disso, essas elites dedicavam-se também ao tráfico negreiro, explorando mão de obra escrava em suas lavouras, por exemplo. Comprando mercadorias e escravos de povos interioranos, como *bakweris*, *mungos*, *bassas* e *bakokos*, o litoral prosperou. Daí nasceu a cidade de Duala, graças ao comércio com os europeus, em transações inicialmente feitas a bordo dos navios e mais tarde em estabelecimentos no continente, onde, em troca, os europeus forneciam álcool, pólvora, armas, espelhos, sapatos, tecidos, ferramentas etc. Em meados do século XIX, os britânicos já detinham o monopólio do comércio com os dualas. Com o advento do abolicionismo, a Coroa britânica, em defesa de seus interesses, pressionou os comerciantes para que cumprissem a nova ordem legal, pelo que, em 1840 e 1841, os chefes Akwa e Bell tornaram-se os primeiros do país a assinar tratados antiescravistas. Na década seguinte, exploradores germânicos disputavam com ingleses a hegemonia do comércio, até que em 1884 a Alemanha assumia protetorado sobre todo o território de Camarões.

DUAS PARTES, Aldeia das. Comunidade situada na Costa do Ouro, na confluência entre os Reinos de Fetu e de Eguafo, no final do século XV, após a instalação do Forte de São Jorge da Mina. Vivendo fora dos padrões tradicionais de organização, já no início do século XVI a aldeia era governada por pessoas envolvidas no comércio costeiro, as quais, inclusive fornecendo artigos para consumo no Forte, constituíam uma espécie de nobreza, graças ao prestígio das riquezas acumuladas com o tráfico. Os membros dessa elite recebiam o título de "cavaleiros da aldeia" ou "xerifes da aldeia". Ver ESTRUTURAS SOCIAIS.

DUKE TOWN. Denominação inglesa para o porto de Atakpa em *Old Calabar* – Velho Calabar, em português (SOSA, 1984, p. 17). Ver RIOS DO AZEITE.

DUMBAYA, Dala Modu. Ver DALA MODU DUMBAYA.

DUNQAS, Umara. Também mencionado como Amara Dunqas, foi o primeiro governante de Sennar, a sede do Sultanato Funje, fundando-a e governando de 1504 a 1533.

DYAO, Yoro (1847-1919). Cronista senegalês do Reino de Ualo. Nascido no seio de uma importante família aristocrática, estudou nas primeiras escolas coloniais estabelecidas em seu país no período da ocupação francesa. Assim, produziu direta ou indiretamente obras de valor inestimável para o conhecimento das tradições históricas uolofes. Seu primeiro texto foi publicado anonimamente, no jornal intitulado *Moniteur du Sénégal*, em 1864, sob o título *"Histoire des damels du Kajoor"* ("História dos damels do Kayor"). A parte mais enriquecedora das informações por ele recolhidas junto aos tradicionalistas locais entre os anos 1902 e 1908 foi registrada em três cadernos (hoje perdidos) com 61 páginas manuscritas, cujo conteúdo foi publicado por Raymond Rousseau no *Bulletin du Comité d'Études Historiques et Scientifiques de l'Afrique Occidentale Française*, em 1933, e no *Bulletin de l'Institut Français d'Afrique Noire*, entre 1941 e 1942. No conjunto, os escritos descrevem os reinados de todos os governantes do Cayor do século XVI ao XIX, estabelecendo seus vínculos familiares com as linhagens de outros reinos e informando os principais acontecimentos de seus respectivos períodos de governo.

DYARA. Denominação de um dos clãs ou linhagens dos povos mandês. Sua pronúncia soa como "diarrá".

EASMON, John Farrell (1856-1900). Cientista e médico oeste-africano nascido em Freetown, Serra Leoa. Filho de pais afro-americanos, formou-se em Medicina em Bruxelas, Bélgica, e atuou como médico e sanitarista na Costa do Ouro a serviço dos ingleses. Foi o primeiro africano a ocupar a função de diretor-médico em seu país, e, talvez, em todo o continente. Em 1884, escreveu um curto estudo em que propunha alternativas para o tratamento de doenças tropicais decorrentes da malária, intitulado *The Nature and Treatment of Blackwater Fever* [Natureza e tratamento da Febre da Água Negra].

EBROHIMI. Cidade no oeste do Delta do Níger, centro do poder de Nana Olomu. Ver NANA OLOMU.

ECONOMIA DO TRÁFICO. Expressão que denomina o sistema de trocas econômicas praticado em grande parte dos países africanos no período que antecedeu a Conferência de Berlim. Nele, as comunidades camponesas produziam e colhiam os recursos naturais, além de "produzir" mão de obra para o escravismo, sem qualquer possibilidade de restituição. Em troca, recebiam apenas vestuário barato, quinquilharias sem qualquer utilidade produtiva, armas que alimentavam a destruição, além do álcool que minava a saúde dos adultos e deformava seus filhos. Tal panorama tem por base o estudado em Moçambique (FRELIMO, 1978), mas serve como exemplo para outras sociedades rurais africanas focalizadas neste dicionário. Ver ÁLCOOL; ARMAS DE FOGO; AVOGÁ; BANZA PUMBO; CONFERÊNCIA DE BERLIM; GUINÉU; JERIBITA; TRÁFICO NEGREIRO.

EDO. Antiga cidade-Estado capital do Reino do Benin, no sul do território da atual Nigéria. Foi fundada pelo povo de mesmo nome, celebrizado através dos séculos por suas refinadas esculturas em bronze. Na atualidade, os célebres "bronzes do Benin" são, em grande parte, pertencentes a acervos de museus europeus e norte-americanos. Ver BENIN, Antigo.

EDOS (*Edo*). Povo historicamente localizado na porção sudeste do território da atual Nigéria, entre a cidade de Benin e o rio Níger. Falante do idioma edo, notabilizou-se sobretudo pela fundação do Reino do Benin.

EFAN (*Ifonyin*). Povo da Iorubalândia localizado na fronteira entre o antigo Daomé e a Nigéria.

EFIKS (*Efik*). Povo de pescadores e mercadores localizado às margens do rio Cross, a leste do Delta do Níger, na atual Nigéria. Durante os séculos XVII e XIX, suas aldeias foram reconhecidas como importantes centros de comércio, principalmente de escravos e azeite de dendê (óleo de palma). Esse comércio era organizado por grupos de pessoas aparentadas entre si que formavam "casas" que competiam comercialmente com outras "casas". O principal centro era Velho Calabar (*Old Calabar*), que incluía vários bairros como Duke Town (Atakpa), Creek Town (Obio Oko), Big Qua Town e outros. O chefe da cidade era escolhido entre os chefes das casas, pois a tradição de autoridade central não existia entre os efiks nem entre seus vizinhos ibibios. Muitos dos ricos e poderosos homens da sociedade tradicional efik pertenciam à Ekpe, mais conhecida como Sociedade do Leopardo, associação "de segredos" limitada aos iniciados, baseada em forte solidariedade entre os seus membros e com forte influência nos negócios locais (African Encyclopedia, 1974, p. 182). Ver DENDEZEIRO; Ekpe; RIOS DO AZEITE; SOCIEDADES INICIÁTICAS.

EFUNROYE TINUBU (1805-1887). Nome pelo qual foi mais conhecida *Efunporoye Osuntinubu*, tida como a mais próspera comerciante de escravos entre os povos falantes do iorubá. Segundo algumas versões, foi uma ex-escrava criada pelo rei de Owu, em Abeocutá, na atual Nigéria, e casada com o filho deste (Cunha, 2012, p. 134, n. 4), daí ser mencionada como "aristocrata". Em outras versões, é referida como filha de uma influente mulher de negócios. O certo é que, em determinado momento histórico, envolveu-se no tráfico negreiro em associação com traficantes luso-brasileiros de Lagos e outros negociantes estrangeiros estabelecidos no Golfo da Guiné. Já referida com o respeitoso título "madame", nas décadas de 1830-1840 seus negócios envolviam escravos, sal, tabaco, armas de fogo, bebidas alcoólicas, óleo de palma e óleo de coco, algodão e marfim. Entre 1860 e 1870, Madame Tinubu ainda exercia forte influência nas relações entre os governantes de Lagos e de Abeocutá, e provavelmente nesse período teria protagonizado um episódio dantesco, assim narrado: bela e pérfida, Madame Tinubu um dia convenceu o marido a acompanhá-la até a costa na venda de um lote de escravos. No caminho, ia seduzindo os guerreiros responsáveis pela escolta, e no litoral, a cada lote de escravos vendidos, a bela propunha um alegre brinde pelo sucesso da empreitada. Finalizadas as vendas, o último brinde derrubou o marido príncipe, que caiu no chão em sono profundo. Tinubu, então, colocou o pé sobre o corpo do embriagado, e leiloou a "peça". Assim, o filho do rei de Owu teria acordado em alto-mar junto aos escravos que sua mulher tinha vendido (Cunha, 2012). Ver ABEOCUTÁ; IORUBÁS; LAGOS.

EGBADÔS (*Ègbádo*). Povo da Iorubalândia, vizinho dos egbás. Ver IORUBÁS.

EGBÁS (*Ègbá*). Povo da Iorubalândia, no sudoeste da atual Nigéria, localizado a partir de Abeocutá. No século XIX, segundo Gordon (2003, p. 61), missionários ingleses atuavam, inclusive, como conselheiros militares dos egbás. Assim, em 1851, quando as forças daomeanas de Abomé invadiram o território, os invadidos conseguiram derrotá-las graças às armas e a outros equipamentos bélicos fornecidos pelos britânicos. Ver IORUBÁS.

EGITO. País do norte da África banhado pelo Mar Mediterrâneo, tendo ao sul e ao sudeste Núbia e Etiópia, a leste o Mar Vermelho e a oeste o deserto da Líbia. O

EGITO

território foi, na Antiguidade, o núcleo irradiador de uma das maiores civilizações conhecidas, a qual legou a algumas regiões do continente boa parte de sua cultura. No século VII, a conquista do território pelos muçulmanos árabes abria caminho para a islamização do norte do continente até o Atlântico. **O Egito Otomano**. Em 1516, as tropas do sultão turco Selim I conquistaram o Egito numa batalha ocorrida na planície de Mardj Dabikm, no norte de Halab. Assim, o país tornou-se uma província otomana. As normas do governo foram fixadas em um ato jurídico, o *Kanum Name*, no qual constam determinações de natureza política, militar, civil e econômica que vigoraram daí por diante. O Egito seria, então, governado paxás, que eram assistidos por 24 *beis*, espécies de prefeitos, cada um dispondo do apoio de tropas imperiais e tendo em seu escalão superior os janízaros, guerreiros de origem turca preparados desde a infância para a vida militar. Devido a sua posição estratégica, o Egito se tornou uma importante cabeça de ponte da expansão otomana, projetando-se em direção ao Mar Vermelho e ao Chifre da África. Logo foram submetidos Aden, Iemen (1538) e o norte do atual Sudão, e territórios sob domínio da Abissínia, como a atual Eritreia, foram atacados em 1557. As disputas internas pelo controle das províncias, assim como a crescente insubmissão de líderes militares janízaros imergiram o Egito em um constante situação de instabilidade a partir da segunda metade do século XVII, numa crise que foi agravada pela retração do comércio, da produção agrícola, com subsequente perda de poder da moeda circulante. Na passagem para o século XIX, o país foi tomado pelas tropas de Napoleão Bonaparte, mas os otomanos logo voltaram ao poder. **O Renascimento Egípcio**. Assumindo o poder em 1805, o sultão Muhamad Ali, neutralizando o poder dos janízaros, estabeleceu um regime centralizado, uma nova estrutura de governo e novos projetos de desenvolvimento. Iniciava-se, aí, a época do "Renascimento Egípcio", que se estendeu até cerca de 1880. Os sucessores de Ali, entretanto, revelaram-se maus administradores. O objetivo era fazer do Egito uma potência, dominando todo o Vale do Nilo, o Chifre da África e o litoral do Mar Vermelho. Daí o confronto do país com a Abissínia (atual Etiópia), que buscava reconstruir seu Estado expandindo-se também. Nesse contexto, o Egito ocupou Massaua, garantido por um contrato de arrendamento firmado com o sultão turco, e, por volta de 1820, entrou na Núbia pelo lado do Sudão. Na década seguinte era fundada a cidade de Cartum e um posto militar em Kassala, nos confins da Etiópia, no ano de 1840. Em 1838, ocorria a tomada do forte etíope de Metema, num confronto que acabou por ser a causa indireta da intervenção britânica. O fato é que os sucessores de Muhamad Ali, a partir de Ismail Paxá (que usavam o título quediva, correspondente ao de vice-rei), tinham contraído dívidas vultosas com as grandes potências, as quais, em 1878, impuseram a entrega dos postos-chave do governo a franceses e britânicos, e mais tarde somente a estes. Tal fato motivou a reação do exército, que derrubou o quediva (vizir) Ismail e deu causa à independência, de fato, em relação ao sultão de Constantinopla. O ímpeto expansionista do Egito terminou com a derrota para os etíopes em Gura, no reinado do *négus* Joanes IV. Poucos anos depois, uma frota anglo-francesa desembarcou tropas em Alexandria e ocupou militarmente o país. Nesse ambiente, além disso, o país sofreu os efeitos da revolta dos seguidores do Mahdi a partir do vizinho Sudão entre 1885 e 1898. Até que, já em 1914, o protetorado, entregue aos ingleses, pôs fim ao que restara da autoridade otomana no país. **O Quedivato**. Durante o período em que o país foi governado por quedivas, nomeados pelo Império Turco-otomano, o Estado recebeu a denominação "Quedivato do Egito". **O Canal de Suez**. A abertura do Canal de Suez, em 1869, graças a uma concessão do governo egípcio a uma empresa francesa, potencializou a influência da França na região, mas a Grã-Bretanha logo se fez presente também. Na festa de abertura, em uma celebração que ocorreu paralelamente à inauguração do Teatro de Ópera do Cairo, com uma récita do Rigoletto de Verdi, o quediva Ismail aproveitou o ensejo para afirmar que o Egito não fazia mais parte da África, e, sim, do mundo civilizado europeu (HOURANI, 2006, p. 373). Mas a parceria entre as duas potências terminou quando, em 1882, recusando-se a França a participar de uma intervenção armada, a Grã-Bretanha assumiu o controle do país. A França, então, buscou consolidar sua posição imperialista na África Ocidental (DANIELS; HYSLOP, 2004, p. 264). Ver ERITREIA; ETIÓPIA; ISLÃ; JANÍZAROS; MAHDI; MUHAMAD ALI I; OTOMANO; PAXÁ; QUEDIVA.

EGUAFO, Reino de. Estado akan da Costa do Ouro. Também identificado nos documentos europeus pelo nome de Reino de Comane, Acomane ou Komenda, foi o mais influente dos estados Akan na segunda metade do século XV (LOPES; MACEDO, 2017, p. 106). Ver FETU.

EISAMIN, Ali. Personagem da história da escravidão africana nascido no Bornu, provavelmente em 1788. De origem kanuri, e também referido como William Harding, era irmão de um erudito muçulmano, tendo ele próprio recebido uma boa educação islâmica. Na época das guerras fulânis contra o Bornu, foi capturado e vendido por mercadores europeus de Porto-Novo, em 1818, sendo resgatado por uma esquadra britânica em Free Town, Serra Leoa. Narrou sua vida ao linguista germânico S. W. Koelle, que publicou a narrativa na obra *African Native Literature* (1854). Ver RELATOS EUROPEUS.

EKITIS (*Ekiti*). Povo integrante do conjunto dos povos iorubás, localizado entre os territórios dos ijexás e dos ondos. Na atualidade, Ekiti é um estado que tem por capital Ado-Ekiti.

EKO (*Èkó*). Nome iorubá original da cidade de Lagos. Segundo uma das tradições, a cidade teria nascido de um acampamento militar (*eko*, na língua iorubá) do *obá* (rei) Orhogba ou Orhogbua, reinante no antigo Benin por volta de 1550, daí o nome. Segundo outra versão tradicional, o nome teria origem no iorubá *oko*, "fazenda", "plantação", e faria referência ao local onde se teriam instalado o herói Aromire, descendente de Odudua, e seus irmãos. **Origens**. A fundação de Eko remonta à fixação de um contingente de falantes do iorubá, do povo awori, às margens do rio Ogum, a uma distância de cerca de 25 quilômetros da atual cidade de Lagos. Daí, parte desses migrantes tomou o rumo sul, chegando à grande ilha onde depois surgiria Eko, local onde conseguiram repelir os ataques do povo bini (ibinin) e se estabelecer. O chefe (Olófin) que logrou essa vitória deixou, ao morrer, 32 filhos, 10 dos quais dividiram o território entre si. Ainda, na segunda metade do século XVI, toda a área passou a render tributo ao *obá* do Benin, e em contrapartida o povo bini passou a penetrar pacificamente no território. Nessa conjuntura, foi que o *obá* de Benin apontou um dos aworis, Axipá, como rei de Eko. Nesse tempo, de Axipá os portugueses chegaram à região chamando o lugar de "Lago de Kuramo" ou Kurama, e, depois, de Lagos, logo escolhendo o local por sua perfeita adequação como posto de armazenamento e venda de escravos (ABRAHAM, 1981, p. 155-156). Ver AXIPÁ; BENIN, Antigo; BENIN; BINIS; LAGOS; ODUDUA.

EKPE. Nas cidades mercantis estabelecidas à margem do rio Cross, a leste do Delta do Níger, nome (pronunciado *ekwe*) designativo de uma instituição tradicional celebrizada como a "Sociedade dos Leopardos" (*ekpe*, em idioma local). Surgida entre os povos ibibio e efik, localizados na região do Calabar, porção sudeste do território da atual Nigéria. Criada como um grupo paraestatal, exerceu grande influência sobre povos vizinhos, combinando coerção econômica com ação religiosa, através dos chefes das chamadas "casas-canoa", bases físicas do comércio local. No plano econômico, as famílias principais, enriquecidas através da venda de cativos no ambiente do Tráfico Atlântico, exerceram forte controle político sobre povos vizinhos. Segundo Davidson (1978, p. 151), seus membros agiam em solidariedade e parceria, mas de acordo com os interesses de cada um, atuando conjuntamente em relação à definição de direitos aduaneiros e ao preço das mercadorias. Em Cuba, a instituição sobreviveu na sociedade iniciática chamada *Abakuá*, de grande influência entre, por exemplo, os trabalhadores marítimos e portuários da Ilha (RODRIGUEZ, 1982). Ver CROSS, Rio; EFIKS; IBIBIOS.

EKUIKUI II (*Ekwikwi*). Rei do Bailundo (1876-1893), no Planalto Central de Angola. Sua resistência contra a ocupação portuguesa tornou-o um símbolo, principalmente porque conseguiu reunir em torno de si todos os povos ovimbundos, de Benguela, passando pelo Huambo, até o Bié. Com sua morte, em 1893, foi sucedido por Numa II, que continuou a guerra contra os portugueses, com o mesmo heroísmo.

EL HADJ. Título que identifica o muçulmano que, na vida, fez pelo menos uma peregrinação à cidade de Meca, o centro árabe da religião e da cultura islâmicas.

EL HADJ OMAR TALL (*Al-Hajj Umar, c.* 1795-1864). Nome pelo qual passou à história o líder Omar Saidu Tall, do povo tuculor. Foi, a um só tempo, líder militar, construtor de um império e propagador do islamismo. Filho de um clérigo muçulmano, recebeu sólida educação religiosa e, aos 32 anos, em 1826, fez sua peregrinação a Meca, onde ingressou na confraria Tijania, recém-fundada, e, no Sudão, adquiriu o título de califa. Em seu retorno da peregrinação, deteve-se no Bornu, então sob o reinado de Al-Kanemi, e, permaneceu três anos em Sokoto, hospedado por Muhamad Bello. Nessa estadia, prestou assistência militar a Bello em suas campanhas guerreiras, apropriando-se de considerável butim em escravos e casando-se com uma das filhas de Bello. Deixou Sokoto acompanhado de líderes guerreiros hauçás que, mais tarde, ocuparam importantes posições em seu império. Em 1838, visitou o Maciná, então governado por Cheiku Amadu, mas acabou sendo expulso do reino. Então, dirigiu-se ao Futa Jalom, onde residiu por dez anos, até estabelecer-se definitivamente em Dinguiray, de onde empreende sua *jihad*, assim resumida: 1852 – Deflagra a campanha, que resulta na criação do Império Tuculor sobre os estados bamanas e peúles do Maciná; 1854 – Entra em Nyoro, capital do Reino bambara de Kaarta; 1857 – Cerca Medina, situada ao sul de Dacar, mas os franceses vêm em socorro da cidade; 1861 – Apossa-se do Reino de Segu e continua o ataque ao estado teocrático do Maciná, acusando os muçulmanos locais de hipocrisias. Conquista a cidade e impõe a doutrina da confraria Tijania, em lugar da confraria Kadíria, que predominava no local sob a liderança da prestigiosa família dos Kuntas (Kountas). Essa imposição provoca forte reação dos fulânis (peúles), que unem suas forças com os defensores dos Kuntas e, na luta, El Hadj Omar é morto em 1864, dois anos depois de seus exércitos terem liquidado Amadu-Amadu, líder dos fulânis do Maciná. El Hadj Omar foi o principal responsável pela expansão da Tijania na África Ocidental, entretanto, a despeito de seu esforço religioso, algumas análises o veem como um aventureiro militar que usou o Islã como uma capa para esconder suas ambições políticas. Por exemplo, seu ataque ao Estado Islâmico do Maciná foi objeto de condenação, e as gestões de paz que fez junto aos franceses, que eram católicos, não se justificariam à luz dos princípios islâmicos de sua época (BOAKYE, 1982, v. II, p. 9-10). Ver AL-KANEMI; AMADU-AMADU; CHEIKU AMADU; KADÍRIA; MUHAMAD BELLO; TIJANIA; TUCULORES.

EL KANEMI. Ver AL-KANEMI.

ELENI HAGOS (século XIX). Governante etíope com prestígio e influência em algumas comunidades da província de Tigré, onde atuava como regente no ano de 1837, durante o período da história de seu país conhecido como Zemene Mesafint ou "Era dos príncipes". Seu prenome remete à imperatriz consorte de Zara-Jacó ou Zera Yaqob, governante no século XV. Ver ABISSÍNIA.

ELGON, Monte. Montanha vulcânica situada sobre a fronteira entre Quênia e Uganda. Ver QUÊNIA; UGANDA.

EL MAJDOUB, Abderraman (1506-1568). Poeta e recitador sufi do Marrocos, nascido em Azemmour. Viveu na cidade de Meknès, onde desenvolveu suas experiências místicas. A coleção de seus poemas é conhecida como *Diwan Sidi Abderrahman El Majdoub*, e nela são tratados temas concernentes ao amor divino e sublime, morte, emoções, ciência e formação religiosa.

ELMINA. Denominação inglesa da Fortaleza no litoral da atual República de Gana. Foi edificada em 1482 por portugueses, com o nome de São Jorge da Mina. Ver COSTA DA MINA.

EMBAIXADORES. Com o surgimento, na África, dos primeiros estados com estrutura administrativa ampla

EMBET ILEN (1801-1851)

e centralizada, a diplomacia foi um meio frequentemente empregado para a resolução de conflitos, negociação de acordos de paz e declarações de guerra, bem como para o estabelecimento de relações político-econômicas. O recurso a embaixadas era muito frequente no século XVIII nos principais Estados, sendo elas empregadas por Estados centralizados ou em fase de centralização, como a Confederação Axânti, os Estados hauçás, o Império de Oyó e o Reino de Daomé, entre outros (SMITH, 1973, p. 604-605). Nestes dois últimos, os altos dignitários da monarquia eram encarregados de enviar mensagens aos europeus no litoral e de espionar as atividades contrárias aos interesses do governo, além de vistoriar as ações dos chefes mantidos sob controle do Estado, que eram chamados de *Ilarins* (*ilaris*). Por terem a cabeça parcialmente raspada, com cabelo longo e trançado apenas de um lado, recebiam a alcunha de "meias-cabeças" (*mi-tête, halfheads*). Somente eles tinham o direito de portar a bengala ou bastão cerimonial – símbolo maior do poder dos governantes –, o que os legitimava como embaixadores. **Missões diplomáticas ao Brasil e a Portugal.** De meados do século XVIII à primeira década do século seguinte, período em que o abolicionismo ganhava força e ao final se realizava, a história registra o envio, por parte de governantes do Golfo da Guiné, de oito missões diplomáticas a autoridades luso-brasileiras, certamente para o trato de assuntos relativos ao tráfico negreiro então ameaçado. Em 1750, chega à cidade de São Salvador da Bahia, então capital do vice-Reino português do Brasil, a primeira missão enviada pelo rei daomeano Tegbessu. Vinte anos depois, chegam embaixadores do Reino de Onim, localizado no território da atual Nigéria. Em 1795, é a vez do rei Agonglo enviar, de Abomé, emissários ao encontro da rainha de Portugal. Dez anos após, representantes do rei Adandozan compõem a terceira embaixada enviada pelo Reino de Daomé à Bahia, num ciclo que se fecha em 1807, com a segunda embaixada enviada pelo rei de Onim à capital luso-brasileira. Essas viagens são detalhadamente informadas em Verger (1987, p. 257-285). Ver ABOMÉ; AGYEI AXÂNTI; ADANDOZAN; AGONGLO; DAOMÉ; ILARI; MUTUMES; NSAKU NE VUNDA; ONIM; PEDRO DE MANICONGO; TEGBESSU.

EMBET ILEN (1801-1851). Líder política etíope. Membro da aristocracia da região de Marab Mallash, entre as atuais Eritreia e Etiópia, destacou-se por sua grande capacidade de liderança. Assim, teve importante atuação nos eventos políticos conhecidos como *Zamana Mesafent* [Era dos Juízes, 1769-1815], participando de negociações e até mesmo de conflitos armados. Em 1831, assumiu o governo provincial ao lado de Hayla Mariam.

EMILY RUETE (1844-1924). Princesa de Zanzibar. Nascida *Salama Bint Said* e também referida como Sayyda Salme, era uma das filhas de *Sayyid Said*, sultão omani de Zanzibar. Após a morte do pai, em 1856, e da mãe, em 1859, casou-se com o empresário alemão Rudolph Heinrich Ruete, adotando então o cristianismo e passando a viver em Hamburgo. Após a morte do marido, escreveu o que provavelmente é a primeira autobiografia de uma africana, o livro *Memoirs of an Arabian Princess from Zanzibar* [Memórias de uma princesa árabe de Zanzibar], publicado entre 1886 e 1888 no Império Germânico, e depois nos Estados Unidos, Grã-Bretanha e Irlanda.

EMIR. Título de governador nas províncias muçulmanas. Do árabe *amir*, príncipe (VARGENS, 2007, p. 159).

EMIRADO. Território governado por um emir.

EOTILÉS. Povo lagunar que ocupa o sudeste do território da atual República da Costa do Marfim, próximo da fronteira com Gana. Segundo Perrot (2008, p. 23), seus membros ocupavam a região de mangue próxima à Assínia desde pelo menos a segunda metade do século XVII.

EPHRAIM, Antera Duke. Ver ANTERA DUKE.

EPÔ (*Epo*). Designação, em iorubá, do óleo de palma em geral e do azeite de dendê – *epo pupa*, "óleo vermelho" –, item valioso na economia oeste-africana. Ver DENDEZEIRO; RIOS DO AZEITE.

EQUATÓRIA (*Equatoria*). Antiga província localizada ao longo do curso superior do Nilo Branco, no território do atual Sudão do Sul e de parte de Uganda. Criada pelo poder colonial britânico na década de 1870, cerca de vinte anos depois foi duramente atingida pelas tropas do Mahdi, o que frustrou o objetivo colonial de criar um Estado-modelo no interior da África. Apesar disso, subsistiu como província no século XX até a região ser dividida em dois Estados. Ver MAHDI; SUDÃO ANGLO-EGÍPCIO.

EQUIANO, Olaudah (1745-1797). Personagem da História da escravidão. Nascido na África Ocidental, no seio do povo ibo, aos 12 anos de idade foi sequestrado, junto com uma irmã, na aldeia de Isseke ou Essaka. Em seguida, separado da irmã, foi vendido na Baía de Biafra, sendo embarcado para as Antilhas e de lá para as *plantations* da Virgínia. Após circular entre diversos lugares, em mãos de vários donos, foi enviado para a Inglaterra, onde se tornou moço dvemonvés de um navio negreiro, aprendendo a falar e ler inglês fluentemente e economizando o dinheiro que ganhava. Nesse momento, recebeu o nome *Gustavus Vassa*, que a princípio repeliu e depois assumiu, inclusive como cognome literário. Aos 19 anos, comprou sua alforria e, uma vez livre, empreendeu uma série de viagens e exerceu diversos ofícios, tendo tomado parte, em 1773, na expedição do explorador Constantine John Phipps ao Polo Norte. Abolicionista ferrenho, foi também chefe dos armazéns de víveres destinados aos ex-escravos retornados a Serra Leoa. Em 1789, na Inglaterra, publicou um relato de sua incrível experiência de vida: *The Interesting Narrative of the Life of Olaudah Equiano, or Gustavus Vassa, the African* [A interessante história da vida de Olaudah Equiano ou Gustavus Vassa, o Africano], que logo se tornou um dos mais importantes textos da literatura antiescravista. Ver CUGOANO, Ottobah.

ERA DOS PRÍNCIPES. Período da história da Etiópia. Ver ZEMENE MESAFINT.

ERA OTOMANA. Ver OTOMANOS, Império.

ERG. No Saara, cada uma das extensões cobertas de dunas móveis, moldadas pelo vento.

ERITREIA. País do Chifre da África. Por volta de 1557, os turco-otomanos ocuparam o planalto da Eritreia e governaram a região durante cerca de duas décadas. Durante esse tempo, o governante local, mencionado como Yishaq (PAGE, 2005, v. III, p. 78), envolveu-se em disputas com o comandante turco, as quais terminaram quando o imperador etíope Sarsa Dengel ordenou a morte de ambos. Tempos depois, os eritreus uniram-se aos turcos na defesa de seus interesses contra o Império Etíope, e embora tenham tido que abandonar o Planalto da Eritreia, os otomanos ainda fustigaram a Etiópia durante três séculos, no decurso dos quais assumiram o controle da Eritreia. No início do século XVIII, a província etíope de Tigré, cristã, buscando independência, uniu forças com os eritreus (já libertos do domínio otomano), e acabou dominando seu território. Mas durante muito tempo esse território permaneceu como uma área de domínio contestado, sendo objeto de disputas por parte de governos etíopes, do Egito e da Itália. Em 1889, em um tratado firmado com Menelik, os italianos tiveram reconhecido seu direito às possessões que mantinham no Mar Vermelho, entre elas a do atual território eritreu.

ERUDITOS MUÇULMANOS. O Alcorão, livro sagrado do islamismo, além de determinar regras de comportamento religiosas e sociais, aborda vários aspectos do saber e do conhecimento humanos. Soma-se a ele, como fonte de conhecimento, a Suna, conjunto de leis e preceitos que contém os ensinamentos do profeta Maomé em relação a questões terrenas e espirituais. Ao longo dos tempos, o domínio desse conjunto de saberes revelou a erudição de importantes personalidades do mundo islâmico. Os nativos do continente africano ou nele fixados, no período que focalizamos, estão em boa parte elencados ao longo desta obra. Ver ABD AL-AZIZ AL-FISHTALI; ABDUH, Muhamad; AHMAD BABA IBN AHMAD; AISSA, Mamadi; AL-ARBAB, Idris Ibn Muhamad; AL-AYYASHI, Abdala Ibn Muhamad; ALFA; AL-JANNA, Ibn Twayr; AL-WANSHARISI, Ahmad; AL-YUSI, Sidi Lahcen; BAGAYOGO; DYAO, Yoro; FARTWA, Ahmed Ibn; IBN ABI DHIAF, Ahmed; IBN GHALBUN, Muhamad Ibn Khalil; IBN SALIH, Muhamad Zangi; KABADOU, Mahmoud; MAHMUD KATI; MOHAMED AL-IFRANI; MUHAMAD AL-KATSINAWI; MUHAMAD AQIT, Mahmud Ibn Omar ibn; MUSSA KAMARA, Cheikh; MWANA KUPONA BINTI MSHAM; NANA ASMA'U; SIDIYYA AL-KABIR AL-NTISHAI'I; ZAYAANI, Abu al-Qasim Ibn Ahmad Al-.

ESAÚ, Abraham (1864-1901). Líder comunitário classificado como "homem de cor" (*coloured*), nascido em Kenhardt, na atual África do Sul. Ao longo da vida, trabalhou como carpinteiro, pedreiro, merceeiro e carroceiro na cidade de Calvinia, ao norte da Província do Cabo. Durante a segunda Guerra dos Bôeres (1899-1902), manteve-se fiel aos ingleses, opondo-se aos colonos brancos. Tendo sido aprisionado pelos rebeldes, foi executado em 5 de fevereiro de 1901, motivo pelo qual é lembrado pela comunidade negra sul-africana como herói e mártir (VERWEY, 1995, p. 65-67). Ver BÔERES.

ESCRAVATURA (*Escravidão; Escravismo*). *Escravatura* é o vocábulo que designa o comércio ou tráfico negreiro, enquanto *escravidão* é o termo que identifica a condição de escravo. A prática da escravidão configura o *escravismo*, palavra que designa mais o sistema socioeconômico nela baseado (LOPES; MACEDO, 2017, p. 108-109).

ESCRAVATURA COMERCIAL. Expressão pleonástica usada em Davidson (1977, p. 89) para distinguir, com ênfase, o sistema escravista inaugurado pelos portugueses daquela "escravatura doméstica" ou "escravidão de linhagem" preexistente na África. Como exemplo desta modalidade, lê-se, por exemplo, em Silva (2002, p. 368) que, na maior parte do Reino do Congo, antes da chegada dos portugueses, a escravidão era desse tipo doméstico, não havendo uma classe de escravos, e, sim, grupos de pessoas ocasionalmente submetidas à condição servil. Esses grupos eram compostos por estrangeiros capturados em guerras, bem como por criminosos ou proscritos. Segundo o mencionado autor, esses eram escravos, mas seus descendentes, apesar de inferiorizados, eram em geral absorvidos pela sociedade, incorporados às linhagens dos proprietários de seus ascendentes. Já no sistema escravista comercial, o escravo, depois de ser usado como moeda de troca, foi, a partir de meados do século XV, desumanizado, porque utilizado como gênero mercantil, como mercadoria, para atender às necessidades da Europa e impulsionar o desenvolvimento industrial das Américas. Ver ESTRUTURAS SOCIAIS; TRÁFICO NEGREIRO; TRAFICANTES.

ESCRITAS AFRICANAS. A existência de sistemas africanos de escrita é atestada no continente desde a Antiguidade, e, no período abordado nesta obra, pode ser observada entre os tuaregues (escrita *tifinagh*); entre bambaras e dogons do atual Mali; entre os povos vai da atual Libéria; e ainda na região do Calabar, na atual República da Nigéria, com a escrita *nsibidi*. E isto apesar de inúmeras sociedades terem permanecido ágrafas até os contatos com os mundos árabe-muçulmano e europeu, dos quais tomaram emprestados signos ideográficos, caracteres e processos de fixação de suas línguas em forma escrita. Assim, algumas correntes de estudos linguísticos usam o termo "letramento" para designar essa representação da linguagem falada por meio de letras ou sinais. *Ajami*, *Boko* e *Mum.* Em diversas sociedades que interagiram com o Islã, o alfabeto e a estrutura gramatical da língua árabe deram origem a formas de transcrição de línguas africanas que não dispunham originariamente de suporte na escrita. Daí surgiram crônicas, narrativas e textos religiosos que remontam aos séculos XVI e seguintes, expressos em textos compósitos, híbridos, nos quais a escrita árabe é usada para grafar sons de falares africanos, na ortografia conhecida como *ajami*. No sentido inverso, vemos também o termo *boko*, que é a designação da escrita, em caracteres latinos, usada para grafar palavras da língua hauçá. Nesses dois casos, do *ajami* e do *boko*, talvez o mais correto seria usar o termo "transliteração", que designa o ato de escrever, com

ESCRITORES E ESCRITORAS

um sistema de caracteres, algo originalmente não escrito ou escrito através de outro sistema. Outro sistema africano de escrita foi o chamado *Moum*, criado por iniciativa do rei Njoya, do Bamum, após sua conversão ao islamismo, no século XIX. **Aprendizado do português.** Nas áreas ocupadas pelos portugueses, o aprendizado da escrita por parte das elites locais ocorreu com relativa rapidez. Assim, poucas décadas após o estabelecimento dos primeiros contatos, alguns governantes ou convertidos ao cristianismo passaram a produzir textos escritos. Foi o caso, por exemplo, do primeiro manicongo (rei do Congo), de nome Mbemba-a-Nzinga, cristianizado como Afonso I, e, entre outros, do rei do povo temné, de Serra Leoa, conhecido como Ventura de Sequeira, que estudara em um colégio jesuítico e dominava a escrita da língua portuguesa no final do século XVI. O mesmo ocorreu com as autoridades dos Dembos do norte de Angola a partir de meados do século XVII, como se pode constatar da leitura de correspondência mantida entre diversos deles e as autoridades portuguesas. **Gramáticas africanas**. Nos séculos XVIII-XIX, diversos intelectuais africanos convertidos ao cristianismo dedicaram-se a elaborar dicionários e gramáticas de suas línguas nativas, o que acelerou o surgimento de culturas escritas fortemente influenciadas pelas matrizes de pensamento europeu. Neste sentido, podem-se mencionar: a gramática da língua fante e o catecismo trilíngue em Gwa-Fante-Dinamarquês, de Christian Jacob Protten (1715-1769); a gramática e o dicionário Twi, de David Asante (*c.* 1834-*c.* 1892); e os textos transpostos para o iorubá, igbo e nupe,

de Samuel Ajayi Crowther (1809-1891). Ver ADINKRA; BAMUM, NJOYA, Mbouombuo; NSIBIDI.

ESCRITORES E ESCRITORAS. O conceito de "escritor" define o criador de uma obra escrita no campo da literatura, em diversas modalidades, principalmente ficcional, poética ou científica. O continente africano é muitas vezes destacado pela notória riqueza de sua literatura oral, transmitida fielmente através dos séculos por gerações de intérpretes, como os griôs da África ocidental, e compreendendo múltiplos gêneros, bem como abordando assuntos como: mitos cosmogônicos; romances de aventuras; cantos rivemis; poesia épica, cortesã, fúnebre e guerreira; gestas de amor e cavalaria; provérbios e adivinhas. Entretanto, por razões históricas evidentes, a literatura escrita do continente, salvo raríssimas exceções, só passou a ser conhecida no século XX. Mas, ao longo da época focalizada neste dicionário, destacaram-se escritores e escritoras africanos, mais conhecidos por trabalhos de cunho etnográfico e narrativas de viagem, a cujas obras, entretanto, não se pode negar valor literário ou científico, como os a seguir enumerados, remetidos para os verbetes respectivos. Ver AL-GHASSANIY, Muyaka bin Haji; ALMADA, André Álvares de; AL-WALATI, Muhamad Al-Bartili; AMINA BINT AL-HAJJ ABD AL-LATIF; ANDERSON, Benjamin; ANYENTYUWE; COSTA ALEGRE, Caetano de; CUGOANO, Ottobah; DIÁSPORA AFRICANA (Ignatius Sancho; Juan Latino; Phillis Wheatley); EL MAJDOUB, Abderraman; EMILY RUETE; EQUIANO, Olaudah; JOHNSON, Samuel; MWANA KUPONA BINTI

MSHAM; NANA ASMA'U; NTISIKA-NA; PEREIRA, José de Fontes; RAAGE UGAAS; SIDIYYA AL-KABIR AL-N-TISHAI'I; SI MOHAND; TIYO SOGA. Ver também TRADIÇÃO ORAL (Tradicionalistas).

ESIGUIE (*Esigie*). *Obá* (soberano) do Reino Edo de Benin, no atual território nigeriano, entre 1504 e 1550. Converteu-se formalmente ao cristianismo em 1515, permitindo a entrada de missionários no reino e a fundação de uma feitoria no rio Gwato (*Ughoton*), a partir de onde passaram a escoar carregamentos de pimenta malagueta e escravos. Após uma primeira fase de contatos religiosos, políticos e comerciais, Esiguie retornou publicamente à prática da Religião Tradicional, deixando de prestar apoio aos evangelizadores, diminuindo a oferta de escravos do sexo masculino e condicionando a permanência das negociações com os portugueses à aquisição de armas de fogo (RYDER, 1977, p. 45). Ao fim de seu governo, o contato com os portugueses estava enfraquecido, e o governante mantinha negociações com outros europeus, principalmente ingleses. Ver BENIN.

ESPECIARIAS. Produtos extraídos de ervas, sementes ou partes de plantas, com propriedades conservantes, aromatizantes ou gustativas, para uso alimentar, medicinal ou industrial. Os mais procurados, como cravo-da-índia, cominho, canela, baunilha, pimentas etc., constituindo importantes itens do comércio transoceânico, na África eram adquiridas sobretudo em Zanzibar, Pemba e Madagascar, na costa oriental, bem como em Marrocos, Egito e Sudão.

ESPÍRITOS. Segundo o conhecimento geral a respeito, a tradição religiosa nativa do continente africano compreende o culto de seres imateriais dotados de força vital e inteligência, que a ciência define como gênios e espíritos. E nas cosmovisões, o lugar reservado aos espíritos constitui traço diferencial. Embora não se deva insistir em generalizações, pode-se ao menos afirmar que, no tempo historiado neste dicionário, em diferentes locais do continente, a comunhão com espíritos, sobretudo os dos ancestrais, estava inserida nas atividades cotidianas e nos grandes eventos que regulavam a vida social. Este aspecto encontra explicação nas cosmologias em que a noção de pessoa englobava pelo menos três componentes: a) um corpo físico, material, transitório e perecível; b) uma espécie de duplo, que, durante o sono, poderia eventualmente se desprender do corpo; c) um princípio vital, conectado com a força vital circulante entre os elementos da natureza (vegetais, animais ou minerais). A reunião destes três elementos e sua interconexão permitiam à pessoa viver e agir, mas sua separação ou dissociação podiam provocar a morte (LABOURET, 1935, p. 462). Assim, a distinção entre as esferas "sobrenatural" e "natural", "sagrado" e "profano", "religiosa" e "não-religiosa" não tem sentido nas formas de vida social dos povos aqui retratados, que estavam apenas superficialmente cristianizados ou islamizados, e mesmo nesses casos haverá que se considerar o peso da "africanização" das respectivas religiões monoteístas. **Ritualistas.** Em diversas sociedades enfocadas neste dicionário, a mediação entre os seres humanos e os espíritos era feita

ESSUATÍNI (*Eswatini*)

por sacerdotes ou ritualistas impropriamente designados nas narrativas dos observadores europeus como feiticeiros ou praticantes da feitiçaria. Entre os povos da Alta Guiné, eram designados pelo termo *djambacousse* ou *djambakós*, e na área Congo-Angola como *ngangas* e *quimbandas*. Nos contextos de islamização mandingas, fulas e uolofes, tal papel de intermediação por vezes coube aos chamados *bexerins* e *cacizes*. Do outro lado do continente, o papel de intermediários entre os humanos e os espíritos (como médiuns, adivinhos, conselheiros, curadores etc.), no Reino do Monomotapa, coube aos especialistas denominados *swikiros*, os quais correspondiam, de certa forma, entre os povos de Antemoro, em Madagascar, aos ritualistas conhecidos como *ombiasses*. **Médiuns e oráculos**. Esta integração entre o mundo físico e o mundo espiritual, sempre entendidos como indissociáveis, levou a que, em diversas situações, determinados indivíduos, de ambos os sexos, fossem reconhecidos como capazes de Elucidar eventos obscuros ou prever o futuro – sendo, por vezes, impropriamente caracterizados como profetas. Entre os casos mais representativos, pode-se apontar os fenômenos associados ao *Kimpasi* no Congo, aos bacuezis em Ruanda e Uganda e à manifestação espiritual conhecida como Nehanda entre os povos do grupo Xona do Zimbábue desde o período de formação do estado Monomotapa. Ver ADORO; AKONDI; AROCHUKWU; ASASE YAA; BORI, Culto; CHARWE; CUÉZI; FEITIÇARIA; GRIGRI; GUELEDÉ; GUENAUAS; irã; JAMBACOUCES; KIMPASI; MANIPANSO; MONOMOTAPA; MUÁRI; mulemba; NEHANDA; NKISI; OBOSSOM; ORÁCULO; ORIXÁS; ORO; PAGÃO; QUIMBANDA; RELIGIÃO TRADICIONAL AFRICANA; REIS DIVINOS; SAKPATÁ; SWIKIROS; VODUM.

ESSUATÍNI (*Eswatini*). Reino da África Austral cujo território é limitado de norte a sudoeste pelo da África do Sul e a leste pelo de Moçambique. Os suázis, povo predominante no território do país, lá começou a chegar no século XVIII. Constituído por descendentes do antigo clã Ngwane, subgrupo dos ngúnis sob o comando de Sobhuza I, eles migraram fugindo do violento movimento de expansão e conquista chamado *Mfecane*, ocorrido após a morte do líder Chaka. Chegaram às terras altas do atual território do reino, onde seu líder estabeleceu seu poder. Contudo, com a morte de Sobhuza I em 1838, seu filho e sucessor, Mswati (1820-1868), foi reconhecido pelos britânicos como legítimo rei do seu povo, e os ingleses o defenderam contra os Ngonis. O povo então passou a ser conhecido como "suázis", provavelmente por iniciativa e ação dos próprios colonialistas. Ver CHAKA; MFECANE; SOBHUZA.

ESSUMAS (*Essouma*). Povo integrante do grupo dos Lagunares localizado na faixa litorânea do sudeste do atual território da Costa do Marfim, próximo à fronteira ganense. Suas lideranças foram, provavelmente, responsáveis pela fundação do Reino de Assínia (Issiny), que no século XIX abrigava uma feitoria europeia (M'BOKOLO, 2011, v. II, p. 31). Ver ASSÍNIA; LAGUNARES.

ESTADOS NEGREIROS. Expressão usada em Dorigny e Gainot (2017, p. 40) para designar os estados africanos que, durante

ESTRUTURAS SOCIAIS

a vigência do Tráfico Atlântico, eram responsáveis por "capturar, transportar, guardar e alimentar" os escravos até seu embarque para a chamada "Grande Travessia", em viagens financiadas e controladas segundo interesses europeus, numa conjuntura em que "a demanda europeia de escravos esteve totalmente associada à oferta africana". Ver ESCRAVATURA COMERCIAL; ECONOMIA DO TRÁFICO; TRÁFICO NEGREIRO; TRAFICANTES.

ESTEBANICO. Ver DIÁSPORA (Africanos e descendentes na Diáspora: histórias exemplares).

ESTRUTURAS SOCIAIS. Uma das definições de "estrutura social" é a forma pela qual uma sociedade se organiza, através, principalmente, das relações estabelecidas entre os indivíduos, a partir dos papéis que estes assumem dentro do seu grupo. Entretanto, para o continente africano, devido a sua dimensão, sua variedade ambiental, diversidade étnica, social, cultural e política, não convém teorizar sobre tendências gerais que nem sempre são suficientemente representativas em âmbito continental, ainda mais dentro da longa extensão temporal abrangida por este dicionário. Admitida esta dificuldade, convém igualmente evitar o risco oposto, de pensar que, em face das contingências históricas a que estiveram sujeitas, as sociedades africanas não teriam experimentado transformações e inovações ao longo do tempo. Tais movimentos ocorreram e ocorrem em todas as sociedades humanas, e as africanas não constituem exceção. Nelas, como em todos os grupos sociais em todo o mundo, as continuidades, adaptações, rupturas e reconfigurações constituem motores privilegiados das transformações históricas, seja em dimensão conjuntural, seja em dimensão estrutural. **Elementos estruturantes**. Numa tentativa de sistematização, com finalidade didática, podemos identificar alguns elementos recorrentes, estruturantes na composição, organização e estruturação das sociedades em diferentes ambientes e contextos. São eles: a) organização em grupos etários, sexuais, etc. de acordo com seus graus de diferenciação e/ou complementaridade; b) divisão do trabalho social e sua gestão por categorias especializadas, como guerreiros, caçadores, artesãos, sacerdotes, agricultores, pastores, pescadores etc.; c) liderança sob o controle de chefes de linhagens ou clãs identificados e reconhecidos em seu prestígio por laços familiares, e, em certos casos, tendência para acumulação e monopolização do poder de decisão em estados, sejam monarquias, confederações de povos etc. com diferentes níveis de alcance: local, nos microestados ou chefaturas; geral, nas monarquias com maior capacidade de influência e exercício da autoridade de seus chefes; d) fluidez e entrelaçamento entre os atores sociais, de acordo com os princípios da reciprocidade e da solidariedade; e) nenhuma distinção, nos fenômenos sociais, entre as esferas individual e coletiva, nem entre as esferas "natural" e "sobrenatural". **Mudanças sociais**. Paralelamente, diversos fatores, relacionados, sobretudo, à gradual importância assumida pelo tráfico negreiro, atuaram como agentes de transformação na estrutura social a médio e longo prazos. O impacto de tais mudanças variou de acordo com as

ETÍOPE, Igreja Ortodoxa

áreas geográficas (maior incidência no litoral atlântico, mediterrânico, índico, e menos no interior do continente) e com os grupos envolvidos. Os estratos sociais superiores foram os mais afetados, e o que se pode dizer é que, no período abrangido entre os séculos XVI e XIX, os antigos detentores do poder perderam espaço em toda parte em que continuaram a apoiar-se nas antigas formas de legitimidade – tanto em sociedades afetadas por modelos euro-cristãos quanto por outras afetadas por modelos árabo-muçulmanos, turco-muçulmanos ou afro-muçulmanos (provenientes do Egito e do Magrebe), por exemplo. Para além das relações estabelecidas a partir de filiações ou alianças de linhagens ou clânicas, as regras de funcionamento do comércio, a ideia de valor econômico associado ao tráfico e o acúmulo de capital dela resultante fez surgir categorias sociais novas, parcialmente diversas dos modelos tradicionais, mas valendo-se deles para ampliar a sua influência local. A distinção entre "homens novos", mercadores e traficantes, por vezes chamados de "cavaleiros da aldeia" ou "xerifes da aldeia", e as antigas aristocracias tornou-se gradativamente maior e impulsionou alterações de outra ordem no plano político – com o fortalecimento de monarquias e teocracias altamente centralizadas e militarizadas. A crescente influência do cristianismo romano e do islamismo, ambos em suas versões unificadoras e reformistas dos séculos XVIII-XIX, ofereceu às elites africanas instrumentos novos para o exercício do poder, antecipando as inovações do período colonial. Para a massa da população, sobretudo aquela espalhada mais para o interior

do continente, os efeitos foram eminentemente negativos devido à progressiva sangria humana provocada pelo tráfico. Também a situação das mulheres africanas sofreu mudanças significativas nos espaços de difusão dos monoteísmos (cristão, islâmico), nos quais as regras de sucessão familiar e os valores sociais conferiram maior prestígio aos homens. Não obstante, os processos de crioulização fizeram emergir novas categorias sociais intermediárias, em que as mulheres mestiças, como as "donas" e as *signares*, ocuparam posição de destaque. Ver CABILA; DEGREDADOS; DONAS, Duas Partes, Aldeia das; FAMÍLIA; GOVERNO, Formas de; HARRATIN; ROBBEN, Ilha; IMAMADO; LINHAGEM; MERCANTILISMO – África Ocidental; OHU; ORGANIZAÇÕES MILITARES; MUTOLOS; POMBEIROS; POPULAÇÃO AFRICANA; presídios; QUILOMBO; SIGNARES; TÉCNICOS E EMPREENDEDORES; TONDYON; TRAFICANTES; TRÁFICO NEGREIRO; UÂNGARA; UBUHAKE.

ETÍOPE, Igreja Ortodoxa. Ver IGREJA ORTODOXA ETÍOPE.

ETÍOPE, Império. Expressão que designa o conjunto de Estados governados a partir, sucessivamente, das cidades de Gondar e de Adis Abeba. Sua existência data do reinado de Lalibela, da dinastia dos Zagués, reinante no século XIII, e perdurou até 1974. Ver ZEMENE MESAFINT.

ETIÓPIA, Planalto da. Também referido como Planalto Etíope e "Teto da África", constitui uma grande massa, de elevada altitude, distribuída pelos atuais territórios de Etiópia e Eritreia (onde,

ETIÓPIA

às vezes, é mencionada como Planalto da Eritreia), além do norte da Somália e do Chifre da África.

ETIÓPIA. País da África Oriental localizado no Chifre da África, na vasta região montanhosa entre o rio Nilo e o Mar Vermelho, e outrora também referido como Abissínia. Sobre a denominação "Etiópia", do grego, *aethiops,* "face queimada", e, por extensão, "terra dos negros", veja-se que foi empregada em textos greco-romanos e medievais para referir à porção desconhecida do continente africano, situada mais para o Sul, e deixou paulatinamente de ser empregada a partir do século XVI. Em 1565, na publicação da *Description de l'Afrique,* de Leão, o Africano, o que aparece substancialmente na obra é uma descrição dos lugares, instituições e costumes dos povos do norte do continente. E, no século XVII, a denominação "África" é a mais frequentemente usada em mapas, livros de cosmografia, de geografia, crônicas e relatos de viagens. Entretanto, algumas obras, como a *Ethiopia Menor,* de Manuel Alvares (1614), e a *Ethiopia Oriental,* de Frei João dos Santos (*c.* 1570-*c.* 1625), insistem na antiga designação, que acaba prevalecendo. **Antecedentes históricos**. Durante o processo da conquista árabe-islâmica de partes da África, o poderoso Reino de Axum, cristianizado desde o século IV e dominando o sul da Arábia, foi pouco a pouco isolado e neutralizado. No século VIII, forças árabes ocuparam o litoral do Mar da Eritreia e as ilhas Dahlak, e seu avanço progressivo, aliado a agressões internas como a dos agaus, ensejou o surgimento da dinastia Zagué. Os zagués, porém, acabaram destronados pela dinastia Salomônica,

que promoveu o renascimento da cultura e do poder axumita, mesmo a continuação das investidas muçulmanas a partir dos sultanatos de Ifat e Adal, até a chegada dos portugueses no final século XV. **Século XVI**. Ressalte-se que o país foi um dos fornecedores de escravos para a Arábia; e veja-se que, no século XVI, as principais cidades etíopes se localizavam na região do lago Tana, a noroeste. Mas desde tempos anteriores o Império Otomano, expandindo sua influência até o Mar Vermelho e dominando o porto de Massaua, impedia o acesso dos etíopes ao mar, o que só terminou com a destruição do Sultanato de Adal, garantida pela armada lusitana. Chegados os anos de 1600, esse era o panorama histórico da Etiópia, o qual tinha como pano de fundo a penetração gradual dos galas, vindos do oeste. Nesse panorama, dois imperadores, primeiro Suzênio e depois Za Dengel, tinham abandonado o cristianismo ortodoxo e adotado o catolicismo, para assim conseguir apoio de Portugal. Mas a ação de alguns missionários, pretendendo catolicizar etíopes à força, resultou em rebeliões. Nesse quadro, na década de 1630, Suzênio abdica do trono em favor de seu filho Fazílidas, o qual proíbe o catolicismo, expulsa os missionários e estabelece sua capital em Gondar. O reinado desse imperador é mencionado como de modernização e refinamento da Etiópia, mas em meados do século XVIII o país enfrentava grandes dificuldades: os poderes do monarca se enfraqueciam, as principais províncias iam se tornando independentes e muitas lutavam entre si pela hegemonia em suas regiões. Os galas, penetrando gradualmente no país, acabaram por

ETIÓPIA

tornar-se majoritários na população, sobrepujando os asmarás. O país, assim dividido, era cada vez mais cobiçado pelo poder otomano do vizinho Egito, e também por potências europeias. **A Era dos Príncipes**. Após a morte do *négus* Yoas, em 1769, a Etiópia viveu o período caracterizado por inúmeras revoltas conhecido como "Era dos Príncipes" ou "Era dos Juízes", que perdurou até 1855. Nesse ano, o então obscuro chefe provincial chamado *Kassa* restabeleceu a tradição imperial, assumindo o poder com o nome "Teodoro II" (o primeiro desse nome reinara entre 1411 e 1414). **Século XIX**. Com Teodoro II, inicia-se, no Império Etíope, uma era de notáveis realizações no sentido da unificação, modernização e afirmação da soberania do estado. A ele seguem-se Joanes IV e Menelik II. Teodoro iniciou a reunificação, reorganizando o exército e suprindo-o de armamentos. Criou impostos para custear essas despesas e fazer face às obras de novas estradas. Entretanto, em 1868, suas tropas foram derrotadas em Magdala por um exército inglês integrado por 32 mil soldados que foram puni-lo por ter aprisionado Lorde Cameron, o maior representante local do governo britânico. Traído por alguns *rás* (chefes políticos provinciais), o imperador Teodoro pôs fim à própria vida. Seu sucessor, Joanes IV, defendeu a Etiópia contra-ataques de forças egípcias e italianas, sendo morto em 1889 na guerra contra os mahdistas, aliás, vencida pelos etíopes. Seu sucessor foi Menelik II, que conseguiu uma grande vitória sobre os italianos em Adua em 1896 e que até a morte, em 1913, trabalhou continuamente para fazer da Etiópia um Estado moderno.

A montagem do sistema defensivo, com a aquisição de armas modernas, ocorreu após o Tratado de Ucciali, firmado com os italianos, no qual, em troca de um empréstimo de 4.000.000 de francos e da oferta de 38.000 espingardas e 20 canhões, os italianos tiveram como garantia o controle sobre as alfândegas de Harar e a anexação da região circunvizinha a ela caso não recebessem de volta o valor emprestado. Entretanto, sem a aprovação de Menelik, os italianos fundaram a Eritreia, o que significava a criação de uma base de poder territorial que ameaçava diretamente a soberania etíope (MACEDO, 2013, p. 134-135). Observe-se que um dos fatores que favoreceram a partilha da África entre as potências europeias na Conferência de Berlim foi a superioridade bélica expressa na modernidade das armas europeias. Do lado africano, a exceção foi quase que unicamente a Etiópia, cujos exércitos, sob o imperador Menelik II, dispunham de muitos e bons armamentos. Isto foi que determinou a vitória dos etíopes sobre os italianos na Batalha de Adua, bem como sua independência até a década de 1930. Ver ABISSÍNIA; ADAL, Sultanato de; ADIS ABEBA; ADUA, Batalha de; AFAR; ÁFRICA ORIENTAL; AGHA, Beshir; AMÁRICO; AMHARA; BAKAFFA, Walde Gioyrgis; EGITO; ERITREIA; ETÍOPE, Império; FAZÍLIDAS; GALAS; GONDAR; HARAR; IYASU I; JOANES IV; lebna dengel; MAGDALA; MENELIK II; MÚSICA E DANÇA; OROMOS; RÁS; RELIGIÃO TRADICIONAL AFRICANA; SOMÁLIA; SUZÊNIO; GIORGIS, Tekla; TEODORO II; TEÓFILO; UNCIONISMO; XOA; YOSTOS; ZA DENGEL; ZEMENE MESAFINT.

ETIÓPIA –
IMPERADORES Séculos XVI-XIX

NOME	PERÍODO DE GOVERNO
Lebna Dengel	1508-1540
Galawdewos	1540-1559
Menas	1559-1563
Sarsa Dengel	1563-1597
Yacob I	1597-1603
Za Dengel	1603-1604
Yacob II	1604-1606
Suzênio	1606-1632
Fazílidas	1632-1667
Joanes I	1667-1682
Iyasu I, o Grande	1654-1706
Tekla Haimanot I	1706-1708
Teófilo	1708-1711
Yostos	1711-1716
Dawit III	1716-1721
Bakaffa	1721-1730
Iyasu II	1730-1755
Iyoas	1755-1769
Tekla Haimanot II	1754-1777
Iyasu III	1784-1788
Tekla Giorgis I	1779-1800
Iyasu IV	1830-1832
Sahle Dengel	1832-1840, 1851-1855
Teodoro II	1855-1868
Tekla Giorgis II	1868-1872
Joanes IV	1872-1889
Menelik II	1889-1913

Fonte: LIPSCHUTZ; RASMUSSEN, 1989, p. 65.

ETIOPIANISMO. Movimento político-cristão surgido no centro-sul africano no século XIX também referido como Etiopismo. Seu nome evoca o fato de que os negros são, no Antigo Testamento, sempre referidos como "etíopes" e sua proposta se assenta em um texto do Salmo 68 ("(...) os etíopes, com as mãos

ETNIA

levantadas orarão a ti, ó Deus"). Com a vitória do etíope Menelik sobre os italianos na Batalha de Ádua, em 1896, o movimento ganhou força e se difundiu, inclusive, até os Estados Unidos.

ETNIA. Caracterização ainda cientificamente polemizada de uma comunidade de indivíduos que compartilham afinidades de base biológica e cultural. A expressão "grupo étnico", que lhe corresponde, é a adotada nesta obra (LOPES; MACEDO, 2017, p. 119). Ver GRUPO ÉTNICO.

EUNUCOS. No âmbito deste dicionário, eunuco era o homem castrado, geralmente empregado como vigilante em haréns do mundo árabe-muçulmano (LOPES; MACEDO, 2017, p. 119). A mutilação a que eram submetidos os eunucos, observada desde os tempos bíblicos e transmitida aos povos árabes, parece fundamentar-se no mandamento contido no Deuteronômio: "Ninguém tomará a mulher do pai nem levantará o manto paterno". Tal ordem parece significar, ao mesmo tempo, uma diminuição de capacidade civil e uma pena, já que, segundo o mesmo texto bíblico, o castrado ou amputado sexualmente era proibido, segundo a tradição hebraica, de entrar na "assembleia do Senhor" (DEUTERONÔMIO, 23:1). Em Gomes (2019, p. 81-82), lê-se que o emprego de eunucos em funções-chave na estrutura dos impérios poderia ser explicado pelo fato de que, sendo eles privados da capacidade reprodutiva, suas atribuições se esgotavam no curso de suas vidas. Como não teriam herdeiros biológicos que pudessem reivindicar patrimônio ou status, constituíam um grupo conveniente à ordem social de reinos e estados. **Na África**. A prática

da castração de servidores palacianos é, então, provavelmente uma influência do modelo de governo muçulmano na África subsaariana, e pode ser observada desde pelo menos os séculos XIII-XV no Magrebe, no Egito e nos estados islamizados da Bacia do Níger e do lago Chade. Caracterizava-se pelo emprego de homens escravos, não só em haréns, mas também em templos e nas casas e palácios de governantes poderosos como parte de suas guardas pessoais, e até mesmo como ministros e altos funcionários. A presença dessas pessoas é reiteradamente atestada nos séculos XVI-XVIII no Kanem-Bornu e nos reinos de Baguirmi e Waddai, sendo que no século XIX servidores castrados foram introduzidos na administração palaciana do Califado de Sokoto. Em Túnis, o *agha*, chefe dos eunucos e o mais importante ministro do *bei*, tinha plena jurisdição sobre os escravos de pele escura, e em muitos casos sua palavra não podia ser contestada (M'BOKOLO, 2009, p. 367). Também no Daomé a posição dos eunucos era diferenciada. Eles integravam uma casta particular de indivíduos tornados impotentes não por castração física, mas pela ingestão de certos remédios durante a infância, sendo talvez preparados para a função desde tenra idade. Segundo o padre Vicente Ferreira Pires, eram conhecidos como "talhados do rei" ou "leguedés" (do fon *legedè*, "caso duvidoso", "desvirtuado") e mantinham-se sob as ordens de um dos mais altos dignitários palacianos, o *ganjó* (do fon, provavelmente *gan ajo*, "chefe do comércio"). Eles desempenhavam diversas funções e participavam do conselho de governo, podendo inclusive contestar as decisões dos conselheiros. Por serem confidentes dos governantes, aqueles que fossem condenados à pena de morte tinham que ser decapitados na presença do rei "em ordem a não revelar os segredos que lhes foram confiados" (PIRES, 1957, p. 112). Ver GANJÓ.

EUROPEUS NA ÁFRICA. No século XVIII, o domínio ibérico dos mares e a expansão colonial, em curso desde o século anterior, acirraram, entre as potências europeias, a competição pelo domínio do continente africano. Os principais competidores eram Inglaterra, França e Holanda (ex-República das Províncias Unidas) – a qual, na África, não conseguia tanto êxito quanto na Ásia e nas Américas. Ganhava força aí o tráfico negreiro, sobretudo na África Ocidental e, em particular, no Golfo da Guiné. De 1756 a 1763, França e Inglaterra se enfrentaram na Guerra dos Sete Anos, uma verdadeira guerra mundial, vencida pelos britânicos. Logo após, ocorria a Revolução Francesa, provocando uma grande comoção no continente europeu e marcando o início de um ciclo bélico que iria se estender até o século seguinte. Com Napoleão Bonaparte, instaura-se uma nova guerra entre franceses e ingleses, agora pela hegemonia mundial. Nesse momento, o tráfico atlântico de escravos já tinha atingido uma dimensão gigantesca, impulsionado em sua maioria por negreiros holandeses, ingleses, franceses e portugueses, distinguindo-se os espanhóis mais como compradores do que por ações de captura e apresamento (LÓPEZ-DAVALILLO LARREA, 2003, p. 147). O domínio dos mares, agora, era da Grã Bretanha, que, em terra, continuava tendo a França como sua principal oponente. Em paralelo, uma revolução científico-tecnológica colocava a Europa, já fortalecida pela exploração da África, das Américas e da Ásia, à frente dos demais continentes. Então, consolidada a hegemonia britânica, as potências europeias começavam a assentar as bases da futura partilha do continente africano. **A presença portuguesa**. No século XIV, expedições lusitanas chegam às ilhas Canárias, ao Marrocos e à Mauritânia, para, na centúria seguinte, atingirem, sucessivamente, o cabo Bojador, o rio Senegal, Serra Leoa, a Costa da Mina, a linha do Equador e o rio Congo. No final do século XV, já havia estabelecimentos portugueses em Cabo Verde, São Tomé, na Costa da Mina, no Daomé e no antigo Benin. Na costa oriental, onde chegaram em 1498, os portugueses mantiveram seu domínio a partir de Moçambique, do arquipélago Lamu, até Sofala, por cerca de duzentos anos, impondo-se a outros pretensos conquistadores, como árabes, turcos e holandeses. Esse predomínio marítimo deu a Portugal liderança no comércio mundial e situação privilegiada dentro da Europa. Entretanto, como consequência de disputas dinásticas, o país foi anexado à Espanha, e isto fez com que grande parte de seu império marítimo desmoronasse, caindo nas mãos de ingleses e holandeses. E é nessa conjuntura que Portugal perde o controle do Reino do Congo e se volta para Angola. No século seguinte, entretanto, Inglaterra e Holanda começa a desafiar os monopólios de portugueses e espanhóis pela ação de empreendimentos mercantis como a Companhia das Índias Ocidentais. Até que a Espanha anexa Portugal no domínio filipino, que se estende de 1580 a

EUROPEUS NA ÁFRICA

1640. Os motivos das primeiras expedições portuguesas podem ser vistos como uma conjugação de interesses comerciais, políticos, científicos e religiosos. As motivações comerciais vinham de informações sobre a existência de vastos depósitos de ouro no interior do oeste africano. Embora a exploração dessa riqueza fosse controlada por autoridades norte-africanas, os portugueses estavam convencidos de que eles, então, não tivessem poder sobre essas minas. Assim, decidiram eliminar a intermediação para controlar, eles mesmos, o fluxo de ouro para a Europa, através de Portugal. Além deste motivo comercial específico, os portugueses também ansiavam engajar-se no comércio geral, e o fizeram, certos de que, se encontrassem parceiros cristãos, o comércio seria lucrativo para ambas as partes. Outra motivação para as primeiras expedições foi a perspectiva de ganho político. Os portugueses, de início, pensaram em termos de um império territorial na África Ocidental, ou mesmo uma série de reinos clientes, tendo o rei de Portugal como senhor. Mas isso sucedeu de outra forma: a monarquia decidiu que todo o esforço deveria ser feito para achar príncipes para os quais a caridade e o amor de Cristo fossem utilizados para ajudá-los contra os inimigos da fé. Como, entretanto, ficou logo entendido, os portugueses não estavam procurando por aliados, mas sim por reinos cujos potenciais recursos pudessem ser colocados à sua disposição. Sob o aspecto científico, os portugueses queriam encontrar uma ligação para além das Ilhas Canárias e do Cabo Bojador, na costa do atual Saara Ocidental, pois esses eram os limites então existentes à navegação atlântica.

Estavam determinados a comprovar ou não as teorias então difundidas de que os mares além do Cabo seriam de água fervente e povoados de monstros, ou situados em uma zona tórrida na área tropical. Esse interesse científico, contudo, não se limitava à exploração da África Ocidental, pois visava à descoberta de uma rota marítima para as Índias, o que era o plano principal. Outro motivo alegado para as expedições era a religião. Num momento em que o catolicismo tinha um grande papel, ele era sempre a capa sob a qual se escondiam as intenções; mesmo o tráfico negreiro, que era um empreendimento comercial, foi justificado sob o pretexto de salvar almas de pagãos (BOAKYE, 1982, p. 86-87). Ao ser anexado pela Espanha em 1580, Portugal viu-se lançado na turbulência da política internacional de seus anexadores, então em disputa com outras grandes potências, o que deixou o Reino isolado e enfraquecido, sem poder para repelir os que cobiçavam os domínios comerciais conseguidos pelos portugueses na África. Nas últimas três décadas do século XIX, o país perdera completamente o poderio de tempos idos. Abalado pela independência do Brasil e por trinta anos de guerras civis, durante os quais se bateram principalmente liberais e nobres fundiários, e chegando à anarquia, Portugal era um país arruinado, cuja intervenção nos reinos do Congo e do Monomotapa, entre os séculos XV e XVII, tinha levado à destruição econômica e políticas desses importantes Estados (FAGE; TORDOFF, 2017, p. 350). Estrangulado pelas dificuldades internas, não podia concorrer em pé de igualdade com Inglaterra, França e Alemanha, as principais potências imperialistas; assim, manipulando habilmente e jogando com as contradições das superpotências, Lisboa conseguia manter possessões na África. No entanto, pairava sempre no ar a ameaça de que estas passassem para as mãos de um rival mais forte (FITUNI, 1985, p. 72; M'BOKOLO, 2011, p. 367). **A presença holandesa.** Com o domínio espanhol em Portugal e no Brasil a partir de 1580, a burguesia holandesa havia perdido um de seus negócios mais lucrativos: a exportação de açúcar do Brasil para o ávido mercado europeu. E isto porque a Holanda, que viveu longos anos também sob o jugo espanhol, já agora quase conquistou sua independência, o que de fato vai ocorrer em 1581. Independentes da Espanha, os holandeses resolvem lhe fazer frente, e para tanto organizam uma grande companhia com finalidades tanto comerciais quanto militares – a Companhia das Índias Ocidentais – que vai tentar, principalmente, destruir o domínio espanhol nas Américas e conquistar o Brasil e seu açúcar. Em 1637, com os holandeses já estabelecidos no nordeste brasileiro, chega ao Brasil o conde Maurício de Nassau, que percebe logo a necessidade de incrementar cada vez mais a importação de mão de obra escrava para que daqui se pudesse tirar cada vez mais açúcar. À época, o Reino de Angola era o grande manancial abastecedor dos engenhos brasileiros. Em 1641, a Companhia das Índias Ocidentais resolve conquistar Angola. Numa rápida sequência, os holandeses tomam aos portugueses Mpinda, São Tomé, Luanda e Benguela, e aí, procurando tirar proveito do momento histórico, a Rainha Nzinga (que em 1635 formara

uma coligação guerreira reunindo ao seu Reino de Ndongo-Matamba, o Congo, os Estados Livres da Quissama, o de Caçanje e o dos Dembos) se alia aos holandeses. Em 1647 o domínio da coligação é total. No rio Lucala, os portugueses são derrotados fragorosamente; da mesma forma em Conta Cabalanga. Então, parte do Rio de Janeiro Salvador Correia de Sá e Benevides, que em 1648, depois de encarniçados combates, vence a tríplice aliança em Massangano, expulsa os holandeses e inaugura o período de dominação brasileira em Angola. A partir daí, negociantes lusitanos e luso-brasileiros que viviam no Brasil começam a tomar o lugar dos portugueses de Lisboa, e o tráfico negreiro experimenta um terrível incremento. Na África Oriental, entre os séculos XVII e XVIII, a Companhia Holandesa das Índias Orientais exerceu influência sobretudo na gênese da Colônia do Cabo, no território da atual África do Sul. Nesse contexto, em 1652, o holandês Riebeeck aportou no Cabo da Boa Esperança e estabeleceu um povoado. Os primeiros habitantes que chegaram junto com ele eram simples trabalhadores que desejavam deixar para trás sua vida miserável nas ruas de Amsterdam. Segundo algumas análises, o objetivo dos holandeses não era colonizar a África, e, sim, criar um núcleo para apoiar o comércio direto com as Índias e que funcionasse como estação de reabastecimento para os navios. Então, mais que uma pequena cidade, tratava-se de uma fortaleza com um povoado ao redor. E os habitantes pioneiros, pelos registros que deixaram, não tinham nenhum interesse na população local, por eles considerada inferior. Assim, desenvolveram

EUROPEUS NA ÁFRICA

na região uma nova cultura, formando uma comunidade fechada, a dos africâneres ou bôeres, contra a qual o domínio britânico logo se impôs, no episódio conhecido como a "Guerra dos Bôeres". Já no século XIX, em 1871, os holandeses venderam aos britânicos os territórios que detinham na Costa do Ouro. Dois anos depois, a bandeira inglesa foi içada nas fortificações de Chamah, Sekond, Boutri, Dixcove, Axum, Acra, Addah e Keta. No entanto, os dominadores insistiam em afirmar que o governo de Sua Majestade Britânica não tinha intenção de estabelecer protetorado sobre as povoações locais sem o consentimento dos habitantes nativos (CORNEVIN, 1962, p. 411-12). **A presença francesa**. Os primeiros estabelecimentos franceses na África foram criados no Senegal, a partir de 1624. Na década seguinte, fundavam a cidade de Saint Louis (São Luís do Senegal). Nesse mesmo tempo, ocorriam tentativas francesas de penetração na Costa do Marfim, através de missionários religiosos. Mais tarde, outros estabelecimentos foram criados, principalmente na Ilha de Gorée e nas localidades de Rufisque e Joal. Por essa época, o território era ocupado principalmente por indivíduos dos povos Uolofe, Peúle e Tuculor. Os uolofes estavam fracionados e sob influência dos fulânis, que tinham vencido o *Bur-ba* (rei) de Jolof pouco tempo atrás. No **oceano Índico**, os franceses se apossaram das ilhas que chamaram *Bourbon*, atual **Reunião**, e Royale, hoje Maurícia, bem como do arquipélago das Seicheles. Em 1798, a França invade o Egito; em 1830, invade Argel; em 1850, entra no Senegal. Mas a verdadeira implantação colonial só ocorre no último quartel do século XIX, com a série de tratados assinados com os reinos costeiros. Além disso, expandindo-se para o interior e para o norte do continente, os franceses formam o território denominado Sudão Francês, hoje ocupado parcialmente por Senegal, Mauritânia, Guiné, Mali e Burkina Fasso, povoando grande parte do norte, do oeste e do centro do continente africano, no que passaria a ser chamado de Congo-Brazzaville. Entre 1893 e 1907, período em que se estabelece o protetorado sobre a Tunísia, tem lugar a chamada "penetração pacifica", à qual, face à resistência, segue-se a conquista armada. **A presença inglesa**. O termo "inglês" (plural ingleses) é utilizado nesta obra em sua acepção geral e popular, que identifica cada um dos habitantes da Grã-Bretanha (grande ilha da qual a Inglaterra propriamente dita ocupa a parte sul), também referidos, ocasionalmente, como "britânicos", bem como tudo o que a eles se refira. No final do século XVIII e em meados do século XIX, os ingleses, com enorme poder naval e econômico, assumem a liderança dos negócios africanos. Combatem a escravatura, já menos lucrativa, direcionando o comércio africano para a exportação de ouro, marfim e peles de animais. Dominando as relações comerciais, os britânicos estabelecem contatos político-econômicos na costa e implantam um sistema administrativo, fortemente centralizado nas mãos de representantes da coroa inglesa, ramificado por várias regiões do continente. Na África Oriental, por exemplo, em 1799, a Marinha inglesa chegou a Zanzibar, e a partir daí manteve estreitas conexões com o sultão de Oman, que lá instalara sua capital,

EWE (*Éwé; Evhé*)

pressionando-o no sentido da extinção do tráfico negreiro. De 1850 a 1880, exploradores ingleses penetraram da costa até o Sudão e o oeste de Uganda. Assim, a Companhia Imperial Britânica da África Oriental começou a comerciar e administrar regiões do interior. Como esse trabalho não rendeu os frutos esperados, a Coroa britânica estabeleceu protetorados sobre Uganda, em 1893, e no Quênia, dois anos depois (HOWATT, 1973, p. 220-221). Na África Ocidental, no século XVII, empreendimentos marítimos holandeses motivaram o aumento da competição inglesa. Então, britânicos passaram a atuar mais fortemente no estuário do rio Gâmbia, nas praias de Serra Leoa, em portos da Costa do Ouro e no delta do Níger. No século XIX, a rivalidade com a França, por força da influência dos franceses no interior, se acirrava. Por volta de 1850, empenhados em reprimir o tráfico negreiro, os ingleses agiam por meio das chamadas "expedições punitivas" (HOWATT, 1973). **A Bélgica no Congo**. No reinado de Leopoldo II (1865-1909), a Bélgica era uma monarquia parlamentar. Ambicioso rei de um país pequeno, Leopoldo, num momento em que as potências europeias se lançavam avidamente sobre a África, sob o pretexto de promover a cristianização e a abolição da escravatura patrocinou expedições à bacia do rio Congo. Assim, conseguiu, em 1885, que as grandes potências reconhecessem o "Congo", governado pessoalmente por ele. Numa pilhagem depois reconhecida como escravista e genocida, sua ação, baseada na extração de látex, marfim e minérios, teria dizimado cerca de 10 milhões de vidas. Essas mortes deveram-se a massacres,

torturas, trabalho escravo e epidemias transmitidas pelos colonizadores, além de fome coletiva, provocada por sequestro de alimentos. As atrocidades levaram ao primeiro grande movimento pelos direitos humanos no século XX, o qual destacou personalidades como as de George Washington Williams e Hezekiah Andrew Shanu. Essas revelações são objeto do livro *O fantasma do Rei Leopoldo: uma história de cobiça, terror e heroísmo na África colonial*, do jornalista Adam Hochschild, publicado no Brasil pela Companhia das Letras em 1999. Acrescente-se que, após a morte do rei Leopoldo II, o governo belga assumiu a administração colonial do Congo, até 1960. Ver ARMAS DE FOGO; COLONIALISMO; COMPANHIAS DE COMÉRCIO; ESCRAVATURA COMERCIAL; EVANGELIZAÇÃO; FORTIFICAÇÕES EUROPEIAS; IMPERIALISMO, Era do; MERCANTILISMO – África Ocidental; PARTILHA DA ÁFRICA; RACISMO; TRÁFICO NEGREIRO.

EVALES. Ver MUCUBAL.

EVANGELIZAÇÃO. Ver CRISTIANISMO.

ÉVÉ. Uma das formas em que é transliterada a denominação da língua Ewe. Outras ainda são *awuna, ehue, yewe* etc. (HOUAISS; VILAR, 2001, p. 1279). Ver EWE.

EWE (*Éwé; Evhé*). Língua oeste-africana, falada a partir do atual território do Togo pelo conjunto de povos ewês. Alguns autores mencionaram o *éwé* como um dialeto do *fongbé* ou *fon* (HOMBURGER, 1957, p. 46-47), e outros referem os dois termos como sinônimos da mesma expressão linguística.

EWÊS

EWÊS. Termo que designa, desde o fim do século XIX, o conjunto de povos linguisticamente aparentados atualmente localizados na região do rio Volta, na atual Gana, e nas áreas meridionais de Togo e Benin. Na atualidade, são divididos em: Ewê-Fons ou simplesmente Fons; Ewê-Adjás; Fon-Adjás; além dos reunidos sob o acrônimo Egaf, de Ewê-Gun-Aja-Fon (PARÉS, 2006, p. 34). Segundo Silva (2002, p. 535), os *evés* ou *ewés*, no sentido estrito, são aqueles que habitam a região entre os rios Mono e Volta. **Localização**. Observe-se que entre os séculos XVI e XVII, para escapar à tirania do rei chamado Agokoli, indivíduos de um desses povos deixaram a região de Notsie, no sudeste do Togo, em dois grupos, estabelecendo-se respectivamente nas porções sul e norte das áreas mencionadas. Os de Gana ficaram conhecidos como *ewés* do sul e os de Togo e Benin, como *ewés* do norte (BOAHEN, 2010, p. 478-479). Ver BENIN; DAOMÉ; EGAF; MONO; VOLTA, Rio.

EXPEDIÇÃO FLATTERS (1880-1881). Expedição francesa integrada por 92 homens – entre oficiais, engenheiros, guias árabes e camaleiros – comandada pelo militar que lhe deu o nome. Tinha por finalidade conhecer e mapear as comunidades tuaregues e as rotas do Saara. Era parte da estratégia da invasão colonial da área subsaariana pelos franceses, motivo pelo qual foi ferozmente combatida pelas populações locais. Ver COLONIALISMO; EUROPEUS NA ÁFRICA.

EXPEDIÇÕES PUNITIVAS. Expressão pela qual foram conhecidas as operações militares enviadas por potências europeias à África, no século XIX, com o pretexto de impor ordem a povos tidos como insubordinados e insurgentes, mas com a real intenção de submetê-los, apossar-se de seus territórios e, enfim, colonizá-los. Exemplo eloquente desse procedimento foi, em 1897, a expedição inglesa enviada ao antigo Reino de Benin, em território da atual Nigéria. O resultado imediato foi um saque sem precedentes no palácio do *obá* Overami (*Ovonramwen Nogbaisi*) (1888-1897), representado pelo confisco de mais de duas mil peças de bronze criadas desde o século XIII, as quais, após vendidas em leilão, foram incorporadas ao acervo de diversos museus europeus e norte-americanos, bem como também de particulares. Eram os célebres "bronzes de Benin", peças de fino lavor e altamente valorizadas, não só do ponto de vista histórico, mas, sobretudo no mercado de arte. Ver BENIN; COLONIALISMO; CONFERÊNCIA DE BERLIM; EUROPEUS NA ÁFRICA; RESISTÊNCIA ANTICOLONIALISTA.

EXPLORAÇÕES EUROPEIAS: Efeitos na África. No início do século XVI, nações europeias, tendo à frente Portugal, seguido de Espanha, empreenderam ações de exploração do território africano, num ciclo propagado como a "Era dos Grandes Descobrimentos". Em busca de novas rotas de comércio fora do alcance do Império Otomano, então em plena expansão, os exploradores portugueses, ao mesmo tempo que chegavam à África, estabeleciam pontos de comércio nas áreas litorâneas. No mesmo tempo histórico, os espanhóis se estabeleciam nas Antilhas, chamadas "Índias Ocidentais", nas Américas Central e do Sul, tornando a Espanha a nação mais rica da Europa no século XVI. Entretanto, o monopólio dessas explorações,

EXPLORAÇÕES EUROPEIAS: Efeitos na África

concedido a Portugal e Espanha pelo tratado assinado na cidade espanhola de Tordesilhas em 1494, começou a ser contestado e desobedecido por franceses, ingleses e holandeses. Essa conjuntura econômica e política foi que determinou as bases do relacionamento entre Europa e África, em termos de produção/fornecimento de matérias-primas e força de trabalho: o tipo de relacionamento instaurado, calcado em ações e disputas imperialistas e escravistas, foi se potencializando ao longo dos séculos até chegar à partilha da África entre as potências europeias. Ver COLONIALISMO; ECONOMIA DO TRÁFICO; EUROPEUS NA ÁFRICA; ESCRAVATURA COMERCIAL; POPULAÇÃO; TRÁFICO NEGREIRO.

FA. Entre os povos do grupo aja-fon, o mesmo que Ifá. Ver IFÁ.

FAKU. Rei do povo sul-africano Pondo. Ver PONDO.

FALACHAS (*Falasha***).** Denominação polêmica de uma população da Etiópia caracterizada pela prática de uma vertente do judaísmo, pelo que são também chamados "Judeus Negros" ou *Bani-Israel* ("filhos de Israel"), integrantes da comunidade Beta Israel, "Casa de Israel" (LOPES; MACEDO, 2017, p. 122). Sua história é marcada pela resistência face às pressões e ataques da parte de representantes da monarquia cristã no período da dinastia salomônica. Isto ocorreu em 1550 e em 1626, quando, no governo de Suzênio, eles foram forçados a se converter ao cristianismo sob pena de morte, mas logo depois da morte deste governante eles voltaram aos seus costumes e crenças. Ver ETIÓPIA; JUDEUS NA ÁFRICA; SUZÊNIO.

FAMÍLIA. Na tradição africana, a organização do parentesco não tem o sentido puramente biológico da tradição ocidental, assentando-se sobre instituições diversas, como o clã, o grupo de idade etc. Mas a ideia de família consanguínea (*ekanda*, em quicongo; *egbe*, em iorubá; *usafo* em xosa; *abusua*, em twi etc.) tem também presença nas sociedades tradicionais. Segundo Franklin e Moss (1989, p. 36), entre as características das sociedades africanas, até a desestruturação causada pelo escravismo comercial e o colonialismo, a que mais impressionava os observadores estrangeiros era a coesão da "família" e a constatação de que a união no seio da família nuclear, do clã e da tribo é que fortaleciam as sociedades em todos os aspectos de sua vida. Segundo os autores citados, o controle e a influência do patriarca sobre os membros de sua família, assim como de outros mais velhos sobre seus respectivos grupos, era o grande fator de estabilidade que caracterizava seus ambientes. A ligação e a lealdade de cada indivíduo para com seu grupo chegavam quase à veneração e constituíam a base de maior parte das tradições religiosas. Nessas tradições, o culto aos antepassados tinha um papel fundamental, e o respeito pelas pessoas mais velhas era uma atitude natural (FRANKLIN; MOSS, 1989), assim como a relação com a Natureza, certamente percebida não só como o conjunto de seres que compõem o universo, mas também como a "força ativa que conserva a ordem natural de tudo quanto existe" (DICIONÁRIO BARSA, 2009, p. 190). Ver africânder, Família; al-KUNTI, Ahmad al-Bakkai; ARMAS; BAGAYOGO; BARRETO, Família; BREW, Família; CARVALHO ALVARENGA, Família; CASAMENTEIRAS; CLASSES DE IDADE; COSTA, Família; GOMES, Família; JÚLIA, Mãe; KABA; MAZARIA; MAZRUI, Família;

PARAÍSO, Família; PINTO, Família; TUCKER, Família; van-dunem.

FANDANE-THIOUTHIOUNE, Batalha de. Ver SOMB.

FANGS (*Fang*). Designação étnica usada para referir povos oeste-africanos localizados entre Duala, no território de Camarões e Libreville, no Gabão, e expandidos por Guiné Equatorial, Congo e o arquipélago de São Tomé e Príncipe, num movimento migratório ocorrido já no século XIX (AFRICAN ENCYCLOPEDIA, 1974, p. 202). Outrora chamados *Pahouin*, em francês, e *Pamue*, em espanhol, seu conjunto compreende indivíduos dos povos beti e bulu. Ver BETIS; CAMARÕES; CONGO-BRAZAVILLE; GABÃO; GUINÉ EQUATORIAL.

FANTES. Ver FÂNTIS.

FÂNTIS (*Fante*). Povo da África Ocidental, integrante do grupo Akan, autorreferido como *Boribori Imfantsi* e localizado no litoral central da atual República de Gana. Segundo sua tradição de origem, é fruto da mescla dos cinco ramos de um antigo povo chamado ntafo, a saber: Abura, Ekumfi, Enyam Kurentsi e Nkusukum (OKEKE, 1998, p. 14). Em documentos portugueses, franceses e ingleses dos séculos XV e XVI, são, algumas vezes, identificados pelos termos *Afutu*, *Efutu*, *Fetu*. À época da construção da Fortaleza de Elmina pelos portugueses, os fântis já tinham constituído seis cidades-Estado, provavelmente através de seis dos inúmeros clãs em que se subdividiam. Eram elas: Oguaa, Shama, Anomabu, Mankessim, Komenda e Akwamu. Por volta de 1624, os fântis formavam aliança com os holandeses, adversários dos portugueses na disputa pelo comércio de ouro. Por essa época, segundo alguns relatos, canoas dos fântis chegavam até a foz do rio Congo (FAGE; TORDOFF, 2017, p. 118). Quatro décadas mais tarde, mercadores ingleses que já incursionavam pela região desde o século anterior conquistavam o castelo da Costa do Cabo dos holandeses. Os fântis, então, passaram a comerciar tanto com seus aliados holandeses quanto com ingleses, o que desagradava a ambas as partes europeias. Na época, entretanto, esses africanos eram muito poderosos e puderam banir de seus territórios todos os europeus que contrariassem seus interesses. Por volta de 1700, o tráfico negreiro passou a ser mais importante que o comércio de ouro. Assim, os fântis passaram a atacar povos vizinhos unicamente com o objetivo de capturar pessoas que pudessem ser vendidas aos europeus como escravos. E a reciprocidade também ocorria, com homens, mulheres e crianças fântis sendo capturados por inimigos dentro dos mesmos propósitos. Mas os negócios do tráfico escravista frequentemente davam margem a divergências entre fântis e europeus. Em 1681, uma crise eclodiu quando dezoito escravos fugiram da fortaleza (ou castelo) da Costa do Cabo e se refugiaram nas vizinhanças. Traficantes ingleses atacaram os locais de refúgio sem se preocupar em recapturar ninguém; e em retaliação pelo mau tratamento dispensado aos escravos pelos ingleses, os fântis atacaram a fortaleza. Para salvar as vidas dos mercadores ingleses, o comandante da companhia comercial britânica fez um acordo de paz com o povo de Costa do Cabo (*Cape Coast*), distribuindo presentes aos seus líderes. **As Guerras Fânti-Axântis**. O

FÂNTIS (*Fante*)

Reino Axânti dominava a produção de ouro no interior do território da atual República de Gana, enquanto que os fântis ocupavam a costa. Os axântis, muito mais numerosos, detinham também uma força militar mais poderosa. Assim, através da história, os dois povos frequentemente lutaram pelo controle das lucrativas rotas de comércio. No início da década de 1700, os axântis, governados por Osei Tutu I, eram o povo mais importante do interior do território da atual República de Gana, enquanto os fântis dominavam a costa. Com o comércio de ouro e de escravos, os axântis dependiam do litoral para suas transações, e as divergências eram constantes. Em 1807, em um grande ataque dos axântis aos rivais, os ingleses incentivavam a divergência, principalmente porque se fântis e axântis se unissem, os derrotariam. Como estratégia, os ingleses aliaram-se aos fântis, que lograram derrotar os agressores. Nove anos mais tarde, deu-se o contra-ataque dos axântis, e o governador inglês, indenizando os fântis com uma soma considerável em dinheiro, enviou uma embaixada à Corte axânti, chefiada pelo governador britânico em Acra. Finalmente, em 1844 os britânicos impuseram aos fântis a assinatura do documento denominado *Bond* ("obrigação", "vínculo"), que transformava o seu território no protetorado chamado Costa do Ouro. **A Confederação Fânti**. A partir da década de 1850, os fântis reagiram com manifestações de protesto contra os impostos excessivos criados pelos ingleses para dar suporte econômico à sua administração. Esses protestos se tornaram violentos em alguns lugares, como na Costa do Cabo, onde o fânti John Aggrey se tornara, em 1865, o primeiro rei cristão. Através de uma carta ao governador e de uma petição à Secretaria das Colônias, o rei Aggrey manifestou sua insatisfação, o que resultou em sua prisão, seguida de deportação para Serra Leoa. Mas a brutal reação dos ingleses não conseguiu deter a resistência, que acabou por fazer nascer a Confederação Fânti, organizada em 1871 e dotada de uma carta constitucional redigida seguindo o modelo jurídico europeu, o que foi considerado pelos ingleses como um ato de traição (FAGE; TORDOFF, 2017, p. 364). A Confederação, que reunia principalmente os reinos Abura, Denquira e Mankessim, estabeleceu um estado independente, com um conselho executivo e um exército, impostos e uma carta constitucional. Embora de curta duração, foi forte o bastante para desencorajar os holandeses, que abandonaram a costa. A adesão à unificação não foi unânime: a rivalidade entre alguns reis, como os de Mankessim e Abora, enfraqueceu o todo. Além disso, os ingleses, obviamente, jamais aceitaram a reunião dos fântis em uma única nação: o governador, apoiado pelo forte aparato militar de que dispunha, prendeu todos os líderes. Assim, três anos depois de criada a Confederação, as forças britânicas derrotavam os axântis e recuperavam seu domínio sobre os remanescentes da rebeldia fânti e sobre todo o litoral da atual República de Gana. Em 1901, o Reino Axânti foi oficialmente anexado à colônia da Costa do Ouro, e o conjunto dos territórios ao norte foi declarado protetorado britânico. Ver AXÂNTIS; FETU.

FARIM. Cidade da República da Guiné-Bissau, capital da região de Oio, situada próxima aos rios Farim e Cacheu. Fundada em 1641 para servir como um centro populacional e comercial ligado aos interesses portugueses, antes da ocupação portuguesa seu território localizava-se na área de influência do estado Kaabu ou Gabu. Tornando-se o principal centro de comércio de cativos da região, em 1696 teve edificado em suas terras um presídio, logo utilizado na repressão de revoltas locais. As populações locais chamavam Farim de *Tubabodaga*, isto é, "cidade dos brancos". **O termo** *farim*. A origem do nome da cidade está no termo *farin*, título do governante do Kaabu na língua local, o *mandinka* (DRAMÉ, 2003, p. 11). Nos séculos XII a XV, o título era atribuído pelos soberanos do Mali aos seus representantes nas províncias. No litoral atlântico, designava o mais alto representante do que, a partir do século XVI, viria a se constituir como o Estado Livre do Kaabu. No *Tratado Breve dos Rios da Guiné*, este dignitário é referido como "Farin Cabo", isto é, o Farin do Kaabu. Ver GUINÉ-BISSAU; KAABU.

FARTWA, Ahmed ibn. Erudito muçulmano autor de crônicas sobre os doze primeiros anos de governo do *maí* Idris Aluma, que governou o Reino de Kanem-Bornu entre os anos 1571 e 1602. O texto retrata a luta contra o paganismo e as alterações ocorridas com a adoção do islã.

FASI, Ahmad. Ver AL-FASI, Ahmad ibn Idris.

FATMA N'SOUMER, Lalla. Ver LALLA FATMA N'SOUMER.

FATUMA BINTI YUSUF AL-ALAWI (1615-1715). Rainha em Zanzibar, "filha de Yusuf al-Alawi", como seu nome suaíli indica – *binti*, "filha". Tendo assumido o trono de Unguia no que mais tarde seria o Sultanato de Zanzibar, em 1652 apoiou os portugueses na guerra que lhes foi movida pelo Sultanato de Oman. Para tanto, forneceu suprimentos para o Forte Jesus, base de operações dos lusitanos. Capturada durante a ocupação de Zanzibar, foi levada pelos inimigos dos portugueses para o exílio em Oman. Após seu regresso à terra natal em 1709, governou Zanzibar, agora "estado-cliente" do sultanato omaniano, até o fim de sua vida. Ver SUAÍLI; ZANZIBAR.

FAZÍLIDAS (*Fasilides*; Fasilidas; *Fasil*; Basilide). Imperador (*négus*) da Etiópia, pertencente à dinastia salomômica, nascido em 1603 e governante de 1632 a 1667. Filho do imperador Suzênio, sucedeu o pai, após uma rebelião que o derrubou do poder. O estopim da revolta foi o apoio dado aos portugueses e aos jesuítas, que haviam promovido a conversão oficial da Etiópia ao cristianismo romano. Assumindo o poder, Fazílidas restaurou a Igreja cristã etíope e expulsou os estrangeiros estabelecidos na Etiópia, rompendo contatos com os europeus. Em 1636, mandou construir o Castelo de Gondar, cidade que passou a capital da monarquia etíope.

FEIRAS. Na África pré-colonial, o estabelecimento de feiras e mercados, ao longo da costa, obedecia a uma antiga tradição. Na costa da Senegâmbia, delas participavam os mercadores, uângaras e diúlas. Conforme apontam alguns relatos, no final do século XVI, as feiras realizadas entre os povos referidos como *beafares*, na região de Guinala, na atual Guiné-Bissau, reuniam cerca de 1.200

negociantes negros e negras e eram as maiores da Senegâmbia, onde se vendia e se comprava de tudo, desde roupas e mantimentos até ouro e escravos. No final do século XVIII, o padre baiano Vicente Ferreira Pires (1957, p. 36) viu um desses mercados abertos na cidade de Alada, nos domínios do Reino do Daomé, onde eram vendidas frutas e miudezas de todo o país. As feiras também eram organizadas no Congo e em Angola desde tempos recuados, e após a chegada dos primeiros portugueses ganharam maior importância, como pontos de venda que ampliavam o alcance das feitorias e presídios, bem como dos mercadores ambulantes. No território da atual Angola, desde o início da presença portuguesa as feiras, juntamente com os presídios, redutos de defesa e de comércio, desempenharam um papel importante nas relações comerciais, inclusive no tráfico negreiro (LOPES; MACEDO, 2017, p. 244). Designadas pelo vocábulo quimbundo *kitanda*, foram observadas na segunda metade do século XVII pelo cronista Antonio de Oliveira Cadornega no rio Cuanza, em Massangano e em Cambambe como pontos onde se vendiam desde ferro e latão até produtos de origem europeia, como mantas, lãs e linhos provenientes de Flandres, algodões e musselinas, além de objetos de adorno e, inclusive, cativos.

FEITIÇARIA. Prática de magia maléfica, ordinariamente repudiada pela tradição religiosa africana. Ver RELIGIÃO TRADICIONAL AFRICANA.

FEITORIAS. No âmbito desta obra, estabelecimentos para armazenagem de mercadorias, servindo também como fortificações para defesa dos territórios (LOPES; MACEDO, 2017).

FELUPES (*Feloup; Floup; Flup; Fulup; Laron; Uluf*). Povo oeste-africano, aparentado aos diúlas, localizado no território situado entre os rios Arame, Cacheu e Casamansa, nos territórios das atuais repúblicas de Guiné-Bissau e Senegal. Em textos escritos em língua portuguesa, são referidos como "falupos". Ver DIÚLAS.

FENDA LAWRENCE (século XVIII). Nome pelo qual foi conhecida uma poderosa traficante de escravos atuante no rio Gâmbia. Ela praticava o tráfico em sociedade com um inglês de sobrenome Lawrence, com quem vivia em concubinato, "casada à moda africana", como à época se dizia. Seus negócios concentravam-se sobretudo na cidade portuária de Kaur, no Reino uolofe de Salum. Em 1772, atravessou o Atlântico no navio *New Brittania*, com um séquito de servidores. Visitou Charleston, na Carolina do Sul, e a Geórgia, onde, para que pudesse circular em tranquilidade, recebeu do governador James Habersham, que também era traficante de escravos, um certificado informando que era uma "mulher negra livre". Ver ECONOMIA DO TRÁFICO; GÂMBIA, Rio; TRÁFICO NEGREIRO; TRAFICANTES.

FERREIRO. Forjador, artífice criador de utensílios de ferro. Nas sociedades tradicionais africanas, o ferreiro é um personagem de alta estirpe, um indivíduo de ocupação polivalente, sendo técnico e artista. Em várias regiões, notadamente na África Ocidental, os ferreiros, ainda nos tempos atuais, constituem uma categoria à parte, merecedora de admiração e respeito. E isto porque, em

FESTIVAIS E CERIMÔNIAS

geral, não só detêm o monopólio da tecnologia como desempenham papel preponderante em cerimônias e rituais como oficiantes da liturgia e curadores de doenças. Veja-se, por exemplo, que, em quicongo e quimbundo, línguas do grupo banto, os termos correspondentes ao português "ferreiro" estão sempre presentes no título dos heróis civilizadores: *Ngangula-a-Kongo*, o forjador do Congo; *Ngola Musudi* ou *Msuri*, título ambundo significando "rei ferreiro" (*ngola* era também o nome dos pequenos pedaços de ferro que simbolizavam as linhagens principais dos ambundos) etc. (LOPES; MACEDO, 2017, p. 124). Em tamaxeque, a língua dos berberes tuaregues, a casta dos especialistas no artesanato de ferro é denominada *inedin*, plural de *ened*, "ferreiro".

FERGUSON, George Ekem (1865-1897). Cartógrafo e topógrafo de origem fânti, também referido como Ekow Atta. Versado em Geologia, Geografia e Astronomia, desempenhou importantes funções a serviço do governo inglês na Costa do Ouro, tendo também atuado nas negociações para definição das fronteiras do domínio colonial britânico na Costa do Ouro e no Togo. Ver COLONIALISMO; CONFERÊNCIA DE BERLIM.

FESTIVAIS E CERIMÔNIAS. Nas sociedades tradicionais enfocadas neste dicionário, a vida social era regulada por tradições e instituições baseadas na ancestralidade, de modo que rituais coletivos, cerimônias públicas e festivais anuais constituíam signos fortes de marcação identitária. Essas celebrações, ainda observadas na atualidade, têm como principal objetivo fortalecer as relações entre os dois planos da existência, o visível e o invisível, entre os vivos e os mortos, sobretudo os ancestrais. A grande força simbólica e a eficácia social dessas práticas podem ser notadas nos cortejos, exibições musicais e de dança realizados em diversas partes do continente africano. Em Gana, o Adae é uma celebração mensal em honra dos antepassados dos reis axântis, e se realiza no local onde repousa a essência desses ancestrais reais: a sala onde suas representações simbólicas permanecem zelosamente depositadas. Ainda entre os axântis, o Odwira é a grande festa anual de purificação ritual para cada ano que se inicia, de acordo com o calendário axânti. Uma das mais antigas representações de cerimônias desse tipo aparece na ilustração do relato da viagem do inglês Thomas E. Bowdich ao Império Axânti em 1816. Já entre os iorubás da atual Nigéria, o festival de Oxum, em Oshogbo, é uma celebração em honra da divindade tutelar do rio que leva seu nome e de sua floresta sagrada. No Benin, destaca-se a celebração do Dia dos Voduns, em janeiro, a partir de Uidá, mas ocorrente em outras cidades dos país, com danças, música e cânticos ao som de instrumentos tradicionais, oferta de bebidas e comidas em um ambiente de alegria esfuziante. No norte nigeriano, o festival muçulmano Kano Durbar marca o fim do Ramadan, o período de recolhimento, jejum e orações que os Islã impõe a seus seguidores uma vez por ano. Nesse festival, o ponto alto é o cortejo, integrado por cavaleiros em trajes tradicionalmente multicoloridos, em montarias ricamente ornadas, desfilando ao som de tambores e terminando apoteoticamente no palácio do Emir. Observe-se que essas

FETICHISMO

festividades remetem a celebrações ancestrais ou as evocam. Concretamente, veja-se que, na África muçulmana, as comemorações de encerramento do Ramadan remontam a séculos. E, através dos tempos, à medida que monarquias africanas foram ganhando força, tais manifestações passaram a ser cada vez mais expressões de poder e prestígio dos governantes, ganhando evidente sentido político. Ver ESPÍRITOS; HUETANU; ODWIRA; RELIGIÃO TRADICIONAL AFRICANA; tabaski.

FETICHISMO. Ver RELIGIÃO TRADICIONAL AFRICANA.

FETU. Antigo Reino do povo fânti, no atual território de Gana. Algumas tradições mencionam sua fundação, pelo povo guan, entre os séculos XIII e XIV, bem como migrações de povos originários da região de Tekiman durante os dois séculos seguintes. Ver EGUAFO, Reino de; FÂNTIS.

FEZZAN-BORNU, Rota. Uma das mais antigas rotas das caravanas de comércio que atravessavam o Saara em diversos pontos de passagem entre a região da Fezânia (*Fezzan*), no sul da atual Líbia, e o lago Chade.

FILOSOFIA. Ver PENSADORES AFRICANOS.

FINGOS (*Mfengu*). Povo da África do Sul, falante da língua xosa. Sua origem remonta aos eventos do Mfecane, na década de 1820, quando povos dos grupos menores, como os das chefaturas Bhele, Hlubi e Zizi, foram empurrados de Natal, na direção sul. Em busca de alimento e moradia, acabaram se abrigando entre os xosas e se miscigenando, e esta é a gênese dos fingos. Entretanto, na guerra de fronteiras travada em 1835 entre africanos e europeus, eles passaram para o lado dos brancos, que lhes deram a posse de terras tomadas aos xosas. Daí os fingos foram, pouco a pouco, adotando a cultura europeia, tornando-se cristãos, frequentando escolas e tendo acesso a negócios. Assim, na virada para o século XX, alguns, como o jornalista e político John Tengo Jabavu (1859-1921) e o clérigo Pambani Mzimba (1850-1911) alcançaram notoriedade. Outros foram levados para a Rodésia, onde inclusive conquistaram funções públicas de relevo (AFRICAN ENCYCLOPEDIA, 1974, p. 340). Ver MFECANE; XOSAS.

FISHTALI, Abu Fariz. Ver ABD AL-AZIZ AL-FISHTALI.

FODÉ KOMBO SILLAH (1825-1894). Nome pelo qual se fez conhecido Fodé Ibrahim Turé, líder político na Gâmbia. Nascido no *compound* Konoto, erguido por seu avô Amatora Turé na cidade de Gunjur, Reino de Kombo, assumiu o comando de seu povo em 1864. Após uma década a guerra contra os soninquês, refratários ao Islã, em 1875 estabeleceu as bases de um governo centralizado islâmico. Assumindo, gradualmente, posições cada vez mais contrárias aos interesses britânicos na região, chegou a uma guerra declarada, na qual foi derrotado em 1894, quando se autoexilou no Cayor, Senegal, então sob domínio francês, onde veio a falecer. Ver COMPOUND; GÂMBIA.

FODIO, Usman dan. Ver USMAN DAN FODIO.

FON. Povo oeste-africano integrante do conjunto de povos ewe, notabilizado como o criador do Reino daomeano de Abomé. O mesmo que "daomeano". Ver AJÁ; EWE; FONGBÉ; TADÔ.

FONGBÉ. A língua do povo fon, quase sempre mencionada apenas como "fon" e, em Abomé, denominada *danxomegbè*, "língua do Daomé" (SEGUROLA; RASSINOUX, 2000, p. 173).

FONSECA, Maria da. Ver MSIRI.

FONTES PEREIRA. Ver PEREIRA, José de Fontes.

FONYO. Denominação, na língua mandinga, do milhete ou painço (*Panicum miliaceum*), gramínea largamente cultivada na Guiné, sobretudo entre os fulânis do Futa Jalom, pelo valor nutritivo de suas sementes. Ver AGRICULTURA.

FORTALEZAS. Ver FORTIFICAÇÕES EUROPEIAS.

FORTIFICAÇÕES Europeias. Os primeiros europeus a chegarem à África eram predominantemente mercadores e as fortificações que construíram tinham como objetivo principal facilitar o comércio. Mas elas eram também destinadas a oferecer resistência contra ataques de inimigos, tanto de outros europeus quanto de africanos hostis. Para o comércio, elas precisavam manter efetivos de pessoal experiente e estoques permanentes de mercadorias para viabilizar o comércio por todo um ano. Os fortes eram concebidos para assegurar o monopólio sobre o comércio com as localidades vizinhas, o qual deveria permanecer sob o controle do poder europeu, e de modo a que o comércio fosse protegido contra as invasões de mercadores particulares. Os fortes eram também destinados a servir como defesa contra piratas e outros inimigos, e também como baluartes do poder e cidadelas do progresso. Dispunham de um corpo de funcionários vinculados às monarquias europeias, com capitães ou governadores, escrivãos, almoxarifes e soldados. O comércio compreendia principalmente ouro, marfim, pimenta, plumas de avestruz, madeiras e escravos. Os europeus obtinham esses itens em troca de bens manufaturados como tecidos, ornamentos, armas de fogo, utensílios e ferramentas de metal, bebidas destiladas e tabaco. Para tanto, em alguns lugares, como na Costa do Ouro, construíram fortes. Em outros, como no Delta do Níger, eles comerciavam em embarcações ancoradas nos rios. Em outros lugares, ainda, alguns se estabeleciam, sozinhos ou associados, junto a povoados, aldeias e cidades, primeiro fazendo escambo, permutando coisas, e depois aceitando búzios, manilhas, cobre, latão etc. como moedas correntes. Para que se tenha uma ideia da importância desses estabelecimentos, veja-se que só em meados do século XVIII mais de quarenta fortalezas europeias foram erguidas na África Ocidental. Ver AJUDÁ, Forte de; CIDADES; DJEKIN; ELMINA; EUROPEUS NA ÁFRICA; FEITORIAS; FORTE JESUS; GODOMÉ; MASSANGANO [2]; PORTOS DE EMBARQUE DO TRÁFICO NEGREIRO; SAINT LOUIS; TRÁFICO NEGREIRO.

FORTE JESUS. Estabelecimento fortificado, misto de fortaleza militar e feitoria, erguido no período entre 1593 e 1596 por portugueses na cidade de Mombaça, no litoral do Quênia, como sede de uma capitania independente da antes estabelecida em Moçambique (MARTIN, 1988, p. 33). Foi o principal ponto de parada das embarcações que se deslocavam para a Índia, e o núcleo defensivo dos negociantes europeus envolvidos com o comércio com os povos do interior.

FRANCESES NA ÁFRICA

Em 1698, sua conquista pelos árabes de Oman determina o fim da presença portuguesa acima de Moçambique e prenuncia o renascimento da civilização Suaíli ocorrida no século seguinte

FRANCESES NA ÁFRICA. Ver EUROPEUS NA ÁFRICA.

FRANCISCO CAZOLA. Ver CAZOLA, Francisco.

FRANCISCO OLYMPIO DA SILVA (século XIX). Personagem da história dos Agudás, na África Ocidental. Mencionado como um "caboclo carioca", chegou à África em meados dos Oitocentos, com 17 anos de idade, na condição de tripulante de um navio negreiro. Fixando-se na cidade de Agué, no atual Togo, atuou durante algum tempo como traficante de escravos, e depois em negócios envolvendo o comércio de óleo de palma. Seu filho mais velho, Octaviano Olympio, foi um dos fundadores da cidade de Lomé, e seu neto, Sylvanus Olympio, viria no século XX a liderar a luta pela independência do Togo e ser seu primeiro chefe de Estado (SILVA, 2003, p. 138-139). Ver BRASILEIROS NA ÁFRICA; RETORNADOS; TABOM.

FRATERNIDADE, A. Publicação impressa circulante na Guiné-Bissau a partir da cidade de Bolama, em 1883, com tiragem de 10 mil exemplares. Ver IMPRENSA E COMUNICAÇÃO.

FREDERICK PEDERSEN SVANE (século XVIII). Personagem da história da escravidão na África Ocidental. Filho de mãe africana do povo gwa, em território da atual Nigéria, com um mercador dinamarquês, em 1726 foi enviado para a Dinamarca, sendo batizado como cristão em Copenhague. Nove anos mais tarde, concluiu o curso de Teologia na Universidade de Copenhague, após o que se casou com uma dinamarquesa e retornou para o litoral africano. Então, trabalhando como capelão e professor em uma escola para mulatos, acabou por se envolver no negócio do tráfico negreiro, adquirindo prestígio, mas entrando em conflito com o governador do forte de Christiansborg, na Costa do Ouro. Sua trajetória é um exemplo da amplitude dos tentáculos do comércio escravista, que envolveu inclusive intelectuais e religiosos. Ver CRISTIANISMO; CRIOULIZAÇÃO; ESCRAVATURA COMERCIAL; TRÁFICO NEGREIRO; TRAFICANTES.

FREETOWN. Cidade fundada na atual República de Serra Leoa pelo Império Britânico em 1792, para abrigar escravos libertos durante a Guerra da Independência norte-americana. Ver ABOLICIONISMO; SERRA LEOA.

FREFRE, Opoku. Ver OPOKU FREFRE.

FULA. Na língua portuguesa, etnônimo correspondente ao inglês *fulani* e ao francês *peule*. Ver FULAS; FULÂNIS; PEÚLES.

FULADUGU. Região no sul da Gâmbia. Foi sede de um reino islâmico criado no ambiente das *jihads* que sacudiram a África Ocidental no século XIX.

FULÂNIS. O mesmo que peúles ou fulas. Ver ABD AL-KADER TORODO; ABDUSSALAMI; ADAMA; AFONJÁ; ALIMI, Ahmad; AMADU-AMADU; BANDIAGARA; BORNU; BUBA YERO; BURKINA FASSO; CABO VERDE; CAMARÕES; CAMÍTICA, Hipótese; CHEIKH AMADU; COCOLIS; CRIOULIZAÇÃO; D'GIJIAMA, Bukar; DAOMÉ; DENDO, Mallam; DINA; EISAMIN, Ali; FONYO; FULAS; FULBÊ;

FUTA JALOM; GÂMBIA; GOVERNO, Formas de; GUINÉ-BISSAU; GUINÉ-CONACRI; HAMIDULAI; HAUÇÁ-FULÂNIS; HAUÇÁS; HOMOAFE-TIVIDADE; IATENGA; IBN SALIH, Muhamad Zangi; IBRAHIMA SORI; IGALAS; ILÉ IFÉ; ILORIN; IORU-BÁS; ISLAMIZAÇÃO; JONYA; KA-NEM-BORNU; KANO; KARAMOKO ALFA; KOLI TENGUELÁ; KUNTAS; LEBUS; LIPTAKO; MACINÁ; MALI, República do; MODAKEKE; MUSSA KAMARA, Cheikh; NANA ASMA'U; NIGÉRIA; NUPES; OYÓ; PEÚLES; SHEHU; SOKOTO, Califado de; TA-RIKH MANDINKA DE BIJINI; TIM-BO; TOMBUCTU; TUCULORES; UALO; USMAN DAN FODIO; YOLA.

FULAS. Uma das denominações usadas para designar, em português, os povos também mencionados como fulânis, fulanins, fulatas etc., falantes da língua Fulbê. Seu nome étnico aparece, em outras línguas, também grafado como *fellata, fulani, foulah, fulanki, fulé, fulbe, peul* e *pullar* (SILVA, 2012a, p. 308-309). Ver FULBÊ; PEÚLES.

FULBÊ. Língua dos povos fulas falada no oeste, no leste e no centro do continente africano. É destacada como a língua mais usada na África contemporânea, tanto em distribuição geográfica quanto em número de falantes (NIANG, 1997, p. IX). Ver FULAS.

FULLER, Thomas (c. 1710-1790). Personagem da história do abolicionismo também mencionado como *Negro Tom*. Originário do Golfo do Benin, foi levado em 1724 como escravo para a Nova Inglaterra, atual Estados Unidos. Alcançou grande notoriedade pela sua excepcional capacidade de cálculo mental. Seu exemplo foi utilizado pelos abolicionistas em defesa do argumento de que o homem negro não podia ser considerado intelectualmente inferior ao homem branco. Ver DIÁSPORA AFRICANA.

FUMO. Ver TABACO.

FUMOS. Termo usado em relatos de navegadores portugueses do século XVI para designar os chefes provinciais mantidos sob a autoridade do Monomotapa, também referidos como "encosses". Como visto em Lopes e Macedo (2017, p. 129) observe-se a ocorrência, na língua quicongo, do vocábulo *mfumu*, "chefe, senhor, regente, rei" (LAMAN, [1936] 1964). Em isizulu, o título de soberania correspondente ao português "rei" é *inkosi*. Ver KI-MFUMU.

FUNDIKIRA I. Herói do povo nyamwezi, em Unyanyembe, no atual território da Tanzânia. Um dos mais respeitados e temidos chefes militares de seu povo antes do apogeu do líder Mirambo, nas décadas de 1860 e 1870. Impôs controle absoluto sobre a circulação das caravanas de mercadores e seu acesso às fontes de fornecimento de marfim, tecidos e armas, e soube estabelecer alianças com negociantes árabes e suaílis até sua morte, ocorrida em 1858. Ver MIRAMBO.

FUNJES (Funj). Antigo povo de pastores nômades da região da Etiópia. Sedentarizado, arabizado e islamizado, fundou, no curso superior do Nilo Azul, o Sultanato de Senar. É mencionado como um povo de muçulmanos negros que conquistou grande parte do Sudão (LOPES; MACEDO, 2017, p. 129). Ver SULTANATO FUNJE.

FUTA JALOM (Fuuta Djalon). Maciço montanhoso no centro da atual República da Guiné, estendido da fronteira da Costa

FUTA TORO (*Fouta Toro*)

do Marfim à do Senegal, paralelamente ao litoral, e da Gâmbia a Serra Leoa. A região, na qual nascem os rios Níger e Senegal, foi inicialmente povoada por contingentes do povo sosso, e no final do século XVII recebeu migrantes peúles islamizados, provenientes do Maciná, os quais se fixaram nas áreas de Fucumba e Timbo. **Estado teocrático**. Estabelecendo-se com ânimo definitivo, os peúles tentavam formar uma unidade política monárquica islâmica de caráter eletivo, liderada por um *alufá* (sábio, letrado) como chefe político e religioso. O primeiro eleito, *c.* 1700, foi Sedi. Na década de 1720, o poder coube a Ibrahim Karamokho Alfa, celebrizado como "Karamoko Alfa", o qual, engajado em uma grande *jihad*, consolidou a criação do Estado (PERSON, 2010, p. 749), recebendo o título de *Almamy*. Com o Karamoko Alfa, nascia o Estado teocrático do Futa Jalom, que, com sua capital em Fucumba (MACEDO, 2013, p. 129) e em Timbo (PERSON, 2010, p. 751), existiu até ser conquistado pelos franceses no fim do século XIX. **Aristocracia escravista**. Desde o início do século XVIII, toda a região que se estende do atual território da Gâmbia ao de Serra Leoa foi dominada pelo grande estado fulâni do Futa Jalom. Ávido por escravos, o reino, por suas tropas guerreiras, buscava e importava grandes contingentes de cativos no interior, ou deles se apossava como meio de pagamento cobrado às minorias do litoral. No início do século XIX, os vencedores das guerras santas vieram a constituir uma nova aristocracia numa sociedade extremamente rígida e hierarquizada. Entretanto, no final do século, os fulânis do Futa Jalom aliaram-se a Samori Turê contra o domínio colonial, ao final conquistado pelos franceses. Ver ABD AL-KADER TORODO; ALFA YAYA; ALMÂMI; BAGAYOGO; CRIOULIZAÇÃO; FONYO; GÂMBIA, Rio; GOVERNO, Formas de; GUINÉ-BISSAU; GUINÉ-CONACRI; HODH; IBRAHIMA SORI BARRY; ISLAMIZAÇÃO; JIHAD; KAABU; KABA, Alfa Cabiné; KARAMOKO ALFA; KOLI TENGUELÁ; PEÚLES; SAMORI TURÊ; SENEGAL; SISTEMAS FLUVIAIS; SOSSOS; TARIKH MANDINKA DE BIJINI; TENDAS; TIMBO; TRÁFICO NEGREIRO.

FUTA TORO (*Fouta Toro*). Região da África Ocidental localizada entre a porção meridional do território da moderna Mauritânia e o norte do atual Senegal. Situada a certa proximidade da foz do rio Senegal, que marca a fronteira entre os dois países, é a região onde floresceu o poderoso Reino de Tecrur, Tekrur ou Takrur. Seu nome tem origem na língua *pulaar*, do povo tuculor, designando duas sub-regiões locais, *Fuuta* e *Tooro* (NIANG, 1997, p. 34; 100). Ver ABD AL-KADER TORODO; ALMÂMI; AMARI NGONE; BÂ, Maba Diakhou; BAL, Suleymane; BOUBACAR, Abdul; BUNDU; CRIOULIZAÇÃO; DINASTIAS; FUTANKOBÉS; GUERRA DOS MARABUTOS; GUINÉ-BISSAU; GUINÉ-CONACRI; KAABU; KASSONKÉS; KOLI TENGUELÁ; LAMBA, Thomas; MALI, República do; MALIK SI; MUSSA KAMARA, Cheikh; PEÚLES; SAMBA GUÉLADIO; SENEGAL; SIRATIQUE; TORODO; UOLOFES; USMAN DAN FODIO.

FUTANKOBÉS (*Foutankoubé*). O mesmo que tuculores, pois localizados na região do Futa Toro. Ver TUCULORES.

GA-ADANGBE (*Ga; Ga-Adangme; Ga-Dangme*). Povo oeste-africano localizado nos atuais territórios de Gana e Togo. Origens. No século XIII, ancestrais dos dois povos, ga e adangbe, que hoje constituem uma unidade, teriam emigrado, juntos, do território da atual Nigéria na direção oeste. Os que primeiro chegaram à atual Gana estabeleceram-se no sul, de onde seus continuadores dirigiram-se ao litoral, onde, no século XVI, fundaram Acra, destacando-a como um importante centro mercantil. No século seguinte, entretanto, acossado pelo florescente estado akan de Akwamu, o povo ga-adangbe abandonou a região, fugindo em várias direções. No século XVIII, os remanescentes acabaram sob o domínio dos axântis, dos quais, porém, libertaram-se em 1826, na Batalha de Karamanso. Mas a rivalidade se evidenciou em outros momentos, sobretudo naqueles em que o povo ga-adangbe, assim como outros grupos locais, aliou-se aos ingleses contra os súditos dos axântienes, até a final conquista britânica.

GABÃO (*Gabon*). País atlântico do centro-oeste africano limitado pelos atuais territórios de Guiné Equatorial, Camarões e Congo-Brazzaville. Nas proximidades do século XV, o sul do atual território e seu litoral eram parte do Reino de Loango, sendo habitado principalmente por povos bantos, com provável maioria daqueles dos grupos Pongue (*Mpongue*) e Urungu (LOPES; MACEDO, 2017, p. 131). Em 1471, chegando à região, os portugueses aportaram na ilha que chamaram São Tomé e, navegando em reconhecimento do litoral, chegaram ao estuário de um rio a que, por estranha associação, talvez pela forma do estuário, deram o nome de Gabão, termo que designa uma espécie de casacão com capuz usado por homens do mar (BOUQUEREL, 1970, p. 40). Na continuidade da exploração, atingiram o cabo que ganhou o nome Lopes Gonçalves. Nos séculos seguintes, chegaram os primeiros missionários, bem como exploradores holandeses, seguidos por ingleses e franceses, em busca de riquezas e de mão de obra escrava. Então, acordos de comércio foram celebrados com os chefes locais, e missões cristãs iniciaram seu trabalho de catequese junto às populações localizadas próximas ao litoral. Nesse contexto, o tráfico negreiro se desenvolveu pelos duzentos anos restantes. No século XIX, a influência francesa cresceu sobretudo depois que o comércio de escravos foi declarado ilegal. Em 1849, ocorreu a fundação da cidade de Libreville, como um estabelecimento, pretensamente exemplar, de africanos resgatados à escravidão (ex-escravos libertos). Expandindo-se as ações visando à colonização do território, a resistência foi reprimida com violência, mas em 1908 o Gabão

GABU

passou a integrar a unidade política denominada África Equatorial Francesa. Ver ÁFRICA EQUATORIAL FRANCESA; KING DENIS; LIBREVILLE; LOANGO; MPONGWE; SÃO TOMÉ E PRÍNCIPE.

GABU. Forma aportuguesada do topônimo *Kaabu*, designativo, na língua mandinga, da região limitada pelo rio Corubal ao sul, na Guiné-Bissau; ao norte pelo rio Gâmbia, e pelo Fuladugu a leste; e tendo a costa atlântica a oeste (DRAMÉ, 2003, p. 119-120). Habitada primeiramente por povos de origem mandinga nos séculos XIII-XV, e depois pelos mandingas e fulas a partir do século XVI, a região teve seu nome estendido a um antigo reino local. Ver KAABU.

GALAM. Região entre as bacias superiores dos rios Senegal e Gâmbia, o vale médio do Senegal e a região de Guidimaka. Também chamada Gadjaga, abrigou o reino de mesmo nome.

GALAS (*Galla*). Denominação, de caráter pejorativo, outrora aplicada, na Etiópia, aos indivíduos do povo oromo. Ver OROMOS.

GALAWDEWOS (*c.* 1520-1559). Nome, correspondente ao latino *Claudius* e também transcrito na forma *Gelawdewos*, que identifica o *négus* da Abissínia reinante, com o nome de trono Asnaf Sagad I, de 1540 a 1559. Seu governo foi marcado pela luta contra os muçulmanos do Sultanato de Adal, que, sob a liderança de Ahmad Ibn Ibrahim al-Ghazi, moveu incruenta "guerra santa" contra a Abissínia, durante a qual Galawdewos, segundo algumas versões, teria morrido em combate. Ver ETIÓPIA; LEBNA DENGEL.

GAMA, Zulu. Ver ZULU GAMA.

GÂMBIA (*Gambia*). País litorâneo da África Ocidental com território quase que totalmente enclavado no do Senegal, por onde passa o rio Gâmbia, cujo leito foi, durante séculos, a via de ligação dos povos do interior com a bacia do rio Níger. Ao longo dos tempos, foi essencialmente habitado por indivíduos dos povos mandingas, uolofes, fulas e diúlas. **Domínio mandinga.** No século XIII, o território da atual República integrou o Império do Mali, do qual herdou alguns traços de sua herança etnocultural. Mais tarde e por vários séculos, foi parte de um dos mais originais estados criados pelos mandingas ocidentais, o estado do Kaabu, que além de seu território exercia influência sobre porções dos atuais territórios de Senegal (Casamansa), Guiné-Bissau e Guiné-Conacri. E a partir do fim do século XV mercadores portugueses, e depois franceses e ingleses procuraram se embrenhar, através do rio, no interior do território para lucrar com o comércio de riquezas locais como a noz-de-cola e, sobretudo, escravos. Com a queda do Império Songai, do qual fez parte, o território foi acossado por diversos povos vizinhos e seminômades. **Domínio inglês.** Em 1618, a Coroa portuguesa vendia à Companhia Real Africana, estatal britânica, os direitos de exploração comercial na região, que tinha grande importância estratégica para os ingleses por estar no centro do território senegalês, área-chave para o domínio francês na África Subsaariana. Entre 1795 e 1797, o explorador escocês Mungo Park adentrou o rio Gâmbia com a finalidade de conhecer as rotas do interior, até então mantidas fora do controle dos europeus, alcançando o Reino bambara de Kaarta. Entre 1800

GANGUELAS (*Ngangela*)

e 1815, França e Inglaterra lutaram pela hegemonia mundial. Na África, um dos muitos efeitos dessa luta foi a tomada da Ilha de Santa Maria e a fundação da cidade de Banjul (na época, chamada Bathurst) pelos ingleses, para servir de entreposto comercial e base militar para a repressão ao tráfico negreiro. Pela mesma época, as grandes *jihads* fulânis, que determinaram o desenvolvimento, ao sul da Gâmbia, do Reino islâmico de Fuladugu, amedrontavam os governantes dos povoados tradicionais às margens do rio. Esses líderes, então, solicitaram ajuda dos britânicos, o que culminou no protetorado estabelecido pela Inglaterra sobre toda a região. Em 1889, entretanto, França e Inglaterra acordaram sobre os limites de suas respectivas colônias, pelo que Gâmbia tornou-se território colonial britânico. Ver DIÚLAS; FULAS; GÂMBIA, Rio; GUINÉ-BISSAU; GUINÉ-CONACRI; KAABU; MANDINGAS; PROTETORADO; SENEGAL; SONGAIS; TRÁFICO NEGREIRO.

GÂMBIA, Rio. Importante via fluvial oeste-africana. Curiosamente, sendo o maior rio da região, é fortemente associado ao país de menor território. Nasce no Futa Jalom, corre pelo território senegalês e entra na Gâmbia, na área de Fatoto, após Tambacunda. Desse ponto, corre para oeste, e depois de formar complexas sinuosidades desemboca no Atlântico, na cidade de Banjul.

GANA (*Gana*). País oeste-africano contemporâneo localizado do Golfo da Guiné. Seu litoral foi historicamente conhecido como "Costa do Ouro", denominação outrora ostentada pela atual república. O nome atual lhe foi dado na década de 1960, após a independência, em honra

e glória do Antigo Gana, vasto império cujos limites territoriais, entretanto, não compreendiam os da atual república. Por volta do século XIV, grandes estados como Mamprussi e Dagomba se tornaram prósperos e poderosos na área norte do atual território ganense. Ao sul, na região das florestas, os estados de Akwamu e Denquira tiveram destaque durante o século XVII. Entretanto, o mais poderoso desses reinos da floresta foi o Axânti, que teve como contraponto o estado criado pelo povo fânti, a ele aparentado por afinidades linguísticas e culturais. Ver AKAN; AXÂNTIS; COSTA DO OURO; FÂNTIS.

GANDAS (*Ganda*). Povo banto da África central, construtor do estado Buganda. Na atualidade, constitui o mais importante grupo étnico de Uganda. Ver BUGANDA; UGANDA.

GANDOS. Povo localizado na porção norte do território do antigo Reino do Daomé, vizinho dos baribas. Ver BARIBAS; DAOMÉ.

GANGUELAS (*Ngangela*). Denominação arbitrária de um conjunto de povos habitantes do Planalto Central de Angola, entre os quais se incluem, entre outros, os bundas (*mbunda*), luvales, luenas (*lwena*), luchazes (*lutchaze*; *lucazi*), luimbes (*lwimbi*), etc. Embora falantes de línguas aparentadas, algumas delas mencionadas por Obenga (1985, p. 25) no grupo Chócue-Lunda ou Lunda-Chócue, e guardando entre si alguns traços identitários comuns, não caracterizam uma unidade étnica nem se autorreferem como "ganguelas", termo provavelmente criado pelo colonialismo. Não obstante, povos assim nomeados são referidos em textos europeus a partir do século

XVII por seu envolvimento nas redes comerciais, incluindo o tráfico negreiro a partir de Luanda e Benguela, e também no comércio de caravanas liderado pelos ovimbundos nos séculos XIX e XX, no qual participaram principalmente como fornecedores de cera, mel, marfim e outros itens. Ver ANGOLA; BENGUELA; CHÓCUES; LUANDA; LUNDAS.

GANJÓ. Na corte de Abomé, segundo o padre Vicente Ferreira Pires (1957, p. 46; 51), funcionário responsável pela administração palaciana com autoridade sobre os demais servidores e domésticos, inclusive os eunucos que ali eram conhecidos como *Leguedés*. A origem do termo, na língua fongbé, parece estar nos termos *gan*, "sino", "sineta", e *jó*, "sacudir", em uma possível alusão ao instrumento usado para chamar os serviçais. Ver EUNUCOS.

GANKPÉ. Nome do príncipe de Abomé que viria a suceder o rei Adandozan, adotando – Idemo nome Guêzo. Ver GUÊZO.

GAO. Cidade oeste-africana capital do Império Songai localizada na grande curva do rio Níger, no território da atual República do Mali.

GARCIA II. Rei do Congo no período de 1641 a 1663 (GONÇALVES, 2005, p. 217-218). Ver NKANGA-A-LUKENI.

GATSI RUSERE (século XVII). *Mambo* (rei) do Monomotapa, em território do atual Zimbábue. Entrando em conflito com os interesses portugueses em 1610, mandou confiscar os bens dos mercadores que passassem pela área sob sua jurisdição e influência sem pagar o tributo devido. A medida gerou conflitos internos que se sucederam, minando sua autoridade, até sua morte em 1624. Ver MONOMOTAPA; ZIMBÁBUE.

GAZA ANGÔNI. Forma de referência aos angônis de Gaza, no território da atual República de Moçambique. Também referido como Gaza Ngoni. Ver ANGÔNIS.

GAZA, Império de. Expressão pela qual é, em geral, referido o antigo estado da África Austral localizado em partes do sul do atual território de Moçambique, do sudeste do atual Zimbábue e de parte da África do Sul, entre 1824 e 1895. **Origens.** Sua formação ocorreu no contexto da rivalidade que se estabelecera entre os clãs ngúnis denominados Swazi, Nduandue e Mtetua (Zulu), chefiados respectivamente por Sobusa, Zwidé e Dinguiswayo. No contexto do evento conhecido como Mfecane, o chefe Changana, Sochangane ou Manicusse partiu para o sul, onde submeteu o povo ronga e assimilou outros, formando, assim, um grande Estado cujo território se estendia da atual cidade de Maputo até o rio Zambeze (FRELIMO, 1978, p. 24-25). **Apogeu e declínio.** Na década de 1840, o império, mantendo sob sua influência muitas pequenas chefaturas, tinha ocupado e incorporado ao seu território 28 dos 46 prazos ainda existentes. Em seu apogeu, ele cobria todo o território entre os rios Zambeze e Limpopo (ISAACMAN, 1979, p. 36-37), que se estendia da porção meridional do atual território de Moçambique até o rio Zambeze, e, para oeste, até o atual Zimbábue (ISAACMAN, 2010, p. 235). Com a morte de Changana, em 1858, seus filhos Muzila e Maeua empenharam-se numa disputa pela liderança, vencida pelo primeiro, que consolidou a obra de seu pai e antecessor (FRELIMO, 1978, p. 25). Assim, na década de 1880, Gaza, com capital em Mossurize, dominava o território das atuais províncias de Inhambane e Gaza, além de chefaturas

GLELE (*Glèlè*)

parcialmente tributárias (FRELIMO, 1978, p. 210). O filho e sucessor de Muzila, Gungunhana, foi o maior adversário dos portugueses no período da ocupação colonial, sendo considerado, até a atualidade, como herói nacional em Moçambique. Ver ANGÔNIS; GUNGUNHANA; MFECANE.

GBÉ. Denominação utilizada em Parés (2006, p. 30) para designar a área linguística – que abrange partes dos atuais territórios de Togo, Benin e Nigéria, e compreende a faixa litorânea estendida de Aflawu a Badagri – na qual se localizam indivíduos dos povos mencionados como Aizo, Adja, Anago, Anlo, Ewe, Gun, Huedá, Hula, Idjé, Mina-Gen e Uatchi. Observe-se que, no léxico do fon, o elemento *gbé* é traduzido como "língua", de onde *fongbé* signifique "língua fon".

GBEHANZIN. VER BEHANZIN.

GBEYON, Dè. SOBERANO DE ALADA REINANTE EM PORTO-NOVO (1761-1775).

GELAWDEWOS. Ver GALAWDEWOS.

GHALBUN, Muhamad Ibn Khalil Ibn. Ver IBN GHALBUN, Muhamad Ibn Khalil.

GHALIB, Abdallah Al. Ver AL-GHALIB.

GHAMBA, Muhamad Al-. Ver Al-GHAMBA.

GHAWRI, Qansuh Al. Ver AL-GHAWRI.

GHÉZO. Ver GUÊZO.

GIFFAR I, Aba (1861-1932). Soberano do povo oromo, na região de Gibe, no sudoeste da Abissínia, atual Etiópia. A palavra *Aba* (ou *abba*) é um título sacerdotal. Ver OROMOS.

GILF EL-KEBIR. Denominação criada em 1925 para designar a região localizada nos ângulos formados pelo sudoeste do território do Egito e o sudeste da Líbia. Também expresso como *Jilf al Kabir* ou Planalto de Gilf Kebir, o nome traduz-se do árabe como "a grande barreira".

GIORGIS, Tekla. Imperador (*négus*) da Etiópia entre 1779 e 1800. Ver ETIÓPIA.

GIRYAMAS (*Giryama*). Denominação de um dos povos mencionados como *Nyika* (vocábulo suaíli traduzido como "savana"), localizados nas áreas litorâneas dos atuais territórios de Quênia e Tanzânia. Os giryamas se destacaram, no século XIX, como tenazes resistentes aos colonialistas europeus.

GLAOUA (*Glawa*). Confederação de tribos berberes do ramo Masmuda, originária da região do Alto Atlas, entre Marraquexe e Oued Idermi, no *Marrocos*. No século XIX, seu líder Madani Glaoui foi um importante aliado do sultão marroquino Mulai Hassan I, governante entre 1873 e 1894. Ver BERBERES; MARROCOS.

GLEHUÊ (*Gle Xue*). Antiga denominação (pronunciada "*glerruê*") da cidade de Ouidah, Widah ou Ajudá. A expressão, da língua fongbé é traduzida como "casa de campo". No século XVI, a localidade era campestre, e só começou a tomar uma forma relativamente urbana com a construção dos fortes ingleses e franceses nos séculos seguintes. Nos documentos franceses dessa época, foi chamada Gegoy ou Grégoué (SEGUROLA; RASSINOUX, 2000, p. 189).

GLELE (*Glèlè*). Décimo primeiro rei daomeano em Abomé (1858-1889). Conforme dados biográficos em Jolly e Araújo (2007, p. 60), tinha grande força de persuasão, qualidade que não se teria revelado em nenhum de seus antecessores. Por isso, recebeu muitas visitas de autoridades diplomáticas europeias de diversas nacionalidades, e manteve contatos com várias missões católicas. Entretanto, em 1863, recebendo o explorador inglês Richard Burton, enviado ao Daomé em missão alegadamente diplomática, tratou-o de maneira pouco amigável, "mais como um prisioneiro do que como convidado", segundo relato do próprio Burton. Ocupado com os rituais anuais do *Huetanu* ou *Xwetanu*, o rei levou dois meses para recebê-lo, e em determinada situação fê-lo esperar por sua presença durante quatro horas sob sol forte (Gebara, 2010, p. 216-218). Ver HUETANU.

GNAWA. Ver GUENAUAS.

GOA. Estado indiano situado na costa do Mar da Arábia, a cerca de quatrocentos quilômetros de Bombaim. No período enfocado neste dicionário, encontrava-se sob domínio português, motivo pelo qual diversos personagens de origem goense, ou afro-goenses, atuaram como mercadores, traficantes ou prazeiros na história de Moçambique. Ver CANARINS; MASSINGIR; PAULO MARIANO DOS ANJOS.

GOBANA DAACHE. Chefe militar do povo oromo, na Abissínia, membro da aristocracia de Chewa. Atuou durante anos como *dajazamch*, comandante das forças armadas, e foi agraciado com o título de *ras* (equivalente a príncipe). Devido ao seu talento e sua fidelidade, foi indicado pelo imperador Menelik II (1889-1913) para ser o *abagaz*, isto é, o chefe da guarda palaciana. Ver ABISSÍNIA; CHEWAS; MENELIK II; OROMOS.

GOBIR. Cidade-Estado do povo hauçá, incluída entre as mais antigas erigidas por esse povo. Localizada no norte do território da atual Nigéria, entre o rio Níger e o lago Chade, nela nasceu, instruiu-se e lecionou Usman dan Fodio, um dos maiores reformadores do Islã na África Ocidental. Em 1808, foi incorporada ao Emirado de Sokoto, depois Califado de Sokoto. Gobir é também mencionado como um dos "estados negreiros" da África, entre os séculos XVII e XVIII (Dorigny; Gainot, 2017, p. 40). Ver SOKOTO, Califado; Jihad; USMAN DAN FODIO.

GODOMÉ (*Godomey*). Localidade em Alada, no antigo Daomé. Em 1670, o governante local permitiu que lá se instalasse um reduto português, o qual precedeu o erguimento da Fortaleza de Ajudá. Ver AJUDÁ; ALADA; DAOMÉ.

GOJAM (*Gojjam*). Reino fundado pelo povo agaw, provavelmente no século XIII, na região montanhosa ao sul do lago Tana e do curso do Nilo Azul, no atual território da Etiópia. No século XVI, recebeu levas de refugiados provenientes do Reino de Damot, em fuga dos ataques dos muçulmanos do sultanado de Adal. No século seguinte, resistindo a diversas invasões dos povos oromos, passou a ser uma das províncias do reino etíope, sob governo da dinastia salomônica. De meados do século XVIII a meados do século XIX, durante a "Era dos Príncipes", manteve-se independente do poder imperial até o governo de Teodoro II. Ver ETIÓPIA; oromos; teodoro II.

GOLDFIELDS OF SOUTH AFRICA LTD. Empresa de mineração criada pelo capitalista Cecil Rhodes, em 1887, com sede na cidade de Joanesburgo, na África do Sul. A palavra *Goldfields* traduz-se como "campos de ouro". Ver COLO-NIALISMO; EUROPEUS NA ÁFRICA; RODÉSIA.

GOMA ARÁBICA. Produto extraído da *accacia Verek* ou *accacia Senegalis,* árvore muito encontrada na Mauritânia e no Senegal, sobretudo nas áreas sub-desérticas do Saara Meridional. Esteve entre os produtos do "comércio lícito" no século XIX, com exportação anual média de cerca de 2.000 toneladas para a Europa, embora tivesse continuado a ser extraída mediante a exploração de trabalho escravo (M'BOKOLO, II, 2011, p. 158). Ver MERCANTILISMO – África Ocidental.

GOMES, Família. Influente família luso-africana da Guiné-Bissau, cujas origens remontam aos primórdios do século XIX. Era integrada por armadores (marinheiros), comerciantes e administradores locais. Ver CRIOULIZAÇÃO; GRUMETES.

GONDAR. Cidade da Etiópia situada a nordeste do lago Tana, atualmente sede da província de mesmo nome. Foi escolhida como capital pelo imperador Fazílidas em 1636, permanecendo com esta função até 1855, quando Teodoro II transferiu sua corte para a cidade de Magdala. Ali, foi edificado um suntuoso palácio de alvenaria que serviu de residência real, no qual se pode observar diferentes influências estilísticas e arquitetônicas, notadamente de tradição portuguesa e iemenita. Ver ETIÓPIA; TEODORO II.

GONJA (*Guan; Ngbanya*). Estado do conjunto denominado Mole-Dagbâni, localizado no norte do território da atual República de Gana, acima da confluência dos rios Volta Negro e Volta Branco. Gonja é citado como um dos "estados negreiros" da África, entre os séculos XVII e XVIII (DORIGNY; GAINOT, 2017, p. 40). Ver ESTADOS NEGREIROS.

GORÉE. Ilha costeira do Senegal, na Baía de Dacar. Até o século XV, ainda denominada "Ber" (talvez de *ber*, "barro branco", em uolofe), era uma ilhota pertencente ao Reino de Cabo Verde (*Cap Vert*) fustigada pelos ventos, onde os habitantes viviam basicamente da pesca e do pastoreio de caprinos. Navegadores portugueses, franceses e italianos nela faziam escala, mas não se demoravam muito. Em 1627 – ou 1588, segundo algumas fontes – era vendida pelo rei, chamado ou intitulado *Biram*, à Companhia Holandesa das Índias. Os holandeses a teriam comprado, pagando com algumas barras de ferro ou por valor monetário equivalente, e chamaram esse seu novo estabelecimento de "*Goode Rede*", o "bom ancoradouro", nome que se corrompeu como Gorée, pronunciado "*Gorrê*". No século XVI, Gorée não tinha instalações permanentes para abrigar os escravos que seriam levados pelo tráfico negreiro. Só na metade do século seguinte foi que se estabeleceu um entreposto de cativos recrutados para as galés reais. Esse entreposto era subordinado ao entreposto geral de Saint Louis, e era também uma parada de descanso obrigatória dos navios que, vindos da França, dirigiam-se às escalas do tráfico na Costa da Guiné. Em 1677, um almirante francês em viagem para as Antilhas apossou-se da ilha em nome do rei de França, o que foi convalidado no ano seguinte pelo Tratado de Nimègue, em nome da Companhia do Senegal. A partir de 1679, essa companhia enviava 2 mil escravos por ano, durante oito anos, para as Antilhas e a

GOREIA

Guiana. As estipulações do tratado deixavam nas mãos dos africanos o forte desmantelado de Gorée e os armazéns arruinados de Rufisque, Portendal e Joal. A nova companhia prosperou mais que as antecessoras. No fim do século XVIII, Gorée era essencialmente um grande reduto do tráfico negreiro, por lá passando grandes contingentes de escravizados vendidos para além do Atlântico. Mas pouco a pouco lá foram se erguendo casarões aristocráticos, com salões de festas para o prazer refinado dos ocupantes, num ambiente de festas galantes que aconteciam nas casas das *signares*, damas mestiças de grande influência nos negócios e na política local (BRIERRE, 1966). Ver SENEGAL; SIGNARES.

GOREIA. Antiga forma, usada em fontes portuguesas e brasileiras, de referência à Ilha de Gorée. Não parece correta, face à etimologia. Ver GORÉE.

GORGORYOS, Abba (século XVII). Monge (*abba*) e educador etíope ordenado em 1620 e falecido em 1658. Converteu-se ao catolicismo no período de governo de Suzênio e acompanhou os jesuítas em seu retorno à Europa. Lecionou no *Collegium Aethiopicorum de Santo Stefano degli Abissini* e colaborou na redação de diversas obras, entre as quais a *Historia Aethiopica* [História etiópica], do orientalista Hiob Ludolf. O nome *Gorgoryos* corresponde ao latino *Gregorius*, em português "Gregório".

GORONGOSA. Vila na atual província de Sofala, em Moçambique. Mencionada em algumas fontes como uma das antigas províncias do Reino Tonga, seu nome designou também um império criado por uma coligação dos povos sena e tonga, no atual território moçambicano. Ver MOÇAMBIQUE; SENAS; SOFALA; TONGA.

GOVERNO, Formas de. Durante algum tempo, as formas de governo das sociedades tradicionais africanas foram interpretadas segundo a classificação proposta na década de 1940 na obra dos antropólogos Meyer Fortes e Evans-Pritchard (1981). Segundo esta interpretação, que acabou sendo aplicada a todos os povos da África Subsaariana no período anterior ao colonialismo, haveria que se distinguir, primeiramente, as sociedades "sem" e "com" Estado, dividindo-as e classificando-as em três tipos principais: um em que a estrutura política se confundia com a estrutura parental; outro em que a estrutura política apoiava-se em agrupamentos de linhagens; e o último, em que a estrutura política se assentava numa unidade territorial, dispondo de aparelho administrativo centralizado. Enquanto as sociedades "sem Estado" teriam o seu funcionamento baseado em relações diretas de parentesco, as sociedades "com Estado" disporiam de mecanismos de funcionamento mais complexos, ligados à influência de linhagens, as quais moldavam a estrutura política. Este tipo de interpretação assenta-se na ideia de uma evolução, das sociedades, de um tipo de estruturação mais simples para outra mais complexa, com unidade e centralização do poder. Estudos posteriores, muitos deles desenvolvidos por cientistas sociais africanos, propuseram e propõem novas formas de interpretação dos fenômenos políticos nas sociedades africanas antigas, a partir de outras perspectivas. A existência ou não de sociedades "com Estado" deixou de

GOVERNO, Formas de

ser um indicativo de valorização das organizações políticas nascidas e desaparecidas no continente ao longo dos séculos. **Tipologias**. No período abrangido por este dicionário, vistas a partir de seus elementos internos, as unidades políticas criadas pelos africanos dispuseram ou não de estruturas "verticais" de governo, sendo que algumas delas criaram estruturas "horizontais", e até mesmo acéfalas, sem um chefe supremo (caso dos balantas da Guiné; dos dinkas do Sudão; dos caramojongues de Uganda), sendo governadas por chefes de família e de clãs, por conselhos de anciãos ou dispondo de representações mais amplas de governo organizado, seja em cidades-Estado (caso das cidades suaílis do litoral do Índico, das cidades hauçás, das cidades iorubás ou da República de Salé, no Marrocos), seja em chefaturas (no âmbito da aldeia ou de um conjunto limitado de famílias e de clãs, como entre os Sanwi da Costa do Marfim, de Queto, na fronteira da Nigéria e de Massingir, em Moçambique), em monarquias de maior influência local e regional (casos do Benin, Bamun, Buganda, Congo, Daomé e Dongo), em confederações de povos e reinos (entre os fântis e os axântis do Golfo da Guiné, ou no Kaabu), ou ainda em monarquias unitárias teocráticas de orientação muçulmana (casos do imamado do Futa Jalom, do Califado de Sokoto e do Império Fulâni de Maciná). **Estruturas de poder**. A dimensão dessas organizações políticas e a estabilidade de suas fronteiras variaram de acordo com os respectivos locais, povos e contextos de sua existência, mas, em todos os casos em que o poder ia além do âmbito da aldeia, seus governos dispunham de recursos

e meios para o exercício legítimo da autoridade, dispondo de: a) poder de mando sobre populações espalhadas pelos territórios sobre suas respectivas jurisdições; b) poder estruturado a partir de um centro soberano, com núcleos administrativo e político; c) meios de exercer a violência, vigiar e punir opositores com exércitos e, em alguns casos, polícia; d) direitos, semelhantes aos dos reis, de impor justiça e cobrar tributos e taxas nas regiões em que exercia sua soberania (Cissoko, 1982-1983, p. 53-54). **Espaços políticos**. Convém, entretanto, observar que as formações políticas aqui exemplificadas não eram fechadas nem exclusivas, mas abertas a diferentes níveis de abrandamento ou modificação em virtude de guerras, migrações, arranjos e outras formas de recomposição social. Porque mesmo os dirigentes de unidades políticas (reinos, impérios, estados) aparentemente mais poderosas, embora defendendo seus domínios, não deixavam de estar integrados a redes maiores, que ligavam seu povo a outros povos. Assim, de acordo com Amselle e M'Bokolo (2017): "Se existe um ponto que é relativamente aceito por um certo número de africanistas, esse é o de que as formas de organização social que podemos observar na África pré-colonial são o produto de fenômenos de diástole e de sístole, de vaivém constantes, ou seja, de processos de composição, de decomposição e de recomposição que se desenrolam no interior de um espaço continental". Deste modo, no caso africano não é possível confirmar a ideia de uma evolução entre formas de governos mais simples (por grupos de linhagens, por grupos de idade, por sociedades secretas etc.) para formas de governo mais complexas (estatais, centralizadas), mas em geral diferentes tipos de governo teriam podido coexistir ou se alternar. Por isto, nem sempre havia correspondência entre estados, nações e territórios tal qual veio a ocorrer no Ocidente no período moderno. Os estados africanos anteriores ao período do colonialismo não diziam respeito especificamente a um povo ou a uma cultura, mas eram fundamentalmente multiétnicos, multinacionais e, por vezes, multipolares, ou seja, resultando do compromisso ou da convivência entre diferentes grupos sociais, etnolinguísticos e políticos (DIAGNE, 1981, p. 51-52). **Transformações.** Embora não seja possível nem desejável encontrar uma explicação geral capaz de dar conta de tamanha diversidade espacial, temporal e política, pode-se perceber determinadas inovações nas estruturas políticas originárias, por exemplo, no longo processo de interação entre o mundo islâmico e a Europa. Nesse processo, vemos como, no século XV, o *askia* Muhamad recorre aos conselhos do sábio marroquino Al Maghili para governar o Império Songai segundo os preceitos da Sunna; e, no século seguinte, o manicongo D. Afonso I (Mvemba-a-Nzinga) solicita ao rei de Portugal um regimento de governo segundo os preceitos cristãos. Nos séculos XVII a XIX, estimulados pelos tráficos escravistas do Atlântico e do Saara, surgiram, em toda a África Subsaariana, estruturas políticas altamente militarizadas (Oyó; Império Axânti; Daomé; Reino Zulu etc.), gradualmente centralizadas e dispondo de governos de caráter absolutista. Por volta de 1800, esses poderosos estados englobantes não constituíam a forma mais difundida de organização política do continente, embora tivessem maior projeção e indiscutível poder político-econômico. Tais poder e influência, contudo, não foram considerados pelos líderes das potências europeias durante a conquista colonial da África, e redundou em guerras, menos ou mais duradouras, que levaram ao desaparecimento ou enfraquecimento estados que detinham hegemonia regional, e até mesmo internacional, dentro do continente. Ver AFONSO I; ÁSQUIA; AXÂNTIS; BALANTAS; BAMUNS; BENIN, Antigo; BUGANDA; CONGO, Reino do; DAOMÉ; DINKAS; DONGO; EFIKS; FULÂNIS; IBOS; KARIMOJONGUES; LUOS; MACINÁ; MANICONGO; OYÓ; QUICUIOS; SOKOTO, Califado; Jihad; SONGAIS; ZULUS.

GRAAFF-REINET. Denominação de antiga cidade da África do Sul, situada na parte oriental da Província do Cabo. Sua fundação pelos bôeres data de 1786, tendo no início sido ocupada por agricultores. Logo passou a funcionar como distrito, influenciando o surgimento de outras comunidades de colonizadores nas regiões próximas do rio Orange, como Stellenbosch, Tulbagh e Swellendam.

GRAHAMSTOWN. Cidade sul-africana, chamada *Grahamstad* em africâner, localizada na atual província do Cabo Oriental, nas encostas das Montanhas Suur. Foi fundada em 1812, oito anos antes da chegada dos colonos ingleses, como posto de guarnição da fronteira com o território do povo xosa.

GRAND POPO. Ver GRANDE POPÔ.

GRANDE POPÔ (*Grand Popo*). Cidade costeira oeste-africana localizada, no sudoeste do atual território da República do Benin, antigo Daomé, junto à fronteira

GRIÔ (*Griot*)

com o Togo. Seu desenvolvimento foi impulsionado pelo tráfico negreiro. Ver ANÉHO; POPÔ PEQUENO; TRÁFICO NEGREIRO.

GRANDES LAGOS. Expressão que designa o conjunto de sete lagos situados na porção centro-oriental do continente africano. Na atualidade, as denominações criadas pelo colonialismo europeu estão substituídas por nomes nativos, como sejam: Mobutu (antes, Alberto); Nyanza (Vitória); Turkana (Rodolfo); Kioga; Kivu; Niassa e Tanganica;

GRANDES LAGOS, Planalto dos. Denominação da extensa área da África Oriental onde se localizam alguns dos lagos mais profundos do mundo, também referida como "Planalto dos Grandes Lagos Africanos". Abrange os atuais territórios de Etiópia, Quênia, Tanzânia, Uganda, Ruanda, Burundi, República Democrática do Congo, Maláui e Moçambique.

GRANDES SÉCULOS. Expressão usada para caracterizar o período da História da África que se estende do século VII, com o apogeu do Antigo Gana, ao XVI, com a queda do Império songai de Gao.

GRÃO-VIZIR. Primeiro-ministro de um governo muçulmano. No período enfocado neste dicionário, a função dizia respeito aos governantes do Império Otomano, que controlava parcialmente o Norte da África. Ver VIZIR.

GREEN, Jonathan Adagogo (1873-1905). Profissional de fotografia nascido em Bonny, Nigéria. Na década de 1890, realizou inúmeros registros fotográficos na região do Delta do Níger, sobre temas como a extração do óleo de palma e o cenário comercial, bem como documentando a presença de anônimos europeus e nativos nos espaços públicos. Ver IMPRENSA E COMUNICAÇÃO.

GRIGRI. Espécie de amuleto constituído por um pequeno invólucro, geralmente de pano ou couro, e fechado por costura, onde se inseriram versículos do Alcorão ou fórmulas escritas para livrar de má-sorte o portador. O termo, possivelmente difundido a partir da língua francesa, tem provável origem no idioma iorubá, no advérbio *giri*, "corajosamente" (de *ògìrì*, "forte", "ativo"), reduplicado, como ocorre em cânticos rituais da tradição iorubana. A palavra é mencionada pela primeira vez em um texto escrito no ano de 1637 como *grisgris*. Por extensão, designa todo talismã usado pelos africanos islamizados (MAUNY, 2011, p. 63). Em textos portugueses produzidos na Guiné durante os séculos XVI e XVII, esse tipo de artefato é chamado "nômina", e assim ainda é conhecido entre os lusofalantes do oeste africano (HOUAISS *et al.*, 2021, p. 2025).

GRIÔ (*Griot*). Denominação de provável origem europeia criada para designar o poeta, cantor, conselheiro do rei e historiador tradicional africano. Depositário da tradição oral, é o genealogista das famílias reais e difusor das festas e epopeias de seu povo. Sua presença é mais notória na África Ocidental, no seio de povos como os mandingas, entre os quais os griôs (*djalis, djelis*) chegam a constituir uma categoria específica, exercendo uma atividade hereditária. Entre os uolofes, são chamados *gewel*. A origem da palavra é ainda obscura. Sem entrar na discussão acerca da definição precisa das competências dos griôs, convém considerá-los, em seu conjunto, simplesmente como um grupo de indivíduos relacionados a clãs e linhagens reais que reservavam para si o direito e o dever de preservar os elementos constitutivos do passado e, por extensão, os traços coletivos essenciais dos povos em que estavam inseridos. Como Amadou Hampâté Bâ (2011, p. 175-173; 193) ensinou, é preciso não os confundir com os *domas*, que eram indivíduos portadores de conhecimentos aprofundados, amplos e complexos – parcialmente divulgados e parcialmente mantidos em segredo. Por sua vez, havia entre os griôs variadas especializações e graus de prestígio, que distinguiam os "griôs embaixadores" (responsáveis pela mediação entre as grandes famílias), os "griôs músicos" (excelentes executores de instrumentos musicais como a *kora* e o balafo; além de compositores e cantores) e os "griôs genealogistas" (historiadores, poetas, contadores de história, não necessariamente ligados a uma família ou clã). Ver DJELI; TRADIÇÃO ORAL.

GRÍQUAS. Povo de mestiços da Colônia do Cabo, no território da atual África do Sul. Também por vezes referidos como *koranna* ou *korana*, são, na origem, resultado da miscigenação decorrente de uniões maritais ou relações sexuais de colonizadores brancos, da atual província do Cabo Setentrional, com mulheres de populações nativas, principalmente do grupo Khoikhoi e, em menor proporção, dos povos san e xosa. A designação tinha o sentido original de "bastardo", e já era empregada no século XVIII.

História. Falando uma língua própria e possuindo armas e gado, os gríquas caçavam e comerciavam marfim e peles de animais. No início do século XIX, buscando reconhecimento como uma comunidade cristã, estimularam a Sociedade Missionária de Londres a criar um núcleo em sua capital Klaarwater. Atraindo grande variedade de seguidores "bastardos", como se autodefiniam, acabaram se fragmentando por disputas de liderança. Ao longo do século, os diversos grupos foram perdendo suas terras, tomadas por fazendeiros brancos. Em 1871, foram descobertas na Griqualândia os depósitos de diamantes mais ricos do mundo. Logo depois, a região era anexada por colonialista ingleses, em nome da Coroa Britânica (Meredith, 2017, p. 258-259; 280). Ver BARENDS, Barend; CRIOULIZAÇÃO; KHOIKHOI; KLAARWATER; KOK III, Adam; WATERBOER, Nicolas; SAN; XOSAS.

GRUMETES. Na Guiné-Bissau dos séculos XVI a XIX, denominação aplicada aos descendentes mestiços de homens europeus e mulheres africanas, alguns deles filhos de escravas ou escravos. Nominalmente cristãos, mas profundamente africanizados em seu estilo de vida, trabalhavam como armadores em navios, pequenos comerciantes (caixeiros) e até como "ponteiros" (donos de plantações); e também como navegadores, tradutores e mensageiros, e eventualmente como integrantes de forças armadas auxiliares dos grandes mercadores ou chefes africanos. No século XIX, alguns deles detinham o controle de casas comerciais ou ocupavam posições intermediárias na sociedade guineense. Assim, muitos engrossaram as fileiras da resistência local ao domínio colonial português. Ver CRIOULIZAÇÃO; LANÇADOS; TANGOMAUS.

GRUPO ÉTNICO. A literatura antropológica estabelece algumas correlações entre os termos "etnia", "tribo" e "nação" quando aplicados ao continente africano. De modo geral, por etnia definem-se os grupos humanos que compartilham uma mesma língua, um mesmo espaço, costumes, valores, um mesmo nome, uma mesma descendência e a consciência de um pertencimento comum, de uma identidade ancestral comum. Neste sentido, as etnias no plano cultural e as tribos no plano político estariam relacionadas a agrupamentos humanos autônomos entre si, habitantes de territórios específicos, com origem histórica, costumes e instituições comuns. O termo *etnia* (do grego *ethnos*, "povo", "nação") surgiu na língua francesa em 1896, tendo sido amplamente utilizado no período colonial para designar os grupos de povos com os quais os europeus estabeleceram contato na África. Entretanto, ao considerar esses povos como grupos fechados e duráveis, homogêneos e autônomos entre si, o uso do termo "congelou" as identidades locais, condenando-as a uma fixidez e a uma continuidade que dificultavam a tomada de consciência do caráter plural e dinâmico das relações sociais do período pré-colonial. Na atualidade, já há certo consenso no sentido de que a ideia de "grupo étnico" ou "tribo" foi utilizada no período colonial para dividir os povos que ocupavam um mesmo território, e que essa utilização está na base do fenômeno contemporâneo do "tribalismo". Além disso, um número crescente de pesquisadores admite que, no período pré-colonial, as relações sociais entre os grupos humanos que ocupavam o extenso território continental africano eram dinâmicas, abertas, intersocietárias, sujeitas a sucessivos processos de interação e de transformação. A rejeição da denominação "etnia" de forma generalizada é expressa por uma corrente historiográfica contemporânea (HALL, 2017; AMSELLE; M'BOKOLO, 2017), principalmente por causa de informações divergentes constantes das narrativas sobre alguns povos africanos. Criadas de acordo com interesses de observadores com diversas origens e propósitos, algumas denominações informadas como nomes étnicos referem-se, na verdade, a regiões ou à denominação da etnia mais conhecida ou visível de determinada localidade, e até mesmo, no ambiente do escravismo, a portos de embarque de cativos. Assim, escreveram Jean-Loup Amselle e Elikia M'Bokolo (2017, p. 35): "As sociedades locais [na época colonial], com seu modo de produção, de redistribuição, longe de serem mônadas fechadas sobre si mesmas, estavam integradas em formas gerais englobantes que as determinavam e lhes davam um conteúdo específico". Desta forma, ao longo dos tempos, um mesmo povo pode ser ou ter sido mencionado por nomes diferentes, de acordo com épocas, lugares ou situações sociais. Não se trata, portanto, de negar a existência do fenômeno étnico, e, sim, de se prevenir sobre a imprecisão histórica que determinadas caracterizações podem suscitar. Ver AGNIS; BAMBARAS; ETNIA; HAUÇÁ-FULÂNIS; IORUBÁS; JINGA, Rainha; KANÚRIS; MOÇAMBIQUE; MUCUBAL; NAGÔ; NGÚNIS; OROMOS; RACISMO; TUCULORES; YAKAS; ZULUS.

GUAMPÉ. Nome pelo qual o padre Vicente Ferreira Pires (1957, p. 27) denomina o

GUARDA NEGRA

servidor do monarca do Daomé encarregado de vigiar e manter a segurança do litoral dos domínios reais. É uma provável deturpação de uma expressão na língua fon, a partir de *gan*, "chefe", combinado a possivelmente com *kpe*, "recompensa". Talvez se relacione a *gankpámè*, "prisão" (SEGUROLA; RASSINOUX, 2000, p. 181).

GUARDA NEGRA. Um dos modos de utilização da força de trabalho de africanos em diversas áreas do mundo muçulmano foi o serviço em corpos militares ou de guarda. Na historiografia árabe-muçulmana, como acentua M'Bokolo (2009, p. 228-230), a "guarda negra" é um tema recorrente, desde a Arábia pré-islâmica. No período enfocado neste dicionário, a utilização sistemática de cativos negros em batalhões especiais, guardas palacianas ou em outros serviços de caráter militar ocorreu no Marrocos, onde no século XVIII eles eram identificados pelo nome de *Abid al-Bukhari*, ou seja, "escravos de Bukhari". Eram recrutados na área subsaariana, segundo alguns, entre as populações recém-convertidas ao islã. A institucionalização dessa prática data do governo do sultão marroquino Mulai Ismail (1672-1727), embora, um século antes, Ahmed al-Mansur (1578-1603), após a conquista dos povos subsaarianos do Império Songai, já tivesse começado a integrar soldados negros ao seu exército. Com o tempo, seu contingente era muito superior ao das forças *guich* (de soldados árabes) e de renegados, e sua atuação era marcada por absoluta fidelidade aos governantes. Além de participar dos combates, a elite de soldados negros servia em atividades administrativas e de fiscalização, e os demais na construção de fortalezas, na proteção de estradas, no confisco de cavalos e propriedades. Enfim, constituíam uma base de apoio fundamental para os governantes na repressão de dissidentes, reforçando o poder do governo central (*makhzen*) (M'BOKOLO, 2009, p. 360-361). Ver MARROCOS; MULAI.

GUELADJO, Samba. Ver SAMBA GUÉLADIO.

GUELEDÉ (*Gèlèdé*). Entre os iorubás ocidentais (de Ketu, Shabe, Ifonyin e Egbado), divindade madrinha da sociedade secreta religiosa feminina que leva seu nome. Suas manifestações públicas são marcadas pela presença de máscaras antropomorfas esculpidas em madeira, as quais, segundo algumas fontes, simbolizariam "o poder feminino sobre a fertilidade da terra, a procriação e o bem estar da comunidade" (www.geledes.com.br). No Brasil, a sociedade funcionou nos mesmos moldes iorubanos, e sua última sacerdotisa foi Omoniké, de nome cristão Maria Júlia Figueiredo, falecida provavelmente em 1894. Essa ialorixá foi quem, dez anos antes de falecer, iniciou a futura Mãe Aninha (Eugênia Ana dos Santos, Obá Biyi), então com 15 anos de idade. Ver SANDE.

GUENAUAS (*Gnawa*). No Marrocos, dentro do período enfocado neste dicionário, vocábulo usado como designativo de "gente da Guiné", ou seja, pessoas negras. Na cidade de Fez, esses guenauas formavam uma forte e ativa confraria religiosa, notabilizada por reuniões em que as mulheres realizavam danças e participavam de rituais de possessão, nos quais incorporavam *djins*, gênios tidos como diabólicos pelo Islã, motivo pelo qual tais práticas e associações eram mal vistas pelas autoridades e pelos senhores (M'bokolo, 2009, p. 364-365). Na atualidade, o termo *gnawa* dá nome a um gênero de música folclórica muito apreciado no Marrocos, sobretudo na região próxima dos Montes Atlas. Sobre a origem do termo, é possivelmente relacionada à etimologia do vocábulo Guiné. Ver GUINÉ.

GUERRAS. Situações em que se verificam hostilidades armadas de extensão considerável entre povos ou unidades políticas, ou, modernamente, entre duas ou mais nações que se declaram soberanas (Silva, 1986, p. 533). A guerra é uma constante nas sociedades humanas, desde a Antiguidade. No âmbito deste dicionário, o continente africano foi abalado por conflitos bélicos das mais diversas proporções e espécies, inclusive aqueles travados entre grupos ligados por laços culturais comuns, até mesmo de parentesco. A estas, preferimos denominar "guerras internas" em vez de "guerras civis". Ver ABISSÍNIA; ADEGON, Batalha de; ALCÁCER-QUIBIR; BALOGUM; BARBÁRICOS, Estados; BÔERES; CACOATAS; CAFRES; CHAKA; CHAR BUBÁ, Guerras de; CUATA-CUATA; EL HADJ OMAR TALL; FÂNTIS (As Guerras Fânti-Axântis); GUERRA DOS MARABUTOS; GUERRA PRETA; ISANDHLWANA, Batalha de; ISLAMIZAÇÃO; JIHAD; JINGA, Rainha; KOMENDA; MAJI-MAJI, Revolta; MAHDI; MFECANE; NGÚNIS; OLOGUM; ORGANIZAÇÕES MILITARES; OYÓ; PEÚLES; POPULAÇÃO AFRICANA; RESISTÊNCIA ANTICOLONIALISTA; TRÁFICO NEGREIRO; USMAN DAN FODIO; ZULUS.

GUERRA DOS MARABUTOS. Ver NASIR AL-DIN; SENEGAL.

GUERRA PRETA. Denominação do exército dos sobas aliados ao governo português de Luanda no século XVII, o qual chegou a contar com um efetivo de 30 mil homens. Por volta de 1640, combateu as autoridades locais que se recusavam a colaborar com as ações escravistas dos portugueses (Parreira, 1990b, p. 195).

GUÊZO (*Gezò; Ghezo*). Décimo rei daomeano em Abomé (1818-1858), sucessor de Adandozan e sucedido por Glele. Antes chamado Gapê ou Gankpe, seu nome de trono é resumo do lema, em língua fongbé, *Ge di zò ma si gbè*, que encerra o seguinte significado: "O pássaro cardeal se parece com o fogo, mas não pode queimar a mata", ou seja, "Os maus intentos dos inimigos serão em vão" (Segurola; Rassinoux, 2000, p. 186). No início dos anos de 1820, proclamou unilateralmente a independência de seu reino, então tributário de Oyó, e a partir daí se destacou como um dos grandes administradores da história africana. Comerciou com a França, exportou azeite de dendê, criou culturas de milho, amendoim, fumo, banana e tomate e organizou um eficiente corpo de funcionários. No plano jurídico, humanizou consideravelmente as leis daomeanas relativas à escravidão. Ver CHACHÁ DE AJUDÁ.

GUGSA, Ras. Governante da Província de Yejju, no norte da Etiópia, de 1803 a 1825. Esteve entre os seis mais influentes príncipes (*ras*) no período, com destacada atuação na ascensão de Teodoro ii. Ver TEODORO II.

GUINÉ. Denominação arbitrária outrora atribuída, no oeste africano, a toda a

GUINÉ, Alta

região estendida da Senegâmbia às proximidades do Cabo da Boa Esperança, distinguindo-se aí as porções assim nomeadas: Alta Guiné, Guiné Superior ou Setentrional, até a foz do rio Congo; e a Baixa Guiné, Guiné Superior ou Meridional, até o extremo sul do continente. **Etimologia**. O vocábulo aparece no vocabulário europeu na segunda metade do século XV, sendo empregado para designar o "país dos negros", os quais, por sua vez, são nomeados como "guinéus". Neste sentido, era equivalente aos termos *Aethiopia* e *aethiops*, empregados no mundo greco-romano para denominar a porção continental ocupada pelos negros, e *Bilad al-Sudan* e *sudan* (de onde o qualificativo sudaneses), que aparecem na literatura árabe. É provável que o nome tenha resultado do aportuguesamento da palavra berbere *ghinawen* (ou, em sua forma arabizada, *Guinauha, genewah*), que significa, literalmente, "povo queimado", "povo escuro". Por sua vez, na *Description de l'Afrique*, escrita em 1526 por João Leão, o Africano, consta que o vocábulo seria derivado de Djenê (*Djenné*), que ele nomeia como *Gheneo, Gennie, Ghinea*. Ver GUENAUAS.

GUINÉ, Alta. Denominação histórica da região que se estendia de Casamansa, no Senegal, ao sul da atual Costa do Marfim. Na atualidade, a denominação abrange os territórios dos atuais Senegal, Gâmbia, Guiné-Bissau e Guiné-Conacri, além do arquipélago de Cabo Verde.

GUINÉ, Golfo da. Denominação da grande reentrância no litoral da África Ocidental, parte do oceano Atlântico, compreendendo as baías de Benin e de Biafra, muitas vezes também referidas como "golfos".

GUINÉ-BISSAU. País da África ocidental atlântica, limítrofe a Senegal e Guiné-Conacri. No século XVI, seu território era ocupado por diversos povos, organizados em pequenos reinos ou chefaturas situadas às margens da foz de diversos rios que se projetavam do interior do continente para o litoral. Nos relatos de cunho etnográfico redigidos pelos cabo-verdianos André Álvares de Almada (em 1591) e André Donelha (em 1625), há diversas informações sobre os Mandingas, Beafadas ou Beafares, Balantas, Cassangas, Manjacos, Felupes, Mancanhas ou Brames, Cocolis, Balantas e Bijagós. Mais para o interior, o principal Estado era o Kaabu, controlado por grupos de origem mandinga, que até a metade do século XVIII exercia influência sobre territórios das atuais Guiné-Bissau e Guiné-Conacri, Gâmbia e Casamansa. **Mandingas e Fulas**. Os Fulânis ou Peúles tinham se estabelecido parcialmente em território guineense nas últimas décadas do século XV, sob a liderança de Koli Tenguelá, em sua passagem pelo Futa Jalom e o estabelecimento na região de Futa Toro, no atual Senegal. Eles ocuparam gradualmente as áreas sob influência do Kaabu, assumindo controle sobre ele desde a metade do século XVIII até o desaparecimento desse Estado, em 1867. **Os pepéis**. Um dos mais influentes povos, os pepéis (ou papéis) ocupavam as margens do rio Cacheu e foi com eles que os cabo-verdianos e lançados portugueses estabeleceram os primeiros contatos, e lá fundaram em 1604 a cidade de Cacheu. Ao final do século XVII, em 1696, o bispo de Cabo

Verde, Vitoriano Portuense, batizou o rei Incinhate, que governava os pepéis junto com outros dois chefes: Azinha e Torre. Logo depois teve início, contra a vontade dos pepéis e após um conflito armado, a construção de um forte e a povoação inicial pelos luso-africanos da cidade de Bissau, o que impulsionou a posterior ocupação portuguesa. **Bolama**. Pela mesma época, negociantes e oficiais portugueses fundaram na Ilha de Bolama, no Arquipélago dos Bijagós, uma povoação que foi disputada pelos ingleses no período situado entre 1792-1794 e 1814 devido a sua excelente posição estratégica. Após demoradas negociações e uma arbitragem internacional, a posse da ilha foi confirmada aos lusitanos em 1870. Então, Bolama tornou-se o centro administrativo da Guiné Portuguesa, mantendo-se nesta posição até 1941, quando a capital da colônia passou a ser Bissau. Ver BAGAS; BANHUNS; BEAFADAS; BIJAGÓS; CACHEU; COCOLIS; FARIM; GRUMETES; INCINHATE.

GUINÉ-CONACRI. Denominação, usada por desambiguação para referir a República da Guiné, país da África Ocidental Atlântica, limítrofe com Guiné-Bissau e Serra Leoa, cuja capital é a cidade de Conacri. **Povos locais e expansão mandinga**. A região era ocupada desde época recuada pelos povos bassari, bagas e nalus, bem como por grupos de origem mandinga e soninkê, Sossos e Diúlas – que lá se estabeleceram desde a época da expansão político-militar do Império do Mali –, e povos resultantes da mistura desses vários componentes, chamados Dialonquês (Djalonkés; Dialonkés; Jalonkés, isto é, "povo do Jalom"), considerados os "senhores da

terra". **Expansão fula**. A partir da segunda metade do século XV, diversas vagas de povos do grupo fulâni se estabelecem na região, vindas de diferentes locais: a primeira, do Sael mauritano, integrada por pastores nômades; a segunda, vindas da área nigeriana sob domínio do Império Songai, na longa migração liderada por Koli Tenguelá, integrada por fulânis animistas; a terceira, no século XVII, formada por fulânis islamizados provenientes seja da região de Maciná (no atual Mali), seja da região do Futa Toro. Serão estes grupos que protagonizarão os mais importantes movimentos e transformações políticas em nome da imposição do Islã aos dialonquês (Djalonkés). **Reformas fulas e islamização**. Nos séculos seguintes, cidades como Kankan, Labé e Timbo se tornaram centros de vida política e religiosa. A primeira *jihad* decretada contra os "infiéis" animistas ocorreu por volta de 1725, por iniciativa do karamoko Alfa de Timbo. Alguma décadas mais tarde, com a fase militar da conquista já encerrada, coube ao "comandante dos crentes" Ibrahima Sori criar os fundamentos políticos e institucionais de um Estado islâmico cujo núcleo de poder era a cidade de Timbo, situada entre Mamou e Dabola. Pela mesma época, outra comunidade importante, Kankan, era fundada por um dos seus governantes mais aguerridos: Karamoko Alfa Mo Labé. **Século XIX**. Na década de 1850, o líder El Hadj Omar Tall empreendeu sua célebre *jihad* a partir de Dinguiray, e seu exército fulâni e muçulmano conquistou o Futa Jalom. Depois, deslocando-se no rumo nordeste, tomou os reinos bambaras de Kaarta e Segu. Cerca de

GUINÉ EQUATORIAL

vinte anos depois, boa porção do leste do país se tornou parte do império erguido por outro grande líder, Samori Turê, que lutou contra os franceses quando eles invadiram o Senegal. O exército francês, com armas e equipamentos de altíssima potência, tomou Bissandugu em 1891, data que assinala o início da colonização francesa, mas Samori ainda resistiu. Depois de doze anos de luta, Samori foi preso em 1898 e enviado para o exílio no Gabão, onde morreu dois anos depois. Ver EL HADJ OMAR TALL; KARAMOKO ALFA; KOLI TENGUELÁ; SAMORI TURÊ.

GUINÉ EQUATORIAL. País situado no vértice do Golfo da Guiné, limítrofe com Camarões e Gabão, a cujos domínios pertence à Ilha Annobón, na atualidade denominada Pagalu, situada a 350 quilômetros do litoral do Gabão. Por volta do século XVI, a região foi descrita como densamente povoada por grupos locais como o do povo fang. Lá viviam também os povos bubis (bubes), que ao tempo da chegada dos europeus ocupavam a Ilha de Bioko, muito próxima dos Camarões. No século XVIII, a monarquia portuguesa, proclamando-se dona do território, cedeu-o à Espanha. Em 1778, uma expedição espanhola, procedente de Montevidéu, foi destroçada por habitantes da Ilha Annobón. Enquanto isso, franceses e ingleses foram se apossando do território, até que os britânicos o ocuparam, fundando seus primeiros povoados coloniais. Entre 1843 e 1856, a Espanha reconquistou militarmente o território, numa apropriação legitimada pela Conferência de Berlim (ENCICLOPÉDIA, 2000, p. 311).

GUINÉ INFERIOR. Antiga denominação da região localizada entre o sul dos atuais territórios de Costa do Marfim e Benin, ou entre os rios Bandama e Mono (BOAHEN, 2010, p. 475).

GUINÉ PORTUGUESA. Denominação empregada no período da colonização portuguesa para designar o atual território da República da Guiné-Bissau.

GUINÉU (*Guinea*). Antiga moeda de ouro inglesa cunhada no âmbito do tráfico negreiro. A denominação é referência à origem do ouro de que era feita, ou seja, da "Guiné", nome genérico pelo qual era mencionada a África Atlântica. Ver ECONOMIA DO TRÁFICO; TRÁFICO NEGREIRO.

GUMBU SMART (1750-1820). Personagem da história do tráfico negreiro nascido no seio do povo loko, no povoado de Kalangba, em Serra Leoa. Segundo as tradições orais, teria sido capturado na juventude e vendido a mercadores de escravos ingleses. Devido a sua grande habilidade de negociação, passou a ser chamado de *Smart*, isto é, "esperto", "sabido", nome que adotou pelo resto da vida. Serviu aos traficantes como mediador nos negócios, trocando álcool por cativos, e na sequência tornou-se ele próprio mercenário e líder de um grupo de caçadores de escravos. Iniciado na arte da guerra, recebeu o nome de "Gumbu", termo que na língua mende, segundo algumas fontes, significaria "fogo", e se estabeleceu na comunidade de Masimera, que passou a servir de quartel-general de suas operações. Entre 1790 e 1820, tornou-se um dos mais poderosos traficantes de escravos da região costeira de Serra Leoa. Ver TRÁFICO NEGREIRO.

GUN (*Goun; Gún*). Subgrupo do povo ajá, localizado na região de Porto-Novo, no antigo território do Daomé.

GUNGUNHANA (*c.* 1850-1906). Grafia portuguesa de referência a Ngungunyane, imperador de Gaza, reino do povo angôni, no atual território de Moçambique. Filho e sucessor do rei Muzila, estabeleceu sua capital em Mandlakase, onde reinou de 1884 a 1895. Logo no início do reinado, assinou um tratado com a Coroa portuguesa, mantendo, entretanto, relações com a British South African Company, segundo Almeida (1978, v. II, p. 243). Seu governo caracterizou-se por muitas convulsões, resultantes principalmente da luta entre interesses portugueses e britânicos pelo controle do território. Tendo suas tropas comandadas pelo chefe Maguigane, conseguiu vitórias, como as de Chiconguza, em 1895; a contra a fortificação da Ilha de Bahule; e a contra os chopis. Derrotado em outros combates, foi preso em Chaimite pelas tropas do militar lusitano Mousinho de Albuquerque, sendo submetido a vexatórias humilhações. A seguir, foi desterrado para Lisboa, e de lá para os Açores, onde faleceu. As humilhações que lhe foram impostas configurariam, segundo algumas opiniões, uma tentativa de afirmação de Portugal depois do ultimato recebido do Império Britânico, que pretendia ligar o Egito à África do Sul, como referido no verbete sobre Maláui. Mais tarde, Ngungunyane foi reconhecido como um dos grandes responsáveis pelos últimos momentos da resistência aos portugueses em Moçambique. Tanto que, após a independência moçambicana, seus restos mortais foram levados para o seu país, onde passou, juntamente com o líder independentista Eduardo Mondlane, a ser celebrado como herói nacional. Ver ANGÔNIS; CHAIMITE; GAZA; MAGUIGANE; MALÁUI; MOÇAMBIQUE; RESISTÊNCIA ANTICOLONIALISTA; SOCHANGANE.

GURMA, Reino. Uma das denominações do Reino Nungu (Noungou) ou de Fada n'Gurma, fundado pelos gurmas. É incluído entre os "estados negreiros" da África, entre os séculos XVII e XVIII (DORIGNY; GAINOT, 2017, p. 40). Ver ESTADOS NEGREIROS; GURMAS.

GURMAS (*Gourma; Gurmanche*). Povo da África Ocidental localizado a partir de Fada N'Gurma, no leste do atual território de Burkina Fasso. Alguns de seus ancestrais são tidos como integrantes do contingente de migrantes que, vindos do norte do atual território de Gana, fundaram em Tenkodogo, o primeiro dos reinos mossis (LOPES; MACEDO, 2017, p. 142).

GUYAMAN (*Jamang; Jaman*). Comunidade fundada no século XV em territórios dos atuais países de Gana e da Costa do Marfim pelo povo abrem, ramo do povo Akan. No início do século XIX, foi integrado ao Império Axânti.

GWATO (*Ughoton*). Cidade portuária situada às margens do rio Gwato, no sudoeste da atual Nigéria. Segundo algumas fontes, teria sido o mais importante entreposto de comércio durante os primeiros contatos dos obás do Benin com os mercadores europeus, no século XV, permanecendo forte, até o século XVII, nas transações com portugueses, franceses e ingleses.

GYAKARI, Ntim. Ver NTIM GYAKARI.

HAGOS, Bahta. Ver BAHTA HAGOS.

HAGOS, Eleni. Ver ELENI HAGOS.

HAIMANOT II, Tekla. Ver TAKLA HAIMANOT II.

HAMIDOU (1752-1815). Corsário norte-africano, foi comandante de navios argelinos no período das guerras napoleônicas, quando adquiriu bens materiais e grande notoriedade com ataques navais de pilhagem e aprisionamento de reféns franceses, italianos e ibéricos no Mediterrâneo. Morreu em combate contra uma esquadra norte-americana, quinze anos antes da Argélia cair sob domínio francês, o que pôs fim ao predomínio dos corsários berberes na região mediterrânica. Ver BARBÁRICOS, ESTADOS; CORSÁRIO.

HAMIDULAI (*Hamdallaye; Hammdalaye*). Cidade do Mali, na região de Mopti, cujo nome significa, em árabe, "louvor a Alá". Foi fundada em 1818 por Cheiku Amadu como capital do Império Fulâni do Maciná, e chegou a abrigar uma população de 300 mil habitantes. Governada por preceitos teocráticos extremamente rigorosos, contava com administração, organização militar e era mantida sob intensa vigilância moral. Dela partiram diversas investidas contra os pagãos animistas do Reino do Segu. Em 1862, El Hadj Omar Tall conquistou a cidade, que, entretanto, dois anos depois, durante uma batalha, foi incendiada, o que obrigou o conquistador a abandoná-la. Ver CHEIKU AMADU; CIDADES; DINA; ISLAMIZAÇÃO; MACINÁ.

HAMITAS. Antiga classificação étnica aplicada a alguns povos do norte-nordeste africano, como egípcios, líbios, sudaneses, chadianos, etíopes etc., a partir da tradição bíblica que os considera descendentes de Cam, filho de Noé ou de antigos povos a ele relacionados. O adjetivo, forma alemã para "camita", assim como seu derivado "hamítico", foram muitas vezes usados para excluir alguns desses povos do contexto dos negros, por apresentarem características fenotípicas (de aparência física) que de certa forma os aproximassem de asiáticos, como nariz afilado e cabelos lisos. Entretanto, na contramão dessa corrente, criou-se o termo "afro-asiático", que adjetiva mais adequadamente os povos mencionados, bem como as línguas por eles faladas. Ver CAMÍTICA, Hipótese.

HAMUDA PASHA (+ 1814). Servidor do Império Otomano em Túnis, onde exerceu o cargo de *bei* (governador) de 1777 até a sua morte. Nesse período, a Tunísia escapou da esfera de influência argelina, estabelecendo relações diretas com a administração central turca em Istambul.

HANJITÓ. No léxico da língua Fongbé, dos povos fon, substantivo que designa o cantor, especialista que na corte de Abomé tinha função semelhante à do griô, ou *djeli* em outras cortes oeste-africanas, ao qual estava reservada a função de preservação da memória das linhagens reais. A grafia do termo como *ahanjitó*, consignada em Cornevin (1962, p. 69), parece resultar de equívoco, pois o elemento *ahan*, no fongbé, é traduzido por "álcool" e compõe o vocábulo *ahanjetó*, significando "comprador de álcool" (SEGUROLA; RASSINOUX, 2000, p. 31). Ver GRIÔ; TRADIÇÃO ORAL.

HARAR (*Harer*). Cidade do leste da Etiópia situada na extensão oriental do planalto. Nos séculos XV e XVI, sediou um estado islâmico, o Sultanato de Harar ou Sultanato de Adal, fundado pelo líder muçulmano Ahmad Gran, sendo definitivamente incorporada ao estado etíope no século XIX, durante o governo do imperador Teodoro. Ver ADAL, Sultanato de; AHMAD GRAN.

HARARE. Chefe africano governante na região da atual capital da República do Zimbábue no final do século XIX, destacado na luta contra o colonialismo britânico. Seu nome, significando, na língua do povo xona, algo como "o povo não pode dormir" (PACHKOV, 1984, p. 93), foi dado à capital de seu país, então chamada Salisbury, em 1982, dois anos após a independência.

HARI. Região do Dongo, entre os rios Cuanza e Bondo, também fronteiriça a Matamba e Mbaka, tendo como um de seus principais centros populacionais Pungo Andongo ou Maupungo. Berço dos chefes portadores do título *ngola-a-ari*, sua denominação parece remeter ao quimbundo *hari* ou *hadi*, traduzido em português como "sofrimento", "infelicidade", "tormento", "padecimento",

"aflição" etc. Ver DONGO; NGOLA-A-ARI.

HARMATÃ (*Harmattan*). Vento quente, carregado de poeira, que sopra do leste em direção ao Saara e ao litoral atlântico da África Setentrional. A palavra, tida como entrada no idioma francês no século XVIII, oriunda do fânti *haramata*, tem provável relação com o árabe *haram*, "coisa proibida ou má" (HOUAISS *et al.*, 2001, p. 1506).

HARRATIN. Denominação de um povo berbere do Saara, modernamente localizado principalmente no sul do Marrocos e na Mauritânia, cujos indivíduos são normalmente mencionados como "berberes negros" em contraposição aos "berberes brancos" (*amazigh*). Tidos como descendentes de grupos subsaarianos que migraram para o norte em busca de melhores condições de vida, adotando a cultura local, eles seriam, por isso, tratados como inferiores. Mauny (2011, p. 65) dá como provável origem do termo o árabe *harithin*, "cultivadores". O termo tem provável origem no árabe *haratha*, "plantar", de onde a aplicação aos cultivadores subjugados dos oásis saarianos. Ver ESTRUTURAS SOCIAIS.

HARTHI, Abushiri. Ver ABUSHIRI.

HASSAN I (1836-1894). Sultão do Marrocos, governante a partir de 1873. Seu governo tentou realizar reformas, de modo a conter a penetração europeia. Para tanto, buscou aumentar os efetivos do exército e modernizá-lo, bem como reformar a administração para conseguir mais receitas. Seu êxito, porém, foi limitado pela forte pressão espanhola. Ver MARROCOS.

HASSAN, Muhamad Abdallah. Ver MUHA-MAD ABDALAH HASSAN.

HASSAN, Yussuf Bin Al-. Ver YUSSUF BIN AL-HASSAN.

HASSAN AL-YUSI. Ver AL-YUSI, Sidi Lahcen.

HASSANES. Dinastia de origem árabo-berbere dominante na Mauritânia em meados do século XIX, também referida como Hassânidas. Seus membros eram remanescentes dos Bani Hassan, protagonistas, como adversários dos berberes sanhajas, da série de eventos conhecida como as "Guerras de Char Bubá", no século XVII. Ver CHAR BUBÁ, Guerras de; SANHAJAS.

HAUÇÁ. A língua dos hauçás. Expandiu-se graças às relações comerciais entre as cidades-estado de Kano, Zaria, Gobir etc. Os mercadores hauçás importavam nozes-de-cola das regiões ao sul, e dominavam a comercialização do sal no norte. Assim, o hauçá se tornou uma das línguas mais conhecidas do antigo Sudão Ocidental (OLDEROGGUE, 1984, p. 221). Ver HAUÇÁS.

HAUÇÁ-FULÂNIS. Relativo aos hauçás e aos fulas ou fulânis, ao mesmo tempo, que compartilham as duas etnicidades ou culturas.

HAUÇALÂNDIA (*Hausaland*). Denominação colonial para o "país dos hauçás". Ver HAUCÁS.

HAUÇÁS (*Hausa; Haousa*). Conjunto de povos falantes do hauçá, língua do grupo afro-asiático chádico. No século XVII, as cidades-Estado hauçás constituíam unidades independentes que ocupavam um vasto território situado de oeste para leste entre o rio Níger e o lago Chade, e de norte a sul entre o Sael e o Planalto de Jos, no centro da atual Nigéria. Entre elas, a cidade de Kano era a mais importante, à frente de Zauzau ou Zaria, Gobir, Daura, Biram, Rano e Katsina, além de Sokoto, Kebbi, entre outras. Sua prosperidade econômica era devida aos esforços de governantes que desenvolveram decisivas ações políticas e educacionais em seus respectivos estados. O conjunto dos *Hausa Bokoi* (os sete estados mais antigos) e os demais continuou a ganhar força e território no século seguinte, mas a rivalidade entre as cidades-Estado acabou facilitando a sua conquista pelo hauçá-fulâni Usman dan Fodio, liderando os adeptos de sua reforma religiosa entre os anos 1804 e 1808. Assim como Oyó, o Hausa Bokoi foi incapaz de conter as *jihads* dos fulânis. Então, Dan Fodio capturou sucessivamente todos os estados hauçás e os incorporou ao Califado de Sokoto (PAGE, 2005, v. III, p. 206), que passou a ser a sede do seu governo.

HAYLU, Tewelde Medhin (1810-1876). Político etíope, foi governador de Marab Mellash, nas terras altas da Eritreia. Integrante da alta nobreza de umas das províncias de seu país, distinguiu-se como líder militar e opositor político do *négus* Teodoro II. Preso em 1855, mais tarde aproximou-se do imperador e lhe prestou apoio militar contra a expedição punitiva inglesa, entre 1867 e 1868. Ver ETIÓPIA; TEODORO II.

HEARD, Betsy (séculos XVIII-XIX). Traficante de escravos e mercadora nascida em 1759, no litoral da atual Guiné-Conacri, filha de um mercador inglês e de mãe africana, e falecida após 1812. Radicada em Serra Leoa e também referida como Elisabeth, Beth e Liza Heard, dedicou-se

HEREROS (*Héréro; Helelo*)

aos negócios do pai e ganhou prestígio pelos conhecimentos que mostrava ter da medicina tradicional africana. Foi chamada a intermediar as relações entre oficiais e negociantes europeus das companhias de comércio e das missões de evangelização com as autoridades locais. Ver TRAFICANTES; TRÁFICO NEGREIRO.

HEHES (*Hehe*). Povo banto localizado na região de Iringa, no centro-oeste do território da atual Tanzânia. Durante a segunda metade do século XIX, seus diversos ramos foram unificados sob o comando de Mwakwa, filho do líder Muyugumba. Assim fortalecidos, rechaçaram o avanço dos colonialistas alemães em 1891, mas na sequência de embates com os bem armados invasores, sete anos depois, o comandante Mwakwa, antevendo a derrota das forças sob seu comando, cometeu suicídio (AFRICAN ENCYCLOPEDIA, 1974, p. 247).

HEREROS (*Héréro; Helelo*). Povo da África Austral. Durante os séculos XVII e XVIII, os pastores hereros, vindos do leste com seus rebanhos, chegaram ao atual território da Namíbia, onde se estabeleceram. No início do século XIX, os Namas da África do Sul, já usando armas de fogo, invadiram o território, abrindo caminho para mercadores e missionários europeus. De início, os Nama começaram a desalojar os hereros, o que motivou uma guerra que se estendeu por quase todo o século XIX. Mas, celebrada a paz, os dois povos passaram a conviver e intercambiar experiências. No final do século, entretanto, iniciativas coloniais europeias perturbaram mais ainda o ambiente, a partir de Damaraland, onde

colonos alemães adquiriram terras por contratos feitos com anciãos nativos. Nascia aí a dependência colonial intitulada *Deutsch Sud-West Africa* (África Alemã do Sudoeste). A expansão colonial e os objetivos imperiais dos germânicos acabaram por deflagrar a série de conflitos conhecida como as Guerras dos Hereros, que resultou em um verdadeiro genocídio **O genocídio herero**. No processo gradual de ocupação da Namíbia por forças alemãs (1884-1915), as restrições legais impostas às populações locais, inclusive a proibição do acesso a terras que a eles pertencia historicamente, deram origem a revoltas protagonizadas pelos namas ou namaquas, chefiados por Hendrik Witbooi, e pelos hereros, liderados por Samuel Maharero. Centenas de fazendeiros alemães foram mortos, e algumas povoações fundadas pelos colonizadores, entre as quais Okahandja, foram cercadas e atacadas. Em resposta, o governo do *kaiser* Guilherme II designou o general Lothar von Trotha como representante militar para organizar uma das mais violentas guerras de conquista colonial. Os hereros foram vencidos na Batalha de Hamakari em 1904. Perseguidos e encurralados no grande deserto de Ohmeke (Kalahari), foram levados à inanição e à morte ao consumir água envenenada nos poços, ou foram abatidos quando tentavam furar o cerco que lhes foi imposto. Segundo estimativas, em todo o período da ocupação alemã morreram cerca de 60 mil hereros e 10 mil namaquas, o que motivou processos judiciais em cortes internacionais. Nessas ações, reivindicava-se da Alemanha o reconhecimento do extermínio das populações e

HERI, Bwana

pedia-se reparação pública. Ver COLO-NIALISMO; EUROPEUS NA ÁFRICA; MAHERERO, Samuel; NAMÍBIA.

HERI, Bwana. Ver BWANA HERI.

HEYWAT, Walda. Ver WALDA HEYAT.

HIJA, Twakaly. Ver TWAKALY HIJA.

HLUBIS (*Hlubi*). Clã do povo ngúni. Dissidentes dos partidários de Chaka, eram chefiados por Langalibalele.

HINGA, Waiyaki Wa. Ver WAIYAKI WA HINGA.

HMADOUCH, Si Mohand. Ver SI MOHAND.

HODH. Denominação comum a duas regiões no território da atual Mauritânia, respectivamente Hodh ech Chargui, com capital em Nema, e Hodh el Gharbi, capital Aioun el Atrouss. Desta última, provavelmente, foi que, na segunda metade do século XVII, os peúles locais migraram para o Futa Jalom. Ver FUTA JALOM, MAURITÂNIA; PEÚLES.

HOGBONU. Nome (pronuncia-se o "h" inicial aspirado) pelo qual os povos fon designavam Porto-Novo, o reino e a cidade. Segundo Marti (1964, p. 103), era também o nome pelo qual o povo gun chamava os falantes do iorubá. O termo significa "casa grande", em referência as dimensões do palácio real. Ver PORTO-NOVO; TÉ AGBANLIN.

HOLANDESES NA ÁFRICA. Ver EUROPEUS NA ÁFRICA.

HOLOS. Povo de Angola localizado na região do rio Cuango. Constitui um subgrupo dos ambundos, falantes do quimbundo (OBENGA, 1985, p. 25).

HOMENS SANTOS. Denominação aplicada, no mundo islâmico, aos ascetas, homens que, geralmente a partir do sacerdócio, consagraram suas existências à completa realização da virtude e à plenitude da vida moral. A literatura islâmica contempla várias biografias desses "homens santos", citando datas, lugares e testemunhos de suas ações, muitas vezes de caráter milagroso ou sobrenatural, como cura de enfermidades, leitura de pensamento e, inclusive, ressurreições (MARGOLIOUTH, 1929, p. 156). Ver al-yusi, Sidi Lahcen; DERVIXES; IBN AL-NASIR, Muhamad; IBN IDRIS, Ahmad; JIBRIL, Husayn; MAHDI; MA'AL-AYNAYN; MAMADU LAMINE; MARABUTO; SÉRIGNÉ; TARIQA.

HOMOAFETIVIDADE (*Homoaffectivity; homoaffectivité*). Neologismo criado na modernidade e já incorporado à terminologia jurídica internacional para diminuir a conotação pejorativa que pesa sobre palavras como homossexualidade (condição de homossexual) e homossexualismo (prática de relações homossexuais). Designa a relação afetiva entre pessoas do mesmo sexo. **Um tabu secular.** Assunto pouco explorado ou mantido em silêncio durante muito tempo pela historiografia africanista, negado e amplamente condenado por autoridades africanas contemporâneas, que o relacionam exclusivamente ao Ocidente e ao colonialismo, a homoafetividade na África começa a ser debatida como tema socialmente relevante. Para quebrar esse tabu secular e desconstruir o mito ocidental da ausência de relações homoafetivas na África, primeiro é importante compreender que a condição homossexual e o relacionamento amoroso entre pessoas de mesmo gênero existiu em todos os tempos e todas as culturas, embora em diferentes graus e significados, como

HOMOAFETIVIDADE (*Homoaffectivity; homoaffectivité*)

acentuou o sociólogo camaronês Charles Gueboguo. Em diversas sociedades africanas, essa condição, tanto masculina quanto feminina, coexistiu e certamente coexiste com a norma heterossexual. **Registros históricos**. Diversos registros de caráter etnográfico acerca das sociedades de diferentes partes do continente sugerem a possibilidade de que homens pudessem assumir a identidade feminina ou manter relações com outros homens. Talvez o mais antigo desses relatos seja o do livro *Descrizione dell'Africa*, de Leão, o Africano, escrito por volta de 1520, tendo como cenário a cidade de Fez, no Marrocos. Diz o cronista que as hospedarias locais eram frequentadas por uma categoria de pessoas que menciona como *Al-Hiwa*, explicando: "São homens que se vestem de mulheres e se ornamentam como mulheres. Eles aparam a barba e chegam a imitar as mulheres em seu modo de falar. Que posso dizer de seu modo de falar? Eles até giram a cabeça! Cada um desses seres abjetos tem um concubino e comportam-se com ele exatamente como uma esposa com seu marido" (Jean-Leon L'africain, 1981, v. I, p. 191). Séculos mais tarde, em finais do século XIX, junto aos trabalhadores provenientes de Moçambique que se deslocavam para trabalhar nas minas em Johanesburgo, na África do Sul, era observado um grupo de jovens moços que assumiam identidades sexuais femininas, oferecendo-se como esposas aos mineiros, ficando, por isso, conhecidos como *buncontchana* ou *bukhontxana* (Mott, 2017), termos certamente relacionados ao zulu *bukazana*, pessoa de mente fraca ou de hábitos tolos (Doke *et al.*, 1990, p. 50). No mesmo contexto, Mark Gevisser, em artigo na enciclopédia *Africana*, de Appiah e Gates Jr. (1999), relata que mulheres mais velhas de maridos destacados para trabalhar por longo tempo nas minas referidas tomavam outras, jovens, como "esposas". Segundo o mesmo autor, em algumas sociedades muçulmanas do norte nigeriano, rapazes eram postos à disposição de homens mais velhos como opção pré-matrimonial ou extramarital preferível à sexualidade descontrolada e antissocial. Mas, em outros grupos, o desempenho do papel feminino se limitava unicamente à relação sexual e não caracterizava ou marcava, de modo algum, o indivíduo no restante de sua vida em sociedade. "**Desvios sociais**". No livro *Eros Negro*, de 1967, o egiptologista Boris de Rachewiltz, sob a rubrica *Desvios sociais*, historia a homossexualidade masculina no continente africano, assinalando, no tempo presente, que as práticas mencionadas eram difundidas especialmente entre os povos ditos *Dahomey* (ewe-fons do Daomé), *Ila, Lango, Nama, Siwa, Thonga, Wolof* e *Zande*. O autor acrescenta que os fulânis da Nigéria, por "profundo narcisismo", são frequentemente "conduzidos a relações homossexuais". Embora as afirmações de Rachewiltz, acreditamos, apoiem-se em pesquisas de campo e não em relatos históricos, vêm de encontro ao axioma que norteia esse texto: na África, como em outros continentes, a homoafetividade, compreendida e admitida ou não, é uma realidade presente desde tempos imemoriais. **Identidades compartilhadas**. Provavelmente seguindo uma tradição ancestral, entre o povo herero, de pastores que habitam a região situada entre

HOMOAFETIVIDADE (*Homoaffectivity; homoaffectivité*)

o sudoeste de Angola e o noroeste da Namíbia, é admitida socialmente a existência de homens com identidade de gênero feminina, chamados *tchingailume*. Desde crianças, eles assumem funções e comportamento femininos, passando a se vestir e a viver como mulheres. Admite-se também a existência de uma categoria de mulheres com identidade de gênero masculina, conhecidas como *mucaidil*. Também entre o povo azande, na atual República Centro-Africana e no atual Sudão do Sul, conforme pesquisa realizada no início do século XX, observa-se a existência de relações afetivas e sexuais entre homens jovens. Alguns, identificados pela expressão *kumba gude*, podiam vir a ser considerados "rapazes-esposas" e, assim, manter relações temporárias com outros rapazes nesta condição. Essas relações eram aceitas pelo grupo, que, entretanto, não aprovava a prática do lesbianismo. Todavia, não era incomum que mulheres de um mesmo marido desenvolvessem laços de amizade mais profundos, firmando um ritual chamado *bagbaru*, e que por vezes trocassem carícias e praticassem sexo (EVANS PRITCHARD, 2017). **Ambiguidade sexual e práticas religiosas**. Divergem os pesquisadores quanto ao enfoque a ser privilegiado: o do homoerotismo, em suas implicações eminentemente de gênero ou de sexualidade, ou o de uma possível homossexualidade ritual, com implicações religiosas. Neste último caso, haveria que se considerar o papel dos sacerdotes chefes de sacrifício na área Congo-Angola nos séculos XVII e XVIII, conhecidos como "quimbandas" (*kimbanda*), ferrenhamente combatidos pelos missionários católicos tanto por

seu grande carisma religioso quanto por comportamentos sexuais considerados ambíguos, depravados e desviantes (SWEET, 2011). Aqui, porém, cabe observar a ambiguidade existente nos usos e significados do termo *kimbanda* ou *ki-mbanda* nas línguas quicongo e quimbundo, discutida no verbete Quimbanda. A nosso ver – e remetendo-nos à importância que a tradição africana atribuía à organização da família e ao respeito à ancestralidade –, é pouco provável a existência na África, em algum momento anterior à era do escravismo comercial, daquilo que algumas fontes mencionam como "homossexualismo ritual". **Repressão**. Na área sob influência colonial portuguesa, registram-se inúmeros processos movidos contra indivíduos acusados de comportamento ou prática sexual desviante em terras africanas nos arquivos da Inquisição de Lisboa durante os séculos XVII e XVIII. Na Cidade do Cabo, em 1753, um escravo negro de nome desconhecido e seu amante, o holandês Nicolas Modde, foram acusados e condenados pela Corte de Justiça, sendo enforcados. Antes disso, entretanto, no âmbito da Inquisição, já era registrado o caso de Antônio (ou Vitória), personagem nascido(a) no antigo Reino e do Benin, na atual Nigéria. Escravizado e enviado em 1556 para Ponta Delgada, na Ilha de São Miguel (Açores), passou a pertencer ao português Paulo Manriques. Chamava-se civilmente Antônio, mas embora fosse identificado por alguns como homem, atendia pelo nome de Vitória. Assim, vestia-se com trajes femininos, comportava-se como mulher e, com o assentimento do proprietário, praticou a prostituição primeiro em Açores e depois no

HORTON, James Africanus (1835-1883)

cais de Lisboa. Paralelamente às suas atividades sexuais, Antônio (ou Vitória) tinha fama como bem-sucedido praticante do curandeirismo. Então, acabou denunciado ao Tribunal da Inquisição de Lisboa por sodomia e comportamento desviante. Assim, submetido a exame pericial para saber se era portador de hermafroditismo, ao ter confirmada sua fisiologia masculina, foi condenado às galés perpétuas. **Perspectivas**. O mencionado Charles Gueboguo (2006) argumenta no sentido de que a atividade sexual na África, ao longo da História, também se realizou na dimensão do prazer. Segundo esse autor, embora muitas sociedades africanas antigas ou atuais praticassem ou pratiquem a excisão clitoridiana, essa dimensão, apenas percebida no âmbito masculino, também deve ser considerada em relação às mulheres. Entretanto, o aclaramento de todas estas questões só será possível com o restauro da historicidade sociossexual das populações africanas, há muito mitificadas pelo Ocidente e amplamente ignoradas pelos próprios africanos. Ver ANTÔNIO I; QUIMBANDA.

HORDAS ITINERANTES. Na historiografia sobre Angola, denominação dos grupos de mercenários, principalmente jagas, sossos e caçanjes, que vagavam por diversas regiões realizando ataques-surpresa e comerciando com pombeiros. Os ataques eram chamados de *kuatakuata*, expressão originada do verbo quimbundo *kuata*, "pegar", "agarrar". Ver CAÇANJES; IMBANGALAS; JAGAS; POMBEIROS.

HOROMBO (*c.* 1774-1837). Chefe do povo keni, na porção sudeste dos Montes Kilimanjaro, em território da atual Tanzânia, onde deteve o título de *Mangi* (equivalente a rei) no período entre 1800 e 1837. Introduziu reformas militares, fortaleceu as bases do seu poder, detendo o controle local das caravanas de mercadores suaílis oriundas do litoral índico empregadas no comércio de marfim. Morreu em batalha contra os povos massai (AKYEAMPONG; GATES JR., 2012, v. III, p. 48-49). Ver MASSAIS; TANZÂNIA.

HORTON, James Africanus (1835-1883). Médico, escritor e líder político nascido em Gloucester, Freetown, Serra Leoa, também referido como James Beale Horton ou James Horton. Filho de ex-escravos, sendo o pai da etnia Ibo (igbo), foi educado no *Fourah Bay College*, na cidade natal, e graduado como doutor em Medicina em Londres, quando já tinha acrescentado ao seu nome próprio o etnônimo "africanus" como forma de autoafirmação identitária. Servindo como oficial médico do exército britânico em Gana, Gâmbia e Nigéria, chegou ao posto de tenente-coronel. Desenvolveu brilhante carreira, dedicada principalmente à causa do desenvolvimento africano, motivo pelo qual é lembrado como um dos precursores do pan-africanismo e do nacionalismo africano. Inclusive, é mencionado como um dos redatores da carta constitucional da Confederação Fânti, enviada para aprovação do governo britânico em 1871 (OKEKE, 1998, p. 23). Também autor de importante obra publicada em livros, escreveu trabalhos nas áreas de medicina, política e educação, tendo como seu mais famoso livro *West African Countries and Peoples, British and Native: And a Vindication of the African Race* [Povos e países da África

HOTENTOTE, Vênus

Ocidental e nativos: e uma defesa da raça africana], constante de dois ensaios reunidos no mesmo volume, em 1868.

HOTENTOTE, Vênus. Ver BAARTMAN, Sarah Saartjie.

HOTENTOTES. Denominação outrora usada para designar o povo de pastores da África Austral falante do khoi. Deriva do holandês *hotteren-totteren*, expressivo de tartamudeio ou gagueira, em razão da sonoridade de sua fala, caracterizada por cliques (ELIZABETH HEATH *apud* APPIAH; GATES JR., 1999, p. 968). O termo é hoje rejeitado por seu caráter pejorativo. Ver BAARTMAN, Sarah Saartjie; KHOIKHOI; HOTENTOTE, Vênus.

HUAMBO (*Wambu*). Antigo estado ovimbundo localizado no planalto central angolano, em território da atual província de Cuanza Sul, o qual, durante muito tempo, permaneceu na esfera de influência do Reino de Bailundo. Segundo uma tradição, teria sido fundado pelo rei Huambo-Kalunga por volta de 1600. Segundo outra, o Ngola Kiluanji teria recusado o governo desse reino para ir fundar o Dongo (PARREIRA, 1990a, p. 186). Ver OVIMBUNDOS.

HUEDÁ (*Houeda; Xweda*). O mesmo que Uidá. A pronúncia do "h" é aspirada: *Ruedá*. Conforme observado em Dorigny e Gainot (2017, p. 38), o nome da cidade tornou-se *Wydah* para os ingleses, *Ouidá* para os franceses, *Fidá* para os holandeses e Ajudá para os portugueses. Ver AJUDÁ; UIDÁ.

HUEDÁS. Povo daomeano que habitou a região de Uidá antes da chegada dos fons, conduzidos por Agajá em 1727 (SEGUROLA; RASSINOUX, 2000, p. 519). Foram vencidos e se refugiaram no forte de Djekin ou Jakin, sob controle dos holandeses. Até meados do século XVIII, opuseram feroz resistência aos daomeanos, vindo, entretanto, a ser forçados a migrar para outros locais (lago Nokoué, lagoa de Ouemé) e se mesclar a outras populações (Aizos, Djedjis, Fons e Iorubás). Do encontro entre esses diversos grupos, resultou o atual povo de Tofinou. Ver HUEDÁ; HUFFON.

HUEGBADJA. Ver HWEGBADJA.

HUETANU (*Xwetanu*). Na língua fon ou fongbé, cerimônia anual em honra dos ancestrais e voduns. Em Abomé, também referida como "festa dos costumes", era celebrada nos funerais reais ou nos aniversários de falecimento do rei, comportando sacrifícios humanos (SEGUROLA; RASSINOUX, 2000, p. 521). Ver COSTUMES.

HUFFON. Governante do Reino de Huedá de 1708 a 1733. Assumiu o governo com a idade de 13 anos, enfrentando por isso forte oposição interna, tendo concomitantemente de resistir aos sucessivos ataques vindos do Reino de Alada desde 1712, até ser vencido por Agajá em 1727. Ver DAOMÉ; HUEDÁS.

HUGUENOTES. Ver CRISTIANIZAÇÃO (Missões protestantes: Huguenotes).

HUÍLA. Antigo reino angolano localizado em território da atual província da Huíla, na região planaltina do sudoeste do país. Até por volta de 1787, fim do reinado de Kanina, seu último soberano, o reino dominou toda a região, do litoral até quase o rio Cunene. A leste de seu território, situava-se o Reino do Húmbi, cujo território se estendia ao longo do Cunene até o encontro dele com o rio Kakuluvar, no sul, e as vizinhanças de Chikomba, no planalto, ao norte (MPLA,

1975, p. 133). A colônia portuguesa de Sá da Bandeira foi instalada, na atual cidade de Lubango, em 1885.

HULAS (*Houla*). Povo integrante, entre outros, da população de Uidá no século XVII. Ver UIDÁ.

HUMBE (*Húmbi*). Reino do povo de mesmo nome, formado provavelmente no século XVI a partir da cidade de Mutano, localizada no território da atual província da Huíla, em Angola. No século XIX, com a instalação de comerciantes portugueses na capital, o reino foi submetido a um processo de desagregação, que deu lugar à formação de pequenas unidades políticas (ABRANCHES, 1985, p. 277). O núcleo resistiu ao colonialismo português sendo, por isso, duramente reprimido.

HUMPATA. Região no sudoeste de Angola, abrigando, na atualidade uma cidade e município na província da Huíla. A região foi o principal destino dos bôeres, procedentes do território da atual África do Sul, em sua migração na década de 1870. Assim, até seu maior contingente partir para a colônia então chamada Sudoeste Africano, após o início da Primeira Guerra Mundial, em 1914, os bôeres constituíram a população majoritária da Humpata.

HURRA, Sayyida Al-. Ver SAYYDA AL-HURRA.

HUSSEIN, Ibn Al-. Ver IBN Al-HUSSEIN.

HUSSÊINIDAS. Dinastia, também referida como Hussainidas, fundada em 1705 por Ibn Al-Hussein que se autoproclamou *bei* (governador) e assumiu o comando de Túnis. Seus sucessores governaram a Tunísia até a independência da França e a proclamação da república em 1957. Ver IBN AL-HUSSEIN; JANÍZAROS; TÚNIS; TUNÍSIA.

HUTUS. Povo localizado no território da atual República de Ruanda, onde forma, com os tutsis, o principal conjunto populacional do país. Ver RUANDA; TUTSIS; UBUHAKE.

HWANJILE, Na. Ver NA HWANJILE.

HWEGBADJA (*Huegbadja*; *Ouegbadja*). Rei daomeano do povo fon, reinante em Abomé (1645-1685) como sucessor de Dakodonu. Ver DAOMÉ.

HWENOHO. Uma das transliterações para o termo *hwenuxó* que, na língua fongbé ou fon, designa o conto ou história da tradição oral (SEGUROLA; RASSINOUX, 2000, p. 249). No contexto desta obra, designa o conjunto das narrativas oficiais da história dos principais clãs do antigo Daomé, cuja difusão estava reservada aos tradicionalistas. Não se confunde com os *heho*, narrativas que podiam ser recitadas livremente por todas as pessoas (CORNEVIN, 1962, p. 690). Ver TRADIÇÃO ORAL.

IATENGA (*Wahiguya, Yatenga*). Antiga cidade-Estado integrante do conjunto dos Estados mossis. Situava-se a norte de Dagomba, no atual território da República de Burkina Fasso, provavelmente na mesma localização da província que mantém seu nome (LOPES; MACEDO, 2017, p. 149). O reino que sediou esteve, de início, sob o domínio do Reino de Zandoma, existente desde cerca de 1170. Mas conquistou independência em 1540, quando seu líder, chamada Yadega e identificado localmente com o título de *naba* (chefe), rebelou-se contra Swida, o rei de Zandoma, que era o seu tutor. Rompendo o domínio, o vencedor assumiu a chefia dos dois estados. Seus sucessores, empreendendo guerras de conquista, garantiram ao reino uma área de influência correspondente ao território do atual Burkina Fasso. No final do século XVIII, a sociedade do Iatenga se compunha de indivíduos dos povos mossi, fulâni e silmi-mossi. Estes últimos eram povos pastores sedentários, resultantes da miscigenação entre mulheres mossis e homens fulânis (PAGE, 2005, v. II, p. 305). O Iatenga é incluído entre os "estados negreiros" da África, entre os séculos XVII e XVIII (DORIGNY; GAINOT, 2017, p. 40). Ver ESTADOS NEGREIROS.

IAUNDÊ (*Yaoundé*). Cidade da África Ocidental, em território da atual República de Camarões, da qual é a capital. Fundada em 1888, durante o período do protetorado alemão, foi ocupada por tropas belgas em 1915, e sete anos mais tarde tornava-se a capital da colônia francesa de Camarões.

IBADAN. Antiga cidade-Estado no território da atual Nigéria. Fundada, segundo as tradições locais, em 1829 por um líder chamado Lagelu, teria de início serventia eminentemente militar, sendo, para tanto, erguida entre sete montanhas. Por volta de 1851, muitos de seus ocupantes eram moradores de chácaras no entorno da cidade, e para elas retornavam ao final do dia de trabalho. Sob o domínio britânico, Ibadan foi a capital da Nigéria ocidental, e na atualidade, sendo uma das mais populosas cidades nigerianas, é a capital do Estado de Oyó, mas sua população, ainda na atualidade, constitui-se principalmente de proprietários rurais.

IBEA, J. Ikenga. Ver IKENGA IBEA, J.

IBEAC. Sigla para *Imperial British East African Company.* Ver COMPANHIAS DE COMÉRCIO.

IBIBIOS (*Ibibio*). Nome genérico que designa um conjunto de povos vizinhos e aparentados, habitantes da região do Calabar. Compreende os ibibios propriamente ditos e os efiks, localizados às margens do rio Cross. Ver CALABAR; CROSS, Rio; EFIKS.

IBINI UKPABI. Expressão da língua ibibio traduzida como "Tambor do Deus

Criador". Designava o oráculo da Confederação Aro dos povos ibos do sudeste do território da atual Nigéria. Junto com outros oráculos, como os de Ozozu e Agbara, com seus respectivos sacerdotes, desempenhava papel social fundamental na tomada de decisões das autoridades das aldeias, funcionando como Corte de apelação final. Nas querelas judiciais de difícil resolução, cabia ao oráculo definir a absolvição ou a culpa dos envolvidos, e os sentenciados podiam vir a ser submetidos a cativeiro, motivo pelo qual parte do corpo sacerdotal pertencente ao oráculo era visto com desconfiança e desprezo pelas comunidades. Conforme o pesquisador nigeriano Victor Uchendu (1979, p. 125), por meio do oráculo, "o sistema político ibo transferia a responsabilidade de tomadas de decisão difíceis, mas necessárias, do domínio humano para o domínio espiritual". Ver AROCHUKWU; ESPÍRITOS; IBOS; OSU.

IBN. Elemento que entra na composição de antropônimos de origem árabe para significar "filho de". Exemplos: *Abdallah ibn Yasin*, "Abdala, filho de Yasin"; Iusuf Ibn Tachufin etc. Corresponde ao hebraico *ben* (LOPES; MACEDO, 2017, p. 149).

IBN ABI DHIAF, Ahmed (1802-1874). Autor tunisiano, cronista e secretário do *bei* (governador), jurisconsulto, reformador, ministro e historiógrafo. Realizou missões diplomáticas e negociações em Istambul e na Europa. Escreveu a crônica denominada *Ithaf ahl Azzaman.*

IBN AL-HUSSEIN. Governante de Túnis nascido na região de Kef, na atual Tunísia. Com o apoio dos janízaros, assumiu o governo em Túnis, autoproclamando-

se *bei* no ano de 1705. Foi derrubado do poder em 1735 por seu sobrinho, o paxá Ali I.

IBN AL-NASIR, Muhamad (1603-1674). Líder religioso muçulmano pertencente a uma família de eruditos do Vale do Draa, no Marrocos. Fundou, em meados do século XVIII, a confraria (*tariqa*) sufi que, em sua homenagem, recebeu o nome de Nasíria (*Nasiryya*). Ver TARIQA.

IBN GHALBUN, Muhamad ibn Khalil. Cronista líbio falecido c. 1737. Autor da obra intitulada *Al-Tidhkar fi man malaka tarabus wa-ma kana biha min al-Akhbar,* onde relata os principais acontecimentos de Trípoli e de seus governantes do final do século XVII ao início do século XVIII, com informações relativas à dinastia Awlad Muhamad, do Fezzan, sobre Katsina e o Bornu. O texto foi publicado em 1967 pelo historiador líbio Tahir Ahmad Zawi.

IBN IDRIS, Ahmad (1750-1837). Líder sufi marroquino adepto da vida ascética e do rigorismo religioso. Entre 1827 e 1828, conduziu diversos grupos de peregrinos ao litoral do Iêmen e a Meca.

IBN SALIH, Muhamad Zangi (século XIX). Cádi (juiz muçulmano) de origem fulâni. Entre 1863 e 1864, escreveu a crônica intitulada *Tayqid al-Akhbar,* em que narra a *jihad* empreendida pelos fulânis, bem como os governos dos emires reinantes em Kano após as conquistas de Usman dan Fodio. Ver CRÔNICAS AFRO-MUÇULMANAS; KANO; JIHAD.

IBN TWAYR AL- JANNA. Ver AL-JANNA, Ibn Twayr.

IBO, Ilha do. Localidade na atual província de Cabo Delgado, no arquipélago das Quirimbas, no norte de Moçambique.

IBOLÂNDIA (*Igboland*)

Destacou-se como um movimentado ponto de comércio e embarque de escravos para o Brasil, entre 1800 e 1835.

IBOLÂNDIA (*Igboland*). Antiga denominação do território dos povos ibos. Ver IBOS.

IBOS (*Igbo; Eboe*). Conjunto de povos do oeste africano localizados no sudeste do território da atual Nigéria, ao norte do Delta do Níger e ao sul da confluência deste rio com o Benué. Tem como vizinhos: os igalas e os idomas, ao norte; os binis, a leste; os ekois e efiks, a leste; e, ao sul, os ibibios e ijos. Na atualidade, a outrora chamada Ibolândia (*Iboland*) compreende cidades como Onitsha, Aba, Owerri, Enugu etc. **História**. Descendentes dos construtores da civilização de Igbo-Ukwu, florescida por volta do século IX, segundo algumas fontes, entre os anos de 1400 e 1500, os ibos encontravam-se sob domínio dos obás do Benin. No período pré-colonial, suas sociedades organizavam-se em comunidades semiautônomas, desprovidas de reis ou chefes de governo. À exceção de cidades como Onitsha – que tinha reis chamados Obis, certamente por influência do Reino do Benin, do qual foi dependente – e lugares como Nri e Arochukwu, que tinham reis sacerdotes conhecidos como *ezes*, a maioria das aldeias era governada por assembleias de pessoas comuns, destacadas por suas realizações pessoais e profissionais. Os membros dessas assembleias detinham poderes de decisão, mas não eram reverenciados como reis. Ressalte-se, ainda, que o sistema político dos ibos compreendia também o exercício de poder por meio de títulos honoríficos de fama e prestígio, cuja aquisição não era exatamente gratuita. Quanto mais importantes fossem essas honrarias, mais dispendiosa era a aquisição. Em Silva (2009, p. 7-15), esse dispêndio é justificado por ter existido em uma sociedade "onde todos buscavam o êxito", e na qual o insucesso não era bem compreendido. **Escravismo**. Com a chegada das naus europeias, os ibos logo passaram a viver a fatal realidade do escravismo. Para os capitães dos navios negreiros, todos os habitantes das terras interioranas além do Golfo de Biafra eram *eboes*, ou seja, "ibos", e assim foram registrados nos livros do tráfico, embora a denominação abrangesse muitos outros grupos ou subgrupos menores das vizinhanças. Apesar disto, um grande número dos escravos embarcados nos portos da região eram efetivamente membros desse importante conjunto de povos da chamada "Ibolândia". **Resistência**. A conquista da Ibolândia pelas forças coloniais britânicas ocorreu depois de duas décadas de resistência nativa. Nessa sequência, em 1876, navios de guerra bombardearam Ndoni, cidade do povo de mesmo nome; três anos depois, Onitsha foi saqueada, o mesmo ocorrendo com Obohia, em 1896. Finalmente, deu-se a destruição do reduto dos povos da Confederação Aro, entre dezembro de 1901 e março do ano seguinte, mas a resistência persistiu até 1920 (AWDE; WAMBU, 1999, p. 7). Acrescente-se que os povos ibos legaram à História da África personagens importantes como Jaja de Opobo, James Africanus Horton e Olaudah Equiano, entre outros. Ver BIAFRA, Golfo de; IBINI UKPABI; OKWEI DE OSOMARI.

IBRAHIM BEI (1735-1816). Chefe militar mameluco originário da Geórgia, na Europa Oriental. Servindo no Egito a serviço do Império Otomano, liderou a guerra contra os franceses no período napoleônico – quando o Egito esteve temporariamente ocupado pelos europeus. Seus exércitos eram compostos, em boa parte, por escravos negros, e essa circunstância é destacada em M'Bokolo (2009, p. 366) como influente na decisão de Napoleão Bonaparte em também recrutar soldados negros para suas tropas. Ver MAMELUCO.

IBRAHIM KAHYA Al-QAZDAGH. Ver KAHYA Al-QAZDAGH, Ibrahim.

IBRAHIM PAXÁ (1789-1848). Homem público egípcio de origem grega. Era irmão mais velho de Muhamad Ali I, quediva do Egito, a quem serviu por várias décadas como general, na Síria e no Líbano.

IBRAHIM, Ahmad Ibn. Ver AHMAD GRAN.

IBRAHIMA SORI. Nome que identifica dois importantes líderes muçulmanos (imames) do estado fulâni do Futa Jalom, no século XVIII, respectivamente pai e filho. **Ibrahima Sori Barry.** Sucessor de Karamoko Alfa, governou de 1751 até a morte, em 1784. Consagrado pelo título "o almami dos crentes", foi responsável pela consolidação do islã na região do Futa Jalom em 1776. Após seu falecimento, os sacerdotes que apoiavam seu antecessor, conhecidos como *alfaya*, entraram em conflito com seus descendentes e partidários, chamados *soriya*, lutando pelo controle do Futa Jalom até a ocupação francesa em 1897. **Abdul-Rahman Ibn Ibrahima Sori (1762-1829)**. Nascido na cidade de Timbo, e com boa formação educacional nas escolas corânicas de Tombuctu,

participou das guerras conduzidas pelo pai. Em 1788, foi capturado por adversários e vendido como escravo por traficantes britânicos. Levado para o sul dos Estados Unidos, trabalhou em uma fazenda de algodão em Mississipi, permanecendo na condição de cativo durante quarenta anos. Após negociações, foi libertado em 1828 mediante intervenção diplomática do governo marroquino. Após tentativas infrutíferas de obter a libertação de seus filhos e filhas, retornou para a África, estabelecendo-se com sua mulher na Libéria.

IDAXÁ (*Isha; Dasha*). Povó da Iorubalândia localizado num enclave entre os territórios de Oyó e o antigo Daomé. Repetidas vezes atacados pelos exércitos de Abomé, constituíram-se em uma das fontes de fornecimento de cativos do Daomé para o tráfico atlântico. Ver ABOMÉ; DAOMÉ; IORUBÁS.

IDOLORUSAN, Iye. Ver IYE IDOLORUSAN.

IDRIS ALUMA (*Idris Alooma; Idris Alawoma*). Soberano (*mai*) do Kanem-Bornu, governou de cerca de 1570 a 1600. Também conhecido como Idris Amsani (filho de Amsa). Segundo consta, o nome com que ficou conhecido indica o lugar em que foi enterrado: o lago Alo (de onde o nome Aluma), próximo de Maiduguri, no nordeste da Nigéria (M'BOKOLO, 2009, p. 538). Integrante da dinastia dos Seifauas, em seu reinado, o Estado atingiu o auge. Assim, é lembrado por suas estratégias militares, pelas reformas administrativas que introduziu e pelo seu apego ao Islã. Seus primeiros anos de governo foram retratados em tom laudatório pelo erudito Ibn Fartwa (Ibn Fartwa). Modernizando seus exércitos, agiu violentamente contra os

IDRIS KATAGARMABÉ (*Idris Katakarmabi*)

povos rebeldes que inviabilizavam seu domínio. Assim, exterminou a maioria do povo sao, desalojou os tubus da região saariana do Tibesti-Hoggari e subjugou os bulalas, da área do lago Fitri, a leste do Chade (ENCICLOPÉDIA, 2000, p. 544). Ver CHADE, Lago; FARTWA, Ahmed Ibn.

IDRIS KATAGARMABÉ (*Idris Katakarmabi*). Soberano do Kanem-Bornu entre *c.* 1497 e 1519. Sucessor de Ali Ghadji Deni, foi responsável pela reconquista da cidade de Djimi aos bulalas, os quais, entretanto, só foram completamente dominados na segunda metade do século seguinte por Idris Aluma (LOPES; MACEDO, 2017, p. 151).

IFÁ. Sistema divinatório de grande prestígio na África Ocidental difundido a partir dos povos falantes da língua iorubá e conhecido entre povos vizinhos como os fons do antigo Daomé (*Fa*), os Evés (*Afa*) etc. Misto de expressão religiosa, filosófica e de compreensão da vida, o sistema Ifá foi concebido no seio do conjunto de povos hoje localizados a partir do sudoeste da atual República da Nigéria e em partes das atuais Repúblicas de Benin e Togo, na África Ocidental. Esses povos, embora culturalmente aparentados, constituíram organizações políticas autônomas até o século XIX, quando foram arbitrariamente unificados por ação do colonialismo europeu – mas, nesse momento, já obedeciam à liderança política do Reino de Oyó e a tradições filosóficas irradiadas do Reino de Ifé. Assim, do intercruzamento dessas raízes de pensamento e ação política, os saberes emanados do Oráculo Ifá se difundiram entre o conjunto de povos hoje chamados iorubás e também entre povos vizinhos. As técnicas e conhecimentos associados ao sistema Ifá constituem matéria privativa dos sacerdotes denominados babalaôs (*babalawo*) e oluôs (*oluwo*), mas, nas sociedades acima citadas, tiveram utilização universal, desde as cortes até os extratos inferiores, já que a orientação através do sistema Ifá era comum em todas as fases e momentos da vida pessoal e coletiva: do nascimento à morte, das guerras aos acordos de paz, direcionando a vida cotidiana e os momentos de decisões importantes. Segundo algumas fontes, em meados do século XVIII, a prática de Ifá teria sido estimulada na corte daomeana de Abomé pela rainha-mãe Na Hwanjile. Mas, na corte de Alada, segundo Parés (2016, p. 114), há evidências da existência da prática antes de 1650. Ver RELIGIÃO TRADICIONAL AFRICANA.

IFÉ. O mesmo que Ilé Ifé. Ver ILÉ IFÉ.

IFÉS. Antiga denominação do povo de Ifé, falante do iorubá, localizado a partir da região de mesmo nome.

IFRANI, Muhamad al. Ver MOHAMED AL-IFRANI.

IGALAS (*Igala*). Povo oeste-africano localizado na porção ocidental do território da atual Nigéria, nas proximidades de Ilorin, capital do moderno estado de Kwara. Seu histórico reino, cujo soberano recebia o título *Ata*, tinha como capital Idah, e se destacou como um poderoso estado aproximadamente no início do século XV. Na centúria seguinte, suas forças militares estiveram empenhadas em uma sangrenta guerra contra o Benin. Na virada do século XIX, após longo período de expansão, os igalas tinham constituído um império demasiadamente grande para qualquer tipo de controle central, o que resultou em decadência e falência das instituições. Assim, os exércitos jihadistas fulânis serviram-se do poder imperial dos igalas, e assim conquistaram territórios no norte em troca de tributos e trabalho forçado. A esse clima de decadência, somou-se a crise econômica motivada pela abolição do comércio negreiro. Assim, no início do século XX, forças britânicas assumiam o controle do território do outrora poderoso reino. Ver FULÂNIS; ILORIN; IORUBÁS; JIHAD.

IGBOMINAS (*Igbomina*). Povo da Iorubalândia localizado a partir da região de Ilorin.

IGREJA ORTODOXA ETÍOPE. Comunidade cristã integrante do conjunto das chamadas "igrejas ortodoxas orientais", no qual se incluem a Igreja Ortodoxa Copta do Egito e as de Síria, Armênia e Índia. Foi ligada à do Egito desde o século III d.C. até 1951, quando se desvinculou do patriarcado de Alexandria. Até então, o chefe da Igreja egípcia, de início sediada naquela cidade e depois no Cairo, era quem apontava o *abuna*, líder da comunidade etíope, numa tradição que vinha desde os tempos da fundação. A partir daí, o *abuna* passou a ser escolhido pelo próprio clero etíope, cuja Igreja é guardiã de uma réplica da Arca da Aliança, relíquia simbólica onde repousariam as tábuas dos "Dez Mandamentos".

IJAU (*Ijaw*). O mesmo que Ijo. Ver IJOS.

IJAYE. Antiga cidade-Estado no território da atual Nigéria, relacionada ao povo de Oyó, destruída pelos exércitos de Ibadan em 1862.

IJEBU (*Ijebu*). Povo integrante da comunidade falante do iorubá, localizado a partir da região de Ijebu-Odé, na Nigéria. No século XV, aglutinou-se na margem norte da laguna onde se ergue a atual cidade de Lagos, constituindo um reino mercantil. Seus governantes, chamados *Awujale*, exerceram controle sobre o comércio entre Lagos e a atual Ibadan até cerca de 1820. Sua capital foi ocupada por tropas inglesas em 1896.

IJEXÁ (*Ijesha*). Povo falante do iorubá, localizado na região de Oyó, próximo aos Ekitis e Ibominas, no território da atual Nigéria. Seus governantes, os *owá Ilexá*, opuseram resistência ao expansionismo de Oyó durante o século XIV, motivo pelo qual acabaram caindo sob influência deste poderoso estado. Sua capital, Ilexá, foi fundada apenas em 1900, já no período da colonização inglesa.

IJOS (*Ijo*). Povo localizado no Delta do Níger, nas vizinhanças de edos, ibibios, ibos e iorubás. Durante muito tempo, mercadores deste povo utilizaram-se de grandes canoas de guerra para o transporte de cativos a serem vendidos no litoral. A partir do século XVIII, e cada vez mais, passaram a transportar principalmente azeite de dendê (MEREDITH, 2017, p. 233). Ver CASA-CANOA; DENDÊ; DELTA DO NÍGER.

IKENGA IBEA, J. (1834-1901). Líder religioso nascido no seio do povo benga, na Ilha do Corisco (Manj), no atual Gabão, fronteira com a atual Guiné Equatorial. Em 1850, tornou-se o primeiro nativo convertido ao cristianismo pela missão presbiteriana norte-americana estabelecida no Gabão naquele ano. Após os estudos primários realizados na missão e formação teológica, quinze anos depois, foi ordenado pastor. Por sua ação pastoral, conquistou notoriedade e liderança junto aos religiosos espanhóis da Ilha Corisco, o que desagradou às autoridades coloniais francesas, que em 1888 o mandaram para o exílio na Ilha de Fernando Pó. É autor do livro *Customs of the Benga and Neighbors* [Costumes dos Bengas e povos vizinhos].

IKOYI. Antiga localidade em Lagos, na atual Nigéria, sede do poder do chamado "Reino de Onim". Na atualidade, constitui um subúrbio da outrora capital nigeriana. Ver LAGOS; ONIM.

ILARI. No Império de Oyó, título de cada um dos administradores das províncias, aos quais assim, como aos *ajale,* cabia recolher os tributos devidos. Viviam nas cortes dos chefes tributários e dispunham de grande prestígio como os sacerdotes de Xangô (M'BOKOLO, 2009, p. 439). Em iorubá, o vocábulo *ilari* é traduzido como "mensageiro do rei; arauto" (A DICTIONARY, 1976, p. 116), e Xangô é historicamente informado como o primeiro *alafin* (rei) de Oyó. Em algumas fontes, o *ilari* é definido apenas como o empregado público encarregado de arrecadar os impostos nas províncias.

ILÉ IFÉ. Antiga cidade-Estado no território da atual Nigéria. Fundada por volta do século XI, destacou-se como a primeira e de mais forte tradição artística unidade política criada na futura "Iorubalândia". Núcleo irradiador do culto aos Orixás, foi o centro do poder religioso tradicional, enquanto Oyó concentrou o poder político. E essa proeminência se expressava no fato de que, quando o alafim de Oyó recebia o *Ida Oranian,* a espada de Oranian,

símbolo de seu poder como chefe do Estado, ele tinha de jurar proteger Ilé Ifé. Segundo a tradição, o poder do oni de Ifé e o do alafim de Oyó provinham da mesma fonte de energia, pois ambos eram descendentes de Odudua, o grande ancestral dos falantes do iorubá, tido pela mitologia como criador do Mundo, que teria começado em Ilé Ifé. Em 1508, a cidade aparece mencionada no *Esmeraldo de Situ Orbis,* livro em que o cosmógrafo Duarte Pacheco Pereira compara o significado dos governantes de Ile Ifé para os demais povos vizinhos ao que os papas significavam para os europeus. No início do século XIX, quando a grande investida dos fulânis desorganizou o mapa político da região iorubá, em Ifé os invasores conquistaram diversas aldeias, mas não conseguiram tomar a capital, que abrigava multidões de refugiados de Oyó, o que era também motivo de desinteligência. Assim, o oni Adegunle (ou Abeweila) resolveu fundar uma cidade para os refugiados, dando-lhe o nome Modakèkè. Isto até que os ex-refugiados, agora abrigados na nova cidade, resolveram atacar Ifé, a destruindo, raptando mulheres e as levando para Modakèkè. Depois de muitos anos em ruínas, em meados do século XIX Ilé Ifé foi restaurada pelo governante de Ibadan, que resgatou as mulheres ifés raptadas e seus filhos. A cidade ressurgiu, mas sem o desenvolvimento e os brilhos de antes (MARTI, 1964, p. 19). Ver IORUBALÂNDIA; IORUBÁS; OYÓ.

ILEXÁ (*Ilesha*). Cidade do povo ijexá fundada em 1900.

ILLEN, Embet. Ver EMBET ILEN.

ILOO I , Makoko. Ver MAKOKO.

IMPERIALISMO, Era do

ILORIN. Cidade no oeste do território da atual República da Nigéria. Fundada no final do século XVIII por lideranças iorubás, rendia tributo ao Império de Oyó e, no início do século XIX, protagonizou eventos que levariam a sua queda. Em 1817, o líder militar designado por Oyó para governar a cidade, o *kankanfo* (marechal de campo) Afonjá, aliou-se a Mallam Alimi, um líder fulâni do Califado de Sokoto, e rebelou-se, e Ilorin foi ocupada pelos reformistas muçulmanos. Entretanto, dominado por esses aliados, acabou assassinado. Com sua morte, o filho de Alimi, Abd al-Salam, tornou-se emir de Ilorin, jurando obediência ao Califado de Sokoto. A partir daí, Ilorin subjugou várias cidades da futura Iorubalândia, e em 1837 destruiu a antiga Oyó, também chamada Katunga, capital do Reino de Oyó. Liderando uma vitoriosa *jihad* em direção ao mar, Abd al-Salam só foi interrompido em 1840, pelas forças de Ibadan, em Oshogbo. Durante o século XIX, Ilorin desempenhou um importante papel como centro de comércio entre os hauçás ao norte e os povos falantes do iorubá, no sudoeste da atual Nigéria. Ver IBADAN.

ILUNGA KIBINDA. Ver KIBINDA ILUNGA.

IMÃ. Chefe de estado muçulmano; o mesmo que imame.

IMAMADO. Governo teocrático muçulmano exercido por um imame. Ver IMAME; KARAMOKO ALFA.

IMAME. Título sacerdotal muçulmano dado ao ministro da religião islâmica. Var: imã. Do árabe *imam*, o mesmo que marabu. Ver IMÃ; MARABU.

IMAZIGHEN. Forma plural de *imohag*, gentílico pelo qual os berberes do norte da África se autorreferem. Significa, literalmente "homens livres". Note-se que o termo equivale a "berbere", sendo este, na origem, a designação dada pelos romanos, e depois pelos árabes, equivalente a "bárbaros", isto é, "estrangeiros" (LOPES; MACEDO, 2017, p. 154).

IMBANGALAS (*Mbangala*). Povo banto pertencente ao grupo linguístico ambundo falante do quimbundo (OBENGA, 1985, p. 25), localizado no território da atual Angola. Na visão de Parreira (1990a, p. 71), trata-se de um grupo cuja origem ainda permanece obscura, admitindo-se, no entanto, como provável sua relação com os Quingúris (*Kinguri*), grupo lunda que emigrou para oeste após a implantação do domínio Luba (PARREIRA, 1990a, p. 59). Segundo este mesmo autor, eram comerciantes e guerreiros, movimentando-se um pouco por toda a parte. Já em informação constante em Pantoja (2011, p. 39), lê-se que os imbangalas, detendo, desde 1756, controle sobre o envio de escravos para o litoral luandense, impediram o contato dos portugueses com os lundas. Ver HORDAS ITINERANTES; JAGAS; KULAXINGO; LUBAS; LUNDAS.

IMPERIALISMO, Era do. Denominação histórica do período no qual se deu a expansão do domínio territorial europeu na África. Com antecedentes nas ações de exploração e conquista de partes do território por indivíduos ou grupos isolados, essa era efetivou a ocupação do continente, quase sempre garantida por forças militares. A primeira ação coube à França, quando, a partir do envio de tropas à Argélia, em 1830, acabou por dominar parte da África. Mais tarde, a construção do Canal de Suez levou

IMPÉRIO

à ocupação do Egito pela Inglaterra, e daí chegou-se à partilha do continente africano entre as potências europeias. Ver ARGÉLIA; COLONIALISMO; CONFERÊNCIA DE BERLIM; IMPRENSA E COMUNICAÇÃO; SUEZ, CANAL DE.

IMPÉRIO. Denominação aplicada à unidade política caracterizada por um vasto território ou inúmeros territórios descontínuos que abriguem povos distintos, porém reunidos sob a autoridade de um único poder soberano (Lopes; Macedo, 2017, p. 154; cf. Houaiss *et al.*, 2001, p. 1580). Ao longo do período focalizado neste dicionário, diversos estados africanos efetivamente constituíram impérios. Ver AXÂNTIS; BATÉ, Império; CHEWAS; DENQUIRA; ETÍOPE, Império; GABU; GAZA, Império de; GORONGOSA; JOLOF; KANEM-BORNU; KONG; LUBAS; LUNDA; MACINÁ; MAGREBE; MALÁUI; MALI, Império do; MONOMOTAPA; OTOMANO, Império; OYÓ; QUITARA; RÓZUIS; SEGU; SONGAIS; TEMNÉS; TUCULORES; UOLOFES; WASSOULOU, Império; ZULUS.

IMPRENSA E COMUNICAÇÃO. Na segunda metade do século XIX, no contexto da Segunda Revolução Industrial e da expansão do capitalismo monopolista europeu, corporações multinacionais e governos estenderam o seu raio de ação por meio de redes de comunicação e de transporte (portos, canais, ferrovias) que lhes permitissem a ligação dos centros administrativos e econômicos entre si e em relação às áreas em que se pretendia exercer controle. **Rede de cabos submarinos**. Entre 1851 e 1902, um amplo sistema de comunicação foi acionado a partir da transmissão de informação por telégrafos e sobretudo por cabos submarinos controlados por corporações privadas britânicas, o que acelerou a difusão de informações em escala internacional através de agências de notícias que, em 1870, monopolizavam o mercado internacional de informações em agências situadas na Inglaterra (Reuters), França (Havas) e Alemanha (Wolff). **Comunicação e colonialismo**. A circulação de notícias se tornava um poderoso instrumento de dominação colonial. O continente africano foi inserido nesse sistema internacional de informações no período de 1870-1880, no mesmo instante em que era partilhado pelas potências europeias na Conferência de Berlim. Data deste momento a interligação das principais cidades situadas no litoral índico e na costa atlântica por cabos submarinos, assim as integrando às infraestruturas de comunicação mundial, sob controle técnico da corporação britânica *Eastern Associated Company.* **Surgimento da imprensa na África**. Data igualmente deste período o surgimento de jornais e de uma imprensa periódica em diferentes locais da África, e sua finalidade oscilou entre o registro de informações oficiais dos agentes do colonialismo e os interesses locais das elites africanas nascentes nas áreas de dominação anglófona, francófona e lusófona (Fonseca, 2014, p. 36-40). Em 1880, era publicada, na cidade de Bolama, a primeira edição do *Boletim Official do Governo da Província da Guiné Portuguesa*, primeira publicação periódica utilizada como porta-voz da administração colonial lusitana. Ver BREW, Família;

CRUZEIRO DO SUL, O; DYAO, Yoro; FRATERNIDADE, A; IWE IROHIN; PEREIRA, José de Fontes; REVISTA AFRICANA; SOGA, Tiyo.

INANDA SEMINARY SCHOOL. Escola para meninas fundada por um casal de missionários norte-americanos na África do Sul, em 1853, na comunidade de Inanda, a cerca de trinta quilômetros de Durban. A partir de 1869, o estabelecimento passou a admitir meninas nativas, negras.

INCINHATE (século XVII). Rei do povo papel na Ilha de Bissau, também referido como *Izinhá, Inssinha* e *Azinhate*. Envolvendo-se em uma querela sucessória com outro pretendente ao governo, foi apoiado em suas pretensões pelos portugueses, sendo batizado como católico em 1696 pelo bispo de Cabo Verde. Entretanto, logo depois estabelecia relações comerciais com holandeses, sendo suspeito de mandar incendiar um convento português. Nesse ambiente, entrou em rota de colisão com um capitão português, a quem, segundo algumas fontes, teria mandado açoitar em fevereiro de 1698. Primeiro soberano efetivamente poderoso na Guiné, seu comportamento contraditório e polêmico é uma das chaves para a compreensão do que foi, passo a passo, o processo de dominação colonial portuguesa.

ÍNDIA, Africanos na. A presença de indivíduos de origem africana, de ambos os sexos, no sul da Índia, e de indianos nas comunidades suaílis, no litoral oriental da África, remonta pelo menos ao século XIII. No Sultanato de Deli e em Bengala, esses africanos eram conhecidos pelos qualificativos de *siddi* ou de *habshi* (abissínio). Ali foram estabelecidos em sua maior parte na condição de escravos, e alguns deles vieram a desempenhar papel importante nos rumos da política e da sociedade indiana. No século XV, a presença de inúmeros africanos escravizados dotados de influência política foi notória em várias cortes locais. A partir do século XVI, os portugueses, e depois os franceses e ingleses, ampliaram sua influência econômica nos negócios do tráfico negreiro, de Moçambique e outros locais da costa do oceano Índico, para a Índia. Nos séculos XVII e XVIII, judeus negros, descendentes de africanos escravizados, deixaram Kerala e Cochim, no sul da Índia, para se estabelecer na Costa de Malabar, e principalmente nos arredores de Goa (HGA, 2010, v. V p. 160-162). Ver MALIK AMBAR.

INGLESES NA ÁFRICA. Ver EUROPEUS NA ÁFRICA.

INHAMBANE. Cidade litorânea do sul de Moçambique situada cerca de quinhentos quilômetros a norte da antiga cidade de Lourenço Marques, atual Maputo. Na atualidade, é a capital da província de mesmo nome.

INHAME. *Dioscorea dodecaneura; Dioscorea trifida.* Planta trepadeira da família das dioscoreáceas, cultivada em várias regiões do continente africano. Seu tubérculo tem largo emprego na culinária profana e ritual da África e da Diáspora. Seu nome em português, de origem africana, mas de étimo indeterminado, pode estar relacionado ao mandinga *nyambo* ou ao *uolofe ngambi*, caso não sejam esses termos, eles próprios, de origem portuguesa.

INICIAÇÃO

INICIAÇÃO. Ritual de ingresso de uma pessoa em um novo patamar de sua vida em sociedade. Compreende ritos que, nas sociedades tradicionais africanas, une grupos de indivíduos da mesma faixa etária, nos diversos momentos de passagem da infância à idade adulta. Esses ritos têm, entre seus objetivos, o de criar laços de amizade, solidariedade e colaboração, de modo que perdurem por toda a vida. Ver CLASSES DE IDADE; RELIGIÃO TRADICIONAL AFRICANA; SOCIEDADES INICIÁTICAS.

INQUISIÇÃO. Tribunal dedicado à investigação de desvios da norma religiosa católica, em particular heresias, criado no século XIII pelo Papa Gregório IX. Entre os séculos XVI e XVIII, no âmbito ibérico, os tribunais e a administração central permaneceram na Espanha e em Portugal, mas as atividades inquisitoriais se estenderam aos territórios de Além-Mar. Em Cabo Verde e Guiné, data de 1544 o início de sua atuação, e em 1596-1598 um tribunal foi instituído temporariamente em Luanda. As matérias investigadas pelos seus representantes diziam respeito geralmente a desvios praticados por "cristãos velhos" e "cristãos novos" (judeus), mas alguns processos foram instaurados contra populações de origem africana, em casos, por exemplo, de compra e uso de crucifixos e imagens de santos cristãos em rituais pagãos e idolatria. Em Lisboa, processos foram movidos contra africanos acusados de feitiçaria, o mesmo sendo observado na atual Guiné-Bissau, em que diversas mulheres, qualificadas como *tangomas*, foram acusadas de feitiçaria e condenadas. E em 1706, foi queimada em Angola a mística Kimpa Vita. Ver HOMOAFETIVIDADE; JUDEUS NA ÁFRICA; RENEGADOS.

INSÍGNIAS DE PODER. Nas formações políticas da África, os integrantes das linhagens e dinastias dispunham de certos emblemas externos que representavam a sua condição, poder e autoridade, e o seu uso era parte essencial do exercício do poder. A permanência do uso criava um laço visível entre o passado e o presente, reforçando a ideia de continuidade do governo e conferindo aos objetos valor cerimonial e simbólico. Os materiais empregados na fabricação dos objetos variaram de local para local e de época para época, podendo ser de origem vegetal (madeira, tecidos), mineral (metais) ou animal (conchas, peles, ossos, dentes ou presas). **Indumentária**. As marcas de distinção na figuração do poder incidem em primeiro lugar no corpo daqueles(as) que são os seus representantes máximos: reis, rainhas, príncipes, altos dignitários. Em toda a África Ocidental, os(as) governantes têm o direito exclusivo de exteriorizar, através de certos objetos, sua posição eminente. Embora variem em forma, estilo e decoração, os atributos exclusivos da representação monárquica na área cultural mandinga, mossi, bambara e akan são espécies de barretes ou gorros (de tecido ou de couro), túnicas e sandálias de couro ricamente decoradas. São artefatos rodeados de eficácia mágica, em torno dos quais pesa uma série de tabus e interditos. Em 1871, o desaparecimento das sandálias do axântiene Kofi Karikari foi considerado um sacrilégio no Império Axânti. Além disso, diversos objetos de decoração ricamente trabalhados, como colares, braceletes e penduricalhos se tornavam objetos exclusivos da representação do poder monárquico. **Animais**. A capacidade de liderança e de relações de força eram particularmente expressas através da representação de animais considerados perigosos por suas agressividade e natureza predatória, às quais era conferido sentido espiritual. Por toda a parte, os leões, serpentes, elefantes ou águias participavam dos emblemas da realeza, mas era o leopardo o que mais transmitia a ideia da soberania em virtude de sua força, rapidez e ferocidade. Fossem os chefes do povo temne, em Serra Leoa, fossem os governantes dos reinos de Loango e Ngoyo, na África Central, todos se apresentavam com suas peles, ou com colares e braceletes decorados com suas presas. A importância desse animal era ainda maior no antigo Benin, onde, junto com a serpente, era uma das personificações dos *obás*. Estes eram acompanhados por leopardos domesticados em suas aparições públicas, e alguns desses animais eram imolados por ocasião dos rituais de investidura dos novos governantes. Destaque-se igualmente o uso dos cavalos, animais raros e altamente valorizados na área subsaariana, ou de artefatos relacionados a este animal – como os espantadores de moscas, feitos com sua cauda –, que eram sempre vistos como símbolo de privilégio dos governantes ou altos dignitários. No Daomé, só se podia montar um cavalo com permissão do rei (DIAS, 1992, p. 226). **Bastões de comando**. Em todo lugar, a imposição de autoridade era representada por uma grande variedade de objetos que se tornaram elementos distintivos do poder monárquico, entre os quais se contavam arcos, lanças, alfanjes, espadas com incrustações e decorações diversas, como as espadas de dois gumes, ou sabres, de lâmina curva e com punhos cobertos de peles de animais, descritos nas fontes europeias a partir do século XVI. Porém, os mais conhecidos são os bastões de comando, amplamente utilizados pelos governantes mandingas da Bacia do Níger e da Senegâmbia, pelos povos agni e outros do grupo akan na Costa do Ouro e na Costa do Marfim, bem como pelos povos aja-fon do Daomé. Em forma de longas hastes de metal (ferro, bronze) decoradas com pequenas esculturas que remetem aos atributos do poder do governante, esses cetros lembram o fausto de sua corte. Na Guiné, tais objetos, recebem o nome de *sònó*. No Daomé, o bastão de madeira com punho esculpido e decorado com motivos variados, usado como símbolo de autoridade, recebia em fongbé o nome *makpo*, traduzido em Segurola e Rassinoux (2000, p. 343) como "bastão de raiva" (*ma*, "raiva" + *kpo*, "bastão") e sendo também mencionado como *récade*, do português "recado", com o sentido de advertência, reprimenda (AZEVEDO, 1984, p. 1138). **Guarda-sóis**. Em toda parte do continente, o direito exclusivo ao uso de protetores contra os raios solares constituía um privilégio, e isto pode ser notado desde a Etiópia, onde esses acessórios são tradicionalmente utilizados pelas autoridades religiosas. Na África Ocidental, remonta ao Reino de Gana e ao antigo Mali o uso de guarda-sol pelos governantes principais, o que também se observa nas tradições da Costa do Ouro desde o século XVII. Uma das primeiras menções neste sentido data de 1701, quando o vice-governador holandês do Forte de Elmina

INSÍGNIAS DE PODER

ofereceu de presente a Osei Tutu I um guarda-sol, em comemoração à vitória axânti sobre o Denquira. No Império Axânti, tais artefatos, denominados *akatawia* na língua *twi* (KOTEY, 1996, p. 317), tornaram-se gradualmente difundidos entre a aristocracia guerreira e os altos dignitários reais, tanto que, por ocasião das grandes cerimônias, como as festas do inhame, podia-se ver centenas deles, de variadas cores, tipos e formas, nas procissões. O uso das sombrinhas ou guarda-sóis também era difundido no Daomé, e mesmo no Marrocos, motivo pelo qual, em 1845, o pintor francês Eugène Delacroix retratou o sultão Mulai Abderrahman saindo a cavalo da cidade de Meknès, enquanto um escravo negro o protegia com um altíssimo guarda-sol. **Assentos.** Bancos, liteiras, cadeiras e tronos constituem igualmente signos de altíssima distinção social em diversas sociedades africanas antigas, tendo sido utilizados exclusivamente por integrantes das elites dirigentes. Na área Congo-Angola, são inúmeros os exemplos de tronos esculpidos e decorados com figuras e cenas, tendo o assento feito em couro e fixado com tachas de latão, o que também se verifica entre os povos luba e lunda. No Dongo e entre os imbangalas, só os mais altos personagens tinham o privilégio de usar cadeiras, indicativas de sua posição privilegiada. É isto que explica a célebre atitude da Rainha Jinga em 1622, durante as negociações com o governador português de Luanda, João Correia de Souza. Segundo divulgado em crônicas do século XVII, como este não colocou à sua disposição um assento em que ela ficasse à sua altura, destinando-lhe apenas uma almofada no chão da sala, a Rainha ordenou que uma serva de sua corte se postasse de gatinhas e sentou-se transversalmente em seu dorso, assim permanecendo, de frente para o governador, até o fim da audiência. Entre os fântis, os governantes eram conduzidos em público sentados em suportes de madeira recobertos de couro e almofadados, e sentavam-se em tronos sacralizados chamados *agua*. Estes eram de madeira, com assento de couro, recapados de cobre e/ou ouro em suas extremidades, com figurações que representavam as principais qualidades dos governantes: força, inteligência, riqueza. De acordo com as tradições orais, no final do século XVII, momento em que diversos chefes akan encontravamse reunidos em torno de Osei Tutu I, o sacerdote Okomfo Anokyé teve a ideia de consolidar a união entre eles fazendo descer do céu um assento de ouro que teria pousado delicadamente em cima dos joelhos daquele que viria a ser o primeiro chefe da Confederação Axânti. Durante todo o período de existência do Estado axânti, este assento, feito de ouro maciço, denominado *sikadwa*, simbolizou a integração dos povos e passou a sintetizar a alma coletiva axânti, estando acima, inclusive, do axântiene, e dispondo ele próprio de um assento. Conforme Ki-Zerbo (1972, v. II, p. 344): "Este assento de ouro está instalado num outro trono reservado para este efeito e dispõe de suas próprias insígnias reais, como a corte, a guarda, o dossel de honra, o escudo de pele de elefante, o tambor engastado de ouro. Tudo isso indica bem que a ideia tribal fora ultrapassada, para se aceder a realidade abstrata do Estado e da nação, encarnada aqui num símbolo magnífico" (Ki Zerbo, 1972, v. II, p. 344). Ver AXÂNTIS; FÂNTIS; JINGA, Rainha; LUBAS; LUNDAS; OKOMFO ANOKYÉ; OSEI TUTU I.

IORUBÁ. Adjetivo que qualifica o indivíduo dos iorubás e tudo o que se relaciona ao seu complexo cultural; o mesmo que "iorubano". Como substantivo, o vocábulo designa a língua falada pelos povos iorubás.

IORUBALÂNDIA *(Yorubaland).* Denominação criada pelo colonialismo britânico para designar a área contínua, nos territórios das atuais repúblicas de Nigéria, Benin e Togo, em que se localizam os povos falantes da língua iorubá e suas variantes dialetais. Estende-se, na direção norte, da cidade de Lagos até o rio Níger; na direção leste, até a cidade nigeriana de Benin; e, de leste para oeste, do rio Níger até a fronteira entre as repúblicas de Benin e Togo. A área, que se tornou protetorado britânico em 1888, com exceção de Ilorin, abrigou reinos como os de Egbá, Ijebu, Ijexá e Owó, os quais ainda conservam governos tradicionais, não possuindo, entretanto, fronteiras físicas ou políticas determinadas nem organização centralizada (Oliva, 2005, p. 175). Em Silva, (2002, p. 201), o topônimo empregado, no lugar de Iorubalândia, é "Iorubo". Ver IORUBÁS.

IORUBÁS *(Yoruba).* Denominação criada pelos colonizadores ingleses para designar o conjunto de povos, ligados por afinidades culturais, linguísticas e religiosas, que compreende os seguintes grupos da chamada "Iorubalândia", na grafia utilizada em Bascom (1969, mapa, p. iv): *Ana ou Ifé; Isha; Idasha ou Dassa; Shabe; Ketu ou Iketu; Ifonyin; Awori; Egbado; Egba; Owu; Oyo; Ijebu;* *Ife; Igbomina; Ekiti; Ondo; Ilaje; Yagba; Owó; Aworo; Bunu; Ilaje; Itsekiri.* Observe-se que, no mapa mencionado, aos etnônimos (denominações dos grupos) correspondem os nomes de suas capitais, que são os mesmos para cada povo, com as seguintes exceções: povo *ana,* capital *Atakpame;* povo *egba,* capital *Abeokuta;* povo *ijebu,* capital *Ijebu-ode;* povo *ijesha,* capital *Ilesha;* povo *igbomina,* capital *Ila;* povo *itsekiri,* capital *Wari.* Interessante também observar que, por causa do intercâmbio, principalmente religioso, do Brasil com os povos africanos falantes do iorubá, muitas dessas denominações já são usualmente transcritas de forma abrasileirada, como: *Ketu* = Queto; *Ifonyin* = Efã; *Abeokuta* = Abeocutá; *Oyo* = Oyó; *Ijesha* = Ijexá; etc. **Os filhos de Odudua.** SEGUNDO A tradição, o grande antepassado dos povos falantes do iorubá foi Odudua *(Oduduwa),* tido como o fundador da cidade-Estado de Ifé ou Ilé Ifé no século XII (Ki-Zerbo, 1972, v. II, p. 440). Segundo tradição local, teria enviado seus dezesseis filhos em missões a várias direções, daí resultando a criação dos reinos que depois vieram a constituir o conjunto dos povos reunidos sob a denominação "iorubás". Fortes evidências da historicidade dessa versão mitológica é o costume, descrito em Bascom (1969, p. 11), segundo a qual quase todos os chefes tradicionais desses povos, até a atualidade, só têm seu poder legitimado após receber uma espécie de "benção" do *oni* (rei) de Ifé. **A denominação.** Bem antes da era colonial, os povos, depois arbitrariamente reunidos sob a denominação "iorubás", constituíam uma federação de cidades-Estado tendo como centro Ilé

IORUBÁS (*Yoruba*)

Ifé. E o termo *yoruba*, significando algo como "astucioso", era usado pelos fulânis ou hauçás para denominar apenas o povo de Oyó (Bascom, 1969, p. 5). A partir da primeira metade do século XIX, através principalmente da ação de missionários religiosos, certamente para facilitar o trabalho evangelizador, e com o incentivo do poder político britânico, o adjetivo *yoruba* passou a ser usado como gentílico. Segundo algumas interpretações, isso era vantajoso para os colonizadores, por sinalizar uma possível reconciliação entre povos outrora reunidos sob a autoridade política do alafim de Oyó e a obediência religiosa ao *oni* de Ifé. Entretanto, os naturais da "Iorubalândia", de modo geral, sempre preferiram, segundo Oliva (2005, p. 168-169), identificar-se por seus etnônimos tradicionais: egbás, ijebus, ijexás etc. Esta identificação foi ainda mais reforçada após a publicação do livro de Samuel Johnson, intitulado *The History of the Yorubas*, concluída em 1897. **Conflitos interétnicos**. A partir de 1820, e por cerca de dez anos, o país Iorubá foi sacudido por violentos conflitos interétnicos, até que, por volta de 1830, Atibá assume o poder como alafin e funda a nova cidade de Oyó, onde se erguera a antiga Ago-Ojá. Seu primeiro-ministro Olu Yole, buscando retomar Ilorin aos fulânis, conseguiu uma vitória parcial na Batalha de Eléduwé. Essa vitória salvou os iorubás da total absorção pelos fulânis, mas os conflitos prosseguiram até a intervenção britânica, em 1886. **As guerras contra os daomeanos**. De 1698 até 1897, quando o território de Ilorin é finalmente ocupado por forças inglesas, a história dos iorubás é uma sequência de longas ou reiteradas campanhas militares contra inimigos tanto externos quanto de dentro da própria Iorubalândia. Os motivos das guerras longas e recorrentes em que os iorubás de Oyó se defrontaram contra os fons do Daomé foram, acima de tudo, econômicos e políticos. Os daomeanos lutavam por autossuficiência e independência, e os iorubanos exportavam escravos através dos portos do litoral. Em 1698, a cavalaria de Oyó invadiu Alada, reino do povo adjá, no sul do território daomeano. Depois disso, Oyó, o maior e mais poderoso dos Estados constituídos pelos falantes da língua iorubá enviou sua cavalaria contra Abomé em 1724 e 1728, e, como resultado, o rei do povo fon, Agadjá Trudo, viu-se forçado a pagar o tributo anual exigido pelo alafim monarca de Oyó. Com algumas interrupções, que levaram os exércitos de Oyó repetidas vezes ao Daomé, essa dependência continuou por um século, até 1827, período em que Oyó interveio por diversas ocasiões nos negócios internos e externos do Daomé. O Reino daomeano de Alada estava também pagando tributo a Oyó, provavelmente desde sua queda, em 1698. Em 1789, o exército de Abomé atacou a capital do Reino iorubano de Ketu (Queto), matando muita gente e fazendo cerca de dois mil cativos. **Resistência aos hauçá-fulânis**. No final do século XVIII, o líder fulâni Usman dan Fodio iniciou sua *jihad*. Entre 1804 e 1810, as forças sob seu comando submeteram os hauçás e depois os nupes, que eram os mais próximos vizinhos dos iorubás ao norte. O sucessor do alafim Abiodun, Arogangan, viu o general Afonjá de Ilorin, seu sobrinho, como um sério rival e, procurando

IORUBÁS (*Yoruba*)

neutralizar sua ação, mandou que ele atacasse a cidade, tida como inexpugnável. Sabendo que deveriam conquistá-la em três meses ou morrer, Afonjá e os chefes que comandava se amotinaram em 1817, massacrando os representantes do Alafim, assediando Oyó e forçando Arogangan a cometer suicídio. Afonjá declarou Ilorin independente de Oyó e convidou Alimi, um outro imame fulâni, a tornar-se seu aliado. Através de Alimi, Afonjá incentivou bandos de guerreiros fulânis e hauçás a virem para Ilorin, e eles se uniram a escravos revoltados e fugidos do Alafim. Somando aos seus efetivos um crescente número de iorubás convertidos ao Islã, o sucessor de Alimi, Abd al-Salam, liderou incursões às proximidades das cidades iorubás, capturando grandes contingentes de pessoas e as vendendo como escravos e escravas. **As guerras de Owu (1821-1839)**. Em certo momento, os povos de Ifé e Ijebu uniram suas forças, engrossadas por refugiados provenientes das cidades do povo de Oyó, e destruíram Owu, alta e fortificada cidade, depois de lutas que duraram cerca de cinco anos. Então, em 1821, as autoridades iorubanas deram início à "Guerra de Owu", a qual, segundo a tradição de Ifé, ocorreu no reinado do oni Abeweila. Os exércitos vitoriosos perseguiram os sobreviventes do povo de Owu até o território egbá, e por volta de 1829 acamparam em Ibadan, uma deserta aldeia do povo egbá, de onde cerca de um ano depois, com a participação de refugiados de Owu, fundaram Abeocutá. **As guerras de Daomé e Ilorin**. Em 1827, com Oyó em guerra com Ilorin, Guêzo, rei do Daomé, aproveitando a oportunidade, suspendeu o

pagamento do tributo devido a Oyó. Como os iorubás estavam cada vez mais envolvidos nessa guerra e nas guerras internas entre os outros reinos iorubás, as expedições anuais do Daomé para captura e escravizações em grande escala eram, frequentemente, dirigidas a cidades e aldeias iorubás, nos reinos de Egbado, Egbá, Ketu (Queto), Sabê, Aná e Oyó. O crescimento da cidade egbá de Abeocutá, fundada em 1830, despertava a cobiça do Daomé. Entretanto, cinco expedições daomeanas contra ela (em 1851, 1861, 1864, 1873 e 1875) não lograram êxito. Relembrando essas guerras, a tradição local falava com respeito da bravura e da ferocidade das mulheres guerreiras que faziam parte do exército do Daomé. Essas guerras causaram grande destruição, mas as hostilidades por parte do Daomé só terminaram quando seus exércitos foram vencidos pelas forças francesas, em 1892. Por esse tempo, a antiga Oyó, já decadente, estava situada a cerca de 130 quilômetros a norte da Oyó atual, a meio caminho entre Jebba, no Níger, e Kishi. **O Emirado de Ilorin**. Em 1831, o Afonjá foi morto por pessoas que ajudara a criar, e no mesmo ano morria Alimi. Começava aí, com Abd al-Salam (Abdul Salami), a dinastia dos emires fulânis de Ilorin. O sucessor de Afonjá foi Oluewu, que derrotou o exército de Ilorin em 1834 e 1838, mas foi traído e morto no campo de batalha da antiga Oyó por volta de 1839. Depois dele, reinou Atibá, que transferiu a capital para Ago-Ojá, no sítio da Oyó atual. Os refugiados provenientes das aldeias da velha Oyó rapidamente transformaram Ibadan em um gigantesco acampamento armado, que se tornou a maior

IRÃ

fortaleza nas guerras que se seguiram. Quando, no início da década de 1840, Ilorin, pela terceira vez, tomou Oshogbo, o exército de Ibadan veio para o resgate e derrotou fragorosamente os atacantes, quebrando o poder de Ilorin, que, entretanto, continuou seus ataques a outras cidades iorubás. Outros refugiados da antiga Oyó se estabeleceram em Ifé, onde passaram a viver em povoações espalhadas pela cidade e pagando taxas pelo uso da terra. Pouco antes de sua morte em 1849, o *oni* Abeweila, de Ifé, deu a eles terras para construírem suas moradias em Modakèkè, dentro das altas muralhas de Ifé. **Guerras internas**. Com a derrota de Ifé para Ilorin, que, em 1830, havia ultrapassado Oyó em tamanho, os derrotados migraram cerca de doze quilômetros para o sul, fixando-se em Ishoya até 1854. Por esse tempo, as armas de fogo ficaram mais fáceis de adquirir, e os estados iorubás travaram, entre si, uma sequência de guerras, até o fim do século. Ilorin conquistou Ekiti e atacou outras áreas no nordeste do "país Iorubá"; Ibadan reconquistou Ekiti e conquistou Ilexá, lutou no sul com Egbá, e fez incursões em busca de escravos entre os distantes Yagbá e Bunu, bem como no próprio Reino de Oyó. Em 1862, Ibadan destruiu a grande cidade Oyó de Ijaye. Os egbás, que ainda estavam se defendendo dos incessantes ataques dos daomeanos de Abomé, envolveram-se numa sequência de guerras contra Ibadan, Ijebu, Egbado e Owu. Essas disputas deram lugar a uma guerra de dezesseis anos (1877-1893), na qual muitos subgrupos iorubás se voltaram contra Ibadan, que só tinha o reino de Oyó como aliado (Bascom, 1969, p. 12-15). Nesse

cenário, Ilorin, na origem uma cidade iorubá, tinha se transformado em um núcleo fulâni. Em Ifé, entretanto, os invasores conquistaram diversas aldeias, mas não conquistaram a capital, que abrigava multidões de refugiados de Oyó, enquanto Ilorin fustigava os povos vizinhos até 1897, quando seu território foi ocupado por forças britânicas. Ver ABEOCUTÁ; ABIODUM; AFONJÁ; ALAFIM; BENIN, Antigo; COLA; CROWTHER, Samuel Ajayi; DAOMÉ; EGBÁS; EGBADÔS; EKITIS; HUEDÁS; IFÁ; IJAYE; IJEXÁS; ILÉ IFÉ; ILEXÁ; ILORIN; IORUBALÂNDIA; ISHAGA; ISHOYA; IWE IROHIN; JEJE; JOHNSON, Samuel; KANO; LAGOS; NAGÔ; NIGÉRIA; NUPES; OBÁ; OLOGUM; ORIXÁS; OXOGBO; OYÓ; QUETO; REIS DIVINOS; RELIGIÃO TRADICIONAL AFRICANA; SARÔS.

IRÃ. Designação dada, indistintamente, a locais de culto e a entidades cultuadas pelos povos da Guiné-Bissau. Na concepção dos colonialistas portugueses, "animal, manipanso ou objeto tornado divindade que, na superstição nativa, tem um poder mágico" (Barbosa, 1968, p. 140).

ISANDHLWANA, Batalha de. Confronto entre as forças militares inglesas e zulus ocorrido em janeiro de 1879, em território da atual República da África do Sul. Considerado o primeiro grande combate da Guerra Anglo-Zulu, iniciada com a invasão da Zululândia por tropas britânicas, dela participaram cerca de 20 mil guerreiros africanos e cerca de 1.800 soldados ingleses. Apesar de grande desvantagem tecnológica, já que os ingleses dispunham de armas de fogo modernas e, inclusive, dois canhões, a batalha resultou em vitória para os zulus, sob a liderança de Cetshwayo, rei zulu, filho e sucessor de Mpande. Ver CETSHWAYO.

ISHAGA. Povoado em território da atual Nigéria situado nas vizinhanças do Reino daomeano de Abomé. Em 1851, seus guerreiros ajudaram os egbás na resistência contra os daomeanos, e, em 1862, o povoado foi atacado e destruído pelas tropas a serviço do rei Glele, sendo sua população parcialmente escravizada.

ISHAQ I, Ásquia. Imperador do Songai. Filho do célebre Ásquia Muhamad I, reinou de 1539 a 1549, após a queda de Muhamad Bencan, seu parente, em 1537. Durante seu reinado, entrou em conflito armado contra o sultão Muhamad Saadi I, do Marrocos, em disputa pelo controle das minas de sal de Tegaza.

ISHOYA. Cidade localizada cerca de doze quilômetros ao sul de Ilé Ifé. Foi refúgio do povo de Ifé, após a derrota para Ilorin, até 1854.

ISIKE (século XIX). Líder do povo nyamwezi. Nas décadas de 1880 e 1890, resistiu até a morte ao domínio do colonialismo alemão na atual Tanzânia. Ver NYAMWEZIS; TANZÂNIA.

ISLÃ. A civilização dos muçulmanos, centrada na prática da doutrina islâmica ou islamismo; o mundo muçulmano.

ISLAMISMO. A doutrina do Islã; movimento político religioso em favor da islamização do Direito, das instituições e do Estado. Ver EMIR; EMIRADO; IMÃ; JIHAD; JIHADISTA; VIZIR; XEICADO; XEIQUE; XERIFE.

ISLAMIZAÇÃO. O processo de integração do continente africano ao mundo dito muçulmano, maometano ou islâmico estudado em Lopes e Macedo (2017, p. 157-159) teve sequência no período enfocado neste volume, embora com episódios menos sequenciados. Como salientado na mencionada obra, a integração dos africanos ao mundo muçulmano se deu através de dois vetores bastante distintos: esse que chegou por terra, acima do Saara e se espalhou pela África subsaariana; e aquele que chegou pelo mar e se espalhou pela costa oriental do continente até quase Moçambique. No século XVI, após a queda do Império Songai de Gao, os movimentos de proselitismo islâmico mais significativos expressaram-se em guerras santas motivadas por alegado relaxamento dos costumes islâmicos ortodoxos, bem como pela luta contra os praticantes da idolatria e do paganismo. Tais movimentos ocorreram nas primeiras décadas do século XVIII na região do Futa Jalom, e a partir da segunda metade do mesmo século reformistas de origem fulâni e hauçá organizaram *jihads* em territórios da atual Nigéria, Mali e Senegal, dando origem a Estados islâmicos de caráter eminentemente teocrático, como o Califado de Sokoto (fundado por Usman dan Fodio), o Império Fulâni de Maciná (fundado por Cheiku Amadu), e o Império Tuculor de Segu (criado por El Hadj Omar Tall). Em contrapartida, os dois grupos de povos que, nesta mesma época, reagiram a esse processo foram primeiramente os mossis e depois um ramo dos chamados "bambaras", que se mantiveram por mais tempo apegados a formas de organização político-religiosa tradicionais. Visto em conjunto, tais transformações políticas levaram a que o Islã, até então restrito às elites políticas e econômicas, ganhasse maior popularidade e se estendesse às camadas populares, o que se pode observar na difusão de adeptos da confraria Kadíria, que passou a predominar na África Subsaariana no lugar da confraria Tijania. Vejamos, mais, ainda remetendo à obra mencionada, que, na África, embora o Islã tenha influenciado as culturas nativas em vários aspectos (como religioso, linguístico, educacional, alimentar, de vestuário etc.), estas culturas também contribuíram com seus traços específicos na formatação de um islamismo africano, como no caso específico da uolofização (*wolofisation*) da religião no Senegal. Além disso, destaca que o relacionamento do Islã com as culturas nativas foi mais de diálogo que de dominação. Ver BAGAYOGO; BUBU; CAFRES; DERVIXES; DIILE; DINA; EL HADJ; FUTA JALOM; GRIGRI; GUERRA DOS MARABUTOS; HAMIDULAI; IMAMADO; JIHAD; kaba; KARAMOKO ALFA; MAHDI; MAHDISTA; MALÊ; MALIK SI; NÔMINAS; KADÍRIA; SANKORÉ, Mesquita de; SANSANA; SEKU; SHEHU; TARIQA; TIJANIA; TIMBO; UÁLI.

ISMAIL, Quediva (1830-1895). Governante do Egito de 1863 a 1879. Era neto de Muhamad Ali I e filho de Ibrahim Paxá. Em um contexto de modernização e ocidentalização do Egito, assumiu posições francamente nacionalistas, o que contribuiu para o seu afastamento do poder. Ver QUEDIVA.

ISMAIL, Mulai. Ver MARROCOS; MULAI.

ISMKHAN. Singular: *ismakh*. Na área marroquina, designação dada aos cativos provenientes do interior do continente, do chamado *Bilad al Sudan*, o "país dos negros". Ver HARRATIN.

ITSEKÍRIS (*Itsekiri*). Povo do Delta do Níger, no sul da atual Nigéria, fundador do Reino de Warri, também mencionado como Oere, Ouwerre e Ugueri (SILVA, 2002, p. 324). A fundação é creditada a migrantes oriundos do Antigo Benin, chefiados por um filho do *oba* Oluá, segundo a tradição. Estabelecidos no oeste do Delta, os itsekíris se destacaram como hábeis negociantes, desenvolvendo importantes redes de comércio com os portugueses, mas reagindo firmemente à ação dos missionários que tentavam convertê-los ao cristianismo. Em meados do século XVI, o Reino de Warri se tornou um grande centro de comércio de manufaturados portugueses e, obviamente, também um dos maiores mercados do tráfico negreiro na região.

IWE IROHIN. Jornal publicado em língua iorubá, na atual Nigéria, circulante em Abeocutá no período entre 1859 e 1867. Considerado o primeiro periódico em língua nativa na África, foi fundado e dirigido pelo missionário escocês Henry Townsend. Entre os assuntos tratados, estavam noticiários de atividades religiosas cristãs, anúncios de nascimentos e mortes, além de alguns temas políticos, como a luta contra a escravidão. Ver IMPRENSA E COMUNICAÇÃO.

IXÁ (*Isa; Isha; Itcha*). Grupo minoritário do conjunto de povos falantes do iorubá, localizado no centro do território da atual República do Benin, antigo Reino do Daomé, vizinho dos Mahi e Ana-Ifes, também incluídos ente o povo nagô. Na atualidade, vivem na cidade de Bantè. De acordo com suas tradições orais, teriam sido remanescentes de uma migração proveniente ou do povo ijexá, ou de Oyó ou de Ilé Ifé. Ver IORUBÁS; NAGÔS.

IYASU I (1654-1706). *Négus* (imperador) da Etiópia, pertencente à dinastia salomônica, mencionado como "O Grande". Filho de Joanes I com a imperatriz Seble Wengel, assumiu o governo da Abissínia em 1682. Notabilizou-se por iniciativas de reforma, primeiro, criando um grande número de conselhos dedicados a resolução de assuntos religiosos, sendo o mais importante o de Gondar, a capital do reino. Em 1698, empreendeu reformas que afetaram os costumes e a tributação, facilitando o comércio. No plano político, retomou o controle sobre os povos oromo e agau. Sua morte, no exercício do poder, dá início a uma série de assassinatos e tentativas de usurpação cometidas por governadores de províncias e outros "senhores da guerra" (M'BOKOLO, 2009, p. 526). Ver TEKLA HAIMANOT II.

IYE IDOLORUSAN (século XIX). Personagem feminina da história do povo itsekíri, na região do Delta do Níger, governante em um interregno, por volta de 1850. Meia-irmã do *olu* (rei) Akengbuwa, falecido em 1848, na acirrada disputa pela sucessão deste tomou a iniciativa de convocar um conselho de Estado para resolver a questão. Habilidosa comerciante, primeiro negociando escravos e depois óleo de palma e outros artigos, tinha boas relações com os mercadores europeus da Costa da Guiné, que passaram a chamá-la de "Rainha Dola". Mas o efetivo poder da sociedade itsekíri se dividia entre casas comerciais rivais; então, criou-se um cargo de "Governador do Rio" (Níger), exercido por uma espécie de ministério do comércio, que se tornou o mais importante órgão governamental da sociedade itsekíri. A partir daí, não se elegeu mais nenhum *olu*, até 1936. Ver ITSEKÍRIS.

JAGADO. No centro-oeste africano, termo outrora usado para designar o território sob o governo de um líder jaga, ou sob sua jurisdição. Até o século XIX, aplicava-se ao núcleo de Culaxingo, da área lunda, próxima ao rio Cuango, ocupada desde o século XVI pelos jagas e que mais tarde veio a se chamar "Reino de Caçanje". As tradições locais e informações sobre essa formação política foram descritas pelo explorador português Henrique de Carvalho, no livro *O jagado de Cassange na Província de Angola* (1898). Ver CAÇANJE; CULAXINGOS.

JAGAS (*iagas; yakas*). Denominação de uma ou várias das "hordas itinerantes" que varreram o centro-oeste africano nos séculos XVI a XVII, desestabilizando, pela violência, diversas regiões. Para o historiador Joseph C. Miller (*apud* PARREIRA, 1990b, p. 157), "jaga" era o nome pelo qual foram equivocadamente mencionados os imbangalas, também de identidade controversa, invasores da região ao norte do território ambundo no século XVII. Por sua vez, a historiadora Anne Hilton (1981) considera que "jaga" era um designativo cuja acepção não se vinculava a uma identidade étnica particular, mas tinha sua raiz etimológica no vocábulo *aka*, que na língua umbundo designa simplesmente o "outro", isto é, o "estrangeiro", o "atacante", o "salteador". Por isso, podia ser aplicado a diferentes grupos de forasteiros no Congo e no Dongo. Entretanto, segundo Vansina (2010, p. 660), sua verdadeira identidade nunca foi estabelecida, acreditando-se que a denominação tenha recaído genericamente sobre hordas diversas, em geral multiétnicas. O certo é que em 1568 os "jagas" invadiram o Reino do Congo a partir de Mbata, atacando e devastando a cidade de São Salvador ou M'banza Kongo, o que levou à instabilidade do governo de Dom Álvaro I, que precisou pedir ajuda aos portugueses. Por volta de 1570, vindos do Congo (ALMEIDA, 1978, p. 172), grupos mencionados como "jagas" teriam chegado a Matamba onde se misturaram à população local, dando origem, segundo algumas versões, ao povo imbangola ou imbangala, e constituindo os reinos de Huíla (capital Huíla) e Húmbi (capital Mutano). E de Matamba, ao sul de Anzico, teriam descido para "o país do jaga Caçanje, separado de Benguela pelo Alto Cunene". Ver CAÇANJE; IMBANGALAS; KABUKU KA NDONGA; KASA KA NGOLA; JAGADO; QUIJILA; YAKAS.

JAJA DE OPOBO (1821-1891). Líder africano nascido no país Ibo. Vendido como escravo a um mercador de Bonny, no Delta do Níger, foi dado a um chefe local, Alali, da Casa Real de Annie Pepple. Adulto, cedo distinguiu-se por sua inteligência e energia, ganhando a admiração de todos os membros da

Casa. Assim, quando ela se tornou vaga em 1863, foi unanimemente eleito para chefiá-la. Três anos depois, estourando a guerra interna, Jaja buscou asilo no território do povo andoni, onde fundou o Reino de Opobo. Ali, construiu um porto para facilitar o comércio e criou estabelecimentos agrícolas nas proximidades. Atuou no comércio de exportação de azeite de dendê (óleo de palma), controlando quatorze das dezoito casas comercais de Bonny. Assim, Opobo se tornou um grande centro mercantil, atraindo toda a atividade comercial das áreas e regiões vizinhas. Com diplomacia, mas demonstrando autoridade e força, ele fez com que até seus rivais mais próximos reconhecessem a importância do seu reino, à frente do qual era um dos mais ricos e poderosos senhores do Delta do Níger. Com a entrada de alemães nos Camarões, o governo britânico, preocupado, quis colocar os reinos locais sob o regime de protetorado, o que Jaja, de início, recusou. Mais tarde, assinou o tratado, mas descumpriu algumas obrigações, inclusive proibindo do comércio uma empresa inglesa que se negara a pagar o imposto respectivo. Então, em meio a ameaças bélicas dos ingleses, atraído pelo cônsul britânico a uma cilada, a bordo de um navio, foi preso e deportado, primeiro para a Costa do Ouro e depois para as Antilhas, em 1887. Mesmo no exílio, continuou lutando contra o imperialismo inglês, até falecer em 1891, voltando a Opobo, mas para ser sepultado (BOAKYE, 1982, v. II, p. 49-50). É mencionado em Gordon (2003, p. 69) como o único ex-escravo que se tornou rei em um estado no Delta do Níger. Por seus esforços em manter a África independente do domínio britânico, e devido à traição e ao exílio de que foi vítima, é considerado um mártir na Nigéria (BOAKYE, 1982, v. II). Ver BONNY; DELTA DO NÍGER; IBOS; MERCANTILISMO – África Ocidental; RESISTÊNCIA ANTICOLONIALISTA; RIOS DO AZEITE.

JAKIN (*Djakin; Jekin*). Forte construído na segunda metade do século XVII pelos holandeses no Golfo do Benin, no litoral do então Reino de Alada. Atacado e parcialmente destruído a mando de Agajá, em 1732, durante a fase de expansão para o litoral empreendida pelo Reino do Daomé, voltou a ser objeto de ataques daomeanos em 1760 e 1771.

JAMBACOUCES. Na Alta Guiné, termo provavelmente originário de *djambakós*, do Kriol guineense, usado para designar os curandeiros, conhecedores das propriedades medicinais das plantas. Temidos, respeitados e sempre vistos com desconfiança pelos religiosos cristãos e as autoridades portuguesas, eram considerados por estes últimos como feiticeiros. A variante *jambacós* é assim registrada em Houaiss *et al.* (2001): "Em algumas tribos [da Guiné-Bissau], indivíduo a quem cabe realizar os atos religiosos".

JAMMA, ABDALLAH WAD. Ver ABDALA WAD JAMMA.

JANÍZAROS (*Janizars; Janissaires; Janissaries*). Vocábulo originário da língua turca, significando literalmente "soldados novos". Designava os integrantes das unidades de infantaria, recrutados originalmente na região de Anatólia, a Turquia asiática, também referida como Ásia Menor. Os janízaros constituíam a elite militar turca, fornecendo inclusive o corpo de guarda pessoal dos sultões. Sua história data do século XIV, na Turquia, e nos séculos seguintes atuaram nos diferentes locais sob domínio dos otomanos. Célebres por sua organização e disciplina militares, eram grandes especialistas no uso de armas de fogo. Nos séculos XVI-XVIII, tiveram papel de destaque no Egito e nas demais áreas sob influência otomana na África do Norte. Ver EGITO; BARBÁRICOS, Estados.

JANNA, Ibn Twayr Al-. Ver AL-JANNA, Ibn Twayr.

JANTJES, Britanje (1766-1840). Chefe khoikhoi do grupo Gonaqua, localizado em território situado entre os rios Sundays e Great Fisch, na província do Cabo, África do Sul. Liderou seu povo nos conflitos ocorridos com os xosas na passagem do século XIX, lutando pela permanência em suas terras de origem. Participou da rebelião khoikhoi contra os bôeres entre 1799 e 1803.

JEJE. Etnônimo usado por falantes do iorubá, a partir de Oyó, para designar cada um dos indivíduos do povo fon, do antigo Daomé, ou algo relacionado a esse povo. A origem é o iorubá *àjeji*, "estrangeiro". Ver NAGÔ.

JERIBITA. Denominação angolana da aguardente do Brasil, outrora fabricada especialmente para o mercado africano. No século XVII, foi um produto muito importante no comércio de Luanda com o interior. Entretanto, sendo de qualidade muito inferior, pois fabricada com os últimos restos da produção do açúcar, era "tão péssima que o uso dela causou gravíssimos danos, mortes repentinas de escravos e brancos, inutilizando soldados". Tanto que, em 1679, teve sua importação proibida, por uma determinação legal, revogada dezessete anos depois (cf. Cadornega, grafado *geribita apud* PARREIRA, 1990b, p. 125). Ver ÁLCOOL; ECONOMIA DO TRÁFICO.

JESUS, Forte. Ver FORTE JESUS.

JIBRIL, Husayn (1818-1915). Profeta muçulmano nascido em Wello, região central do atual território da Etiópia, também referido como Shaykh Husayn. Versado em conhecimentos esotéricos, gozou de grande popularidade como vidente, profetizando diversas ocorrências e eventos, futuros à época da enunciação e confirmados na década final do século XIX e na inicial do XX. Muitas dessas previsões estão em poemas (*wedajas*) atribuídos a ele, transmitidos oralmente de geração a geração, e que continuam a ser recitados durante determinadas celebrações religiosas. Segundo algumas fontes, uma de suas profecias teria previsto a ascensão e queda do *ras* Tafari Mekonnen, celebrizado como imperador Hailé Selassié (1892-1975).

JIHAD. Vocábulo da língua árabe que, em sentido estrito, significa "empenho", "esforço" em nome da religião muçulmana. Pode ser entendido como uma "luta" do indivíduo para alcançar a fé perfeita. Com o tempo, passou a ser empregado para designar a modalidade islâmica de "guerra justa", e no Ocidente se tornou, equivocadamente, sinônimo de "Guerra Santa" empreendida pelos muçulmanos em defesa de sua fé ou com o fim de expandir o domínio do Islã. Na história das antigas sociedades africanas, o termo foi empregado com esta última acepção nos séculos XI e XII, no Magrebe, por Almorávidas e

Almôadas (LOPES; MACEDO, 2017, p. 162). No período abrangido por este dicionário, o termo foi reivindicado em 1523 pelo sultão Ahmad Gran, na guerra contra os cristãos abissínios da Etiópia, e a *jihad* foi recomendada por Al-Maghili ao *askia* Muhamad I em sua luta contra os povos pagãos adversários do Império Songai no princípio do século XVI. Entre a metade do século XVIII e a metade do século XIX, diversos movimentos de reforma e proselitismo religioso islâmico, ocorridos no Futa Jalom, na Nigéria de Usman dan Fodio, no Mali de Cheiku Amadu e no Senegal e Guiné de El Hadj Omar, deram origem a poderosos Estados edificados após guerras religiosas qualificadas como *jihads*. Segundo importantes avaliações, essas *jihads* foram responsáveis pela aceleração da difusão do Islã ao sul do Saara. Isto principalmente através da atuação das confrarias esotéricas conhecidas, cada uma, como *tariqa*, as quais demonstraram ser a melhor forma de organização da militância religiosa. Ver ABD AL-KADER TORODO; AHMAD GRAN; AL-KANEMI; BORNU; CHEIKU AMADU; DENIANQUÉ; DIAKHOU BÂ, Maba; EL HADJ OMAR TALL; FULADUGU; FUTA JALOM; GÂMBIA; GUERRA DOS MARABUTOS; GUINÉ-CONACRI; HAUÇÁS; IBN SALIH, Muhamad Zangi; IGALAS; ILORIN; IORUBÁS; ISLAMIZAÇÃO; KAABU; KARAMOKO ALFA; KASSONKÉS; LIPTAKO; MACINÁ; MALI, República do; MALIK SI; MAMADU LAMINE; SONGAIS; TARIQA; USMAN DAN FODIO.

JIHADISTA. Relativo ou referente a *jihad*; participante desse tipo de movimento.

JINGAS (*Njinga*). Povo banto falante do ambundo, listado em Obenga (1985, p. 25) juntamente com Ngola, Ndongo, Mbaka, Mbangala e Ndembu. É identificado na Baixa de Caçanje, em Angola, nos séculos XVII e XVIII. Trata-se provavelmente de remanescentes de povos governados pela célebre Nzinga Mbandi. De acordo com Joseph Miller (1995, p. 41), podem ter sido assim designados pelos portugueses em virtude de seu hábito de nomear muitos povos africanos a partir do nome ou título de seus governantes. Ver AMBUNDOS; BANTOS; NZINGA.

JINGA, Rainha (1583-1663). Nome pelo qual é popularmente referida Nzinga Mbandi Kia Mbandi, soberana dos reinos de Dongo e Matamba, de 1623 até o fim de sua vida, no território da atual Angola. Filha do Ngola Mbandi Kiluanji, em 1617 disputou o trono do Dongo com seu irmão mais jovem ou "meio-irmão", o qual, vencendo a disputa, foi entronizado com o nome Ngola-Kia-Mbandi. Não obstante, Jinga, como uma espécie de embaixadora, foi enviada a Luanda em 1622 para negociar um tratado de paz com o governador português João Correia de Souza, permanecendo lá por cerca de um ano, tempo em que, inclusive, recebeu os sacramentos do batismo católico e o nome cristão de Ana de Souza, pelo que é também mencionada em algumas fontes como Ana Jinga. Após seu regresso ao Dongo, o Ngola morreu envenenado – segundo algumas versões, a mando dela – na Ilha Kindonga, no Cuanza. Então, ela assumiu o trono, que ocupou por cinco anos, descumprindo não só o tratado assinado com os portugueses como o pacto cristão do batismo. Assim, ameaçada

JINGA, Rainha (1583-1663)

pelas tropas portuguesas, a rainha refugiou-se na Matamba, que era um reino dirigido por mulheres desde sua fundação (M'BOKOLO, 2009, p. 426). Nesse momento, no Dongo, os lusitanos legitimavam no poder os sobas portadores do título *ngola-a-ari*, que eram manipulados ao bel-prazer dos interesses da Coroa portuguesa, e faziam guerra sem tréguas a Matamba. Em 1630, ela reuniu duas coligações para lutar contra os portugueses, compreendo vários sobados de sua área de influência. Na sequência desses acontecimentos, com a tomada de Luanda pelos holandeses, Matamba, assim como outros estados vizinhos, aliam-se a estes contra as forças portuguesas. Com a retomada lusitana, Nzinga volta a aproximar-se de Luanda, assinando um novo tratado e reforçando os termos do anterior, com o que assegurou um período de paz à Matamba. Em 1655, no auge de sua força, Nzinga montou seu quartel-general na Ilha Ndangi, no Cuanza – local de grande importância, por ser a necrópole onde repousavam os restos mortais dos grandes ancestrais dos ambundos, e onde se realizavam as cerimônias de louvor a eles e às forças da natureza, segundo os costumes locais. Perto dali, na Ilha Mapolo, no ano seguinte, a rainha travava combate contra os portugueses. A partir daí, ora mostrando-se cristã, de acordo com a necessidade do momento, mas não descurando dos ritos religiosos tradicionais, demonstrou capacidade invulgar de negociar politicamente. Assim, foi até o fim de sua longa vida, sofrendo sérios reveses, transferindo sua base de operações e reconstruindo as cidadelas destruídas como o próprio Reino de Matamba. Dessa forma, protagonizou uma verdadeira epopeia, entremeada de verdades e mitos, na qual são destacadas, indiscutivelmente, sua capacidade guerreira, sua inteligência e sua habilidade política, expressa nas negociações feitas com inimigos poderosos como portugueses e holandeses, bem como sua capacidade de reconstruir várias vezes seus domínios dizimados pela guerra e viver uma longa existência, sobrevivendo em mitos conhecidos na África e no Brasil até o tempo presente. **Polêmica**. Na década de 1970, o historiador Joseph C. Miller publicava o *The Journal of Modern African Studies*, da Universidade de Cambridge, um artigo em que propunha uma nova visão sobre a trajetória da célebre personagem. Dizia ele que sua reivindicação do trono do Dongo carecia de base, pois, entre os ambundos, o exercício das funções políticas era prerrogativa masculina – o que explicaria algumas versões, talvez lendárias, segundo as quais, na Corte, Nzinga recusava o título de rainha e fazia questão de ser chamada rei, além de usar trajes masculinos e manter um harém de homens travestidos (SILVA, 2002, p. 438). Além disso, também segundo Miller, ela seria filha de uma escrava, condição infamante entre os ambundos. Não obstante, em 1621 estava em Luanda, sede do poder português na região, para negociar um tratado, alegadamente em nome do irmão rei, o que, inclusive é posto em dúvida também em M'Bokolo (2009, p. 426.). Na opinião deste autor, o acordo assinado concedia enormes vantagens, tanto comerciais quanto religiosas, a Portugal, o que parece explicar as opiniões lisonjeiras de alguns escribas, como o padre Cavazzi da Montecuccolo, sobre as atitudes da personagem. **Réplica**. Entretanto, o historiador angolano Adriano Parreira (1990b, p. 179-183) discute as questões levantadas por Joseph C. Miller ressaltando os seguintes pontos: que não há provas de que a condição feminina fosse uma barreira intransponível para que Jinga exercesse o poder; que o próprio Miller admite que ela detinha um estatuto social que lhe permitia aspirar o trono; que foi precipitada a opinião daquele historiador segundo a qual a condição feminina teria inibido a solidariedade da maior parte dos ambundos para com ela; que a ocupação da Mtamba por Jinga, em vez de "escolha" ou "conquista", teria sido a última alternativa que lhe restara; que jamais fora provado que a mãe da Rainha fosse efetivamente uma escrava; que também era precipitado afirmar que ela fosse "meia-irmã" do Ngola-Mbandi; e que, sendo ela representante de uma linhagem concorrente ao título *ngola-kilwanji*, sua subida ao poder não teria configurado uma usurpação, como Miller apontou. Finalmente, Parreira acrescenta que Jinga é recordada por muitas etnias de Angola, sendo talvez um dos personagens ambundos cuja memória se mantém viva dentro e fora das fronteiras etnoculturais do seu povo (Parreira, 1990b, p. 183). Em 1663, Ana Nzinga faleceu. Oito anos depois, o Dongo recebeu o nome de "Reino Português de Angola". **Posteridade**. A excepcional capacidade de liderança da rainha de Matamba foi reconhecida ainda em vida. Seus feitos aparecem retratados nas principais obras produzidas em Angola, no século XVII, pelos missionários capuchinhos (Cavazzi de Monteccúcolo), por cronistas portugueses (Antonio de Oliveira Cadornega), ou na França e Bélgica (Barthélémy d'Espinchal). Na Europa, data desde essa época uma tendência de acentuar nela os traços de exotismo e erotismo, algo que se pode observar em diferentes obras literárias do século XVIII, como o romance de Jean-Louis Castillon intitulado *Zingha, reine de l'Angola* (1769) ou os poemas de Manuel Maria Barbosa du Bocage escritos por volta de 1790. Quanto a sua representação visual, data de 1830 a elaboração do retrato elaborado pelo pintor, litógrafo e ilustrador português Achille Devéria, em que são realçados sua sensualidade (ombro e parte do seio à mostra) e seu exotismo (colar de missangas, braceletes, coroa semelhante a um abacaxi). Algo diferente ocorre no desenho a carvão feito em 1967 pelo pintor luso-angolano Albano Neves e Souza, onde ela aparece usando uma touca de ráfia (e não uma coroa) e segurando um machado de guerra. Com efeito, no contexto da independência angolana, Jinga se tornou heroína nacional, personificação maior da luta anticolonial, sendo enaltecida em obras como as de Manuel Pedro Pacavira, Pepetela e José Eduardo Agualusa (Mata, 2012). A preservação de sua memória na tradição oral assumiu na Diáspora caracteres religioso e político, com forte conotação de resistência cultural. Sua imagem foi preservada e transmitida nas irmandades de Nossa Senhora do Rosário dos Pretos de Lisboa e de diferentes partes do Brasil, onde se desenvolveu, desde os séculos XVII e XVIII, as festas da coroação dos Reis do Congo, e, por vezes, as rainhas Gingas (ou Jingas) são ritualmente coroadas. No Brasil, tais

JOAL (*Joala*)

celebrações ocorreram (e, por vezes, continuam a ocorrer) em Minas Gerais, Goiás, Bahia, Paraíba e Pernambuco – e, sobretudo, na comunidade quilombola de Morro Alto (Rio Grande do Sul), em que desde pelo menos o fim do século XIX as rainhas Gingas são anualmente coroadas, ao lado dos reis do Congo, durante a festa do Moçambique de Osório. Ver ANA NZINGA; ANGOLA; BACULAMENTO; DONGO; EUROPEUS NA ÁFRICA; INSÍGNIAS DE PODER; JAGAS; JINGAS; KASA KA NGOLA; NGOLA KANINI; KINDONGA; MATAMBA; NGOLA-A-ARI; NGOLA KIA MBANDI; NGOLA KANINI; RELATOS EUROPEUS.

JOAL (*Joala*). Cidade da costa senegalesa, atualmente Joal-Fadiout. No fim do século XVI, o porto de Joal, ou Joala (como é mencionado em textos portugueses), é reconhecido como importante local de contato com os mercadores da Senegâmbia ligados ao comércio do interior.

JOANES (*Johannes; Yohannes*) IV. Imperador (*négus*) da Etiópia, nascido em 1837 e governante a partir de 1872. Destacou-se pela defesa militar da Abissínia na luta contra as forças do Egito Otomano em 1875, mas morreu em combate em 1889, na guerra contra os exércitos do Sudão liderados pelo Mahdi. Ver Mahdi.

JOÃO DE OLIVEIRA. Personagem da história do tráfico atlântico. Quando menino, foi levado como escravo para Pernambuco, e em 1773, já homem feito, embarcou de Salvador para a região do Golfo de Benin, onde se dedicou ao comércio negreiro com grande sucesso, inclusive enviando dinheiro para comprar sua alforria. Quando seu ex-senhor faleceu, o ex-escravo passou a enviar regularmente recursos para o sustento da viúva, da mesma forma que enviou recursos para o erguimento da capela maior da Igreja de Nossa Senhora da Imaculada Conceição dos Militares, em Pernambuco. Efetivamente próspero, construiu também, com suas próprias economias, novos embarcadouros em Porto-Novo, inaugurado em 1758, e Lagos, instalado antes de 1765. (SILVA, 2012b, p. 28; 39). Ver LAGOS; PORTO-NOVO; RETORNADOS; TRAFICANTES.

JOÃO PINTO. Sacerdote de etnia uolofe convertido pelos jesuítas. Versado em latim, atuou como capelão na Guiné e em São Tomé de 1570 a 1587. Ver CRISTIANIZAÇÃO.

JOHN CABES DE KOMENDA. Ver KOMENDA.

JOHNSON, James (1835-1917). Missionário africano, nascido em Kakanda, Serra Leoa. Filho de um casal de escravos falantes de iorubá libertados pela marinha inglesa, recebeu formação protestante. Destacou-se em diversas atividades missionárias em seu país e na Nigéria, motivo pelo qual ficou lembrado como "Santo" James Johnson. Ver CRISTIANIZAÇÃO.

JOHNSON, Samuel (1846-1901). Sacerdote e historiador oeste-africano nascido em Serra Leoa. Filho de um ex-escravo originário de Oyó, recebeu formação cristã em escola missionária anglicana, ordenando-se sacerdote e depois trabalhando como professor. Atuou como mediador de conflitos em Ilorin e Oyó, e dedicou-se ao estudo da história dos povos iorubás, tema objeto de um livro, concluído em 1897. A obra,

JUDEUS NA ÁFRICA

menosprezada por editores, foi publicada postumamente em 1921 por iniciativa de seu irmão Obadiah Johnson, com o título *A History of the Yoruba from the Earliest Times to the Beginning of the British Protectorate* [Uma história dos iorubás desde os primeiros tempos até o início do protetorado britânico]. Ver CRISTIANIZAÇÃO; IORUBÁS.

JOLOF (*Djolof*). Antigo estado da região da Senegâmbia, formado por povos falantes do Uolofe em territórios das atuais Mauritânia e Senegal, mencionados nas fontes portuguesas como Jalofo, Jalofos. Historicamente relacionado ao clã Ndiaye, do qual provinham os governantes máximos, chamados Bur ou Buurba. A Confederação Jolof desapareceu na primeira metade do século XVI, dando origem aos reinos independentes do Baol, Cayor (*Kayor*), Sinê, Salum e Ualo. Ver SENEGÂMBIA.

JONYA. Verbo da língua *fulfulde*, falada pelos povos fulânis. Traduzido como "fugir; buscar asilo" (TAYLOR, 1995, p. 103), serve, segundo algumas fontes, para explicitar a condição de servidão imposta aos vencidos em guerra: a de escravos "abrigados" por linhagens governantes. Efetivamente, o verbo parece estar relacionado a vocábulos com o significado de "escravo", como *dyon*, na língua bambara, e *jaam*, no uolofe.

JUAN LATINO. Ver DIÁSPORA (Africanos e descendentes na Diáspora: histórias exemplares).

JUBA-ARABIC. Língua auxiliar surgida no Sudão Oriental por volta de 1880. Utilizada principalmente para o comércio e complementada por línguas nativas (STÖRIG, 1993, p. 242).

JUDER PAXÁ (*Djouder; Judar Pasha*). Cognome de Diego de Guevara, explorador e comandante militar de origem moura nascido em Granada, na atual Espanha. É mencionado em algumas fontes como "renegado espanhol", pois cresceu na corte do rei do Marrocos, Mulai Ahmed. A soldo deste, que ambicionava assenhorear-se das riquezas do Sudão Ocidental, conquistou o Songai em 1591, vindo a falecer em Marraquexe em 1605 (LOPES; MACEDO, 2017, p. 166). Ver MARROCOS; PAXÁ; SONGAIS; TONDIBI, Batalha de.

JUDEUS NA ÁFRICA. O etnônimo "judeu" (inglês: *jew*; francês: *juif*) refere-se, neste dicionário, ao indivíduo praticante do judaísmo ou relacionado, pelo nascimento, aos antigos povos de Israel; a ele corresponde o adjetivo "judaico". No continente africano, a presença judaica é assinalada desde os tempos bíblicos, e embora na Bíblia a palavra "África" não seja mencionada, os topônimos Líbia, Egito, Etiópia e a "terra de Cuxe" merecem citações (LOPES; MACEDO, 2017, p. 164). Pesquisas recentes desenvolvidas por Toby Green, Peter Mark e José da Silva Horta apontam o papel até pouco tempo minimizado dos judeus e judeus convertidos (cristãos-novos) durante a expansão marítima europeia e o estabelecimento de contatos na Guiné, Cabo Verde, Senegâmbia, São Tomé e Príncipe e em Angola. Em Cabo Verde, o fluxo migratório judaico aumentou após 1497 e se prolongou até 1637. Ali, os cristãos-novos atuaram como rendeiros da coroa e, sobretudo, como comerciantes, muitos na condição de degredados ou de lançados, entre os quais o comerciante João Ferreira, conhecido como Ganagoga, um certo

Francisco Lopes (1580-1590) e Jorge Fernandes Gramaxo (1595-1600). Outra comunidade muito ativa de cristãos-novos se fixou na Ilha de São Tomé no início do século XVI, alcançando em pouco tempo influência no comércio transatlântico de escravos obtidos na área Congo e/ou no Benin e revendidos no Forte de Elmina. Em geral, a opção pelas terras africanas era uma alternativa para escapar à vigilância da Inquisição. Foi esse o motivo pelo qual o militar e escritor português Antonio de Oliveira Cadornega decidiu estabelecer-se em Angola em 1639, vivendo aí até sua morte. **Judeus na Senegâmbia.** Na região da Senegâmbia, uma ativa comunidade de judeus praticantes se estabeleceu na área costeira do Senegal, ao sul do Cabo Verde e ao norte do Rio Gâmbia, região conhecida como *"Petite Côte"*. Seus integrantes atuaram nos portos de Ale (1608), no Porto de Joal (1612), além do porto de Rufisque. Dedicavam-se ao artesanato em metal, ao comércio de armas (espadas, adagas etc.) e, inclusive, ao comércio de cativos, mantendo contatos comerciais com sócios ou parceiros em Amsterdam, na Holanda, e praticando abertamente sua religião. Destes contatos com as populações africanas, resultaram, por sua vez, diferentes processos de interação cultural e de crioulização, de onde a presença de judeus de "pele escura" na Holanda. Em 1627, os corpos desses judeus mulatos não foram autorizados a serem enterrados no cemitério judaico de Ouderkerk, e só em 1682 a interdição foi suspensa, mas os enterramentos ocorriam em uma área separada do cemitério. Ver INQUISIÇÃO; NEGRO; RACISMO.

JUKUN. Antigo estado oeste-africano na margem do rio Benué, também mencionado como Kuararafa (FAGE; TORDOFF, 2017, p. 74; 110). Ver KOROROFA.

JÚLIA, Mãe. Nome pelo qual foi conhecida Júlia Cardoso da Silva, também referida como Madama Júlia, nascida em território da atual Guiné-Bissau, de descendência bijagó. No final do século XVIII e até da década de 1830, relacionou-se com o comerciante português José da Silva Cardoso, formalmente casado em Cabo Verde, na modalidade popularmente conhecida como "casamento à moda africana". Foi também sócia dele nos negócios do tráfico negreiro, controlando uma das mais importantes casas de comércio na cidade de Bissau (HAVIK, 1996, p. 173-174). **Família Cardoso.** Em 1792, José da Silva Cardoso era um dos principais comerciantes de Bissau, com sócios em Lisboa e na Inglaterra. Sua união com Mãe Júlia deu nascimento a uma importante linhagem de mercadores guineenses, conhecida como "Família Cardoso". Inicialmente ligado à Companhia do Grão-Pará e Maranhão, esse grupo familiar manteve sua influência do século XVIII ao XIX. Ver CRIOULIZAÇÃO; GRUMETES.

KAABU. Estado africano organizado por líderes de origem mandinga não islamizados, cuja influência política se estendia das atuais Guiné-Bissau e Guiné-Conacri até a Gâmbia e Casamansa. É também referido em fontes guineenses e portuguesas como *Ngabou*, *N'Gabu*, *Gabou* ou como Império do Gabu. **Origens**. Com o declínio do Antigo Mali, de meados até o fim do século XVI, foi alvo de repetidos ataques das tropas do Songhai, nos governos dos ásquias Ishaq e Daúde. Mas, na década de 1550, libertou-se gradativamente da tutela do Mali, num processo que culminou por volta de 1600, quando a linhagem fula dos denianqués, do Futa Toro, apossou-se das minas de ouro do Bambuk, com ajuda de lançados portugueses. Assim, separado do Alto Níger pelas forças peúles (fulas), o Kaabu assumiu a direção de seu próprio destino, com o *farin* (soberano) tomando a si a tarefa de unificar os diversos povos situados entre a Gâmbia, a Alta Casamansa e a região do curso superior do rio Geba, nas doze províncias que constituíam o Kaabu. **Constituição**. Embora não dispusesse de organismos administrativos definidos ou de um aparelho centralizado de governo, funcionava como uma confederação de povos de língua senegalo-guineense, mandinga e fula, congregando indivíduos de origem uolofe (jalofos), sererê, diúla, bainuk, balanta, bijagó, papel e beafada, entre outros. Originalmente, era parte integrante do antigo Mali. As decisões eram tomadas por um conselho de chefes das principais linhagens, chamado *nianthio*, que passou a ser uma aristocracia militar governante a partir da cidade de Kansala. **Apogeu e declínio**. Assim, em seu apogeu, o Kaabu exerceu grande influência, tendo como "portas de sua realeza" as províncias de Jumará, Samá e Pacaaná. Assimilando diversos povos vizinhos, assim foi do século XVIII ao XIX, quando perdeu força diante do avanço das *jihads* no Futa Jalom, inclusive a liderada pelo célebre El Hadj Omar Tall. Sua capital foi sitiada e atacada pelas tropas lideradas por Alfa Molo, até ser conquistada e ocupada em 1867 (Dramé, 2003, p. 13-17).

KAARTA. Nome de um dos reinos bambaras ou bamanas, rival e concorrente do Reino de Segu. Sua fundação por Sounsa Coulibaly data de aproximadamente 1650, tendo por sede de governo a cidade de Guémou. Por volta de 1750, exercia influência política em um vasto território que englobava as atuais regiões de Khasso, Nioro e Kita, na atual República do Mali. Ver BAMANAS; BAMBARAS; MALI, Império; SEGU.

KABA, Alfa Cabiné. Líder religioso da cidade de Kankan, em território da atual Guiné-Conacri. Na segunda metade do século XVIII, liderou a resistência contra as populações não islamizadas

KABA, Fodé (1832-1901)

lideradas por Birama Kondé no Futa Jalom.

KABA, Fodé (1832-1901). Líder político muçulmano de origem mandinga. Comandou diversas campanhas militares na região do rio Gâmbia pelo domínio político local, disputando influência com colonialistas ingleses e franceses.

KABA. Nome de uma importante família de mercadores de origem mandinga dedicados principalmente ao comércio de noz-de-cola e de sal. No século XVI, seus integrantes fundaram a cidade de Kankan e exerceram influência na região de Baté, na atual Guiné-Conacri.

KABADOU, Mahmoud (c. 1814-1871). Teólogo e acadêmico nascido e falecido em Tunis, capital da Tunísia. Destacou-se como professor de matemática, gramática e filosofia, e também como juiz e jurisconsulto, na área do direito islâmico. É considerado um pioneiro nas ideias de reforma e progresso do Islã em seu país.

KABADUGU (Kabadougou). Reino mandinga com capital em Odienné, fundado no território da atual Costa do Marfim por Vakaba Touré entre 1840 e 1850.

KABAKA. Título privativo dos governantes (reis) de Buganda. Segundo tradições locais, sua origem remontaria ao nome Shabaka, de um dos faraós núbios da 25ª dinastia egípcia.

KABAREGA. Rei do Bunioro, também referido como Chwa II. Celebrizou-se pela resistência imposta ao domínio inglês no território da atual Uganda, na década de 1890. Ver BUNIORO; UGANDA.

KABES, John (séculos XVII-XVIII). Traficante de escravos originário da Costa do Ouro. Com grande influência nos negócios do tráfico negreiro, de 1680 a 1716 controlou o fluxo de compra e venda de cativos no porto de Komenda, no atual litoral ganense. Além disso, auferiu grandes lucros também com empreendimentos agrícolas, extração e comércio de sal e comércio de cabotagem em canoas. O acúmulo de riquezas garantiu sua independência em relação aos interesses europeus, mas gerou uma situação de disputa e tensão que explodiu nas chamadas "Guerras de Komenda". Ver COSTA DO OURO; KOMENDA.

KABILA. Ver CABILA.

KABUKU KA NDONGA (século XVII). Chefe jaga. Em 1661, sedentarizado, abandonou a maneira de viver e certas manifestações rituais típicas da instituição kilombo (PARREIRA, 1990b, p. 159). Seu exemplo é citado para convalidar a visão segundo a qual os jagas não constituíam nem um grupo étnico nem uma associação de cunho permanente. Ver JAGAS; QUILOMBO.

KADER TORODO, Abd Al-. Ver ABD AL-KADER TORODO.

KADER, Abd Al-. Ver ABD AL-KADER.

KADÍRIA (Qadiriyya). Confraria ou ordem de dervixes do Islã, fundada por Abd al-Kadir al-Jilani (1078-1166) em Bagdá e introduzida a partir de 1450 no Marrocos, de onde começou a ganhar adeptos abaixo do Saara. Tornou-se a mais importante confraria entre os marabutos da Bacia do Níger e de parte da área de circulação dos Tuaregues. O nome do fundador, do árabe qadir (kader), "poderoso", pode ser traduzido como "servo do Poderoso" (LOPES; MACEDO, 2017, p. 167), e ecoa nos nomes adotados por vários de seus seguidores ao

KANEM-BORNU

longo da história, como Abd al-Kader, no século XIX, e Abd al-Kader Torodo, no século XVIII. A denominação da confraria é também transliterada como *Qadri, Qadriya, Aladray, Alkadrie, Adray, Elkadri, Elkadry, Kadray, Kadri, Qadiri, Qadr, Quadri* etc. Ver ABD AL-KADER; ABD AL-KADER TORODO.

KAFUXI. Região ao sul do rio Cuanza. Entre os séculos XVI e XVII, foi chefiada por um ou mais sobas de mesmo nome.

KAGUBI (*Kaguvi*). Ser espiritual do panteão dos ancestrais do povo xona. Seu nome passou a um líder religioso que o incorporava. De 1896 a 1898, esse líder, Kagubi, juntamente com a sacerdotisa Charwe, inspirou uma revolta contra a presença britânica na então recém-criada província da Rodésia. Ambos foram aprisionados e executados, continuando, todavia, a ser admirados e respeitados durante décadas (LIPSCHUTZ; RASMUSEN, 1989, p. 97). Ver CHARWE; XONAS.

KAHYA AI-QAZDAGH, Ibrahim. Governante do Egito otomano (1736-1754). Líder militar pertencente ao corpo de janízaros, tomou o poder, mas logo distanciou-se da influência otomana. Durante seus dezoito anos de governo no Cairo, fortaleceu as posições dos oficiais mamelucos que, após sua morte, assumiram o controle político até a conquista francesa do Egito em 1798.

KAÍRA, Dinastia. Clã da região de Darfur, no oeste do território do atual Sudão. Manteve sua autoridade sobre a região de 1640 ao fim do século XIX, celebrado o consórcio colonial anglo-egípcio no país. Ver SUDÃO ANGLO-EGÍPCIO.

KAKONDA. Herói angolano. Por volta de 1760, fugindo da escravidão em Benguela, fundou, no planalto da Huíla, o reino que ganhou seu nome. Ver MUTOLOS; QUILOMBO.

KALADIAN COULIBALI. Rei dos bambaras de Segu (*c.* 1652-1682). Sucessor de Baramangolo – provavelmente também mencionado como Sounsa Coulibaly – e praticante da Religião Tradicional, estendeu sua autoridade sobre o Antigo Mali, sendo sucedido por Mamari Coulibali.

KALONGA (*Karonga*). Entre os povos maraves, título honorífico reservado aos mais importantes de uma confederação de chefes. Ver MALÁUI; MARAVES.

KALONGA MUZURA. Líder do povo chewa do atual território do Maláui no século XIX. Ver CHEWAS; KALONGA; MALÁUI.

KAMARA. Denominação de um dos clãs ou linhagens dos povos mandês.

KAMARA, Shaikh Mussa. Ver MUSSA KAMARA, Cheikh.

KAMBAS. Povo do Quênia.

KANEM-BORNU. Denominação do Estado formado na região a nordeste do lago Chade, em partes dos atuais territórios de Chade, Líbia, Níger, Nigéria, Camarões, depois da provável anexação do Reino do Kanem pelo de Bornu no século XIV. Entretanto, fontes da época referem o soberano kanembu como "rei do Kanem e senhor do Bornu" (LOPES; MACEDO, 2017, p. 168). Segundo estudos mais recentes, o Reino Kanem, o Bornu, erguido pela dinastia dos Seifauas controlou a área do entorno do lago Chade desde o século IX. No início do século XIV, o povo bulala obrigou os seifauas

KANEMBU

a abandonar o território, sendo a capital do império transferida para Birni Ngazargamu, no Bornu, a oeste do lago Chade. Entretanto, no século XVI a cidade-estado de Kanem foi reabilitada em sua importância, principalmente por Idris Aluma. Este líder conduziu a expansão com um exército depois reconhecido como o primeiro em sua região a usar armas de fogo e também a desenvolver um centro islâmico de cultura e ensino religioso. A partir desse governante, o império, muitas vezes referido apenas como Bornu, estendeu seu território e se consolidou politicamente. Entretanto, os governantes que sucederam o *maí* (soberano) Idris Aluma não foram fortes o suficiente para manter o estado unificado. Assim, no fim do século XVII, muitas partes do império tinham se separado. No início do século XIX, guerreiros fulânis, disputando, com os hauçás a área a oeste do lago Chade, obrigaram o rei do Bornu a pedir ajuda ao chefe militar Al-Kanemi, que acabou se tornando o verdadeiro detentor do poder, comandando o Bornu até sua morte, em 1837. Morto Al-Kanemi, a dualidade de poder entre Omar, seu filho, e o *Maí* de Bornu voltou a ocorrer. Até que, em 1846, Omar mandou executar o *Maí* de Bornu, pondo fim à dinastia dos seifauas. Entretanto, meio século depois, o sucessor de Omar foi deposto por Rabih al-Zubayr ibn Fadl Rabah, ex-comandante dos exércitos do Mahdi. Ver AL-KANEMI; IDRIS ALUMA; KANÚRIS; MAHDI; Rabih al-Zubayr.

KANEMBU. Designação, na atualidade, de um grupo étnico da República do Chade que ocupa o norte do país, entre o lago Chade e o deserto do Saara, cuja origem remonta ao período de existência do estado Kanem-Bornu. O vocábulo também designa a língua falada por este povo, que deu origem à língua Kanuri. Ver KANEM-BORNU.

KANEMI, Al-. Ver AL-KANEMI.

KANINI, Ngola. Ver NGOLA KANINI.

KANKAN. Cidade no atual território da Guiné-Conacri fundada no século XVII, por um ramo do povo soninké associado a mercadores muçulmanos kuntas e diúlas. No princípio apenas um assentamento, por volta de 1720 já prenunciava ser um importante centro de comércio. Com a penetração islâmica através das rotas de comércio que cortavam o oeste africano, Kankan se tornou também um posto missionário e, mesmo, um eventual centro de ensino (PAGE, 2005, v. III, p. 127). Daí ganhou relevância comercial, especialmente no comércio de noz-de-cola, pelo que se tornou capital do estado conhecido como Império Baté, criado em consequência da fragmentação do Império Tuculor após a morte de El Hadj Omar Tall, em 1864, e conquistado pelo Império Wassoulou em 1879. Em 1827, segundo o explorador francês René Caillié, a cidade tinha uma população de 6 mil habitantes e lutava pelo controle da área produtora de ouro de Burem, mas era protegida apenas por uma cerca viva em vez de muros resistentes. Assim, foi conquistada por Samori Turê em 1881 e ocupada pelos franceses em 1891. Ver BUREM; KUNTAS; DIÚLAS; EL HADJ OMAR TALL; SAMORI TURÊ; TUCULORES; WASSOULOU.

KANO. Antiga cidade-Estado do povo hauçá, cujas origens, segundo a tradição, remonta ao século X. No período enfocado neste dicionário, foi a mais influente dessas comunidades, sendo considerada uma das mais importantes cidades de toda a África Subsaariana. Cercada de uma grande muralha de 5 metros de altura edificada em argila, em 1585 sua população era estimada em cerca de 70 mil pessoas. Essa população era distribuída em 137 quarteirões de 14 bairros, onde viviam majoritariamente Hauçás e Fulânis, mas também negociantes provenientes do deserto do Saara, da Líbia e do Egito, além de mandingas – que ocupavam o bairro de Dalla, reservado aos estrangeiros. Nos séculos XVII e XVIII, em seus mercados circulavam diversos artigos obtidos no ativo comércio desenvolvido por seus mercadores, como tecidos de algodão, peles e produtos vindos do Mediterrâneo. Além disso, dispunha de fornos em que se praticava a metalurgia do ferro, curtumes e oficinas de tecelagem e de tintura de tecidos. Seus mercadores faziam parte de redes mais vastas de comércio, atuando mais para o sul, em Nupe e na área iorubá, e mais para o norte, através do Saara, até o Mediterrâneo, Egito e Oriente Médio. A conquista de Kano por Usman dan Fodio em 1807 e sua integração ao Califado de Sokoto nas primeiras décadas do século XIX levou a que muitos comerciantes hauçás migrassem para Gonja, no norte da República de Gana. Em 1880, caiu sob domínio inglês. **As Crônicas de Kano**. As tradições históricas e legendárias desta importante cidade-Estado foram reunidas no livro intitulado, em inglês, *Chronicles of Kano*, o qual contém, entre muitas outras informações, a relação dos *sarkis* (governantes) de Kano desde o século X. A redação em língua árabe data de cerca de1890 e parece juntar distintos textos anteriores, recolhidos no período de governo de Muhamad Bello dan Dabo (1883-1893), emir de Kano e califa de Sokoto. Kano é incluída entre os "estados negreiros" da África, entre os séculos XVII e XVIII (DORIGNY; GAINOT, 2017, p. 40). Ver CIDADES; ESTADOS NEGREIROS.

KANUM NAME. No Egito turco-otomano, designação de um texto legislativo que estabeleceu as normas e regras gerais de governo, inclusive administrativas e econômico-financeiras, vigentes do século XV ao XIX. A expressão, em língua local, significava algo como "Livro da Lei" (HGA, 2010, v. V, p. 170-171). Ver GOVERNO, Formas de.

KANÚRIS. Termo usado, provavelmente a partir do século XVII, para designar o grupo étnico dominante no estado Kanem-Bornu, no qual os seifauas se apoiaram para estabelecer seu poder (BARKINDO, 2010, p. 598). Os kanúris estão localizados na porção nordeste do território da atual Nigéria e no sudeste da República do Níger. Islamizados desde o século XI, são aparentados aos kanembus (LOPES; MACEDO, 2017, p. 75). Ver KANEM-BORNU; KANEMBU.

KANTA KOTAL (século XVI). Líder do povo hauçá, fundador da cidade-Estado de Kebbi, na atual Nigéria. Sob sua liderança, Kebbi teria superado Gobir, Katsina, Daura, Kano e Zaria, cidades mais antigas e rivais, integrantes do conjunto dos *Hauça Bokoi*, tidos, pelas tradições locais, como os "legítimos estados hauçás", entre os quais Kebbi não era incluída (LOPES; MACEDO, 2017, p. 144-147). Governando do início do século XVI até sua morte, em 1545, Kanta Kotal

KARAMANLIS

liderou diversas batalhas contra povos vizinhos, como os songais de Gao e os do Reino de Bornu. Ver HAUÇÁS.

KARAMANLIS. Dinastia de beis governantes na Líbia entre 1711 e 1835, tornando o país gradualmente independente do domínio otomano. Seu fundador, Ahmad Karamanli, membro da elite militar dos janízaros, tomou o poder em Trípoli e de lá governou até sua morte, em 1745. Foi sucedido pelo filho, Ali, governante de 1754 a 1793, ao qual sucedeu Yusuf, de 1794 a 1832, quando os otomanos reconquistaram a Líbia.

KARAMOKO ALFA. Título com que passou à História o líder fulâni Ibrahima Musa Sambeghu, também referido como Alfa Ibrahima. Condutor muçulmano dos peúles, entre 1725 e 1751 liderou a *jihad* que criou o Imamato do Futa Jalom. O movimento foi a primeira *jihad* fulâni a criar um Estado muçulmano na África Ocidental. Após sua morte, foi sucedido por Ibrahima Sori, seu parente, mas sua reforma islâmica foi ameaçada por rivalidades sucessórias. Em 1784, as famílias de ambos resolveram, por isso, criar o que foi chamado de "teocracia alternada". A partir de então, um membro do ramo Alfa governava dois anos e passava a um do ramo Sori, num sistema que se manteve até 1848. Saliente-se que Karamoko Alfa não é um nome próprio, mas um título distintivo, em que o primeiro elemento tem o significado de "mestre" de uma escola corânica, e o segundo, o de "sacerdote". Ver FUTA JALOM; ibrahima SORI; IMAMADO; ISLAMIZAÇÃO; JIHAD.

KARIM, ABD AL-. Ver ABD AL-KARIM SABUN.

KARIMOJONGUES (*Karimojong*). Povo de pastores do norte de Uganda habitantes do pequeno país mencionado como *Karimoja*. É citado em Davidson (1978, p. 144) como exemplo histórico de grupo social sem governo central, no qual as normas de conduta e de organização da vida emanavam de grupos de indivíduos tidos como mais sábios e experientes por terem mais idade, reunidos num conselho de anciãos. Ver CLASSES DE IDADE; GOVERNO, Formas de.

KASA KA NGOLA (século XVII). Soba, líder de uma horda de jagas. Aliado da Rainha Jinga, foi com ele que esta soberana teria celebrado um "casamento político" em 1623 (GLASGOW, 1982, p. 13). Observe-se que, em quimbundo, o vocábulo *kasa* é um verbo, traduzido em português como "ajustar", "contratar"; "casar" etc. Ver JAGAS; JINGA, Rainha.

KASAGAMA. Rei de Toro em Uganda, descendente das antigas dinastias de Quitara (*Kitara*). Foi um importante aliado dos ingleses que atuavam na *Imperial British East Africa Company*, quando esta se estabelecia em Uganda sob a liderança do Capitão Lugard, a quem o governante africano prestou valiosos serviços. Assumiu o lugar de Kabarega no Reino de Bunioro em 1898, já sob domínio da Inglaterra.

KASANJI. Ver CAÇANJE.

KASSA. Nome nativo do imperador Teodoro II da Etiópia. VeERA DOS PRÍNCIPES; ETIÓPIA; TEODORO II.

KASSON. Ver KASSONKÉS.

KASSONKÉS (*Khassonkés*). Povo localizado a partir da região do Futa Toro, pertencente ao amplo universo dos mandês. Tido por algumas fontes como resultado da miscigenação de mandingas (*malinké*) e fulas (*fulani*) ou peúles. No século XVI, peúles do clã Diallo, sob a liderança do chefe Diadie Kundabalo, estabeleceram-se na região, sob a autoridade de chefes mandingas. No final do século XVI, sob o comando de Yamadou Hawa, se revoltaram, e, vitoriosos, expandiram-se em diversos grupos por várias regiões. **O Reino Kasson**. O grupo de Diadie Kundabalo foi o fundador do Reino de Kasson (*Khasso*), limitado a leste pelo Reino de Galam, ao meio pelo de Bambuk, a oeste pelo Kaarta e a norte pelo Saara. Entretanto, por volta de 1800, como consequência de guerras internas, o reino dividiu-se em cinco províncias. A partir daí, depois de ataques de bambaras de Kaarta, das invasões dos mouros e das *jihads* de El Hadj Omar Tall, o Kasson caiu sob o domínio colonial francês. Ver FUTA TORO; MANDÊS.

KATAGARMABÉ, Idris. Ver IDRIS KATAGARMABÉ.

KATANGA. Ver CATANGA.

KATEKULU-MENGO (século XVII). Chefe de um ramo do povo imbangala, em Matamba, fundador, em 1671, do Reino do Andulo (Ndulu) em território da atual província angolana do Bié (FORTUNA, 2011, p. 69). Ver BIÉ, Planalto de; IMBANGALAS; MATAMBA.

KATEREGA KAMEGERE (século XVII). Soberano (*kabaka*) do Reino de Buganda, reinante entre 1644 e 1674. Governando sobre uma extensa área na região do lago Vitória, destacou-se por conquistas militares, com as quais anexou pequenos reinos tributários, como Gomba e Butambala. Nas áreas conquistadas, tomou inúmeras mulheres como esposas,

as quais, segundo a tradição, chegaram a cerca de trezentas. Segundo certos registros, entre os tributos exigidos, alguns eram destinados a essas consortes, que recebiam oferendas vindas até mesmo de seus próprios clãs.

KATI, Mahmud. Ver MAHMUD KATI.

KATIAVALA. Nome comum a dois soberanos da História de Angola, entre os séculos XVII e XIX. O primeiro, originário da Kibala, na atual província de Cuanza Sul, foi o fundador do Reino do Bailundo, na região da Kibala no planalto angolano, por volta de 1700. O outro, Katiavala II, comandou o mesmo reino entre 1893 e 1895.

KATSINA. Cidade-Estado hauçá, no norte do território da atual Nigéria. Foi islamizada no século XV a partir da influência dos mercadores de origem mandinga que atuavam nas rotas de caravana, e no século XVI permaneceu temporariamente sob influência do Império Songai. A seguir, permaneceu sob controle do Kanem-Bornu, a quem pagou tributo até o início do século XIX, quando foi integrada aos domínios do Califado de Sokoto. Ver HAUÇÁS.

KATSINAWI, Al-. Ver MUHAMAD AL-KATSINAWI.

KATUNGA. Nome pelo qual foi também referida a cidade-Estado de Oyó. Ver OYÓ.

KAUSOBSON KAUSOB (século XIX). Chefe de um ramo do povo san na região entre os rios Modder, Riet e Val, no oeste do Estado Livre de Orange, em território da atual República da África do Sul. A partir de 1839, comandou o seu povo na resistência contra a ocupação de suas terras pelos fazendeiros bôeres. Durante a guerra que o Estado Livre de Orange

KAVIRONDOS

movia contra os bassutos, liderou sucessivos ataques contra as áreas ocupadas, morrendo no campo de batalha em 1858. Ver TREK, Grande.

KAVIRONDOS. Antiga denominação que englobava todos os povos localizados na porção oeste do atual território queniano.

KAYOR. Ver CAYOR.

KAZAHENDIKE, Urieta. Ver URIETA KAZAHENDIKE.

KAZEMBE. Reino fundado por um dos ramos do conjunto dos povos lundas. A denominação deriva do título real atribuído a cada um dos soberanos nele reinantes, como ocorria também em outros antigos Estados africanos como Gana, Monomotapa etc. No século XIX, mercadores árabes e suaílis detinham tanto poder no reino que participaram do assassinato do *kazembe* Muonga Sunkutu, em 1872, bem como da escolha de seu sucessor. Ver LUNDA-KAZEMBE.

KEBBI. Uma das quatro cidades hauçás tidas como legítimas, segundo algumas tradições locais (LOPES; MACEDO, 2017, p. 175). É mencionada como um dos "estados negreiros" da África, entre os séculos XVII e XVIII (DORIGNY; GAINOT, 2017, p. 40). Ver ESTADOS NEGREIROS; HAUÇÁS.

KEIR ED-DIN. Ministro reformador na Tunísia. Aboliu a escravatura em 1846.

KEITA. Denominação de um dos clãs ou linhagens dos povos mandês.

KEKANA, Johannes Jane Tane (1840-1887). Chefe do clã Lebelo do povo ndebele, na região de Leeuwkraal, nas proximidades de Pretória, capital da África do Sul. Entre 1867 e 1869, objetivando

melhorar a educação de seu povo, autorizou o estabelecimento de uma missão integrada por evangelizadores protestantes da *Berlin Missionary Society* [Sociedade Missionária de Berlim] em seu território. Em 1882, seu desejo de ter uma pequena igreja em seu povoado foi realizado, mas sem a presença do presidente da Sociedade, o que muito lhe desagradou. Por esta e outras razões, segundo algumas fontes, Kekana viveu seus últimos anos amargando grande insatisfação com a atuação dos missionários. Ver CRISTIANIZAÇÃO.

KETA. Localidade da Costa do Ouro. Abrigava um forte dinamarquês.

KETSHWAYO. Ver CETSHWAYO.

KHAMA III (1835-1923). Rei do povo bamangwato, subgrupo do povo tswana, no território da atual República de Botsuana. Polemicamente referido como "Khama, o Grande" e "Khama, o Bom", ganhou fama como chefe de guerra, legislador e diplomata. Estabeleceu contatos com missionários e se converteu ao cristianismo em 1859, impondo ao seu povo costumes severos. Resistiu aos ataques dos ndebeles ou matabeles, comandados por Lobengula, filho de Mizilikazi, porém colaborou com a expedição liderada por Charles Warren em 1885, declarando-se, em 1891, súdito da Coroa britânica. Reagindo aos interesses de Cecil Rhodes e da *British South African Company*, encaminhava diretamente suas reivindicações à Rainha Vitória em audiência no ano de 1895. Ver BOTSUANA; LOBENGULA.

KHAMIS, Mohamed BAYRAM AL-. Ver AL-KHAMIS, Mohamed Bayram.

KHOIKHOI. Povo da África Austral localizado nos territórios de Namíbia, Botswana e África do Sul, cujos indivíduos foram outrora referidos como "hotentotes". São muitas vezes mencionados juntamente com os sãs (*san*) ou "bosquímanos", sob a denominação *Khoisan*. No século XVII, empreenderam forte resistência à colonização dos bôeres em duas guerras, de 1659 a 1660 e de 1672 a 1677. Nos séculos seguintes, foram lentamente exterminados ou reduzidos em cativeiro, de onde provavelmente as migrações para a Namíbia. Ver AUTSHMAO; BÔERES; CHRISTIAN AFRICO; COISSÃ; COREE; HOTENTOTES; JANTJES, Britanje; KAUSOBSON KAUSOB; KROTOA; WITBOOI, Hendrick; ZARA SCHLEMEN.

KHUMALO. Clã do povo ndebele, da África Austral, originário da porção norte de Kwazulu, na atual África do Sul. Sob a chefia de Mzilikazi, estabeleceu-se às margens de um afluente do rio Limpopo, num deslocamento decorrente do conflito entre Mzilikazi e Chaka, líder máximo dos zulus, em 1821 (M' BOKOLO, 2001, p. 306). Ver CHAKA; MZILIKAZI; ZULUS.

KHURSHID, Ali (*c.* 1786-1845). Soldado turco-egípcio e administrador, deteve o cargo de governador no Sudão de 1820 a 1830 em nome do quedivado do Egito.

KIBANGO (*Kibangu*). Cidade do Reino do Congo, tornada capital em substituição a São Salvador, a M'banza Kongo, no século XVII.

KIBINDA ILUNGA (século XVII). Rei da Lunda, governante entre *c.* 1600 e 1630. Ver LUNDA.

KIGERI IV (século XIX). Rei (*mwami*) de Ruanda, também referido como Rwabugiri, membro de antiga linhagem de governantes tutsis que controlava o centro do país. Governando no período de 1853 a 1895, definiu a área de influência do reino e adotou medidas que resultaram no domínio sobre os hutus e na criação de um modelo de distinção de caráter etnorracial (*ubuhake*), que permaneceu em vigor durante o período colonial.

KIMBUNDU. Ver QUIMBUNDO.

KI-MFUMU. Vocábulo da língua quicongo traduzido como "autoridade, dignidade, qualidade", valores e atributos inerentes ao rei ou ao governante. Tem também o significado de "reino" ou "império" (LAMAN, [1936] 1964, p. 253-254). Do ponto de vista político, constituía a base de legitimidade dos antigos governantes do Reino do Congo, dizendo respeito tanto à autoridade pessoal do *Ntotila* (título de soberania) quanto ao simbolismo da sede do governo, a cidade de M'banza Kongo (M'BOKOLO, 2009, p. 421). Ver FUMOS; GOVERNO, Formas de.

KIMPA VITA, Beatriz. Personagem da história do Reino do Congo. Sua entrada na cena histórica do país deu-se no complicado quadro político que envolvia o reino no início do século XVIII, no qual, em quatro décadas, governaram quase vinte soberanos. A guerra total tinha impedido a coroação do rei Pedro IV. Nessa conjuntura, convertida ao catolicismo e batizada como "Beatriz", Kimpa Vita apresentava-se como uma defensora da espiritualidade que devolveria o país aos tempos melhores da M'banza Kongo, a capital São Salvador, abandonada em favor de Kibango, a nova capital. Em suas pregações, em tom de profecia, ela manifestava que, segundo a vontade de Deus, o Reino do Congo deveria ser restaurado; e que, para tanto,

KIMPASI

todos os grandes do reino voltariam a se reunir em São Salvador. O anseio por paz e unidade tentava impor suas razões por todos os meios, até mesmo pelo desvario, e a coroa era disputada por duas "casas", a dos quimpazos (*ki-Mpanzu*) e a dos quimulazas (*ki-Nlaza*). Embora da mesma origem, essas casas se destruíam uma à outra e ambas destruíam o reino (BALANDIER, 1965, p. 66). A partir de 1704, Kimpa Vita, popularizada como "Dona Beatriz", transformou sua pregação em ação, exigindo a reocupação da antiga capital pelo poder constituído. Dizendo-se possuída pelo espírito de Santo Antônio, o célebre santo católico, insurgia-se ao mesmo tempo contra os "manipansos" e contra os crucifixos cristãos. Observe-se que Santo Antônio, canonizado em 1232, era o mais popular dos santos portugueses, sendo invocado nos momentos de comoção geral, pela crença de que intervinha inclusive em lutas armadas (CASCUDO, 1980, p. 61). Muitos a consideravam uma *nganga marinda*, isto é, uma pessoa inspirada pelos espíritos. Assim, a profetisa dirigiu-se à corte para cobrar a mudança ao rei. Rechaçada por este e por outros nobres os quais procurou, acabou por tomar a M'banza Kongo, à frente de uma multidão de seguidores. Contudo, pressionado pelo missionário italiano Frei Bernardo de Gallo, Pedro IV recuperou a capital e mandou prendê-la, submetendo-a a um julgamento. Considerada bruxa, ela foi condenada e queimada em uma fogueira no dia 2 de julho de 1706. A ação de Kimpa Vita se encaixa em um quadro de revoltas de base profética, vistas como "heresias", as quais, segundo M'Bokolo (2009, p. 478) e outros autores, foram apenas mais algumas entre as inúmeras formas de contestação dos diretamente atingidos pela opressão europeia na África, ao escravismo e à colonização. Segundo Pantoja (2011, p. 83), o movimento de Kimpa Vita foi, acima de tudo, contra as guerras civis que despedaçavam o Congo e contra a indevida intromissão lusitana nos assuntos internos do país. Ver KIMPASI; MANIPANSO.

KIMPASI. Denominação de uma antiga sociedade secreta de povos falantes do quicongo relacionada a entidades sobrenaturais denominadas *nkita* ou *nkisi* (LAMAN, [1936] 1964, p. 256). A denominação é geralmente associada ao vocábulo quicongo *mpasi*, "sofrimento", "pena", "esforço", e *ki-mpasi*, "grilhão" (LAMAN, [1936] 1964), provavelmente por causa de cerimônias que envolvem a iniciação nessa sociedade. Nessa correlação, que ocorre em diversas fontes, costuma surgir o nome da líder Kimpa Vita, o qual parece, primeiro, remeter a algum dos diversos significados que o vocábulo *Kimpa* tem na língua quicongo, associado ao substantivo *vita*, "guerra" (Laman, [1936] 1964, p. 997). Não obstante, pode-se considerar o movimento de Kimpa Vita como inspirado pela sociedade Kimpasi, assim como os movimentos surgidos por ocasião da conquista do Congo pelos belgas, entre 1884 e 1908, quando eclodiram e se multiplicaram revoltas religiosas como a de Mpangu (1910-1915), Bakhimba (1911) e Dembo (1891; 1919). Ver KIMPA VITA, Beatriz.

KIMWERI YE NYUMBAI (século XIX). Governante do povo chamba (*shambaa*) na região das montanhas Usambara, no nordeste do território da atual Tanzânia, entre 1816 e 1862, quando faleceu. Sob o seu governo, o reino, disputando com os povos zingula o controle do tráfico negreiro e de armas de fogo, alcançou sua maior extensão. A partir de 1850, teve de enfrentar a rivalidade do filho Semboja, que conquistou o controle da porção meridional do reino. Ver ECONOMIA DO TRÁFICO; TANZÂNIA.

KINDONGA. Região insular no rio Cuanza, integrada por quatorze ilhas e pertencente aos domínios da Rainha Jinga (PARREIRA, 1990a, p. 150); denominação da ilha principal do arquipélago.

KING DENIS (1780-1876). Nome pelo qual foi conhecido Antchowé Kowe Rapontchombo, chefe tradicional da região de King Glass, no litoral do território da atual República do Gabão. Ver MPONGWE.

KINGSLEY, Anna. Ver DIÁSPORA AFRICANA (Africanos e descendentes na Diáspora: histórias exemplares).

KINGURI. Ver QUINGÚRIS.

KINGWANA. Variante da língua suaíli falada no atual Congo-Quinxassa e em áreas vizinhas. Ver SUAÍLI.

KINSHASA. Ver QUINXASSA.

KIRDIS (*Kirdi*). Povo localizado a partir do nordeste do território da atual República de Camarões. Notabilizou-se principalmente por sua resistência à islamização no século XIX. Ver CAMARÕES.

KISABENGO (século XIX). Uma das formas de referência a Muhina Kisabengo Kingo, mercador na África Oriental. Personagem proeminente nas relações comerciais entre o litoral e o interior da atual Tanzânia na metade do século XIX, ordenou a construção das fortalezas de pedra que serviram de núcleo inicial da cidade de Morogoro, situada nas proximidades da cadeia montanhosa de Uluguru, no leste tanzaniano.

KITAB AL ZUNUG. Crônica histórica escrita em árabe, traduzida para o italiano e publicada por Enrico Cerulli em 1957, com o título de *I libro dei Zengi* (O livro dos Zandj). Trata-se de uma importante narrativa sobre a história e os costumes dos povos da atual Somália, de suas origens até 1888. Ver CRÔNICAS AFRO-MUÇULMANAS; SUAÍLI.

KITARA. Ver QUITARA.

KIWARA. Antigo reino no território de Maláui. Ver MALÁUI.

KLAARWATER. Antigo nome da cidade Griquatown, capital do povo gríqua, situado na Província do Cabo Setentrional, na África do Sul. Foi fundada em 1805, por iniciativa da *London Missionary Society* (Sociedade Missionária de Londres). Ver GRÍQUAS.

KOFI (*Cuffy*). Ver DIÁSPORA AFRICANA (Africanos e descendentes na Diáspora: histórias exemplares).

KOITALEL ARAP SAMOEI (1860-1905). Chefe supremo (*orkoiyot*) do povo nandi, no atual território do Quênia. Entre 1895 e 1905, liderou uma rebelião contra o domínio colonial britânico que se instalava em seu país. Opondo-se sobretudo à construção da Ferrovia de Uganda, que atravessava o território do seu povo koitalel, morreu vítima de uma emboscada durante uma trégua nos combates que travava. Reconhecido como um herói nacional do Quênia, é mencionado também como profeta. Ver QUÊNIA.

KOK III, Adam (1811-1875). Chefe do povo gríqua, em território da atual África do Sul. Em 1836, eleito capitão em Pilippolis, disputou com lideranças do povo soto o domínio sobre as terras entre os rios Orange e Caledon. Em 1861, aceitando a proposta britânica de instalar-se com seu povo na seção oriental da província do Cabo, conduziu os gríquas durante dois anos até lá, em uma longa jornada através dos Montes Drakensberg e o rio Kenigha, fundando em 1863 a unidade que se denominou Griqualândia Leste. Ver GRÍQUAS.

KOKO, Frederick William (1848-1898). *Amanyabo* (rei) do povo nembe, no Delta do Níger. É celebrado na Nigéria como líder anticolonial por ter comandado em 1895 o ataque e a destruição dos quarteirões onde estavam os depósitos de mercadorias da empresa mercantil britânica *Royal Níger Company* (Companhia Real do Níger).

KOLI TENGUELÁ. Chefe militar e governante dos fulânis do norte da Gâmbia entre os séculos XV e XVI. Sucedendo seu pai, o chefe Tenguelá, morto em batalha contra os exércitos do Império Songai no fim do século XV, conquistou o Futa Jalom e, depois, o vale do rio Senegal, onde submeteu o Takrur e o Djolof, fundando a dinastia Denianqué, a qual reinou até o século XVIII no Futa Toro (SILVA, 1996, p. 524). Ver DENIANQUÉ; PEÚLES.

KOM. Antigo reino florescido no atual território da República de Camarões.

KOMENDA. Cidade portuária no litoral da atual República de Gana, nos domínios do Reino Eguafo, uma das formações políticas dos povos fântis. Os primeiros contatos da cidade foram feitos com a Companhia Holandesa das Índias Ocidentais, cujos representantes e negociantes ocuparam o Forte de Elmina por volta de 1640. Depois vieram os ingleses da *British Royal African Company* e mercadores franceses que disputavam entre si pelo monopólio do comércio local, contando, para isso, com o apoio direto ou indireto do Reino de Eguafo. No período situado entre 1687 e 1700, foi palco de uma série de conflitos em que se opuseram os interesses de negociantes europeus, que se estabeleciam na costa, aos objetivos de lideranças africanas locais. Esses acontecimentos ficaram conhecidos como as "Guerras de Komenda", descritas com pormenores em relato do comerciante Willem Bosman, datado de 1703. Do lado africano, as disputas de influência colocaram em posições contrárias Eguafo e os reinos de Twifo e Denquira. **O Príncipe Mercador**. Neste cenário de disputa política e econômica, os ingleses, que acabaram ganhando espaço no litoral, contaram com o apoio de um rico e influente africano traficante de escravos, John Cabes, de Komenda, também referido como John Kabes ou Cabess. Louvado em algumas fontes como "Príncipe Mercador Africano" e também como "empreendedor pioneiro e construtor de um Estado" (HENIGE, 1977, p. 1-19), este personagem seria filho de um certo John Cabess, proeminente africano que, trabalhando em Forte Amsterdam, teria cometido suicídio depois de ser feito cativo por forças holandesas, na década de 1660.

KONATÉ. Linhagem do povo mandinga cuja história remonta aos tempos da criação do Império do Mali, no século XIII. Alguns de seus integrantes estabeleceram-se no território da atual Costa do Marfim no século XV, após o desmembramento do Antigo Mali.

Também mencionada como Kondé. Ver MALI, Império do.

KONDÉ. Variante de Konaté. Ver KONATÉ.

KONDÉ BIRAMA. Líder do povo dialonquê. Bateu-se contra as forças peúles de Ibrahima Sori, c.1751. Segundo a tradição de seu povo, teria trucidado 174 reis inimigos.

KONG. Antigo reino na Costa do Marfim desenvolvido em torno da cidade de mesmo nome, também lembrado como Império de Kong ou Império Wattara. Foi criado em 1705 por mercadores diúlas de origem mandinga, que, sob a liderança de Sékou Wattare ou Wattara ali se estabeleceram, tendo partido de Bhego (Bigo). Na base da pirâmide social, estavam os povos senufo e tyefo. As atividades principais diziam respeito ao comércio de produtos locais e de escravos, e estava sob controle de diversas casas comerciais que atuavam em conjunto e nas principais rotas de ligação entre o litoral e a floresta. Ver ECONOMIA DO TRÁFICO; ESTADOS NEGREIROS.

KORANA. Ver GRÍQUAS.

KORO. Reino mandinga fundado no território da atual Costa do Marfim no final século XVII.

KOROROFA (*Kwarafar; Kuarararafa*). Uma das cidades-Estado do povo hauçá, não incluída entre os "Sete Verdadeiros Estados Hauçás", segundo a tradição local (LOPES; MACEDO, 2017, p. 145). Conforme Fage e Tordoff (2017, p. 74), é também mencionada como *Jukun*.

KOTAL, Kanta. Ver KANTA KOTAL.

KOUASSI DIHYÉ. Rei dos Agnis da Costa do Marfim no século XIX.

KOULANGO. Povo da Costa do Marfim. Ver BONKANI.

KOULIBALY. Importante dinastia reinante entre os bambaras do Reino de Segu. Ver BAMBARAS; MAMARI KOULIBALY; SEGU.

KOYARADUGU. Reino mandinga fundado no território da atual Costa do Marfim no final do século XVII.

KPENGLA. Rei daomeano em Abomé. Reinou entre 1774 e 1789, sucedendo Tegbessu e como antecessor de Agonglo.

KPOJITÓ. Na corte daomeana de Abomé, título reservado especialmente à mãe do rei. O termo, em fongbé, é composto pelos elementos *kpo*, pantera + *Ji*, "gênio que habita as regiões superiores" + *tó*, sufixo que compõe várias palavras com o sentido de "autor de", "pai de" (SEGUROLA; RASSINOUX, 2000, p. 318; 261; 445). A tradução é difícil, mas o sentido da frase é o de que ela é a mãe do "espírito da pantera", animal totêmico que simbolizava a linhagem real, materializado de forma idealizada na imagem de seu filho. Segundo Palau Marti (1964, p. 215), o título de *Kpojitó* podia ser usado até mesmo por uma mulher da mesma idade do rei, mas não conferia a essa mulher as mesmas honras devidas à "augusta mulher" que a mãe biológica representava. Em seu famoso relato de 1800, o Padre Vicente Ferreira Pires não menciona o título *kpojitó*, referindo apenas a mulher principal do rei, chamada "Naié Dadá", a qual, segundo ele, teria "jurisdição igual ao rei, de maneira que o mandado dela se cumpre (...); poder que não têm as outras Naiés (...)" (PIRES, 1957, p. 84). "Naié" é transcrição feita pelo padre brasileiro para o fongbé *naé*, "mãe", mas não é sinônimo de *Kpojitó*. Ver AUTORIDADE COMPARTILHADA; GOVERNO, Formas de.

KRIOS (*Krio*). Nome étnico aplicado ao povo crioulo de Serra Leoa, descendente de libertos afro-americanos oriundos dos Estados Unidos e Caribe, bem como de africanos antes escravizados que se estabeleceram na área ocidental do país entre 1787 e cerca de 1885. Ver SERRA LEOA.

KROTOA (*c.* 1640-1674). Personagem do povo khoikhoi destacada na história da África do Sul como tradutora. Nascida no grupo Goringhaicona, aos 12 anos de idade foi levada para a residência de um colono bôer, onde teve contato com a cultura cristã e, aprendendo a língua dos bôeres, serviu de intérprete entre estes e seu povo. Também referida como *Eva*, teve importante atuação nos primórdios da Colônia do Cabo, durante o período de instalação da Companhia das Índias Orientais. Mais tarde, certamente premida por necessidades, passou a negociar em sistema de escambo com nativos locais, oferecendo mercadorias em troca de gado. Algum tempo depois, casada com um dinamarquês e tendo filhos com ele, teve problemas com o governador local, que passou a persegui-la. Evidenciando-se o alcoolismo crônico que a dominava, foi alvo de inúmeras acusações, até que em fevereiro de 1669 foi presa por alegado comportamento imoral, e depois banida para a Ilha Robben. Falecendo na Cidade do Cabo com aproximados 35 anos, no século XX sua história de vida foi contada em livros e encenada no teatro.

KRUMMELL, Alexander (1819-1898). Líder protestante afro-americano situado entre os fundadores do nacionalismo africano. Estabeleceu-se na Libéria em 1853, trabalhando em missões religiosas para a conversão de nativos. Escritor e polemista, é autor da coletânea de textos intitulada *The Future of Africa* (O futuro da África), publicada em 1862.

KRUS (*Krou*). Conjunto de povos localizados em território das atuais repúblicas de Costa do Marfim e Libéria, compreendendo os subgrupos Dida, Godié, Neyo, Bakwé e Wé, entre outros. Ocupavam a região entre o Cabo Mesurado e o Cabo Larou desde pelo menos o século XV, e eram exímios canoeiros, transportando em grandes canoas produtos que faziam circular **em seu comércio com a Senegâmbia**.

KUATA-KUATA. Ver CUATA-CUATA.

KUBA. Ver BACUBAS.

KUKAWA. Capital do Bornu à época de Al-Kanemi no século XIX.

KULAXINGOS. Grupo social, político, militar e econômico de origens étnicas desconhecidas, mas possivelmente ligadas aos jagas ou aos quingúris da Lunda. Também referidos como "imbangalas kulaxingos", na década de 1620, aliados aos portugueses de Luanda, colaboraram na instauração do presídio de Mbaka; e, a partir dessa região, iniciaram um movimento militar que os levaria à conquista de vários territórios e à fundação do Reino de Caçanje. A denominação do grupo provém do nome ou alcunha do soba estendido por metonímia ao lugar de seu domínio e ao seu grupo, também referido como Mbangala Kulaxingo, ou seja, os "Imbangalas de Kulaxingo" (PARREIRA, 1990a, p. 61).

Veja-se, mais, que algumas fontes referem esse soba também como Caçanje (Kasanji). Ver CAÇANJES; HORDAS ITINERANTES; IMBANGALAS; JAGAS; QUINGÚRIS; SOBA.

KULIBALI. Ver MAMARI KOULIBALY.

KUMASI. Cidade localizada no centro da porção meridional do território da atual República de Gana. Segundo a tradição, foi fundada por em 1695 por Nana Osei Tutu I, o primeiro axântiene, que a preferiu à antiga capital, situada em Kwaman. O novo centro de poder logo adquiriu o status de maior e mais importante cidade interiorana do atual território ganense, porque localizada no ponto terminal das maiores e melhores rotas de comércio e do tráfico negreiro para a costa. Relatos de visitantes estrangeiros do século XIX contam que a cidade era espaçosa, atraente, com edificações caprichosamente caiadas de branco e tetos cobertos de sapê (BRIGGS, 2008, p. 297). Em 1817, segundo o inglês Thomas Bowdich, uma comitiva de europeus ligados ao comércio da costa teria sido recebida em Kumasi por "mais de cem bandas militares equipadas com trombetas, tambores e gongos metálicos, enquanto centenas de mosqueteiros disparavam salvas para o ar" (DAVIDSON, 1981, p. 138.). Tudo isso, enquanto uma confusão de bandeiras "inglesas, holandesas e dinamarquesas agitavam-se e floreavam por toda a parte". Depois, no palácio do governo, os visitantes foram recebidos pelos comandantes do exército do rei Osei Bonsu, todos envergando "magníficas túnicas de pano de ouro. O estonteante kente [tecido tradicional local] bordado a ouro". Segundo ainda o relato de Bowdich, quatro das principais ruas da cidade, longas e largas, estavam, cada uma, aos cuidados de um capitão; e cada família era obrigada a queimar o lixo todas as manhãs na traseira da rua. E mais: as pessoas eram "tão limpas e cuidadosas com a aparência de suas casas como o eram consigo mesmas" (DAVISON, 1978, p. 138-139). No ano de 1824, um diplomata europeu observou que o controlador comercial da capital dos axântis era um homem de origem "americano-escocesa", e estrangeiros de procedência europeia também são apontados como ocupando cargos importantes em Kumasi (DAVISON, 1978, p. 138). Nos últimos anos do século XIX, porém, Kumasi se tornou foco de hostilidades entre pretensos colonialistas ingleses e as forças axântis. Em 1873, foi arrasada e queimada, numa ocorrência a que se seguiram o Tratado de Paz Anglo-Axânti de 1874 e a chamada "Guerra de Yaa Asantewaa", na sequência da qual Kumasi foi anexada à Colônia Britânica da Costa do Ouro, em janeiro de 1902 (BRIGGS, 2008). Ver AXÂNTIS; CIDADES; OSEI BONSU.

KUMBUSHU. Oni de Ifé (1849-1878), sucessor de Abeweila, também conhecido pelo cognome *Ogbadegodi*. Ver ABEWEILA.

KUNTAS (*Kounta*). Termo que, em sua origem, designava grupos de nômades de origem árabo-berbere que transitavam pelo deserto ao sul do Saara e ao norte da Bacia do Níger, participando do comércio de caravanas. Seus integrantes eram, em geral, adeptos da confraria Kadíria, motivo pelo qual o significado do termo se estendeu. Então, a denominação *kuntas* passou a se referir também

KUNTI, Ahmad al-Bakka'i al-

a famílias tradicionais que adotaram os princípios islâmicos do sufismo, praticado pelos membros dessa confraria. E isto ocorreu sobretudo entre os fulânis, que, a partir o século XVIII, impuseram pelas armas, em diferentes locais, sua versão reformada do islã. No atual Senegal, em 1864 esses kuntas e seus aliados fulânis disputaram a liderança após a morte de El Hadj Omar Tall. Seus principais líderes, no século XIX, foram Bunama Kunta, falecido em 1843, e seu sucessor Bou Kunta, falecido em 1914.

KUNTI, Ahmad al-Bakka'i al-. Ver AL-KUNTI, Ahmad al-Bakkai.

KUNTI, Sidi al-Mukhtar al-. Ver AL-KUNTI, Sidi al-Mukhtar.

KURUMA. Linhagem mandinga estabelecida no território da atual Costa do Marfim no século XV após o desmembramento do Antigo Mali. Ver MANDÊS.

KUSSERI (*Kousséri*). Localidade, no nordeste do território da atual Nigéria, na qual se travou, em 1900, uma decisiva batalha entre as tropas de Rabih ou Rabeh, último sultão do Bornu, e as dos colonialistas franceses, com a vitória destes. Os europeus atacaram com três colunas armadas, procedentes de três direções distintas. A derrota do Bornu garantiu aos franceses a conquista de toda a região do lago Chade, bem como a criação da colônia denominada África Equatorial Francesa. Ver BORNU; CHADE.

KWA. Na língua do povo zulu (*isiZulu*), elemento que antecede a enunciação dos locativos, reforçando o sentido de origem e lugar, ou seja, "de tal lugar", "no lugar" etc. Exemplos: *kwaZulu*, dos zulus; *kwaBulawayo*, de Bulawayo.

KWAME, Osei. Ver OSEI KWAME.

KYABUGU. Nome atribuído pelas tradições históricas de Uganda a um *kabaka* (soberano) de Buganda, reinante no início do século XIX, apontado como ferrenho adversário de Olimi Iansã, do Bunioro. Ver BUGANDA; BUNIORO.

LABOTSIBENI MDLULI (c. 1859-1925). Rainha da Essuatíni também referida como Gwamile. Desfrutou do poder, por três décadas, a partir de 1889, primeiro como rainha consorte (mulher do rei), depois como rainha-mãe, e finalmente como soberana efetivamente governante. É citada como realizadora de reformas educacionais e como defensora dos direitos dos suazis atingidos pelo colonialismo britânico e ameaçados pelas pretensões dos bôeres, destacando-se também pelo apoio ao movimento político dos negros na vizinha África do Sul. Entretanto, o rei seu marido é lembrado como facilitador de algumas pretensões dos colonos brancos.

LAGOS. Cidade do sudoeste da atual Nigéria, localizada no Golfo da Guiné, litoral do Atlântico. Integram-na, na atualidade, as ilhas de Lagos e Victoria e a localidade de Ikoyi. Por volta de 1500, chamada Eko (*Èkó*), e sendo apenas um pequeno porto pesqueiro, constituía um núcleo do povo awori, do conjunto dos falantes da língua iorubá. Segundo a tradição, esses aworis vinham de Oyó e eram liderados por dinastias supostamente descendentes de nobres e guerreiros do povo edo ou bini, do Antigo Benin. Essa descendência, entretanto, dava margem a conflitos, já que, desde logo, lideranças binis atacavam os locais, buscando dominá-los. E a razão principal desses ataques era a estratégia bini de controlar o máximo possível do litoral para monopolizar o comércio com os europeus; por isso, bloqueavam o acesso ao mar dos migrantes de Oyó, assim tornados seus maiores rivais. Mas estes, enquanto puderam, rechaçaram os ataques dos rivais, até que, conquistando controle sobre o porto que era o mais amplo da área, por volta de 1603, os exércitos do *obá* de Benin faziam de Lagos seu acampamento militar. Efetivada a conquista, em cujo contexto se insere o episódio em que o *obá* de Benin aponta o líder oyó Axipá como "rei" do Reino de Eko (que os portugueses chamavam "Lagos"), passa-se a render tributo ao Benin. Na segunda metade do século XVIII, o porto de Lagos ostentava a condição de maior centro escravista do continente africano, e a influência do Benin estendia-se dele até a região dos iorubás, no sudoeste do atual território da Nigéria. No ambiente das guerras internas que envolveram vários grupos locais por mais de setenta anos, na década de 1840 Akitoyé assumiu o trono como *ologun* do Reino de Onim (provavelmente o nome usado pelos edos, já que os oyós diziam "Eko"). Nessa mesma quadra histórica, a cidade-Estado recebia missionários cristãos enviados por iniciativa dos sarôs de Serra Leoa, essencialmente abolicionistas, o que foi decisivo, em 1845, no desenlace da disputa entre Akitoyé e seu sobrinho Kosoko. Aliado aos ingleses no projeto de extinção do tráfico negreiro, Akitoyé encontrou forte oposição por parte dos comerciantes, os quais o depuseram, instalando o sobrinho em seu lugar. Mas os ingleses intervieram: e o rei deposto foi reentronizado. Em 1851, o exército britânico bombardeou a cidade e reinstalou Akitoyé no trono. Na década seguinte, Lagos esteve sob o domínio do governo inglês de Serra Leoa. Em 1886, a cidade-Estado foi formalmente constituída em colônia britânica, sendo, mais tarde, integrada à colônia da Costa do Ouro, condição que ostentou até a criação do protetorado da Nigéria, de que foi a capital (ABRAHAM, 1981, p. 155-156; GORDON, 2003, p. 47; 61; 63). Ver IKOYI; OLOGUM; ONIM.

LAGUNARES. Denominação aplicada ao conjunto de povos instalados na baixa Costa do Marfim, no meio ambiente formado por lagunas e florestas que se estende por cerca de trezentos quilômetros da lagoa Ehy até a região de Fresco. Ver ESSUMAS.

LALLA FATMA N'SOUMER (1830-1863). Heroína nacional da Argélia, de origem berbere. Filha de Sidi Ahmad Muhamad, respeitado marabuto da região de Kabylie, liderou a resistência contra a dominação colonial em seu país. Em 1854, organizando e liderando um exército composto por homens e mulheres, venceu as tropas francesas nas batalhas de Oued Sebaou e Tacvhekrirt. Três anos mais tarde, entretanto, as forças de ocupação, reorganizadas e melhor equipadas, venceram a resistência, a capturaram e levaram presa até Tablat, onde faleceu aos 33 anos de idade. Na Argélia moderna, o nome da heroína, nas formas Fadhma, Fadma e Fatma, correspondentes a "Fátima", é uma grande referência para as associações feministas locais. Observe-se, ainda, que o elemento *Lalla* de seu nome é um título honorífico berbere reservado a mulheres de altíssimo nível, como àquelas veneradas como santas.

LAMBA, Thomas (século XVI). Nome pelo qual ficou conhecido em Portugal um chefe do povo fula, da atual Guiné-Bissau, que lá teria estado no ano de 1595, alegadamente em busca de ajuda dos portugueses para assumir o governo de seu povo. Em sua pretensão, teria perdido o trono para o tio, sogro de um poderoso lançado chamado Ganagoga, na sucessão do governo do Reino de Kingi, na região do Futa Toro, reino este denominado na época como Grão-Fulo. O personagem teria viajado pelo Marrocos chegando a Mazagão, fortaleza portuguesa em território marroquino, de lá chegando a Lisboa, onde recebeu o batismo cristão. Sobre este acontecimento e sobre o reino africano, foi escrito em espanhol o tratado anônimo *Relacion y breue suma delas cosas del reyno del Gran Fulo, y succeso del rey Lamba, que oy es cristiano, por la misericordia de dios, cuias noticias carecem de toda duvida.* Observe-se que, no texto, de 1600, publicado em livro em 1969, por Avelino Teixeira da Mota, o personagem é referido como "Rei Lamba". Ver DENIANQUÉ; LANÇADOS; RELATOS EUROPEUS.

LAMINE, Mamadu. Ver MAMADU LAMINE.

LANÇADOS. Na África colonial, denominação aplicada aos indivíduos, majoritariamente portugueses, reconhecidos como pioneiros da penetração europeia no continente, desde o século XV. Mesmo instalados em condições miseráveis e considerados como uma espécie de ralé – por amancebarem-se com africanas, assimilarem costumes nativos e sujeitarem-se à autoridade dos chefes locais –, foram intermediários entre os interesses coloniais e os dos povos colonizados (LOPES; MACEDO, 2017, p. 180-181). Por seus contatos com os povos da Guiné e da região da Senegâmbia, e sendo beneficiados pela hospitalidade de chefes locais, distinguiram-se dos demais europeus que se fixaram no arquipélago de Cabo Verde e gradualmente passaram a ocupar a Guiné, sendo por isso também referidos como "lançados da Guiné". Dos relacionamentos com mulheres africanas, alguns constituíram famílias, cujos filhos ficaram conhecidos como "tangomaus". Devido ao seu envolvimento direto com chefes e mercadores africanos, às vezes à revelia dos direitos pretendidos pela monarquia, tenderam gradualmente a ser vistos com desconfiança, sendo criminalizados, e até mesmo, em alguns casos, tidos como hereges e traidores. Ver CRIOULIZAÇÃO; DEGREDADOS; JUDEUS NA ÁFRICA; TANGOMAUS; TUNGUMAS.

LANDINS. Designação com que escritos portugueses nomearam os indivíduos do povo ronga de Moçambique. Provavelmente da língua ronga, do verbo *landja,* "seguir", "ir atrás de" (NOGUEIRA, 1960, p. 189). Ver RONGAS.

LANDUMAS. Povo de agricultores, habitantes da atual Guiné Conacri, ao longo da fronteira com a Guiné-Bissau (LOPES: MACEDO, 2017, p. 181)

LANGANLIBALELE (*c.* **1814-1889).** Um dos nomes pelos quais foi conhecido Mtetua, chefe do povo hlubi em território da atual província de Kwazulu-Natal, na África do Sul. Em 1848, entrando em conflito com o chefe zulu Mpande, migrou com seu povo para a colônia de Natal. Na década de 1870, jovens do seu povo, trabalhando nas minas de diamantes de Kimberley, adquiriram armas de fogo. Mas a exigência de registro dessas armas, feitas pelas autoridades coloniais, foi expressamente desobedecida pelo chefe, o que resultou num conflito em que soldados europeus foram mortos. Langanlibalele fugiu para a Bassutolândia, onde foi capturado, sendo depois julgado e enviado para a Ilha Robben, de onde mais tarde saiu para cumprir pena domiciliar. Segundo algumas fontes, esse episódio marcou uma nova era na história da África do Sul. Ver ÁFRICA DO SUL, República da; DIAMANTES; MTETUA.

LAT DIOR (1842-1886). Grande líder oeste-africano. De nome completo Lat Dior Ngoné Latyr Diop, nasceu no seio da nobreza uolofe e deteve, entre 1871 e 1883, o título de *damel* (governador) do Reino de Kayor, antigo membro da Confederação Jolof, no território do atual Senegal. Filho e neto de letrados e fervorosos muçulmanos, opôs-se ferozmente ao pretendido estabelecimento, pelos colonialistas franceses, de uma ligação ferroviária entre Dacar e Saint Louis, bem como à implantação da cultura do amendoim. Assim, depois de uma série de confrontos sangrentos com tropas francesas, mas também com algumas eventuais alianças, liderou um último combate, na cidade de Dékhelé, no qual veio a falecer. É lembrado como um dos grandes heróis da história do Senegal.

LATIF, Amina Bint Al-Hajj Abd Al-. Ver AMINA BINT AL-HAJJ ABD AL-LATIF.

LAWRENCE, Fenda. Ver FENDA LAWRENCE.

LEÃO, O Africano (1485-1554). Nome pelo qual ficou conhecido no Ocidente Al-Hassan ibn Muhamad al-Wazzan az-Zayyati al-Fasi, diplomata, geógrafo e explorador. Nascido em Granada, no atual território espanhol, mudou-se ainda criança para a cidade marroquina de Fez, onde frequentou escolas corânicas. Por volta de 1512, viajou ao Egito e à área subsaariana, onde conheceu Tombuctu, então grande centro do saber. Segundo alguns relatos, ter-se-ia tornado diplomata. Entretanto, com cerca de 35 anos de idade, foi capturado por corsários cristãos, levado como cativo para Roma e dado de presente ao papa Leão X, de quem se tornou secretário. Ao ser batizado como cristão, recebeu o nome "João Leão de Médicis". No Vaticano, aprendendo latim e italiano e lecionando árabe, foi encarregado pelo papa de redigir o tratado intitulado *Descrizzione dell'Africa* (Descrição da África), depois traduzido ao francês (1565) e ao inglês (1600). Esta obra permaneceu até o início do século XIX como a principal referência dos conhecimentos geográficos acerca do continente – embora diga respeito, em sua maior parte, apenas aos territórios situados no norte, isto é, ao Magrebe e ao Egito. Em algumas fontes, por suas origens, é mencionado como "mourisco". Ver MOURISCO; RELATOS EUROPEUS.

LEBNA DENGEL. Imperador (*négus*) da Etiópia, reinante de *c*. 1508 a 1540. Em seu reinado, Ahmad Gran, governante muçulmano de Harar, no leste do território etíope, deflagrou uma Guerra Santa que o derrotou, submetendo boa parte do país e causando uma grande destruição. Cerca de dezesseis anos mais tarde, no reinado de Galawdewos, os etíopes, auxiliados por tropas portuguesas, reverteram a situação (LOPES; MACEDO, 2017, p. 116). Ver ETIÓPIA; GALAWDEWOS.

LEBUS (*Lebou*). Povo localizado no atual território do Senegal, na península de Cabo Verde, região onde se localiza a cidade de Dacar. À época do Antigo Gana, viveram no mesmo contexto histórico e social de fulânis, sererês, mandingas, toculeres e uolofes. Por causa de afinidades linguísticas, seus indivíduos são geralmente incluídos entre os uolofes, os quais, entretanto, é que seriam falantes do idioma originalmente falado pelos lebus. Até 1790, os lebus eram súditos do Reino do Kayor, mas a partir daí teriam, segundo algumas fontes, constituído um pequeno Estado, presidido pelo governante mencionado pelo título ou cognome *Sérigne Ndakaru*, significando algo como o "marabu de Dacar". Em outra versão, depois de conquistada a independência, o líder Ballobé Diop teria sido proclamado damel, mas, recusando o trono, teria promovido a criação de uma comunidade sem governo centralizado, dirigida por um conselho de chefes. No século XIX, a história dos lebus esteve intimamente ligada às da cidade de Dacar e da Ilha de Gorée. Ver KAYOR; SENEGAL.

LIBERTADOS (Libertés)

LENANA (c. 1870-1911). Nome pelo qual os colonialistas ingleses chamaram Olonana Ole Mbatian, líder religioso e guerreiro do povo massai. Filho de um poderoso *oloiboni* ou *laibon* (ritualista e profeta) chamado Mbatian, de quem teria herdado os saberes e poderes mágico-religiosos, envolveu-se nas guerras de seu povo contra vizinhos inimigos. No fim do século XIX, com o apoio dos colonialistas ingleses que estavam se estabelecendo no Quênia e em Uganda, venceu os adversários e assumiu a liderança espiritual dos massais, atuando, entretanto, como colaborador do governo britânico a partir de 1897. Segundo almas versões, tornou-se representante dos ingleses, com o título de "chefe dos massais" e sendo, por isso, remunerado. Em uma biografia intitulada com seu nome completo e publicada em Nairóbi por *East African Educational Publishers*, em 2003, o autor Peter Ndege procura justificar as ações de Olonana, analisando, por exemplo, como suas relações com os ingleses influenciaram a política colonial sobre a atividade pastoral dos massais, e colocando-o como um defensor do patrimônio cultural de seu povo. Ver MASSAIS; MOGO WA KEBIRO.

LESOTO, Reino de (*Muso oa Lesotho*). Pequeno Estado monárquico da África Austral cujo território é enclavado nas encostas dos montes Drakensberg, na República da África do Sul, sem saída para o mar. Outrora chamado Bassutolândia, foi criado pelo povo soto (*sotho*) ou Bassuto. As conquistas zulus, iniciadas em 1818 por Chaka, afetaram os bassutos (sotos) que ocupavam um vasto território no atual Transvaal, província da África do Sul. Um dos líderes, Moshoeshoe, reuniu sob seu comando alguns sotos e zulus dissidentes, para resistir aos zulus de Chaka e aos bôeres, que também se expandiam. Em 1868, Moshoeshoe aceitou a proteção dos ingleses, e o território de seu tornou-se protetorado britânico. Ver SOTOS.

LEWANIKA, Lubosi (1842-1916). Rei do Lozi, na atual Zâmbia. Assumiu o governo em 1878 após violenta disputa de sucessão. Autorizou a entrada de missionários para evangelizar o povo em 1885, e em 1890 negociou com os magnatas Cecil Rhodes e Frank Lochner um desvantajoso tratado pelo qual concedia o direito de exploração dos recursos minerais no território sob seu governo em troca da fundação de escolas, hospitais, serviços telegráficos e proteção contra os seus inimigos. Ver LOZIS.

LIBÉRIA. País atlântico da África Ocidental. Tendo seu litoral chamado de Costa da Pimenta ou Costa dos Grãos pelos portugueses no século XV, o território da atual República da Libéria, em parte pertencente a Serra Leoa, teve esta porção comprada pela Sociedade Americana de Colonização. Então, foram lá instalados libertos que antes serviam como escravos nos Estados Unidos da América. Aí nascia, em 1822, a cidade de Monróvia, capital do país que, em 1842, conquistou independência, embora sob forte influência de grupos empresariais norte-americanos. Ver CAREY, Lott; COSTA DA MALAGUETA; MATHILDA NEWPORT; RETORNADOS.

LIBERTADOS (*Libertés*). Forma de referência aos indivíduos emancipados por ocasião da abolição da escravatura nas áreas africanas sob influência francesa em 1848. Dela redundou a denominação de algumas comunidades no

Senegal, mencionadas como *villages des libertés*, "aldeias de libertos" (MAUNY, 2011, p. 71).

LÍBIA. País da África Setentrional limitado ao norte pelo Mar Mediterrâneo, e, na atualidade, a leste por Egito e Sudão, ao sul por Chade e Níger, a oeste pela Argélia e a noroeste pela Tunísia. **Síntese histórica.** No século XVI, a cidade de Trípoli, centro de toda a região conhecida como Líbia, foi, durante alguns anos, ocupada pela Espanha, e depois sediou a capital do Império Otomano no Magrebe. Entretanto, com o enfraquecimento gradativo do poder central, algumas províncias, sob governantes intitulados *bei*, foram ganhando autonomia e buscando independência, o que efetivamente ocorreu no século XVIII. No início do século seguinte, a pirataria, exercida pelos chamados "corsários barbáricos" (que atuavam na costa Líbia capturando e roubando navios comerciais de passagem pelo Mediterrâneo), foi pretexto para uma intervenção estrangeira: forças militares norte-americanas bombardearam Trípoli em 1804. Na década de 1830, o reformador muçulmano de origem argelina popularizado como Al-Sanussi iniciou um movimento religioso na Cirenaica, onde fundou, em 1837, na cidade de Bayda, uma grande mesquita. Seus seguidores, constituindo a fraternidade intitulada Sanusiya, poderosa força política, resistiram ao poder dos turcos. Entretanto, a intervenção de forças italianas acabou levando o país à condição de colônia da Itália a partir de 1911. Ver AL-SANUSSI, Muhamad ibn Ali; SANUSIA; TRÍPOLI.

LIBOLO. Região angolana no Reino do Dongo atravessada pelo rio Cuanza. Nela, foi criado, no século XVI, um novo reino, que ganhou seu nome, "Libolo", composto por um povo falante de uma variante do quimbundo que fazia comércio através das rotas de ligação com o porto de Luanda. Durante o século XVII, o reino foi sucessivamente atacado por forças portuguesas, com o apoio de grupos de Imbangalas, e se tornou uma área de aprisionamento de cativos destinados ao tráfico. No século XIX, concentrando um dos focos da resistência ao colonialismo, a região – que na atualidade sedia o município de mesmo nome, na província do Cuanza-Sul – foi duramente fustigada por forças portuguesas. Vale observar que, na historiografia luso-brasileira do escravismo, a denominação de seus nativos, libolos ou lubolos, foi corrompida como "rebolos". Ver DONGO; IMBANGALAS.

LIBREVILLE. Cidade capital da atual República do Gabão fundada em 1849. Seu nome, traduzido em português como "Cidade Livre", leva a marca da ação abolicionista então em curso, expressando sua condição de núcleo habitado inicialmente por ex-escravos libertos.

LIFAQANE. Variação de Difaqane. Ver MFECANE.

LIKAYLIK, Muhamad Abu. Ver MUHAMAD ABU LIKAYLIK.

LIMA, Geraldo de. Ver ATITSOGBI.

LIMPOPO. Rio do sudeste africano. Nasce no centro do atual território da África do Sul e, com 1.750 quilômetros de extensão, projeta-se na direção leste, deságuando no oceano Índico. Em 1498, serviu como passagem para a expedição de Vasco da Gama, no primeiro contato do explorador português com a costa oriental africana, o qual viria a dar início à ocupação de Moçambique.

LÍNGUAS AFRICANAS. Os estudos sobre as línguas nativas faladas na África estimam seu número em variantes que vão de 800 a 1.000 exemplares, excluindo os dialetos, ou de 700 a 3 mil (APPIAH; GATES JR., 1999). Durante o período estudado neste dicionário, certamente, muitas línguas evoluíram e outras desapareceram; outras mais expandiram o âmbito de sua presença acompanhando seus falantes em migrações ou expedições de conquista. Outras, ainda, foram abandonadas, em proveito de línguas que, estendendo seu raio de uso, as absorveram. **Histórico.** Os primeiros estudos importantes sobre línguas africanas foram publicados no século XVII por missionários católicos europeus. O mais conhecido é uma gramática da língua quicongo, publicada em 1659, em Roma, pelo padre italiano Giacinto Brusciotto, sob o título *Congensium idiomatis faciliori captu ad grammaticae normam redactae* – um livro contendo regras para escrever, dentro das normas gramaticais e de modo mais fácil, o dificílimo idioma dos povos congos ou bacongos. Segundo informado, o autor, que nunca esteve no Congo, parece ter escrito a obra a partir de observações, traduções, compilações de vocabulários etc. criados *in loco* por missionários. Entretanto, desde o fim do século XV, outros autores europeus vinham reunindo vocabulários de línguas oeste-africanas, a partir de informações de exploradores portugueses e seguindo o caminho de geógrafos e viajantes árabes, que já se dedicavam a esse tipo de pesquisa desde o século X. Por outro lado, alguns povos islamizados, inclusive pela necessidade de difundir a leitura do Alcorão, começaram a transcrever palavras e frases de sua próprias línguas em caracteres árabes, num tipo de atividade que já vinha de antes do século XV. No dizer do antropólogo e linguista Pierre Alexandre, professor do INALCO (Instituto Nacional das Línguas e Civilizações Orientais) de Paris, do fim do século XVII ao do século XVIII, o tráfico negreiro fez recuar consideravelmente o interesse sobre a África, do ponto de vista do conhecimento científico. Assim, os estudos sobre a matéria só voltarão a ganhar atenção com o movimento abolicionista, ao qual esteve intimamente ligado, porque através da comprovação da humanidade e da dignidade do indivíduo africano se justificavam as campanhas humanitárias antiescravistas. No século XVI, tinha-se tentado isto através de argumentos teológicos, e agora, no Século das Luzes, as campanhas eram embasadas com argumentos não só filantrópicos como também filosóficos, racionalistas, baseados em fundamentos das modernas ciências sociais, como salientou Pierre Alexandre. No século XIX, as duas correntes, de certo modo, interligaram-se, como no trabalho de exploradores como o inglês Livingstone. Entretanto, só após a Primeira Guerra Mundial vai surgir um africanismo científico verdadeiramente autônomo, no sentido de uma especialização geográfica dos diversos ramos das ciências humanas, voltada para a aquisição de conhecimentos fundamentais sobre as sociedades africanas, muito além da simples satisfação prática das necessidades da colonização ou do proselitismo religioso. Nesse momento, as

LINGALA

pesquisas linguísticas se encaminham, em princípio seguindo dois eixos diferentes, mas que vão se encontrar no fim do século XIX. O primeiro desses eixos parte sobretudo da Colônia do Cabo, na África Austral, e toma o rumo norte; o segundo, um pouco mais tarde, parte da costa atlântica na direção leste. Essas correntes afluentes é que são responsáveis pela divisão dos africanos, por razões puramente linguísticas, em "sudaneses" e "bantos". **Bantos e sudaneses**. A unidade fundamental das línguas do grupo Banto (bantas ou bantus). Pressentida desde o século XVII por missionários e estudiosos portugueses e redescoberta por ingleses no século seguinte, foi demonstrada na primeira metade dos Oitocentos em diversas obras sobre o atual território sul-africano. Os fundamentos definitivos foram enfim expostos, a partir de 1856, pelo alemão Wilhelm Bleek, bibliotecário do governador da Colônia do Cabo, em *Comparative Grammar of South African Languages* (Gramática comparativa das línguas da África do Sul), obra inacabada, produzida entre 1862 e 1869, a qual introduziu na linguística moderna o termo "Banto". Ainda segundo Alexandre, exatamente na mesma época, porém no oeste do continente, outro alemão, S. W. Koelle, a partir de depoimentos extraídos em Freetown, Libéria, de ex-cativos recém libertos no mar por navios da Marinha britânica, publicou em 1854 o livro *Polyglotta africana: Comparative Vocabulary of more than 100 Distinct African Languages*, um vocabulário comparativo que representou, para as línguas doravante denominadas "sudanesas", o mesmo papel que a gramática de W. Bleek desempenhou em relação às línguas do grupo Banto. No século XX, esses estudos tomaram corpo, sendo extensamente desenvolvidos, a partir da Inglaterra, em universidades nos Estados Unidos, na França, na antiga União Soviética e mesmo na África e nas Américas (ALEXANDRE, 1967, p. 29-31). **Unidade e diversidade.** Observe-se que o conjunto das línguas negro-africanas guardam entre si laços profundos, que certamente remontam às origens e se evidenciam como um todo orgânico e organizado, conciliando unidade e diversidade, tanto que podem ser vistas como variações em torno de um grande tema, como escreveram Merlo e Vidaud (1967). As soluções que elas trazem para os problemas da linguagem são simples, mas também complexos, ao mesmo tempo, pois elas exploram os recursos da fonética humana, harmoniosas e rítmicas na arquitetura sonora que o seu conjunto compõe (MERLO; VIDAUD, 1967, p. 7-8). Ver AFRICÂNDER; AKAN [2]; CHANGANA [2]; CRIOULO [2]; DIÚLAS; ESCRITAS AFRICANAS; ÉVÉ; EWE; FONGBÉ; FULBÊ; GBÉ; HAUÇÁ; IORUBÁ; JUBA-ARABIC; KANEMBU; KINGWANA; LINGALA; MANDÊ; QUIMBUNDO; ROBOREDO, Manuel; TWI; UMBUNDO.

LINGALA. Língua do grupo banto falada no Congo-Brazzaville e na República Democrática do Congo (Congo-Quinxassa), bem como em áreas vizinhas próximas ao rio Congo, onde serve como língua veicular entre falantes de outros idiomas. Seus falantes originais foram provavelmente os ancestrais do povo ngala ou bângala. Ver IMBANGALAS.

LINHAGEM. Nas sociedades tradicionais africanas, forma de grupamento social baseada na descendência de um ancestral comum, por linha materna ou paterna; agrupamento de várias famílias extensas, que reconhecem a descendência de um mesmo ancestral, em linha materna ou paterna. Esses ascendentes são em geral unidos por uma espécie de pacto de solidariedade recíproca. Embora alguns autores entendam a linhagem como uma subdivisão do clã, a maior parte observa que os clãs são grupos estáveis cujo número permanece constante dentro de uma sociedade. Já as linhagens tendem a se multiplicar através das gerações (BALANDIER; MAQUET, 1968, p. 107).

LIPTAKO. Região histórica da África Ocidental localizada em partes dos atuais territórios de Burkina Fasso, Níger e Mali. É o reduto histórico dos fulânis seminômades islamizados que, em 1810, numa *jihad* comandada pelo líder Ibrahima Faidu, submeteram os gurmas, povo praticante da Religião Tradicional, fundando um emirado muçulmano no atual território burquinense. Ver GURMA.

LOANGO (*Lwàngu*). Região litorânea na foz do rio Congo. Sediou um reino do povo bacongo, localizado a norte de Cacongo, no atual território do enclave de Cabinda. De lá, nos séculos XV a XVII, principalmente, eram importados para Luanda panos de ráfia, tacula, marfim, peles de elefante, ostras defumadas e cobre (PARREIRA, 1990a, p. 157). Grande potência no início dos anos de 1600, o reino ganhou fama por seu importante porto, onde eram embarcados escravos para as Américas. Entre 1641 e 1648,

permaneceu sob domínio holandês, mas no século seguinte, sob o líder conhecido como *Mwene Mbatu*, o reino resgatava parte de sua importância. Entre 1800 e 1840, de lá foram enviados para o Brasil numerosos contingentes de cativos da etnia Vili, referidos como "cabindas" (MILLER, 2009, p. 44).

LOBÉ. Antiga cidade da atual República da Guiné. No século XVIII, tornou-se um dos principais centros da vida política e religiosa local, juntamente com a cidade de Kankan e Timbo.

LOBENGULA (*c.* 1836-1894). Chefe do povo ndebele, no atual Zimbábue, filho e sucessor de Mzilikazi. Após uma rebelião, transferiu sua capital de Bulawayo para Gubulawayo. Aí, mantendo relações de amizade com mercadores europeus, missionários e exploradores, em 1888 assinou o tratado conhecido como *Rudd Concession*. O acordo concedia ao magnata Cecil Rhodes e à Companhia Britânica da África do Sul (BSAC) direitos de pesquisas minerais no solo de seu país. Uma vez vigente o tratado, Lobengula percebeu suas consequências e tentou resistir à expansão dos estabelecimentos ingleses e à influência que eles passaram a exercer. Mas já era tarde, e a tensão acabou fazendo eclodir, em 1893, a chamada Guerra dos Matabeles, na qual o chefe nativo foi derrotado e que acelerou a conquista colonial do que passou a ser conhecido como Rodésia e depois Rodésia do Sul, na atual República do Zimbábue (AFRICAN ENCYCLOPEDIA, 1974, p. 311). Ver MZILIKAZI.

LOGUM. O mesmo que ologum. Ver OLOGUM.

LOMÉ. Cidade do Togo localizada no Golfo da Guiné. Capital da República

LONGA

Togolesa, foi fundada no século XVIII por lideranças de um dos ramos do povo ewé. Ver DAOMÉ; EWÊS; TOGO.

LONGA. Rio no território de Angola. Nasce no Planalto central, na atual Província de Cuanza Sul, área controlada pelos portugueses a partir do século XVIII, sob o governo do capitão-geral Francisco Inocêncio de Souza Coutinho, entre 1764 e 1772.

LOZIS. Povo localizado na região do curso superior do rio Zambeze. O mesmo que Rózuis e Barotses. Ver RÓZUIS.

LUALABA. Rio cujo curso se desenvolve inteiramente no território da atual República Democrática do Congo, na condição de maior afluente do rio Congo ou Zaire.

LUANDA. Cidade do sudoeste-africano, fundada em 1576 pelo capitão Paulo Dias de Novais (1510-1589) a partir do Forte de São Paulo de Luanda. Passou a ser chamada São Paulo da Assunção de Luanda em 1649. Inicialmente apenas um povoado litorâneo, passou a ser considerada cidade em 1605, e em 1621, tornada sede da administração portuguesa de Angola, já tinha quatrocentas famílias de portugueses e um número maior de africanos (MPLA, 1975, p. 75). Em alguns momentos da História, foi tida como o principal porto de embarque de escravos do mundo (Parreira, 1990a, p. 157). Ver PORTOS DE EMBARQUE DE ESCRAVOS.

LUANGO. Ver LOANGO.

LUAPULA. Rio que constitui uma seção do rio Congo ou Zaire. Forma quase toda a extensão da fronteira entre a Zâmbia e a República Democrática do Congo.

LUBAS (*Baluba*). Povo da região de Catanga, na atual República Democrática do Congo (Congo-Quinxassa). Do começo do século XVI ao fim do século XIX, os Estados balubas dominavam a grande área que vai do rio Cassai ao lago Tanganica. Durante os séculos XVII e XVIII, os reis lubas, sobretudo Kumvimbu Ngombe, por volta de 1735, ampliaram seu sistema tributário ao criar estados clientes entre as populações da periferia da capital. No seu apogeu, o império que constituíram estendia-se para o leste até o lago Tanganica, e, para o sul, até o atual *Copperbelt do Congo*, próximo ao Reino lunda de Kazembe. Essa região, rica em minas de cobre e em torno da qual se formaram os reinos tributários, era o coração do reino e fonte de sua grande prosperidade. O império que ela sediava exerceu forte influência sobre o Reino Lunda, inclusive em sua forma de governo. Os lubas, entretanto, não conseguiam o mesmo êxito que os lundas na integração os povos conquistados à sua sociedade, e isto por causa de seu sistema de governo, que se estruturava dentro de um rígido sistema patrilinear, não permitindo o acesso de linhagens estrangeiras ao poder, em um reino já propenso a lutas internas (PAGE, 2005, v. III, p. 157). Ver LUNDA.

LUCALA (*Lukala*). Afluente do rio Cuanza, atravessa as províncias de Uíge, Malanje e Cuanza Norte, na atual República de Angola.

LUEJI (*Luedji; Rweej*). Personagem da história angolana, soberana do Reino Lunda no início do século XVII. Ver LUNDA.

LUENAS (*Lwena*). Povo banto localizado em partes dos atuais territórios de Angola e Zâmbia. Falantes do luena, língua do grupo Lunda-Chócue, seus indivíduos compartilham algumas singularidades com o povo chócue; e os luenas do noroeste da Zâmbia são conhecidos como *lovales*. No passado, as guerras que sustentaram contra os Dembos (Ndembu) do sul da Lunda deslocaram seus exércitos até a margem direita do rio Zambeze.

LUHYAS (*Luyia; Abaluyia*). Povo banto da atual República do Quênia, localizado na região dos Grandes Lagos. Provenientes das porções central e ocidental do continente, os luhyas atingiram seu atual território no ambiente das Grandes Migrações dos povos bantos (OBENGA, 1985, p. 98-100). Desde os anos que antecederam o período colonial, e mesmo durante ele, seus diversos subgrupos resistiram fortemente ao domínio europeu, lutando em muitas batalhas para recuperar, sem sucesso, suas terras invadidas. Alguns segmentos, entretanto, colaboraram com os colonialistas. No passado, foram denominados Kavirondo, como outros povos do oeste do território queniano.

LUKENI. Denominação do clã materno do fundador do Reino do Congo, Nimi a Lukeni ou Ntinu Wene (BALANDIER, 1965, p. 18).

LUNDA. Denominação da região localizada do nordeste do território da atual Angola, no curso superior do rio Cassai, até as fronteiras da moderna República Democrática do Congo, ao norte, e às da República da Zâmbia, a leste. Na atualidade, a divisão política da República Popular de Angola inclui as províncias denominadas Lunda Norte e Lunda Sul. Ver LUNDAS; MUATIÂNVUA.

LUNDAS. Designação genérica dos habitantes da Lunda. Falantes de línguas bantas reunidas no grupo Chócue-Lunda (OBENGA, 1985, p. 25), seus indivíduos

pertencem, principalmente, aos povos chócue, luimbi, lucaze, mbunda, songo e lunda propriamente dito. Segundo M'Bokolo (2017, p. 245), grande parte da cultura dos lundas se originou entre os balubas. A história conhecida desse conjunto de povos remonta ao século XVI. Originalmente agricultores, seus indivíduos dedicaram-se ao comércio, desenvolvendo importante rota mercantil entre o curso médio do rio Cuango e o curso superior do rio Casai. Buscando ampliar fronteiras e conquistar prestígio, suas lideranças mudaram a capital para a região do Casai, assumindo aí o controle de um dos terminais da rota de comércio (AFRICANA, 1999, p. 1209). Segundo algumas versões, esses eventos teriam ocorrido no contexto em que membros da aristocracia dos lubas de Catanga invadiram o território e impuseram seu poder, legitimando-o através de uniões conjugais. De início limitando-se à cobrança de tributos, aos poucos foram centralizando sua autoridade e pavimentando o caminho para o surgimento do Reino Lunda, no fim do século XVI. Incrementando a produção agrícola e negociando produtos da terra em troca de itens como sal, cobre, tecidos e tabaco, as elites governantes prosperavam. **O Estado.** Governado por um soberano intitulado *Mwata Yamuo*, detentor de poder tanto religioso quanto político-administrativo e apoiado por um conselho constituído pelos governadores das províncias, os antepassados dos atuais lundas ergueram um Estado que se expandiu por partes da atual província congolesa de Catanga, pelo noroeste de Zâmbia e pelo leste de Angola (FAGAN, 1970, p. 149). Entre o fim do século XVI e os primeiros

LUNDA GOVERNANTES – (1600-1852)

anos do seguinte, o supremo poder do reino foi exercido pela rainha Luedji ou *Rweej*, sucedida pelo filho, mencionado como Yamwo Namedji ou *Yav*. Em 1665, subiu ao poder entre os lundas o rei chamado Kibinda Ilunga ou Ilunga Kibinda, um baluba. Por volta de 1735, Kumvimbu Ngombé organizou os balubas e estendeu seu reino para leste e oeste. Por volta de 1740, a região do Luapula foi colonizada pelos lundas do chefe Kanyembo, cujo filho Nganda Vilonda foi nomeado Cazembe (rei). Por volta de 1800, na região central do Zambeze, alguns estados da área de influência dos lundas, como Undi, Kalonga e Lozi, tinham já atingido seu apogeu, enquanto que outros, como Bemba, ainda se expandiam (Isaacman, 2010, p. 213). **Estrutura do império.** O estado constituiu-se em império através de um núcleo centralizado, ao redor do qual pulsava, primeiro, um círculo de províncias intimamente ligadas e lhe pagando tributos, mas de certa forma independentes; e, após esse círculo, uma rede de reinos autônomos. Esse todo formava um conjunto cultural efetivamente lunda, no qual as fronteiras eram apenas vagamente definidas. Em termos comerciais, a Lunda manteve negócios com os árabes no oceano Índico, e, a partir de meados do século XVII, com os portugueses no Atlântico. Exportando principalmente marfim e escravos e centrando suas importações em tecidos e armas, o império atingiu o auge de seu poder na década de 1850, quando, em termos comerciais, destacava-se como o maior estado da porção centro-oriental do continente africano. Entretanto, numa sequência, esse poder foi sendo corroído, primeiro pelas incursões dos vizinhos chócues, entre 1880 e 1885; depois pelas tropas portuguesas chegadas de Angola, no oeste, em 1884; e finalmente pelos belgas provindos do nordeste, do Estado Livre do Congo, em 1898. Logo, o território da Lunda era dividido entre eles. Ver ANGOLA; ARQUEOLOGIA; BANTOS; BASSUTOS; BEMBAS; CACOATAS; CASSAI; CHÓCUES; CIVILIZAÇÕES; COMÉRCIO; CONGO, Rio; CONGO-QUINXASSA; CUANGO; GANGUELAS; IMBANGALAS; INSÍGNIAS DE PODER; JAGADO; KAZEMBE; KIBINDA ILUNGA; KULAXINGOS; LUBAS; LUEJI; LUNDA-CHÓCUE; LUNDA-KAZEMBE; MAKAO; MUATIÂNVUA; NAWEEJI; QUINGÚRIS; RELATOS EUROPEUS (Henrique de Carvalho); TIPPU TIP; TRANSPORTADORES NO INTERIOR; XINJES; ZÂMBIA.

LUNDA GOVERNANTES – (1600-1852)

NOME	PERÍODO DE GOVERNO
Kibinda Ilunga	1600-1630
Mwaant Luseang	1630-1660
Mwaant Yaav Naweej	1660-1690
Muteba	1690-1720

Mukanza	1720-1740
Mulaji	1740-1750
Mbala	1750-1760
Yaay Yambany	1760-1810
Cikombe Yaav	1810
Naweei	1810-1852

Fonte: VANSINA, 1965, p. 191.

LUNDA-CHÓCUE. Forma de referência ao complexo cultural formado pela interação dos povos lunda e chócue. Ver CHÓCUES.

LUNDA-KAZEMBE. Forma pela qual é também referido o Reino Kazembe da Lunda. Ver KAZEMBE.

LUOS (*Lwo*; *Lwoo*; *Dholuo*). Denominação de um conjunto de povos originários da bacia do rio Nilo que, a partir do século XV, migraram para o sul em vagas sucessivas. Essas migrações se prolongariam até o início do século XIX, em direção à região dos Grandes Lagos, chegando aos atuais territórios de Sudão, Quênia e Uganda. Segundo a tradição local, a chegada de um contingente desse conjunto a este último destino teria posto fim ao domínio dos bacuezis do Reino de Quitara, além de estabelecido as bases de poder do Reino de Bunioro-Quitara. No Quênia, os luos estabelecidos nas proximidades da atual província de Nyanza dividiam-se em grupos governados por conselhos de anciãos (HGA, 2010, v. V, p. 997). Ver BUNIORO; QUÊNIA; QUITARA.

LUTETE, Ngongo. Ver NGONGO LUTETE.

LUVALE. Ver MUCUBAL.

LUYS. O mesmo que LOZIS.

LWANGA, Charles. Ver CARLOS LUANGA, São.

MA'AL-AYNAYN (1831-1910). Líder religioso mauritano. Filho de Muhamad Fadil, fundador da ordem sufi Fadiliyya, realizou peregrinação a Meca e ganhou fama como místico. Em 1888, fundou a comunidade de Smara, que logo ganhou importância como centro comercial e religioso. Na última década do século XIX, foi um dos mais conhecidos opositores à presença francesa junto às tribos da Mauritânia, inspirando a resistência armada ocorrida na primeira década do século seguinte. Ver MAURITÂNIA; SUFI.

MACANGA. Reino em Moçambique, na região do curso inferior do rio Zambeze. Sua fundação teria sido resultado de uma doação de terras ao prazeiro goês Gonçalo Caetano Pereira, que se estabeleceu em território africano no ano de 1760. Ver MAKOLOLO, Reino de; MASSINGUIR; PEREIRA, Família.

MACAULEY, Herbert (1864-1946). Nome abreviado de Olayinka Herbert Samuel Heelas Badmus Macaulay, político, jornalista, engenheiro, arquiteto e músico africano nascido no território da atual República da Nigéria. Inclui-se entre os impulsionadores do nacionalismo africano. Ver NACIONALISMO AFRICANO.

MACHAME. Antigo reino situado na encosta sudoeste dos Montes Kilimanjaro, no atual território da Tanzânia. No final da década de 1880, era o maior e mais populoso de todos os estados da região, líder de uma confederação de unidades políticas como Narumu, Kindi, Kombo etc.

MACHONALÂNDIA. Antiga denominação em fontes portuguesas para o território nacional dos povos do grupo xona, referidos como "machonas", ou seja, com inclusão do prefixo *ma*, indicativo de plural. Ver XONAS.

MACINÁ. Região no território da atual República do Mali, entre a curva do rio Níger e as nascentes do rio Volta. No século XV, alguns grupos fulas (peúles ou fulânis), até então nômades, lá se instalaram, e seu líder obteve do *mansa* (sultão) do Mali o cargo de governador. No período do Império Songai, um dos seus chefes, chamado Bubu Mariama, recusou-se a prestar juramento de fidelidade aos *askia*, sendo levado preso. A recusa ao domínio se prolongou no período dos paxás de Tombuctu, quando os fulânis foram comandados por Amadu Amina, morto em 1627, e Amadu Amina II (1627-1655), e quando o Maciná recuperou sua autonomia, mantida até o século XIX (ENCICLOPÉDIA, 2000, p. 526). **O império fulâni do Maciná.** No início do século XIX, após sua vitória contra o Reino de Segu e a conquista de Djenê, em 1819, no movimento que ficou conhecido como a *"Jihad do Maciná"*, Cheiku Amadu fundou um estado teocrático. A denominação que atribuiu à nova unidade política foi "Diina", e a sede do governo foi a cidade de Hamidullahi. As áreas conquistadas foram divididas em cinco regiões, que abrangiam, entre outros, territórios ocupados por povos mossis, tombuctu e parte do atual burkina fasso. Elas foram entregues a chefes militares fulânis que apoiavam as regras de conduta rigorosas que passaram a vigorar sob o governo de Cheiku Amadu e seus sucessores, baseadas na xaria muçulmana de inspiração maliquita. Após a morte de Cheiku Amadu, em 1845, o Estado passou a ser governado por seu filho, Amadu Cheiku, e, depois, por seu neto, Amadu-Amadu, que governou a partir de 1853, mas com a tomada de Hamidullahi pelo tuculor El Hadj Omar Tall e a consequentemente morte deste último Amadu em 1862. **O Reino Tuculor.** Daí em diante, após a morte de Omar e por quase três décadas mais, com o reinado de Tidjani Tall e outros eventos, em 1890, após a tomada de Segu, o Maciná caiu sob o domínio francês. Ver AMADU-AMADU; AMADU CHEIKU; CHEIKU AMADU; EL HADJ OMAR TALL; FULÂNIS; HAMIDULAI; JIHAD; PAXÁ; TIDJANI TALL; TOMBUCTU; TUCULORES.

MACOMBE (*Makombe*). Título do governante do Barué, Reino dos barués, em Moçambique. Um dos mais citados desses governantes foi o macombe Chipatata, reinante *c.* 1845. Ver BARUÉS.

MACONDES (*Makonde*). Povo banto localizado no norte de Moçambique, nas porções sudeste dos territórios de Tanzânia e Quênia, e também com alguma presença na ilha de Mayotte, no oceano Índico. Seu relativo isolamento os preservou do contato com os europeus, sendo alcançados pela colonização somente no século XX.

MACUAS (*Makwa*). Povo do nordeste de Moçambique, localizado a partir das regiões de Cabo Delgado e Nampula.

MAD MULLAH. Ver MUHAMAD ABDALAH HASSAN.

MADAGASCAR. País insular no oceano Índico, separado da África pelo Canal de Moçambique. Formado pela maior ilha da geografia africana, foi povoado por uma mescla de africanos bantos e asiáticos (migrantes malaio-polinésios), além de europeus e árabes. No século XVI, um dos povos locais fundou o Reino de Merina ou Imerina, aproximadamente no mesmo momento em que se davam os primeiros contatos com europeus. Além desse reino, outros surgiram e se desenvolveram em diversas partes da ilha, como o Betsimisaraka no leste, o Betsileo no centro, e o Sakalava no centro. A partir do século XVII, assim dividida em vários principados e servindo como escala de importantes rotas comerciais, a ilha passou a ser objeto de tentativas de colonização por parte da França. Em 1797, o rei Andrianampoinimerina reunificou o Merina, instalou governadores nas províncias e estabeleceu protetorado sobre o Betsileo. Tendo como objetivo estender os domínios do reino até o litoral, esse rei adquiriu armas de fogo aos franceses, em troca de escravos. Após sua morte em 1810, seu filho Radama unificou toda a Madagascar sob sua autoridade e firmou um acordo com os ingleses para a extinção do tráfico negreiro. Por esse ato conjunto, assinado em 1817, ratificado três anos depois e conhecido como "Tratado Anglo-Merina", Radama I conquistava o título de "Rei de Madagascar". Entretanto, sua soberania sobre toda a ilha foi contestada pela França, sendo Radama afastado e sucedido por seu filho Radama II, logo deposto e assassinado no curso de uma guerra de resistência à dominação francesa iniciada em 1853. Sua sucessora, a rainha Ranavalona (1864-1868), manteve ao seu lado o primeiro-ministro Rainilaiarivony, com o qual adotou uma política de oposição ao domínio europeu. O ministro permaneceu à frente do governo por cerca de trinta anos, nos reinados das três rainhas merinas de nome Ranavalona. Buscando equilibrar-se entre as pretensões coloniais de franceses e ingleses, rechaçadas com violência em diversas regiões da ilha, o primeiro-ministro sobreviveu politicamente até o estabelecimento do protetorado em 1895 e a anexação de Madagascar pela França logo depois, com as tentativas de reação reprimidas com extrema violência. Ver RANAVALONA; RAINILAIARIVONY.

MADAME TINUBU. Ver EFUNROYE TINUBU.

MADAME YOKO. Ver MAMMY YOKO.

MADLAKA (1780-1829). Comandante militar que se destacou no período de formação do Reino Zulu, sob o comando de Chaka. Liderou os exércitos nas mais importantes campanhas e desfrutava de posição de destaque, mas caiu em desgraça após a morte do grande líder, sendo executado a mando de Dingane. Ver CHAKA; DINGANE; ZULUS.

MAFUTA, Apolônia (século XVIII). Líder religiosa no Congo, no ambiente de Beatriz Kimpa Vita. Mais velha, surgida antes desta e com muitos seguidores, foi sua defensora e apoiadora, proclamando-a como a "verdadeira voz de Deus". Segundo textos coloniais portugueses, Mafuta era uma "velhota" que dizia ter visto Nossa Senhora e ouvido dela que Jesus Cristo estava irado com o rei do Congo, que não fazia retornar a capital do reino para a Mbanza Congo, ou São Salvador. Baseada nisso, profetizava sinistros e tragédias. Mais tarde, passou a ser chamada de "Fumaria" ou "Santo Velho Simeão". Kimpa Vita morreu queimada numa fogueira da Inquisição em 1706, e a *Mafuta* (termo significando "gorda", em quicongo) parece ter tido fim semelhante. Ver KIMPA VITA, Beatriz.

MAGDALA. Cidade na antiga Abissínia, região planaltina no território da Etiópia. Abrigou a corte do *négus* Teodoro II, para a qual foi construído um palácio de alvenaria como uma suntuosa residência real. Foi palco da derrota das tropas etíopes frente aos ingleses em 1868, e do subsequente suicídio do inditoso governante. Ver CIDADES.

MAGREBE (*Maghrib*). Denominação da região mais setentrional do continente africano, na qual se situam os territórios de Marrocos, Argélia e Tunísia. Sua faixa litorânea constituiu parte do Império Turco-Otomano desde o século XVI; e, a partir do século XIX, foi colonizada pela França. Ver ARGÉLIA; MARROCOS; TUNÍSIA.

MAGUANGALAS (*Magwangala*). Nome pelo qual foram conhecidos os Angônis entre os ajauas de Moçambique. Ver AJAUAS; ANGÔNIS.

MAGUIGANE. Personagem da história de Moçambique. Chefe militar, comandante do exército de Gungunhana e sucessor deste. Em 1897, após vencer e destruir inúmeros pequenos postos portugueses, foi derrotado nas colinas de Macontene, próximo a Chibuto, por corpos portugueses de cavalaria, sendo, mais tarde, morto. Com essa vitória, os portugueses dominaram o sul de Save (ALMEIDA, 1978. v. II, p. 308). Ver GUNGUNHANA; MOÇAMBIQUE.

MAHDI. Nome, correspondente ao judaico "messias", com que se denominaram vários líderes muçulmanos através da História. O mais célebre dele foi o líder religioso e militar sudanês **Muhamad Ahmad** (*c.* 1840 [8]-1885). Liderando um movimento radical em prol da pureza do Islã, em 1881 anunciou que era o esperado *Mahdi*, "guiado para restaurar o reino de justiça no mundo". Então, deflagrou uma rebelião contra o sultão do Egito, na ilha de Aba, na região do Nilo Branco, e depois expandida para a região do Cordofão, no sul, onde atraiu um grande número de seguidores. Com esse exército, assumindo o controle do oeste do país, venceu tropas governamentais em diversas batalhas e desbaratou uma força inglesa enviada em socorro dos egípcios. Em 1885, depois de um longo cerco, as forças do Mahdi tomaram Cartum, a capital sudanesa, matando o general inglês que a chefiava. Assim, o líder instalou a capital de seu Estado Islâmico na cidade de Omdurman. Entretanto, faleceu nesse mesmo ano, sendo sucedido por Khalifa Abdulai, que resistiu por três anos ao assédio britânico, sendo derrotado na Batalha de Omdurman, em 1898. Com essa vitória, a aliança anglo-egípcia assumiu o governo do país. O movimento mahdista, que encerrou o domínio egípcio na década de 1880, foi um exemplo impressionante do poder político de um líder religioso. Espalhou-se rapidamente, e após encerrar o domínio egípcio no Sudão, pôde criar um Estado baseado nos ensinamentos do Islã, segundo sua interpretação, sendo levado adiante após sua morte (HOURANI, 2006, p. 411-412), pois os adeptos do Mahdi permaneceram como influente força política até o século XX. Ver ABDALA IBN MUHAMAD; CORDOFÃO; SANÚSIA.

MAHDISTA. Relativo a Mahdi; forma de referência a cada um de seus adeptos ou seguidores.

MAHERERO, Samuel (1854-1923). Chefe do povo herero, nascido em território situado entre as atuais repúblicas de Botsuana e Namíbia. Em 1890, sucedeu o irmão, mencionado nas fontes disponíveis apenas como "Maherero", que, seis anos antes, com o apoio dos alemães, havia unificado a chefia de diversos grupos de seu povo em luta contra os Khoikhois. Assumindo a chefia e enfrentando o avanço dos germânicos, Samuel liderou a grande revolta que levou ao massacre dos hereros pelas forças colonialistas germânicas em 1903. Mencionado como "o último líder dos hereros independentes", terminou seus dias no exílio, mas celebrado como símbolo da resistência do seu povo. Ver NAMÍBIA; RESISTÊNCIA ANTICOLONIALISTA.

MAHMUD KATI (século XVI)

MAHMUD KATI (século XVI). Cronista soninquê de Tombuctu. Teria vivido aproximadamente entre os anos 1468 e 1593, e sido, segundo algumas fontes, *cadi* (juiz) na localidade de Tendirma no período de apogeu do estado Songai. Escreveu, por volta de 1520, a parte inicial do *Ta'rikh al Fattash* (Crônica do investigador), um dos clássicos da historiografia muçulmana sobre a África. A obra foi, mais tarde aumentada pelo filho do cronista, Yusuf b. Mahmud Kati, e pelo neto, Ibn al-Mukhtar, a quem se atribui a conclusão do relato, provavelmente em 1664.

MAIACAS. Ver YAKAS.

MAJDOUB, Abderrahman el. Ver EL MAJDOUB, Abderraman.

MAJID, SAID. Sultão de Oman. Governou Zanzibar de 1856 a 1870, após uma prolongada guerra pela sucessão no Sultanato. Ver ZANZIBAR.

MAJI-MAJI, Revolta de. Nome pelo qual foi conhecido um importante movimento armado contra o domínio colonial ocorrido no território da atual Tanzânia, no início do século XX, também referido como "Guerra de Maji-Maji". Os conflitos ocorreram entre 1905 e 1907, quando os alemães tentaram obrigar os tanzanianos a plantar algodão para exportação. A expressão *Maji-Maji*, provavelmente ligada ao suaíli *maji*, "água", parece referir uma possível denominação do local central da revolta.

MAKANDA (*Makana, Nxelle* – 1780-1820). Chefe religioso do povo xosa, na África do Sul, celebrado como profeta e guerreiro. Com grande influência junto aos xosas de Ciskei e do leste da Colônia do Cabo, opôs-se firmemente aos colonialistas britânicos. Por isto, em 1819 foi encarcerado no histórico estabelecimento prisional sul-africano da Ilha Robben, onde morreu em uma tentativa de fuga (LIPSCHUTZ; RASMUSEN, 1989, p. 132). Ver XOSAS.

MAKAO (século XIX). Princesa do Reino de Kazembe, na Lunda, em território da atual República da Zâmbia. Irmã de Kinyanta Munona, eleito rei em 1854, disputou com ele a liderança do reino, forçando-o a se exilar temporariamente, enquanto ela procurava assumir o controle do comércio caravaneiro. Derrotada, foi publicamente queimada numa fogueira. Ver KAZEMBE; LUNDA.

MAKOKO (1820-1892). Nome pelo qual se fez conhecido o chefe Makoko Iloo I, soberano do povo teque, no Reino de Tio, na atual República do Congo. Assumiu o governo entre 1860 e 1865, reinando a partir da cidade de Mbé. Guerreou contra as forças do povo bobangui pelo controle das rotas de comércio no norte do Congo, firmando um acordo de paz depois de alguns anos de conflito. Com a entrada dos franceses na região, para fortalecer sua própria posição local, em 1880 celebrou com o representante do governo francês, o explorador Savorgnan di Brazza, o tratado através do qual seria criada a unidade colonial denominada África Equatorial Francesa. Ver ÁFRICA EQUATORIAL FRANCESA; CONFERÊNCIA DE BERLIM.

MAKOLOLO, Reino de. Unidade política constituída pelo povo soto, da África Austral, originalmente localizado no território da atual África do Sul. Em 1838, no curso do Mfecane, o líder Sebituanê atravessou o rio Zambeze e, alguns anos depois, conquistou o povo lozi do Reino de Barotselândia e se tornou rei. Morrendo em 1851, Sebituanê foi sucedido, primeiro, por sua filha Mamochisane, que logo abdicou em favor de seu meio-irmão mais novo, Sekeletu. Após cerca de vinte anos, o Reino de Makololo foi destruído em uma revolução, restando como sobreviventes apenas algumas mulheres e crianças. Ver COLOLOS; LOZIS; MFECANE; SEBITUANÊ; SOTOS.

MAKONNEN, Ras (1852-1906). Nome abreviado do político etíope *Ras* (príncipe) Mäkonnen Wäldä-Mika'él Guddisa, membro da dinastia salomônica, general e governador da província de Harar. Pai de Tafari Mäkonnen, o futuro *négus* (imperador) Hailé Selassié, liderou ou participou de diversas operações militares a serviço de Menelik II, em Embabo, Arsi Oromo, e, sobretudo, na Batalha de Adua. Representou seu país nas negociações da definição de fronteiras entre o território etíope de Harar e a Somália Britânica.

MAKULO, Disasi (século XIX). Personagem da história da escravidão no território africano nascido entre os anos de 1870 e 1872 na pequena aldeia de Bandio, situada no norte do território do atual República Democrática do Congo. Com cerca de 10 anos de idade, foi capturado por caçadores suaílis de escravos e vendido ao traficante Tippu Tip. Tempos depois, foi revendido, desta vez ao explorador inglês Henry Stanley, sendo a seguir enviado a uma comunidade da *Baptist Missionary Society*, onde aprendeu a ler e escrever e passou a atuar como intermediário da missão batista junto às comunidades locais. A história de sua vida, escrita por Myriam Basolila Mbewa, foi publicada no livro *La voyage de Disasi Makulo* [A viagem de Disasi Makulo], editado por Saint-Denis pela Edilivre, em 2005. Ver CRISTIANIZAÇÃO; SUAÍLI; TIPPU TIP.

MALANJE. Cidade em Angola, atualmente sede da província de mesmo nome. Situa-se no norte do território angolano, entre os cursos dos rios Cuanza e Cuango, na região fronteiriça à República Democrática do Congo, antigo Congo Belga, a nordeste. O ano provável de sua fundação é 1852, o mesmo da abertura da paróquia de Nossa Senhora de Assunção e da concorrida feira que sediou até pelo menos o fim do século XIX. Em 1857, passou a abrigar um presídio e, sete anos depois, um forte. Em 1886, era iniciada a construção do chamado "Caminho de Ferro de Malanje", ferrovia Ligando Malanje a Luanda, inaugurada já no século XX. Ver CIDADES; PRESÍDIOS.

MALÁUI. País localizado nas margens ocidental e meridional do lago Maláui, tradicionalmente denominado Niassa (*Nyasa*). Seu atual território limita-se a oeste e noroeste com a Zâmbia; a sudeste com Moçambique; e a leste e norte com a Tanzânia. Habitado, entre outros pelos povos twa e chewa, o território abrigou o Reino de Kiwara, que integrava o conjunto de estados locais ligados à extração e comercialização de ouro, sob o domínio do monomotapa do antigo Zimbábue. Durante o século XVII, Kalonga Muzura, líder do povo chewa, fundou o Império Maláui, cujo centro se localizava entre o lago Niassa e o oceano Índico. O poder do

MALEBO

império tinha por base o comércio de ouro, marfim e escravos, negociados com mercadores portugueses no litoral. Após a morte de Muzura, o estado se enfraqueceu, e, pelo mesmo tempo, os povos tumbuka fixavam-se no norte, dedicando-se à metalurgia e dominando o comércio de marfim (AFRICAN ENCYCLOPEDIA, 1974, p. 320). A partir do século XVI, a penetração portuguesa pelo interior do território, fechando o caminho aos mercadores muçulmanos, provocou a decadência econômica do Zimbábue e de toda a região do Lago: reagindo à avidez dos europeus pelo ouro, os líderes xonas do Zimbábue soterraram suas minas, mantendo ativa apenas a metalurgia (ENCICLOPÉDIA DO MUNDO CONTEMPORÂNEO, 2000, p. 599). Na década de 1830, o *mfecane* dos zulus ngonis deu origem a uma prolongada série de guerras, principalmente nas partes central e norte do território. Os ngonis ocuparam os territórios dos nativos tumbukas e outras áreas, mas encontraram forte resistência por parte dos chewas, comandados pelo líder Chilidampo. No norte, o líder ngúni Mbelwa fundou seu próprio estado, e, pela mesma época, os ajauas (*Yao*), tradicionais comerciantes, após vencer os exércitos do povo manganja, fundavam pequenos estados no Vale do Shire (AFRICAN ENCYCLOPEDIA, 1974, p. 320). Em 1890, aproveitando-se do fracionamento da região em diversas pequenas unidades políticas, os portugueses tentaram a ocupação, reprimida pelo célebre ultimato recebido do Império Britânico, o qual projetava unir a África do Sul ao Egito através de um cordão de unidades coloniais. Surgia aí o protetorado da Niassalândia, criado sob os auspícios da Companhia Britânica da África do Sul (ENCICLOPÉDIA DO MUNDO CONTEMPORÂNEO, 2000, p. 396). Ver NIASSALÂNDIA.

MALEBO. Denominação do lago formado pelas águas do rio Congo na fronteira entre Congo-Brazzaville e Congo-Quinxassa. Outrora foi denominado Stanley Pool.

MALÊ (*Malè*). Termo da língua fon ou fongbé que designa o Mali, tido como o país de origem dos primeiros muçulmanos entrados no antigo Daomé (SEGUROLA; RASSINOUX, 2000, p. 343). Por extensão, e por influência do iorubá *imònle* ou *imàle*, o termo, nas formas *malê, mallay, mulay* etc. passou a identificar o indivíduo praticante do islamismo, e como tal passou a ser usado por europeus que os observaram na Corte daomeana de Abomé. Segundo esses observadores, alguns desses malês provinham das fronteiras do Marrocos, outros provavelmente do povo bariba. Tinham bom domínio da escrita, negociavam tabaco, aguardente e outros artigos de interesse geral, e eram hábeis fabricantes de artefatos de pele de cabra e de carneiro, com que revestiam caixas para cartuchos e recipientes para guardar pólvora de canhão. Cerca de quarenta destes negociantes muçulmanos foram vistos pelo capitão inglês William Snelgrave em 1732 no palácio de Agadjá, e outros tantos estavam na corte de Tegbessu quando Robert Norris por lá passou, em 1776. Eram de cor negra ou morena, vestiam túnicas longas, turbantes à moda turca e sandálias ou sapatos ao estilo marroquino. Na opinião desse escritor inglês, os malês desfrutavam da admiração e estima dos governantes,

MALI, República do

que os tratavam com marca de extraordinário favor, e completava: "É bem possível que, para dar a si mesmos um ar maior de dignidade, se autonomeiem com o título de Mullahs ou Mollahs, que participam propriamente de uma ordem de sacerdotes maometanos cujas funções são supervisionar e controlar os cadis" (NORRIS, 1890, p. 117). Segundo o padre Vicente Ferreira Pires, "o gentio de Dahomé faz uma boa sociedade com estes negros moiros, e o Rei, quando pertende (*sic*) ter qualquer ação de guerra, ou outra pertenção (*sic*), pede a estes Moiros que façam seus feitiços para se verificar o que ele deseja" (PIRES, 1957, p. 134-135).

MALEMBO (*Malembu*). Cidade angolana, situada na atual província de Cabinda. No início do século XVII, abrigava um movimentado ponto de embarque de escravos para as Américas. Seu nome é às vezes confundido com Malemba, situada na província de Lunda Sul.

MALGAXE. Relativo a Madagascar, à língua ali falada e a cada um dos habitantes da grande Ilha.

MALI, Império do. Denominação do antigo e poderoso estado oeste-africano, estendido do rio Senegal à região de Agadez, e de Ualata até a floresta, assimilado pelo Songai no século XV. Também referido como "Antigo Mali". Ver MALI, República do.

MALI, República do. País interior da África Ocidental situado entre o Saara e o Sahel, limitado por Argélia, Níger, Burkina Fasso, Senegal e Mauritânia. Ocupando uma área aproximada à do antigo Mali, seu território é principalmente ocupado por povos do grupo mandê, e em menor proporção por inúmeros outros grupos, entre os quais fulânis, dogons, soninkés, sossos, bozós e tamaxeques. **Síntese histórica**. Após o colapso do Songai, nenhum novo império tomou seu lugar, e a área perdeu a unidade e a organização que antes a distinguiam. O Islã também declinou, e o povo bamana, majoritariamente adepto da Religião Tradicional, bem como senufos e dogons, continuaram resistindo ao islamismo. No século XVII, a região abrigava vários pequenos estados e reinos, incluindo o Kaarta, com capital em Nioro, além de Segu, Bambuque e Burem. O Estado bamana de Segu controlava as rotas de comércio com seu poderoso exército, e por volta de 1750, comandado pelo líder Mamadu Kulibali, constituía-se num Estado englobante, cuja influência se estendia de Bamako a Tombuctu. No fim do século, Segu, a sede do poder, era uma rica cidade com aproximadamente 30 mil habitantes; mas, sofrendo ataques de povos vizinhos, entrou em declínio. Entre seus atacantes, figuravam os sufistas da confraria Kadíria, cujo movimento de reforma islâmica tinha se expandido, a partir do oeste, por líderes principalmente tuculores do clã torobé, originários do Senegal. Os da confraria Tijania, que eram majoritariamente peúles do próprio Mali, implantaram reformas principalmente através de *jihads*. Depois de conquistarem a maior parte do Reino de Segu, por volta de 1815, estabeleceram seu poder sobre as áreas de influência de um ramo dos bamanas no Império fulâni de Maciná. O Maciná foi conquistado por volta de 1861 pelo tuculor El Hadj Omar Tall, que deflagrou sua *jihad* também a partir do oeste, da área do Futa Toro. Após sua morte, em 1864, seu filho Amadu Seku Tall assumiu o império, mas não conseguiu superar a resistência encontrada. Na parte oeste do território, foi atacado por Samori Turê, que tinha sido empurrado para o leste por invasores franceses, em 1884. Nessa década, em meio à grande competição entre as potências europeias por colônias na África, a França enviara tropas para conquistar os bem organizados Estados do Sudão Ocidental. Por volta de 1898, Samori Turê e Amadu Seku foram ambos derrotados pelos modernos armamentos e forças superiores dos franceses, que conquistaram toda a região entre o rio Senegal e o lago Chade. A área do Mali foi então denominada "Sudão francês", e governada do território senegalês como parte da África Equatorial Francesa. Os governantes locais e seus chefes provinciais e de aldeias foram usados pelo governo colonial como meros coletores de impostos e organizadores do trabalho forçado. Em muitas áreas, o povo foi obrigado a praticar uma agricultura para exportação, o que desbaratou a economia tradicional e fez muitos povos do Sudão e do Alto Volta migrarem para o Senegal e Costa do Marfim (AFRICAN ENCYCLOPEDIA, 1974, p. 321-322). Ver ÁFRICA OCIDENTAL; AMADU SEKU TALL; BAMANAS; BAMBUQUE; BUREM; CHADE, Lago; COSTA DO MARFIM; EL HADJ OMAR TALL; FUTA TORO; JIHAD; KAARTA; KADÍRIA; MACINÁ; MACINÁ; MAMARI KOULIBALY; MANDÊ; NIANI MANSA MAMADU LAMINE; SAMORI TURÊ; SEGU; SENUFOS; SONGAIS; SUDÃO; SUDÃO OCIDENTAL; TIJANIA; TOMBUCTU; TUCULORES.

MALIK Ambar (1548-1626). Personagem da diáspora africana na Índia. Nascido na Etiópia, em território sob o controle do Sultanato de Adal, viveu como escravo em Hedjaz, Al-Mukha e Bagdá, no Oriente Médio, e foi depois enviado para o Sultanato de Ahmadnagar, na Índia, onde passou primeiramente a servir na guarda palaciana. Destacando-se na luta contra as investidas do Sultanato Mogol, foi alçado à condição de regente em nome da dinastia de Nizamshahi no período de 1602 a 1626, assumindo efetivamente o poder em Decan. Durante o seu governo, fundou cidades, criou canais e sistemas de irrigação (Neher) e incentivou a criação artística e literária em sua corte. Ver ÍNDIA, Africanos na; DIÁSPORA AFRICANA.

MALIK I, Abd al-. Ver ABD AL-MALIK I.

MALIK SI. Pregador, taumaturgo e guerreiro muçulmano de origem tuculor nascido em 1637 no Futa Toro. Em 1680, autorizado pelo *tunka* (rei) de Gajaaga ou Galam a pregar na região do Bundu, logo angariou muitos adeptos. Vindos dos diferentes grupos habitantes na região, como soninquês, djakhankés, coniaguis, bassaris e, sobretudo, fulânis e tuculores, esses seguidores fizeram crescer a reputação e a influência do mestre. Assim, ele adotou o título de imame e mobilizou seus fiéis numa *jihad*, fundando um Estado teocrático que se prolongaria ao longo do século XVIII sob o governo de seus sucessores, da dinastia Sisibé. Ver IMAMADO; ISLAMIZAÇÃO; JIHAD; TUCULORES.

MALINDI. Cidade no litoral do Quênia, banhada pelo oceano Índico, integrante da comunidade linguística suaíli. Foi muito ativa como centro comercial integrado nas antigas rotas comerciais com o Oriente Médio, a Índia e a China antes do século XV. A chegada dos portugueses data de 1498, ano em que Vasco da Gama entrou em negociações com as autoridades locais e a cidade passou a ser considerada ponto de parada obrigatória na Rota das Índias. Entretanto, entre os séculos XVI e XVII, sua importância decresceu paulatinamente, até seu quase desaparecimento. No século XIX, esteve sob o poder dos sultões de Zanzibar, servindo de ponto de passagem do tráfico negreiro, até cair em 1890 sob domínio britânico.

MALINQUÊ (*Malinké; Mandenka; Maninka*). O mesmo que Mandinga, "habitante do Mali" (LOPES; MACEDO, 2017, p. 194). Ver MANDÊ.

MALIQUITA. Relativo à doutrina jurídica muçulmana estabelecida por Malik ibn Abbas, no século VIII (LOPES; MACEDO, 2017, p. 194).

MALUNDA. Denominação das narrativas históricas transmitidas oralmente por povos imbangalas com a finalidade de retratar suas origens, com destaque para os nomes e títulos dos chefes de linhagens. Foram recolhidas parcialmente no século XIX e parcialmente no século XX (MILLER, 1995, p. 16-22). A denominação tem origem no radical quimbundo *lunda*, significando "guardar", "preservar", "proteger". Ver IMBANGALAS.

MAMADU LAMINE (1835-1887). Nome abreviado de Mamadu Lamine Dramé, marabu senegalês pertencente à confraria Tijania, portador do título *El Hadj* ou *Al Hajj*. Chefe da resistência no período de instalação do domínio colonial na região do Bundu, morreu em combate contra as tropas da ocupação francesa, no curso de uma *jihad*.

MAMARI KOULIBALY. Rei (*fama*) do povo bambara ou bamana de 1712 a 1755. Também referido como Biton Kulubali ou Bitton Coulibaly, levou ao apogeu o Reino de Segu, do qual foi fundador (AMSELLE, M'BOKOLO, 2017, p. 50), e destacou-se como um dos maiores personagens da história da África Ocidental em seu tempo. A partir da inclusão de escravos em seus exércitos, que dispunham inclusive de uma flotilha de barcos conduzida por pescadores do povo somono e um corpo de engenheiros (PAQUES, 1954, p. 47), subverteu os padrões da organização social tradicional. Além disso, anistiava praticantes de delitos, devedores de impostos e outros faltosos, com a condição de que se submetessem aos serviços de sua corte aos cultos religiosos, mas privava-os de sua liberdade pessoal. Era, então, chefe político e religioso. Assim, pôde restabelecer o equilíbrio social e o antigo regime bambara, criando uma organização nova, despótica, mas militarmente muito eficaz, porque não escapava à autoridade do soberano. Entretanto, essa organização, denominada *Tondyon* era muito perigosa para a estabilidade dos governos, como mais tarde se verificou. Ver BAMBARAS; BITTON; TONDYON.

MAME DYARA BOUSSO. Personagem venerada no Senegal. Viveu no século XIX e foi a mãe de Cheikh Amadu Bamba (1853-19270), o fundador da Confraria dos Múridas.

MAMELUCO

MAMELUCO. Forma, em língua portuguesa, para o termo árabe *mamluk*, "escravo", que designou primeiramente cada um dos turcos recrutados para servir os sultões da dinastia aiúbida reinante no Egito entre 1171 e 1250. Esses serviçais foram, por suas proclamadas força e valentia, utilizados como guardas pessoais pelos governantes, acabando por se constituírem em uma força guerreira especial e por assumir diretamente o controle do Estado. Deles se originaram os sultões que governaram o Egito até 1516, quando o país caiu sob domínio do Império Turco-Otomano. Sua influência na administração e no exército permaneceu, todavia, até pelo menos o século XVIII. Observe-se que, em 1808, parte das tropas de Napoleão Bonaparte era integrada por um corpo de mamelucos recrutados no Egito, como representado em uma tela do pintor Goya pertencente ao acervo do Museu do Prado, em Madri. Ver CEDDO; EGITO; GUARDA NEGRA; JANÍZAROS; ORGANIZAÇÕES MILITARES; TONDYON.

MAMMY SKELTON (1800-1855). "Mamãe Skelton". Cognome pelo qual foi conhecida Elizabeth Frazer Skelton, mercadora euro-africana. Nascida às margens do rio Pongo, na atual Guiné-Conacri, era filha de um empresário escocês, associado aos interesses britânicos na África Ocidental, com uma comerciante nativa, chamada Phenda. Casada com William Skelton, também mestiço euro-africano, entre 1826 e 1846 atuou intensivamente no comércio ao longo dos rios Nuñez e Pongo, primeiramente nos negócios do tráfico negreiro e depois em produtos tropicais de exportação.

MAMMY YOKO (1849-1906). "Mamãe Yoko". Um dos cognomes pelo qual se fez conhecida "Madame Yoko" ou "Yoko de Senehun", líder do povo mende, em Serra Leoa. A partir de 1878, segundo sua biografia, nascida em uma linhagem importante, combinou essa circunstância favorável com uma boa escolha matrimonial e o poder conferido pelo pertencimento à sociedade iniciática Sande, desfrutando de considerável influência. Assim, durante o período da conquista colonial inglesa, destacou-se como mediadora e negociadora, e isto por combinar habilidade com boa capacidade de comunicação e negociação. Assim, pode organizar uma eficiente rede de influência, com a participação de mulheres da sociedade a que pertencia. Em 1884, foi reconhecida pelo poder colonial como "Rainha de Senehun". Ver SANDE; SERRA LEOA.

MAMOCHISANE (século XIX). Princesa do povo soto, no Reino de Makololo. Seu nome é também grafado como *Mamuchisane*. Ver MAKOLOLO, Reino de.

MAMPRUSSI (*Mamproussis; Mamprusi; Mampursi*). Cidade-Estado criada por um ramo do povo mossi, com capital em Gambaga (LOPES; MACEDO, 2017, p. 195). É mencionada como um dos "estados negreiros" da África, entre os séculos XVII e XVIII (DORIGNY; GAINOT, 2017, p. 40). Ver ESTADOS NEGREIROS; MOSSIS.

MANDÊ (*Manden*). Denominação da região do alto vale do rio Níger, inteiramente situada na parte meridional da savana, em território da atual República do Mali. É também referida como *Mande, Mandi, Mandeng, Manding,*

Mallé, Malel, Melli, Mel, Mellit e *Mani* (KONARÉ, 1981, p. 130). É o berço dos povos falantes da família linguística de mesmo nome, que se espraiaram por um vasto território, estendido para o sul até a atual Costa do Marfim, para o leste até a República do Níger e para o oeste até as repúblicas da Guiné-Conacri, Guiné-Bissau, Gâmbia e Senegal. O nome designa também o conjunto dessas populações, bem como o grupo de línguas por elas faladas, além de denominar o antigo Estado monárquico do povo malinké, mais conhecido como mali. Este reino, durante o governo de Mama Makhan Keita, após a conquista de Tombuctu por Mamari Koulibaly, rei de Segu, entrou em decadência. **Povos e línguas**. Os mandês se dividem em dois grandes subgrupos: mandês do norte (*mande-tan*) e do sul (*mandé-fu*). Do primeiro, fazem parte os mandingas propriamente ditos (*malinké, mandenka, maninka*), os saracolês e os bambaras (*bamana*). Quanto às línguas, o grupo mandê *tan*, do sul, compreende: soninquê ou saracolê; marka; bozo; diúla; bambara; kassonquê; kagoro e o malinquê (*malinké*). As do sul (*mandé-fu*) compreendem, entre outras, o sosso ou sussu e o dialonquê. Importante também é a classificação dos mandes em clãs ou linhagens, como as dos *Diallo, Dyara, Kamara, Keita, Kulibali, Sidibe, Traore, Ture (Toure)* etc.

MANDÊS (*Mande*). Denominação dos falantes de línguas da família Mandê, entre eles os malinquês, bambaras, soninques e diúlas. Na Costa do Marfim, os mandês costumam ser divididos em "mandês recentes" e "mandês antigos". Os primeiros compreendem os subgrupos Malinké (ou Mandinga) e Diúla; os segundos, constituem os Dan (Yacouba) e Toura, os Giuro, os Gagou e os aparentados Duan, Mouan e Gan (ARNAUD, 1978, p. 26). Ver MANDÊ.

MANDINGAS. Denominação usada, em português, para designar indistintamente todos os falantes de línguas da família Mandê.

MANGANJA. Povo habitante do território de Maláui. Ver MALÁUI.

MANICONGO. Título do rei do Congo, corruptela portuguesa de *Muene-e-Kongo*, "senhor do Congo".

MANGÚNIS. O mesmo que Angúnis ou Ngúnis.

MANICUSSE. Título real pelo qual é mencionado, em fontes coloniais portuguesas, o chefe zulu Sochangane. O termo é uma provável aglutinação de dois vocábulos do idioma zulu ou *isizulu*: *umnini*, "senhor" (correlato ao *mwene* do quicongo) + *inkosi*, "rei" (DOKE *et al.*, 1990). Ver MANICONGO; MANIPANSO; SOCHANGANE.

MANILHAS. Adornos usados, na África, notadamente na área congo-angolana, como referencial de troca (RODRIGUES, 2002, p. 33). Feitos de cobre ou latão em vários tipos (abertos ou fechados) e formas (circular ou elíptica), trabalhados ou lisos, com peso e espessura variáveis e usados nos tornozelos ou nos pulsos, sua denominação nativa remete ao verbo quicongo *lunga*, "forjar". Daí, o quimbundo *malunga*, "argolas", e o quicongo *mulungu*, "bracelete". Ver ARQUEOLOGIA; CRUZETAS.

MANIPANSO. Denominação pejorativa de estátua ou estatueta representativa de ancestrais ou entidade espiritual

MANSA

cultuada na África. O termo tem provável origem no quicongo: *mwene*, "senhor" + Mpanzu, nome clânico. Ver MUQUIXE; NKISI.

MANSA. Título do imperador do Mali. Ver MALI, Império do.

MANSA MAMADU KEITA IV (séculos XVI-XVII). Último imperador do Mali, também referido como Mansa Mamadu Keita III e Mali Mansa Mamadu Keita. Em 1591, liderou a resistência contra a invasão marroquina na cidade de Djenê. Falecido provavelmente em 1610, é lembrado no *Tarikh al-Sudan* como o derradeiro líder do outrora poderoso Império do Mali. Ver DJENÊ; NIANI; MALI, Império do; MANSA.

MANSUR, Ahmed Al-. Ver AL-MANSUR, Ahmed.

MANTHATISI (c. 1784-1847). Soberana do povo tlokwa, um dos ramos do povo soto, no território do atual Estado Livre de Orange, África do Sul. Exerceu o poder, de 1817 a 1824, na condição de regente, após a morte do marido, Kgosi Mokotjo, face à menoridade do filho do casal, Sekonyela. Governando, em meio aos ataques dos povos ngúni, durante as guerras do Mfecane, destacou-se como uma líder corajosa, forte e capaz. É também referida em algumas fontes como Ma Nthisi, Mantatise ou Manthatisi. Ver BASSUTOS; MFECANE; SOTOS.

MANTSOPA, Anna Makheta (1795-1908). Profetisa do povo soto, na África do Sul. Sob o governo de Moshesh ou Moshoeshoe, realizou diversas previsões de cunho político, relacionadas às disputas com o Estado Livre de Orange. Adotando o cristianismo, teve o nome Anna Makheta incorporado ao nome nativo. Mesmo nesta nova condição, continuou profetizando e sendo, por isso, perseguida. Entretanto, viveu uma longa existência, e teve sua memória preservada e reverenciada pela posteridade.

MANUSCRITOS DE TOMBUCTU. Ver TOMBUCTU.

MAPA COR DE ROSA. Expressão que designou a representação cartográfica criada em 1877 para definir os limites da área de ocupação lusitana nas Áfricas Central e Austral, de Moçambique até Angola. Aprovado pelo governo português, o mapa incluía Zâmbia, Zimbábue e Maláui, numa vasta faixa que se estendia do oceano Índico ao Atlântico. Tal pretensão colidia com os interesses britânicos, e deu origem a um incidente internacional cuja culminância foi o ultimato que, em 1890, forçou os portugueses a se retirarem das áreas disputadas. Ver COLONIALISMO; CONFERÊNCIA DE BERLIM.

MAPONDERA. Ver BANDITISMO SOCIAL.

MARABU. O mesmo que marabuto; imame. Ver IMAME; MARABUTO.

MARABUTO. Sacerdote muçulmano de vida ascética, venerado como santo após a morte; personagem santo, fundador de uma confraria islâmica (LOPES; MACEDO, 2017, p. 201). Do árabe *murabit*, "eremita". Ver BEXERIM; CACIZ; DERVIXES; HOMENS SANTOS; MARABU; SÉRIGNÉ; TARIQA.

MARADI. Na atualidade, cidade da República do Níger. Até o século XIX, esteve sob influência da cidade hauçá de Katsina.

MARROCOS (*Maroque, Maroc, Morocco*)

MARAVES. Denominação aplicada pelos portugueses, na África Oriental, aos nativos habitantes da ampla região limitada a oeste pelo rio Luangwa; a leste pelo lago Maláui e o rio Chire; e ao sul pelo rio Zambeze. A denominação abrangeria os povos nianja, xoa ou chewa, Tonga e Tumbuka, entre outros (LOPES; MACEDO, 2017, p. 201).

MARDJ DABICK, Batalha de. Confronto militar ocorrido em 1516, na planície de mesmo nome, no atual território do Egito. No embate, o exército otomano do sultão Selim I venceu as tropas mamelucas, estabelecendo o controle sobre o Egito (HGA, 2010, v. V, p. 166). Ver MAMELUCO.

MARRIM (*Mahi, Mai, Maxi*). Povo daomeano da região de Savalu, subgrupo dos fons, falantes do idioma fongbé (SEGUROLA; RASSINOUX, 2000, p. 346). No Brasil, seus indivíduos integraram o conjunto dos povos "jejes".

MARROCOS (*Maroque, Maroc, Morocco*). Reino da África Setentrional localizado na região do Magrebe, limitado a oeste pelo oceano Atlântico, a leste pela Argélia e ao sul pelos atuais territórios de Saara Ocidental e Mauritânia. Seu litoral é banhado parte pelo oceano Atlântico, parte pelo Mar Mediterrâneo. **Síntese histórica**. O país foi o berço dos Estados englobantes Almorávida e Almôada, polos hegemônicos da região, do século XI ao XIII. No século XV, portugueses e espanhóis estabeleceram-se em comunidades na costa atlântica, a maior parte retomadas pelos marroquinos no século seguinte. Segundo algumas análises, o Marrocos foi bastante forte para repelir o ataque português em Alcácer-Quibir (1578) e para neutralizar os redutos luso-hispânicos em Ceuta e Melila, assim como em Mazagão. Após a Batalha de Alcácer-Quibir, em que as forças marroquinas derrotaram os portugueses, o trono do Marrocos, disputado, coube a Abd al-Malik, da dinastia saadiana, subordinada ao Império Otomano, ao qual o país permaneceu incorporado até o século XX. Durante a Era Otomana, a monarquia reinante no país desenvolveu a cultura do império de modo relativamente diferente do vivenciado por outros do mundo muçulmano: as dinastias locais legitimavam sua autoridade baseando-se na proteção que davam à religião (HOURANI, 2006, p. 276). O sultão apoiava-se em dois tipos de força: seu exército pessoal integrado pelos Abid al-Bukhari, soldados negros, formado por habitantes com status de escravos originários dos oásis saarianos e da área subsaariana; e grupos árabes da planície (HOURANI, 2006, p. 323). Observe-se aí que o *mulai* Ismail manteve uma casa real composta em grande parte de escravos negros (HOURANI, 2006, p. 325). Entretanto, nem a conquista de Tombuctu (1591) pela dinastia saadiana nem o controle sobre boa parte do comércio do Sudão ocidental, e tampouco o incremento da pirataria evitaram que a economia marroquina entrasse em declínio. Assim, em meados do século XIX, França e Espanha ocuparam a região, obrigando os sultões do Marrocos, desde Hasan I, a abrirem o país a seus produtos e a protegerem seus interesses. Em 1912, o Marrocos tornava-se protetorado francês; e os atuais territórios de Saara Ocidental, Ceuta e Melila ficaram em poder da Espanha.

MARROCOS
SULTÕES ALAUÍTAS –
Séculos XVII-XIX

NOME	PERÍODO DE GOVERNO
Mulai Ali Cherif	1631-1635
Muhammad Ibn Sharif	1635-1664
Al Rashid	1664-1672
Mulai Ismail	1672-1729
Muhammad III	1757-1790
Sulayman ibn Muhammad	1793-1822
Abdal-Rahman ibn Hisham	1822-1859
Muhammad IV	1859-1873
Hassan ibn Muhammad	1873-1894
Abd al-Aziz ibn Hassan	1894-1907

Fonte: MILLER, 2013, p. 243

MARROQUIM. Espécie de couro preparado com uma técnica especial, apreciado na Europa desde tempos remotos. Era fabricado principalmente por artífices da cidade hauçá de Kano e seus arredores, e depois exportado em caravanas de camelos através do Saara até o Marrocos e também à Tunísia, de onde era exportado para a Europa.

MARTINS, Domingos José. Ver DOMINGOS JOSÉ MARTINS.

MASCARENHAS, Ilhas. Antiga denominação do arquipélago no sudoeste do oceano Índico, formado pelas ilhas Reunião (antiga de Bourbon), Maurício (antes, Ilha de França), Tromelin e as ilhotas Rodrigues e Galegas. Data de 1507 o estabelecimento do explorador português Diogo Fernandes Pereira, mas a partir de meados do século XVII as ilhas passaram a ser disputadas pelos franceses, sob a liderança de Étienne de Flacourt (1649), de modo que em 1767 o arquipélago era formalmente reconhecido como colônia francesa. No período de 1670 a 1810, um grande contingente de mão de obra escrava foi deslocado para lá, com escravizados aprisionados não só em Madagascar e na Índia, mas também no oeste africano – no Senegal e no Golfo da Guiné (GERBEAU, 1979, p. 249). Na atualidade parte, das ilhas Integram a República de Maurício, e outras, como Reunião e Tromelin, permanecem sob domínio francês.

MASSAIS (*Masai; Maasai*). Povo seminômade, originalmente dedicado à pastorícia e à agricultura, localizado a partir do território da atual República do Quênia, onde seus ancestrais se teriam estabelecido entre os séculos XVI e XVIII, provenientes do noroeste, da região do rio Nilo Branco, no atual território do Sudão do Sul. No século XIX, depois de dominarem os grandes planaltos e o Vale do Rift, buscando expandir-se, os

MASSINGIR (*Massinguire*)

massais foram contidos por forças dos povos hehe e quicuio, os quais, em muito maior número, os confinaram nas terras altas centrais do território queniano. Assim, acabaram por vivenciar conflitos internos, nos quais os pastores eliminaram os agricultores, com diversos subgrupos se destruindo na disputa de rebanhos e se enfraquecendo, cada vez mais, com epidemias e doenças que dizimavam os rebanhos. Nesse quadro, com o colonialismo europeu ganhando terreno, por volta de 1887, morria o respeitado chefe religioso (*laibon*) chamado Mbatian. Logo após, seu filho Sendeyo e sua filha Lenana entravam em conflito, vencido por ela, que, aliada aos ingleses, conseguiu expulsar o irmão ou meio-irmão para o território da atual Tanzânia (MARTIN; MARTIN, 1988, p. 39) – onde, na atualidade, vivem alguns subgrupos. **Estrutura da sociedade**. Na sociedade tradicional massai, cada aldeia é dividida em grupos etários, nos quais os rapazes do sexo masculino são reunidos, primeiro, na classe dos "guerreiros", na qual permanecem por cerca de quinze anos. Depois desse tempo, eles vão integrar um outro grupo de guerreiros, no qual permanecem também pelo mesmo período. Finalmente, tornam-se "mais velhos", anciãos, sendo aí responsáveis pelas decisões de sua aldeia, detendo o poder político e, ocasionalmente, o poder religioso. Observe-se que, embora os massais tenham sido vistos como tradicionais inimigos dos quicuios, através dos tempos muitas ligações conjugais ocorreram entre os dois povos, os quais compartilham, também, diversas tradições culturais (AFRICAN ENCYCLOPEDIA, 1974, p. 328). Inclusive, um episódio da tradição dos

massais, segundo o qual o *laibon* Mbatian teria profetizado a chegada e domínio dos europeus, a perda de autonomia dos massais em sua terra, bem como a dizimação de seu gado em virtude de pestilências, repete um episódio ocorrido entre os quicuios, como informado aqui no verbete a eles dedicado. Episódio semelhante é narrado pelo quicuio Jomo Kenyatta, líder da independência do Quênia, cuja avó paterna, chamada Mazana, era membro do povo massai (KENYATTA, 1985, p. 20). Mas, em seu relato, o autor das previsões é o profeta Mogo wa Kebiro. Um resumo tão eloquente quanto dramático sobre a saga dos massais encontra-se em Martin e Martin (1988, p. 66), na seguinte forma: "Pastores nômades organizados em classes de idade, persuadidos de que o gado do mundo inteiro lhes pertence por direito divino", eles dominaram o Vale do Rift antes de serem obrigados a ocupar, no Quênia, apenas a parte meridional do território. Ver LENANA.

MASSANGANO [1]. Em Angola, povoação situada em território da atual Província de Cuanza-Norte, onde, em 1580, as forças portuguesas venceram o Reino do Dongo. Em 1583, ali foi construída uma fortaleza-presídio com a finalidade de assegurar a ocupação portuguesa na região.

MASSANGANO [2]. Em Moçambique, fortaleza fundada pelo prazeiro *Inhaúde* (Joaquim José da Cruz) em 1844 e mantida sob controle da família Cruz até 1887, quando foi destruída a mando do governo português. Ver PRAZEIROS.

MASSENAS. Ver SENAS.

MASSINGIR (*Massinguire*). Distrito situado na parte central da província de Gaza, em Moçambique. Durante o século XIX, sediava um poderoso potentado sob controle de prazeiros da Coroa ligados à família do goês Paulo Mariano dos Anjos e do afro-goês Paulo Mariano II, mais conhecido como Mataquenha I, que significa "aquele que faz tremer", devido a sua crueldade. Entre os anos 1852 e 1857, este último tinha sob sua dependência colonos, escravos e lideranças locais, tendo se dedicado à busca e à captura de escravos. Em 1853, seus homens atacaram uma comunidade de escravos fugitivos situada na Montanha de Morumbala.

MATABELE. Estado do povo ndebele, cujos indivíduos são também referidos como "matabeles". Ver NDEBELES.

MATADI, Mbula. Ver MBULA MATADI.

MATAMAN. Reino legendário da tradição angolana. Teria existido na região planaltina onde na atualidade se localizam Huíla e Moçâmedes, no sul de Angola. A tradição refere sua invasão, por volta de 1570, por hordas de jagas que o teriam dividido em dois reinos, o da Huíla e o do Húmbi (MPLA, 1975, p. 127).

MATAMBA. Região no atual território angolano situada entre os rios Cuale, Cuango, Cambo e a norte do rio Lucala. Por volta de 1570, uma horda itinerante de jagas fugidos do Congo invadiu o território, lá permanecendo e se mesclando com a população local (FORTUNA, 2011, p. 70). Na década de 1630, quando sediava, junto com o de Caçanje, provavelmente o maior mercado de escravos do mundo, a região foi dominada pela Rainha Jinga, que lá estabeleceu a sede de seu reino. Tentando coordenar a resistência contra os portugueses, em 1648, entretanto, os exércitos da Jinga

foram derrotados. E a derrota se deveu basicamente ao fato de que, opondo-se a negociar com os portugueses, o reino foi objeto de hostilidades por parte dos estados vizinhos, comprometidos com os europeus e a escravatura. Assim, em 1656, a Rainha foi obrigada a ceder (RODNEY, 1975, p. 119). Ver CAÇANJE; JAGAS; JINGA, Rainha.

MATILDA NEWPORT (1795-1837). Personagem da história da Libéria. Nascida nos Estados Unidos, integrou a primeira leva de colonos afro-americanos instalada no território liberiano, em 1820. Celebrizou-se por força de um episódio semilendário, ocorrido em 1822, durante o conflito armado que opôs os recém-chegados aos habitantes nativos, no assentamento de Cabo Mesurado. Consoante à lenda, ao notar que os canhoneiros do lado dos colonos estavam mortos ou feridos, Matilda teria acendido o estopim do canhão com uma brasa ardente de seu cachimbo, matando, assim, diversos atacantes africanos e bloqueando o ataque. Em 1916, foi criado um feriado nacional em sua homenagem, o *Matilda Newport Day*, abolido em 1980. Ver LIBÉRIA; RETORNADOS.

MAURÍCIO. País insular no sudoeste do oceano Índico, cerca de oitocentos quilômetros a leste de Madagascar. Os primeiros europeus a se estabelecerem no arquipélago, descoberto por marinheiros árabes, foram negreiros franceses, que de lá levavam escravos para o leste do continente africano ou para Madagascar. Seu nome deriva de uma das ilhas Mascarenhas, outrora conhecida como Ilha de França. Colonizada por holandeses, de 1598 a

1710, foi ocupada pela França em 1715 e cedida ao Reino Unido em 1814. Ver MASCARENHAS, Ilhas.

MAURITÂNIA. País saariano da África Ocidental, limitado a oeste pelo oceano Atlântico, e a norte pelo Marrocos. Na Antiguidade, o território do país chamado "Mauritânia" correspondia, aproximadamente, ao do atual Marrocos e a parte da moderna Argélia. Na atualidade, o território da república de mesmo nome limita-se, ainda, com: Saara Ocidental, a leste; Argélia, a nordeste; Mali, ao sul; e Senegal, a sudoeste. Em meados do século XV, tribos nômades árabes, provenientes do Alto Egito, ocuparam parte do atual território do Saara Ocidental, de onde se expandiram até o norte da Mauritânia, onde submeteram populações berberes locais. Dois séculos mais tarde, a tensão entre dominantes e dominados fez eclodir a série de conflitos registrada pela história principalmente como as "Guerras de Cher Bubá". Nessa série de conflitos, que se prolongou por três décadas, entre 1644 e 1674, as tribos berberes uniram-se contra o inimigo comum, sendo, entretanto derrotadas, e, segundo algumas versões, assimiladas, num fenômeno que teria dado origem a uma dinastia mais tarde dominante. No fim do século XVII, surgiram vários emirados que, embora rivais e envolvidos em lutas dinásticas, implantaram uma relativa organização na região, principalmente pela invenção e difusão de uma escrita simplificada do árabe. No século XIX, o desenvolvimento mercantil do país entrou em choque com o projeto francês de conquista e colonização, iniciado em 1858. Então, a França, que expandira seu poder na direção norte a partir do rio Senegal, ocupou boa parte da África Ocidental à força, e a Mauritânia acabou sucumbindo e se tornando oficialmente colônia em 1920.

MAVURA. Mambo (rei) do Monomotapa que, em 1629, estabeleceu negociações com os portugueses, garantindo-lhes uma série de concessões políticas, militares e comerciais, bem como uma ampla influência nos territórios sob o seu controle. Ao ser batizado cristão por frades da ordem dos dominicanos, passou a se chamar D. Felipe II. Ver MONOMOTAPA.

MAWA (1770-1848). Membro da família real zulu. Irmã mais nova de Senzenghakoma, pai de Chaka, Mpande e Dingane, prestou-lhes serviços, inclusive militares, no período de 1815 a 1840. Em 1842, com a ascensão ao poder de Mpande, em virtude de uma disputa de sucessão, assumiu o partido de um opositor, abandonando o *nkozi* (rei) e deslocando-se com milhares de seguidores até fundar uma comunidade às margens do rio Umvoti, na Província de Natal, na atual África do Sul. Ver MKABAYI KAJAMA; NANDI.

MAXONAS. O mesmo que xonas. Ver XONAS.

MAZARIA. Ver MAZRUI, Família.

MAZRUI, Família. Núcleo familiar de mercadores do litoral do Quênia, também mencionado como a "Mazaria". Opôs firme resistência à ação da Companhia Imperial Britânica da África Oriental (*Imperial British East African Company* – IBEAC) entre 1877 e 1883. Ver COMPANHIAS DE COMÉRCIO; MOMBAÇA.

MBAKA

MBAKA. Região do Dongo, fronteiriça a Matamba, atravessada pelo rio Lucala. De localização estratégica, por ser o entroncamento das principais rotas comerciais, sediou uma fortaleza (presídio, mercado e entreposto de escravos) inaugurada na década de 1610. O descontentamento do Ngola Kia Mbandi com esse estabelecimento motivou uma sucessão de embates, entre os quais a sangrenta "Batalha de Mbaka", travada entre o exército do Dongo e o de Portugal e seus aliados do Kulaxingo. Derrotado, o Ngola refugiou-se em uma das ilhas Kindonga.

MBAMBA. Antiga chefatura sob a influência do Reino do Congo. Por volta de 1622, sendo chefe o duque de Bamba, revoltou-se contra o governo central.

MBANDI, Ngola Kia. Ver NGOLA KIA MBANDI.

MBANDI, Ngola Kiluanje. Ver NGOLA KILUANJE MBANDI.

MBANZA-A-KONGO. Ver BANZA CONGO.

MBANZA-A-MPUMBU. Ver BANZA PUMBO.

MBATA. Região do Reino do Congo, fronteiriça a Mpangu, Makoko, Barbela e Súndi. Ver MAKOKO;

MBATIAN (1815-1887). Líder espiritual do povo massai. Ver MASSAIS.

MBEGHA (século XVIII). Legendário rei do povo banto xambala (*shambaa*, *shambaa*, *sambara*), no nordeste do território da atual Tanzânia. Teria vivido no segundo quartel do século XVIII, e, de acordo com as tradições orais, fundou a dinastia dos Simba Mwene, "reis leões", que no século XIX viria a se fortalecer e exercer influência local na atual Tanzânia.

MBELWA. Líder do povo ngúni, fundador de um estado no território de Maláui. Ver MALÁUI; NGÚNIS.

MBUEMBUE. *Mfon* (rei) do Bamum, antecessor de Njoya. Depois de Ncharé, cujo nome evoca, para os bamuns, a sabedoria e a força, foi efetivamente este rei o organizador do reino. Chegado ao poder no século XVIII, fixou as estruturas do país e realizou a coesão e a vigorosa originalidade do tipo "nacional" de seu povo, com ideias mais tarde concretizadas por seu filho Njoya (KI-ZERBO, 1972, v. I, p. 375). Seu nome é também transliterado como Mbouombuo e Mbombovo, forma usada pelo citado Ki-Zerbo. Ver BAMUM; NJOYA, Mbouombuo.

MBODJ, Ndaté Yalla. Ver NDATÉ YALLA MBODJ.

MBODJ, Ndieumbeutt. Ver NDIEUMBEUTT MBODJ.

MBULA MATADI. Personagem da história angolana no século XVI. Membro da aristocracia do Reino do Congo, em 1570 rebelou-se contra o domínio português. Seu movimento de resistência alastrou-se por todo o reino e por territórios dele dependentes. Entretanto, as armas dos portugueses e o colaboracionismo de Álvaro I selaram sua derrota. O nome do personagem, significando "quebrador de pedras" e aportuguesado como "Bula Matári", tornou-se mais tarde cognome do rei Leopoldo da Bélgica, atribuído por um chefe bacongo.

MEDHIN, Haylu Tewelde. Ver HAYLU, Tewelde Medhin.

MEDINA. Palavra de origem árabe que se traduz em português como "cidade".

MERCANTILISMO – África Ocidental

MEHMET. Variante, em turco, para o nome Maomé, tais como as formas Mohamed, Muhamad etc.

MEHMET ALI. Ver MUHAMAD ALI I.

MEHU. Ver MEWU.

MENDES (*Mendi*). Povo de Serra Leoa, vizinho e aparentado aos Temnés, tem aproximadamente a mesma população. Localiza-se nas atuais províncias do sul, com predominância nas cidades de Bo, Kenema, Kailahun e Moyamba. Guerras internas, ao longo do século XIX, levaram à captura e à escravização de muitos de seus indivíduos. Os mais notabilizados foram os encontrados a bordo do navio La Amistad, em 1839, depois libertados e repatriados. Ver AMISTAD, La; TEMNÉS.

MENELIK II (*Menilek*). Imperador (*négus*) da Etiópia (1889-1913). Nascido em Ankober, na região central da Etiópia, em 1865 se tornou rei de Shewa, e em 1889 foi sagrado imperador. Primeiro como rei e depois como imperador, integrou ao seu domínio vastas áreas da Etiópia meridional, e lançou um programa de modernização. Equipou seu exército com armamento moderno, o que lhe permitiu resistir à invasão dos italianos, aos quais derrotou, em 1896, na Batalha de Adua, uma das maiores da história africana. Morreu em 1913, com cerca de 70 anos de idade, depois de ter conseguido preservar seu país do colonialismo europeu (*Correio da Unesco*, n. 7, jul. 1984, p. 18). Ver ADUA, Batalha de; ETIÓPIA.

MENEZES, Manas. Forma de tratamento pela qual ficaram conhecidas em Moçambique três "donas" da família de prazeiros lembrada pelo sobrenome "Menezes". Na passagem do século XVIII para o XIX, sob a liderança de Francisca Josefa de Moura e Menezes, esse grupo familiar teve sob seu controle quase toda a região de Tete. As outras duas irmãs ("manas") se chamavam Dona Felipa Antonia e Dona Catarina (CAPELA, 1996, p. 83). Ver DONAS; PRAZEIROS.

MENGESHA JOHANES (1868-1906). Oficial militar etíope, governador (*rás*) da província do Tigré. Era filho de Johanes IV (1872-1889), sendo mencionado por algumas fontes como sobrinho deste *négus*.

MENTEWAB (1706-1773). Nome pelo qual foi mais conhecida a imperatriz da Etiópia, consorte do imperador Bakaffa, mãe de Iyasu II e avó de Iyoas I. Associada ao poder durante o governo de Bakaffa, reinou conjuntamente com ele de 1721 a 1730. Mais tarde, assumiu o governo durante o reinado de seu filho Iyasu II (1730-1755) e em parte do reinado de seu neto, governante entre 1755 e 1769. A sede de seu poder foi o palácio que mandou construir em Gondar, além do complexo palaciano de Kuskuam, às margens do lago Tana, onde também fez edificar uma igreja em homenagem à Virgem Maria. Imperatriz caprichosa, fez uso de outros nomes de alto valor simbólico, além de *Mentewab*, "muito bonita", Walata Giyorgis, "filha de São Jorge" e *Berthan Mogasa*, "glorificada pela luz".

MERCANTILISMO – África Ocidental. O termo mercantilismo define o sistema econômico operante na busca do maior lucro possível através da atividade comercial. Segundo análise de José Maria Nunes Pereira, após a proibição legal do tráfico negreiro e até o início da ocupação colonial, Estados africanos do litoral atlântico estabeleceram, principalmente com ingleses e franceses, relações comerciais de cunho mercantilista. **Novas classes sociais.** Esses Estados, incluindo, do lado inglês, as áreas litorâneas dos atuais Gana, Nigéria, Serra Leoa, Libéria e Gâmbia, e, do lado francês, áreas de Senegal, Gabão e Congo, forneciam aos europeus produtos agrícolas necessários ao consumo no ambiente da Revolução Industrial europeia. Esse período mercantilista, embora curto, teria proporcionado a formação de novas classes sociais, no seio das quais floresceu uma importante elite africana (Conceição, 2006, p. 33). **"Comércio ilícito" e "comércio lícito".** Como se poderá observar em diversos verbetes deste dicionário, remonta pelo menos ao século XVII a existência de indivíduos, grupos ou famílias de euro-africanos e, em alguns casos, de africanos envolvidos localmente nos negócios do tráfico negreiro, do comércio de marfim, noz-de-cola, tecidos, couros, peles e outras mercadorias. No século XIX, com a gradual proibição do tráfico internacional de cativos, que passou a ser considerado um "comércio ilícito", e com as exigências de matérias-primas para a indústria nascente, bem como de áreas de consumo aos produtos industrializados (tecidos, armas de fogo) e produtos de consumo (tabaco, bebidas alcoólicas etc.), essa nova elite africana de empreendedores encontrou novas oportunidades de participar do "comércio lícito" e de empreendimentos agrícolas destinados à exportação (sobretudo de óleo de palma, cacau, goma arábica, algodão, peles de animais, madeira tintorial, cera, amendoim etc.),

associados ou não a grupos capitalistas de origem europeia e/ou norte-americana. Alguns desses proeminentes negociantes, como Samuel Collis Brew (1810-1881), da Costa do Ouro, e Jaja de Opobo, na Nigéria, simbolizam perfeitamente a nova elite comercial, enquanto outros, como Domingos José Martins e Geraldo de Lima, evoluíram da situação de traficantes para o de grandes negociantes no "comércio lícito". Neste comércio, os produtos oleaginosos, em particular o óleo de palma, alcançaram uma excelente posição no mercado de exportações, inserindo a Senegâmbia e o Golfo da Guiné no circuito internacional entre 1810 e 1860 (M'bokolo, 2011, p. 173-175). Ver ABOLICIONISMO; BREW, Família; DOMINGOS JOSÉ MARTINS; NANA OLOMU; OIL RIVERS STATES; RIOS DO AZEITE; TRAFICANTES.

MERINA. Um dos reinos de Madagascar, fundado no século XVI pelo povo de mesmo nome. No século XIX, os merinas eram o povo dominante na ilha malgaxe. Ver MADAGASCAR; MALGAXE.

MEWU. Vocábulo da língua fon ou fongbé (pronunciado *Merru*) que intitulava um dos principais ministros dos reis daomeanos de Abomé. Sentado à esquerda do rei, da mesma forma que os príncipes e grandes chefes, imediatamente após o *migán*, era o preceptor dos príncipes e o *justicier* ("justiceiro"; "administrador da justiça") da família real (Segurola; Rassinoux, 2000, p. 353). No célebre relato do padre Vicente Ferreira Pires, dito *Mehu*, é mencionado como o "representante máximo da autoridade real em territórios conquistados" (Pires, 1957, p. 97).

MIJIKENDAS (*Mijikenda*)

MFECANE. Denominação pela qual passou à história o período de grande convulsão social vivido pela África Austral entre *c.* 1815-1835, no período de ascensão e apogeu do Reino Zulu, das conquistas de Chaka e até a derrota do chefe Dingane. Também expressa como Difaqane ou Lifaqane, a denominação, segundo M'Bokolo (2011, p. 81), é a forma plural do termo *difaqane*, da língua Sessoto do povo banto Bassuto ou Soto, significando "movimento tumultuoso de populações". Segundo Mashingaidze (2010, p. 147), viria do ngúni, variante do xi-zulu, significando "esmagamento, fragmentação". O léxico do xi-zulu registra o verbo *feca,* com o sentido de "amaciar" (DOKE *et al.*, 1990, p. 201). Ver ANGÔNIS; KHUMALO; LIFAQANE; MOÇAMBIQUE; MOLETSANE; NDEBELES; ESSUATÍNI; ZWIDÉ.

MIÇANGAS. Pequenas contas coloridas de massa de vidro. Em francês, *verroterie*, em inglês, *beads*, o vocábulo tem origem no quimbundo *misanga,* "contas de vidro", correspondente ao quicongo *mu-sanga*. Segundo Balandier e Maquet (1968, p. 323), além de pérolas de coral, a África sempre admirou e buscou joias de pedra dura, quartzo, calcedônia, cornalina ou de massa de vidro. E, consoante os mesmos autores, o fabrico desse último tipo de ornamento era, desde muito tempo, um segredo guardado por Veneza, que exportava para o oriente miçangas ansiosamente procuradas pelos africanos (BALANDIER; MAQUET, 1968, p. 324).

MIGAN. Na corte daomeana de Abomé, título do mais alto dignitário, equivalente ao de primeiro-ministro. Tendo autoridade sobre todas as pessoas que não faziam parte da família real, tinha direito exclusivo de sentar-se ao lado do rei. E, quando da morte deste, exercia a regência até o sepultamento dos despojos. Habitualmente, era ele mesmo o executor das "altas obras", raramente confiando a outrem o manejo do sabre (SEGUROLA; RASSINOUX, 2000, p. 354).

MIGANSI. Em Abomé, forma de referência à mulher do *migan*. O elemento si do título corresponde, na língua fon, ao português "esposa". **Yaya Migansi (1850-1932)**. Uma das mais notáveis entre essas mulheres foi a mencionada em algumas fontes como *Yaya Migansi*, esposa ou concubina do *migan* do rei Glele. Após a morte desse rei, teria desempenhado o papel de negociadora com os franceses, e em 1894, depois de preso e exilado o rei Behanzin, com o Daomé já sob domínio francês, ela teria conduzido as tratativas para a entronização do rei Agoli-agbo, o último rei daomeano. Observe-se que, em fon, o termo grafado *yayà* ou *yàyá* é, no primeiro caso, um nome dado à segunda de um par de irmãs gêmeas; e, no outro, como adjetivo fortemente depreciativo que, inclusive, qualifica a mulher que vive em concubinagem (SEGUROLA; RASSINOUX, 2000, p. 526). Ver MIGAN.

MIJIKENDAS (*Mijikenda*). Conjunto de grupos bantos aparentados, habitantes do litoral da atual República do Quênia, desde a fronteira tanzaniana, ao sul, até as proximidades da fronteira com a Somália, ao norte. Teriam chegado a essa localização pressionados pelos povos galas, durante o século XVI. Dedicados a atividades agrícolas e de pastoreio, revendiam seus produtos aos mercadores suaílis. Praticando a religião tradicional,

MIKAEL SEHUL (1691-1777)

de culto a antepassados e forças da natureza, tinham como ambiente dessas práticas a *kaya*, ou seja, a mata, a floresta. Em suas andanças pelo território, muitos de seus indivíduos foram vítimas de caçadores de escravos e vendidos no ambiente do tráfico índico.

MIKAEL SEHUL (1691-1777). Cognome de Blatta Mikael, governante (*rás*) da província do Tigré, na atual Etiópia, nascido e falecido na cidade de Adua. À frente do governo provincial em dois períodos, nas décadas de 1740 e 1770, participou ativamente das querelas sucessórias e disputas ocorridas nos reinados de Iyasu II e nos dos sucessores deste, Iyoas e Tekla Haimanot. O elemento "Sehul" de seu cognome teria, segundo a tradição, o significado de "astuto". Ver ETIÓPIA.

MIKAEL, Mekonnen Welde. Ver MAKONNEN, Ras.

MINA. Denominação aleatória adotada pela administração colonial francesa para designar o subgrupo étnico Gèn (pronunciado *Gan*) ou Gènnu, integrante do grupo Ajá, habitante do território do antigo Daomé, atual República do Benin (SEGUROLA; RASSINOUX, 2000, p. 354; 184) e expandido ao atual território da República do Togo. No Brasil, a designação foi adotada genericamente para nomear qualquer indivíduo escravizado embarcado na Costa da Mina. Ver AJÁS; COSTA DA MINA; DAOMÉ.

MIRAMBO. *Mtemi* (chefe) do povo nyamwezi, da Tanzânia. Da década de 1870 até sua morte em 1884, manteve seu povo unido e fez dele uma poderosa força militar, inspirando-se nos métodos guerreiros zulus do povo ngúni. Lutou contra forças árabes pelo controle do comércio de minérios, marfim e escravos entre a África Central e o litoral índico. Ao mesmo tempo, no período de 1876 a 1880, estabeleceu contatos com poderosos comerciantes europeus, como o suíço Philippe Broyon, com o cônsul britânico John Kirk, em Zanzibar, e com missionários protestantes da *London Missionary Society*. Após sua morte, em 1884, o seu reino fragmentou-se em diversas chefaturas. Ver NYAMWEZIS; TANZÂNIA.

MIRGHANI, Hasan al-. Ver AL-MIRGHANI, Hasan.

MISSÕES RELIGIOSAS. Ver CRISTIANIZAÇÃO.

MKABAYI KAJAMA (1750-1843). Nobre pertencente à aristocracia do povo zulu, mãe de Senzangakoma, pai do líder Chaka. Representou o filho, como regente, de 1781 a 1787. A seguir, atuou junto ao conselho real e também como chefe de guerra nos governos do filho, de Dinguiswayo e de Chaka, contra quem conspirou e urdiu um plano de assassinato. Apoiadora de Dingane, foi banida do reino após a queda de seu aliado, vindo a morrer no exílio (LIPSCHUTZ; RASMUSEN, 1989, p. 149). Ver CHAKA; DINGANE; DINGUISWAYO; ZULUS.

MKWAKWA. Herói do povo hehe, na atual Tanzânia. Ver HEHES.

MLAPA III (século XIX). Soberano de um dos povos ewés do atual território do Togo, conhecidos como Ewés do norte. Segundo algumas versões, em seu reinado se teria estabelecido o protetorado alemão sobre o que hoje é a república togolesa. O episódio, entretanto, é explicado de outra forma em M. Piraux (1977, p. 38) e Henrique P. Bahiana (1984, p. 13), da seguinte maneira:

MOÇAMBIQUE

Gustav Nachtigal, cônsul da Alemanha em Túnis e presidente da seção alemã da Associação Internacional Africana, organizada por financistas europeus, teria, em 1844, chegado a Baguida, no Golfo de Benin. De lá, dirigiu-se a uma aldeia onde encontrou Plackoo, servidor do rei Mlapa, recentemente falecido, a quem apresentou um documento escrito em inglês. Sem saber do que se tratava, o servidor, instado por Nachtigal, riscou uma cruz no papel, no local por ele indicado. Estava aí, segundo esta versão histórica, "assinado" o tratado que estabeleceu a hegemonia alemã na região. A outra versão do fato histórico apresenta o nome *Mlapa* como um cognome do rei chamado Plackoo, tirado de uma expressão que referia sua alegada invulnerabilidade a rifle e faca, e não menciona a fraude informada pelos referidos autores. Menciona, ainda, que a dinastia a que Plackoo pertencia existe ainda na atualidade. O que é certo é que o protetorado foi efetivamente estabelecido, dando início ao período colonial na região. Ver COLONIALISMO; EUROPEUS NA ÁFRICA; EWÊS.

MOÇAMBIQUE, Ilha de. Cidade insular situada na Província de Nampula, a qual deu nome ao país após ser durante muito tempo sua primeira capital, sob influência portuguesa. Esteve durante séculos sob o controle dos sultões de Zanzibar, vinculada à comunidade suaíli. Ocupada pelos portugueses desde sua chegada em Moçambique, em 1505, passou a integrar a carreira das Índias. A partir do Forte de São Sebastião, edificado entre 1558 e 1620, a ilha passou a servir de entreposto comercial e ponto e passagem obrigatório dos produtos (ouro, escravos, marfim) vindos do interior. Durante séculos, permaneceu como principal porto de embarque de escravos para o Brasil, e seu enfraquecimento ocorreu em paralelo à crise do tráfico negreiro no decurso do século XIX, até perder o posto de capital da colônia para Lourenço Marques, em 1898. Devido à importância histórica do seu patrimônio arquitetônico, foi considerada pela Unesco como Patrimônio Mundial, em 1991.

MOÇAMBIQUE. País litorâneo da África Oriental, limitado a leste pelo Oceano Índico, ao norte pela Tanzânia, a oeste por Maláui, Zâmbia e Zimbábue, e a ao sul e sudoeste pela África do Sul. Os primeiros europeus a se estabelecerem na região foram portugueses, os quais, atingindo em 1505 o porto de Sofala, tinham por objetivo as minas de ouro tidas como localizadas no legendário Reino do Monomotapa. Para alcançar sua meta, os lusos estabeleceram centros mercantis ao longo do rio Zambeze, como os de Sena e Tete. A partir desses estabelecimentos, foram afastando os mercadores, de maioria muçulmana, que até então exploravam o comércio do ouro. Na sequência dessas ações, os lusitanos enviaram ao Monomotapa uma missão católica, desfeita com o assassinato do sacerdote-chefe, acusado de feitiçaria. Portugal, então, recuou, mantendo-se no Zambeze, durante boa parte do século XVII, reforçando sua posição com apoio militar de algumas famílias lusitanas. Passado algum tempo, retomou o projeto expansionista, conseguindo manipular as ações do rei do Monomotapa, Mavura, que negociou a submissão do Monomotapa em 1629 e foi batizado cristão como D. Felipe II. No século seguinte, a tentativa de dominação chegou ao Reino Barué, cujo povo não só resistiu com firmeza como conseguiu a aliança de boa parte dos súditos de Mavura. Outro foco de resistência estava nos tongas, donos de um notável poderio militar. E, além deles, os povos sena, tawara, chewa e manganje também compunham o círculo de rebeldia contra o sistema dos prazos que, ao longo do século XVIII, constituiu a principal marca da presença lusa no Vale do Zambeze (ISAACMAN, 1979, p. 30-31). Esses prazos eram estabelecimentos de produção agrícola, e seus titulares, chamados prazeiros, eram portugueses ou mestiços(as), como as donas, que obrigavam as populações locais a pagar tributo e incentivavam o tráfico negreiro. Veja-se, também, que o propósito português de dominar a intensa atividade comercial desenvolvida com o Oriente levou à destruição de portos e à asfixia da exportação de ouro do Zimbábue, cujos caminhos foram fechados pelos xangamires, soberanos locais. **Presença indiana**. A presença portuguesa no território de Moçambique por um longo tempo limitou-se a alguns estabelecimentos e empreendimentos. A sede da administração colonial era em Goa, pois o mais importante, naquela parte da África, face à concorrência dos mercadores árabes, era o controle do comércio, primeiro do ouro, e, depois, do marfim, bem como o tráfico negreiro. Na década de 1680, era inaugurada, em Diu, na Índia, a "Companhia dos Mazanes", à qual a Coroa portuguesa concedia privilégios no comércio com Moçambique. Com ela, começaram a fixar-se na colônia grandes levas de mercadores indianos, com seus servidores e respectivas famílias.

Mas nem assim tempos mais prósperos chegaram. Então, em 1752, o governo português extinguiu a administração de Goa e nomeou um governador-geral para Moçambique. Entretanto, só em 1895 Portugal começou efetivamente a promover o progresso da "província", ao transferir a capital para a cidade de Lourenço Marques. Até esse momento, as evidências de prosperidade estavam em casos individuais, como o do militar e negociante Manuel Antonio de Souza, estabelecido no país no início da década de 1850. Nascido em Goa e chamado pelos locais de "Gouveia", corruptela de "goês", esse indiano, enriquecido com o comércio de marfim, chegou a ter um exército particular, que em diversas ocasiões colaborou com o governo português em campanhas militares, o que, segundo algumas fontes, lhe teria valido o posto honorário de coronel e a importante comenda da Ordem de Avis. **Fracasso comercial**. A grande realidade é que os portugueses jamais conseguiram dominar a intensa atividade comercial que os muçulmanos da costa mantinham com os mineradores "animistas" do atual território do Zimbábue. Os monomotapas Carangas, embora se tornando dependentes dos lusitamos em 1692, não tinham domínio sobre a faixa litorânea, e os caminhos até nas minas de ouro permaneceram fechados pelos xangamires (changamires) do Zimbabue. Assim, expulsos pelos mercadores de Zanzibar de sua área de influência, os portugueses se voltaram para o tráfico negreiro. Tentaram ligar o território de Angola ao de Moçambique, porém jamais o conseguiram. Desta forma, a "colonização" pretendida pela Coroa portuguesa limitava-se à concessão de imensas extensões de terras, os "prazos", num sistema cuja legitimidade foi questionada pela Inglaterra em 1890. Então, os portugueses procuraram manter os prazeiros à força, para garantir as terras ocupadas. Enquanto isso, as idas e vindas de povos ao sul, em decorrência do mfecane dos zulus, iam moldando a paisagem etnocultural do país. **Mudança de rumo**. Durante os séculos XVIII e XIX, os portugueses estenderam seu poder na direção de Angola, a oeste, subindo o rio Zambeze, mas encontrando forte resistência de povos locais, como os macondes, ao norte, e os tongas, ao sul. Por volta do fim do século XIX, tinham alargado suas fronteiras coloniais através de terras sob influência de Inglaterra e Alemanha, tendo vencido muitos dos focos de resistência africanos. A partir de *c*. 1810, milhares de moçambicanos foram vendidos como escravos para as fazendas do Brasil (FRELIMO, 1978, p. 19). E isto se deveu provavelmente à transferência do governo de Portugal para o Brasil, e, com certeza, pela intensificação do combate, liderado pelos ingleses, contra o tráfico na África Ocidental a partir de 1815. No fim do mesmo século, já no contexto da ocupação neocolonial da África pelas potências europeias, desencadeada pela Conferência de Berlim, a ponta de lança do empreendimento colonial foi a Companhia de Moçambique, fundada em 1891 com recursos financeiros provenientes da Alemanha, Inglaterra e África do Sul. Ela podia não apenas explorar a mão de obra local e fixar o pagamento de impostos obrigatórios, mas, inclusive, administrar e gerenciar partes do território sob domínio colonial. Ver ANGOLA; BARUÉS;

COMPANHIAS DE COMÉRCIO (Companhia de Moçambique); DONAS; FEITIÇARIA; GUNGUNHANA; MAVURA; MFECANE; MONOMOTAPA; PRAZEIROS; PRAZOS, Sistema dos; SENA; TETE; TONGAS; ZAMBEZE; ZANZIBAR.

MOÇÂMEDES. Cidade do extremo sudoeste de Angola, capital da província do Namibe. Antes denominada *Tchitoto Tchobatua* e Mossungo, em 1785 recebeu o nome português de Angra dos Negros, e, no século XIX, ganhou o estatuto de cidade. Em 1840, mercadores de Luanda lá inauguravam um porto, com vistas a um melhor escoamento da produção de marfim originária do interior. Nos anos 1849 e 1850, a cidade recebeu um contingente de "retornados" vindos do Brasil, integrado por africanos e afrodescendentes provenientes de Pernambuco, Rio de Janeiro e Bahia. Esses "brasileiros" emigrados voluntariamente para Moçâmedes não se deixaram integrar de todo ao ambiente africano, motivo pelo qual foram chamados, na língua dos cuanhamas, de *bali* (também *lwinbali* ou *vinbali*), que significa, literalmente, "aqueles que andam com os brancos" (LOPES, 2005). Ver BRASILEIROS NA ÁFRICA; CRIOULIZAÇÃO; RETORNADOS.

MODAKEKE (*Modakèkè*). Cidade fundada por Adegunle, *oni* de Ifé, provavelmente na primeira metade do século XIX, para abrigar os refugiados da cidade de Oyó, destruída pelos hauçá-fulânis. Ver ILÉ IFÉ; OYÓ.

MOGADIXU (*Mogadishu*). Cidade-Estado da costa oriental africana, em território da atual Somália. Destacou-se como o

MOGO WA KEBIRO (século XIX)

marco setentrional da Cultura Suaíli. Ver SUAÍLI.

MOGO WA KEBIRO (século XIX). Profeta do povo quicuio, no território da atual República do Quênia. Reconhecido também como curandeiro, certa noite, segundo Jomo Kenyatta, líder da independência queniana, acordando com tremores e sem fala, além de outros sintomas preocupantes, foi submetido aos complexos rituais de estilo, pelos mais velhos de seu povo. Recuperando a fala, narrou sua experiência, contando que, durante seu sono, Ngai, o Ser Supremo, teria lhe revelado o que iria acontecer aos quicuios em um futuro próximo. Disse que estrangeiros chegariam às terras dos quicuios vindos "do alto das grandes águas", com roupas "como asas de borboleta" e portando "bastões mágicos" que produziam fogo; e que esses bastões eram mais mortais que flechas envenenadas. Mais tarde, esses estrangeiros trariam "serpentes de ferro com muitas pernas", cuspidoras de fogo. Com eles, ainda, viria uma grande fome, fazendo com que os quicuios e os povos vizinhos sofressem muito, e, por isso, teria dito a Divindade, as nações deveriam se unir contra o estrangeiros e pegar em armas (KENYATTA, 1985, p. 41-42). Mito ou propaganda da resistência anticolonialista, o fato e que, em 1890, o sonho do profeta – similar à profetisa Lenana, entre os massais – começou a se materializar, com a chegada dos ingleses ao território do povo quicuito. Ver LENANA; MASSAIS; QUICUIOS.

MOHAMED AL-IFRANI (1669-1738). Historiador marroquino, também mencionado como Al Hajj Muhamad Al Saghir Al Ifrani. É autor da narrativa intitulada *Nuzhat al-hadi bi-akhbar muluk al-qarn al-hadi*, em que trata da história dos saadianos e seus sucessores no período cronológico situado entre 1511 e 1670.

MOHAMED BELLO. Ver BELLO, Muhamad.

MOLETSANE, Abraham Makgothi (c. 1788-1885). Líder guerreiro do povo soto, na África do Sul. Também mencionado apenas como Makgothi, nome que recebeu ao nascer, ou, principalmente, como Moletsane ("cinta"), em uma curiosa alusão a um presente por ele recebido na infância de pastores do grupo San. Durante as guerras do Mfecane, liderou seu povo, no território da atual cidade de Steynsrust, na Província do Cabo, nos últimos anos da década de 1820. Mais tarde, lutou contra os ingleses em 1851 e contra os bôeres durante a segunda e a terceira Guerras dos Bassutos, entre1865 e1868 (VERWEY, 1995, p. 178-179). Ver SOTOS.

MOMBAÇA (*Mombasa*). Antiga cidade situada no litoral do Quênia, fundada provavelmente no início do século X, pertencente ao grupo das comunidades suaíli que, nos séculos XIII a XV, dominavam o comércio de especiarias, ouro, metais e escravos através do oceano Índico. Foi ocupada pelos portugueses no período de 1593 a 1698, quando foi edificado e mantido o Forte Jesus, até ser conquistado pelos afro-muçulmanos do Sultanato de Oman. Voltou a cair sob dependência lusa no breve período de 1728 a 1729. Pouco depois, sob domínio árabe, Mohamed ibn Uthman al Mazrui, da família suaíli referida como Mazaria, foi nomeado governador da cidade. E, em 1814, sob a liderança de Abdala Ibn Ahmad al

MOUROS

Mazrui, Mombaça finalmente liberou-se de Oman com apoio britânico vindo da Índia (MARTIN, 1983, p. 34). Ver MAZRUI, Família.

MONO. Rio situado atualmente a leste do Togo, fez parte, nos séculos XVIII e XIX, do território do antigo Reino do Daomé.

MONOFISISTA. Relativo ao monofisismo, doutrina cristã que refutava a ideia ortodoxa defendida no Concílio de Calcedônia, em 451, da dupla natureza de Jesus Cristo, só admitindo sua natureza divina, que teria absorvido a humana após sua encarnação. Essa concepção foi considerada uma heresia. As igrejas coptas, do Egito e da Etiópia, são monofisistas (LOPES; MACEDO, 2017, p. 209). Ver CRISTIANISMO AFRICANO.

MONOMOTAPA. Denominação pela qual foi conhecido o estado desenvolvido ao norte do planalto do Zimbábue, no século XV, pelo povo xona. Teria sido fundado, por volta de 1440, pelo governante conhecido como Mutota. Durante a maior parte dos séculos XV e XVI, dominou toda a margem sul do vale do Zambeze, mas perdeu gradualmente a influência no século XVII, sobretudo após as negociações do mambo Mavura com os portugueses em 1629. No início do século XIX, o império tinha passado de um estado altamente centralizado a um conjunto amorfo e fragmentado de chefaturas, que, no entanto, permaneciam ainda fiéis à ideia de um reino, mesmo muito depois de as instituições políticas unificadoras terem desaparecido (ISAACMAN, 1979, p. 39). Ver Mavura.

MOREE. Cidade na atual República de Gana, localizada cerca de cinco quilômetros a nordeste de Cape Coast e a vinte quilômetros de Elmina. Foi capital do reino fante de Asebu, onde foi construído pelos holandeses, no século XVII, o Forte Nassau. Ver COSTA DO OURO.

MORONOU. Cidade da atual República da Costa do Marfim. O povoado foi fundado por volta de 1740 por **um dos ramos do povo baulê**.

MOSELEKATSÉ. Também Moselikatsé. Ver MZILIKAZI.

MOSHESH (1786-1870). Líder fundador e unificador do povo soto, também referido como Mshweshwe e Moshoeshoe. Após 1845, fugindo da invasão dos remanescentes dos exércitos ngúnis de Zwangendaba, concentrou seu povo no maciço Bassuto e conseguiu, por concessões temporárias, preservar sua independência. Ver SOTOS.

MOSHOESHOE. Ver MOSHESH.

MOSSIS (*Mosi*). Povo oeste-africano localizado em partes da bacia do rio Volta e da curva do rio Níger, nos atuais territórios de Burkina Fasso, Costa do Marfim, Gana, Togo e Benin. Foram fundadores de um poderoso reino situado no atual território de Burkina Fasso (LOPES; MACEDO, 2017, p. 210)

MOURISCO. Adjetivo que qualifica o "mouro que se manteve na península ibérica, subjugado aos cristãos, após a Reconquista [espanhola]" (HOUAISS *et al.*, 2001, p. 1969).

MOUROS. Povo oeste-africano considerado como descendente dos antigos berberes do povo zenaga, do sul marroquino. Segundo a tradição, os localizados na atual República do Mali têm como ancestral direto Sidi Okba el Mestadjeb bem Nafara, fundador da cidade de

Kairuan, na Tunísia (N'DIAYE, 1970b, p. 40).

MPANGU NIMI-A-LUKENI LUA MVEMBA. Nome nativo comum a dois reis do Congo, pai e filho, cristianizados, respectivamente, como Álvaro I e Álvaro II. Ver ÁLVARO I e ÁLVARO II.

MPANZU. Nome clânico pelo qual é referido Dom Álvaro I, rei do Congo (1568-1587). Segundo versão do historiador Ralph Delgado, era filho de uma das mulheres de Dom Henrique I (Nerika a Mpudi), seu antecessor, e não um integrante do clã reinante, Mvemba. Então, foi chamado "o Mpanzu" (SETAS, 2011, p. 155). Seu reinado, marcado pela instabilidade política, face à hostilidade das hordas mencionadas como "Jagas", caracterizou-se, principalmente, pela dependência em relação à Coroa portuguesa, em decorrência da ajuda prestada no combate a esses invasores (LOPES; MACEDO, 2017, p. 211).

MPONGWE. Povo banto do litoral do Gabão. Seus ancestrais são tidos como estabelecidos na região a partir do século XVI, possivelmente com o fim de aproveitar oportunidades comerciais oferecidas pelos primeiros europeus. Assim, foram se tornando os intermediários entre a costa e os povos do interior, como os Bakele e Séké, pelo que, por volta de 1770, acabaram por se envolver no tráfico negreiro. Na década de 1830, o comércio de Mpongwe consistia em oferecer escravos, madeiras, borracha, marfim etc. em troca de ferro, armas de fogo, tecidos e bebidas alcoólicas. Na década de 1840, chegavam, ao atual litoral gabonês, missionários americanos e forças navais francesas, num momento em que os mpongwes se

organizavam em cerca de duas dúzias de clãs. Os mais importantes eram os Asiga, Agulamba, no sul, e Agekaza-Glass e Agekaza-Quaben, no norte do litoral, cada um deles governado por um *oga*, chefe (termo correlato ao fon *ogã*, "chefe", "mestre", "diretor"). Os franceses aproveitaram a antiga rivalidade reinante entre os clãs para se estabelecer em segurança. Assim, enquanto o "King Denis" (Antchouwé Kowe Rapontchombo) dos Asigas expulsou os franceses da área de seu clã, o "King Glass" (R'Ogouarowe) do Agekaza-Glass só foi submetido após um bombardeio em 1845, e o "King Louis" (Anguilé Dowe) de Agekaza-Quaben cedeu sua aldeia de Okolo e se mudou, deixando os franceses criarem o Fort d'Aumale no local, em 1843. Observe-se que a supressão do tráfico negreiro, além de qualquer motivo humanitário, tinha por objetivo enfraquecer economicamente os chefes locais, sobretudo os da costa, para facilitar o acesso ao interior do continente. Paralelamente, as escolas missionárias iam formando, entre os jovens mpongwes, quadros para servirem às empresas e ao governo colonial. Ver GABÃO.

MPUMBU. Ver PUMBO.

MSHAM, Mwana Kupona Binti. Ver MWANA KUPONA BINTI MSHAM.

MSHWESHWE. Ver MOSHESH.

MSIRI (século XIX). Nome pelo qual é lembrado Mwenda Msiri Ngelengwa Shitambi, rei de Yeke, também conhecido como Reino de Garanganze, no sudeste da região de Catanga, em território da atual República Democrática do Congo. Foi um personagem de grande influência regional a partir de 1856, quando mantinha estreitos contatos com o

Reino Luba e exercia controle sobre as rotas de comércio que ligavam os mercadores suaílis do litoral índico, na Tanzânia, até os portos de Benguela, no litoral atlântico. A posição estratégica e a potencialidade comercial do território chamaram a atenção dos portugueses, com quem ele manteve negócios, e depois dos belgas e ingleses, com quem se confrontou a partir de 1884 até morrer em combate no ano de 1891. **Maria da Fonseca**. Era a favorita entre as cerca de 500 esposas de Msiri, pois uma das estratégias de poder do rei consistia em se casar com mulheres pertencentes às famílias dos chefes de cada uma das aldeias que integravam os seus domínios. Ela foi entregue por seu irmão, que era sócio de Msiri e seu principal fornecedor de armas de fogo e pólvora. Após a morte de Msiri, ela teria sido assassinada pelo filho e sucessor dele, que prestou apoio aos belgas em 1891.

MSWATI II (1825-1865). Rei do povo suázi, filho e sucessor do rei Sobhuza e da rainha Tsandzile Ndwandwe, que exerceu forte influência sobre ele por vários anos. Durante o seu governo, teve início o trabalho de conversão ao cristianismo por missionários provenientes de Natal, África do Sul, nos anos 1844 a 1846, e os primeiros contatos com os bôeres e os europeus. Ver SOBHUZA; SUÁZIS.

MTETUA (*Mtetwa*). Clã dos Ngúnis chefiado por Dinguiswayo. Com este nome, por talvez ter pertencido ao clã, é também mencionado o chefe Langanlibalele. Ver LANGANLIBALELE; NGÚNIS.

MUÁRI (*Mwari*). Divindade suprema dos povos do grupo xona. Seu culto, associado ao dos espíritos dos ancestrais (*mhondoro*), representou um fator de aglutinação dos xonas, exercendo grande influência também na cultura dos povos vizinhos, para cujo ambiente se expandiu, inclusive, segundo Isaacman (2010, p. 217), modificando concepções cosmológicas. Ver RELIGIÃO TRADICIONAL AFRICANA.

MUATIÂNVUA. Denominação atribuída pelos colonialistas portugueses ao estado monárquico fundada pelos antepassados dos atuais povos lunda, provavelmente no século XVI. Corrupção de *mwata yamwo*, deriva do título *mwata*, usado pelos monarcas locais, e corresponde ao *mwatyano*, do povo luba (Parreira, 1990a, p. 81). Em 1884, a capital do "Reino do Muatiânvua" foi alcançada por uma expedição portuguesa, de alegado cunho científico, enviada de Luanda e chefiada pelo militar Henrique Dias de Carvalho. Ver LUNDA; LUNDAS.

MUBARAK, Ali (1823-1893). Político, administrador e intelectual egípcio. Destacou-se por sua atuação nos governos de Muhamad Ali, Said Paxá e Ismail Paxá, introduzindo reformas no espaço urbano da capital egípcia. Em 1870, fundou a Biblioteca do Quedivado do Cairo, onde foram catalogadas e organizadas as coleções de manuscritos árabes das mesquitas circunvizinhas e livros impressos, o que deu origem à Biblioteca Nacional do Egito. Ver QUEDIVA.

MUCARANGAS. Nos séculos XVII e XVIII, na área de influência do Monomotapa, título privativo das mulheres do governante, as quais, em determinadas situações, atuavam como emissárias (Rodrigues, 2017). O termo, de plural *Vakaranga*, remete ao xona *Karanga*, nome de um clã dos Xonas.

MUCUBAL. Uma das variantes para o nome étnico *Kuvale*, designativo de um povo do sudoeste de Angola, integrante do grupo Herero, também referido pela etnologia colonial como bacubais, cuvales, evales, ova-cuavales etc. Ver HEREROS.

MUHAMAD ABDALAH HASSAN (1856-1920). Líder político-religioso somali, nascido em Sacmadeeqo. Destacando-se como escritor, líder político-religioso e nacionalista, estabeleceu em seu país, a atual Somália, um estado de orientação sufi, mas assumindo posições contrárias aos adeptos da confraria Kadíria, então dominante. Em 1899, liderou uma prolongada resistência armada contra o assédio de forças inglesas, italianas e etíopes e contra a ação de missionários cristãos. Teve atuação destacada na defesa de seu país contra o governo britânico na possessão inglesa chamada Somalilândia desde 1894. Herói nacional da Somália, foi mencionado pelos ingleses como *Mad Mullah*, nome pejorativo significando "Mullah, o louco", certamente por causa de atitudes corajosas que ele adotou em sua resistência ao colonialismo. Ver SOMÁLIA.

MUHAMAD AL-BURTUGHALI (1465-1524). Governante da linhagem berbere dos Wattasidas, comandou a cidade de Fez a partir de 1505, no período de ocaso da dinastia Marinida. Naquele contexto, Portugal ocupava Tanger e Agadir e estabelecia uma linha de fortalezas no litoral atlântico, enquanto a Espanha avançava pelo litoral mediterrânico. Al-Burtughali liderou investidas vitoriosas contra os portugueses em Asila e Bou Laouan, e mediante alianças forçou o recuo lusitano, cujos domínios ficaram limitados basicamente a Masagão. Daí o seu epíteto, *Al-Burtughali*. Ver BERBERES; MARROCOS.

MUHAMAD AL-KATSINAWI (século XVIII). Nome pelo qual é referido Muhamad ibn Muhamad al-Katsinawi, matemático oeste-africano, do povo hauçá, nascido em Katsina, no norte do território da atual Nigéria. Célebre também como astrônomo e astrólogo, desenvolveu estudos sobre doutrinas esotéricas do Islã e propôs interpretações a partir de cronogramas e números mágicos (*aljafr*). Faleceu no Cairo em 1741, tendo realizado peregrinação a Meca onze anos antes.

MUHAMAD ALI I. Sultão do Egito, governante de 1805 a 1848. Foi o primeiro a reinar com o título "quediva". Ver EGITO; QUEDIVA.

MUHAMAD AQIT, Mahmud Ibn Omar Ibn. *Cadi* (juiz) de Tombuctu entre 1498 e 1548. Nomeado pelo Ásquia Muhamad Ali I, era membro de uma linhagem de eruditos, tendo estudado com sábios de Tekrur e do Egito. Ver MUHAMAD ALI I.

MUHAMAD, Abdallah Ibn (1846-1899). Governador do Sudão durante a vigência do Estado mahdista, ocupando o cargo de 1885 a 1898.

MUHAMAD, Abdullah Ibn. Irmão mais jovem de Usman dan Fodio, falecido em 1829. Governante de territórios em Gwandu, disputou a sucessão do Califado de Sokoto com Muhamad Bello.

MUHAMAD ABU LIKAYLIK. Governante sudanês fundador da linhagem de Hamaj. Reinou no Sultanato Funje de 1762 até a conquista egípcia, em 1821.

MUHAMAD, Ásquia. Ver ÁSQUIA.

MULEMBA

MUHAMAD BELLO. Líder hauçá-fulâni, filho de Usman dan Fodio. Governou o Califado de Sokoto entre 1817 e 1837 como *Amir al-Muminin*, "comandante dos crentes". Sua principal tarefa consistiu em manter unidos, formando uma entidade homogênea, os diversos grupos étnicos habitantes de seu império. Segundo testemunhos, não permitiu nenhuma discriminação entre as populações de origem fulâni (conquistadores) e os hauçás, e deu a eles iguais oportunidades de progresso. Assim, reduziu os poderes dos chefes militares fulânis com o objetivo de fortalecer suas próprias posições. Além disso, concedeu aos emires, governantes provinciais, um considerável grau de autonomia, obrigando-lhes, porém, ao pagamento de um tributo anual. Para proteger o território de ataques externos, Bello mandou construir cidades muradas ou "ribats" ao longo das fronteiras (Boakye, 1982, p. 5). Intelectual e prolífico escritor, produziu livros valiosos e lançou as bases para a promoção do ensino islâmico e da cultura muçulmana. Entre suas mais valiosas obras literárias, inclui-se sua correspondência com Al-Kanemi do Bornu e a crônica intitulada *Infaq al-Maisur* (1812).

MUJAJI. No século XVII, título privativo das mulheres governantes do povo soto de Lobedu (Lovedu), do norte do Transvaal, África do Sul (Lipschutz; Rasmusen, 1989, p. 160). Ver SOTOS.

MUKENGE, Kalamba (1835-1899). Governante do Reino de Kasai, em território da atual República do Congo, área de trânsito de mercadores do povo chokwe. Em 1884, colaborou com o explorador Von Wissmann, a serviço do rei Leopoldo II, da Bélgica, no trabalho de reconhecimento e exploração do rio Kasai. Depois de ser um prestimoso parceiro dos agentes colonialistas da Bélgica, opôs-se a eles a partir de 1891. Ver CONFERÊNCIA DE BERLIM; EUROPEUS NA ÁFRICA.

MULAI (*Mulay; Moulay*). Título conferido aos sultões marroquinos da dinastia dos Alauítas. Um deles foi o Mulai Ismail, governante do Marrocos entre 1672 e 1727 e construtor da cidade murada de Méknes, na qual pretendeu emular a suntuosidade de Versalhes, o palácio de Luís XIV, rei de França. **O Mulai Ismail**. Sultão da dinastia Alauíta do Marrocos, este mulai governou com mãos de ferro, reprimindo com violência diversas revoltas berberes, disputas palacianas e críticas da parte de homens santos do islã, motivo pelo qual é tristemente lembrado por sua extrema crueldade. Para fortalecer seu poder e cercar-se de um corpo de soldados desvinculados dos interesses locais, utilizou escravos negros reunidos na corporação denominada *Abid al-Bukhari*, ou "Guarda Negra". Ver ALAUÍTAS; GUARDA NEGRA; MARROCOS.

MULAMBWA (1750-1830). Soberano (*litunga*) do povo lozi, no território da atual Zâmbia. Fortaleceu a participação no governo de um conselho de anciãos (*likombwa*) e incentivou a atuação de guerreiros em seu exército, com a oferta de cabeças de gado em pagamento.

MULEMBA. Entre os ambundos e chócues, designação da gameleira (*Ficus doliaria; Fícus máxima*), árvore sagrada fortemente ligada aos cultos em honra dos antepassados (Parreira, 1990b, p. 162). Em Luanda, a capital angolana, no sítio histórico denominado *Mulemba Waxa*

MULHERES

Ngola, local de reverência à memória do Ngola Kiluanji, o primeiro rei dos ambundos, erguia-se, na década de 2000, uma árvore dessa espécie. Ver AMBUNDOS; CHÓCUES; ESPÍRITOS.

MULHERES. Como já afirmado pelos autores desta obra (Lopes; Macedo, 2017, p. 212-213), a historiografia sobre a participação das mulheres nas sociedades africanas pré-coloniais ainda carece de uma abordagem mais esclarecedora. De modo geral, os referenciais que orientam esses estudos ainda necessitam de ajustes, pois neles persiste o predomínio de visões eurocêntricas, colonialistas e essencialmente masculinas, o que tomamos como tarefa começar a corrigir. Assim, no presente dicionário, procuramos realçar, no período histórico enfocado, a participação feminina em todas as instâncias da vida social, política, cultural e econômica como produtora das condições materiais de existência de seus respectivos grupos, como mantenedora de clãs e linhagens. Presentes em todas as esferas da vida social, essas mulheres atuaram como governantes (princesas, rainhas consortes, regentes, rainhas-mãe), negociantes (mercadoras, traficantes de escravos), proprietárias rurais ou viveram as agruras do tráfico escravista e da Diáspora. Sublinhe-se, igualmente, sua participação como líderes religiosas (profetisas, videntes, monjas, místicas, sacerdotisas) e, inclusive, como escritoras. Ver ABLA POKU; ADORO; AFUA KOBI; AHOSI; AISA KILI NGIRMARAMMA; AKYA AWA YIKWAN; AKONDI; AKOUA BONI; ALIMOTU PELEWURA; ALVARENGA, Rosa de Carvalho; AMAZONAS DO DAOMÉ; AMINA, Rainha; AMINA BINT AL-HAJJ ABD AL-LATIF; ANA MULATA, Dona; ANA NZINGA; ANEK MATHIANG YAK; ANTONIANISMO; ANYENTYUWE; ASASE YAA; AURÉLIA, Mãe; AUTORIDADE COMPARTILHADA; AZIZA OTHMANA; BAARTMAN, Sarah Saartjie; BAKHITA; BIBIANA VAZ; BINAO; CASAMENTEIRAS; CHARLOTTE MAXEKE; CHARWE; DACA; DIÁSPORA AFRICANA (Anna Kingsley; Phillis Wheatley; Sally Hemings; Teresa Chikaba); DJOUMBER, Fatima; DONAS; EFUNROYE TINUBU; EMBET ILEN; EMILY RUETE; FAMÍLIA; FATUMA BINTI YUSUF AL-ALAWI; FENDA LAWRENCE; HOMOAFETIVIDADE; GRÍQUAS; GRUMETES; GUELEDÉ; HEARD, Betsy; INANDA SEMINARY SCHOOL; IYE IDOLORUSAN; JINGA, Rainha; JÚLIA, Mãe; KIMPA VITA, Beatriz; KPOJITÓ; KROTOA; labotsibeni mdluli; LALLA FATMA N'SOUMER; LENANA; LUEJI; MAFUTA, Apolônia; MAKAO; MAMMY SKELTON; MAMMY YOKO; MAMOCHISANE; MANTSOPA, Anna Makheta; MATILDA NEWPORT; MENEZES, Manas; MENTEWAB; MIGANSI; MKABAYI KAJAMA; MANTHATISI; MSIRI (Maria da Fonseca); MUCARANGAS; MUJAJI; MWALI; MWANA KUPONA BINTI MSHAM; MWEMA DE ZANZIBAR; NA AGONTIMÉ; NA DABO; NA HWANJILE; NANA ASMA'U; NANDI; NDATÉ YALLA MBODJ; NDIEUMBEUTT MBODJ; NEHANDA; NONGQAWUSE; NWAGBOKA, Omu; OKINKA; OKWEI DE OSOMARI; OROMPOTÓ; PIA-MUENE; RANAVALONA; RASOHERINA; SAYYDA AL-HURRA; SAZORA; SEH-DONG-HONG-BEH; SIGNARES;

MÚSICA E DANÇA

SANDE; SARRAOUNIA MANGOU; TAYTU BETUL; TEMBA NDUMBA; TUNGUMAS; URIETA KAZAHEN-DIKE; VERÔNICA I; VIERA, Rita de Cássia Santos; WALATA PETROS; YAA ASANTEWAA; ZARA SCHLE-MEN; ZULUS, Princesas.

MUMININ, AL-. Ver AL-MUMIN.

MUQUIXE. Termo da literatura colonial portuguesa usado para referir cada um dos objetos representativos das divindades ou forças cultuadas pelos nativos africanos, qualificados como "fetiches". Certamente, é correlato ao quicongo *nkisi*, "força mágica", "fetiche". Ver NKISI.

MURDIÁ (*Mourdiah*). Cidade do povo soninké. Em 1754, caiu sob o domínio de Mamari Koulibaly, poderoso governante do Reino bambara de Segu.

MÚRIDAS. Denominação dos membros da confraria muçulmana fundada por volta de 1887 por Amadu Bamba na comunidade de Touba. Dentro do princípio da "santificação pelo trabalho", os múridas entregavam todo o dinheiro ganho com suas atividades laborais ao marabu que os dirigia espiritualmente (MAUNY, 2011, p. 78). O nome da confraria tem origem no árabe *mourid,* "discípulo". Ver AMADU BAMBA, Cheikh; DERVIXES; SUFI; TARIQA.

MUSENDO. Termo que em tradições orais de Angola designa um modo básico de representação do passado mediante a descrição de narrativas breves com as genealogias das linhagens principais. Tais genealogias históricas consistem em conjuntos de nomes pessoais ligados entre si por relações convencionais de filiação e afinidade: pais com filhos, maridos com esposas, irmãos, filhas e sobrinhos, o que acaba por dar origem a árvores genealógicas recitadas pelos tradicionalistas (MILLER, 1995, p. 17). O emprego sistemático dessas fontes, até pouco tempo desprezadas pelos historiadores, permite que se recomponha a estrutura e o funcionamento das linhagens, bem como as instituições sociais e políticas a elas associadas. O termo parece ter origem no quicongo *mu-sengo*, "natureza", "espécie", do mesmo campo semântico de *mu-sèngi*, "raça", "família". Ver TRADIÇÃO ORAL.

MÚSICA E DANÇA. Entre as grandes artes da África tradicional, as mais populares ainda são a música e a dança. Nesse campo, entre os vários tipos de instrumentos utilizados, inclusive de sopros e cordas dedilhadas (como a kora mandinga), os mais apreciados, através dos tempos, são certamente os de percussão, especialmente os tambores. Esses tambores eram tocados tanto por divertimento, nas danças e representações teatrais, quanto nas cerimônias religiosas e políticas, servindo também para transmitir mensagens. Todas as comunidades tradicionais, por menores que sejam, têm os seus tamborileiros, ocupados, nas mais variadas circunstâncias, em transmitir para aldeias e povoados vizinhos mensagens codificadas nos diferentes toques dos tambores. Esses instrumentos celebram festas religiosas, rendem graças aos ancestrais e divindades, dão ritmo e clima às danças, às representações teatrais (DAVIDSON, 1981, p. 170-171). **Exemplos históricos.** Desde os primeiros relatos de cronistas árabes e afro-muçulmanos sobre os costumes das sociedades com que travaram conhecimento no *Bilad al-Sudan* ("país dos negros"), instrumentos e dotes musicais dos habitantes da África

MÚSICA E DANÇA

são observados e noticiados. Sabe-se, entretanto, que já na Antiguidade europeia negros originários do continente eram empregados como músicos, conforme mencionado, por exemplo, em Balandier e Maquet (1968, p. 287). Efetivamente, entre as manifestações artísticas desenvolvidas na África tradicional, a música e a dança parece ter sempre estado presentes em todos os momentos, ocasiões e ambientes da vida em sociedade. Os tambores, por exemplo, tiveram e têm seus toques utilizados com as mais variadas funções e em diversas circunstâncias: tanto no divertimento, inclusive em representações teatrais, como em cerimônias religiosas (propiciatórias e de agradecimento), compreendendo os ritos de passagem, além de servirem como veículo de comunicação e também como expressão do poder político. Lembremos que, num dos relatos sobre a recepção, em 1575, ao conquistador português Paulo Dias de Novais em Luanda, lê-se o seguinte: "Trouxeram então o embaixador com a sua companhia (...), rodeado de uma barulheira infernal, em que sobressaíam os instrumentos da terra (cabaça com seixos, buzina de dente de elefante, uma *engoma*, espécie de alcântara, uma *gunga* com dois chocalhos juntos, uma viola, parecida com uma esparrela, e uma campainha com dobre fúnebre) (...)" (DELGADO, 1946, p. 232). **Músicos e instrumentos africanos**. Vejamos também que nos séculos XVII e XVIII, em França, Inglaterra e Alemanha, negros africanos ou afrodescendentes eram engajados como timbaleiros nos batalhões e regimentos militares. Quanto à própria música da África, as descrições foram se multiplicando. Assim, já antes do século XIX, os inúmeros livros

de viagem que tratavam desse tema continham, inclusive, tipos e nomes de instrumentos, bem como descrições de gêneros de canto e formas de danças. Com o advento das grandes expedições ao interior do continente, eram revelados instrumentos ainda desconhecidos, tanto quanto meios bastante originais de produzir sons e ruídos. Foi o caso, por exemplo, das trompas de marfim do antigo Benin e das descrições de imensos corais acompanhados de trompas, tambores e chocalhos encontrados entre o povo bongo, do Gabão. A partir daí, a música africana chegou a livros, exposições, museus e registros fonográficos. Na atualidade, a ocorrência de vários tipos de música em práticas culturais tradicionais corrobora a existência já dessas expressões em épocas bastante remotas. No pilar o milho, por exemplo, a mulher africana acompanha o ato com cantos, e a criança que ela, quando mãe, traz nas costas, é balançada na cadência da batida do pilão. Essa mesma criança, quando aprende e começa a brincar, o faz com música, às vezes até criando seus próprios instrumentos. Na adolescência, também os rituais de sua iniciação à vida adulta são sempre acompanhados de música. Da mesma forma que, nos casamentos, nas cerimônias fúnebres e de reverência aos antepassados, a música é sempre fundamental, como salientam Malherbe e Poullois (2012, p.127). Estes mesmos autores chamam a atenção para a música de alguns povos ditos "pigmeus" por serem nômades, que não desenvolveram a arte de confecção de instrumentos, substituindo-os por suas vozes e mãos percutidas nos próprios corpos, usando, quando muito, galhos de árvores e apitos (MALHERBE; POULLOIS,

2012, p. 130). Parece ser esse o caso dos batwas, do sudoeste de Uganda, notabilizados por sua extraordinariamente refinada música vocal. Sobre a Etiópia, os mesmos autores referem a presença de instrumentos de suposta origem hebraica, evocando os tempos salomônicos, da mesma forma que, em Madagascar, a influência indonésia legou à cultura local importantes referências indianas (MALHERBE; POULLOIS, 2012, p. 132-133). Ver GUENAUAS; TAMBORES FALANTES.

MUSSA KAMARA, Cheikh (1864-1945). Marabuto e erudito senegalês nascido em Gouriki, na região do Futa Toro. Membro de uma tradicional família de estudiosos afro-muçulmanos, estudou Teologia e Direito islâmicos entre fulânis e mouros da Mauritânia, dedicando-se, mais tarde, ao ensino. Residindo seguidamente em Kayes, Saint Louis e Dacar, transmitiu importantes informações a pesquisadores europeus sobre história e tradições dos povo do Senegal. Entre 1925 e 1930, criou, em *pulaar*, dialeto da língua *fufuldé* (fula), um longo manuscrito intitulado *Zuhur al-Basatin fi Ta'rikh al-Sawadin* [Florilégio do jardim da História dos negros].

MUTESA (*Muteesa*) I. Nome pelo qual passou à posteridade Muteesa Mukaabya Walugembe Kayiira, *kabaka* (rei) do Buganda. Nascido em 1837, assumiu o comando do reino com cerca de 19 anos de idade, governando-o até o fim de sua vida, em 1884. A partir de 1862, manteve contatos com exploradores, negociantes e missionários ingleses, conseguindo diplomaticamente evitar a ocupação militar de seus domínios, sem, contudo, deixar de cair na esfera de influência estrangeira.

MUTOLOS. Em Angola, no período do século XVII ao XIX, um dos nomes pelos quais eram designadas as comunidades autônomas organizadas por escravos fugitivos. A denominação, provavelmente do quimbundo *mutolo*, "lodo", parece mais referir-se ao aspecto peculiar de algumas dessas comunidades do que a uma natureza geral, como a de esconderijo ou valhacouto. Ver QUILOMBO.

MUTUMES. Nome atribuído aos mensageiros do antigo Império do Monomotapa. Trata-se de forma portuguesa para o xona *mutumwa*, "mensageiro". Ver EMBAIXADORES; GOVERNO, Formas de; ILARI.

MUXICONGOS. O mesmo que bacongos.

MUSEKE. Região do Reino do Dongo, de grande atividade econômica, sobretudo em pecuária, agricultura e manufatura de metais (PARREIRA, 1990a, p. 165).

MUZILA (século XIX). Rei do povo angôni de Gaza, também referido como Mzila, Nyamende e Unzila. Ocupou o poder entre 1861 e 1862, com o apoio dos portugueses. Em troca do apoio, permitiu o livre-comércio e o livre-trânsito, além de facilitar a construção de fortes no território sob seu domínio. Ver ANGÔNIS; GAZA.

MVEMBA-A-NZINGA. Nome pelo qual passaram à história seis reis do Congo. O primeiro, filho de Nzinga-a-Nkuwu (João I), reinou entre 1509 e 1540, com o nome cristão Afonso I. Foi considerado como usurpador do trono, que de direito caberia a Mpangu-a-Kitina, sobrinho do rei. Esse nobre recusara o batismo cristão e a aliança com os portugueses, tendo lutado sem sucesso por seu direito e morrendo em 1506. Em 1512, Afonso I solicitou ao rei Manuel I, de Portugal, um regimento de governo, aplicando ao Congo medidas políticas, judiciais e administrativas conforme os modelos da Corte portuguesa. Criou uma Corte, instituiu e distribuiu títulos de nobreza, criou insígnias e distintivos aristocráticos. Tomou medidas para que um de seus filhos lhe sucedesse no trono, rompendo com a tradição da sucessão matrilinear e criando uma tradição nova, hereditária, de sucessão patrilinear. Por sua fidelidade a Portugal, este Mvemba-a-Nzinga teria contribuído efetivamente para o incremento da escravatura. Nesse intuito, teria guerreado com vários povos vizinhos, como teques (tekes), panzelungos, changalas etc. Durante seu reinado, recolheu e isolou, em uma grande cubata, chamada pelos portugueses de "Casa dos Ídolos", todos os iteques (estatuetas) representativos das divindades cultuadas na Corte, o que motivou uma rebelião exatamente denominada Revolta da Casa dos Ídolos, chefiada por um líder chamado Dom Jorge Muxuabata (cf. MPLA, 1975, p. 51-53). Em outra linha de raciocínio, diz-se que as cartas por ele enviadas ao rei de Portugal, contendo reivindicações, pedidos de transferência de tecnologia e autonomia comercial, integrariam um contexto de afirmação intelectual no qual se incluiria a sagração do primeiro bispo negro da Igreja Católica (cf. GONÇALVES, 2005, p. 17). O segundo, Mvemba-a-Nzinga (1540-1544), reinou com o nome cristão Pedro I; o terceiro (1544-1546) foi chamado Francisco; o quarto (1561) chamou-se Afonso II; o quinto, chamado Bernardo I, reinou entre 1567 e 68; e o último, Dom Henrique, 4 teve efêmero reinado em 1568. Observe-se, em algumas fontes, o uso da grafia *Mbemba* em vez de *Mvemba*.

MVEMBA, Nimia Lukeni lwa-. Ver NIMI.

MVEMBA-NZINGA (século XVI). Nome nativo de dois reis do Congo: Afonso I (1507-1543) e Afonso II (1561-1562). O primeiro foi efetivo colaborador dos portugueses, dos quais esperou reciprocidade em vão (LOPES; MACEDO, 2017, p. 217-218). Por cartas, solicitou ao rei de Portugal barcos, cirurgiões e outras formas de apoio técnico, além de professores e padres, pois queria acabar com o mercado de escravos (SANTOS, 2002, p. 66). Afonso II teve um reinado efêmero.

MWALI. Entre os povos maraves do norte do rio Zambeze, título privativo da esposa do governante masculino, intitulado *Kalonga*, que com ela dividia o poder (RODRIGUES, 2017).

MWANA KUPONA BINTI MSHAM (1810-1865). Poetisa suaíli nascida na Ilha de Pate, no Arquipélago de Lamu, em território atualmente pertencente ao Quênia. É autora do texto intitulado *Utendi wa Mwana Kupona* (O livro de Mwana Kupona), obra das mais conhecidas da antiga literatura suaíli. Publicado em 1858, em forma de poema, e dedicado à filha adolescente da autora, trata-se de um guia espiritual e instrucional, onde a mãe transmite suas ideias acerca das obrigações e responsabilidades das mulheres casadas. Ver SUAÍLI.

MWANGA II (1866-1901). Nome de trono de Basamula Danieri Mwanga, *kabaka* (rei) de Buganda a partir de 1884. Seu governo foi marcado pelo confronto entre grupos muçulmanos e cristãos, cada qual buscando a difusão de seu credo. O grau de tensão aumentou, sobretudo, depois que o *kabaka* ordenou a execução do bispo protestante Hannington e de seus seguidores. Com o reino à beira de uma guerra interna, Mwanga II foi deposto em 1897. Recolocado no poder pelos colonialistas ingleses, foi novamente destronado em 1899, sendo, então, encarcerado e, depois, mandado para o exílio em Seicheles junto com Kabarega, rei do Bunioro.

MWEMA DE ZANZIBAR. Nome pelo qual é mencionada uma governante da Ilha de Zanzibar no período do Sultanato de Oman. Mulher de um rico mercador iemenita, detinha grande influência entre os mercadores da costa suaíli. Todavia, entrando em conflito de interesses com Portugal, em 1652 teve seus domínios atacados por tropas lusitanas comandadas por Francisco de Seichas Cabreira. Nesse ataque, Mwema foi derrubada do poder, mas o recuperou alguns anos mais tarde. Observe-se que, no idioma suaíli, o termo correspondente ao português "rainha" é *malkia*.

MWENDWA, Kivul Wa (1790-1851). Mercador do povo kamba, em Kibwezi, no leste do atual território do Quênia. Trabalhando no comércio de longa distância, oferecendo roupas e acessórios em troca de marfim, peles de animais e gado, alcançou prosperidade e poder. Assim, tornou-se um *andu anene* ("grande homem") de seu povo. Sua trajetória é semelhante às de outros mercadores africanos, ricos e poderosos no período imediatamente anterior ao advento do colonialismo europeu. Ver JAJA DE OPOBO.

MWEZI II (1840-1908). *Mwami* (rei) do Burundi, também referido como Mwezi Gisabo. Durante a década de 1880, em seu reino, os conflitos militares entre chefes se tornaram generalizados, em virtude da utilização de armas de fogo vendidas por mercadores do litoral suaíli. Na década seguinte, a isso veio se somar a presença de missionários e agentes do colonialismo germânico que, em duas sucessivas expedições militares, em 1899 e em 1903, forçaram Mwezi a assinar o Tratado de Kiganda, em que reconhecia a "proteção" da Alemanha. Ver COLONIALISMO; CONFERÊNCIA DE BERLIM; IMPERIALISMO, Era do.

MZILIKAZI (c. 1790-1868). Primeiro grande governante do povo ndebele, por vezes também referido como Moselekatse. Tido como o responsável pela unificação desse povo, foi, na origem de sua saga, um dos chefes dos clãs liderados por Chaka. Na década de 1820, rebelou-se contra ele e partiu com os integrantes do seu clã Khumalo, da Zululândia, rumando para a porção oeste do atual território do Transvaal. Depois de várias batalhas contra os colonos africânderes, migrou novamente para o norte, e estabeleceu-se com seu povo na área de Bulawayo. Lá, depois de várias guerras contra povos rivais, consolidou o estado Matabele. Após sua morte, em 1868, seu filho Lobengula assumiu o poder (AFRICAN ENCYCLOPEDIA, 1974, p. 359). Ver CHAKA; BULAWAYO; MATABELE; NDEBELES; ZULULÂNDIA.

N'DAKAROU. Antigo nome da cidade de Dacar, capital da República do Senegal. Também grafado *Ndakaaru* (DIOUF, 2003, p. 239).

N'DOUFFOU, Amon (1812-1886). Rei do povo agni em Sanwi, na Costa do Marfim, governante a partir de 1844. É referido como um grande monarca, diplomata, inteligente e íntegro, patriota e aberto ao progresso (LOUCOU, 1984, p. 164). Entretanto, firmou o tratado que colocou seu reino sob protetorado francês, o que possibilitou a construção do Forte de Joinville e a entrada dos franceses na lagoa de Aby, na Assínia. Aliando-se ao colonialismo, N'Douffou estendeu a influência local de Sanwi (DADDIEH, 2016, p. 78). Ver AGNIS; COSTA DO MARFIM.

NA AGONTIMÉ (séculos XVIII-XIX). Rainha-mãe (*kpojitó*) do Daomé, mulher do rei Agonglo e mãe de Guêzo. No reinado de Adandozan, filho e sucessor de seu marido, entre 1797 e 1818, foi vendida como escrava, vindo, segundo a tradição, primeiro para Cuba, em algumas versões, e depois para o Brasil. Na Bahia, num momento em que se formavam as bases do que depois foi conhecido como candomblé, ela teria introduzido o culto da divindade Zomadônu (tido como espírito de um falecido príncipe), depois levado por ela para a maranhense Casa das Minas, antiga comunidade onde se cultuam as divindades ancestrais da família real do povo fon do Daomé e da qual ela teria sido fundadora. Seu filho mais novo, Guêzo, depondo Adandozan em 1818, tentou, segundo alguns autores, encontrá-la nas Américas, sem sucesso. Observe-se que o elemento "Na" de seu nome é uma corruptela do fongbé *non*, correspondente ao português "mãe", "senhora", sendo, na origem, um título reservado às mulheres da casa real, significando "dama" ou "princesa". Segundo outras versões, Agontimé não seria mãe biológica de Guêzo, e, sim, de criação, tendo sido embarcada juntamente com 63 seguidores para o Brasil, vivendo 24 anos nas Américas e regressando ao Daomé graças a Francisco Félix de Souza, o Chachá de Ajudá. Sobre a criação da Casa das Minas, não teria sido ela a sua fundadora, mencionada pelo nome cristão "Maria Jesuína", e sim a orientadora da fundação. Ver DIÁSPORA AFRICANA; KPOJITÓ.

NA DABO. Na corte de Abomé (Daomé), título atribuído a determinadas mulheres do palácio real, tidas como "princesas mais velhas". A expressão é uma provável corruptela do fongbé *daágbó*, "avô", antecedido de *non*, "senhora", numa construção estranha em português, mas habitual nesta língua: "senhora avô". A detentora do título "na dabo" ocupava uma posição de prestígio como responsável por educação, orientação e preparação para a vida do filho do soberano e seu eventual sucessor. Por causa da influência que detinha junto a esse pupilo, sua palavra era respeitada na corte. Tanto que, ocorrendo vacância no trono, cabia à "*na dabo*", em alguns casos apontar os candidatos capacitados para pleiteá-lo. Ver AUTORIDADE COMPARTILHADA; GOVERNO, Formas de; MULHERES.

NA HWANJILE (século XVIII). Mãe do rei Tegbessu do Daomé. Destacou-se na corte de Abomé como *kpojitó*, título que lhe conferia grande poder. Assim, a partir de 1740, realizou, junto com o filho, conhecido como o "rei-sacerdote", importantes mudanças na vida religiosa do reino, principalmente pela introdução do sistema divinatório de Fá, originário do Ifá, desenvolvido a partir de Ifé e Oyó (Parés, 2016, p. 187-188). No âmbito político e administrativo, cercou-se de um vasto grupo de servidores, reservando para si a aplicação da justiça em determinadas matérias, e intercedendo em vários casos junto ao *Dada* (rei). Por tudo isto, é vista por alguns como a mais poderosa mulher governante do século XVIII, na área Aja-Fon. Ver DAOMÉ; IFÁ; KPOJITÓ; TEGBESSU.

NABA (*Naaba*). Título de soberania usado pelos governantes do povo mossi, habitualmente traduzido como "rei". Ver MOSSIS.

NACER ED DINE. Ver NASIR AL-DIN.

NACIONALISMO AFRICANO. Nacionalismo é uma forma de consciência de grupo, expressa na convicção de pertencer ou estar ligado a uma nação. A África, sendo um continente povoado por uma grande variedade de grupos etnorraciais e linguísticos, com o crescente aumento do poder europeu, certificado na Conferência de Berlim, num momento histórico em que corpos e mentes de africanos eram europeizados, inclusive através de educação recebida na própria matriz colonial, lideranças nativas resolveram fazer da África, como um todo, a unidade de identificação nacional de todos aqueles que buscavam o fortalecimento das características políticas e culturais de suas nações específicas, o que ocorreu, sobretudo, entre 1870 e 1917. A ideia ganhou corpo com a convocação do 1º Congresso Pan-Africano. Os principais líderes eram, em geral, homens que, por terem recebido educação moderna, compreendiam melhor o mundo dos colonialistas, do mesmo modo que conheciam o mundo em que tinham nascido. Assim, alguns dos impulsionadores dessa tomada de consciência foram J. Africanus Horton, de Serra Leoa; Casely Hayford, da Costa do Ouro; Herbert Macaulay, das Índias Ocidentais; e, sobretudo Edward Wilmot Blyden, nascido em Saint Thomas, nas Pequenas Antilhas.

NAFANA. Pequeno reino do noroeste do atual território da Costa do Marfim, fundado em cerca de 1760 por lideranças do povo diarrassubá, um ramo dos bambaras ou bamanas de Segu. Entre 1840 e 1850, foi conquistado pelo chefe de guerra mandinga Vakaba Touré, passando a se chamar Kabadugu e tendo por capital a cidade de Odienê. Ver COSTA DO MARFIM; ODIENÊ.

NAFATA. Rei do Gobir. No final do século XVIII, nomeou Usman dan Fodio como tutor de seu filho. Ver GOBIR.

NAGÔ. Etnônimo usado no antigo Daomé para designar cada um dos indivíduos iorubás de Queto, no território da atual República de Benin, e especificamente os do grupo Ifonyin. Sua origem está na língua fon ou fongbé, no termo *anagónù*, "habitante do país ioruba", a partir de *anagó*, "pessoa consagrada a Sakpatá" (SEGUROLA; RASSINOUX, 2000, p. 60), vodum do povo fon relacionado à varíola. Sobre o assunto, escreveu o padre Vicente Ferreira Pires que, depois de terem sido vencidos pelos daomeanos, os nagôs passaram a ser chamados de *lencerís,* termo traduzido por ele como "bichos bravos" (PIRES, 1957, p. 88-99). Possivelmente, esta seria a transcrição feita pelo mencionado sacerdote, de forma muito precária, como sempre, para o vocábulo *lènsuxwèsì*, que em fongbé designa a pessoa dedicada ao culto do vodum *Lènsuxwé*, de características aproximadas às de Sakpatá, Xapanã no Brasil. Ver IORUBÁS; JEJE; QUETO.

NAIRÓBI. Atual capital da República do Quênia. Foi fundada em 1899 pelos ingleses, a partir de um depósito ferroviário usado para abastecer a Estrada de Ferro que ligava o Quênia a Uganda, e recebeu o mesmo nome do rio em torno do qual se desenvolveu. Ver QUÊNIA.

NAMAQUAS. Povo da África Austral, aparentado aos Khoikhoi e habitante da Namaqualândia. Ver KHOIKHOI.

NAMIBE. Província no sudoeste do atual território da República de Angola. Ver MOÇÂMEDES.

NAMÍBIA. País atlântico no sudoeste africano, limitado ao norte por Angola, a leste por Botsuana, a oeste pelo Oceano Atlântico, e pela África do Sul em sua porção meridional. A atual denominação foi adotada em 1968, quando as Nações Unidas rebatizaram o

território, em solidariedade ao movimento de independência do país. Na época pré-colonial, o território era mencionado como o *Transgariep*, "país ao norte do grande rio", em referência ao rio Orange, chamado *Gariep* pelos colonizadores europeus; e mais tarde abrigou a colônia alemã do Sudoeste Africano (CROSS, 1983, p. 3). Foi ocupado desde data muito recuada por povos san e khoi por e grupos de matriz linguística banto, como Ovambos, Okavango, Kaokovelders, Damaras, e principalmente por Hereros e Namaquas, que lá se estabeleceram a partir do século XVII com suas atividades de pastoreio. **Ocupação germânica**. Nos anos de 1870, colonizadores alemães, missionários e mercadores começaram a se fixar na Namíbia, e entre 1884 e 1915 o território passou oficialmente a integrar a colônia de *Deutsch Sud-West Afrika* (África Alemã do Sudoeste). As restrições legais que se seguiram, inclusive a proibição do acesso a terras historicamente pertencentes aos grupos locais, deram origem a revoltas protagonizadas pelos namaquas, liderados por Hendrik Witbooi (1830-1905), e pelos hereros, chefiados por Samuel Maherero (1856-1923). A dura repressão que se seguiu ocasionou o extermínio de cerca de 60 mil hereros e 10 mil namaquas, no episódio que ficou conhecido como "Genocídio Herero". Ver HEREROS; NAMAQUAS.

NANA OLOMU (1852-1916). Poderoso mercador e governante no oeste do Delta do Níger, na segunda metade do século XIX. Reconhecido pelos britânicos como "Governador do rio Benin", em 1884 aceitou apoiar os interesses ingleses sobre Warri. Estabeleceu seu centro em Ebrohimi e estendeu seus poder e influência sobre os povos itsekíri e urhobo. Dedicado ao rendoso negócio do óleo de palma (azeite de dendê), foi um dos potentados que dominaram o comércio no litoral sul do território da atual Nigéria, no fim do século XIX. Por volta de 1894, entretanto, seus interesses particulares eram desafiados pelos ingleses. E, assim como Jaja de Opobo, este poderoso homem de negócios resistiu, o que resultou numa batalha contra as naus inglesas. Nana foi expulso para Acra pelos britânicos, depois de ter protagonizado uma das mais fortes oposições aos colonizadores. Em 1906, retornou à Nigéria, falecendo dez anos mais tarde. Ver ITSEKÍRIS; MERCANTILISMO – África Ocidental; ÓLEO DE PALMA; RESISTÊNCIA ANTICOLONIALISTA.

NANA. Entre os povos akan, termo da língua twi que designa o avô, o "mais velho", o ancestral. Antecede os nomes de cada um dos axântienes, monarcas dos axânti.

NANA ASMA'U (1793-1864). Forma pela qual se fez conhecida, a partir do Califado de Sokoto, a erudita muçulmana Nana Asma'u Bint Shehu Uthman dan Fodio, filha (*bint*) do líder (*shehu*) do califado, como indica seu nome completo. Fluente em árabe, hauçá, tamaxeque e fulfulde – a língua dos fulânis –, foi, em seu tempo, uma das poucas mulheres dedicadas ao ensino. Tendo escrito diversas obras em poesia e prosa e lecionado para mulheres, em seus trabalhos, a *jihad* fulâni é comparada às guerras santas dos primeiros muçulmanos da Arábia, no tempo de Maomé. Quanto ao elemento "nana" que antecede a enunciação de seu nome, veja-se que é traduzido em algumas fontes como "dama", "senhora", o que não comprovamos nas línguas hauçá e fulâni. Entretanto, nesta última, o verbo *nana*, traduzido como "saber compreender", pode ter relação com seu prenome. Ver ISLAMIZAÇÃO; JIHAD.

NANDI (c. 1760-1827). Personagem da história do povo zulu. Mulher do chefe Senzanghakona, foi mãe do guerreiro Chaka, herói do seu povo. Como outras mulheres dos estratos governantes, no momento da constituição do Reino Zulu exerceu considerável influência, inclusive exteriorizando pessoalmente divergências em relação a determinadas decisões do filho. As razões e circunstâncias de sua morte são desconhecidas, embora algumas fontes aventem a hipótese de seu assassinato a mando do filho. Ver CHAKA; SENZANGAKHONA; ZULUS; ZULUS, Princesas.

NANDIS (*Nandi*). Povo localizado na porção oeste do atual território do Quênia. No início do século XIX, suas poderosas forças guerreiras, na defesa de seu território ou por mero vezo expansionista, investiram contra massais e luos, seus vizinhos. Em 1890, resistindo à dominação colonialista, atacaram caravanas de comércio e trabalhadores ocupados na construção da Estrada de Ferro de Uganda, numa guerra que durou até 1905, quando foram derrotados por forças do governo colonial britânico (AFRICAN ENCYCLOPEDIA, 1974, p. 361). Ver QUÊNIA.

NASIB BUNDO (c. 1835-1906). Nome pelo qual se tornou conhecido Ache Makangila Ache Zamani, líder político na Somália, nascido provavelmente no território de Moçambique como membro do povo yao ou ajaua. Segundo algumas tradições, teria sido capturado por caçadores de escravos a serviço do traficante Tippu Tib e levado para o sul da Somália. Convertendo-se ao islamismo e recebendo o nome Nasib ou Nassib, juntou-se a escravos fugitivos e com eles fundou uma comunidade no Vale do Rio Juba, no atual distrito de Gosha. Organizando a comunidade de acordo com as afinidades étnicas e linguísticas, estabeleceu as normas de convivência e um código penal. Através de intermediários muçulmanos, obteve armas de fogo e passou a ser conhecido como o "Sultão de Gosha". Na década de 1870, infligiu derrotas a somális nômades e a caçadores de escravos que atacavam continuamente a comunidade e estabeleceu relações de proximidade com os sultões de Zanzibar. Na década de 1890, reagiu à presença de britânicos e italianos na região do rio Juba, alinhando-se na resistência, sendo, entretanto, preso e falecendo no cárcere em Mogadixo. Celebrado em alguns textos como "o combatente da liberdade", teria sido o pioneiro da luta por libertação no território da Somália. Ver AJAUAS; SOMÁLIA; TIPPU TIP; ZANZIBAR.

NASIR AL-DIN (século XVII). Epíteto, significando "protetor dos fiéis", que identificou Awbek ibne Ashfaga, líder político-religioso muçulmano do grupo berbere Lamtuna, nascido no sul da Mauritânia e também referido como Nacer Eddin. Entre 1644 e 1674, liderou uma aliança com as tribos Sanhaja como tentativa de repelir os árabes de suas áreas de ocupação na parte ocidental do Deserto do Saara. Essa guerra, segundo Silva (2002, p. 784), teria, no seu final, configurado uma guerra contra os reinos situados no terço inferior do rio Senegal. O conflito, conhecido como Guerra de Char Bubá ou Guerra dos Trinta Anos, terminou com a derrota dos berberes, que ficaram reduzidos a papéis subordinados na hierarquia do poder estabelecido pelos árabo-berberes, tendo Nasir Al-Din evitado exercer diretamente o poder, preferindo confiar a direção do estado a príncipes locais que partilhavam de suas ideias (M'BOKOLO, 2009, p. 461). Ver CHAR BUBÁ, Guerras de; GUERRA DOS MARABUTOS.

NASRA BINT 'ADLAN (c. 1800-c. 1850). Personagem da história do Sudão Anglo-Egípcio, é também mencionada como "Sultana Nasra". Nascida provavelmente em Sennar, integrou a aristocracia do Sultanato Funje, mantendo uma intensa vida dedicada a festas e recepções, sempre ostentando riqueza e poder. Mantinha, nas proximidades da aldeia de Suriba, um complexo palaciano com muitos escravos, cujo trabalho agrícola explorava. Juntamente com o marido Muhammad Sandaluba e o irmão Mohamed Daf Allah, constituía uma pequena elite que se beneficiava da exploração de muitos, num tipo de vida ainda hoje persistente em alguns países africanos. O elemento *bint* que compõe seu nome é o feminino de *bin*, "filho". Ver ECONOMIA DO TRÁFICO; SUDÃO ANGLO-EGÍPCIO; SULTANATO FUNJE.

NATAGO ARAM. *Brak* (rei) do Ualo, morto em 1763. Na luta contra as forças do Cayor, infligiu uma séria derrota ao damel Mah Dioré.

NATAL. Região no território da atual República da África do Sul historicamente identificada por denominações diversas. De 1839 a 1843, chamou-se República de Natália; depois, Colônia de Natal, pertencente à Inglaterra, até 1910; Província de Natal, de 1910 e 1994; e Província KwaZulu-Natal, até a atualidade. Ver ZULULÂNDIA.

NAVIO NEGREIRO. Expressão que designa, historicamente, a embarcação usada no transporte de africanos escravizados. As descrições das viagens marítimas desses navios da África para as Américas, transportando cargas humanas, são sempre trágicas. Em busca de maiores lucros, traficantes e transportadores quase sempre traziam excesso de carga, com alimentação e água insuficientes, em um ambiente quase sem ventilação. Segundo as descrições, os espaços em que os grupos de escravos eram amontoados, nos porões dos navios, constituíam espécies de prateleiras de menos de 1 metro de altura. Deitados lado a lado, nus e acorrentados, ali mesmo recebiam sua parca alimentação e satisfaziam suas necessidades fisiológicas, sendo, vez por outra, levados ao convés superior para respirar ar puro e desentorpecer os músculos. A alimentação era, segundo relatos da época, em geral, feijão, farinha ou fubá e peixe ou carne, muitas vezes estragados. E a água, quente, suja e racionada, pouco servia para matar a sede. Em face dessas condições, as mortes eram mais que frequentes, e a degenerescência física era regra geral. Robert E. Conrad (1985, p. 54-56) menciona um navio português que, em 1829, capturado no meio do Atlântico, depois de dezessete dias de viagem da África para o Brasil levava a bordo 562 escravos de um total inicial de 617. De um outro, chegado à Bahia proveniente de Benguela, em 1735, e também referido por Conrad, cerca de 12% dos africanos transportados morreram logo após o desembarque. As causas incluíam varíola, oftalmia, desidratação, infecções de toda ordem, desnutrição, perda do tônus muscular etc. contraídas a bordo desses "tumbeiros", como eram chamados em uma provável alusão ao quicongo *ntumba*, "covil", "toca", "antro", "ninho de ratos" (LAMAN, [1936] 1964, p. 801). Para uma melhor ideia dessas trágicas viagens, veja-se que o trajeto de um navio negreiro de Angola até Pernambuco demorava, em média, 35 dias, e até o Rio de Janeiro, 50 dias. Após a proibição do tráfico, sociedades abolicionistas europeias denunciavam que o policiamento realizado pela Inglaterra, em pleno oceano, fazia com que muitos comandantes de navios, ao serem abordados, procurassem se livrar da carga comprometedora, jogando-a ao mar (LOPES, 2011, p. 486-487). Ver DIÁSPORA AFRICANA; PASSAGEM DO MEIO; PORTAL DO NÃO RETORNO; TUMBEIROS.

NAWEEJI I (século XVII). Soberano do Reino Lunda, também mencionado como Yamwo Namedji, reinante como sucessor da rainha Luedji, entre *c.* 1660 e 1675. No dizer de algumas fontes, para firmar seu poder, teria obtido armas de fogo junto a mercadores de Luanda e Benguela em troca de escravos. Ver ECONOMIA DO TRÁFICO; ESTADOS NEGREIROS.

NCHARÉ (*Nshare*). *Mfon* (rei) do Bamum, antecessor de Mbuembue. Ver BAMUM.

NDATÉ YALLA MBODJ (1810-1860). Soberana do Reino senegalês do Ualo.

Nascida em Ndar, a Saint Louis dos franceses, assumiu o poder como *lingeer* ("rainha", em uolofe) em 1846, na sucessão de sua irmã Ndieumbeutt. Seu governo foi marcado por constantes negociações e conflitos com os povos soninquês, com os mouros da Mauritânia, e, sobretudo, contra os interesses colonialistas dos franceses, liderados pelo general Faidherbe, contra os quais lutou durante cerca de uma década, até ser vencida em batalha no ano de 1855. Seu filho, Sidya Leon Diop, deu continuidade a sua luta anticolonialista, até ser capturado e mandado para o exílio no Gabão em 1878. Ver SENEGAL; UALO.

NDIEUMBEUTT MBODJ (*c.* 1800-1846). Soberana do Reino do Ualo, irmã de Ndaté Yalla, que a sucedeu. Filha do *brak* Amar Fatim Borso Mbodj com a *lingeer* (rainha) Awo Fatim Yamar Khuri Yaye Mbodj, em 1833 se casou com um membro da aristocracia dominante na Mauritânia, provavelmente de um emirado dos haçanes, selando uma aliança política. A união desagradou a administração local francesa, pois a eventual sucessão de um herdeiro do casal fortaleceria a resistência, ameaçando o controle francês sobre as margens do rio Senegal. O casamento, então, motivou o início a uma série de conflitos, entremeados de negociações, durante as décadas de 1830 e 1840, continuados durante o reinado de Ndaté Yalla. Ver BRAK; UALO.

NDEBELES. Povo da África Austral também mencionado como *Matabele* ou *Tabele*. Localizados em partes dos atuais territórios de Zimbábue e África do Sul, são originários da região do Transvaal, na África do Sul, e resultantes da unificação promovida pelo chefe Mizilikazi, após a migração ocorrida em 1824, durante o evento referido como Mfecane. Com a morte deste, seu filho Lobengula assumiu o governo em 1868, e negociando em 1888 com a Companhia Britânica da África do Sul, de propriedade de Cecil Rhodes, abriu caminho para a dominação europeia. Assim, quando quis estancá-la, foi derrotado e morto entre 1893 e 1894. Um pouco após a segunda guerra travada com os europeus, um governo colonial os submeteu (AFRICAN ENCYCLOPEDIA, 1974, p. 363). Ver LOBENGULA; MFECANE; MZILIKAZI; ZIMBÁBUE.

NDONGA, Kabuku Ka. Ver KABUKU KA NDONGA.

NDONGO. O mesmo que DONGO.

NDORI. Personagem legendário, tido como o fundador do Reino de Ruanda. Também referido nas tradições orais como Ruganza, viveu provavelmente no século XVI. Ver RUANDA.

NDUMBA TEMBA. Ver TEMBA NDUMBA.

NDUNDUMA. Soberano do antigo Reino de Bié (1888-1890), no planalto angolano. Sucessor de Tchiyoka, firmou uma sólida aliança com Ekuikui II, do Bailundo, a qual procedia comercialmente contra a escravatura e na contramão dos objetivos portugueses. Assim, em 1890 foi destronado pelos lusitanos, substituído por um governante fantoche, preso e deportado para Cabo Verde, onde faleceu. Ver BIÉ, Planalto de.

NDWANDWES (*Ndwandwe*). Clã dos angônis, liderados pelo chefe Zwidé, responsável pela morte de Dinguiswayo, em

1817. Ver ANGÔNIS; DINGUISWAYO; ZULU GAMA; ZULUS; ZWIDÊ.

NE VUNDA, Antonio Manuel Nsaku. Ver NSAKU NE VUNDA.

NEGRO (*Négre*). Adjetivo originário do latim *niger, nigra, nigrum*. Sua entrada no léxico da língua portuguesa data do século XIII (CUNHA, 1982), mas a língua do antigo Reino de Castela, o espanhol de hoje, já o tinha registrado em 1140, segundo Joan Corominas, no *Diccionario etimológico de la lengua castellana* (1982). Seu uso como qualificativo etnorracial, entretanto, só teria se difundido a partir dos primeiros contatos dos europeus com o continente africano. A partir daí, o vocábulo aparece gradualmente nas crônicas e relatos de viagem como designação genérica das populações nativas na área subsaariana, de pele mais escura que a dos mouros (*mores*; *moros*). Nas crônicas Quinhentistas, a gradação de cor passa a ser evocada como um elemento distintivo entre as populações mais claras (mouros brancos; mouros alvos) e mais escuras (mouros negros; pretos). A esta caracterização, parece corresponder o surgimento, na arte europeia Quinhentista e Seiscentista, de um estilo de representação manifestado especialmente nas artes decorativas, na joalheria e nas artes plásticas, conhecido como *blackamoor* (mouro negro; mouro preto), em que figuras de pessoas escuras, em sua maior parte masculinas, aparecem em gestos e posições de servidão, em uma evidente referência ao processo da racialização então em curso. Nos dicionários escritos na França entre 1552 e 1769, observa-se que a variedade de denominações aplicadas anteriormente aos povos africanos (como "etíopes", "guinéus" etc.) cede gradualmente lugar ao termo "negro" (*nègre*) ou seus derivados (*neigre*; *négrillon*; *négritte*; *Nigritia*; *Negroland* etc.), os quais tendem a ser associados com uma condição específica, a escravidão; com um lugar específico, a África; e com qualificativos eminentemente negativos, conotando ignorância, selvageria, preguiça e fraqueza, sempre em oposição aos qualificativos eminentemente positivos dos "brancos" (DELASALLE; VALENSI, 1972). Ver ABOLICIONISMO; BAARTMAN, Sarah Saartjie; BELLA; BILAD AL-SUDAN; BOSQUÍMANOS; BRANCOS E NEGROS; CÓDIGO NEGRO; CONTINENTE NEGRO; COSTA ALEGRE, Caetano de; CRÉOLE; CRIOULO; GUINÉ; HOTENTOTES; KRIOS; RACISMO; SOCIEDADE DOS AMIGOS DOS NEGROS.

NEGUANÁSSI. Ver ANGUANÁSSI.

NÉGUS. Transliteração, em português, do título do soberano da Etiópia ou Abissínia até a proclamação da república, em 1974. O título deriva da expressão *negusa negast*, "rei dos reis", em uma das línguas locais. Ver ABISSÍNIA.

NEHANDA. Espírito ancestral feminino venerado pelo povo mondoro, subgrupo dos xonas. No século XIX, através da líder religiosa Nehanda Charwe Nyakasikana, imortalizada como *Charwe*, foi, segundo voz geral, a maior fonte de inspiração e energia para a revolta contra a colonização dos territórios dos xonas e matebeles pela Companhia Britânica da África do Sul. Em consequência, o nome Nehanda foi algumas vezes usado em contextos políticos para designar mulheres detentoras de poder.

NEWPORT, Matilda

Da mesma forma, outras mulheres, propagando poderes mediúnicos, diziam incorporar o espírito de *Inhahanda* ou *Neanda*, como o nome aparece registrado em textos portugueses. Ver CHARWE; ESPÍRITOS; RELIGIÃO TRADICIONAL AFRICANA.

NEWPORT, Matilda. Ver MATILDA NEWPORT.

NGANGULA. Título em quicongo do fundador do Reino do Congo, Nimi-a-Lukeni, rei ferreiro (*ngangula*), forjador da unidade do povo bacongo (*ngangula-a-Kongo*), também celebrado como *mutinu* ou *ntinu mwene* (senhor rei) ou manicongo, *mwene-e-Kongo*, rei do Congo. Sua mítica sobreviveu na instituição dos *ngola*, reis do Dongo. Ver NGOLA.

NGOLA KANINI. Rei da Matamba (*c.* 1673-1683), no território da atual Angola. Filho e sucessor da Rainha Amona, tida como irmã da Rainha Jinga e portadora do nome católico "Bárbara", destacou-se por sua firme resistência às forças portuguesas enviadas de Luanda, as quais, depois de chacinar parcialmente em Caçanje, derrotou por completo na Batalha de Katole. Com sua morte, a sucessora, mencionada como "Dona Vitória", assinou tratado de vassalagem com os lusitanos, o que desmantelou a coligação que unia vários reinos locais contra os colonialistas europeus (MPLA, 1975, p. 73). Ngola Kanini é unanimemente considerado como o último grande rei de Matamba.

NGOLA KIA MBANDI. Nome pelo qual passou à História o rei ou chefe do Dongo (1617-1624), irmão e rival da Rainha Jinga, também mencionado como Ngola Nzinga Mbandi (ALMEIDA, 1978, v. I, p. 251). Nos três primeiros anos de seu governo, colocou-se firmemente contra a construção da fortaleza de Ambaca pelo governador português de Angola. Essa oposição resultou numa guerra que se estendeu por três anos, na qual os portugueses tiveram como aliados um grupo de jagas e uma companhia de pequenos mercadores de escravos (ALMEIDA, 1978, v. I).

NGOLA KILUANJE (*Ngola-a-Kilwanji*). Título dos reis ambundos do Reino do Dongo, no território da atual Angola. Nesta denominação, o primeiro elemento pode ser traduzido como "rei", e o segundo talvez provenha do quimbundo *kilunji*, "sabedoria", ou do quicongo *lwanzi*, "homem-leopardo", "homem-lobo" (LAMAN, [1936] 1964, p. 466).

NGOLA KILUANJE MBANDI. Nome atribuído em algumas fontes ao rei do Dongo, pertencente à linhagem Mbandi, reinante no século XVI e pai da futura "Rainha Jinga". Foi, provavelmente, o *ngola* responsável pelo ataque ao português Paulo Dias de Novais, em Cambambe, no ano de 1583. No contra-ataque, os portugueses fizeram milhares de vítimas, cortando "os narizes dos mortos para os contarem" (ALMEIDA, 1978, v. I, p. 192). Sua morte teria ocorrido em 1617, e, com ela, a sucessão ao trono foi objeto de disputa entre a filha, Nzinga, e o filho, o futuro Ngola Kia Mbandi, que teria mandado matar seus possíveis adversários, principalmente os conselheiros de seu pai, partidários da irmã e o filho dela. Data daí a retirada de Nzinga para Matamba, a nordeste do Dongo (PANTOJA, 2011, p. 66).

NGOLA. Título em quimbundo do soberano (*muene*; *mwene*) do Dongo, provavelmente relacionado ao quicongo *ngola*, adivinho. Os titulares eram os guardiões dos objetos sagrados ligados ao culto ancestral dos reis-ferreiros Ngangula, cuja posse lhes conferia poderes espirituais e autoridade. Assim, cada aldeia necessitava de um *ngola* protetor para garantir sua autonomia (PANTOJA, 2011, p. 53).

NGOLA-A-ARI. Título dos principais chefes ambundos da região de Pungo Andongo. Quando a Rainha Jinga, opondo-se ao governo português já estabelecido em Luanda, tornou-se rainha do Dongo, na década de 1620, os lusitanos legitimaram um Ngola-a-Ari como soberano. Jinga representava a centralização do poder do reino, o que contrariava os interesses dos *ngola-a-ari*, que preferiam o poder fracionado entre os sobas, ficando o Ngola apenas com os poderes espiritual e ritual (SILVA, 2002, p. 439). Ver HARI.

NGOLA-MUSURI. Figura ligada à origem dos ambundos, como representação do "princípio abstrato de organização política, baseado no Ngola" (PARREIRA, 1990b, p. 166). O mesmo que Ngola-I-nene. Segundo o autor citado, a terminologia das linhagens e genealogias do Dongo e de seu contexto revela uma relação apenas política e não biológica. O termo *musuri* ou *musudi,* do quimbundo, traduz-se em português como "ferreiro" ou "forjador", sendo sinônimo de *ngangula.* Ambos os vocábulos estão presentes no título dos heróis civilizadores ambundos e congos (LOPES; MACEDO, 2017, p. 124). Ver AMBUNDOS; CONGOS; DONGO.

NGOLEME. Cidade no território da atual Angola, antiga capital dos ambundos. Em 1564, foi descrita como do tamanho da cidade portuguesa de Évora, cheia de palmeiras, rodeada por uma cerca de palha, com cinco ou seis mil habitações de madeira (PANTOJA, 2011, p. 62-63). Sem localização conhecida, sabe-se, entretanto, que foi atingida por um grande incêndio que obrigou o Ngola a mudar de residência (PARREIRA, 1990a, p. 120).

NGOLO DYARA (século XVIII). Soberano do Império bambara ou bamana de Segu e reunificador dos bambaras locais. Ex-escravo, governou de 1766 a 1790, após os anos de divisões que se seguiram à morte de Mamari Kulibali, em 1755. Ao tomar o poder, teve habilidade para estabelecer as condições de convívio pacífico entre muçulmanos e não muçulmanos, encerrando as disputas entre esses dois grupos. Ver BAMANAS; BAMBARAS; DYARA; SEGU.

NGONGO LUTETE (1855-1893). Chefe de um dos ramos do povo tetela, nascido em Sankuru, no sudeste da bacia do rio Congo, em território da atual República Democrática do Congo. Dono de uma biografia polêmica, Ngongo Lutete foi escravo na juventude, conquistando a liberdade e vivendo em ambiente do tráfico negreiro, no qual pontificava o notório Tippu Tip, do qual teria sido auxiliar. Formando seu próprio bando de captores, teve, entretanto, que enfrentar a resistência de tropas armadas que defendiam os interesses dos abolicionistas europeus. Em 1890, teria atacado Lusambo, sendo rechaçado pelas forças do Estado Livre do Congo (ou Estado Independente do Congo) comandadas pelo belga Francis Dhanis. Estranhamente mencionado em algumas fontes como "um lutador contra a escravidão no sudeste do Congo", Ngongo Lutete foi sentenciado e executado em Ngandu por um oficial belga, sem a autorização do comandante Dhanis. Tal execução teria dado origem à chamada Revolta dos Batetelas. Segundo outra versão, Ngongo Lutete, tido como traidor, teria sido executado por Tippu Tip. Ver BATETELAS, Revolta dos; CONGO, Estado independente do; TIPPU TIP.

NGONIS. Ver ANGÔNIS.

NGOYO. Reino onde os portugueses, em 1783, construíram o Forte de Cabinda. O reino tinha sido conquistado pelo Soyo (Sonyo ou Sonho) em 1631.

NGUNDENG BONG (1830-1906). Líder religioso no território do atual Sudão do Sul, também referido apenas como *Wundeng*. Reconhecido como profeta, autoproclamava-se representante de Deng, o Ser Supremo, da religião do povo nuer. Suas profecias sobre a divisão do Sudão em dois países são ainda fatores de inspiração política. Filho do povo nuer, mas circulando entre os dinka e os anuak, suas previsões eram tidas, por seus seguidores e admiradores, como infalíveis, pois eram sentidas como a voz de Deng, principalmente porque incentivavam o convívio pacífico entre todos os povos, sobretudo os vizinhos. Assim, ele foi considerado perigoso pelo colonialismo anglo-egípcio, e perseguido, mas seu nome continua a ser evocado em canções do repertório de seu povo e de outros próximos. Ver CHARWE; ESPÍRITOS; NEHANDA; RELIGIÃO TRADICIONAL AFRICANA.

NGÚNIS (*Nguni*). Grupo etnolinguístico da África Austral que constitui o mais meridional do conjunto dos povos bantos. Compreende, entre outros, os subgrupos Zulu, Ndebele, Xosa, Suázi e os Ngúnis propriamente ditos, mais comumente referidos como Ngoni e, em Moçambique, Angônis. O nome Ngúni seria uma autodenominação, de caráter distintivo, provavelmente relacionada ao substantivo *ngonyama*, *ingonyama*, com que zulus e xosas, respectivamente, nomeiam o leão, animal sinônimo de bravura e ferocidade. **A dispersão**. Durante o reinado de Chaka entre os zulus, alguns de seus chefes, temendo ser condenados à morte, haviam fugido com suas tropas, atacando ou submetendo outros povos à sua passagem. Contam-se aí três grandes invasões dos Ngúnis. Na primeira, Mzilikazi acossou os sotos (bassutos) e tsuanas (bechuanas), atravessou o rio Limpopo, destruiu o que restava do antigo Reino do Monomotapa, e em 1840 apoderou-se do Reino Matabele, dos ndebeles. Na segunda invasão, o chefe Manicusse, também identificado pelo nome de Changana, submeteu os rongas. Na terceira, Zuanguendaba atravessou os territórios dos suázis, rongas e xonas, raptando mulheres e incorporando jovens ao seu exército. Depois, atravessou o rio Zambeze e chegou à atual Tanzânia. Com sua morte, em 1845, seus guerreiros se dispersaram em vários bandos, uns chegando ao mar, outros aos lagos Niassa, Bangwelo e Vitória, outro fundando um reino provisório. Alguns dos povos atacados se defendiam buscando refúgio onde pudessem. Sobhuza, rei dos suázis, buscou refúgio nas montanhas, e seu filho Mswati chefiou expedições guerreiras contra os zulus e os bassutos. Moshesh, rei dos sotos do sul, concentrou seu povo no maciço Bassuto e conseguiu, por concessões temporárias, preservar sua independência. Um outro grupo dos Bassutos, o Makololo comandado por Sebitwane, empurrado pelas tropas ngúnis de Mzilikazi, refugiou-se na Bechuanalândia e depois rumou para o norte, chegando à região do curso superior do rio Zambeze, e se apoderou do Reino Lozi. Em 1864, um líder desse povo, Silola, aproveitando-se da morte de Sebituanê, ordenou o massacre de todos os homens do povo makololo e restabeleceu o Reino dos Lozis, chamado Barotse. A partir daí, apesar da constante resistência, a penetração europeia na África Austral toma vulto e se consuma. Ver ÁFRICA DO SUL, República da; ANGÔNIS; BASSUTOS; BECHUANALÂNDIA; CETSHWAYO; CHAKA; CHEWAS; COLOLOS; CRIOULIZAÇÃO; DINGUISWAYO; GAZA, Império de; GRANDES LAGOS; HLUBIS; LIMPOPO; LOZIS; MALÁUI; MANGÚNIS; MANTHATISI; MBELWA; MFECANE; MIRAMBO; MOSHESH; MTETUA; NGWANES; NYUNGU YA MAWE; PONDOS; RONGAS; RÓZUIS; SOCHANGANE; ESSUATÍNI; SUÁZIS; TLOKWAS; VANGÚNIS; XONAS; XOSAS; ZAMBEZE; ZUANGUENDABA; ZULUS.

NGWANES. Clã do povo ngúni da África do Sul. Deu origem aos suázis. Ver NGÚNIS; SUÁZIS.

NHUNGUES. Povo banto do oeste de Moçambique, localizado a partir da região de Tete.

NIAMUÊZIS (Niamwezi). Grupo de povos bantos da África Oriental. Ver BANTOS.

NIANGOLO. Uma das formas de referência a Ngolo Dyara. Ver NGOLO DYARA.

NIANI. Cidade principal do Antigo Mali, localizada no nordeste do atual território da Guiné-Conacri. Local de nascimento do líder Sundiata Keita, entrou em decadência no século XV. Na atualidade, outra cidade leva seu nome, sem que sua localização seja confirmada como correspondente à da antiga capital (LOPES; MACEDO, 2017, p. 224).

NIANI MANSA MAMADU KEITA. Ver MANSA MAMADU KEITA.

NIANJAS. Povo banto de Moçambique localizado a partir do entorno da parte alta do lago Niassa.

NIASSA (Nyasa). Lago do sudoeste africano, também mencionado como lago Maláui e situado no moderno país de mesmo nome.

NIASSALÂNDIA (Nyasaland). Protetorado britânico criado em 1890 no atual território de Maláui com o suporte da Companhia Britânica da África do Sul. Ver MALÁUI.

NÍGER. País interior do centro-oeste africano, localizado na atualidade entre os territórios de Líbia, ao norte; Chade, a leste-sudeste; Nigéria, ao sul; Mali, a sudoeste; e Argélia, a noroeste. Nos séculos XV e XVI, a porção ocidental do atual território do Níger era parte do Império Songai. Sua população se constituía basicamente de indivíduos dos povos songai e zarma (Djerma), sobretudo agricultores, comerciantes, pescadores e artesãos. Depois da queda do império, no final do século XVI, boa parte do povo migrou na direção leste, onde fundou pequenas unidades políticas, sob influência ou domínio do Kanem-Bornu, e mais para o sul, sob influência dos estados Hauçás. Ao longo do século XIX, os franceses dominaram os vários reinos locais, mas só em 1922 o Níger passou formalmente à condição de colônia francesa. Ver HAUÇÁS; KANEM-BORNU; SONGAIS.

NIGÉRIA. País do Golfo da Guiné, limítrofe às atuais repúblicas de Chade, Camarões, Níger e Benin. Observe-se que, antes do século XX, o nome "Nigéria" não existia. O que havia, no território da atual república, eram diversas unidades políticas cujas denominações repetiam as dos povos que nelas predominavam ou, ocasionalmente, os títulos dos chefes que as governavam. Segundo Gordon (2003, p. 3), o nome Nigéria foi sugerido, em 1897, pela mulher do governador colonial britânico do que então se tornava o *Northern Nigerian Protectorate* [Protetorado nigeriano do norte], o qual, unindo-se ao do sul, viria a constituir o atual país, em 1914. E o nome provavelmente deriva do latim *niger*, "negro", dentro da mesma associação de ideias que buscou no árabe *sud* ou *saud*, "negro", o topônimo Sudão. **Síntese histórica**. A partir do século XVI, após o declínio do Antigo Mali e a queda do Império songai de Gao, o norte do território da atual república vivenciou, seguidamente, os apogeus do Kanem e do Kanem-Bornu, além da formação dos Estados Hauçás, polo cultural de características bastante específicas. No sudoeste, o Reino de Oyó despontou como o grande centro de prestígio político e econômico; no leste, o Antigo Benin, reino erigido pelo povo edo, tinha controle sobre numerosas pequenas unidades. No sudeste, os ibos, embora ativos comerciantes, não dispunham de poder político centralizado, pelo que não deixaram registros de desenvolvimento significativo – ao contrário do que ocorreu, por exemplo, no sul, com os povos do Calabar

e os do Delta do Níger. As principais atividades econômicas eram marcadamente ditadas pela demanda europeia, centrando-se no tráfico negreiro, no comércio de alimentos e de óleos de palma, principalmente dendê, além da mineração, conduzida por europeus no interior do território. Entretanto, independentemente do condicionamento trazido pela presença de portugueses e ingleses, sobretudo povos como os hauçás desenvolveram importantes centros de comércio e indústria de produtos tradicionais, enquanto os pastores fulânis se espraiavam pelas savanas com seus rebanhos. O fim do tráfico negreiro, no início da década de 1800, provocou mudanças radicais na economia e na vida sociopolítica do país, e as rivalidades antigas foram potencializadas por diversos fatores que levaram a guerras internas, que os europeus manipularam de acordo com seus interesses imperiais e coloniais. A grande questão foi que as transações mercantis dos estados mais poderosos do atual território da Nigéria e vizinhanças (Benin, Oyó e Daomé) com os europeus aconteciam no litoral. Assim, no Delta do Níger, os principais mercadores africanos foram crescendo também em poder político, como ocorreu com os de Duke Town e Calabar. Entretanto, as guerras contra o Daomé forçaram o deslocamento de muitos iorubás para o sul, onde cidades como a nova Oyó, Ibadan e Abeocutá foram fundadas ou refundadas. Durante o meio século transcorrido entre 1820 e 1870, todo o sudoeste da atual Nigéria esteve conflagrado em guerras que envolveram principalmente os reinos de Ibadan, Abeocutá, Ijaye, Ijebu e Ekiti; todos competiam pelo comércio no litoral atlântico. Na década de 1820, ressaltamos, a antiga cidade de Oyó foi destruída pelos exércitos dos fulânis, que tinham estabelecido um Estado muçulmano durante a *jihad* de Usman dan Fodio. Guerras também foram travadas pelo povo de Oyó contra o vizinho Daomé, em embates que provocaram grandes deslocamentos de populações em direção ao litoral, o que deu origem a novas unidades políticas como as cidades-Estado do povo nupe, de Opobo etc. **Era vitoriana**. Sob o governo da rainha Vitória I (1837-1901), o Reino Unido (Grã-Bretanha e Irlanda do Norte) pôs em prática uma política externa revigoradora do seu antigo prestígio. Assim, por ocasião das *jihads* dos fulânis no norte do atual território nigeriano, ficou claro para o poder britânico que o sistema escravista já não era a melhor via para sua economia. Decretou-se, então, a cessação das relações nesse sentido com os negociantes locais, que por muitos anos tinham se beneficiado desse lucrativo negócio. Mas a proibição inglesa teve pouco efeito sobre o tráfico. Assim, as guerras entre iorubás e fulânis geraram um grande contingente de escravizados, com o comércio se deslocando na direção oeste e os traficantes aprendendo a escapar da marinha britânica. Como consequência, em 1851 as forças inglesas atacaram e incendiaram Lagos, e oito anos mais tarde ocuparam a cidade. Desta forma, a influência do Reino Unido cresceu, e, por volta de 1884, os futuros colonizadores tinham monopolizado o comércio do natural e legitimo item da economia local, o azeite de dendê. Nessa conjuntura, missionários originários da Inglaterra se espraiavam pelo sul do atual território nigeriano, dando educação europeia e instrução formal àqueles que mais tarde constituiriam a classe administrativa do futuro domínio da Coroa britânica. De modo geral, os ingleses só interfeririam nas guerras internas quando elas afetavam a economia. Entretanto, na década de 1880, eles reivindicaram o país. A chamada "Iorubalândia", embora ainda atormentada por conflitos internos, era controlada através de tratados diplomáticos, constituindo num vasto protetorado, estendido de Lagos até o território de Camarões. Na sequência, foi criada a *Royal Niger Company* [Companhia Real do Níger], que acabou por se assenhorear de todo o comércio antes em mãos de mercadores e líderes locais como Nana Olomu, do povo itsekíri, e Jaja de Opobo. Mas, a sudeste, o Reino edo de Benin, que ainda permanecia como um forte reduto do tráfico negreiro, reagiu a uma força armada pela mencionada companhia, que chegou ao seu território em 1897, massacrando-a impiedosamente. Em represália, Sua Majestade britânica enviou uma força muito maior e mais agressiva, o que resultou na destruição total da capital dos edos, levando do palácio real para a Inglaterra, como botim, inúmeras peças artísticas do acervo artístico conhecido como os "bronzes do Benin". Na sequência, o área hauçá-fulâni, no norte, também foi atacada, e, em tentativas sucessivas, também arrasada. Lá, em 1903, a capital muçulmana, Sokoto, com a fuga do sultão, rendeu-se ao poderio inglês (AFRICAN ENCYCLOPEDIA, 1974, p. 368-369; PAGE, 2005, v. III, p. 206; LEVY, 2004, p. 22-23). Finalmente, a Conferência de Berlim ratificou o domínio colonial britânico sobre o país. Ver ABEOCUTÁ; ABEWEILA; abdussalami; ÁFRICA OCIDENTAL; AMADU SEKU TALL; ANDONI; BENIN; BORNU; CALABAR; CHADE; COSTA DA MINA; COSTA DOS ESCRAVOS; DELTA DO NÍGER; DENDÊ; DUKE TOWN; EDOS; EFIKS; EKITIS; EQUIANO, Olaudah; EUROPEUS NA ÁFRICA; GOVERNO, Formas de; HAUÇÁS; IBADAN; ILÉ IFÉ; IJAYE; IJEBU; IJEXÁ; ILORIN; IORUBÁS; ITSEKÍRIS; JAJA DE OPOBO; JIHAD; LAGOS; MERCANTILISMO – África Ocidental; NANA OLOMU; NUPES; ONIM; OPOBO; OYÓ; PARTILHA DA ÁFRICA; PEÚLES; RELIGIÃO TRADICIONAL AFRICANA; CROWTHER, Samuel Ajayi; SHANU, Herzekiah; SOCIEDADES INICIÁTICAS; TRÁFICO NEGREIRO; TUAREGUES; USMAN DAN FODIO.

NILO (*Al-Nil*). Rio africano com 6.450 quilômetros de extensão. Nasce num curso de água no Burundi, com o nome de Kagera, e depois se lança no lago Vitória, em Uganda. Atravessa os lagos Kioga e Rutanzige, recebe vários afluentes e penetra no Sudão. Depois, chega a Cartum, onde encontra o Nilo Azul. Esse rio, que nasce no lago Tana, e o Nilo Branco, que tem seu nascedouro no lago Vitória, são os principais tributários do importante rio africano. **Vale do Nilo**. Na condição ímpar de único rio africano ligando o interior ao mar num curso navegável de mais de 6 mil quilômetros, o Nilo foi, por excelência, um vetor de civilização. Assim porque, da região de seu vale, homens e mulheres atingiram, em sucessivas vagas migratórias, diferentes pontos do continente (LOPES; MACEDO, 2017, p. 226). **A Batalha do Nilo**. Em 1798,

no litoral egípcio, travava-se, entre tropas francesas comandadas pelo jovem Napoleão Bonaparte e forças britânicas lideradas pelo almirante Horácio Nelson, o confronto que passou à história como a "Batalha do Nilo". Vencida pelos ingleses, a batalha foi um episódio das guerras travadas por diversas coalizões europeias contra a França. As tropas de Napoleão tinham invadido o Egito para expulsar os turco-otomanos que, aliados aos ingleses, controlavam o país, depois de terem neutralizado a influência secular dos mamelucos. As tropas napoleônicas planejavam, a partir do Egito, tomar da Coroa britânica o domínio da Índia, numa grande ação imperialista. Assim, mesmo derrotado, Napoleão voltou à França como herói, alicerçando seu caminho para o poder que depois conquistaria. E a presença napoleônica no rio Nilo gerou pelo menos uma vitória para a humanidade, com o nascimento da Egiptologia, a partir da descoberta de escritos e relíquias do Egito faraônico. Ver BURUNDI; MAMELUCO; MUHAMAD ALI I; OTOMANOS; RUANDA; SUDÃO.

NILO-SAARIANO. Adjetivo relativo ao conjunto de populações da parte setentrional do continente africano, no eixo entre o Vale do Nilo e o deserto de Saara, correspondente a partes dos atuais territórios de Sudão, Chade, Níger, Mali, Mauritânia, Saara Oriental, Marrocos, Argélia, Tunísia, Líbia e Egito.

NILÓTICO. Adjetivo relativo ao rio Nilo e ao que lhe é natural. A denominação abrange particularmente as populações e culturas autóctones da bacia do Nilo Branco. Por extensão, designa as expressões culturais nascidas em toda a vasta região ao longo do curso do rio, como outrora as línguas modernamente referidas como "afro-asiáticas". Ver CAMÍTICA, Hipótese; LUOS; MASSAIS; NILO; TUTSIS.

NIMI. Denominação do clã materno do fundador do Reino do Congo, Nimi-a-Lukeni ou Ntinu Wene (BALANDIER, 1965, p. 18). Ver LUKENI.

NJOYA, Mbouombuo (1860-1933). *Mfon* (rei) do povo bamum, governante sob influência do domínio alemão em parte do território da atual República de Camarões, entre *c.* 1885 e 1923. Destacado por suas qualidades diplomáticas e por sua capacidade de adaptação e inovação, foi definido por Joseph Ki-Zerbo como astucioso, e "tão inventivo em política como em técnica e arte", tendo desenvolvido com genialidade "as possibilidades do espírito africano" (KI-ZERBO, 1972, v. I, p. 375-376). Segundo outras avaliações, Njoya permaneceu fiel aos alemães porque eles respeitavam seus direitos como rei de seu povo e ouviam sua opinião quando das negociações coloniais. O certo é que em suas quatro décadas de governo, o Reino de Bamum esteve aberto à presença de ingleses, alemães e franceses, e Njoya não só permitiu a livre atuação de missionários protestantes de origem germânica, como também de muçulmanos. Convertido ao islamismo em 1897, já no século XX, em 1913, o rei criou uma religião nacional, cujos preceitos e fundamentos aparecem sintetizados no livro *Nkuet Kwate*, título significando algo como "Procura e persegue" ou "Prossegue, atinge", no qual é apresentada uma espécie de doutrina sincrética, na qual Njoya fundiu alguns princípios da Bíblia e do Alcorão a outros da Religião Tradicional Africana para criar uma nova religião, mais compreensível para seus súditos. Para Elikia M'Bokolo, seu governo foi um dos exemplos mais bem-sucedidos de modernização a partir de referenciais endógenos, essencialmente africanos, interligados a inovações vindas do estrangeiro (M'BOKOLO, 2011, v. II, p. 41). Após sua conversão ao islamismo, o mfon passou a ser referido como "sultão Ibrahim Njoya". Ver BAMUM; CAMARÕES.

NKANGA-A-LUKENI. Rei do Congo (1641-1663), mais comumente referido pelo nome cristão de Dom Garcia II. Pertencente ao clã Nlaza, sucedeu Dom Álvaro VI, mas, ao contrário deste, buscou aliança com os holandeses para rechaçar os portugueses. Estabeleceu contatos com a sede romana da Igreja, de modo que em 1645 uma missão de frades capuchinhos vinculada diretamente ao papa deu início ao trabalho missionário no Congo e depois em Ndongo e em Matamba. Com isso, a esfera de influência dos jesuítas ficou restrita basicamente ao ensino nos colégios.

NKANGA-A-MBIKA. Nome resumido de Nkanga Lukeni Nkanga-a-Mbika, também referido pelo nome cristão Dom Pedro II. Foi rei do Congo de 1622 a 1624. Relacionou-se bem com os jesuítas, que o consideravam um bom modelo de governante cristão. Entretanto, liderou duas batalhas contra os portugueses que ocupavam o Dongo a partir de São Paulo de Luanda.

NKANGA-A-MVEMBA. Rei do Congo (1540-1544), de nome cristão Pedro I. Sobrinho e sucessor de Mvemba-a-Nzinga. Contudo, embora apoiado pelos portugueses de São Tomé e por seu povo, foi derrubado em meio a uma revolta liderada por Nkubi-a-Mpudi, que o sucedeu sob o nome cristão Diogo I.

NKISI. Vocábulo do idioma quicongo, traduzido em Laman ([1936] 1964, p. 720) como "fetiche, feitiçaria, enfeitiçamento, força mágica, sortilégio, encantamento" etc. Maia (1964, p. 296) a traduziu literalmente como "feitiço". Entretanto, em Parreira (1990a, p. 86), vemos definição mais apropriada: "Objeto sagrado fabricado pelo nganga (ritualista), receptáculo de um espírito protetor, que servia para neutralizar as intenções maléficas dos feiticeiros, que operavam através do *ndoki*". Dentro desse mesmo entendimento, Munanga (1986, p. 307) define os *bakishi* (plural de *mukishi,* variante dialetal de *nkisi*) como materialização das essências vitais dos "bons mortos", ou seja, dos espíritos dos guias ancestrais. No Brasil contemporâneo, o termo, transliterado como "inquice" (cf. Houaiss *et al.*, 2001), vem sendo impropriamente usado como correspondente ao iorubano "orixá". Ver FETICHE; FEITIÇARIA; MANIPANSO; QUICONGO; RELIGIÃO TRADICIONAL AFRICANA; ORIXÁS; VODUNS.

NKUBI-A-MPUDI. Rei do Congo (*c.* 1544-1561), governante sob o nome cristão Diogo I. Em seu reinado, estreitou contatos com os portugueses, datando de seu período de governo a entrada dos jesuítas no reino, em 1548. Teve dificuldades nas negociações com os mercadores de escravos provenientes da Ilha de São Tomé, e em 1556 atacou o Reino do Dongo, onde sofreu uma derrota significativa.

NÔMINAS. Envólucros, geralmente de couro ou tecido, para guardar orações impressas, amuletos e talismãs. O termo, de origem latina (*nomina,* "agrupamento de nomes ou palavras"), estendeu seu significado ao conteúdo do recipiente, como sinônimo de *grigri* (Lopes; Macedo, 2017, p. 228).

NONGQAWUSE (1841-1898). Líder religiosa do povo xosa, na região oriental da Província do Cabo, atual África do Sul. Em 1856, aos 15 anos de idade, juntamente com duas outras meninas, tornou pública uma profecia alegadamente inspirada por espíritos ancestrais do seu povo. Segundo seu vaticínio, os antepassados estariam prontos a retornar ao mundo terreno para varrer os colonos britânicos para o mar e restituir as riquezas aos xosas. Mas a condição para que isso acontecesse era a destruição das colheitas e a matança dos rebanhos. A divulgação da "profecia" motivou um tresloucado movimento de matança do gado e destruição das plantações, entre 1856 e 1857, sem que seu objetivo fosse alcançado. Ver ESPÍRITOS; RELIGIÃO TRADICIONAL AFRICANA.

NOVO REDONDO. Antiga cidade portuária em território da atual Angola. Após a proibição do tráfico negreiro, por volta de 1817 seu porto ganhou destaque pela prática de embarques clandestinos. Na atualidade, tem a denominação Sumbe e se localiza na província de Cuanza-Sul. Ver ECONOMIA DO TRÁFICO; TRÁFICO NEGREIRO; TRAFICANTES.

NOZ-DE-COLA. Ver COLA.

NSAKU NE VUNDA (séculos XVI-XVII). Nome nativo – também mencionado com anteposição de seu nome português "Antonio Manuel" – do embaixador do Reino do Congo enviado pelo rei Álvaro II ao Vaticano em 1604. Nessa missão diplomática, viajou para o Brasil e depois para a Europa, com passagens por Portugal e Espanha, até o Vaticano, com o objetivo de estreitar os laços dos cristãos de seu país diretamente com a Santa Sé. Sua viagem foi intermediada por integrantes da Ordem dos Carmelitas que desejavam participar da obra missionária no Congo, uma vez que, até então, apenas os jesuítas lá atuavam, com o apoio da monarquia portuguesa. Com isso, os carmelitas pretendiam fugir à influência da Coroa portuguesa na difusão do cristianismo através do estabelecimento de um vínculo direto com o papado. Segundo algumas fontes, o embaixador, lembrado na Itália pela alcunha "o Negrita", teria chegado ao Vaticano muito doente, com problemas de saúde agravados pela longa viagem, e a reunião com o papa teria sido realizada em seu leito de morte no dia 6 de janeiro de 1608. Ver EMBAIXADORES.

NSAMBU-A-MVEMBA. Nome nativo, também grafado como *Nusamu-a-Mvemba*, de Dom Pedro IV, rei do Congo (1709-1718), igualmente referido como "Água Rosada e Sardônia", provável indicativo da dinastia que representava ou pretendia representar. Foi escolhido rei com o apoio dos portugueses após a reconquista da cidade de São Salvador e a reunificação do reino durante as revoltas promovidas pelos seguidores da célebre Kimpa Vita. Além disso, ocupou M'banza Kongo com o compromisso de indicar para seu sucessor no trono, após sua morte, um membro do clã Mpanzu, o que de fato ocorreu com a entronização de Dom Manuel II (SETAS, 2001, p. 235-236).

NSIBIDI. Escrita ideográfica difundida entre os membros da sociedade secreta Ekpe (do Leopardo), na região do Calabar, vizinha ao antigo Reino do Benin, em território da atual Nigéria. Dela são conhecidos cerca de quinhentos signos, em sua maior parte relativos ao sexo e ao amor, representando, cada um deles, consoante Silva (2002, p. 338), um objeto, um fato ou um conceito. Tais sinais eram gravados em cabaças, madeiras, em caules de palmeira, nas paredes de casas, em tecidos, escarificados ou tatuados no corpo humano.

NSIMBA-A-NTAMBA. Nome nativo do pretendente ao trono do Reino do Congo, mencionado como Dom Pedro III. Na acirrada disputa sucessória aberta com a morte de Garcia II em 1663, sediou sua corte em Bula, de onde articulou suas pretensões. Pertencente ao clã dinástico Nlaza, angariou aliados contra o autointitulado Daniel I, do clã Mpanzu, no sangrento período de guerras internas. Em 1678, tomou M'banza Kongo com a ajuda militar de guerreiros jagas, destruindo parcialmente a cidade e mandando executar o seu rival. Dois anos mais tarde, foi assassinado a tiros. Tais incidentes compõem o painel da instabilidade crônica que assolou o Congo nas décadas finais do século XVII.

NSOUMER, Fatma. Ver LALLA FATMA N'SOUMER.

NTIM GYAKARI. Soberano de Denquira (*c.* 1692-1701), reino no território da atual República de Gana. Uma de suas primeiras ações como governante foi aumentar o valor dos tributos cobrados dos povos localizados a norte de seu território, entre os quais se achavam os axântis de Kumasi. Estes eram liderados por Osei Tutu I, por esse tempo encarcerado como preso político em Denquira, e pelo sacerdote Okomfo Anokyé, seu mentor. O aumento do tributo foi a causa de uma grande insurreição, que culminou com a morte de Ntim Gyakari na Batalha de Feyiase e com a conquista de Denquira por Osei Tutu I e Okomfo Anokyé. Assim, Ntim Gyakari se tornou o último rei do Denquira, enquanto país independente. Ver AXÂNTIS; DENQUIRA.

NTINU. No Reino do Congo, um dos títulos privativos do soberano, traduzido do idioma quicongo como "rei" ou "imperador" (LAMAN, [1936] 1964, p. 795). Ver NTOTILA.

NTISHAI'I, Sidiyya Al-Kabir Al-. Ver SIDIYYA AL-KABIR AL-NTISHAI'I.

NTISIKANA (1780-1821). Líder religioso e escritor do povo xosa, em território da atual África do Sul. Convertido ao cristianismo por um sacerdote da Sociedade Missionária de Londres, foi um dos primeiros a traduzir ideias e conceitos cristãos em termos acessíveis ao seu povo. Nesse campo, é autor de diversos hinos escritos na língua xosa, nos quais se notam elementos comuns ao cristianismo e às religiões tradicionais locais. No campo religioso, lhe é atribuído um conjunto de previsões e profecias, inclusive a de sua própria morte. Ver CRISTIANIZAÇÃO; XOSAS.

NTOTILA. Forma para *ntóotila*, um dos títulos privativos dos reis do Congo (LOPES; MACEDO, 2017, p. 229). Em geral referidos, pelos portugueses e outros europeus, como "reis do Congo" ou "manicongos" (de *Mani a Kongo*), os antigos governantes congueses eram frequentemente identificados na África Centro-Ocidental dos séculos XVI e XVII pelo título *Ntinu*, que significa, "aquele que tem a responsabilidade sobre os demais", ou mais frequentemente pelo título *Ntotila*, "aquele em torno do qual os povos estão reunidos". Esta expressão tem sentido próximo, mas não exatamente equivalente, ao de "imperador", como às vezes se supõe. Em geral pertencentes à linhagem Lukeni, dos bacongos, os titulares dessa denominação eram eleitos pelos anciãos ou chefes dos doze povos que reconheciam sua autoridade, e as disputas e rivalidades nos momentos de sucessão opunham principalmente os chefes de Nsundi, Mpangu e Mbata (GONÇALVES, 2005, p. 58). Todavia, após o governo de Afonso I, os próprios governantes do Congo passaram a se autoqualificar como "reis"; a adotar os princípios cristãos, considerando a religiosidade tradicional como feitiçaria; a designar o seu estado como um "Reino"; e a tratar os demais chefes como seus "vassalos". Assim, copiavam o modelo europeu de governo, de modo a instituir uma forma centralizada de poder monárquico (GONÇALVES, 2005, p. 136-137).

NUH, Àsquia. Soberano do Songai (*c.* 1591-1599). Mesmo após ser derrotado pelas forças marroquinas na Batalha de Tondibi, opôs heroica resistência aos inimigos (LOPES; MACEDO, 2017, p. 41). Ver SONGAIS; TONDIBI, Batalha de.

NÚBIA, Deserto da. Extensão árida situada na região oriental do deserto do Saara abrangendo cinquenta mil quilômetros quadrados do nordeste do território do Sudão, entre o rio Nilo e o Mar Mediterrâneo.

NUMA II (século XIX). Rei do Bailundo, no planalto angolano. Sucessor de Ekuikui II em 1893, morreu três anos depois em combate com forças portuguesas que invadiram a capital do reino e a incendiaram. Ver BAILUNDO.

NUPE. Reino oeste-africano fundado pelo povo de mesmo nome, citado como um dos "estados negreiros" da África, entre os séculos XVII e XVIII (DORIGNY; GAINOT, 2017, p. 40). Ver ESTADOS NEGREIROS; NUPES.

NUPES (*Nupe*). Povo localizado nos vales dos cursos médios dos rios Níger e Kaduna, mais especificamente a oeste da confluência dos rios Benué e Níger, à margem deste, no território da atual Nigéria. Também referidos como "tapas", a partir do século XVI aglutinaram-se em um grande reino, com o poder assentado em um regimento de cavalaria e em flotilhas de canoas (SILVA, 2012a, p. 350), envolvendo-se em sucessivas guerras contra o estado iorubá de Oyó. Durante os séculos XVIII e XIX, os fulânis introduziram o islã em seu território. Daí vêm os laços que os nupes mantêm com os hauçás de Katsina e Kano e com o povo bornu. Entretanto, os laços históricos estabelecidos por Oraniã, descendente de Odudua, fundador dos povos iorubás, que teria se casado com Elempe, filha do rei dos nupes e mãe do herói Xangô, ainda subsistem nas tradições locais (YAHAYA, 2003). No final do século XIX, com o reino invadido pelos ingleses em 1896, a capital Bida sediou um governo britânico estabelecido pela *Royal Niger Company*. Ver TSOEDE.

NWAGBOKA, Omu. Líder feminina do povo *ibo* de Onitsha nas décadas finais do século XIX, durante o período de ocupação britânica. Nesta condição, assinou em 1884 um tratado com os ingleses, e dois anos depois organizou um boicote para forçar o líder masculino a estabelecer negociações de paz. Suas ações exemplificam o caráter compartilhado do poder entre os ibos e o princípio segundo o qual a autoridade masculina, para ser completa, dependia da autoridade feminina. O título *Omu*, anteposto ao seu nome, era, entre os ibos, uma distinção conferida a mulheres vistas simbolicamente como "rainhas" em seu ramo de atuação. Ver AUTORIDADE COMPARTILHADA; IBOS.

NXABA. Chefe de uma das facções dos angônis, dissidentes dos partidários do líder zulu Chaka, no século XIX. Por volta da década de 1830, atravessou o Zambeze para fixar-se, com seus comandados e seus rebanhos, na região depois conhecida como Angônia, no atual Moçambique. Esse estabelecimento provocou o deslocamento de vários povos, como os Ajauas. Ver ANGÔNIS; CHAKA; ZULUS.

NXELE. Líder religioso e guerreiro do povo xosa, em território da atual África do Sul, também mencionado como Makana. Em 1819, liderou um ataque à cidade de Grahamstown, com o intento de expulsar os colonos ingleses mandando-os "para o mar". Preso e julgado, foi condenado à pena de prisão perpétua na Ilha Robben. Cumprindo a pena, tentou fugir do presídio com um grupo de outros detentos num barco de pesca, mas a embarcação, atingida por fortes ondas, naufragou. Segundo sobreviventes, o líder conseguiu agarrar-se a uma rocha, onde ficou algum tempo incentivando os companheiros a nadarem os cerca de cinco quilômetros que os separavam da costa, mas foi tragado pelo mar (MEREDITH, 2017, p. 244). Ver GRAHAMSTOWN; XOSAS.

NYAMBI, Mataka (1806-1879). Personagem da história do povo ajaua ou yao, do norte de Moçambique. Mercador de tecidos, marfim, ouro, além de traficante de escravos, na década de 1830 passou a exercer atividade paramilitar. Nesta nova posição, controlava caravanas do comércio de longa distância que percorriam o território Yao e dos povos macua, até os portos da Tanzânia e de Quelimane, na Zambézia, onde pontificavam os mercadores suaílis. Por fim, adotou o estilo de vida muçulmano, tanto que em 1877 enviou uma delegação a Zanzibar em busca de professores de árabe. Ver AJAUAS.

NYAMWEZIS. Conjunto de povos localizados no centro do território da atual Tanzânia, irradiando-se a partir da região de Tabora provavelmente no século XVII. Destacaram-se como comerciantes de longa distância, principalmente de cobre, cera, sal, marfim e escravos provenientes de Catanga (Shaba), no território da atual República Democrática do Congo. A intensificação do comércio de armas de fogo na segunda metade do século XIX ampliou o poder de chefes de alguns grupos de Nyamwezis, como Mirambo, que a partir dos anos 1860 unificou boa parte dos nyawezis sob seu comando e em forte oposição aos mercadores árabes; e, sobretudo, Isike, que na década de 1880 transformou a região próxima ao lago Tanganica numa zona de guerra. Este último resistiu ao expansionismo germânico no período de instalação da África Oriental Alemã (*Deutsche-Ostafrika*), vencendo os invasores em 1891, mas sucumbindo em 1893. Ver MIRAMBO; RESISTÊNCIA ANTICOLONIALISTA.

NYASA, Lago. Ver NIASSA.

NYIKAS. Povo banto do interior de Mombaça. No final do século XVIII, dominava o comércio de marfim a partir de Kamba, no sopé do Monte Quênia, suplantando os Kambas, povo local.

NYORO. Capital do Reino bambara de Kaarta. Foi atacada e conquistada em 1854 por El Hadj Omar Tall. Ver BAMBARAS; EL HADJ OMAR TALL; KAARTA.

NYUMBAI, Kimweri Ye. Ver KIMWERI YE NYUMBAI.

NYUNGU YA MAWE. Nome ou título que, em algumas fontes, refere um proeminente chefe do povo nyamwezi no século XIX. Ver MIRAMBO; NYAMWEZIS; TANZÂNIA.

NZIMA (*Nzema*). Povo do grupo akan localizado na porção sudoeste do atual território da República de Gana e no sudeste da Costa do Marfim. O reino que constituiu, mencionado com seu nome, é incluído entre os "estados negreiros" da África, entre os séculos XVII e XVIII (DORIGNY; GAINOT, 2017, p. 40). Ver AKAN; ESTADOS NEGREIROS.

NZINGA. Em quicongo, nome de um *nkisi*, ser espiritual (LAMAN, [1936] 1964, p. 828). A título de proteção, era um nome posto em crianças recém-nascidas e, provavelmente por isso, integra nomes clânicos ou títulos de governantes da área Congo-Angola, como Mvemba-a-Nzinga, Nzinga e Nzinga Mbandi.

NZINGA MBANDI. Ver JINGA, Rainha.

OATÁCIDAS (*Wattasids*). Dinastia berbere integrante da confederação das tribos zanatas, reinante no Marrocos entre os anos 1465 e 1549. Estabelecida na região do Rif, à margem do Mediterrâneo, dela emergiram ministros e altos dignitários da corte dos sultões marínidas (séculos XIII-XV) e dos sultões saadianos (século XVI). Seus chefes foram ardorosos combatentes contra os portugueses, vencendo-os no mar e em terra na Batalha de Ma'mura, em 1515. Seus integrantes eram também mencionados como Banu Watas. Ver BERBERES; SAYYDA AL-HURRA.

OBÁ (*oba*). Título do soberano entre os iorubás de Oyó e os edos de Benin; rei.

OBIRI YEBOA (século XVII). Chefe de Akwamu, cidade-Estado de um dos povos akan, governante entre *c.* 1660 e 1680. Mencionado como tio de Osei Tutu I, o criador da Confederação Axânti. Ver AKAN; AKWAMU; AXÂNTIS.

OBOSSOM (*Oboson*). Entre os povos do grupo Akan, cada um dos seres divinos e forças da natureza que intermediam a comunicação dos seres humanos com Onyame, o Ser Supremo (KOTEY, 1996, p. 113). O conceito corresponde ao de orixá e vodum. Ver ORIXÁS; VODUM.

ODIENÊ (*Odienné*). Importante cidade da região de Kabadugu, no noroeste do atual território da Costa do Marfim, próxima à fronteira com a Guiné-Conacri. Não deve ser confundida com Djenê (*Djenné*), localizada na República do Mali.

ODJAK. No Egito sob domínio turco-otomano, denominação do sistema de defesa estabelecido em fortalezas e guarnições turcas (HGA, 2010, v. V. p. 32). Ver EGITO.

ODWIRA. Grande festival da tradição dos povos akan dirigido aos espíritos dos ancestrais visando à purificação de pessoas, objetos e ambientes a cada novo ano. Entre o povo akwapem, é o maior e mais importante de todos festivais. Ver AKAN; AKWAPEM; FESTIVAIS E CERIMÔNIAS.

OFFIN, Rio. Via navegável no território da atual República de Gana. Forma, juntamente com o rio Pra, a fronteira entre a região Axânti e a região central do território ganense. De seus sedimentos, ainda na atualidade se extrai o ouro que fez a fama da região.

OBGONI. Instituição tradicional dos iorubás de Ifé, integrante da estrutura de governo da corte do Onì, funcionando interligada ao culto do orixá de mesmo nome (BASCOM, 1969, p. 35-36; 92). Composta por um grupo de notáveis e funcionando como o segundo mais alto dos tribunais de justiça do reino, detinha o poder de nomear os governantes das cidades, intitulados *balè*. Segundo Bascom (1969), quando um *oni* morria, seu filho mais novo era levado a integrar a Ogboni, cujas funções legais perderam importância com o advento do colonialismo britânico. No Brasil, segundo uma versão corrente, a Ogboni, "permanentemente voltada para disciplinar elementos capazes de atuar em atividade de preparação, aliciamento e treinamento de combate", teria participação na rebelião de escravos ocorrida na Bahia em janeiro de 1836, popularizada como "Revolta dos Malês" (DONATO, 1966, p. 117).

ODUDUA (*Odùduwà*). Herói fundador do povo iorubá, mais tarde divinizado, tido como fundador de Ilé Ifé entre os séculos IX e XII (LOPES; MACEDO, 2017).

OGUAA. Uma das antigas cidades-Estado do povo fânti, na atual Cape Coast, em Gana, ocupada pelo povo de mesmo nome antes da chegada dos europeus. No século XVII, o forte ali edificado se tornou um dos entrepostos do tráfico transatlântico de escravos. Ver AGGREY, John; CAPE COAST; FÂNTIS.

OGUM (*Ògún*). Rio no território da atual República da Nigéria. Em um curso de aproximadamente trezentos quilômetros através do território dos povos iorubás, nasce no atual estado de Oyó, corre pelo estado de Ogum e desemboca na região lagunar do estado de Lagos, no Atlântico, próximo à fronteira com a República do Benin. Em iorubá, o nome *Ògún*, grafado com acentuação tonal ligeiramente diferente da denominação do rio, refere o orixá nacional iorubano, popularizado, inclusive na Diáspora, como divindade do ferro e da guerra – mas sua relação com a denominação do rio é incerta.

OHU. Vocábulo que, no idioma ibo (*igbo*), falado pelo povo de mesmo nome, designa a pessoa integrada a uma comunidade, mas privada da condição de liberdade, em situação equivalente à escravidão. Na época estudada neste dicionário, os motivos que podiam, temporariamente ou por toda a vida ocasionar a sujeição eram de várias naturezas: político-social (guerras, raptos); econômica (penhora por dívidas); jurídica e/ou religiosa (sentença judicial, determinação de um oráculo, entrega a uma divindade etc.). Essa variedade de situações decorria do fato de que, nas sociedades dos ibos, o domínio sobre um grande número de pessoas definia o prestígio social dos chefes de família, de aldeia e de clãs. A escravidão, todavia, nunca foi a base do sistema social (UCHENDU, 1979, p. 124). Ver ESTRUTURAS SOCIAIS; IBOS.

OIL RIVERS STATES. Denominação ("Estados dos rios do azeite") usada no século XIX por mercadores ingleses, principalmente após a proibição do comércio negreiro, em referência aos estados do Delta do Níger, produtores do óleo de palma, no Brasil conhecido como azeite de dendê. Ver DENDEZEIRO; RIOS DO AZEITE.

OKAVANGO. Ver CUBANGO.

OKINKA. Denominação usada, na sociedade tradicional dos bijagós, para designar cada uma das chefes de linhagens, ao mesmo tempo sacerdotisas. Nessa sociedade, de base matrifocal, as mulheres ocupam posição diferencial como guardiãs dos lugares dedicados aos espíritos ancestrais, e em momentos de crise ou dissensão assumem o papel de liderança. Entre elas, a de maior renome foi Okinka Pampa, governante da Ilha Orango Grande durante o período de instalação portuguesa, opondo-se pacificamente aos colonialistas a partir de 1910. Ver AUTORIDADE COMPARTILHADA; BIJAGÓS.

OKOMFO. Entre os axântis de Gana, título privativo do sábio sacerdote, mestre das artes divinatórias (KOTEY, 1996, p. 121). Ver OKOMFO ANOKYÉ.

OKOMFO ANOKYÉ (*c.* 1655-*c.* 1717). Nome pelo qual passou à história Kwame Anokyé Frimpong Kotobre, líder religioso tradicional de Akwamu, no território da atual República de Gana, também referido como Osei Anokyé. Considerado o maior sábio e legislador, foi cofundador da Confederação Axânti, ao lado de Osei Tutu I. Nesta circunstância, foi o chefe religioso tradicional sob cuja orientação ocorreu a unificação concretizada pelo axântiene. E, no campo religioso e filosófico, deixou fama por seus conhecimentos na arte de curar em harmonia com a natureza e por estabelecer códigos de conduta. O elemento "*okomfo*" de seu nome traduz-se em português como "adivinho" e corresponde ao de babalaô (*babalawo*) entre os iorubás, e ao de *bokonon* entre os fons. Observe-se, no idioma twi: *okomfo, òsé,* "pai", "papai" (KOTEY, 1996). Ver AXÂNTIS; RELIGIÃO TRADICIONAL AFRICANA.

OKWEI DE OSOMARI (1872-1943). Mercadora do povo ibo de Osomari, aldeia à beira do rio Níger, sede de um mercado e de um movimentado porto, em território da atual Nigéria. Foi também conhecida como *Omu Okwei*, sendo *omu* um título honorífico de fama e prestígio, simbolicamente majestático, concedido a mulheres de destaque em suas vidas profissionais. Nascida na elite do ramo de seu povo dedicado ao comércio, gozava de prestígio como "rainha do mercado". Casando-se duas vezes, mudando-se para outras localidades e diversificando a natureza dos produtos que comerciava, acumulou poder e riqueza, até receber, já sexagenária, o título de *omu*, em 1935, falecendo oito anos depois em Onitsha. Para entender a dimensão do título *omu*, veja-se que os ibos, como regra geral, eram governados não por reis ou rainhas, mas por assembleias de pessoas comuns, apenas destacadas por suas realizações pessoais. Ver IBOS.

ÓLEO DE PALMA (*Palm oil; Huile de palme*). Designação genérica, em português, dos óleos extraídos de palmeiras, e, especialmente, da espécie *Elais guineensis*, o dendezeiro, popularizado no Brasil sob o nome "azeite de dendê" ou simplesmente "dendê". Ver DENDEZEIRO.

OLOGUM (*Ologun*). Um dos títulos usado pelos governantes supremos da cidade-estado de Lagos (ou Reino de Onim). Do iorubá *olôgun*, "chefe guerreiro". Também dito *logum* (logun), é, igualmente, entre os povos falantes do iorubá, título militar privativo do membro masculino mais velho entre os adultos jovens de um clã (BASCOM, 1969, p. 45).

OLUEWU. Alafim (rei) de Oyó. Derrotou os exércitos de Ilorin por duas vezes, mas foi traído e morto no campo de batalha da antiga Oyó por volta de 1835. Ver AFONJÁ; ALAFIM; ILORIN; IORUBÁS; OYÓ.

OLUÔ (*Olúwo*). Entre os iorubás, sacerdote líder de uma comunidade de babalaôs. Ver BABALAÔ.

OMAN, Sultanato de. Estado independente no sudoeste da Península Arábica,

OMÂNI

Oriente Médio. Sua história registra estreitas conexões com o litoral da África Oriental. Desde o século IX, aproximadamente, mercadores omanianos negociaram escravos, marfim, ouro e especiarias com populações litorâneas africanas. A partir do século XVII, disputou com Portugal e com a Inglaterra influência no comércio do Golfo Pérsico e do oceano Índico. Em 1856, o sultão de Oman governou a partir de Zanzibar; Ver ZANZIBAR.

OMÂNI. Relativo ao Sultanato de Oman. Ver OMAN, Sultanato de.

OMAR TALL, El Hadj. Ver EL HADJ OMAR TALL.

OMDURMAN, Batalha de. Conflito armado entre tropas anglo-egípcias e os adeptos do revolucionário Mahdi ocorrido em setembro de 1898, tendo como consequência imediata a conquista colonial do Sudão. A cidade de Omdurman, situada na margem oeste do rio Nilo, nas proximidades de Cartum, foi fundada em 1884, tendo sido um dos núcleos de poder dos adeptos do Mahdi. Ver COLONIALISMO; EUROPEUS NA ÁFRICA; MAHDI; RESISTÊNCIA ANTICOLONIALISTA; SUDÃO ANGLO-EGÍPCIO.

ONÁ EFÁ. No Império de Oyó, alto dignitário responsável pela distribuição e aplicação da justiça (M'BOKOLO, 2009, p. 438).

ONANGA OYEMBO (c. 1810-c. 1885). Governante do povo nkomi, no litoral do atual território do Gabão, entre cuja população detinha o título de *rengondo*, equivalente a "rei". Segundo tradições locais, na metade do século XIX controlava um reino centralizado, com sede palaciana em Anyambié, e exercia sua autoridade nas regiões das lagoas de Fernão Vaz e Sette Cama, tendo controlado o comércio de escravos com negociantes das Ilhas de São Tomé até cerca de 1875. Ver ECONOMIA DO TRÁFICO; GABÃO; SÃO TOMÉ E PRÍNCIPE.

ONDO. Povo da Iorubalândia localizado na região de Oyó. Ver IORUBALÂNDIA; OYÓ.

ONI. Título do governante da cidade de Ifé. Ver ILÉ IFÉ.

ONIM (*Onin*). Antigo reino localizado em território correspondente, no todo ou em parte, ao da atual e ampla cidade de Lagos. Sua denominação é, em geral, tida como um outro nome do Reino de Eko, da mesma forma que algumas fontes apresentam "Onim" como uma das antigas denominações da cidade de Lagos, em razão do reino que sediava. Objetivando trazer mais elementos a esta controvérsia, apresentamos duas hipóteses: na primeira, o nome "Onim" teria se estendido do título do governante (*Oni*, como em Ifé) para nomear a cidade-Estado; na segunda, teria efetivamente existido um segundo reino, além do que se chamou Eko. Para uma possível confirmação, observe-se que, na tradicional comunidade afro-brasileira de culto Axé Opô Afonjá, em Salvador, Bahia, vigora, desde 1935, a instituição de um corpo de dignitários chamado "Os doze Obás de Xangô". Nessa corporação, criada sob inspiração do célebre babalaô Martiniano Eliseu do Bonfim – que, entre as décadas de 1870 e 1880, viveu e estudou cerca de dez anos entre falantes do iorubá, em Lagos –, os nomes de cada cargo homenageia titulares da tradição de Oyó, Ifé e Benin, como Abiodun, Kankanfô, Oba Xorun, Onikoyi etc. (SANTOS, 1988, p. 13). Chamamos atenção para este último título, Onikoyi, que, para nós, salvo engano, soa como uma aglutinação dos elementos *oni* (rei) e *Ikoyi*, nome de uma localidade em Lagos, na atualidade um bairro da grande metrópole. Esta localidade efetivamente sediou o poder do reino, então, ao nosso ver, por um processo de metonímia, o título do soberano teria se estendido à denominação do reino, num fenômeno recorrente no continente africano, como em "Gana", "Monomotapa" etc. Assim, o "Reino do Oni" pode ter se tornado, na fala popular, o "Reino de Onim", desta forma permanecendo através dos tempos. Mas o certo é que ambas as denominações circularam e procedem. Ver LAGOS; OXINLOKUN.

OPOBO. Cidade litorânea no sul do território da atual Nigéria. Um dos centros do comércio local, no fim do século XIX sediou o estado monárquico referido pelo mesmo nome. Ver JAJA DE OPOBO.

OPOKU FOFIE. Nome que, em M'Bokolo (2011, p. 35), designa o axântiene reinante no curto período 1798 a 1779, entre Osei Kwame e Osei Bonsu. *Opoku* é o nome de uma família ou linhagem dos Axântis.

OPOKU FREFRE (1760-1826). Alto dignitário do Império Axânti no governo de Nana Osei Bonsu (1800-1823). Segundo algumas fontes, ex-escravo na corte do axântiene (rei), organizou a administração e as finanças do governo central, assumindo a função de tesoureiro. No governo do axântiene Osei Yaw, detinha a posição de *gyaasewahene*, equivalente à de primeiro-ministro, sendo um dos quatro mais influentes membros do conselho privado do rei. Ocupou, também, importantes postos de liderança militar, até cometer suicídio após a derrota dos axântis frente às forças dinamarquesas na Batalha de Katamansu. Ver AXÂNTIS.

OPOKU WARE I (século XVIII). Rei dos axântis (*asantehene*) entre *c*. 1720 e *c*. 1750, como sucessor de Osei Tutu I. Travou diversas batalhas contra povos vizinhos, como os de Akyem e do Reino de Bono. É destacado em Rodney (1975, p. 152) como um dos governantes africanos que manifestaram aos europeus, sem sucesso, o propósito de ter estabelecimentos fabris em seu território em vez de terem que se dedicar exclusivamente à venda de escravos. Ver AKYEM; AXÂNTIS; BONO; OSEI TUTU I.

ORÁCULO. Vocábulo que designa tanto uma divindade que responde a uma consulta feita por um ser humano quanto o santuário dessa divindade, bem como a resposta dessa divindade ao que lhe foi perguntado. Na Antiguidade greco-romana e no Egito faraônico, diversos oráculos foram conhecidos. No âmbito deste dicionário, ocupam lugar de relevo o Ifá ou Fá dos falantes de iorubá e povos vizinhos, além do oráculo de Arochukwu, do povo ibo, e o Ibini Ukpabi, dos ibibios. Ver AROCHUKWU; IBINI UKPABI; IFÁ; NA HWANJILE; NGUNDENG BONG; OKOMFO; OKOMFO ANOKYÉ.

ORANGE, Estado Livre de. Denominação, à época da Conferência de Berlim, da colônia estabelecida no atual território da África do Sul. Ver TRANSVAAL; ZULUS.

ORATÓRIA

ORATÓRIA. Arte de falar em público, eloquência. Seu domínio é um requisito importante a lideranças de grupos e comunidades, sobretudo em sociedades ágrafas, onde a palavra falada é veículo primordial de ensino e aprendizado; assim, boa parte das sociedades africanas tradicionais cultivaram a arte da oratória. No século XIX, o inglês R. A. Freeman, em visita à Costa do Ouro, surpreendia-se com o autocontrole e a facilidade com que até crianças do povo axânti se expressavam, em público e até diante de membros do tribunal local. Essa espécie de talento foi observada em outros lugares e ocasiões, como entre os povos ibibios, ibos e bantos, em geral. Em alguns desses casos, segundo os observadores, nos tribunais, longos discursos eram ouvidos com muita atenção pela inserção neles de muitos e interessantes provérbios aplicados aos assuntos discutidos (cf. <https:// books.openedition.org/obp/1204>). Em Maquet (1962, p. 24), é assinalada a importância que o povo banto Tetela dava à eloquência. Ver BATETELAS, Revolta dos; TETELAS.

ORGANIZAÇÕES MILITARES. A afirmação política do poder dos Estados africanos no período aqui considerado permite entrever diferentes formas de organização militar e diferentes tipos de utilização de força armada, mas o que se destaca em uma perspectiva geral é uma gradual tendência para a militarização, isto é, o uso intensivo de grupos armados com a finalidade de se impor pela força bélica e ampliar os meios de dominação política. **Inovações táticas.** No plano tático, observa-se inovações em determinados Estados que pretenderam reforçar sua capacidade bélica com o uso da cavalaria, caso do Kanem-Bornu e, sobretudo, do Império de Oyó nos séculos XVI a XVIII. **Corpos especiais de guerreiros(as)**. Na Costa do Ouro e na Costa do Marfim, os estados do grupo cultural Akan recorreram a um sistema de recrutamento denominado asafo, pelo qual dispunham regularmente de guerreiros, embora dependessem, para isso, do fornecimento por parte dos chefes de linhagens e clãs que detinham autoridade em âmbito local. Outra alternativa, desta vez sob controle direto dos governantes, foi o emprego de corpos de infantaria constituídos eminentemente por cativos com a Guarda Negra no Marrocos, com os *Ceddo* no Reino wolof de Kayor e os Tondyon no Reino de Segu, entre outros. Um caso participar, mas não exclusivo, diz respeito ao regimento das ahosi no Daomé, constituído por guerreiras preparadas para a defesa do palácio e para os postos avançados de combate. **Armas de fogo**. A capacidade de combate muitas vezes foi afetada pelo recurso às armas com maior capacidade letal, em primeiro lugar as armas de fogo. Introduzidas pelos mamelucos no Egito em 1432, estas passaram logo a ser empregadas em combates importantes no nordeste africano pelos muçulmanos do Sultanato de Adal, nas guerras contra a Abissínia e na Batalha de Tondibi, nas quais mosquetes foram pela primeira vez utilizadas na área subsaariana, ou nas guerras de expansão do Kanem-Bornu, depois no Reino Bambara e entre os Mossi, espalhando-se a seguir por todos os grandes Estados do litoral atlântico – cujos guerreiros e soldados valeram-se de arcabuzes e mosquetes nos séculos XVI a XVIII, e de espingardas nos séculos

ORGANIZAÇÕES MILITARES

XVIII e XIX. **Lanças, dardos e espadas**. As inovações acima apontadas não afetaram todos os povos. Tanto no Congo quanto no Reino do Benin, observava-se continuidades nas formas tradicionais de combate. No caso do Benin, de 1400 a 1600 as unidades de combate estavam sob controle e comando dos chefes de aldeia, por sua vez distribuídos em dois regimentos chamados, respectivamente, de *Ekaiwe* (tropas reais) e *Isienmwenro* (guardas reais). O comandante supremo era o obá, que, por sua vez, redistribuía as ordens aos seguintes oficiais: *Iyase* (comandante geral), *Ezomo* (chefe de guerra) e *Edogun* (comandante das tropas reais). De modo geral, e em toda a parte, os antigos armamentos não foram abandonados, sendo empregados pela maior parte dos guerreiros, que se valiam de lanças, setas (muitas vezes, envenenadas) e armas brancas de corte (adagas de vários formatos, punhais, machados). No Quênia e na Tanzânia, a lança longa, chamada *rungu*, continuou a ser o armamento preferido dos guerreiros massais, que desde muito jovens eram especialmente preparados para a guerra, a caça e o pastoreio. **O militarismo axânti**. Em alguns casos, a unificação de Estados assumiu contornos essencialmente militaristas. O Império Axânti dispunha de um exército permanente que ocupava um quinto da população e que, na metade do século XIX, envolvia cerca de 80 mil pessoas. Todos os povos a ele integrados deviam provê-lo de quantidades fixas de indivíduos para a guerra. Em 1874, o axântiene Mensa Bonsu (1874-1883) substituiu as espingardas por rifles modernos de marca Snider e Martini-Henrys e criou um regimento de soldados profissionais,

conhecidos como "hauçás". Antes dessa reforma, o exército axânti contava com a orientação de instrutores militares europeus, como o oficial dinamarquês Carl Nielsen. **O militarismo zulu**. O militarismo se tornou igualmente um traço distintivo da sociedade zulu sob o governo de Chaka, quando foi criado um exército permanente e um sistema de recrutamento pelo qual todos os jovens maiores de 16 anos ficavam sujeitos a uma formação militar de dois ou três anos nas *kraal*, unidades de combate em que aprenderiam técnicas de luta individual e coletiva e onde cultivariam o espírito de camaradagem e o culto ao chefe, cantando hinos em louvor do rei. Foram criados regimentos mistos, integrados por homens e mulheres, chamados *u-fâsimba*, que se encontravam espalhados pelos territórios sob domínio zulu. Segundo consta, 17 desses regimentos eram equipados de escudos negros e 12 de escudos brancos, e o número de combatentes oscilou entre 30 mil, 50 mil e 100 mil pessoas. A adoção de armas de cabo foi acompanhada de táticas e estratégias específicas, com os guerreiros e/ou guerreiras organizados em formações de ataque distribuídas em posições planejadas que recebiam o nome de "cabeça de búfalo". As tropas eram divididas em quatro corpos, dois organizados nas laterais, com a forma de chifres de búfalo, e dois situados no centro, um atrás do outro, como a cabeça do búfalo (MACEDO, 2013, p. 93). Ver ADAL, Sultanato de; ADUA; AHOSI; ALCÁCER-QUIBIR; AMABUTHO; AMBUÍLA; ASAFO; BUNGOY, Batalha de; CACOATAS; CAVALOS; CHAKA; DÉKHÉLÉ, Batalha de; GUERRA PRETA; GUNGUNHANA;

ISANDHLWANA, Batalha de; JUDER PAXÁ; KUSSERI; MAGUIGANE; MAMELUCO; MARDJ DABICK, Batalha de; MASSAIS; MENELIK II; ODJAK; OMDURMAN, Batalha de; OPOKU FREFRE; PUNGO ANDONGO; QUIJILA; RUGA-RUGA; SEH-DONG-HONG-BEH; SOFA; TONDIBI, Batalha de; TONDYON; ZUAVOS.

ORHOGBUA. Obá do antigo Benin, reinante entre 1550 e 1570 (ou 1578). Segundo algumas versões, teria sido o rei que estendeu o domínio do reino até Lagos (Silva, 2002, p. 340), na atual Nigéria. Teria sido também o governante que fez da ilha de Lagos, na atual Nigéria, um campo de treinamento de guerra, dando-lhe o nome *Èkó*. Ver BENIN, Antigo; LAGOS.

ORIXÁS (*Orisa*). Denominação genérica das divindades cultuadas pelos povos iorubás, correspondentes aos voduns daomeanos. São, em geral, considerados representações de forças da natureza e, em alguns casos, de ancestrais divinizados e mantidos na memória coletiva ancestral. Uma das primeiras descrições da religião dos orixás aparece no livro de Samuel Johnson, *The History of the Yorubas: from the Earliest Times to the Beginning of the British Protectorate* [História dos iorubás: das origens ao período inicial do protetorado britânico], escrito em Oyó no ano de 1921. Ali são nominalmente mencionados *Sangò* (Xangô), *Oya*, *Orisala*, *Ogun* (Ogum), *Esù* ou *Elegbara* (Exu) e os egunguns, com suas respectivas particularidades, assim como os rituais e cerimônias religiosas tradicionais. Note-se que, na África, os cultos a estas divindades têm origem em diferentes localidades, não tendo necessariamente conexão entre si. Os locais originais do culto a *Ogun* (Ogum), por exemplo, estão em Ekiti, Oyó e Ondo, enquanto o culto de *Osun* (Oxum) ocorre a partir de Osogbo.

ORO (*Orò*). Entre antigos habitantes da Iorubalândia, associação masculina de cunho iniciático que congregava adeptos do culto de Oro, divindade relacionada a Elexijé, orixá patrono da medicina. Os membros da sociedade acumulavam funções políticas, com poderes para afastar do seio das comunidades pessoas indesejáveis, como praticantes de magia maléfica e até mesmo maus administradores (Bascom, 1969, p. 93). Ver AKINMOYERO; IORUBALÂNDIA; ORIXÁS; SOCIEDADES INICIÁTICAS.

OROMBO. Grafia usada em algumas fontes para o nome de Horombo, chefe guerreiro no território da atual Tanzânia. Ver HOROMBO.

OROMOS (*Oromo*). Povo leste-africano de pastores e agricultores tradicionais localizados em territórios do sul da Etiópia e do norte do Quênia, também referidos como galas (*galla*). Essa denominação é, entretanto, derrogatória, sendo, por isso, atualmente rejeitada. Originalmente pastores, os oromos, organizados em pequenos grupos, invadiam terras de povos vizinhos em busca de pastagens para seus rebanhos. Nessas invasões, não só se serviam como se apropriavam das terras aonde chegavam, expandindo seu território. Segundo algumas interpretações, esse expansionismo deveu-se à explosão populacional que os teria forçado a buscar mais espaços para o gado e para si mesmos. Como não tinham um sistema político centralizado, cada grupo migrante tendia a adotar os costumes e a religião dos povos entre os quais se estabelecia. Assim, a leste e norte, eles se mesclaram aos sidamos e amharas, respectivamente, e, aos poucos, adotaram novos modos de vida, passando de pastores a agricultores. Dependendo do povo com quem passavam a viver, eles se tornaram muçulmanos ou cristãos. Mesmo assim, muitos mantiveram sua língua e seu sentido de etnicidade, sendo que alguns mantiveram suas ligações com a religião tradicional. Antes dessas invasões dos oromos, o maior problema para a Etiópia cristã era o Sultanato de Adal. Por volta do século XVII, entretanto, os oromos dominavam boa parte do norte e do oeste do território etíope. No século XVIII, um grupo de oromos muçulmanos, dizendo-se convertidos ao islamismo, dominou Gondar e permaneceu no poder por quase um século, no período conhecido como Zemene Mesafint. Durante esse tempo, os oromos se aculturaram, tanto pelo islamismo quanto pelo catolicismo vigentes na sociedade etíope (PAGE, 2005, v. III, p. 215). Ainda no século XVIII, partindo provavelmente do nordeste do lago Turkana, indivíduos desse povo chegavam ao atual território de Quênia, onde, em repetidas migrações e assimilações de outros povos, ajudaram a compor o caleidoscópio étnico desse país.

OROMPOTÓ (*Oronpoto*). Personagem da história do povo iorubá. Irmã de Egunoja (MARTI, 1964, p. 27) ou Eguneju, alafim de Oyó, sucedeu-o no governo a partir da cidade de Igboho, durante o período de invasão do povo nupe, na metade do século XVI. Assim mencionada na obra *The History of the Yorubas*, de Samuel Johnson (1897), nos anos de 1960 o pesquisador Robert Smith encontrou diversas versões sobre o seu período de governo entre os detentores das tradições orais. Como regente, Orompotó teria liderado a guerra de resistência aos invasores nupes em 1555. Em Abraham (1981, p. 526), a personagem *Oronpoto*, com acento indicando sua tonicidade oxítona, é mencionada como "irmão" de Eguguoju. Entretanto, nos últimos anos, pesquisadoras nigerianas ampliaram o conhecimento acerca dessa personagem, vendo nela mais do que uma substituta temporária, e sim uma governanta que deteve o poder durante cerca de vinte anos (OLAJUBU, 2003, p. 26). Para Oyèrónkẹ Oyěwùmí, é equivocado considerá-la apenas uma regente, porque na sociedade iorubá os postos de governo podiam ser indistintamente ocupados por pessoas do sexo masculino ou do sexo feminino, sem distinção de gênero e por sucessão colateral – entre irmãos ou irmãs. Orompotó teria governado "porque era a pessoa mais adequada naquele momento para ocupar o trono, uma vez que na cultura iorubá os direitos de sucessão das pessoas não supõem automaticamente a superioridade de irmãos em relação a irmãs" (OYĚWÙ-MÍ, 2017, p. 172). Ver AUTORIDADE COMPARTILHADA; MULHERES; NUPES; OYÓ.

ORROBUA (*Orhogbua*). Obá do Benin, no século XVI.

OSAMWEDE. Obá do Reino do Benin, governante no período de 1816 a 1848. Juntamente com Oxinlokun, obá de Onim (Lagos), foi um dos primeiros governantes estrangeiros a reconhecer oficialmente a independência brasileira em relação a Portugal. Ver OXINLOKUN.

OSEI. Elemento vocabular que antecede nomes de personagens históricos dos povos akan. Parece ser um tratamento respeitoso, como uma das transcrições do twi *òsé*, "pai", "papai". É grafado também como Osséi, Osai. Observe-se, no idioma twi: *okomfo*, "adivinho"; *òsé*, "pai", "papai" (KOTEY, 1996).

OSEI ANOKYÉ. Uma das formas de referência ao Okomfo (adivinho) Anokyé. Ver OKOMFO ANOKYÉ.

OSEI BONSU. Soberano axânti (1800-1823) mencionado também como Osei Asiba Bonsu. Seu reinado foi marcado por conflitos entre facções políticas, cujas origens remontavam ao início da existência do Estado axânti, por volta de 1700 (HAGAN, 1981, p. 71). Ver AXÂNTIS.

OSEI KWADWO. Soberano axânti (1764-1777), também referido como Osei Kodjo.

OSEI KWAME. Soberano axânti (1777-1798) sucessor de Osei Kodjo. Assumindo o governo do Império Axânti aos 12 anos, em 1797 foi derrubado do poder pela *asantehemaa* (rainha-mãe) Konadu Yaadom, o que desencadeou uma sangrenta guerra interna e sua morte alguns anos mais tarde.

OSEI TUTU I. Fundador e primeiro axântiene (*asantehene*) soberano do Império Axânti (*c.* 1680-*c.* 1712-1717). Chefe akan de Kumasi, após ser proclamado soberano da recém-unificada nação axânti destruiu o Reino de Denquira. Seus sucessores, em cerca de cinquenta anos, estenderam as fronteiras do Estado nas direções sul e norte, impondo

tributo a Dagomba e assumindo o controle dos pequenos estados costeiros do povo fânti, ligado aos traficantes de escravos europeus. No século XIX, com a supressão do tráfico, o estado Axânti entrou em decadência (GRANGUI LLHOME, 1979, p. 103). Segundo Fage e Tordoff (2017, p. 295, n. 37), faleceu em 1712, sendo o ano de 1717, geralmente informado como do fim de sua existência, o do falecimento de seu sucessor. Ver AKAN; AXÂNTIS; DAGOMBA; DENQUIRA.

OSEI YAO AKOTO. Soberano axânti reinante entre 1823 e 1838.

OSENWEDE. Obá (soberano) do povo edo, no antigo Reino do Benin. Foi, juntamente com o *ologum* (rei) Ajan, de Onin, na atual Nigéria, um dos primeiros governantes africanos a reconhecer a independência do Brasil, em 1822, possivelmente insuflado por forças britânicas interessadas no enfraquecimento de Portugal. Ver EUROPEUS NA ÁFRICA.

OSI EFÁ. No Império de Oyó, alto dignitário encarregado da administração e das finanças (M'BOKOLO, 2009, p. 438).

OSHINLOKUN. Ver OXINLOKUN.

OSHOGBO. Ver OXOGBO.

OSU. Antigo nome da cidade de Acra, na atual República de Gana.

OTHMAN DAN FODIO. Ver FODIO, Usman dan.

OTOMANO, Império. Denominação do conjunto de territórios, em todo o mundo muçulmano, governados por sultões da dinastia fundada por Osman I (Uthman ou Otoman), no fim do século XIII, no noroeste da Anatólia, no território da atual Turquia. De lá, expandiram-se

OURO

através da região dos Balcãs, para o leste europeu, chegando a Constantinopla, atual Istambul, e conquistando o Império Bizantino em 1453. No início do século XVI, ocuparam territórios do norte da África, a começar pelo Egito, o qual conquistaram em 1516; e em 1517 estabeleceram o seu domínio político a partir do Cairo. Disputaram com as populações locais e com Espanha e Portugal o domínio sobre o litoral mediterrânico magrebino nas primeiras décadas do século XVI. **Magrebe.** No Magrebe, a área sob domínio otomano foi no início controlada pelo governador de Argel, o mais importante centro do poder. A partir de 1570, entretanto, o controle estendeu-se a Túnis e Trípoli. Em cada uma dessas cidades-Estado se estabeleceu a forma de comando típica do mundo muçulmano, com um governador enviado de Istambul, apoiado militarmente por um corpo de janízaros. No século XVIII, janízaros foram também se envolvendo em atividades comerciais da mesma forma que mercadores sentavam praça nos corpos de janízaros. Criava-se, assim, uma nova oligarquia, o que levou inclusive ao nascimento de dinastias de governantes militares, reconhecidas por Istambul (HOURANI, 2006, p. 330-331). Egito. Nos anos 1700, o Egito também tinha um governador (quediva) enviado de Istambul, porém a maior parte dos altos cargos e o controle fiscal caíra nas mãos de janízaros e oficiais de exércitos rivais (HOURANI, 2006). Ver AGHA, Beshir; ALI BEI, O GRANDE; ARGEL; BEI; DEI; EGITO; GRÃO-VIZIR; HAMUDA PASHA; IBRAHIM BEI; IBRAHIM PAXÁ; JANÍZAROS; KAHYA AL-QAZDAGH, Ibrahim; KANUM NAME; KHURSHID, Ali; MAGREBE; MAMELUCO; Mardj DABICK, Batalha de; MEHMET; MEHMET ALI; PAXÁ; QUEDIVA; TRÍPOLI; TÚNIS; TURCOS; VIZIR.

OURO. O comércio de ouro na África remonta à Antiguidade, e foi, por muitos séculos, a atividade mais importante do comércio exterior africano, no qual o metal, além de mercadoria altamente valorizada, era também a mais aceita nas operações de troca, e um grande estímulo ao comércio de outros artigos e produtos. A partir do século XVI, embora a exploração aurífera tivesse perdido a primazia para o tráfico de cativos, as principais áreas de exploração aurífera, situadas em Bambuk, no antigo Reino de Galam, ou Gajaaga, no Alto Senegal, nas proximidades do rio Falemê, bem como a região do Burem, no curso superior do rio Níger, continuaram sempre a ser objetos de vivo interesse comercial. E, além dessas regiões, com o predomínio do Songai, na bacia do rio Níger, e dos akans na apropriadamente denominada Costa do Ouro, a África Austral foi também sede de importantes áreas de exploração aurífera, principalmente aquelas sob controle dos governantes do Grande Zimbábue. Tais áreas situavam-se entre os rios Zambeze e Limpopo, na Machonalândia, disputadas pelos exploradores portugueses aos governantes do Monomotapa no decurso dos séculos XVI e XVII. Importantes depósitos eram explorados nas minas e leitos de rios dos pequenos reinos de Butua, Mazói, Quiteve, Mozimba, Botonga, Batougua e Barué, mas principalmente no Reino de Manica – que guardava os mais ricos depósitos auríferos do litoral índico. Toda essa região era ocupada por povos xonas, e a partir do século XIX

OVAMBOS (*Ovambu*)

caiu sob domínio dos ndebeles. Na atual África do Sul, a descoberta das minas de diamante nos anos 1870 e a posterior descoberta de importantes áreas de exploração aurífera em Witwatersrand contribuíram decisivamente para as guerras dos boêres na África do Sul (Lopes; Macedo, 2017, p. 234-235). Ver GOLDFIELDS OF SOUTH AFRICA.

OVAMBOS (*Ovambu*). Povo localizado a partir do território da atual Namíbia, ao longo de parte da fronteira com Angola. Também referidos como Ambos, constituem o grupo dos povos bantos do sudoeste africano, juntamente com os cuanhamas (*Kuanyama*), dongas (*Ndonga*), hereros (*Herero*) e outros. **Outra interpretação.** Segundo MPLA (1975, p. 14), o nome *Ovambu* foi criado pelos hereros para designar todo o conjunto de povos que habitam a região entre os rios Cunene e Cubango e a fronteira sul do atual território de Angola. Esses povos compreendiam os grupos denominados Donga, Cuâmbi, Gandjela, Kuamatui, Balântu, Kolukatsi, Eunda, Dombondola, Cuamati, Cuanhamas, Evale e Kafima. Na atualidade, apenas os dombondolas, kuamatuis, evales e kafimas permanecem no território angolano, pois os outros têm seu habitat no território da Namíbia. Ver HEREROS.

OVIMBALI. Ver QUIMBARES.

OVIMBUNDOS (*Ovimbundu*). Povo banto da África Centro-Ocidental, falante do idioma umbundo, cuja área abrange os territórios das atuais províncias angolanas de Bié, Huambo e Benguela (Mpla, 1980, p. 99).

OWÓ. Antigo povo de pastores da Iorubalândia (Abraham, 1981, p. 531)

localizado na região de Oyó. Ver IORUBALÂNDIA; OYÓ.

OWU. Cidade-Estado do povo egbá, localizada entre os territórios dos povos Oyó e Ijebu. Sua capital, uma alta e fortificada cidade, com muralhas do dobro da altura de uma palmeira, sediava um pequeno reino entre o norte de Ijebu-Odé, o sul de Ibadan, o leste de Abeocutá e o oeste de Ifé. Ver EGBÁS.

OWUS. Designativo do povo de Owu.

OXINLOKUN (*Osinlokun*). Obá (rei) de Lagos, também mencionado como Oxinlokun Ajan, governante de 1821 até seu falecimento, em 1829. Seu nome é também transcrito como Eshinlokun.

OXOGBO. Cidade da Iorubalândia. Centro irradiador do culto da divindade Oxum, orixá feminino do rio de mesmo nome, foi o local da vitória de Oyó sobre Ilorin em 1843. Ver ILORIN; IORUBALÂNDIA; IORUBÁS; OYÓ.

OYEMBO, Onanga. Ver ONANGA OYEMBO.

OYÓ Mesi. No Reino de Oyó, nome conferido ao conselho de sete grandes chefes que, nos períodos de sucessão, elegiam os alafins e, em determinados casos, decidiam sua eliminação por meio da instituição do suicídio ritual (M'bokolo, 2009, p. 439).

OYÓ. Antigo Reino oeste-africano erguido no sudoeste do território da atual Nigéria por um segmento do povo mais tarde denominado Iorubá, liderado por Odudua, segundo a tradição. A tradição distingue a antiga Oyó (*Old Oyo*) da cidade atual, construída após a destruição da primeira. **De reino a império**. No século XVI, o Reino de Oyó tinha se tornado o maior ponto de transferência do comércio interno e externo. O reino formou também um poderoso exército, cuja vanguarda era uma numerosa cavalaria, que garantiu ao império sucesso tanto militar quanto econômico. Oyó era, por exemplo, maior e mais forte que o Axânti, e em meados do século XVIII tinha estendido seu poder sobre todo o território dos falantes do iorubá, até a fronteira com o Daomé, na direção oeste, e até Ibadan, no rumo do sul. O Reino de Borgu, no Daomé, Nupe, na futura Nigéria, e o Reino daomeano lhe pagavam tributo. O porto de Badagri e o Porto-Novo, ambos em sua esfera de poder, eram pontos de compra e venda de escravos (GRANGUILLHOME, 1979, p. 103) resultantes das guerras contra seus inimigos, como os povos do Reino de Queto (*Ketu*). **A queda**. Oyó já constituía, então, um império, mas crescera muito, em um tipo de expansão territorial sem controle. Isso tornou muito difícil a administração das províncias, sobretudo na segunda metade do século XVIII. Desta forma, as tendências separatistas começaram a florescer, principalmente nas províncias mais distantes. Com a morte de Abiodum, o último grande alafim, em 1789, seu sucessor, Aole, cometeu um erro político fatal quando enviou suas forças contra Apomu, cidade do Reino de Ifé. Suas ordens foram expressamente condenadas por todas as personalidades proeminentes do *império*, inclusive o baxorum, primeiro-ministro, e o *are-onan-kakanfo*, comandante-em-chefe do exército. Aole foi rejeitado e forçado a cometer suicídio. Ilé Ifé era a capital espiritual dos povos falantes do iorubá, e todo novo alafim tinha que ser consagrado pelas autoridades de Ifé, mas, por causa da ação de Aole, os grandes de Ifé se sentiram ofendidos e, a partir daí, se recusaram a consagrar todos os alafins escolhidos de 1797 até *c.* 1819. Esse foi um longo interregno, durante o qual a viga mestra do Império entrou em total colapso, já que não se aceitava o poder de um alafim que não fosse consagrado pelos altos sacerdotes de Ifé. Nesse período, ambiciosos líderes passaram a buscar reinos para si, o que foi rompendo a unidade do estado e motivando o declínio do império. Em consequência, o declínio militar evidenciou-se em derrotas diante dos reinos do Borgu, em 1783, e do Nupe, em 1791. Na sequência dessas vitórias dispendiosas, os estados vitoriosos também quebraram, não tendo, assim, como suprir Oyó, por exemplo, com os cavalos, que eram o ponto alto do exército tido como invencível. Somados a tudo isso, tumultos começaram a minar o reino e a criar o ambiente para a entrada das *jihads* dos fulânis, que desorganizaram completamente o mapa político da região iorubá. Nesse quadro, multidões de refugiados de Oyó foram abrigar-se em Ifé, cujo *oni*, Adegunle, criou a cidade de Modakèkè para os abrigar. E tudo isto num momento em que o tráfico negreiro passara a ser o item quase único da economia (BOAKYE, 1982, v. II, p. 47) – daí Oyó ser incluída entre os "estados negreiros" da África, entre os séculos XVII e XVIII (DORIGNY; GAINOT, 2017, p. 40). Ver ABIODUM; ABIPA; AFONJÁ; ALAFIM; BADAGRI; BAXORUM; BORGU; ESTADOS NEGREIROS; ILÉ IFÉ; ILORIN; IORUBÁS; JIHAD; NUPE; OROMPOTÓ; PORTO-NOVO; QUETO; TAPAS.

OYÓ GOVERNANTES (*Alafins*) – SÉCULOS XVI-XIX

OYÓ –
GOVERNANTES (*Alafins*)
SÉCULOS XVI-XIX

NOME	PERÍODO DE GOVERNO
Abipa (Ogbolu)	1590-1614
Obalokun	1614
Ajagbo	1614-1655
Odarawu	1655-1660
Karan	1660-1665
Jayn	1665-1670
Ayibi	1670-1690
Osinyago	1690-1698
Ojigi	1736
Gberu	1736-1746
Amuniwaiye	1746-1754
Onisile	1754
Labisi	1754
Awonbioju	1754
Agboluaje	1754
Majeogbe (Ojo Areserena)	1754-1770
Abiodun	1770-1789
Awole (Asamu)	1790-1797
Adebo	1798
Maku	1798-1799
Majotu	1816-1830
Amodo	1830
Oluewu	1834-1836
Atibá	1836-1859
Adelu	1859-1875
Adeyemi	1876-1905

Fonte: LIPSCHUTZ; RASMUSSEN, 1989, p. 188-189

OYÓS. Antiga denominação para o povo, atualmente integrante do conjunto dos iorubás, localizado nas províncias de Oyó, Ilorin e Ibadan. Na atualidade, Oyó é o estado que tem por capital Ibadan. Ver IBADAN; ILORIN; OYÓ.

OZOLUA. Obá do antigo Benin, no período de 1483 a 1514. As guerras por ele organizadas contribuíram decisivamente para manter a oferta de escravos em um nível bastante elevado para os mercadores portugueses instalados no Forte de São Jorge da Mina (M'bokolo, 2009, p. 442).

PAGÃO. Adjetivo livremente empregado por cristãos europeus para qualificar pessoas e povos não batizados em nenhuma das religiões ditas "abraâmicas" – cristianismo, judaísmo e islamismo. Originário do latim *paganus*, isto é, "habitante do *pagus*", a área rural não tocada pelo cristianismo e, por extensão, por indivíduos não cristãos, na África, o termo tomou outro sentido: foi arbitrariamente usado, por cristãos, para qualificar o indivíduo seguidor de qualquer forma religiosa autóctone e seu universo. Ocorria aí um processo semelhante ao que criou o termo "cafre", em um ambiente muçulmano. Do árabe *kaffir*, "infiel", "não muçulmano", passou a adjetivar o negro da África Austral, que, originalmente, em ambiente muçulmano, significou o termo "cafre". Ver CAFRES; FETICHE; RELIGIÃO TRADICIONAL AFRICANA.

PAIS, Pero (1564-1622). Jesuíta de origem espanhola com atuação missionária na Etiópia, onde chegou em 1603. Teve grande influência nos governos dos imperadores Za Dengel e Suzênio, principalmente deste último, ao qual, como conselheiro, convenceu a converter-se ao catolicismo romano, já abraçado por seu antecessor. Escreveu um catecismo romano em língua geêz e uma longa narrativa intitulada *História da Ethiopia* (1622). Ver CRISTIANIZAÇÃO; SUZÊNIO; ZA DENGEL.

PANET, Leopold (*c.* 1820-1859). Explorador franco-senegalês nascido da Ilha de Gorée. Em 1849, com o apoio do Ministério da Marinha e da *Société de Géographie* de Paris, realizou missões de exploração em uma extensa área do deserto do Saara, com o fim de encontrar vias de acesso do Senegal ao Marrocos através da Mauritânia. Sua carreira ilustra as possibilidades de ascensão de afro-mestiços nos domínios de influência francesa antes do período efetivo da colonização do Sudão Ocidental. Ver CRIOULIZAÇÃO.

PAPEL. Indivíduo do grupo étnico dos papéis ou pepéis (HOUAISS *et al.*, p. 2123), povo da Guiné-Bissau, habitante da região circunvizinha à atual cidade de Bissau, nas proximidades do rio Geba. Esse povo ocupava o território por ocasião da chegada dos portugueses, e logo seus chefes passaram a negociar com os mercadores provenientes de Cabo Verde, ou com os lançados. Em 1696, o rei que os governava, mencionado como *Incinhate*, aceitou o batismo cristão.

PARAHOUÉ. Região no território do antigo Daomé.

PARAÍSO, Família. Linhagem de afro-brasileiros retornados no século XIX a Hogbonou (Porto-Novo) na África Ocidental. Segundo a tradição familiar, seu mais distante antepassado teria sido originário de Oyó, escravizado e levado ao Brasil, onde viveu longos anos. Primeiro conhecido pelo nome "José Pequeno", depois mencionado como "Abubakar Bambero Paraíso", retornou à África em 1849. Então, através da amizade de Domingos José Martins, influente traficante de escravos brasileiro em Porto-Novo, tornou-se conselheiro do rei e líder político da comunidade muçulmana local. Seu filho, Ignácio Nounassou Soulé Paraíso (1852-1936), era conhecido como "Suleiman". Apoiador dos franceses no período da conquista colonial, esse filho da Família Paraíso é destacado como o único africano a ter assento no conselho de administração da Colônia do Daomé.

PARTILHA DA ÁFRICA. Ver CONFERÊNCIA DE BERLIM.

PASSAGEM DO MEIO (*Middle Passage*). Expressão, também dita "Passagem Intermediária", que designa a extensão do oceano Atlântico localizada entre a costa ocidental da África e o mar do Caribe, nas então denominadas Índias Ocidentais. Era a parte mais longa do trajeto feito pelos navios negreiros, sendo por isso a mais terrível e amedrontadora. Sofrimento e morte causados pelos maus-tratos eram o que traduzia, mas também, como salienta Davidson (1981, p. 191) era cenário de heroica rebeldia, manifesta em corajosas tentativas de libertação e ocasião de experiências compartilhadas no sofrimento da travessia e na perda de uma condição social ancestral pela privação da liberdade. Foi provavelmente esta experiência traumática que, segundo a interpretação em Slenes (1992, p. 52), teria levado à ressemantização do vocábulo *malungu*, que em quimbundo, significando, originalmente, "canoa grande" e, por extensão, "barco", teria passado a significar, no português do Brasil, "companheiro de barco", "companheiro de embarcação", em referência à solidariedade nascida durante a "passagem do meio". Uma poderosa análise do seu significado para a constituição da ideia de Diáspora negra aparece no livro de Paul Gilroy, *Atlântico negro: modernidade e dupla consciência* (2001). Ver DIÁSPORA AFRICANA; malungo; TUMBEIROS.

PATE (*Paté*). Ilha da costa Suaíli, no arquipélago de Lamu, em águas territoriais da atual República do Quênia.

PAULO MARIANO DOS ANJOS. Coronel do exército português e mercador de escravos. Juntamente com o filho, conhecido como Marequenha, entre as décadas de 1820 e 1850, detinha poder e influência junto aos povos maganja e sena, além de ser senhor de diversos prazos. Ver PRAZEIROS.

PAXÁ. Aportuguesamento do vocábulo de origem persa *pasha*. No Império Otomano, título não hereditário de governadores e vizires.

PEDRO DE MANICONGO. Nome pelo qual passou à história o embaixador enviado pelo manicongo Dom Afonso I, provavelmente em 1495, a Lisboa, junto a D. Manuel I, e depois ao Vaticano, onde foi recebido pelo Papa Júlio II, para confirmar seu vínculo com o cristianismo. Ver EMBAIXADORES; MANICONGO.

PEDRO I. Ver NKANGA-A-MVEMBA.

PEDRO II. Ver NKANGA-A-MBIKA.

PEDRO III. Ver NSIMBA-A-NTAMBA.

PEDRO IV. Nome cristão de Nsaku-a-Mvemba, rei do Congo no período de 1694 a 1710 (GONÇALVES, 2005, p. 217-218), referido em algumas fontes como Nsambu-a-Mvemba. Ver KIMPA VITA, Beatriz.

PEMBA. Ilha no oceano Índico pertencente à atual República da Tanzânia. Localizada a cerca de cinquenta quilômetros do litoral tanzaniano, compartilha com Zanzibar afinidades sociais e históricas. Ver TANZÂNIA; ZANZIBAR.

PENSADORES AFRICANOS. Num sentido amplo, o termo "filosofia" designa a busca do conhecimento, a qual se iniciou quando os seres humanos começaram a tentar compreender o mundo por meio da razão. O termo pode também definir o conjunto de concepções, práticas ou teóricas, acerca da existência, dos seres, do ser humano e do papel de cada um no Universo. É, também, o sistema particular de diretrizes para a conduta, expresso em frases como "eu adapto minha filosofia às circunstâncias". E pode ser, ainda, o conjunto de concepções metafísicas (gerais e abstratas) sobre o mundo. A grande crítica que se faz às tentativas de caracterizar o pensamento tradicional africano como filosofia é a de que, na África, o pensamento tradicional, defrontado com a grande incógnita que é o Universo, seria incapaz de ir além do temor e da reverência, próprio das mentes ditas "primitivas". Muitas observações de expoentes do pensamento racionalista europeu negaram a possibilidade de os africanos produzirem filosofia. Desqualificar as práticas simbólicas dos povos africanos, diga-se, foi prática comum nos séculos XVIII e XIX. Na verdade, o surgimento de africanos filósofos, no sentido estrito do termo, só ocorre no século XX. Entretanto, já na época focalizada neste dicionário, diversos nativos do continente se notabilizavam como pensadores. Para informações sobre alguns deles, incluímos as remissões seguintes. Ver AHMAD BABA IBN AHMAD; AMO GUINEA AFER; NANA ASMA'U; WALDA HEYAT; YACOB, Zera.

PEREIRA, Família. Linhagem de prazeiros muito influente no Vale do Zambeze fundada por Gonçalo Caetano Pereira (também conhecido como Dombo ou Terror) em 1760. No século XIX, foi gradualmente enfraquecida pelas autoridades portuguesas até o seu desaparecimento, em 1902. Ver PRAZEIROS.

PEREIRA, José de Fontes (1823-1891). Político angolano. Nascido em Luanda, filho de pai português e de mãe africana, é considerado um dos primeiros militantes nacionalistas em seu país. Atuou como escritor e jornalista para periódicos de Luanda, Lisboa e Porto, sobretudo no jornal *Futuro d'Angola*. Seus textos manifestavam crítica aberta ao colonialismo português, em temas relacionados com o envio de angolanos para as plantações (roças) de São Tomé e Príncipe, o trabalho forçado, a corrupção dos administradores locais, a discriminação racial. Em um editorial do jornal *O Arauto Africano*, advogou a ideia da independência angolana em relação a Portugal ou sua transferência para o domínio inglês, o que acarretou a suspensão de sua licença como jornalista. Ver CRIOULIZAÇÃO; IMPRENSA E COMUNICAÇÃO; RESISTÊNCIA ANTICOLONIALISTA; SÃO TOMÉ E PRÍNCIPE.

PEÚLES (*Peul*)

PERSONALIDADE AFRICANA (*African Personality*). Conceito socioantropológico desenvolvido pelo intelectual antilhano Edward Wilmot Blyden, radicado na Libéria, durante a segunda metade do século XIX, às vésperas da partilha colonial e em reação ao predomínio cultural do ocidente. Formou a base de um movimento intelectual de base cristã, liberal, expandido no seio do ideário moderno, através de autores e escritos que circularam na Europa e na América do Norte e cujas ideias influenciaram a primeira fase do pan-africanismo, tendo como pilares os caracteres próprios do modo de ser africano (língua, costumes, cultura). Com essa formulação e a partir dela, Blyden se destacou como o mais influente autor negro-africano em seu tempo. BLYDEN, Edward Wilmot; EASMON, John Farrell; HORTON, James Africanus; krummell, Alexander; PEREIRA, José de Fontes; REVISTA AFRICANA; WILLIAMS, George Washington.

PETROS, Walata. Ver WALATA PETROS.

PEÚLES (*Peul*). Conjunto de populações da África Ocidental atualmente localizadas, sobretudo, do Senegal ao norte de Camarões. São também mencionadas como fulânis (em inglês, *fulani*), *peul* e *fulbé* (em francês), e foram referidas em fontes portuguesas como "fulas". Segundo informado em Hampaté-Bâ (2003, p. 22), os indivíduos desse grupo se autorreferem tanto como *fulbe* quanto como *Haal-Pular* e nomeiam sua língua *fulfulde* ou *pular*. Este dicionário adota as grafias "peúle" e "peúles", aportuguesadas do francês, conforme o Vocabulário Ortográfico da Língua Portuguesa, edição de 2009, mas consigna também algumas variantes, acolhidas em Houaiss *et al.* (2001): "fulas", o povo; "fulbê". **Migrações e expansão.** Criadores de gado e principalmente nômades, os peúles migraram do Saara em um processo acentuado de desertificação em busca de pastagens. Chegaram ao sul da atual Mauritânia, de onde atingiram territórios hoje pertencentes a Senegal, Mali, Nigéria e Camarões. Insinuando em meio a outras populações pastoris, encarregando-se de lhes guardar os rebanhos e, assim, aumentando os seus, foram também, por mestiçagem ou por conquista, suplantando os locais em número de indivíduos (DESCHAMPS, 1976, p. 54). Assim, os peúles foram fazendo crescer as tribos dispersas por quase toda a zona pastoril oeste-africana, mas sua dominação política se fez principalmente no interior do Senegal, no Futa Jalom, no Maciná, no seu pequeno Reino de Liptako, na área compreendida entre o interior da atual Nigéria e o norte do atual Camarões. **No Senegal interior.** No interior do Senegal, os peúles participaram da formação dos tuculores e tiveram uma de suas dinastias não muçulmanas dominando a Reino do Futa Toro até 1776, quando os muçulmanos tomaram o poder. Já na estepe arenosa do Ferlo, que cobre o interior árido do Senegal, os pastores peúles se mantiveram, pouco a pouco, sem miscigenações, sob a direção de seus *ardo* ("comandantes", em pular). **No Futa Jalom.** Já no Futa Jalom, eles também, pouco a pouco, foram invadindo a região, um grande planalto no centro do atual território da República da Guiné, dotado de excelentes pastagens. Desde o século XVI, os peúles do Senegal tinham chegado por lá, depois chegaram os peúles do

PEÚLES (*Peul*)

Maciná, que no fim do século XVII ocuparam a região em grande número. Os primeiros peúles praticavam a religião tradicional, mas os últimos já eram em grande parte muçulmanos. Por volta de 1725, eles colocaram em seu comando um homem renomado por sua religião, Karamoko Alfa, que tomou para si a missão de combater ou converter os "infiéis". Assim, os sossos foram reprimidos e reduzidos à servidão. Com a morte do Karamoko Alfa em 1751, o guerreiro Ibrahima Sori ocupou o seu lugar e reprimiu uma forte ofensiva "pagã" dos dialonkês e dos sulimas, conduzidos por Kondé Birama – o qual, segundo a tradição, teria exterminado 174 reis inimigos. O poder peúle muçulmano se assenhoreou fortemente do Futa Jalom, e mesmo transpôs suas fronteiras. Ibrahima Sori morreu em *c.* 1784, e sua morte deu lugar a um período de disputas pela sua sucessão. Foi decidido então que o título de *almamy*, imame, líder da comunidade islâmica, seria concedido alternativamente, de dois em dois anos, a um de seus descendentes, chamados *soryas*, e aos do Karamoko Alfa (*alfayas*) – solução que, entretanto, não pôs fim às disputas pelo poder. **No Maciná.** O Maciná é a região situada no entorno de Mopti, entre a confluência de Níger-Bani (área do sul do território do povo bambara, em cuja língua *bani* é sinônimo de "sul" ou "pequeno rio") e o lago Debo. Nessa região, as águas abundantes e as pastagens, mesmo minguadas, atraíram os peúles da estepe, onde os *ardo* ("chefes", na língua do povo tuculor) foram sucessivamente dependentes do Mali, do Songai, do sultão do Marrocos e dos Bambaras. Em 1810, um peúle, fiel muçulmano e guerreiro, Cheiku Amadu, derrotou os bambaras, apoderou-se da cidade de Djenê e converteu todos os peúles e uma parte dos bambaras, criando um vasto reino que seus descendentes estenderam até Tombuctu. Sua capital foi instalada em Hamdallahi, a oeste de Djenê. Mas, em 1862, os peúles foram derrotados por El Hadj Omar Tall e anexados ao império deste líder. As massas peúles, emigradas para o leste desde o fim do século XVIII, tinham povoado a região de Dori, que constituía então a parte norte do território de Gurma. Em 1810, eles se tornaram independentes formando o pequeno Reino de Liptako. **No país Hauçá**. Em sua marcha para o leste, conduzindo seus rebanhos, os peúles, depois de muito tempo, chegaram ao país Hauçá, até além do lago Chade. No século XVIII, juntaram-se a eles outras levas de migrantes vindas do Futa Toro. Eles se tornaram particularmente numerosos na cidade hauçá de Gobir. Em 1754, nasceu entre eles Usman dan Fodio. Pregador e guerreiro, Dan Fodio, com sua crescente influência, inquietou o governante de Gobir, que se pôs a perseguir os muçulmanos. Em poucos anos, Dan Fodio anexou todas as comunidades hauçás e fixou sua capital em Kano. Sua sucessão foi dividida entre seu irmão e seu filho Muhamad Bello, que se instalou em Sokoto. Bello enfrentou várias revoltas dos hauçás e ataques dos exércitos do Bornu, sobre os quais triunfou. Seu império se estendeu não somente aos antigos reinos hauçás de população não mestiçadas quanto aos localizados mais ao sul, nos países das savanas úmidas de Nupe (Tapa), Ilorin, Bautchi e o Reino Djukun (Djoukoun). A leste, o emirado de Yola (Adamaua) compreendia o norte da atual República de Camarões.

Para o norte, os peúles encontraram a resistência da cidade de Zinder, auxiliados pelos árabes de Trípoli. Zinder era o posto de abastecimento desses árabes tripolitanos, e eles forneciam os canhões para sua defesa. Gobir pôde, assim, ser defendido, e o emir de Katsina, perseguido pelo peúles, estabeleceu-se em Maradi. A fronteira entre os atuais Nigéria e Níger representa claramente o limite entre os sultanatos peúles e os reinos independentes do norte, Gobir, Maradi e Zinder (cf. DESCHAMPS, 1976, p. 54-61). Ver CHEIKU AMADU; EL HADJ OMAR TALL; FULÂNIS; FULAS; GOBIR; ISLAMIZAÇÃO; KATSINA; MUHAMAD BELLO; RELIGIÃO TRADICIONAL AFRICANA; USMAN DAN FODIO.

PIA-MUENE (*Pwiyamwene*). Entre os macuas do norte de Moçambique, nos séculos XVIII a XIX, título privativo das mulheres associadas à sua contraparte masculina, no exercício do poder (RODRIGUES, 2017). O padre Alexandre Valente de Matos, no *Dicionário Português-Macua* (1974, p. 327), consigna o vocábulo *pwiyamwene* como correspondente ao português "rainha".

PIGMEUS. Denominação arbitrária, usada indiscriminadamente para designar povos africanos de pequena estatura. Ver TWAS.

PINTO, Família. Proeminente família na Guiné-Bissau. Seus integrantes ocuparam postos na administração e atuaram no comércio desde o final do século XVIII. Ver CRIOULIZAÇÃO; GRUMETES.

PINTO, João. Ver JOÃO PINTO.

POKOMOS. Povo localizado na porção leste da atual República do Quênia. Faz parte do conjunto de povos que, principalmente entre os séculos XVI e XIX, através de longas migrações e assimilações, formaram o mapa étnico queniano.

POKU, Abla. Ver ABLA POKU.

POMBEIROS. Negociantes ou emissários que atravessavam os sertões comerciando com chefes nativos ou a serviço do tráfico negreiro.

PONDO. Reino. Ver PONDOS.

PONDOS (*Mpondo*). Povo banto da África do Sul integrante do conjunto dos povos ngúnis. Também referidos como Amampondo, seus membros são historicamente localizados na região do atual Transkei, na província de Cabo Oriental. Nessa localização, formaram um estado monárquico conhecido como Reino Pondo, o qual, entre os séculos XVIII e XIX, esteve sob o comando de um *inkosi* (rei) chamado Faku, o qual teve como seu braço direito, durante as guerras do Mfecane, o guerreiro Ndamase. Faku foi responsável pela cessão de algumas terras de seu povo a Adam Kok, líder do povo gríqua. Ver GRÍQUAS; MFECANE.

PONKO, Yamoa. Ver YAMOA PONKO.

POPÔ (*Pópó*). Vocábulo da língua iorubá traduzido para o português como "avenida, caminho, estrada, rua". Deu nome às localidades de Popô ou Grande Popô (*Grand Popo*) e Popô Pequeno (*Petit Popo*), na região do golfo ou baía de Benin. Grande Popô foi habitat de antepassados do povo aja, expulsos de Queto por falantes do iorubá (SILVA, 2002, p. 535). Esses migrantes, embora falantes de uma das línguas do grupo Ewê ou Evé, costumam evocar suas

POPÔ PEQUENO (*Petit Popo*)

tradições orais para se afirmar como descendentes de Odudua, o fundador de Ilé Ifé, vinculando-se, assim, a uma matriz iorubá. Nos séculos XVII e XVIII, mantinham-se na condição de tributários do império de Oyó. Os portos de Grande Popô e Pequeno Popô, amplamente utilizados nos negócios do tráfico negreiro, localizam-se em Aného e Agbanakan, na atual região de fronteira entre Gana e Togo. Ver GRANDE POPÔ; POPÔ PEQUENO.

POPÔ PEQUENO (*Petit Popo*). Denominação dada pelos portugueses à cidade de Aného em correlação à chamada *Grand Popo*. Ver ANÉHO.

POPULAÇÃO AFRICANA – Quantificação. Uma das matérias mais controversas e de difícil resolução, dividindo opiniões e argumentos há décadas, diz respeito ao volume da população africana do século XVI ao XIX. A falta de consenso decorre de dificuldades objetivas de mensuração em virtude da raridade de fontes históricas que permitam análises quantitativas que cubram, em primeiro lugar, todo o território, e, em segundo lugar, todas as épocas, com certa regularidade. A dificuldade decorre também dos diferentes métodos e perspectivas de análise empregados nos debates sobre os efeitos a longo prazo dos tráficos negreiros, sobretudo o tráfico europeu, na evolução demográfica do continente. Tal qual acontece com o debate acerca do volume do tráfico, aqui também se enfileiram em posições divergentes pesquisadores qualificados como "minimalistas" (Philip Curtin, John Thornton, David Eltis) e outros, considerados "maximalistas" (Walter Rodney, Joseph Inikori), de acordo com a maior ou menor importância atribuída ao tráfico negreiro no ritmo de desenvolvimento populacional. O certo é que, ao lado da sangria populacional provocada pelo comércio de cativos, haverá que se considerar, em menor proporção, o efeito de reiteradas situações de fome e de guerras endêmicas, também vinculadas às mudanças na estrutura social decorrente do incremento do tráfico na avaliação global das oscilações populacionais ao longo dos séculos. O argumento "maximalista" defendido há décadas por Walter Rodney, segundo o qual a África teria sido o único continente em que, de 1650 a 1900, a população não teria proporcionalmente aumentado, mas se conservado numericamente estagnada (RODNEY, 1975, p. 137), encontra-se atualmente ultrapassado. Avaliações posteriores sugerem que, embora a demografia do continente tenha apresentado ciclos de crescimento e declínio, a tendência geral para o declínio predominou no período aqui considerado, involuindo de uma estimativa de 97 milhões de pessoas no século XV para 92 milhões no século XIX, segundo J. N. Biraben, ou de 100 milhões para 95 milhões no período situado entre os anos 1600 e 1800, segundo Catherine Coquery-Vidrovitch. Além disso, observa-se que, em decorrência da regressão demográfica, em 1656 a África representava algo em torno 20% da população mundial, caindo para 10% em 1900 e 9% em 1960 (cf. LEPINE, 2000, p. 99). Em uma avaliação ainda mais pessimista, Louise Marie Diop-Maes, especialista em demografia histórica, avalia o declínio populacional dos cerca de 800 milhões de habitantes que habitavam o continente no ano de 1550 para 200 milhões no ano de 1860 e 125 milhões no ano de 1930, num gráfico acentuadamente descendente (MAES, 1985, p. 879). Ver ESTRUTURAS SOCIAIS; TRÁFICO NEGREIRO.

PORTAL DO NÃO RETORNO. Denominação do memorial erguido em 1995 pela UNESCO, no âmbito do projeto transnacional "Rota dos Escravos", no litoral da atual República do Benin, próximo à fortaleza de São João Batista de Ajudá, em memória de todos os africanos ali embarcados para a escravidão nas Américas. A denominação estendeu-se, ou também se aplica, a outros locais no litoral atlântico do continente africano, que, entres os séculos XVII e XIX, serviram como portos de embarque de cativos com o mesmo destino (GOMES, 2019, p. 18, referido como "Porta do não retorno"). Ver COSTA DOS ESCRAVOS; DIÁSPORA AFRICANA; ESCRAVATURA COMERCIAL; NAVIO NEGREIRO; PASSAGEM DO MEIO; POMBEIROS; PORTOS DE EMBARQUE DE ESCRAVOS; TRAFICANTES; TRÁFICO NEGREIRO.

PORTINGALES. Corruptela do gentílico "português" no ambiente senegalês das signares. Ver SIGNARES.

PORTO-NOVO. Nome dado pelos portugueses à capital do Reino Ajaxé ou Hogbonu, fundado pelos adjás, citados em algumas fontes como um clã ou como a própria família real do Reino de Alada. A denominação estendeu-se a todo o reino, cuja fundação ocorreu após a conquista de Alada pelo Reino daomeano de Abomé, comumente referido como Daomé. Por volta de 1830, embora pequeno, Porto-Novo estendia sua influência sobre toda a região costeira, de Cotonu a Lagos, mas seu desenvolvimento, em direção ao interior, não passava de algumas dezenas de quilômetros (MARTI, 1964, p. 103). É, às vezes, mencionado como Reino de Porto-Novo. Ver AJAXÉ; ALADA; COTONU; HOGBONU; LAGOS.

PORTOS DE EMBARQUE DE ESCRAVOS. No auge do tráfico negreiro, nos séculos XVII e XVIII, tanto o litoral atlântico da África quanto o litoral índico abrigavam inúmeros portos onde africanos escravizados eram embarcados para diversas partes do mundo. Ver ACRA; AJUDÁ; AXUM; BENGUELA; BUNCE; CACHEU; CALABAR; CAPE COAST; CIDADE DO CABO; DUKE TOWN; ELMINA FORTE JESUS; FORTIFICAÇÕES EUROPEIAS; GORÉE; GWATO; INHAMBANE; LAGOS; LOANGO; LUANDA; MALEMBO; MOÇAMBIQUE, Ilha de; MOMBAÇA; QUELIMANE; QUÍLOA; SAINT LOUIS; SOFALA.

PORTUGUESES NA ÁFRICA. Ver EUROPEUS NA ÁFRICA.

PRA, Rio. Importante via de comunicação no território da atual República de Gana, o rio Pra é o maior dos três principais rios que banham a área ao sul do rio Volta. Nasce no planalto de Kwahu, nas circunvizinhanças de Mpraeso, e corre, na direção sul, por 240 quilômetros, desembocando no Golfo da Guiné. No século XIX, marcou a fronteira entre o território da Confederação Axânti e a Costa do Ouro.

PRAZEIROS. Em Moçambique, denominação aplicada, a partir de fins do século XVI, aos beneficiários dos sistemas de colonização através da concessão de

PRAZOS, Sistema dos

prazos. Ver BISAS; DONAS; MASSANGANO; MASSINGIR; MENEZES, Manas; PRAZOS, Sistema dos.

PRAZOS, Sistema dos. Sistema de exploração fundiária instituído pelos portugueses em Moçambique a partir de fins do século XVI. Os chamados "prazos" eram grandes extensões de terras situadas ao longo do rio Zambeze, conquistadas pelas armas ou ocupadas com consentimento de autoridades locais, e depois concedidas a pessoas provenientes de Portugal ou Goa, na Índia, em caráter hereditário até a terceira geração. A condição principal da concessão era que os beneficiados, os "prazeiros", casassem com pessoas vindas de Portugal, assim criando núcleos familiares de colonizadores (FRELIMO, 1978, p. 16). Ver BISAS; DONAS; MASSANGANO; MASSINGUIR.

PRESÍDIOS. Na Angola pré-colonial, designação dos estabelecimentos criados pelos portugueses para abrigar marginais da sociedade lusitana (malfeitores, vagabundos, aventureiros etc.), de modo a que sua presença coletiva constituísse núcleos de povoações, úteis à ocupação colonial. Assim, os presídios se tornaram redutos tanto de defesa do litoral e das rotas de comércio, enquanto postos militares do interior, como de apoio ao trabalho nas minas. Entre 1612 e 1839, registros históricos mencionam a fundação, no litoral da atual Angola, de fortalezas-presídio como os de Muxima, Massangano, Cambambe, Hango, Pedras de Mapungo, Ambaca, Encoje, Novo Redondo e Benguela (FERREIRA, 1985, p. 24-26). Ver CAMBAMBE.

PROFETISMO. Vocábulo que define o movimento de cunho político-religioso em que um indivíduo ou um grupo deles, vistos pelos demais como profetas ou profetisas por um dom, comprovado ou apenas propalado, de prever o futuro, anunciam a vinda de um novo tempo. Ocorrendo sempre em momentos ou épocas de crise e penúria entre povos oprimidos por alguma forma de colonialismo (HOUAISS *et al.*, 2001) ou tirania, o fenômeno é mencionado em alguns verbetes deste dicionário. Observe-se, entretanto, que, no âmbito da religião tradicional, determinadas práticas oraculares, notadamente as ligadas aos sistemas divinatórios de Ifá e similares, não conformam profecias, no sentido acima referido. Para a acepção verbetizada, que se veja os seguintes verbetes: CAZOLA, Francisco; charwe; KAGUBI; JIBRIL, Husayn; KIMPA VITA, Beatriz; LENANA; MAFUTA, Apolônia; MAKANDA; MANTSOPA, Anna Makheta; MBATIAN; MOGO WA KEBIRO; NGUNDENG BONG; NONGQAWUSE; NXELE.

PROTETORADO. Forma de governo em que um Estado é colocado sob a autoridade de um Estado estrangeiro, principalmente nos assuntos referentes à segurança e às relações exteriores. No final do século XIX, diversas unidades políticas africanas se tornaram protetorados de potências europeias, para depois se tornarem efetivamente colônias. Ver COLONIALISMO; CONFERÊNCIA DE BERLIM; IMPERIALISMO, Era do; EUROPEUS NA ÁFRICA; NIASSALÂNDIA; COSTA DO NÍGER, Protetorado da; SIMULAMBUCO, Protetorado de.

PROTTEN, Christian Jacob (1715-1769). Missionário cristão nascido em Christianborg, Costa do Ouro, filho de pai dinamarquês e mãe nativa do povo akan ga. Depois de concluir sua formação universitária na Europa, foi missionário em Elmina, na década de 1730. Deixou publicados para a posteridade uma gramática da língua fânti e um catecismo trilíngue nos idiomas ga, fânti e dinamarquês. Ver AKAN; COSTA DO OURO; ELMINA.

PULAAR. Dialeto da língua fulbê. Ver FULBÊ.

PUMBO (*Mpumbu; Pombo*). Região situada ao sul da atual cidade de Quinxassa, na República Democrática do Congo. Muitos dos caçadores e comerciantes de escravos de origem centro-africana provinham de Mpumbo, ou Pombo, de onde a origem do termo "pombeiros", que passou gradualmente a ser empregado para designar todas as pessoas envolvidas no apresamento e comércio local de cativos, negros ou brancos. Ver CACOATAS; CUATA-CUATA; ECONOMIA DO TRÁFICO; TRAFICANTES.

PUNGO ANDONGO (*Mpungo-a-Ndongo*). Localidade em território da atual Angola, na região de Libolo, na margem direita do rio Cuanza. Sediando uma povoação e um presídio, foi, durante o século XVII, sede de governos do Reino do Dongo. É também mencionada como Mapungo, Maupungo e Pedras Altas do Ndongo. **A Batalha de Pungo Andongo.** Nas últimas décadas do século XVII, diante do esfacelamento do Reino do Congo, lideranças remanescentes do Dongo continuaram resistindo à presença portuguesa na África Centro-Ocidental, efetuando ataques contra as caravanas de mercadores e liderando a resistência a partir de sua sede de governo, na região. Em agosto de 1671, uma tropa lusitana, que incluía brancos e negros de Muxima, Massangano e Cambambe, Ilamba e Lumbo, além de reforços enviados do Brasil, atacou a cidade, conquistando-a após cerca de três meses de sítio. A descrição desse evento aparece na *História Geral das Guerras Angolanas*, de A. O. Cadornega, escrita em 1680. No lugar de sua ocorrência, foi edificado um forte, que se tornou um ponto estratégico no avanço português para o interior de Angola e assinalou a derrocada do Dongo. Após a tomada da cidade, o último soberano do reino derrotado, o *Ngola Ari*, refugiou-se no Libolo, mas foi descoberto e entregue aos portugueses, sendo então decapitado. Seu filho Felipe e seu irmão Diogo Cabanha, que comandara as tropas na batalha, foram enviados como prisioneiros para Lisboa, juntamente com mais quatorze parentes próximos, alguns dos quais foram provavelmente enviados para o nordeste brasileiro, talvez para Bahia ou Pernambuco. Ver ANGOLA; CUANZA; DONGO; PRESÍDIOS; LIBOLO.

PWIYAMWENE. Ver PIA-MUENE.

Q

QADIRYYA. Ver KADÍRIA.

QATTARA, Depressão de. Formação geológica no deserto da Líbia. Ocupando uma área de aproximadamente 15 mil quilômetros quadrados, nela se situa o segundo ponto mais profundo do solo africano, a 133 metros abaixo do nível do mar.

QAZDAGH, Ibrahim Kahya Al-. Ver KAHYA Al-QAZDAGH, Ibrahim.

QUAQUE, Philip (1741-1816). Educador e evangelista cujo sobrenome é também transcrito como *Quaico* e *Quarcoe*. Nasceu em Cape Coast, no sul do território da atual República de Gana, em uma família de mercadores e traficantes de escravos, a qual, após a conclusão de sua instrução primária, o enviou para estudos na Inglaterra. Formado em Teologia, Filosofia e História, em 1765 retornou a sua terra natal, onde trabalhou em missões de evangelização e em escolas nas localidades de Anomabo, Winebba, Komenda, Sekondi e Tamtumquerry. Fundou a *Torridzonian Society* [Sociedade da Zona Tórrida], entidade voltada para a formação educacional de crianças nativas. É lembrado como o primeiro missionário da Igreja Anglicana nascido na antiga Costa do Ouro. Ver CRISTIANIZAÇÃO.

QUARSHIE, Tetteh. Ver TETTEH QUARSHIE.

QUEDIVA (*Khedive*). Título de origem persa usado no sentido de "soberano". Equivalia ao de vizir (vice-rei), tendo sido concedido a cada um dos paxás do Egito pelos turco-otomanos após a ascensão, em 1805, de Mehmet ou Muhamad Ali I até Abaz II, governante de 1898 a 1914. Ver MEHMET ALI; MUHAMAD ALI I.

QUELIMANE (*Kilimane*). Cidade e capital provincial da Zambézia, no atual território de Moçambique, banhada pelo oceano Índico. Em 1498, foi contatada por Vasco da Gama, sendo a seguir gradualmente ocupada pelos portugueses e transformada em *concelho* no ano de 1763. Nos séculos XVIII e XIX, foi, em volume de tráfico, um dos maiores portos escravistas portugueses na África Oriental (ALPERS, 2018, p. 88). Ver ECONOMIA DO TRÁFICO.

QUÊNIA (*Kenya*). País da África Oriental, limitado ao norte por Sudão do Sul e Etiópia; ao sul, pela Tanzânia; a leste por Somália e oceano Índico; e a oeste por Uganda. **Cultura suaíli**. No litoral do país, e em especial na cidade de Malindi, a vida econômica foi, desde tempos remotos, intimamente ligada à presença de árabes e persas, como os shirazes, cuja influência foi determinante do desenvolvimento da cultura suaíli, levada por mercadores desses povos orientais. Assim, os primeiros portugueses lá chegados encontraram uma civilização efetivamente próspera, o que motivou as primeiras tentativas de conquista que, no século XVI,

QUETO (*Ketu*)

levaram à destruição violenta de todo o arcabouço material dessa cultura pela força dos canhões. Os invasores estabeleceram na área redutos militares, como o Forte Jesus, e postos de comércio, por exemplo, em Mombaça. No século seguinte, rechaçados por forças árabes, esses invasores deixaram a área em ruínas. Assim, ela foi ocupada por árabes e shirazes, que se dedicaram ao tráfico negreiro e ao comércio de marfim e ouro extraídos no interior e vendidos nos mercados de Mombaça e Zanzibar. Liderados por membros de grandes famílias suaílis, como a Mazaria, apesar da oposição do sultanato de Oman, em 1814 Mombaça conquista independência, com ajuda dos britânicos sediados na antiga cidade indiana de Bombaim. **Povos do interior**. No interior, povos de diversas origens e costumes se encontraram e miscigenaram-se, sem, entretanto, jamais terem construído unidades políticas centralizadas, como ocorreu em outras partes do continente. Através dos séculos, muitos desses povos estabeleceram relações com povos vizinhos, às vezes amistosas, outras de enfrentamento, em guerras recorrentes. À época do início da penetração europeia, as regiões planálticas do norte eram ocupadas povos pastoris, como turkanas e somális, e pastores, como quicuios e kambas, habitantes das áreas centrais e meridionais do atual território queniano. Dedicado à pastorícia, o povo massai estabeleceu hegemonia sobre os outros povos locais, até que uma peste bovina dizimou seus rebanhos, destruindo sua base econômica e suas possibilidades de hegemonia política. Já os kambas se dedicaram, como intermediários dos mercadores litorâneos, ao comércio de utensílios de ferro, roupas e armas. Enquanto isso, outros povos, como luhyas, luos e quicuios, associaram-se, formando grupos unitários. **Influência europeia**. A partir de 1820, o poder dos árabes foi gradualmente enfraquecido pela repressão europeia ao tráfico negreiro, até a extinção dessa prática no fim do século. Em 1886, alemães e ingleses dividiam boa parte do leste do continente entre si, e, dez anos depois, era criado o Protetorado Britânico da África Oriental, com administração baseada, sobretudo, no sistema de "governo indireto", no qual se delegava poderes a chefes e capatazes. Para desenvolver, em seu benefício, o comércio e a agricultura comercial, bem como controlar a administração das áreas interioranas, os ingleses construíram, ligando Mombaça ao lago Vitória, através de Naróbi, uma longa ferrovia, inaugurada em 1903. Ver FORTE JESUS; KAMBAS; LUHYAS; LUOS; MALINDI; MASSAIS; MOMBAÇA; NAIRÓBI; QUICUIOS; SHIRAZES; SOMÁLIS; SUAÍLI; TURKANAS; VITÓRIA, Lago; ZANDJ, Civilização; ZANZIBAR.

QUETO (*Ketu*). Cidade situada na fronteira entre os atuais territórios das repúblicas de Benin e Nigéria. Foi sede de um antigo reino de falantes da língua iorubá, onde o soberano detinha o título de *alaketu*, isto é, "senhor de Ketu". Segundo as tradições, sua origem data provavelmente do século XI e estaria vinculada a grupos provenientes de Ilé Ifé, seguidores do rei Isa Ipasan. No período abordado por este dicionário, reconhecia a hegemonia do Império de Oyó, a quem pagava tributo. Seus habitantes integravam os exércitos de Oyó nas guerras contra o Daomé, e aqueles que eram aprisionados em decorrência dessas guerras eram vendidos como escravos – muitos deles para o Brasil. Segundo estimativa em Silveira (2006, p. 375), os primeiros cativos provenientes do Reino Queto teriam chegado à Bahia por volta de 1788. A cidade foi destruída pelo exército daomeano de Abomé em 1886. após o reinado do alaqueto (*alakétu*) Osu Ojeku, da linhagem *Aro*, governante entre 1861 e 1883. Ver AKEBIORU; IORUBÁS.

QUICUIOS (*Kikuyu; Kikouyou*). Povo banto do Quênia, localizado nas terras altas a norte da cidade de Nairóbi. Autodenominado *Gekoyo* (KENYATTA,1985, p. 320), seus integrantes são tradicionalmente organizados em nove clãs, os quais, do ponto de vista político, jamais organizaram uma administração centralizada, sendo suas decisões tomadas pelos chefes em conselhos de família, clã ou aldeia e, no nível mais elevado, em conselhos de anciãos (HGA, 2010, v. V, p. 987; 993). A história dos quicuios pode ser contada através dos relatos sobre a presença europeia no território da república queniana; sobre as disputas entre afro-muçulmanos e portugueses pelo comércio costeiro; e, finalmente, pelas incursões às partes interioranas do território, culminadas com a construção da ferrovia ligando Mombaça, na costa, a Nairóbi, no interior. Nesse quadro, primeiro os portugueses, instalados em postos como o Forte Jesus, quebraram o controle árabe sobre a costa, até o final do século XVII. Escravos, marfim e ouro do Quênia eram vendidos nos mercados de Mombaça e Zanzibar. Em 1886, alemães e ingleses dividiram entre si o território da África Oriental, mas só adentraram a região em 1896, com a ferrovia ligando Mombaça a Nairóbi. Tudo isso afetou profundamente a vida dos quicuios, culminando na organização, entre eles, de uma das maiores organizações de resistência ao colonialismo, a sociedade Mau-Mau, já no século XX. **Profecia apocalíptica**. Segundo Jomo Kenyatta, líder da independência queniana, a dominação colonial europeia sobre os quicuios e povos vizinhos foi anunciada por um profeta chamado Mogo Wa Kebiro. Após um sonho horrível, em que o próprio Ser Supremo, *Ngai*, se manifestara, ele era avisado da breve chegada de seres estranhos, vestidos de modo bizarro, saídos das "grandes águas", portando "bastões mágicos que produziam fogo" e também "serpentes de ferro" cuspidoras, também, de fogo. A profecia avisava de uma grande fome que chegaria com a destruição dos rebanhos, e aconselhava que os quicuios e vizinhos parassem de brigar e se unissem em armas, como a única forma de resistir à catástrofe eminente (KENYATTA, 1985, p. 41-42). Em 1890, a profecia começou a se cumprir, com a chegada dos colonialistas ingleses. Ver MASSAIS; QUÊNIA.

QUIJILA (*Kijila*). Vocábulo do quimbundo, traduzido em português como "proibição, interdição, tabu". Refere-se ao código jurídico, às normas e regras da vida social que todos os guerreiros imbangalas estavam obrigados a seguir enquanto permanecessem no grupo altamente militarizado denominado *kilombo* (cf. PARREIRA, 1990a, p. 57). Tais normas foram noticiadas em tom de escândalo e reprovação nos textos de missionários como Mateo

Anguiano e Cavazzi de Monteccúcolo, que as consideravam desumanas, selvagens e excessivamente cruéis. Nessas regras, condenava-se o que denominavam "ritos dos jagas", como os que, segundo eles, consistiriam em: a) não criar filhos; b) adotar como filhos jovens aprisionados em guerra; c) comer carne humana; d) render sacrifícios humanos aos antepassados; e) adorar ídolos e outras "superstições" (MILLER, 1995, p. 157). Ver ESTRUTURAS SOCIAIS; IMBANGALAS; JAGADO; JAGAS; JINGA, Rainha; MATAMBA; QUILOMBO; QUIMBUNDO; TEMBA NDUMBA.

QUILENGUES (*Kilengi*). Povo banto do sudeste de Angola. No século XVII, o topônimo Kilengue designava a região entre os rios Bengo e Dande e que se estendia entre a lagoa de Kilunda e a costa atlântica (PARREIRA, 1990a, p. 149).

QUÍLOA (*Kilwa*). Ilha no oceano Índico, no litoral da atual República da Tanzânia. Fundada por migrantes persas conhecidos como "xirazes", era uma feitoria muçulmana, aos poucos africanizada em razão dos intensos contatos, inclusive através de casamentos com pessoas nativas. Quíloa tinha contato com o interior da região através do porto de Sofala, ligado às minas auríferas do Grande Zimbábue por uma rota terrestre, advindo do controle sobre essa rota a prosperidade de que desfrutava (MBWILIZA, 1984, p. 27). Foi conquistada pelos portugueses no ano de 1505 e retomada pelos afro-muçulmanos em 1512, voltando a ter autonomia até 1784. No início da segunda metade do século XVIII, franceses iniciavam uma busca por escravos para o trabalho em suas novas possessões nas ilhas do Índico. O pioneiro nesse tráfico foi um médico chamado *Morice*, cujo navio naufragou em Zanzibar. Fugindo para Quíloa, esse francês conseguiu estabelecer relações com o sultão, do qual comprou uma parte do território. Mais ainda, Morice negociou com o sultão um tratado, assinado em 1776, que lhe deu o monopólio da exportação de escravos locais (DAVIDSON, 1978, p. 236-237). A partir daí, o porto escravista de Quíloa se tornou o mais importante na parte continental do litoral suaíli no atual território da Tanzânia (ALPERS, 2018, p. 88). Em 1890, Quíloa passou ao domínio dos alemães.

QUILOMBO (*Kilombo*). Termo polissêmico ocorrente no idioma quimbundo e em outras línguas do ambiente pré-colonial angolano. Designou: a) um arraial militar dos jagas ou imbangalas; b) um ritual de iniciação dos umbundos; c) uma feira na Matamba, no Congo, em Pungo Andongo e em Caçanje etc. (PARREIRA, 1990a, p. 59). Não tinha originalmente, portanto, a acepção de comunidade de escravos fugidos ou resistentes, como veio a ter na América portuguesa, mas passou a ter essa acepção em Angola quando, a partir do século XVII, formaram-se diversas aglomerações de escravos fugitivos nas regiões circunvizinhas de Luanda e Benguela, chamadas de kilombos (quilombos) ou mutolos. O equivalente, em Moçambique, eram as comunidades de escravos fugidos, conhecidas como aringas. Ver ARINGA; MUTOLOS.

QUIMBANDA. Forma em português para o termo banto *ki-mbanda*, alegadamente corrente, na área Congo-Angola,

QUIMBARES (*Kimbare*)

durante os séculos XVII e XVIII, como designação de uma certa categoria de ritualistas e sacerdotes integrados a uma suposta "sociedade secreta", mencionados como *nganga-ia-quimbanda*. Segundo as fontes que os referem, seriam muito temidos, apreciados e respeitados por pessoas comuns e chefes, e teriam a particularidade de se apresentar em trajes compósitos, masculinos e femininos, com cabelos longos e comportamento sexual ambíguo (SWEET, 2011, p. 131-133). A referência a esses personagens e a seu comportamento, presente inclusive em um relato do frade Seiscentista Cavazzi de Monteccúcolo, chegou à literatura do contemporâneo escritor José Eduardo Agualusa. No romance *A Rainha Ginga* (2015, p. 58), o admirável ficcionista refere os nganga dia quimbanda com a mesma aparência e as mesmas atitudes referidas na citação acima. Entretanto, no texto, a atenção é chamada não pelo todo dos "quimbandas e ervanários da rainha", mas apenas para "uns que se vestem e se comportam como mulheres" e seu comportamento, e não para os quimbandas em geral. **Homografia**. Assim sendo, cabe-nos observar a ambiguidade existente nos usos e significados do termo *kimbanda* ou *ki-mbanda* nas línguas quicongo e quimbundo. Nesta língua, falada a partir dos ambundos de Angola, o termo *ki-mbanda* é dicionarizado com os significados de "mago", "mágico" e "médico" (MAIA, 1961, p. 401; 415), e assim designa o ritualista ou praticante de magia defensiva dedicado ao bem-estar e ao equilíbrio de seu grupo social. Já no quicongo, dos povos bacongos, o termo é usado em várias acepções, sendo uma delas a de estar "muito perto de", "ao lado do outro", "após", "atrás" (LAMAN, [1936] 1964, v. I, p. 248). Tais acepções apontam para a conotação sexual que o termo *ki-mbanda* acabou ganhando, até com o cunho depreciativo em que o olhar europeu envolveu tanto a sexualidade quanto a própria religião dos povos africanos. Deu-se aí, então, a nosso ver, um caso de homografia, fenômeno que se caracteriza quando duas palavras diferentes em seus significado e pronúncia são grafadas de modo idêntico. Veja-se, também, que, no universo religioso afro-brasileiro, o vocábulo "quimbanda" dá nome a uma vertente da umbanda voltada para práticas tidas como maléficas. Neste caso, a origem etimológica está no léxico do povo basanga, de Shaba, subgrupo dos bacongos, do termo *kibanda*, que designa os "mortos maléficos e não protetores" (cf. MUNANGA, 1986, p. 301). Ver CRIOULIZAÇÃO; ESTRUTURAS SOCIAIS; FEITIÇARIA; HOMOAFETIVIDADE; RELIGIÃO TRADICIONAL AFRICANA.

QUIMBARES (*Kimbare*). Em Angola, categoria de comerciantes afro-portugueses formada inicialmente em São Tomé. Após 1575, um grupo formou-se no Dongo, e dele, quarenta anos mais tarde, uma parte emigrou para Benguela e outras regiões interioranas, sempre localizando-se nas proximidades de presídios. Durante o século XVIII, os quimbares também eram referidos como *ovimbali, mambari, yimbali, bimbadi* ou simplesmente *mbali* – termo de origem ambundo que significa "mestiço". Assim, caracterizando-se como uma população flutuante de caravaneiros e mercadores, espraiava-se principalmente pelo Planalto de Benguela

QUITARA (*Kitara*)

(Vansina, 2010). Parreira (1990a, p. 58) registra o quimbundo *kimbare* como sinônimo de pombeiro. Ver ANGOLA; BENGUELA; DONGO; POMBEIROS; PRESÍDIOS; SÃO TOMÉ E PRÍNCIPE.

QUIMBUNDO (*Kimbundu*). Língua dos povos ambundos (*mbundu*). Ver AMBUNDOS.

QUINGÚRIS (*Kinguri*). Povo da Lunda, emigrado para oeste após a implantação do domínio Luba (Parreira, 1990a, p. 59). Ver LUBAS; LUNDA.

QUINXASSA (*Kinshasa*). Capital da República Democrática do Congo, outrora chamada Leopoldville.

QUITANGONHA, Sultanato de. Antigo estado afro-islâmico florescido no atual território de Moçambique, também referido como "Xeicado de Quitangonha". Originou-se provavelmente de um dos povoamentos comerciais criados por volta do século XII, e ocupou toda a área da península de Matibane e o norte da Ilha de Moçambique. Um de seus líderes mais notórios foi Jafar Salim, sucessor de Twakaly Hija como xeque, governando de 1804 a 1817. Em seu governo firmou aliança com os portugueses e com o povo macua, governado por Mossuril. Entretanto, em 1817 caiu em desgraça, sendo aprisionado e deportado para Inhambane. Ver ISLAMIZAÇÃO.

QUITARA (*Kitara*). Antigo reino e império historicamente constituído no período situado entre os séculos XII e XVII no atual território de Uganda. Ver BUNIORO.

RAAGE UGAAS (c. 1850-c. 1880). Poeta, músico e guerreiro nascido na região de Sasabane, entre as atuais Somália e Etiópia. Pertencente à linhagem dos sultões de Ogaden, é por muitos considerado o fundador da poesia clássica somáli denominada *geeraar*. Destacou-se como autor de inúmeros poemas e canções populares, nos quais desenvolveu temas como o amor e o poder, muitas vezes relacionados.

RABAH. Ver RABIH AZ-ZUBAYR.

RABEH. Antigo reino localizado no centro do atual território do Chade, destacado pela resistência imposta às forças coloniais francesas.

RABIH AZ-ZUBAYR (século XIX). Nome abreviado de Rabih Az-Zubayr Ibn Fadl Allah, destacado líder militar muçulmano na região a leste do lago Chade, mencionado em textos franceses como Rabah. Na década de 1890, após a morte do afamado líder Al-Kanemi, depôs Omar, filho deste, então reinante no Bornu, e lutou por vários anos, resistindo aos franceses que acossavam seu território. Numa sequência de eventos guerreiros, devasta o Barguirmi e incendeia Massenya, até ser derrotado e morto em luta contra uma coligação de três exércitos coloniais, um proveniente da Argélia, outro do Congo e um terceiro do Mali, na localidade de Kusseri, em 1900. Algum tempo após sua morte, a França, que se apropriara do Chade por ocasião da Conferência de Berlim, incluiu o território do antigo Kanem-Bornu na colônia denominada África Equatorial Francesa. Ver BAGUIRMI; CONFERÊNCIA DE BERLIM, KANEM-BORNU; KUSSERI; RESISTÊNCIA ANTICOLONIALISTA.

RACISMO. Numa definição geral, considera-se racismo qualquer conjunto de ideias que classifique a humanidade em coletividades distintas, definidas em função de atributos naturais e/ou culturais, e que organize esses atributos em uma hierarquia de superioridade e inferioridade (OUTHWAITE; BOTTOMORE, 1996, p. 643). Na interpretação de Cashmore (2000, p. 458), o racismo é uma "construção histórica" expressa num conjunto de ideias concebido dentro do processo de expansão do capitalismo no Novo Mundo para facilitar a exploração de mão de obra africana. Segundo este pensador, quanto mais essa mão de obra fosse tratada como um bem econômico, mais efetiva seria sua exploração, tanto quanto seriam justificáveis as ideias a respeito da inferioridade dos negros. Esta interpretação encontra eco no pensamento do sociólogo brasileiro José Maria Nunes Pereira, segundo o qual o racismo constituiu a base ideológica da ocupação e do colonialismo impostos à África pelos europeus (*apud* CONCEIÇÃO, 2006, p. 49). Consoante outros teóricos, o racismo não seria um fenômeno que tivesse vitimado os "povos de cor" desde sempre, já que as distinções e os preconceitos adviriam basicamente por causa de diferenças culturais. No período medieval, por exemplo, não havia consenso geral em relação à ideia de uma inferioridade de pretos e pardos, embora essa circunstância biológica estivesse rodeada de imagens negativas em virtude do sistema de valores do cristianismo, baseado na polaridade e na oposição entre o branco (luz) e o preto (trevas, escuridão). Não obstante, a explicação das diferenças etnoculturais era buscada em elementos de natureza religiosa, e pelo menos a partir do século XIII os africanos tenderam a ser identificados com a descendência maldita de Cam (LOPES; MACEDO, 2017, p. 72), de onde a origem do mito camita (ou hamita), associado aos povos de origem afro-asiática. A chamada "Era dos Descobrimentos" parece ter sido o momento em que as distinções entre os "diferentes" começaram realmente a gerar efeitos. Um exemplo eloquente está na obra do dramaturgo português Gil Vicente. Na tragicomédia *Frágua de amor,* estreada em 1527, ele teatraliza o drama de um negro africano, *Furunando.* Apaixonado pela deusa Vênus, o personagem pede ao deus Mercúrio que, em sua "frágua" (forja), o transforme em um homem branco, de nariz "bem feito" e lábios "delgados". Consegue a transformação, mas se frustra irremediavelmente, pois seu modo de falar trai sua condição original. Esse drama ficcionalizado é analisado pela professora Cleonice Berardinelli no livro *Gil Vicente: Autos* (2012, p. 467-469). Entre os séculos XVI e XVIII, ocorreu um processo gradual de racialização, no qual a interpretação das diferenças culturais ou sociais observadas na África tenderam a ser feitas com base em explicações de caráter biológico, em que a cor da pele e os traços físicos foram ganhando centralidade na explicação da propalada inferioridade dos africanos (identificados como "negros") e da superioridade dos europeus (identificados como "brancos"). Segundo o já mencionado Cashmore (2000, p. 448), a palavra *race* (raça) entrou no léxico da língua inglesa no começo do século XVI, sendo que a ideia de raça não é uma ideia universal, emergindo, sim, "de um ponto particular da história da Europa ocidental" (CASHMORE, 2000, p. 445; 456). Nos séculos seguintes, no mesmo contexto em que filósofos e escritores como David Hume, Immanuel Kant, Georges Friedrich Hegel e Voltaire reiteravam em seus textos o ideário racializado da inferioridade natural dos negros, vinculando-os ao primitivismo e à selvageria, escritores e pensadores como Amo Guinea Afer, James Africanus Horton, Olaudah Equiano e Ignatius Sancho publicavam obras importantes sobre a condição dos africanos e das pessoas de cor. Chegado o século XIX, o repertório científico retirado do darwinismo ofereceu argumentos aos integrantes de sociedades de estudo criadas em Paris e em Londres, como a *Ethnological Society of London* [Sociedade Etnológica de Londres] e a *Société d'Anthropologie de Paris* [Sociedade de Antropologia de Paris], para as quais as diferenças raciais entre negros e brancos tenderam a ser explicadas a partir da análise das proporções do crânio e da capacidade do cérebro. Assim, muita atenção foi dada ao livro do famigerado

RADAMA I (1793-1828)

Conde de Gobineau, *Essai sur l'inégalité des races humaines* [Ensaio sobre a desigualdade das raças humanas] (1855), no qual se cravou o mito da superioridade "branca" – enquanto pouco ou nada foi dito sobre uma das respostas mais consistentes dada a esta obra, no livro de autoria do haitiano Antenor Firmin, *Essai sur l'égalité des races humaines* [Ensaio sobre a igualdade das raças humanas], de 1885. Esta obra ressalta, com grande pioneirismo, as contribuições civilizacionais dos povos negros desde o Egito Antigo e a antiga Etiópia até a república negra do Haiti. Ver AMO GUINEA AFER; BAARTMAN, Sarah Saartjie; bosquímanos; BRANCOS E NEGROS; CAMÍTICA, Hipótese; CAPITEIN, Jacobus Elisa Johannes; CÓDIGO NEGRO; CONTINENTE NEGRO; COSTA ALEGRE, Caetano da; CUGOANO, Ottobah; EQUIANO, Olaudah; ESAÚ, Abraham; FETICHE; FEITIÇARIA; FULLER, Thomas; HOTENTOTES; NEGRO; SOCIEDADE DOS AMIGOS DOS NEGROS.

RADAMA I (1793-1828). Rei de Madagascar governante a partir da região central do país. Na década de 1810, decretou a proibição do tráfico negreiro vigente nas ilhas Reunião e Maurício, entrando em conflito com os interesses de traficantes suaílis que atuavam em seu país, os quais passaram a questionar sua autoridade. Ver MADAGASCAR.

RAFAI (1855-1900). Chefe de um dos clãs do povo azande, influente nas margens do rio Ubangui, na atual República Centro-Africana. Mantinha relações comerciais com traficantes de escravos provenientes do norte do Sudão, e a partir de 1876 estreitou contatos com britânicos e egípcios, pelo que entrou em conflito armado com as tropas do Mahdi, entre 1881 e 1885. Ver MAHDI; SUDÃO.

RAHMANIYA. Confraria religiosa criada no fim do século XVIII em Kabylia, na região dos Montes Jurjura, Argélia, por Mohammed Abd al-Rahman, falecido em 1793. O fundador começou sua formação religiosa em solo argelino e a concluiu no Egito, onde aprofundou suas reflexão e prática religiosa e retirou o modelo para a organização da confraria. Na década de 1780, outro líder da Rahmaniya, Mohammed Amzian ibn al-Haddad, juntamente com seu irmão al-Aziz, deflagraram uma *jihad* contra os invasores franceses no Magrebe, dando início a uma insurreição armada. Por este motivo, a confraria foi dissolvida logo depois da conquista colonial francesa no Marrocos. Ver TARIQA.

RAINHA DOLA. Ver IYE IDOLORUSAN.

RAINHA JINGA. Ver JINGA, Rainha.

RAINILAIARIVONY (1828-1896). Aristocrata e político malgaxe. Foi primeiro-ministro por três décadas (1864-1896) nos reinados das rainhas chamadas Ranavalona II e III e da rainha Rasoherina, com as quais contraiu matrimônio e compartilhou a crença no cristianismo. Ver MADAGASCAR; RASOHERINA.

RANAVALONA. Nome pelo qual passaram à história três rainhas de Madagascar da dinastia Merina: Ranavalona I (1785-1861), que renovou a administração do Estado, expandindo sua influência e divulgando-o no Ocidente; Ranavalona II (1829-1883), que resgatou da escravidão trabalhadores conhecidos como "moçambiques" por sua procedência; e Ranavalona III (1861-1917). Esta última foi a derradeira governante de Madagascar, e seu reinado foi marcado por uma tenaz, embora malsucedida, atividade diplomática junto a Inglaterra e aos Estados Unidos, no sentido de preservar o seu reino do domínio francês. Ver MADAGASCAR.

RANO. Uma das primeiras cidades-Estado dos hauçás, juntamente com Daura, Katsina, Kano, Zaria, Biram e Gobir. É informada como um dos "estados negreiros" da África, entre os séculos XVII e XVIII (Dorigny; Gainot, 2017, p. 40).

RAPONTCHOMBO, Antchouwékowe. Ver KING DENIS.

RÁS. Antigo título da nobreza etíope, atribuído a personagens importantes que não faziam parte da linhagem imperial.

RASOHERINA (1814-1868). Rainha malgaxe da dinastia Merina, assumiu o governo de Madagascar em 1861. Ver MADAGASCAR.

RECAPTIVES. Termo da língua inglesa que, em Serra Leoa, no século XIX, designou os cativos resgatados dos navios negreiros no oceano Atlântico e enviados para povoar Freetown. Segundo Alberto da Costa e Silva, após a captura de um navio negreiro por um barco de guerra britânico, os cativos que ele transportava se tornavam formalmente livres, mas não podiam ser levados de volta aos portos de embarque. Caso voltassem, os então libertos seriam reescravizados e vendidos novamente. Quanto à tripulação, era aprisionada e substituída por outra, da própria marinha inglesa, que a levaria para Freetown ou outro lugar na costa onde houvesse presença europeia (Silva, 2006, p. 9-10). Ver ABOLICIONISMO; SERRA LEOA.

RECURSOS MINERAIS. As profundezas do solo africano concentram uma enorme riqueza em recursos minerais. Segundo Santos (2008, p. 51), a percepção dessa abundância veio do infante português Dom Henrique quando da conquista de Ceuta, em 1417. Ao ter conhecimento das rotas saarianas que traziam ouro do interior do continente, esse príncipe resolveu fundar a escola de navegação de Sagres, alavancadora das navegações marítimas de Portugal e da exploração do continente africano. Ver CEUTA; COBRE, Jazidas de; DIAMANTES; GOLDFIELDS OF SOUTH AFRICA LTD.; OURO.

REINO. Monarquia; estado governado por um rei (monarca). Na África tradicional, a forma de governo, salvo eventuais exceções, sempre foi monárquica, ou seja, no alto e no centro de cada rede política estava a figura de um rei. Quando o número e a concentração de súditos não permitiam ao monarca governá-los diretamente, como no caso dos impérios que a África também conheceu, o monarca, agora "imperador", delegava poderes a representantes locais. No período focalizado neste dicionário, houve reinos importantes, entre outros, os seguintes: Axânti; Bamum; Daomé; Ganda; Congo; Lozi; Malinké; Mossi; Burundi; Zulu (Maquet, 1971, p. 90).

REIS DIVINOS. Em boa parte das sociedades africanas tradicionais, o rei ou chefe supremo era um personagem sagrado, considerado como descendente das divindades ou de seus enviados à Terra. Sua vida se confundia com a de seu povo ou sua nação e, assim, merecia total atenção à sua integridade física. Qualquer indício de debilidade ou envelhecimento de seu corpo corresponderia a uma ameaça de enfraquecimento do reino ou Estado. Além disso, não podia ser portador de deficiência física ou qualquer incapacidade evidente, e deveria ser versado em todas as artes, ofícios e atividades produtivas, agindo sempre como o representante de seu povo perante os espíritos dos ancestrais e as forças cultuadas, dirigindo os rituais e sacrifícios na condição de guardião dos costumes e tradições por eles legados. Em algumas sociedades, a condição sagrada não era inata, e, sim, adquirida. Entre os iorubás, por exemplo, o rei (*obá*) adquiria seus poderes espirituais por meio de cerimônias iniciáticas que precediam sua entronização, transformando-o, progressivamente, de simples mortal em um companheiro das divindades. Assim, ele personificava o espírito coletivo da comunidade, na condição de depositário da essência imortal dos *obás* falecidos e um elo entre eles e todos os vivos de seu povo. Por outro lado, todo iorubá que gozasse de uma certa autoridade poderia adquirir poderes espirituais de modo idêntico, mas não com a complexidade solene dos ritos oficiados para um *obá* (AKINJOGBIN, 1981, p. 18). Já entre os *akan*, a ideia do poder do soberano era diferente da que prevalecia na concepção política de várias outras sociedades, como a dos iorubás e a dos fons do Daomé. Segundo sua concepção, o vibrante espírito coletivo da nação era transmitido de um soberano para outro tanto quanto "a posse do território e a autoridade sobre seu povo". E isso era uma crença típica do gênero de monarquia qualificada como realeza divina. Nesse tipo de governo, a identificação da pessoa do monarca

com o "espírito ou força da terra" ia a tal ponto que a saúde física do rei tinha repercussão sobre a sociedade. Quando ele adoecia ou começava a envelhecer, a prosperidade e o bem-estar do reino declinavam. Aí, a nação só estaria salva quando o rei morresse ou entregasse o poder a outro (HAGAN, 1981, p. 62). Paralelamente, na concepção dos fons, os reis, embora não fossem divindades, detinham grandes poderes espirituais. Além disso, a arte dos seus *kpámégán*, espécies de griôs, contribuía para lhes dotar de uma estatura quase divina. Assim, eles podiam submeter todos os chefes religiosos do país, controlando, por meio de seus *ajaxo*, ministros dos cultos, todas as atividades nesse domínio. Além disso, como os cargos religiosos não eram hereditários, os reis intervinham constantemente nas nomeações e davam a alguns titulares mais atenção do que a outros, além de obrigarem todos os novos chefes religiosos ao juramento de nada fazerem contra o trono. Embora todos os voduns (espíritos) do reino estivessem diretamente ligados ao rei, esta situação não lhe conferia a condição de sacerdote. Isto porque não havia, propriamente, interferência do poder político no poder religioso. Poder-se-ia, talvez, falar em uma subordinação institucional estrita do segundo em relação ao primeiro, e os chefes religiosos eram normalmente afastados dos negócios de Estado, da mesma forma que os príncipes eram sempre mantidos fora dos altos cargos religiosos (KOSSOU, 1981, p. 94). Ver AKAN; FON; GOVERNO, Formas de; IORUBÁS; INSÍGNIAS DE PODER.

REIS. Título de origem árabe ou turca usado pelos capitães de navios, inclusive corsários, atuantes nas águas dos Estados Barbáricos. Era usado posposto ao nome próprio, como o de Piri Reis, almirante turco no século XVI, celebrizado pela feitura dos primeiros mapas das terras alcançadas por portugueses e espanhóis em seu tempo. Ver CORSÁRIO.

RELATOS EUROPEUS. O período histórico focalizado nesta obra contempla uma considerável quantidade de registros escritos sobre os africanos, com prevalência daqueles provindos de observadores estrangeiros, sobretudo europeus. Tais registros contêm informações preciosas acerca de costumes, instituições, grupos sociais etc. e constituem fontes primárias importantes para a reconstituição histórica das sociedades africanas anteriores ao colonialismo. Entretanto, eles expressam de modo mais direto o mundo afro-europeu aberto pelos contatos através do Atlântico – eivado de hibridismos e de inovações em relação ao cenário anterior à expansão marítima. Além disso, as realidades africanas aparecem filtradas e ressignificadas aos olhos de marinheiros, missionários, mercadores, traficantes de escravos e oficiais a serviço das monarquias europeias, produzindo um rico leque de representações. Por isto, não devem ser considerados testemunhos históricos diretos, e o seu uso como fontes de pesquisa levanta uma série de questões de ordem conceitual e, sobretudo, de ordem metodológica, conforme discutido em um congresso internacional organizado por Beatrix Heintze e Adam Jones, de nome *European Sources for Sub-saharan Africa before 1900: Use and Abuse* [Fontes europeias para a África subsaariana antes de 1900: uso e abuso], em

1987. Os dados contidos nesses registros precisam ser submetidos a uma rigorosa crítica textual, de modo a que os enunciados sejam confrontados com as realidades a que fazem referência, expurgados de seu forte caráter etnocêntrico e, em certos casos, explicitamente racista. O valor documental dos referidos registros se revela ainda maior quando se trata de textos narrativos dentro do estilo que tem sido classificado como "literatura de viagens". São relatos de deslocamentos marítimos e terrestres, apontamentos acerca de acidentes geográficos, ambientes naturais e, sobretudo, acerca dos inúmeros grupos humanos com os quais os redatores estabeleceram contato ou dos quais tiveram notícia através de informantes (africanos ou não). Os principais autores e obras, neste caso, são: **Francisco de Andrade**, com *Relação sobre as Ilhas de Cabo Verde*, publicado em 1582. **Francisco Álvares**, com *Verdadera informação das terras do Preste João das Índias*, de 1540. **Manuel Álvarez**, com *Descrição da Etiópia Menor* e *Província da Serra Leoa*, de 1615. **Jean Barbot**, francês, autor de relatos sobre os lugares de viagens, como *Estat present des costes de Guinée en 1682* [Estado atual da Costa da Guiné em 1682] e *Description des costes d'Afrique* [Descrição das costas da África], publicados em 1688. **Luiz Frederico de Barros**, português de Cabo Verde, autor de *Senegambia portugueza ou notícia descriptiva das differentes tribus que habitam a Senegambia meridional* (1878). **Heinrich Bart**, alemão, autor de *Reisen und entdeckungen in Nord und Zentralafrika* (Viagens e descobertas no norte e no centro da África), publicada em 5 volumes entre

RELATOS EUROPEUS

1857 e 1858. **Andrew Battel**, inglês, autor de *The Strange Adventures of Andrew Battell of Leigh, in Angola and the Adjoining Regions* [As estranhas aventuras de Andrew Battel de Leigh em Angola e regiões adjacentes], publicado entre1614 e 1625. **Emmanuel Bertrand-Bocandé**, francês autor de *Notes sur La Guinée portugaise ou Senegambie méridionale* (Notas sobre a Guiné portuguesa ou Senegâmbia meridional), de 1849. **Gaspar Bocarro**, explorador português, deixou um relato de sua viagem realizada em 1606 de Tete a Quíloa, publicado com o título de *Década 13 da História da Índia* em 1876. **Willem Bosman**, holandês, autor de *Voyage de Guinée, contenant une description nouvelle et très exacte de cette cote ou l'on trouve et ou l'on trafique l'or, les dents d'elephant et les esclaves* [Viagem à Guiné, contendo uma descrição nova e muito exata desta costa onde se encontram e comerciam ouro, dentes de elefante e escravos], de 1704. **Thomas Bowdich**, inglês, publicou o livro *Mission from Cape Coast castle to Ashantee, with a descriptive Account of that Kingdom* [Missão do castelo da Costa do Cabo ao Axânti, com uma narrativa descritiva daquele reino], em 1819. **Pieter Van Den Broecke**, holandês, deixou um relato detalhado de suas viagens, publicado em 1977 por Guy Thilmans e Nize Izabel de Moraes no *Bulletin de l'Institut Français d'Afrique Noire* (tomo 39, n. 3). **James Bruce**, escocês, publicou em cinco volumes *Travels to Discovery the Source of the Nile* [Viagens de descoberta da fonte do Nilo], de 1790. **Richard F. Burton**, inglês, autor de *The Lake Regions of Central Equatorial Africa, with Notices of Lunar Mountains and the Sources of the White Nile* [A região dos lagos na África equatorial, com notícias sobre as Montanhas da Lua e as fontes do Nilo Branco], de 1860, *Abeokuta and the Cameroon Mountains: an Exploration* [Abeocutá e as Montanhas dos Camarões: uma incursão exploratória], publicado em 1863, e *A Mission to Gelele: King of Dahome* [Missão junto a Glele, rei do Daomé], 1864. **Alvise Cadamosto**, veneziano, também referido como Alvise da Mosto, ou Luís de Cadamosto, autor de *Navegazioni*, publicado na metade do século XVI pelo erudito italiano Giovanni Battista Ramusio. **Antonio de Oliveira Cadornega**, português, autor de *História geral das guerras angolanas*, uma das mais importantes fontes históricas para o estudo da conquista portuguesa do Reino do Dongo e os eventos protagonizados pela Rainha Jinga. **Fréderic Cailliaud**, francês, escreveu *Voyage à Meroé et au Fleuve Blanc* [Viagem a Meroé e ao Nilo Branco], de 1823. **René Caillié**, francês, escreveu *Journal d'un voyage à Temboctou et à Jenné, dans l'Afrique centrale* [Diário de uma viagem a Tombuctu e a Jenné, na África central], de 1830. **Hermenegildo Capelo** e **Roberto Ivens**, portugueses, escreveram *De Benguela às Terras de Iaca* (1881) e *De Angola à Contracosta* (1886). **Henrique de Carvalho**, português, escreveu os livros *A Lunda*, de 1890, *Descrição da viagem à Mussumba de Muatiânvua* e *Método prático para falar a língua da Lunda*, publicados em 1890. **Eugène Casalis**, francês, é autor de *Étude sur La langue séchuana* [Estudo sobre a língua séchuana], e de *Les bassouts, ou vingt-trois années d'études et d'observations au sud d'Afrique* [Os bassutos, ou vinte

RELATOS EUROPEUS

e três anos de estudos e observações no sul da África), de 1859. **G. A. Cavazzi de Monteccúccolo**, italiano, autor de *Istorica descrizione de tre regni Congo, Matamba et Angola* [Descrição histórica dos três reinos do Congo, Matamba e Angola], publicado c. 1662. **J. C. C. de Chelmicki**, polonês, escreveu em parceria com o brasileiro F. A. Varnhagen o livro *Corografia cabo-verdiana ou descripção geographico-historica da província das Ilhas de Cabo Verde e Guiné*, de 1841. **Francisco Lemos Coelho**, português, habitante em Cabo Verde na segunda metade do século XVII, autor de *Descrição da Costa da Guiné desde o Cabo Verde athe Serra Leoa com todas ilhas e rios que os brancos navegam*, redigido em 1669 e reescrito em 1684. **Elias Alexandre da Silva Correia**, militar nascido no Brasil, na segunda metade do século XVIII, autor do livro *História de Angola*, publicado em 1937. **Archibald Dalzel**, escocês, escreveu o livro *The History of Dahomy: an Inland Kingdom of Africa* [História do Daomé: um reino do interior da África], de 1793. **Olfert Dapper**, holandês, autor de *Description de l'Afrique contenant les noms, la situation et les confins de toutes ses parties* [Descrição da África contendo os nomes, a situação e os limites de todas as suas partes], publicado em 1686. **Charles de Brosses**, francês, autor de *Du culte des dieux fétiches ou parallèle de l'ancienne religion de l'Égypte avec la religion actuelle de Nigritie* [Do culto dos deuses fetiches ou paralelo entre a antiga religião do Egito e a religião atual da Nigrícia], de 1760. **Pieter de Marees**, flamengo (de Flandres, região no atual território da Bélgica) autor de *Beschryvinghe ende historische verhael, vant gout koninckrijck van Gunea* [Descrição e relato histórico do Reino de ouro da Guiné], 1602. **Reynaud Des Marchais**, francês, autor do *Journal d'un voyage de Guinée et Cayenne* [Diário de viagem da Guiné e Cayenne] (1724-1726). **Eustache Delafosse**, flamengo, autor de *Voyage d'Eustache Delafosse sur la côte de Guinée, au Portugal et en Espagne* [Viagem de Eustache Delafosse a Costa da Guiné, a Portugal e Espanha], 1479-1481. **Dixon Denham**, inglês, autor de *Narrative of Travels and Discoveries in Northern and Central Africa, in the Years 1822, 1823 and 1824* [Narrativa de viagens e descobrimentos na África do norte e central nos anos 1822, 1823 e 1824], publicado em 1826. **Sieur B. Dubois**, francês, autor de *Les voyages faits par le Sieur D. B. aux isles Dauphine ou Madagascar, et Bourbon ou Mascarenne* [As viagens feitas pelo cavaleiro D. B. às ilhas Dauphine ou Madagascar, e Bourbon ou Mascarenhas], publicado em 1674. **Paul Flatters**, francês, autor de *Histoire ancienne du nord de l'Afrique avant La conquete des arabes* [História antiga do norte da África antes da conquista dos árabes], de 1863, e *Histoire de la géographie et geologie de la Province de Constantine* [História da geografia e geologia da Província de Constantina], de 1865. **Anna Maria Falconbridge**, inglesa, publicou *Narrative of Two Voyages to the River Sierra Leone During the Years 1791, 1792, 1793* [Narrativa de duas viagens ao rio Serra Leoa durante os anos 1791, 1792 e 1793]. **Valentim Fernandes**, autor da coletânea conhecida como *Manuscrito Valentim Fernandes*, publicada pela Academia Portuguesa da História em 1965. **Fernão de Sousa**, governador-geral de Angola de 1624 a 1630, autor do

RELATOS EUROPEUS

conjunto de manuscritos, com documentos variados, que leva seu nome, a *Coletânea de Fernão de Souza*, preservada no acervo da Biblioteca da Ajudá, em Lisboa. **Frederick E. Forbes**, inglês, autor de *Dahomey and the Dahomans: Being the Journals of Two Missions to the King of Dahomey, and Residence at his Capital, in the Years 1849 and 1850* [Daomé e os daomeanos: os diários de duas missões ao rei do Daomé e da residência em sua capital, nos anos de 1849 e 1850], publicado em 1851. **Lucie Duff-Gordon**, aristocrata inglesa, autora, no século XIX, de *Letters from Egypt* [Cartas de Lady Duffy Gordon do Egito]. **Fernão Guerreiro**, jesuíta português, autor, no século XVII, de *Das coisas da Guiné e Serra Leoa*. **Anna Hinderer,** inglesa, autora de *Seventeen Years in the Yoruba Country* [Dezessete anos no país dos iorubás], de 1872. **Thomas J. Hutchinson**, irlandês, autor de *Narrative of the Niger, Tshadda, & Binuë Exploration* [Narrativa da exploração do Níger, Tshadda e Benué], de 1855, *Impressions of West Africa* [Impressões da África Ocidental], de 1858, e *Ten Years' Wanderings Among the Ethiopians* [Dez anos perambulando entre os etíopes], de 1861. **Mary Henrietta Kingsley**, inglesa, publicou *Travels in West Africa* [Viagens na África Ocidental] em 1897 e *West African Studies* [Estudos sobre a África Ocidental] em 1899. **S. W. Koelle**, linguista germânico, autor de *African Native Literature* [Literatura africana nativa], de 1854. **Jean-Baptiste Labat**, também referido como Padre Labat ou Abade Labat, autor de *Voyage du Chevalier des Marchais en Guinée, isles voisines et à Cayenne* [Viagem do cavalheiro de Marchais a Guiné, Ilhas vizinhas e à Caiena], 1725-1727, *Nouvelle relation de l'Afrique Occidentale* [Nova relação sobre a África ocidental], 1728, e *Relation historique de l'Ethiopie occidentale* [Relação histórica da Etiópia Ocidental], 1732. **Francisco José de Lacerda e Almeida**, nascido no Brasil, escreveu *Diário da viagem de Moçambique para os Rios de Sena e Instruções e diário de viagem da Vila de Tete*. **Jacques Laffitte**, francês, autor de *Le Dahomé: souvenirs de voyage et de mission* [O Daomé: recordações de viagem e de missão], 1873. **Edward William Lane**, inglês, autor de *An Account of the Manners and Customs of the Modern Egyptians* [Modos e costumes dos egípcios modernos], 1836. **João Baptista Lavanha**, português, autor, entre 1599 e 1600, do relato intitulado *Descripção de Guiné, em que trata de várias nações de negros que a povoão, com a descripção de seus costumes, leis, ritos, cerimonias, guerras, armas, trajes, e da calidade dos portos e comércio que nelles se faz*. **David Livingstone**, médico, missionário e explorador escocês, escreveu *Missionary Travels and Researches in South Africa* [Viagens missionárias e explorações no sul da África], 1857, e *Narrative of an Expedition to the Zambesi and its Tributaries, and of the Discovery of the Lakes Shirwa and Nyassa: 1858-1864* [Narrativa de uma expedição ao Zambeze e aos seus afluentes, e da descoberta dos lagos Shirwa e Niassa: 1858-1864], 1865. Depois de sua morte, foram publicados os seus diários de viagem: *The Last Journals of David Livingstone in Central Africa, from 1865 to his death* [Os últimos diários de David Livingstone na África Central, de 1865 até sua morte], 1874. **Jerônimo Lobo**, jesuíta português, autor de *Relation*

RELATOS EUROPEUS

historique d'Abyssinie [Relação histórica da Abissínia], publicado em 1728, e de *Breve relação do Rio Nilo*. **Duarte Lopes,** mercador português, narrou seus conhecimentos ao escritor italiano Filippo Pigafetta (1533-1604) no livro intitulado *Relatione del reame di Congo et delle circonvicine contrade* [Relação do Reino do Congo e de suas áreas circunvizinhas], de 1591. **John Matthews**, inglês, autor do livro *A Voyage to the River Sierra-Leone, on the Coast of Africa* [Viagem ao rio de Serra Leoa na costa da África], de 1788. **Luís Antonio Mendes de Oliveira**, nascido na Bahia entre os séculos XVIII e XIX, escreveu *A memória histórica sobre os costumes particulares dos povos africanos*, com relação privativa ao Reino da Guiné, e nele com respeito ao rei de Daomé. **Francisco Monclaro**, jesuíta português, escreveu *Relação da expedição ao Monomotapa*, de 1570. **Robert Norris**, traficante de escravos inglês, é autor do relato intitulado *Memoirs of the reign of Bossa Ahadee, King of Dahomy* [Memórias sobre no Reino de Bossa Ahadee, rei do Daomé], publicado em inglês em 1789, com versão francesa em 1790. **Mungo Park**, explorador escocês, autor de *Travels in the Interior Districts of Africa* [Viagens ao interior da África], de 1797. **Mansfield Parkyns**, inglês, publicou *Life in Abyssinia: being Notes Collected During three Year's Residence and Travels in that Country* [Vida na Abissínia: notas coligidas durante três anos de residência e viagens naquele país], de 1853. **Pero Pais**, jesuíta espanhol, missionário na Etiópia, autor uma longa narrativa intitulada *História da Ethiópia* (1622). **Thomas Pellow**, aventureiro de origem britânica (Cornualha), autor de *The Adventures of Thomas Pellow, of Penryn, Mariner, Written by Himself* [As aventuras de Thomas Pellow, ou Penryn, marinheiro, escrito por ele mesmo], publicado em 1890. **Duarte Pacheco Pereira**, navegador português, escreveu, no século XVI, o tratado intitulado *Esmeraldo de Situ Orbis*, que constitui uma síntese dos conhecimentos portugueses sobre a África atlântica, com seus povos, rotas de comércio e produtos negociados até aquela data. **Piloto Anônimo**, expressão que nomeia o negociante português autor de "Roteiro de navegação de Lisboa à Ilha de São Tomé", texto publicado pelo erudito renascentista Giovanni Battista Ramusio, no livro *Navigazione e Viaggi* [Navegações e viagens], de 1550. **Vicente Ferreira Pires**, padre nascido no Brasil, autor de *Viagem de África em o Reino de Dahomé* (1800). **Joseph Pitts**, inglês, autor do relato *A True and Faithful Account of the Religion and Manners of the Mohammetans, with an Account of the Author's being Taken Captive* [Verdadeiro e fiel relato sobre a religião e os costumes dos maometanos, com um relato do autor enquanto foi mantido como cativo], de 1704. **Sophia Lane Poole**, aristocrata inglesa, irmã de William Lane, antes mencionado, escreveu *The English Woman in Egypt: Letters from Cairo* [A inglesa no Egito: cartas do Cairo], de 1845. **Alonso de Sandoval**, jesuíta espanhol, autor de *Naturaleza, policia sagrada i profana, costumbres i ritos, disciplina i catechismo evangélico de todos os etíopes* [Natureza, polícia sagrada e profana, costumes e ritos, disciplina e catecismo evangélico de todos os etíopes] (1627), que em uma segunda edição recebeu o título latino *De instauranda*

Æthiopum salute (1647). **João dos Santos**, dominicano português, autor de *Etiópia Oriental* (1622). **Alexandre de Serpa Pinto**, explorador português, autor do livro *Como eu atravessei a África*, de 1881. **William Snelgrave**, traficante de escravos, escreveu o livro *A New Account of Some Parts of Guinea, and The Slave Trade* [Uma nova descrição de algumas partes da Guiné e do comércio de escravos], de 1734. **George Tams**, médico alemão, escreveu *Visit to The Portuguese Possessions in South-Western Africa* [Visita às possessões portuguesas no sudoeste da África], publicado em inglês e em português, respectivamente, em 1845 e 1850. **Baltazar Teles**, jesuíta português, autor do livro *História Geral da Etiópia* (1660). **Antonio Velho Tinoco**, militar português radicado em Cabo Verde, ditou ao padre Fernão Rebelo o relato de sua experiência em *Relação da gente que vive desde o cabo dos Mastos te Magrobamba na Costa da Guiné*, publicado entre 1582 e 1585. **Gomes Eanes de Zurara**, autor da *Crônica dos feitos notáveis que se passaram na conquista da Guiné*.

RELIGIÃO TRADICIONAL AFRICANA. As religiões autóctones do continente africano receberam, ao longo do tempo, inúmeras denominações, quase sempre inexatas. Animismo, fetichismo, totemismo, religiões politeístas e polidemonistas etc. são algumas dessas intitulações. Desde 1961, entretanto, por resolução de um congresso de estudos teológicos realizado em Abidjan, na Costa do Marfim, o conjunto de crenças e práticas religiosas existentes na África desde tempos imemoriais é oficialmente denominado "Religião Tradicional Africana" (ALTUNA, 1993, p. 369). **Princípios gerais**. Esse conjunto de práticas litúrgicas, apoiado em doutrinas seguidas por fiéis e adeptos, configura um sistema, o qual, em linhas gerais, baseia-se na crença em uma Força Suprema, criadora do Universo e fonte da vida. Além desse Ser-Força, situam-se, no sistema, seres imateriais livres e dotados de inteligência, os quais podem ser gênios ou espíritos. Os gênios, que não apresentam forma humana, são forças protetoras e guardiãs de indivíduos, comunidades e lugares, podendo, temporariamente, habitar nos lugares e comunidades que guardam, e também no corpo das pessoas que protegem. Já os espíritos são almas de pessoas que tiveram vida terrena e, por isso, são imaginados com forma humana e podem ser almas de antigos chefes e heróis, ancestrais ilustres e remotos da comunidade, ou antepassados próximos de uma família. Gênios e espíritos precisam ser cultuados, para que, felizes e satisfeitos, garantam aos vivos saúde, paz, estabilidade e desenvolvimento. Pois é deles, também, a incumbência de levar até o Ente Supremo as grandes questões dos seres humanos, e a comunicação com eles e demais instâncias extranaturais é obtida através de oráculos. Assim, a distinção entre "sobrenatural" e "natural", "sagrado" e "profano", "religioso" e "não religioso" não tem sentido nas formas de vida social dos povos retratados, no tempo e no espaço focalizados nesta obra. **Ritualistas e "feiticeiros"**. Em diversas sociedades enfocadas neste dicionário, a mediação entre os seres humanos e os espíritos era feita por sacerdotes ou ritualistas – indiscriminadamente designados nas narrativas dos

RELIGIÃO TRADICIONAL AFRICANA

observadores europeus como "feiticeiros". Importante dizer que feitiçaria é a utilização de forças sobrenaturais, hipotéticas ou reais, objetivando, principalmente, causar malefícios a outrem. O termo "feitiço", de origem latina, provém de *factitius,* "fictício", artificial. No Portugal medieval, era utilizado para designar malefícios e práticas enganosas de natureza mágica, com finalidade de iludir ou fazer o mal, com caráter demoníaco, satânico. Nas sociedades africanas antigas, a manipulação de forças sobrenaturais era uma prática frequente, mas relacionada a percepções cosmogônicas distintas, ancoradas na ideia de que os fenômenos naturais se encontravam atravessados pelo fluxo da energia vital que circulava entre pessoas, plantas e animais. Assim, a manipulação de forças invisíveis era algo perfeitamente admitido em diferentes sociedades do continente, sendo reservada aos ritualistas da religião tradicional, em cada sociedade. Mas sempre houve distinção entre o manipulador de forças maléficas e o sacerdote ou curandeiro, responsável pelo equilíbrio físico e espiritual do grupo. Entre alguns povos bantos, por exemplo, aquele é o *ndoki* ou *muloji*, malfeitor e proscrito, enquanto este outro é o nganga ou *kimbanda*, merecedor de respeito e consideração. No Brasil, o termo "quimbanda", designando uma vertente de culto tida como de práticas maléficas, dá margem à confusão. Entretanto, ele não parece derivar do quimbundo *kimbanda*, "médico tradicional", e sim de *kibanda*, "cada um dos mortos maléficos e não protetores", vocábulo do léxico do povo basanga, de Shaba, no atual Congo-Quinxassa (MUNANGA, 1986, p.

301). De modo similar, pesquisas recentes demonstraram a inexistência de relação causal entre os vocábulos "mandingueiro" (equivalente a feiticeiro) e "mandinga" com os povos mandingas ou malinquês da África Ocidental. Os amuletos no Brasil chamados de "bolsas de mandinga" e os ingredientes neles inseridos não tinham relação direta com nenhum povo ou cultura em particular. O fato é que, através dos tempos, as deduções que se buscou entre a religião africana e práticas maléficas foram demasiado frequentes. Como exemplo, veja-se como, no território da atual Guiné-Bissau, fontes antigas definem os chamados "jambacouces" ou "jambacuzes" como "detentores dos segredos da natureza, capazes de praticar a arte de curar ou de matar" (SILVA, 1960, p. 20). Entretanto, em Houaiss *et al.* (2001, p. 1670), o termo "jambacós", igualmente recolhido na antiga Guiné portuguesa e certamente uma variante do mencionado, é definido apenas como "indivíduo a quem cabe realizar os ritos religiosos". **Fetichismo**. Observemos ainda que o termo "fetichismo", relacionado a "feitiço", foi muitas vezes usado para tipificar as práticas religiosas da tradição africana. E isto na suposição de que elas envolvessem adoração a objetos manufaturados, tidos como dotados de poderes sobrenaturais, como ídolos e amuletos (*fétiches,* em francês; em português, *feitiços*). Mas a Religião Tradicional Africana apenas utiliza determinados elementos naturais ou artefatos como moradas simbólicas de seres espirituais em atenção à identificação desses inanimados com as características da espiritualidade do ser divino ou divinizado. Assim, uma estatueta ou

RELIGIÃO TRADICIONAL AFRICANA

máscara de um ancestral é um símbolo que evoca sua presença e seus atos e não o ancestral em si, da mesma forma que ferramentas, insígnias ou pedras votivas consagradas a divindades são apenas representações simbólicas desses seres ou forças, isto é, são signos que manifestam a presença espiritual deles entre os vivos, e não eles em si mesmos. E ainda que se admita, em algumas vertentes religiosas, o uso eventual de objetos como fetiches, observe-se que, para a tradição africana, eles são apenas um suporte material no qual a força do ser espiritual foi fixada, como aliás ocorre em outras religiões de grande prestígio. **Histórico**. As expressões mais conhecidas e estudadas da religião tradicional africana formaram-se, principalmente, no seio das seguintes civilizações: a) iorubá, beninense e daomeana; b) dos senufos, dogons e bambaras; c) dos akans. Segundo Gromiko (1987, p. 36), as modalidades religiosas presentes nas mencionadas civilizações teriam se desenvolvido a partir de cultos praticados por antigos povos próximos aos bantos do grupo linguístico níger-congo. E a constatação do cientista nasceu de comparações de nomes de espíritos demiúrgicos, forças vitais místicas, seres da natureza, homófonos e semelhantes em diversas línguas. Observemos que nos séculos XV e XVI as populações contatadas pelos portugueses do litoral do atual Senegal até a Costa do Marfim e o Golfo de Benin eram adeptas da Religião Tradicional, sendo que os cronistas lusitanos desse momento notaram corretamente a base comum a todos os cultos encontrados ao longo da costa, notadamente nas atuais Guiné-Conacri, Guiné-Bissau e Serra Leoa (Person,

2010, p. 343-344; cf. Lopes; Macedo, 2017, p. 251). Nesse quadro, observemos que a resistência à presença de estrangeiros foi, de uma forma ou de outra, motivada pela defesa do patrimônio religioso tradicional, legado pelos antepassados. **Opressão e resistência**. Durante o período de estabelecimento dos primeiros contatos dos portugueses com as populações do litoral atlântico africano, as alianças políticas e os negócios comerciais ocorriam em paralelo a tentativas de evangelização, e a conversão ao cristianismo implicava a condenação das religiões tradicionais, que eram demonizadas e condenadas pelos missionários. Na Etiópia, foi tentada uma união do cristianismo local com o de Roma. Em 1591, a vitória do Marrocos sobre o Império Songai contou com a decisiva participação de forças espanholas e portuguesas, e a influência cristã daí advinda afetou a solidez do Islã em todo o Sudão Ocidental (Gromiko, 1987, p. 46). Do século XIV ao XVIII, nos territórios limítrofes aos do Império Etíope, o Islã, o Cristianismo e o judaísmo disputavam adeptos. No século XVI, uma guerra entre o Império Etíope e o sultanato de Adal teria feito com que muitas pessoas mudassem de orientação religiosa. Mas, quando a vitória cristã foi confirmada, os renegados retornaram ao Cristianismo. Em 1652, os primeiros colonizadores protestantes, um pequeno contingente de holandeses, estabelecia contato com populações nativas no extremo sul do continente e introduziam sua religião entre eles. A absorção do protestantismo pelos locais obedeceu certamente aos mesmos padrões de comportamento observados em outras partes da África em relação

RELIGIÃO TRADICIONAL AFRICANA

a formas religiosas adventícias: o africano, profundamente ligado ao seu grupo social, acabava por modificar as novas práticas, ao ponto de torná-las diversas de suas formas originais, tornando-as africanizadas, pelo menos em parte, por meio de justaposições e sincretismos. **Sincretização**. Uma dessas formas sincréticas é a referida em Thornton como "cristianismo centro-africano", a qual incorporava muitas características da tradição religiosa do Congo e arredores e era praticada, segundo o autor, por "centenas de milhares de africanos", o que fez com que se tornasse o centro de "uma igreja dinâmica local" (THORNTON, 2009, p. 82). Apesar de fenômenos como este, ainda segundo Thornton, a estrutura básica da religião original permaneceu em todos os lugares, certamente modificada pelas ideias cristãs em algumas áreas, em graus menos ou mais acentuados (THORNTON, 2009, p.100). Em Vansina (2010, p. 677), lê-se que a religião sincrética praticada no Reino do Congo no século XVII, ao tempo do rei Garcia II (1641-1661), teria, inclusive, dado origem ao vodu haitiano. Quanto a esta afirmação, registre-se que, na liturgia vuduísta do Haiti, efetivamente existe uma linha ritual denominada "Kongo", a qual, entretanto, é secundária em relação à linha axial da religião, que provém da Costa dos Escravos, mais especificamente da região do antigo Daomé. Contudo, os elementos "congos", fortemente presentes na vizinha Cuba, não podem ser descartados na gênese do vodu. **Reação pela negação**. Entre 1782 e 1837, na África Austral, na parte setentrional da colônia do Cabo, missionários europeus, católicos e protestantes combateram duramente as religiões nativas. E entre 1811 e 1834, missões protestantes britânicas, suíço-germânicas e norte-americanas faziam o mesmo no litoral atlântico do oeste africano. Como consequência, nas regiões meridional e central do continente, o período anterior à colonização europeia foi marcado pelo surgimento de diversas sociedades iniciáticas, baseadas na Religião Tradicional, como forma de reação ao Cristianismo imposto. A continuidade de práticas consideradas "pagãs" pelos missionários cristãos pode ser vista, segundo o cientista político camaronês Achille Mbembe (2013, p. 161-162), como uma forma de resistência tenaz dos africanos aos modelos de racionalidade inerentes ao discurso cristão. Segundo ele, "O paganismo pode ser validamente interpretado como uma negação pertinaz, por parte do indígena, da 'verdade' dominante, mesmo se essa verdade não é mais do que uma unidade entre muitas outras e se as técnicas disciplinares que visam impô-la, não o fazem, de todo". **Religião Tradicional e escravismo**. Durante o período escravista, a religião tradicional ocupou um papel relevante, embora muitas vezes dúbio ou pelo menos polêmico, notadamente na região do Golfo da Guiné. Da captura ao embarque, as práticas rituais se faziam presentes tanto em providências defensivas ou de resistência por parte das vítimas presumíveis quanto de controle dos aprisionados por parte dos captores. Nas guerras, amuletos e outros objetos dotados de força eram comumente usados na defesa espiritual contra as armas inimigas. Mais ainda, a consulta aos oráculos antes das batalhas e a consequente feitura de sacrifícios propiciatórios eram práticas de rotina, tanto quanto oferendas de agradecimento pelas vitórias acaso alcançadas. Segundo Parés (2016, p. 303), no universo escravista iorubá-fon, as guerras "eram sustentadas por um complexo aparato espiritual, sem o qual nenhum rei ou capitão ousaria se aventurar". Para a travessia do oceano, há relatos de cerimônias para acalmar as divindades marinhas, como a realizada com espantoso sucesso em 1694, por Agbangla, rei de Uidá. Nessa ocasião, um mar ameaçadoramente encapelado, que inviabilizava a saída de navios carregados de cativos, em algumas horas se "acalmava", depois de receber oferendas de bebidas, comidas e produtos europeus (PARÉS, 2016, p. 305). Segundo a mesma fonte, no Reino de Popo, sacerdotes nativos exigiam presentes de mercadores europeus para obter proteção espiritual na travessia da perigosa barra do mar local. Dentro da lógica da religião tradicional africana, essa prática não configuraria nenhum tipo de extorsão ou mercenarismo, e, sim, o cumprimento de um preceito segundo o qual a retribuição monetária, em dinheiro ou bens, é elemento essencial à eficácia de todo ritual propiciatório. Ver ARABÁ; AXÂNTIS; BABALAÔ; BAMANAS; BORI, Culto; BÚZIOS; CEDDO; CHARWE; CRISTIANIZAÇÃO; DAOMÉ; ESIGUIE; FERREIRO; FESTIVAIS E CERIMÔNIAS; FETICHE; FEITIÇARIA; GRIGRI; GUENAUAS; IBIBIOS; IBINI UKPABI; IFÁ; IFÉ; IORUBÁS; IRÃ; KALADIAN COULIBALI; KIMPA VITA, Beatriz; KIMPASI; LENANA; LIPTAKO; MALI; MULEMBA; na hwanjile; NKISI; MANIPANSO; NÔMINAS; NUPES; OKOMFO ANOKYÉ; ONIM; ORÁCULO; ORIXÁS; OROMOS; OYÓ; PEÚLES; QUIMBANDA; REIS DIVINOS; SAKPATÁ; SINCRETISMO RELIGIOSO; SOSSOS; swikiros; TEGBESSU; TSOEDE; VODUM; WATTARA, Sékou; WORODUGU.

RENEGADOS. Qualificativo atribuído a pessoas de origem europeia, em geral cristãs, caídas em condição de cativas ou reféns nos estados barbáricos do norte da África, e que, no período de permanência nessas condições, foram forçadas, ou não, a adotar o islã como religião. Isto os colocava na condição de apóstatas perante o cristianismo e a Inquisição. Entre os diversos casos ocorridos estão o do inglês Richard Hasleton, aprisionado em Argel no ano de 1582 e depois indiciado pelos inquisitores na Ilha de Majorca, ou do inglês Joseph Pits. A situação poderia ser a mesma para norte-africanos aprisionados pelos piratas ou corsários cristãos, como se pode ver no caso do marroquino Al-Hassan Ibn Muhamad al-Wazzan az-Zayyati, aprisionado na década de 1520 e levado como escravo para a Itália, onde acabou por trabalhar como secretário do Papa Leão de Médici, sendo batizado cristão com o nome de Leão, o Africano. Ver BARBÁRICOS, Estados; INQUISIÇÃO; SALÉ.

RENGUA (1784-1837). Governante do Reino de Machame, na atual Tanzânia, detentor do título *mangi*, equivalente a "rei", no período de 1808 a 1837. Exerceu autoridade em uma vasta área nas proximidades dos Montes Kilimanjaro, impondo tributos aos chefes locais. Ver MACHAME; TANZÂNIA.

REPÚBLICA CENTRO-AFRICANA. Ver CENTRO-AFRICANA, República.

RESISTÊNCIA ANTICOLONIALISTA. A conquista colonial da África pelo imperialismo europeu no século XIX foi um acontecimento sem precedentes, uma vez que todo o continente, com exceção de Libéria e Etiópia, foi submetido. Enquanto os europeus se apressavam em legitimar a conquista do território africano, os nativos resistiam tenazmente e de várias maneiras. Mas a resistência não era unificada, irrompendo em focos distantes entre si. Assim, a superioridade da tecnologia militar dos europeus dominou a maior parte dos movimentos revoltosos. A resistência armada continuou por um longo período, com muitas colônias abaladas por revoltas até meados do século XX. E isto, como salienta Ki-Zerbo (1972, v. II, p. 82-91), corrige a falsa ideia de que os agentes da ocupação procediam em nome da civilização e do progresso em um ambiente onde vicejavam a selvajeria, geradora de anarquia, miséria e escravidão. Ki-Zerbo cita os exemplos dos senegaleses Lat Dior, Mamadu L. e Ali Buri Ndiaye, além de Amadi de Tuculor, filho de El Hadj Omar Tall. Estes e outros líderes reagiram de diferentes formas, entre as quais prevaleceu a resistência armada. A maior parte saiu derrotada nos conflitos (caso de Samori Touré na Guiné; Behanzin no Daomé; Ketshwayo na África do Sul), enquanto o único a sair vitorioso foi Menelik II da Etiópia. Outros foram capturados, traídos ou caíram em emboscadas (Jaja de Opobo, Kabarega do Bunioro, Mwanga do Buganda), assassinados ou executados após processos sumários (Msiri em Catanga, no Congo; Manga Bell nos Camarões), aprisionados, humilhados e exilados (Cheikh Amadou Bamba, no Senegal; Gungunhana em Moçambique ou as rainhas Yaa Nana Asantewaa em Gana; e Ranavalona III em Madagascar), ou então preferiram o suicídio à desonra (como aconteceu com Mkwana, na Tanzânia). **Guerras de resistência.** Durante todo o tempo da invasão do território africano e sua conquista pelos europeus, muitas sociedades africanas, em vez de aceitar a dominação e a imposição de normas e costumes indesejados, decidiram combater a opressão e o colonialismo à medida que eles se aproximavam, em todos os quadrantes. A resistência mobilizou das Guerras Axântis, na atual Gana, às Guerras Zulus, na África do Sul, bem como as dos Ndebeles-Xonas, no Zimbábue; do Bunioro, em Uganda, à "Iorubalândia" e ao Daomé, na África Ocidental; do povo hehe, na Tanzânia e Nandi e Giryama, no Quênia, às cidades-Estado do Delta do Níger e o povo baulê na Costa do Marfim, conforme mapeado em Mazrui (1986, p. 283). Essa resistência, a partir do século XVI, está informada em verbetes específicos ao longo deste dicionário. Ver ABDALA IBN MUHAMAD; ADUA; AGGREY, John; AMADU BAMBA, Cheikh; AMBUÍLA; BAHTA, Hagos; BANDITISMO SOCIAL; BATETELAS, Revolta dos; BEHANZIN; BOKAR BIRO; BOUBACAR, Abdul; BUREH, Bai; BWANA HERI; CABILA; CASA DOS ÍDOLOS, Revolta da; CHAR BUBÁ, Guerras de; CHARWE; CHIMURENGA; DÉKHÉLÉ, Batalha de; DIILE; Ekuikui; Expedições punitivas; FODÉ KOMBO SILLAH; giryamas; GUNGUNHANA; HEHES; Isike; Jaja de opobo;

kaba, Fodé; KABAREGA; KAGUBI; Koitalel arap samoei; Koko, Frederick William; KUSSERI; LANGANLIBALELE; LALLA FATMA N'SOUMER; LAT DIOR; LOBENGULA; LUHYAS; MA'AL-AYNAYN; MAHDI; MAHERERO, Samuel; MAJI-MAJI, Revolta de; MAKANDA; Mamadu LAMINE; Mapondera; MAZRUI, Família; Menelik II; MOGO WA KEBIRO; MSIRI; MUHAMAD ABDALAH HASSAN; MUKENGE, Kalamba; MWANGA II; NANA OLOMU; NANDIS; NASIB BUNDO; NASIR AL-DIN; NDATÉ YALLA MBODJ; NDEBELES; NDUNDUMA; Nehanda; NUMA II; Omdurman, Batalha de; PUNGO ANDONGO; RABEH; RABIH AZ-ZUBAYR; RANAVALONA; samba LAOBÉ; SAMORI TURÊ; SANUSIA; SEMBOJA; SHANU, Herzekiah Andrew; SI MOHAND; TEODORO II; WADAI; WAIYAKI WA HINGA; WATERBOER, Nicolas; WILLIAMS, George Washington; WITBOOI, Hendrick; ZAYANI, MOHA OU HAMMOU; ZIMBÁBUE.

RETIET, Piet. Ver DINGANE.

RETORNADOS. Na história da África, o vocábulo aplica-se a duas situações: em primeiro lugar, aos africanos ou afrodescendentes que, por diferentes razões e em diferentes circunstâncias, reestabeleceram-se (ou não) no continente africano, sobretudo do final do século XVIII ao final do século XIX; ou, em segundo lugar, aos portugueses ou seus descendentes nascidos na África que, durante ou após as guerras de independência das antigas colônias, regressaram a Portugal ou se estabeleceram no Brasil. No contexto deste dicionário, o vocábulo será tomado em sua primeira acepção, vindo a ser aplicado aos *Tabom*, afro-brasileiros estabelecidos em Gana (1835); aos *brésilien*, *amarôs* ou *agudás* do Benin, Togo e Nigéria; aos Sarôs de Serra Leoa restabelecidos na Nigéria; aos libertos afro-norte-americanos que fundaram a Libéria e atuaram em Serra Leoa e na Nigéria; aos *bali (iwinbali, vinbali)* oriundos de Pernambuco, Rio de Janeiro e Bahia que, entre 1849 e 1850, fixaram-se no sudoeste de Angola, em Namibe, na comunidade de Moçâmedes. **Os "brasileiros de Lagos".** Na Nigéria, esses migrantes e descendentes ergueram em Lagos o seu *Brazilian Quarter*, um bairro exclusivo no qual a arquitetura em estilo colonial brasileiro, como a da catedral de Lagos, contrasta com as edificações tipicamente africanas da cidade. Além disso, criaram associações religiosas, políticas e de lazer nas quais avultam manifestações populares, como o folguedo do bumba-meu-boi e a devoção ao Senhor do Bonfim. Atento à importância desse refluxo migratório, o governo inglês de Lagos promoveu, no final da década de 1880, a criação de uma linha regular de navegação marítima ligando aquela cidade a Salvador. Graças a essa ligação, os laços entre a Baía de Todos os Santos e a Baía de Benin, no golfo da Guiné, permaneceram estreitos durante muito tempo, o que pode explicar, por exemplo, a permanência de tão vivos traços das culturas locais, principalmente iorubá e fon, na cultura litorânea da Bahia. E essa proximidade teve também consequências econômicas significativas, propiciando a alguns retornados o acúmulo de grandes fortunas. Hoje, nomes de família luso-brasileiros, como Almeida, Marques, Silva, Sousa, Xavier etc., são normalmente vistos em logradouros públicos da antiga capital nigeriana. Ver AGUDÁS; Francisco Olympio da silva; LIBÉRIA; matilda Newport; MOÇÂMEDES; SARÔS; SERRA LEOA; singbomey; TABOM.

REUNIÃO (*Réunion*), Ilha. Departamento francês no oceano Índico localizado a duzentos quilômetros das Ilhas Maurício e a setecentos quilômetros de Madagascar. Ocupada por muçulmanos a partir do século XVII, foi reivindicada em 1644 pela Companhia Francesa das Índias Ocidentais, que levou para lá colonizadores franceses e africanos escravizados. Governada diretamente da França a partir do século seguinte, foi palco de inúmeras revoltas de escravos que deram causa à formação de povoados quilombolas no interior. Com a abolição legal da escravidão, no século XIX, os franceses passaram a buscar mão de obra na Índia, o que modificou sensivelmente a composição demográfica do território.

REVISTA AFRICANA (1881-1887). Denominação da primeira publicação periódica impressa em Moçambique, publicada por José Pedro Campos Oliveira, escritor de origem portuguesa nascido na Ilha de Moçambique em 1847. Ver IMPRENSA E COMUNICAÇÃO.

REVOLUÇÃO INDUSTRIAL – Reflexos na África. A expressão "Revolução Industrial" foi criada para designar o conjunto de ações e eventos que, no século XVIII, ocasionaram uma grande transformação nos métodos de manufatura na Inglaterra, expandida pela Europa e os Estados Unidos no século seguinte. Tal transformação trouxe avanços tecnológicos, como a introdução de máquinas na indústria têxtil, a produção em massa de ferro-gusa e o uso de motores a vapor no maquinário das fábricas. Tudo isso, facilitando o surgimento da produção em grande escala e propiciando, nos aglomerados populacionais, a aceleração da urbanização e o aprimoramento dos meios de transporte. Entretanto, para o continente africano como um todo, esses avanços causaram, mais do que tudo, o aprofundamento das diferenças de possibilidades, em termos de produção e consumo de bens, existente entre Europa e África desde o ciclo das explorações europeias iniciado na passagem para o século XVI. Ressalte-se, neste sentido, a ampliação de empreendimentos voltados para a exportação de produtos para serem transformados pela indústria europeia, como o óleo de palma, cacau, goma arábica, algodão e outros. Ver EXPLORAÇÕES EUROPEIAS: Efeitos na África; MERCANTILISMO – África Ocidental.

RIDWAN BEI AL-FAQARI (século XVII). *Bei* (governador) do Egito Otomano. Falecido em 1656, é lembrado como um dos melhores em seu tempo.

RIFA'A RAFI AL-TAHTAWI (1801-1873). Educador egípcio nascido em Taifa, no Alto Egito. Com formação clássica em estudos islâmicos, atuou na reforma do sistema educacional no período de governo do quediva Muhamad Ali, introduzindo alterações e adaptações que levaram gradualmente a um processo de modernização e aproximação ao modelo educacional europeu. Ver EGITO; MUHAMAD ALI I.

RIFT, Vale do (*Rift Valley*). Extensa fissura geológica que, no continente africano, vai do Mar Vermelho até o lago

RIO DO OURO (*Rio de Oro*)

Manyara, na Tanzânia, atravessando a região dos Grandes Lagos. Ver GRANDES LAGOS.

RIO DO OURO (*Rio de Oro*). Denominação, à época da Conferência de Berlim, da colônia espanhola estabelecida no atual território do Saara Ocidental.

RIOS. Ver SISTEMAS FLUVIAIS.

RIOS DO AZEITE (*Oil Rivers*). Denominação usual no século XIX para a região exportadora de azeite de dendê, compreendendo boa parte do Delta do Níger e zonas estendidas até o sul **às** proximidades da baía, ambas já no território de Camarões. Até meados do século XIX, de lá saíram para as Américas os africanos conhecidos como *calabares* no Brasil e *carabalís* na América hispânica. Tinha como principais portos de embarque Brass, Okrika e Bonny, na região do Delta propriamente dito, chamada Owone ou Novo Calabar; e nos povoados ribeirinhos Ikoritungko ou Ikot Itungo, e Atakpa, no Velho Calabar (SOSA, 1984, p. 17). A expressão *Oil Rivers States* foi usada por ingleses para designar os vários escoadouros do Delta do rio Níger, na impressão equivocada de que cada um fosse um rio. Ver CALABAR; DENDEZEIRO; OIL RIVERS STATES.

ROBBEN, Ilha. Localidade marítima na Baía da Mesa (*Table Bay*), a cerca de sete quilômetros da costa de Bloubergstrand, na Cidade do Cabo, África do Sul. Desde o século XVII, sediou uma colônia penal, tanto para presos comuns quanto para prisioneiros políticos, desativada na atualidade e transformada em atração turística.

ROBIN JOHNS, Irmãos (século XVIII). Dupla de traficantes de escravos integrantes da nobreza do povo efik, no atual território da Nigéria. Irmãos, conhecidos respectivamente como "Pequeno Ephraim" e "Ancona", faziam parte do clã dos "Robin Johns", de bem-sucedidos traficantes de escravos do porto nigeriano de Velho Calabar (*Old Calabar*), com larga experiência nos contatos comerciais com traficantes de escravos britânicos. Em 1767, face às disputas locais pelo controle do tráfico, os Robin Johns, seus aliados e dependentes foram atacados. O resultado desse ataque foi um grande massacre, com os sobreviventes capturados e enviados como escravos para a Dominica, no Caribe, e depois para a Virgínia, na então colônia de Nova Inglaterra, atual Estados Unidos. Após cinco anos de cativeiro, os dois irmãos fugiram para a Inglaterra em 1772, sendo repatriados com a ajuda de traficantes e missionários metodistas de Bristol. Ver TRÁFICO NEGREIRO.

ROBOREDO, Manuel (século XVII). Sacerdote cristão de origem congolesa, filho de mãe africana e pai português. Adotou o nome "Padre Francisco de São Salvador" ao ser admitido na Ordem dos Capuchinhos, onde atuou entre 1645 e 1648 como intérprete nos contatos com a corte dos governantes do Congo e como tradutor de textos catequéticos de línguas europeias para a língua quicongo. Ver CRISTIANIZAÇÃO; CONGO, Reino do.

RODÉSIA. Nome pelo qual foi denominada, em 1895, toda a região da África Oriental ocupada pelos empreendimentos do magnata inglês Cecil Rhodes, a partir da cidade de Salisbury. Já no século XX, o território foi politicamente dividido em dois, formando a Rodésia do Norte, protetorado britânico, e a do Sul, efetivamente colônia inglesa. Ver ZIMBÁBUE.

RODÉSIA, Planalto da. Região localizada entre os territórios de Angola e Moçambique e compreendendo a bacia do rio Chire até o lago Niassa. Durante o processo de partilha do continente africano entre as potências europeias, essa vasta porção de territórios foi reivindicada por Portugal como sua, mas os ingleses, interessados em unir o Cairo, capital do Egito, à Cidade do Cabo no extremo meridional do continente revidaram, em janeiro de 1890, e deram um ultimato aos lusitanos para que abandonassem a região em 48 horas, o que foi acatado. O evento, mencionado inclusive no romance *A ilustre Casa de Ramires*, do romancista Eça de Queiroz, teria atingido seriamente a autoestima da nação portuguesa. Ver CONFERÊNCIA DE BERLIM.

RONGAS. Povo banto falante do ronga ou baronga, língua irradiada a partir do sul de Moçambique. Em 1822, os rongas rebelaram-se em Lourenço Marques, atual Maputo, auxiliados por suazis e vátuas. No ano seguinte, foram atacados pelos angônis, chefiados por Manicusse, caindo sob o controle desse chefe, no que viria a ser a base inicial do Império de Gaza. Convém observar que os conquistadores passaram a nomeá-los "tongas", palavra que, entre eles, é considerada pejorativa, quase que equivalente a escravo. Por isto, alguns de seus clãs preferem a autodesignação Tjonga, palavra que originalmente é o mesmo que Ronga, com o significado de "povo do leste" (Figueirinhas, 1999, p. 32). Ver

ANGÔNIS; GAZA, Império de; MANICUSSE; TONGAS.

ROVUMA. Rio da África Oriental que marca a fronteira entre Moçambique e Tanzânia. Ver MOÇAMBIQUE; TANZÂNIA.

RÓZUIS (*Rozwi*). Nome pelo qual passou à História a parcela do povo xona liderada pelos governantes da dinastia dos Xangamires, no território do atual Zimbábue. Os xangamires rózuis, como são referidos esses governantes, dominaram o sudeste africano no século XVIII, e a denominação *rozwi*, significando "os destruidores", foi, antes de tudo, o epíteto criado para designar os guerreiros dos exércitos da dinastia, mas estendeu-se para denominar o estado monárquico Rózui, criado a partir de uma aliança celebrada entre clãs do povo xona, ao sul do rio Zambeze, no século XVII (Page, 2005, v. III, p. 268). A supremacia dos xangamires durou até cerca de 1834, quando, no cenário do *Mfecane*, ngúnis chefiados por Mzilikazi matam o chefe do estado Rózui e fundam o estado Ndebele ou Matabele. Em algumas fontes, os Rózuis são também mencionados como Lozis ou Barotses, e Obenga (1985, p. 30) confirma sua inclusão entre os bantos Xona, do sul do Zimbábue e Moçambique. Ver MFECANE; NDEBELES; XANGAMIR; XONAS; ZIMBÁBUE.

RUANDA (*Rwanda*). País da África Central, localizado entre Congo-Quinxassa, Uganda, Tanzânia e Burundi. **Os baniaruandas.** Segundo modernas correntes historiográficas, os povos que tradicionalmente habitaram os territórios dos atuais Burundi e Ruanda, incluídos entre os "bantos interlacustres"

RUETE, Emily

(OBENGA, 1985, p. 27-28), compartilham uma mesma origem, vivenciando instituições políticas, tradições e um idioma o comum, o *kinyaruanda,* sendo todos, em conjunto, denominados baniaruandas. O poder dos tutsis, dedicados notadamente à pastorícia, sobre os hutus, principalmente agricultores, derivaria apenas de circunstâncias econômicas, fincadas na tradição do *ubuhake,* instituição tradicional segundo a qual uma pessoa de situação econômica inferior oferecia seus serviços a outra mais abastada em troca do usufruto de uma ou duas cabeças do rebanho bovino e outros benefícios. No fim do século XV, os baniaruandas tinham conseguido formar um Estado centralizado, cujas instituições "incorporavam tanto pastores quanto agricultores". Era o Reino de Ruanda, então, uma das mais importantes unidades políticas na região dos Grandes Lagos, a mais central do continente africano. O Reino do Burundi foi fundado já no século XVII (LOPES; MACEDO, 2017, p. 254). Em 1890, os territórios de Ruanda e Burundi passaram ao domínio colonial alemão. Ver BURUNDI; UBUHAKE.

RUETE, Emily. Ver EMILY RUETE.

RUGAMBA, Ntare II (1800-1850). *Mwami* (rei) do Burundi, também referido como Rutaganua. Celebrado por sua capacidade militar e administrativa, expandiu o reino, criando uma rede de poder estabelecida em bases territoriais através do sistema conhecido como *baganwa*. Seguindo esse sistema, os territórios conquistados foram distribuídos aos seus filhos – que passaram a funcionar como vértices neste sistema de distribuição de poder – em vida. Ver BURUNDI.

RUGA-RUGA. No século XIX, denominação dada às milícias armadas empregadas em caravanas e tropas mercenárias dos chefes africanos que atuavam na África Central como Mirambo do povo nyamwezi. No período colonial, o nome foi empregado para designar qualquer unidade de tropas auxiliares empregadas pelos colonialistas na África Oriental. Ver MIRAMBO; NYAMWEZIS; NYUNGU YA MAWE; SOFA; ZUAVOS.

RUSERE, Gatsi. Ver GATSI RUSERE.

SAADIANOS. Dinastia de sultões reinante em boa parte do Marrocos de 1511 a 1659, reivindicando o título de "xerifes" por se considerarem descendentes da família de Maomé. O apogeu de seu poder foi marcado por duas vitórias militares: a primeira, na Batalha de Alcácer-Quibir, contra os portugueses, e a outra, na Batalha de Tondibi, contra o Império Songai. Em Hourani (2006, p. 123) é mencionada como "os saddidas". Ver ALCÁcER-QUIBIR; SONGAIS; XERIFE.

SAARA (*Sahara*). Nome árabe, significando "deserto", que designa a região, outrora fértil, que se estende por mais de oito milhões de quilômetros quadrados, do oceano Atlântico ao Mar Vermelho e do Mar Mediterrâneo à África tropical. Compreende partes dos atuais territórios de Marrocos, Argélia Tunísia, Líbia, Egito, Sudão, Chade, Níger, Mali e Mauritânia, além de Saara Ocidental; e, ao contrário de certa percepção popular, não é uma grande área morta, isolando do resto do mundo os povos que a habitam. Ao longo da história, afirmou-se como um eixo de articulação entre essas populações e as das regiões circunvizinhas, em todas as direções, como um "mar de areia" por onde transitam pessoas e mercadorias, ideias e técnicas, culturas e tradições. No período coberto por este dicionário, a região e suas proximidades foram palcos de eventos históricos importantes, como a Batalha de Alcácer-Quibir, cidade do Marrocos, próxima a Fez (1578). Ver ABD AL-KADER; ÁFRICA EQUATORIAL FRANCESA; ÁFRICA SETENTRIONAL; AGADEZ; AL-SIDDIQ, Abu Bakar; ARGÉLIA; BAFUR; BORNU; CAVALOS; DJADO, Planalto de; DJOUF, Deserto de; ERG; FEZZAN-BORNU; GOMA ARÁBICA; HARMATÃ; HARRATIN; ISLAMIZAÇÃO; JIHAD; KADÍRIA; KANO; KASSONKÉS; KUNTAS; MALI, República do; MARROCOS; MARROQUIM; MAURITÂNIA; NASIR AL-DIN; NILO-SAARIANO; NÚBIA, Deserto da; PANET, Leopold; PEÚLES; RIO DO OURO; SAHEL; SOUS; SUDÃO [1]; TEGAZA; TRÁFICO NEGREIRO; TUAREGUES.

SAARA OCIDENTAL. Território situado no litoral atlântico, respectivamente ao sul e a oeste dos atuais territórios de Marrocos e Mauritânia. Habitado originalmente por indivíduos do povo bafur, além de mouros e tuaregues, vivenciou boa parte dos eventos históricos transcorridos nos territórios vizinhos. Ali atuaram concomitantemente, na paz ou na guerra, três principais grupos de povos adaptados ao deserto: os Sanhaja, os Zanatas e povos de origem árabe. No século VII, migrantes do Iêmen mesclaram-se a populações locais. Tempos mais tarde, os Sanhajas integraram as forças almorávidas e dominaram tanto os Zanatas quanto os povos negros vindos da Mauritânia e do Senegal que ali se estabeleceram. Ainda nos séculos XVI e XVIII, eram os Sanhaja, adeptos das práticas islâmicas difundidas pelos marabutos, que chefiavam uma grande confederação e controlavam os oásis saarianos ao sul do Atlas, entre o Dra e a Argélia. Nesse tempo, a hierarquia social vigente entre as tribos saarianas tinha, no topo, os Hassan, descendentes de guerreiros Maqil; abaixo deles, os Zouaiya, que eram marabutos de origem Sanhaja; depois, os Zanagas ou Sanhajas tributários; os *mallemin*, ferreiros de origem provavelmente judaica; e, por fim, os harratins e escravos negros (BERNARD, 1932, p. 93). Por motivos estratégicos, principalmente de proteção às Ilhas Canárias, a Espanha ocupou a região e teve reconhecidos seus direitos ao território durante a Conferência de Berlim. Ver BAFUR; HARRATIN; MARROCOS; MAURITÂNIA.

SASRAKU ANSA. Ver ANSA SASRAKU II.

SABÊ (Shabe). Povo falante do iorubá, localizado nas proximidades dos rios Ouemé (*Weme*) e *Okpara*, na fronteira entre o antigo Daomé e a Nigéria. Segundo as tradições orais de Queto, teria em data recuada (provavelmente em meados do século XVIII) se estabelecido na comunidade que leva o seu nome após ter atravessado o rio Ogun, que na época estava sob domínio de Oyó, e o território do Borgu sob a liderança de um chefe lembrado com o nome de Saloube (SMITH, 1988, p. 58). Ver BORGU; IORUBÁS; QUETO.

SADIKI, Balama. Ver BALAMA SADIKI.

SAHEL. Designação da faixa territorial, de extensão variável, intermediária entre o deserto do Saara, acima, e a zona de savanas da África Tropical, abaixo do grande deserto, com limites longitudinais que se alargam ou estreitam de acordo com a precipitação, maior ou menor, de chuvas a cada ano. Cobre partes dos modernos territórios de Mauritânia, Senegal, Mali, Burkina Fasso, Níger e Chade. **História**. Desde época muito recuada, esta região funcionou como uma das mais importantes vias de passagem de pessoas entre as florestas e as savanas e o litoral mediterrânico. No período abordado neste livro, através das rotas transaarianas continuaram a circular pessoas livres (mercadores, sábios, pregadores, religiosas) e escravas, especiarias, marfim, cobre, sal, entre outros. Mas a partir do século XVII três fatores, articulados, ocasionaram uma crise estrutural das sociedades do Sahel e da Bacia do Níger, enfraquecendo o dinamismo observado antes do século XVI. **Enfraquecimento dos Estados**. O primeiro deles ocorreu após a conquista marroquina do Império Songai, em 1591, que levou ao refluxo dos povos antes inseridos na esfera de influência de Gao e Tombuctu e à constituição de microestados autônomos de pouca expressão, com exceção dos reinos bambaras e da posterior expansão dos peúles. **Fomes e epidemias**. O segundo diz respeito a alterações e climáticas irregularidades, secas prolongadas e escassez que levaram a sucessivos períodos de fome desde a Senegâmbia até a Bacia do Níger e mesmo à região sob influência de Kanem-Bornu, assinalados nos anos de 1617 a 1643 e, sobretudo, de 1738 a 1756, quando à crise alimentar se juntaram epidemias provenientes provavelmente do Magrebe. Em uma crônica da metade do século XVIII, o *Tedzkiret en-Nisian*, contam-se registros alarmantes, como: "a fome ultrapassa em violência e intensidade todas as dos tempos passados, ocorridas depois da chegada de Djuder Paxá", ou "as pessoas comiam cadáveres de animais ou de seres humanos" (Giri, 1994, p. 177). **Tráfico negreiro e colonialismo**. O terceiro fator liga-se à perda do monopólio do comércio português no litoral atlântico a partir das décadas finais do século XVI, que levou à proliferação de agentes comerciais e traficantes europeus na Senegâmbia, Costa do Marfim, Costa do Ouro e Golfo da Guiné, ampliando o raio de ação dos negócios do tráfico negreiro, de modo que, da metade do século XVII em diante, os povos nigerianos e sahelianos ficaram sujeitos ao apresamento para abastecer duas rotas internacionais de transporte de cativos, através do Deserto e do oceano Atlântico. Nas primeiras décadas do século XIX, após intensa atividade de exploração, foram estabelecidos os primeiros contatos diretos dos europeus com os povos sahelianos, sobretudo após a chegada dos exploradores René Caillié e Heinrich Barth a Tombuctu. Logo toda a área viria a ser integrada ao que passou a ser denominado no período colonial de Sudão Francês ou África Ocidental. Ver BAMBARAS; GAO; KUNTAS; PEÚLES; SONGAIS; Tedzkiret en-Nisian fi Akhbâr Molouk es-soudan; TOMBUCTU; TRÁFICO NEGREIRO.

SAINT LOUIS. Feitoria no território do atual Senegal, vizinha ao Reino de Ualo, fundada em 1638 pelos franceses e considerada o primeiro estabelecimento permanente de europeus no Senegal. Ganhando fama no ambiente do tráfico negreiro como um movimentado porto de embarque para as Américas, viu nascer ao seu redor uma prospera cidade, que entre 1809 e 1817 esteve sob o domínio britânico. No período da conquista colonial, entre 1895 e 1902, ocupou a posição de capital da África Ocidental, condição que depois perdeu para Dacar. Ver CIDADES.

SAKPATÁ. Vodum (divindade) cujo culto, originário da região aja-fon de Dassa, cujo culto, originário de Dassa, no antigo Daomé, expandiu-se entre povos vizinhos. Segundo seus fundamentos, é o dono da terra e a própria terra, fonte de vida, podendo ser também fonte de morte. Sua força mortífera se manifesta através da varíola e de outras doenças epidérmicas. Entre os iorubás, é mencionado na forma *Sanponná*, pronunciada aproximadamente como "Xapanã". Segundo Verger (1997, p. 213), seu culto conheceu altos e baixos em Abomé e motivou disputas entre dinastias, motivadas pelo uso tido como indevido de certos títulos privativos. Por isso, os chefes do culto de Sakpatá foram várias vezes expulsos do Reino daomeano de Abomé, geralmente referido apenas como "Daomé". Ver ABOMÉ; DAOMÉ; VODUM.

SAL, Ilhas do. Antiga denominação do arquipélago de Cabo Verde.

SAL. Cloreto de sódio. Extraído de depósitos sedimentares nas regiões áridas ou obtido por evaporação de águas salgadas, o sal, usado principalmente na conservação de alimentos, foi sempre uma riqueza fundamental e estratégica. No Sudão Ocidental, as cidades de Audagost, Bilma e Tegaza foram importantes centros de extração e comércio de sal fóssil. Da mesma forma, o Reino do Bornu exportou em larga escala sal extraído das águas do lago Chade, assim como, em terras da atual Angola, o Reino da Quissama também foi notório nessa atividade (LOPES; MACEDO, 2017, p. 258-259).

SALAM, Abd Al-. Líder hauçá, um dos mais fervorosos discípulos de Usman dan Fodio, mencionado como um "intelectual" (BOAKYE, 1982, v. II, p. 5) que se rebelou contra Muhamad Bello. Ver Muhamad Bello.

SALÉ (Saleh). Cidade do noroeste do Marrocos fundada na metade do século XII nas proximidades de Rabat, perto da foz do rio Bu Regrege. No século XVII, foi sede de uma comunidade conhecida como República de Salé, governada por piratas e corsários, em parte renegados, que atuavam em ataques navais e raides no Mediterrâneo e no litoral da Península Ibérica, e mesmo além. Junto com Argel, Túnis e Trípoli, desempenhou um importante papel nas atividades marítimas de competição entre potentados cristãos e muçulmanos dos dois lados do Mediterrâneo, qualificadas em Diagne (HGA, 2010, v. V, p 41-42) como "Economia de pilhagem", verificada quando "os portos do Magrebe e da África do Norte viveram principalmente do produto da pirataria, de tributos e de direitos, mais do que do comércio e de novas indústrias". Ver BARBÁRICOS, Estados; ECONOMIA DO TRÁFICO.

SALIH, MUHAMAD ZANGI B. Ver IBN SALIH, Muhamad Zangi.

SALIM, Bushiribin. Ver ABUSHIRI.

SALIM, Jafar. Ver QUITANGONHA, Sultanato de.

SALUM (Saloum). Rio do Senegal. Desenvolve-se num curso de 250 quilômetros na região de Sinê-Salum e desemboca no oceano Atlântico depois de formar um delta com o rio Sinê. Seu nome designa também um antigo reino local, historicamente associado ao Reino de Sinê. Ver SENEGAL; SERERÊS.

SAMBA GUÉLADIO (século XVIII). Herói legendário do Senegal, também mencionado como Guéladio Diegui e Samba Gueladiégui. Nascido provavelmente no início da década de 1700, em uma linhagem de governantes denianqués do Futa Toro, governou seu reino de 1724 a 1743. Tendo o trono usurpado por um tio, promoveu uma longa guerra contra ele e sua linhagem, destacando-se como guerreiro. Sua memória foi imortalizada nas tradições orais e deu origem ao texto da mais importante epopeia escrita em língua pulaar, o idioma do povo tucoler, na qual os dados históricos ganham contornos lendários.

SAMBA LAOBÉ (Samba Lawbé). Damel do Cayor e derradeiro governante deste estado, mencionado como sobrinho de Lat Dior. Governou de 1833 a 1886, quando foi morto em combate pelas tropas francesas em Tivaouane, o que levou à anexação do Cayor ao Sudão francês. Ver CAYOR; DAMEL; LAT DIOR.

SAMBÚRUS (Samburu). Povo banto situado no sudeste do território da atual República do Quênia. Integra o conjunto dos grupos e sociedades que, através de longas migrações e assimilações, principalmente entre os séculos XVI e XIX, formaram o mapa étnico queniano.

SAMLALI, Abu Hassoun Ali Al-. Ver AL-SAMLALI, Abu Hassoun Ali.

SAMOEI, Koitalel Arap. Ver KOITALEL ARAP SAMOEI.

SAMORI TURÊ (*Samory Touré*). Nome pelo qual passou à história Samori ibne Lafia Turé, líder oeste-africano do povo mandinga (malinquê) nascido na atual Guiné-Conacri, em 1830, e falecido no Gabão, em 1900. De mercador (*diola*), tornou-se líder religioso, imame (*almamy*) e soberano de seu povo, destacando-se como um dos grandes personagens da resistência à conquista e ocupação da África pelos europeus. Segundo Rodney (1975, p. 191), não era um intelectual como foram Usman dan Fodio e El-Hadj Omar Tall, mas foi um gênio militar, um inovador político que progrediu mais depressa que aqueles na criação de uma estrutura política na qual o sentido de lealdade pudesse prevalecer além das relações clânicas, etnicidade e vizinhança. Obtendo o apoio do povo mandinga, construiu pacientemente um império, o qual, em seu apogeu no início da década de 1880, estendia-se da região do curso superior do rio Volta, a oeste, até o Futa Jalom, a leste. Ver COLONIALISMO; CONFERÊNCIA de Berlim; RESISTÊNCIA ANTICOLONIALISTA.

SAMUEL MAHERERO. Ver MAHERERO, Samuel.

SAN. Povo da África austral ou meridional outrora mencionado como "bosquímanos", Ver KHOIKHOI; NAMÍBIA.

SANDE. Sociedade feminina de cunho iniciático também mencionada pelos nomes *zadɛgi*, *bundu*, *bundo* e *bondo*, presente em países oeste-africanos como Costa do Marfim, Libéria, Guiné-Conacri e Serra Leoa. Iniciando e instruindo meninas até a idade adulta através de ritos tradicionais, tem como objetivo declarado difundir conceitos morais, comportamento sexual adequado e o bem-estar entre suas integrantes. A primeira referência escrita de sua existência data do ano de 1628, e aparece na obra de Olfert Dapper (1686). Ver SOCIEDADES INICIÁTICAS.

SANGA. Na Angola colonial, denominação de um quilombo localizado na antiga Novo Redondo, nas ilhas dos rios Cuvo e Uchilo. Mencionado como um "estado" (ALMEIDA, 1978, v. II, p. 285), era formado por indivíduos de diversas origens e procedências que tinham em comum o espírito de resistência ao colonialismo. Travando o que alguns consideram "a primeira batalha de uma guerra política pela libertação de Angola" (AGUALUSA, 2009, p. 96), o reduto foi destruído por duas expedições militares portuguesas, uma chegada em abril e outra em agosto de 1893. Ver ANGOLA; NOVO REDONDO.

SANHAJAS. Confederação de clãs berberes detentora de grande poder advindo sobretudo do controle das rotas do comércio transaariano.

SANKOFA. Entre os povos akan, símbolo adinkra representado pela figura de uma ave com a cabeça voltada para trás. Significa a importância de se voltar para o passado em busca de orientação, ou seja, ressalta a importância da herança

SANKORÉ, Mesquita de

cultural legada pelos ancestrais. Ver ADINKRA; AKAN.

SANKORÉ, Mesquita de. Templo muçulmano em Tombuctu, no atual Mali, cuja fundação data das primeiras décadas do século XIV. Destaca-se por sua forma arquitetônica em estilo piramidal e por sua construção em argila. Em 1581, teria sido reconstruída por ordem de Aqib Ibn Umar Ibn Mahmud, administrador da cidade. Ver TOMBUCTU.

SANSANA. Vocábulo do léxico da língua kanuri empregado nas áreas sob domínio do Kanem-Bornu para designar cada uma das comunidades muçulmanas fortificadas a partir das quais eram difundidos os preceitos da doutrina religiosa. Equivale ao termo árabe *ribat* (M'BOKOLO, 2009, p. 539). Ver ISLAMIZAÇÃO.

SANTA HELENA, Arquipélago de. Dependência britânica no oceano Atlântico localizada a 2 mil quilômetros do litoral de Angola. Foi colonizada a partir de 1659, quando sediou um assentamento da Companhia Britânica das Índias Ocidentais. Ver COMPANHIAS DE COMÉRCIO.

SANUSIA (*Sanusiyya*). *Tariqa* (confraria, irmandade) muçulmana caracterizada por pregar o retorno à vida simples e pura que teria caracterizado os tempos iniciais do Islã. Foi estabelecida na Cirenaica, costa oriental da moderna Líbia, na década de 1840, por Muhamad ibn Ali al-Sanussi, argelino que tinha estudado em Fez e Meca (HOURANI, 2006, p. 411), por isso seus membros eram referidos como "senussis". **O fundador**. Nascido em 1787 na Argélia, Al-Sanussi estudou na célebre escola corânica da madraça Al-Karaouine, em Fez, no

Marrocos. Mais tarde, notabilizou se como erudito, versado em teologia e direito, e também como místico. Em 1834, cumpriu a peregrinação a Meca, e em 1843 fundou a Irmandade. Resistência ao colonialismo. Após o fim do mahdismo, a Sanusia se destacou como uma das últimas organizações de resistência ao domínio europeu no norte da África. A base dessa resistência foi o envio de missionários sanussis para o deserto, onde foram acolhidos pelos beduínos como mestres e mediadores em algumas disputas entre clãs. Assim, a confraria acabou por se tornar uma organização política militar (MEREDITH, 2017, p. 455), tanto que, em 1900, seus adeptos deflagraram uma *jihad* contra os estrangeiros ocupantes da Líbia, fossem eles italianos, britânicos ou franceses.

SANWI. Reino do povo agni no atual território da Costa do Marfim, tendo esse povo vindo do leste após conflitos com os Axântis. A migração ocorreu entre o fim do século XVII e o início do XVIII, sob a liderança de Amalaman Anoh.

SÃO SALVADOR. Nome dado pelos portugueses à M'banza Kongo, a capital do Reino do Congo. Ver CONGO, Reino do.

SÃO TOMÉ E PRÍNCIPE. País insular da África Ocidental localizado no Golfo da Guiné, com território formado pelas duas ilhas que lhe dão nome mais as ilhotas de Pedras, Tinhosas, Rolas e Caroço. **História**. Por sua posição estratégica, a trezentos quilômetros do litoral dos atuais Gabão e Guiné Equatorial, e por seus portos naturais, as ilhas, até então desabitadas, foi ocupado a partir de 1470 por colonizadores e negociantes originários de Portugal, alguns de origem judaica, que para lá migraram em busca de oportunidades. Neste sentido, os comerciantes de São Tomé mantinham uma ativa rede de negócios, gradualmente inseridos no âmbito do tráfico negreiro, com o Reino do Congo e o Reino de Benin, abastecendo desde os séculos XV e XVI seja o mercado africano de escravos – trocados, por exemplo, por ouro e especiarias no Castelo de São Jorge da Mina –, seja o incipiente mercado atlântico. Mas sediaram, também, núcleos de produção de atividade agrícola com base na exploração de trabalho escravo, em plantações de açúcar e outros produtos destinados a exportação, como o cacau. Este povoamento de africanos originários de outras partes do continente (dos atuais países da Costa do Marfim, Togo, Gana, Benin, Níger, Nigéria, Gabão, Camarões, Angola e Congo) é o que costuma ser apontado nas várias explicações da origem dos povos são-tomenses. Ressalte-se, desde os séculos iniciais do povoamento, o papel dos angolares, populações de origem escrava que ocuparam as comunidades costeiras de Santa Cruz e São João dos Angolares. As ilhas foram administradas como uma capitania portuguesa a partir de 1485, exercendo gradual influência nos negócios do tráfico atlântico de escravos para as Américas, motivo pelo qual São Tomé e Príncipe ganhou fama de ser um ambiente de retidas insurreições, o que acabou por aniquilar as atividades produtivas lá exercidas, como o cultivo da cana e o fabrico do açúcar. Após a abolição da escravatura, decretada em 1869, persistiram no arquipélago formas disfarçadas de trabalho escravo, o que subsistiu até meados do século XX.

Ver AMADOR; ANGOLARES; GUINÉ, Golfo da; EUROPEUS NA ÁFRICA (A presença portuguesa).

SAO. Conjunto de povos que ocuparam territórios situados nas proximidades do lago Chade, entre as atuais repúblicas do Chade e dos Camarões. Foram atacados por forças do Estado do Kanem-Bornu no período de governo Idris Aluma (*c.* 1564-1596), resistindo e depois se rebelando contra essa ocupação, feita em nome do Islã. Ver Idris Aluma.

SÃO CARLOS LUANGA. Ver CARLOS LUANGA, São.

SARAH FORBES BONETTA. Ver BONETTA, Sarah Forbes.

SARBAH. Sobrenome comum a John Sarbah (1834-1892) e John Mensah Sarbah (1864-1910), pai e filho, originários de Anomabu, na Confederação Fânti da Costa do Ouro. O pai foi um próspero comerciante de óleo de palma na cidade natal e em Cape Coast, além de membro do Conselho Legislativo desta última cidade. O filho, educado na Inglaterra, onde se formou em Direito, destacou-se como um importante advogado, assim reconhecido pela Coroa britânica. De volta ao seu país, a futura República de Gana, destacou-se como jurista e líder político anticolonialista, numa carreira interrompida por morte súbita aos 46 anos de idade. Ver ANOMABU; FÂNTIS.

SARACOLÊS. Uma das denominações do povo soninquê ou marka. Segundo N'Diaye (1970a, p. 178), esse nome seria derivado do berbere *seré-khoullé*, "homens brancos", em referência à alegada origem mestiça desse povo, fruto da miscigenação de berberes zenagas com indivíduos autóctones do Aukar, antes da fundação do Antigo Gana (Lopes; Macedo, 2017, p. 262). Na história dos saracolês, destaca-se a atuação do marabu Mamadu Lamine contra a penetração francesa, tendo ele sido, no dizer de N'Diaye, o último de uma falange de ilustres combatentes, aguerridos resistentes à ocupação estrangeira, mas finalmente vencidos porque menos bem equipados do que seus adversários.

SARÔS. Denominação dos iorubás anglicizados refugiados em Serra Leoa que retornaram, a partir de 1839, a Lagos, na atual Nigéria, onde se dedicaram ao comércio com o interior (Cunha, 2012, p. 249). Segundo algumas fontes, o termo teria surgido entre os egbás de Abeocutá. Abraham (1981, p. 583) consigna o locativo *Sàro* como a denominação, em iorubá, do país Serra Leoa. Ver ABEOCUTÁ; EGBÁS; IORUBÁS; LAGOS; MOÇÂMEDES; RETORNADOS; TABOM.

SARRAOUNIA MANGOU (século XIX). Uma das formas pelas quais é referida a princesa (*sarakuna,* em hauçá) do subgrupo hauçá dos Azna da localidade de Lougou e povoações vizinhas, no território da atual República do Níger. Sua fama deve-se sobretudo à sua resistência contra as forças coloniais francesas na Batalha de Lougou, em 1899. Enquanto a maioria dos chefes locais se submeteram ao poder francês, Sarraounia Mangou mobilizou seu povo e conseguiu recursos para enfrentar as forças coloniais em um ataque feroz à fortaleza. Oprimida pelo poder de fogo superior dos franceses, a *sarakuna* e seus guerreiros abandonaram a fortaleza para dar combate aos atacantes numa prolongada e bem-sucedida guerrilha,

que culminou com a derrota das forças coloniais. Ver HAUÇÁS; NÍGER.

SAVALU (*Savalou*). Chefatura do grupo etnolinguístico fon-marrim da atual República do Benin fundada na segunda metade do século XVII, e que durante muito tempo gravitou na esfera de influência do Daomé. Nas primeiras décadas do século XVIII, após diversas tentativas de conquista, Tegbessu entrou em entendimentos com os integrantes da linhagem Gbaguidi, que governava Savalu. Eram os chefes das linhagens que integravam o Hin-Nou-Gan, o conselho de anciãos que governava a comunidade (Cornevin, 1962, p. 202). Ver MARRIM; TEGBESSU.

SAVÉ (*Sabe; Shabe; Tchabé; Tshabe*). Povo integrante do conjunto dos falantes da língua iorubá, localizado a norte de Queto, no território do antigo Daomé, atual República do Benin. Seus indivíduos foram os construtores da cidade-Estado de Uidá (Huedá), também mencionada como Reino de Uidá. Em Segurola e Rassinoux (2000, p. 403), sobre Uidá, lê-se: "Antes chamada *Saxé* [pronome "sarrê"] foi conquistada por Agajá, rei daomeano de Abomé em 1727, o qual fez dela sua capital".

SAVI. Variante de Savé, antigo nome da cidade de Uidá. Ver SAVÉ; UIDÁ.

SAYYD BIN SULTAN. Uma das formas de referência ao governante árabe de Oman reinante em Zanzibar a partir de 1840, traduzida como "Sayyd, filho do Sultão". Ver MAZRUI, Família; MOMBAÇA; PEMBA; TANZÂNIA; ZANZIBAR E PEMBA.

SAYYDA AL-HURRA (1485-1561). Nome pelo qual se fez conhecida Lalla Aicha bint Ali ibn Rashid al-Alami, personagem da história do Marrocos e uma das mais importantes figuras femininas do ocidente islâmico na era moderna. Mulher do governante de Tetuan (*Tétouan*), cidade-Estado no noroeste do Marrocos. Segundo algumas versões, aliada ao corsário turco Barbarossa, de Argel, provavelmente o mesmo cognominado Khair-ed-Din Barbarossa (1470-1546), controlava o Mar Mediterrâneo ocidental enquanto seu aliado controlava o leste; por isto, é também mencionada como "rainha pirata". Em 1515, após a morte do marido, casou-se com Ahmed a-Wattasi, rei berbere do Marrocos, tornando-se a última pessoa na história islâmica a legitimamente ostentar o título de *al Hurra* (Rainha). Entretanto, no casamento, recusou-se a deixar Tetuan para a cerimônia nupcial, pelo que protagonizou a única ocasião, na história marroquina, em que um rei se casou longe da capital. Além de tudo isso, Sayyda al-Hurra teve um papel importante na liderança contra a presença portuguesa no litoral mediterrânico do Marrocos. Ver MARROCOS.

SAZORA. Rainha do povo undi, na região de Tete, Moçambique. Assumiu o governo por volta de 1770, reinando até o início do século XIX (Rodrigues, 2017).

SCARCIES. Denominação do rio localizado no norte de Serra Leoa, em cujas margens, desde o final do século XV até cerca de 1680, mercadores portugueses, cabo-verdianos e guineenses negociavam marfim, noz-de-cola e, mais tarde, cativos.

SCHMELEN, Zara. Ver ZARA SCHLEMEN.

SEBELE I (1842-1911). *Kgosi* (rei) do povo kwena, na antiga Bechuanalândia, na década de 1890, quando o país se tornou um protetorado britânico. Ver BOTSUANA.

SEBITUANÊ (*Sebetwane; Sibituane; Sebitwane; Sébitouané – c.* 1790-1851). Chefe militar e fundador de um governo unificado do povo makololo, subgrupo dos sotos, no sudoeste do território da atual Zâmbia. Na década de 1830, emigrou com seu povo, estabelecendo-se primeiramente nas proximidades do lago Vitória e, após 1838, nas proximidades do rio Zambeze, onde liderou a guerra contra os lozis e enfrentou os ataques dos povos ndebele. Ver LOZIS; NDEBELES; SOTOS; ZAMBEZE; ZÂMBIA; VITÓRIA, Lago.

SECHELE I (*Setshele* – 1810-1892). Nome pelo qual é mais frequentemente referido Motswasele "Rra Mokonopi", governante (*kgosi*) do povo kwena, na atual Botsuana. Convertido ao cristianismo pelo missionário David Livingstone, em seu papel de governante trabalhou como missionário junto ao seu povo e entre outros grupos na região do Kalahari.

SEGU (*Segou*). Reino do povo bambara ou Bamana, em território do atual Mali. Provavelmente fundado na segunda metade do século XVII por Kaladian Koulibaly, entretanto, teve como seu líder mais importante o guerreiro Mamari Koulibaly, que em 1754 unificou todos os bambaras do Vale do Níger. O reino foi governado pela dinastia Koulibaly até 1766, e depois pela dinastia Ngolosi até 1861, quando foi conquistado pelas forças de El Hadj Omar Tall. Ver BAMANAS; BAMBARAS; EL HADJ OMAR TALL; KOULIBALY.

SEH-DONG-HONG-BEH. Nome atribuído a uma líder do corpo militar conhecido como as "Amazonas do Daomé". Em 1851, teria liderado um exército de 6 mil guerreiras contra a fortaleza de Abeocutá, com o fito de capturar escravos para o tráfico daomeano. O site africanheritages.com exibe uma fotografia identificada com seu nome. Já no livro *Dahomey and Dahomeans*, de Frederick Forbes (1851), uma ilustração certamente idealizada apresenta sua suposta figura, em vestes coloridas, tendo na mão direita um mosquete, e, na outra, a cabeça decepada de um provável inimigo. Ver AHOSI; AMAZONAS DO DAOMÉ.

SEHUL, Mikael. Ver MIKAEL SEHUL.

SEICHELES (*Seychelles***).** País insular localizado no oceano Índico. O pequeno arquipélago que o sedia, colonizado pela França na segunda metade do século XVIII, foi cedido ao Reino Unido em 1814. Por sua posição geográfica, desempenhou, no século XIX, um importante papel no persistente tráfico negreiro no leste africano. Ver TRÁFICO NEGREIRO (O tráfico índico).

SEKHUKHUNE (1814-1882). Nome pelo qual é comumente referido Matsebe Sekhukhune, rei do povo bapedi, na atual aldeia de Mohaletse, outrora Sekhukuneland, na província de Limpopo, África do Sul. Assumindo o trono de seu pai, em 1861 liderou seu povo na luta contra os bôeres da República Sul-Africana Independente (ZAR) e contra a ocupação britânica na região do Transvaal nos anos de 1838, 1846 e 1852. Suas tropas foram finalmente derrotadas por uma coligação anglo-bôer em 1879, na Batalha de Thaba Mosega, tendo ele sido aprisionado e levado para Pretória em 1881. Morreu assassinado em 1882 por um rival.

SEKU (*Sekou***).** Uma das transliterações, em algumas línguas africanas, para o título árabe xeque ou xeique (*sayh*), "chefe de tribo", "guia religioso", "soberano". Outra das formas é *Sekhou*. Ver CHEIKU.

SELASSIÉ, Sahle (1795-1847). Governador de Shewa, na Etiópia, de 1813 a 1847. Integrante de uma linhagem nobre do povo amhara, rival da dinastia reinante em Gondar, autoproclamou-se *négus* (imperador) em 1829. No governo, desenvolveu uma política autônoma, aberta aos contatos com o exterior. Ver AMHARA; ETIÓPIA.

SEMBOJA (século XIX). Chefe do povo shamba, na Tanzânia. Entre as décadas de 1860 e 1880, controlou as rotas de passagem das caravanas do tráfico suaíli de escravos. Em conflito desde 1885 com agentes do colonialismo germânico, acabou assassinado em 1895, sendo substituído no governo por um seu irmão, que os europeus apoiavam. Ver SUAÍLI; TANZÂNIA; TRÁFICO NEGREIRO (O tráfico índico).

SENA. Antigo povoado localizado na margem direita do rio Zambeze, na atual província de Sofala, em Moçambique, mais tarde elevado à categoria de vila. Base mercantil árabe desde o século XI, seus habitantes nativos eram indivíduos do povo ronga, súditos do império Monomotapa. Cinco séculos depois, a região de Sena abrigava um povoado muçulmano inserido na rota comercial, auxiliar à principal, de Sofala, por onde era levado o ouro extraído no planalto Karanga. Em 1569, a modesta povoação portuguesa recebia o reforço do grande exército chegado de

SENEGAL (*Sénégal*)

Lisboa para conquistar o Monomotapa. A partir daí, com a rota do Zambeze se tornando preferencial em relação à antiga rota de Sofala, Sena se tornou um importante porto fluvial, de onde partiam desde os produtos de consumo local cotidiano até o ouro e o marfim, que seguiam para os mercados do oriente. No século XVIII, como atestado de sua importância, a cidade ganhou uma fortaleza portuguesa e passou a sediar a capitania de Rios de Sena, até ser suplantada por Tete, em 1767. Ver MOÇAMBIQUE; MONOMOTAPA; SENAS; SOFALA; TETE.

SENAS. Povo banto de Moçambique localizado nas regiões de Manica e Sofala, além de Zambézia, também referido como Massenas. Segundo Isaacman (1979, p. 24), a denominação é aplicada a um conjunto de povos zambezianos, não aparentados entre si, que apresentam algumas características culturais dos indivíduos do grupo Xona. Entre os grupos reunidos sob esta denominação, estão os falantes do chissena, do nhungue ou tele, do chikunda ou zumbo, do xibarue, do chitonga etc.

SENDJI. Antiga chefatura formada no século XVIII, no território da atual Angola, provavelmente por lideranças do povo ganguela.

SENEGAL (*Sénégal*). País litorâneo da África Ocidental, limitado a norte-nordeste pela Mauritânia, a sul por Guiné e Guiné-Bissau, e a leste pelo Mali, tendo enclavado em seu território o da Gâmbia. Em contato com portugueses desde o século XV, o país se formou principalmente com a presença dos seguintes grupos étnicos nativos: uolofes, peúles, tuculores, sererês, mandingas e diúlas.

Ocupação mercantil. Desde o século XIV, os reinos da Confederação Jolof, incluindo Ualo, Kayor, Bawol, além dos reinos sererês de Sinê e Salum e parte do Bambuk, tinham suplantado o outrora poderoso Reino Takrur, entre o rio Senegal e a Costa. Assim, os portugueses logo estabeleceram relações comerciais com esses bem-organizados estados. No século XVI, os holandeses fundaram uma feitoria na Ilha de Gorée (1588), de onde, em meados do século XVII, controlavam quase todo o comércio da região. A eles se seguiram os franceses que, a partir de 1638, fundaram Saint Louis e, mais tarde, tomaram a Ilha Gorée dos holandeses e se estabeleceram em Casamansa. Logo, a Inglaterra se apressou também em ingressar no universo dos negócios na costa senegalesa, visando minar o monopólio português. Mas, quando o comércio de escravos começou efetivamente a tomar grandes proporções, a hegemonia coube aos franceses, que expandiram seus negócios do forte de Saint Louis até a foz do rio Senegal, enquanto os ingleses operavam a partir do rio Gâmbia. Enquanto isso, os franceses fundavam suas primeiras companhias de negócios coloniais, entre elas a Companhia para o Comércio do Senegal e da Gâmbia, depois Companhia do Senegal. E eram autorizados por seu rei, Luís XIII, a traficar escravos, decisão fundamental para a organização do sistema escravista que, a partir daí, foi dominando a economia mundial. Observe-se que, até então, os principais produtos de exportação do Senegal eram a goma arábica e a cera, obtidas de determinadas espécies vegetais, além do amendoim. **Resistência islâmica.**

SENEGAL (*Sénégal*)

No século XVI, aristocratas dos principados da região do curso inferior do rio Senegal eram ainda bastante ligados à Religião Tradicional. Entretanto, os acontecimentos que a paulatina ocupação europeia motivou deram também causa a uma reação religiosa, no bojo da expansão islâmica já em processo. Assim, na segunda metade do século XVII, nos quatro reinos localizados no vale do rio Senegal – Kayor, Ualo e Sinê e Salum –, o Islã começou a receber uma forte adesão das massas populares. Aconteceu, então, a chamada Guerra dos Marabutos, que se estendeu por cerca de cinco anos, a partir de 1673. Venceu-a o líder Nasir Al-Din, que conseguiu levar a chama islâmica até o Futa Toro, reduto dos líderes Suleiman Bal e Abd al-Kader. **Triunfo francês.** Entretanto, os jihadistas não lograram sucesso contra os franceses, cuja superioridade bélica pôs fim às suas rebeliões. O antagonismo entre Inglaterra e França continuou até o século XVIII, e culminou com a eclosão da chamada "Guerra dos Sete Anos", entre 1756 e 1763. No decurso desse conflito, os ingleses apoderaram-se dos estabelecimentos franceses, mas, com a assinatura do Tratado de Paris, os restituíram em 1763. Aproveitando o envolvimento inglês na Guerra de Independência norte-americana, os franceses retomaram Saint Louis e outros territórios. No início do século XIX, o comércio escravista declinou como resultado da industrialização da Europa e da diminuição da demanda por força de trabalho nas Américas. A França se compensou primeiro pela extensão de seu comércio até a região de Casamansa, ao sul da Gâmbia, ao longo do rio Gâmbia, onde no meio do século desenvolveu a produção e o comércio de amendoim (M'BOKOLO, 2009, p. 282; 297; PAGE, 2005, v. III, p. 240). O interior do Senegal ainda era afetado por guerras santas muçulmanas, e o Vale do Alto Senegal era parte do império fundado por El Hadj Omar Tall, mas os franceses, com armas e equipamentos poderosos, empurraram para o leste os exércitos de Omar. Assim, na década de 1890, boa parte do Senegal estava sob controle da França, e daí os franceses continuaram suas conquistas coloniais nas direções leste e norte. A morte do damel do Kayor, Lat Dior, na Batalha de Dékhélé em 1883, e o exílio de Cheikh Amadou Bamba (1853-1927) para o Gabão em 1902 foram acontecimentos decisivos na efetivação da conquista colonial francesa. Ver ABD AL-KADER TORODO; ÁFRICA OCIDENTAL; AMADU BAMBA, Cheikh; BÂ, Maba Diakhou; BALANTAS; BAMANAS; BAMBUQUE; BAOL; BATIMANSA; BEAFADAS; BIGENE; BRAK; BUNDU; CABO VERDE; CARITÉ; CARVALHO ALVARENGA, Família; CASAMANSA, Reino de; CAYOR; COMPANHIAS DE COMÉRCIO; CRÉOLE; CRIOULIZAÇÃO; DACAR; DÉKHÉLÉ; DENDEZEIRO; DENIANQUÉ; EUROPEUS NA ÁFRICA; FELUPES; FODÉ KOMBO SILIAH; FUTA JALOM; FUTA TORO; GALAM; GÂMBIA; GOMA ARÁBICA; GORÉE; GUINÉ, Alta; GUINÉ-BISSAU; GUINÉ-CONACRI; ISLAMIZAÇÃO; JIHAD; JOAL; JOLOF; JUDEUS NA ÁFRICA; KOLI TENGUELÁ; KUNTAS; LAT DIOR; LEBUS; LIBERTADOS; MALI, Império do; MAMADU LAMINE; MANDÊ; MAURITÂNIA; MERCANTILISMO

– África Ocidental; MUSSA KAMA-RA, Cheikh; N'DAKAROU; NASIR AL-DIN; NDATÉ YALLA MBODJ; NDIEUMBEUTT MBODJ; OURO; PANET, Leopold; PEÚLES; PORTIN-GALES; RELIGIÃO TRADICIONAL AFRICANA; RESISTÊNCIA ANTI-COLONIALISTA; SAARA OCIDEN-TAL; SAHEL; SAINT LOUIS; SALUM; SAMBA GUÉLADIO; SENEGÂMBIA; SERERÊS; SIGNARES; SINÊ; SIRA-TIQUE; SINÊ; SISTEMAS FLUVIAIS; SOMB; SUDANÊS; SUDÃO [1]; TA-KRUR; TARIQA; TIJANIA; TOURÉ; TRÁFICO NEGREIRO; TSÉ-TSÉ; TUCULORES; UALO; UOLOFES; USMAN DAN FODIO.

SENEGAL, Rio. Hidrovia oeste-africana. Nasce no Futa Jalom, na Guiné-Co-nacri, atravessa o sudoeste do Mali e, depois, forma a fronteira entre os ter-ritórios de Mauritânia e Senegal, de-sembocando no Atlântico, próximo à cidade de Saint Louis.

SENEGÂMBIA. Unidade geopolítica forma-da pelos territórios de Senegal e Gâm-bia, constituindo uma confederação desde 1982. No período enfocado neste dicionário, as interações entre povos uolofes, fulas e mandingas e as popula-ções que se organizavam em comunida-des em torno dos "rios da Guiné" levou ao alargamento do antigo território. Estendendo-se mais para o sul e mais para o interior do continente e dizendo respeito também a territórios das atuais repúblicas da Guiné-Bissau e Guiné-Conacri, o território da região foi se expandindo gradualmente. Ademais, entre os séculos XVII e XVIII o solo da Senegâmbia foi partilhado tanto por portugueses quanto por franceses e ingleses, o que levou ao desapareci-mento de organizações autônomas an-teriores, como o Kaabu, cujos territórios de influência foram divididos entre as potências coloniais. Ver GÂMBIA; FU-LAS; KAABU; MANDINGAS; SENE-GAL; UOLOFES.

SENGBE PIEH. O mesmo que Joseph Cin-qué.

SENNAR. Capital do Reino Funje. Ver SUL-TANATO FUNJE.

SENUFOS (*Senoufo*). Povo oeste-africano localizado a partir do território da atual República da Costa do Marfim. No sé-culo XVI, o povo senufo compreendia clãs variados em seus reinos de Korho-go, Seguelá, Odienné e Kong. Viviam inicialmente sob a dependência dos mandingas e dos diúlas. Deram origem a grupos isolados como o dos Nafanas de Begho e o dos Pallakas, caídos sob o domínio do Reino de Kong. Os se-nufos notabilizaram-se por sua arte, principalmente na dança e nas escul-turas em madeira, inspiradas em sua religião tradicional, baseada no culto aos ancestrais.

SENZANGAKHONA. Chefe zulu, pai dos reis Chaka, Dingane e Mpande (DOKE *et al.*, 1990). Seu nome é grafado em algumas fontes como *Senzenghakoma*. Ver CHAKA; DINGANE; UMPANDE.

SERERÊS (*Serer*). Povo do Senegal locali-zado na atual região do Sinê, onde seus ancestrais, pressionados pelo avanço muçulmano, estabeleceram-se no sécu-lo XII, mestiçando-se com indivíduos do povo socé. Cerca de dois séculos mais tarde, seu território foi invadido por mandingas, que nele fundaram o Reino de Sinê. A partir daí, outros reinos se formaram, além do Sinê e do Salum, com o mesmo tipo de organização dos vizinhos uolofes. No século XVIII, o Salum estava em plena expansão militar e estendia seu território até a Gâmbia, mas as terras a oeste eram exclusivas de uolofes e malinquês (PERSON, 2010, p. 746-747). Ver MANDINGAS.

SÉRIGNÉ. Variante de *sérin*, termo que, no idioma uolofe, designa o marabu, chefe espiritual muçulmano (DIOUF, 2003, p. 312; 522). Ver BEXERIM; CACIZ; MARABUTOS.

SERRA LEOA (*Sierra Leone*). País da África Ocidental, à beira do oceano Atlântico e limítrofe a Guiné-Conacri (norte e noroeste) e Libéria (leste e sudeste). Os primeiros europeus que chegaram ao território foram os portugueses, no século XV, em busca de marfim, logo seguidos por súditos da Coroa britânica. O tráfico negreiro ganhou incremento no século XVII, com muitos escravos sendo vendidos para o sul dos Estados Unidos. Na década de 1770, a Guerra da Independência Norte-Americana fez com que milhares de escravizados lutassem no lado da Inglaterra em busca de liberdade. Terminado o conflito, cerca de 15 mil desses combatentes migraram para Londres, onde, contudo, não encontraram emprego e afundaram na miséria. Em 1787, durante a luta política pela promulgação da ilegalidade do tráfico, um grupo de filantropos abolicionistas comprou no atual território de Serra Leoa, de um chefe local, 52 quilômetros quadrados de terras, com o propósito de neles assentar os gradativamente beneficiados com a liberdade. Nascia aí Freetown, a "cidade dos livres", capital do país, como um lar simbólico para contingentes de ex-escravos levados do Reino Unido e do Canadá. Nesse mesmo ano, um primeiro grupo, composto de cerca de 400 homens e mulheres, sendo 300 ex-escravos e 100 de origem europeia, chegaram ao assentamento. Passados três anos, cerca de cinquenta desses colonos tinham desertado ou morrido, de doenças ou em lutas com habitantes nativos. Porém, seis anos depois, os filantropos enviavam um segundo grupo, desta vez 1.200 ex-escravos, vindos dos Estados Unidos através da Nova Escócia, no atual Canadá. Mais tarde, chegava um contingente de mais 500, provenientes da Jamaica. Mas, para desgosto dos abolicionistas, alguns dos imigrados também já participavam do tráfico negreiro. Em 1808, a Coroa britânica assumiu o controle de Freetown, declarando-a efetivamente uma colônia inglesa. A escravidão tinha sido abolida no início da década de 1800. A partir daí, por cerca de meio século, navios ingleses singraram o litoral oeste-africano interceptando navios negreiros. Nesse tempo, Freetown recebeu milhares de cativos resgatados dos tumbeiros para a liberdade, tanto quanto muitos migrantes vindos do interior (HAM, 2009, p. 741-42). **Ponta de lança do colonialismo**. A colônia se tornou o principal centro de interesse dos ingleses na África Ocidental, servindo como base para a expansão britânica na Costa do Ouro e no oeste africano como um todo. Nesse quadro, foi determinante a atuação da Marinha inglesa no combate ao tráfico negreiro e no incentivo ao comércio lícito, principalmente de óleo de palma ou azeite de dendê. O decreto inglês de 1807 para a supressão do tráfico e a organização de uma verdadeira cruzada antiescravista levaram ao desembarque massivo de ex-escravos libertos em Freetown. O problema do assentamento desse contingente, que demandava mais que a criação de uma aldeia, foi solucionado pela *African Company of Merchants* [Companhia Africana de Comércio], a qual cedeu à Coroa britânica as feitorias que tinha na Costa do Ouro, colocando-as sob a dependência de Freetown, já que naquele momento o que mais preocupava a todos eram os axântis. Na década de 1820, em represália aos ataques dos axântis a Denquira, na atual Gana, o governo britânico de Serra Leoa investiu contra os axântis com um exército majoritariamente integrado por guerreiros fântis. Travou-se, então, a batalha de Nsamankow, em 1824, na qual o governador inglês McCarthy foi morto. Dois anos mais tarde, os britânicos venceram em Dodowa, mas ensaiaram abandonar a Costa do Ouro. Entretanto, um decreto reafirmou a autoridade da Coroa britânica, e, na sequência, em 1844, o novo governador de Serra Leoa assinou um tratado com oito chefes fântis. O tratado, pelo menos na letra escrita, reconheceu a autoridade dos chefes nativos e das normas de direito costumeiro, bem como a proteção das pessoas e das propriedades, condenado os sacrifícios humanos e outras práticas consideradas similares (KI-ZERBO, 1972, v. 1, p. 347). **Krios: representatividade**. Por volta de 1850, a população da colônia compreendia cerca de cem grupos vivendo em relativa harmonia, cada um na porção do território que lhe fora destinada. Como os colonos mais antigos, os resgatados dos navios negreiros (referidos em algumas fontes como *recaptives*) tornaram-se comerciantes bem-sucedidos, inclusive formando famílias bem-estruturadas. Nesse todo, os negros não nativos do país ficaram conhecidos como krios, provável corruptela do adjetivo *créole*. Favorecidos pela administração britânica, muitos dos integrantes desse segmento eram indicados para postos de comando no serviço civil, tornando-se, assim, no geral, uma parte destacada da população serra-leonesa. Próximo ao fim do século XIX, os ventos começaram a soprar contra os *krios*, que formavam uma maioria correspondente a cerca de 50 indivíduos para cada uma pessoa dos povos nativos. A busca por equilíbrio para essa situação só veio em 1924, quando a administração colonial inglesa criou um conselho legislativo, incumbido de eleger representantes de todos os setores da população (HAM, 2009). Mas não podemos deixar de consignar aqui a análise de Rodney (1975, p. 204), segundo a qual egressos da escravatura, ao retornarem à África, os retornados ajudavam os patrões europeus a estabelecer o domínio colonial. E isso ter-se-ia verificado especialmente no caso dos que voltavam das Índias Ocidentais e da América do Norte para Serra Leoa, ou eram tirados dos navios negreiros e desembarcados no litoral leonês. Tendo assimilado os valores capitalistas, eles agiam da mesma forma que muitos missionários europeus, promovendo aquela forma de capitalismo que fazia parte do domínio colonial. Ver ABOLICIONISMO; LIBÉRIA; MOÇÂMEDES; RETORNADOS.

SEYYD SAID (1806-1856). Sultão de Oman, tido como o principal responsável pelo grande desenvolvimento desse reino em seu tempo.

SEYON, Tesfa. Ver TESFA SEYON.

SHANU, Herzekiah Andrew (1858-1905). Personagem da história do Congo belga. Fotógrafo nascido em Lagos, na atual Nigéria, em 1884 entrou para o serviço colonial do Estado Livre do Congo como funcionário, subindo para o posto de subcomissário do distrito. Estabelecendo-se em Boma, a então capital, ele abriu uma loja geral e estúdio fotográfico. Em 1903, Shanu tornou públicas informações sobre os abusos praticados contra trabalhadores da África Ocidental no Congo. Em suas investigações, ao tentar obter informações do chefe de polícia de Boma, Shanu foi descoberto e, daí em diante, perseguido e vítima de boicote pelos funcionários do Estado. Entrando em falência em seus negócios, cometeu suicídio. Ver BÉLGICA; CONGO BELGA; CONGO, Estado independente do.

SHARIF, MUHAMAD (século XIX). Governante do Sultanato de Wadai, no leste do atual território do Chade, falecido em 1858. Disputou influência com poderosos governantes de Darfur e do Bornu, guerreando, inclusive, contra os exércitos de Al-Kanemi. Ver AL-KANEMI; BORNU; CHADE, DARFUR.

SHEHU. Título, de provável origem hauçá, usado com sinônimo de "xeque", chefe muçulmano. Robinson (1925, v. I, p. 372; 371) consigna um termo homógrafo, como uma exclamação, remetendo para *shefu* ou *shehu*, informando ser o nome do primeiro conquistador fulâni dos hauçás, usado no sentido de "em vão!". Ver CHEIKU.

SHIRAZES. Persas estabelecidos no litoral oriental (suaíli) do continente africano.

SHIRE, Vale do. Região no território de Maláui. Ver MALÁUI.

SHIRI, Abu. Ver ABUSHIRI.

SI MOHAND (c. 1848-1905). Nome pelo qual foi mais conhecido Mhand N' At Hmadouch, poeta berbere nascido de uma linhagem influente numa aldeia do povo kabilya, em uma região montanhosa ao leste da atual Argélia. Muito admirado e respeitado por suas criações literárias, parte de suas obras expressou a rebelião contra as autoridades coloniais e em defesa do modo de vida tradicional dos povos tuaregues.

SIDDIQ, Abu Bakr Al-. Ver AL-SIDDIQ, Abu Bakar.

SIDIYYA AL-KABIR AL-NTISHAI'I (1776-1868). Escritor mauritano. Nascido na região sudeste do deserto do Saara, no seio do clã Awlad Abyiri, do qual provinham diversos eruditos muçulmanos, estudou gramática e morfologia árabes, direito e teologia, tornando-se um dos mais respeitados eruditos locais. Escreveu abundantemente sobre os mais variados assuntos, tais como educação, administração familiar, direito civil e comercial, prática islâmica etc.

SIDIBÉ. Denominação de um dos clãs ou linhagens dos povos mandês. Ver KABA; KEITA; MANDÊ; TRAORÊ.

SIGNARES. Denominação (do português "senhora") que, entre os séculos XVII e XIX, principalmente no litoral senegalês, aplicava-se às mulheres negras ou mestiças que viviam em concubinagem, casadas "à moda africana", com europeus poderosos. Aplicado a mulheres com grande influência nas feitorias de Rufisque, Gorée, Saint Louis e Joal, o termo (com variantes como *séniare*, *signara* etc.) acabou por se estender a toda mulher dona de alguma notoriedade, tanto pela mestiçagem quanto por habilidades comerciais, ou por reunir essas duas características. Célebres *signares* foram: Anne Pépin, companheira de Stanislas de Boufflers, governador do Senegal na década de 1780; Marie-Thérèse Picard, dona da residência hoje conhecida como *Maison des Esclaves*, na Ilha de Gorée, companheira do prefeito da ilha de 1849 a 1872; Caty Louët e sua filha, Hélène Aussenac, que mantinham no Reino de Cayor negócios com a Companhia das Índias por volta de 1770; e muitas outras. Em geral filhas de lançados portugueses com mulheres africanas de alta linhagem, vinculadas ao grupo dos *portingales*, essas mulheres detinham posição de prestígio, participando, inclusive, das redes de comércio que alimentavam o tráfico negreiro. Não obstante, pelo prestígio de que desfrutavam, desempenharam um importante papel como intermediárias sociais (Silva, 2002, p. 252-254; Mauny, 2011, p. 97). Observe-se a ocorrência, no léxico português, do termo "sinhara" (Houaiss *et al.*, 2001, p. 2580). Ver CRIOULIZAÇÃO; DONAS; LANÇADOS; MULHERES; PORTINGALES; TANGOMAUS; TUNGUMAS.

SILLAH, Fodé. Ver FODÉ KOMBO SILLAH.

SILOLA. Líder do povo lozi, no antigo Reino Barotse. Em 1864, quando os sotos do clã Makololo já tinham perdido Sebituanê, grande líder que comandara a invasão da Barotselândia cerca de três décadas atrás, aproveitou-se da fragilidade do inimigo e comandou o massacre de todos os homens do povo invasor. Assim, restabeleceu o antigo Reino do povo lozi, chamado Barotse. Ver BAROTSE; LOZIS; SEBITUANÊ; SOTOS.

SILVA, Ana Joaquina dos Santos e. Ver ANA MULATA, Dona.

SILVA, Família. Linhagem familiar com grande influência na Guiné-Bissau. Seus integrantes ocuparam postos na administração e atuaram no comércio desde o início do século XIX. Ver CRIOULIZAÇÃO; GRUMETES.

SILVA, Francisco Olympio da. Ver FRANCISCO OLYMPIO DA SILVA.

SIMULAMBUCO, Protetorado de. Unidade colonial estabelecida pelos portugueses após um tratado assinado, em 1885, com príncipes do Reino de Ngoyo, antigo reino dependente do Congo. Por força do acordo, todo o território de Cabinda, no norte da atual Angola, foi entregue aos "cuidados" da Coroa portuguesa. Simulambuco, hoje apenas um bairro, é o lugar onde foi firmado o tratado. Ver CABINDA; conferência de Berlim; CONGO, Reino do; PROTETORADO.

SINA. *Mangi* (rei) do povo kibosho (1883-1897), na região a oeste dos Montes Kilimanjaro, no norte do território da atual Tanzânia. Foi o último de seu povo a ostentar o título real. Após sua morte, já sob protetorado da Alemanha, seu povo foi liderado por chefes subordinados aos germânicos, como seu filho Molelia, enforcado por insubordinação em 1900, e Sianga, totalmente dominado, até a cessão de suas terras aos colonizadores. Na Conferência de Berlim, os interesses da Inglaterra prevaleceram sobre os dos alemães. Ver TANZÂNIA.

SINCRETISMO RELIGIOSO. Expressão que designa, em sentido amplo, a fusão ou

SINÊ (Siné)

combinação aleatória de diferentes sistemas religiosos, com reinterpretação de suas doutrinas e liturgias. Assim, praticamente em todas as regiões do continente africano – mesmo na Etiópia, destacada por ser um dos berços da fé cristã no continente – a adoção do cristianismo, do islamismo e do judaísmo, bem como de outros sistemas de crença, ao longo do período enfocado nesta obra ocorreu dando lugar a diversas formas de sincretismo. Nos territórios etíopes, o cristianismo monofisista sincretizou-se com as religiões tradicionais dos povos cuxitas, e o judaísmo praticado pelos falachas também é visto como sincrético. Nas porções oriental, central e ocidental da África, diversos ramos do cristianismo sincretizaram-se com os da religião tradicional, o mesmo acontecendo em Madagascar, com as religiões locais. Em suma, no ambiente africano todas as religiões impostas até o século XIX sofreram o impacto dos sistemas tradicionais (GROMIKO, 1987, p. 236). Ver RELIGIÃO TRADICIONAL AFRICANA.

SINÊ (Siné). Antigo Reino do povo sererê na região do Delta do rio Salum, no território da atual República do Senegal. O nome designa ainda o rio local, também referido como *Siin* e que desemboca no oceano Atlântico juntamente com o Salum (*Saloum*) no Delta de Sinê-Salum. **História.** Em meados do século XVI, Sinê e Salum, reinos associados, libertaram-se do jugo dos uolofes e, apesar do ambiente muçulmano circundante, permaneceram praticando a Religião Tradicional. Em 1867, travou-se a Batalha de Somb, na qual o rei do Sinê matou o marabu Maba Diakhou Bâ, que tentava assumir o controle do reino para nele implantar o islamismo. **A Crônica do Reino.** Em 1972, era publicado pelo IFAN (Instituto Fundamental da África Subsaariana) a *Chronique du royaume du Sine* [Crônica do Reino de Sinê], de autoria de Niokhonbaye Diouf, seguida de *Notes sur les traditions orales et les sources écrites concernant le royaume du Sine* [Notas sobre as tradições orais e as fontes escritas referentes ao Reino de Sinê], por Charles Becker e Victor Martin. Ver SALUM; SENEGAL; SERERÊS; UOLOFES.

SINGBOMEY (Singbómè). Vocábulo da língua *fon* designando "mansão", "casa grande" (SEGUROLA; RASSINOUX, 2000, p. 415). É a denominação histórica do bairro de Uidá, que abrigava a Família Souza, fundada pelo patriarca Francisco Félix de Souza, o Chachá de Ajudá, no território da atual República do Benin. O complexo residencial foi sede do poder do Chachá, vice-rei do Daomé em Uidá, entre 1820 e 1849. Ver CHACHÁ DE AJUDÁ; RETORNADOS.

SIRATIQUE. Segundo Mauny (2011, p. 98), corruptela do nome árabe *Cheikh Ratik,* de um chefe dos fulas do Futa Toro, no Senegal, adjetivado com o sentido de "chefe religioso muito considerado" e transliterado nas formas *syratique, stratic* e *cheiratic* em obras de autores do século XVII ao XIX. Ver BEXERIM; CACIZ; CHEIKU; SÉRIGNÉ.

SISTEMAS FLUVIAIS. Os cinco maiores sistemas fluviais do continente africano são os dos rios Nilo, Congo (Zaire), Níger, Zambeze e Orange; em seguida estão os dos rios Limpopo, Senegal e Volta. Vale observar que muitos rios africanos têm cursos pouco previsíveis. O Níger, por exemplo, nasce nas terras altas do Futa Jalom e flui para nordeste em direção à Bacia do Djouf, mas daí ele toma a direção sudoeste, para logo tomar o rumo sul e formar o amplo delta de sua desembocadura no Atlântico. Da mesma forma, o Zambeze nasce na Zâmbia e flui em direção ao oceano Índico, correndo primeiro na direção sul, depois voltando para nordeste, antes de desembocar no sudeste, no litoral moçambicano. Entretanto, boa parte desses longos rios africanos têm navegabilidade limitada pela ocorrência de muitas cataratas e corredeiras. Assim, sua importância histórica se deve mais às civilizações formadas às suas margens e às possibilidades que representaram de ligação do interior do continente aos litorais índico ou atlântico. Ver BANI; BIAFRA, Golfo de; CHADE, Lago; CONGO, Rio; CUANDO; CUANGO [1]; CUANZA; DELTA DO NÍGER; GÂMBIA, Rio; GRANDES LAGOS; LIMPOPO; LONGA; LUALABA; LUAPULA; LUCALA; MALEBO; MONO; NIASSA; NILO; OFFIN, Rio; OGUM; PRA, Rio; RIO DO OURO; ROVUMA; SALUM; SCARCIES; SENEGAL; SINÊ; TURKANA, Lago; VITÓRIA, Lago; VOLTA, Rio; ZAIRE; ZAMBEZE.

SKELTON, Elizabeth Frazer. Ver MAMMY SKELTON.

SOBA. Título da autoridade máxima em cada um dos territórios habitados por povos falantes do quimbundo, idioma no qual o vocábulo corresponde ao português "governante". Por extensão, a área sob sua influência era designada em textos portugueses pelo vocábulo *Sobado*. Ver ANGOLA; QUIMBUNDO.

SOBHUZA I (1780-1838). Rei dos Suázis e fundador da moderna Essuatíni. Após

1818, fugindo dos invasores ngonis, buscou refúgio nas montanhas, e seu filho Mswati chefiou expedições guerreiras contra os zulus e o sotos. Ver ESSUATÍNI.

SOBO. Termo, provavelmente depreciativo, com que foram chamados os indivíduos do povo urrobo. Ver URROBOS.

SOCHANGANE (*Soshangane*). Comandante guerreiro do povo ngúni fundador do império de Gaza, também referido como Shangane ("pessoa viajante", em xizulu) e, nas fontes coloniais portuguesas, como "Manicusse", na verdade um título de realeza. No início da década de 1820, no turbilhão do movimento Mfecane, chegou à baía Delagoa, onde, quase não encontrando resistência do povo local, os chopis, fundou seu reino, depois o expandido como um império. Cerca de dez anos depois, embora vitorioso sobre seu arqui-inimigo Zuanguendaba, teve, entretanto, que estabelecer-se em Lourenço Marques, atual Maputo, entre os lagos Maláui e Tanganica (ISAACMAN, 2010, p. 235). Falecendo em 1858, Sochangane foi sucedido por seu filho Muzila, pai e antecessor de Gungunhana, hoje reconhecido como herói do povo moçambicano. Ver GUNGUNHANA; MANICUSSE; MFECANE; MUZILA.

SOCIEDADE DOS AMIGOS DOS NEGROS. Primeira organização antiescravista europeia, formada na França em 1788 e atuante até 1793. Liderada por Jean-Pierre Brissot, contou com a participação de nomes importantes na época, como Mirabeau, La Fayette e Condorcet, que introduziram na pauta dos debates da Assembleia Nacional a questão

SOCIEDADE MISSIONÁRIA CRISTÃ (*Christian Missionary Society*)

da abolição da escravidão. Ver ABOLICIONISMO; NEGRO.

SOCIEDADE MISSIONÁRIA CRISTÃ (*Christian Missionary Society*). Associação religiosa de`origem inglesa responsável por um intenso trabalho de catequese e evangelização ao longo do Rio Níger a partir de 1857. Ver CRISTIANIZAÇÃO.

SOCIEDADES INICIÁTICAS. Denominação, preferível a "sociedades secretas", com que, nesta obra, denominamos as associações nas quais o ingresso se fazia principalmente através da submissão do pretendente a rituais e compromissos proibidos de serem revelados ao mundo exterior. Eram, efetivamente, associações de lideranças, existentes em diversos lugares e momentos da História africana, principalmente no seio de sociedades que não se organizaram em Estados. Embora suas reuniões e ritos fossem privados e restritos aos seus membros, constituíam instâncias de poder notórias e reconhecidas, daí devessem, segundo algumas fontes, ser entendidas mais como sociedades "de segredos" do que efetivamente secretas. O período retratado neste dicionário foi marcado pelo surgimento de associações desse tipo, algumas efetivamente militarizadas, em diversos pontos do território africano e estendendo suas práticas ritualizadas pelos novos territórios que alcançavam. Esse foi o caso da sociedade Simo, entre os bagas da Guiné, a partir do século XVI; da sociedade Poro, ramificação da Simo, em Serra Leoa; da Egbá, no sul da Nigéria, expandida até a fronteira de Camarões; da Ekpe ou "Sociedade do Leopardo", no Velho Calabar (*Old Calabar*), cujos membros atuavam conjuntamente em relação à definição de direitos aduaneiros e ao preço das mercadorias (DAVIDSON, 1978, p. 151); e também da "Sociedade Bambuduye", no Reino Luba, restrita a uma categoria de iniciados cuidadosamente escolhidos, de onde provinham os detentores dos principais cargos do Estado (M'BOKOLO, 2009, p. 562). Ver EKPE; GUELEDÉ; INICIAÇÃO; KIMPASI; MAMMY YOKO; ORO; SANDE.

SOCIEDADES SECRETAS. Ver SOCIEDADES INICIÁTICAS.

SOFA. Vocábulo da língua bambara traduzido em português como "soldado de um chefe indígena" (SAUVANT, 1926). Segundo Mauny (2011, p. 98), era utilizada no século XIX para designar cada um dos guerreiros ou soldados a serviço dos "régulos" no Sudão ocidental. Ver BAMBARAS; ORGANIZAÇÕES MILITARES; RUGA-RUGA; SUDÃO OCIDENTAL; ZUAVOS.

SOFALA. Cidade litorânea da atual república de Moçambique, conhecida também como As-Sufalyya antes do estabelecimento e da conquista dos europeus a partir do século XV. Fundada pelos xirazes no século X, seu núcleo inicial foi uma feitoria localizada a trinta quilômetros da atual cidade de Beira, para onde era levado o ouro extraído nas minas e rios dos planaltos de Caranga e Butua, no atual Zimbábue; e, segundo Silva (2012, p. 52), mais especificamente de Barué, Tonga, Manica, Makaranga, Dande e Butua, no planalto entre os rios Limpopo e Zambeze. Sob domínio português a partir de 1505, Sofala perdeu importância nas redes de comércio através do Índico quando os pontos de acesso aos produtos do interior, sobretudo o ouro, caíram sob controle europeu, e nos séculos seguintes a cidade passou a servir de fonte de fornecimento de cativos para o tráfico internacional de escravos. Ver MOÇAMBIQUE; OURO; SUAÍLI; ZIMBÁBUE.

SOGA, Tiyo. Ver TIYO SOGA.

SOGAN (*Sógán*). Na corte daomeana de Abomé, nome que designava o palafreneiro ou cavalariço do rei (Segurola; Rassinoux, 2000). A importância dada a esse tipo de servidor denota a dimensão e a complexidade da corte. Ver GOVERNO, Formas de.

SOKOTO, Califado de. Estado teocrático islâmico. Fundado na cidade de Sokoto, no noroeste do território da atual Nigéria, no início da década de 1800, perdurou até a primeira década do século XX, quando foi desarticulado pelo Império Britânico. Dele faziam parte, além das cidades-Estado hauçás, os Estados hauçás de Ilorin e Nupe. Sua origem e desenvolvimento resultam de conquistas militares levadas a cabo pelos fulânis, nas quais o uso da cavalaria e, depois, a utilização de armas de fogo foram essenciais para a conquista política e a manutenção do Estado. O período inicial, com a guerra deflagrada em 1804, foi marcado pela intensa liderança do fundador, o reformador Usman dan Fodio, morto em 1817. Nesse momento, as principais rotas de comércio das cidades-Estado hauçás do norte da Nigéria e parte do Chade estiveram sob seu controle. O segundo período, com a luta se estendendo até *c.* 1860, corresponde a um momento de estabilização em que se desenvolveram as estruturas políticas efetivas do califado. Além da figura maior do califa, ocupada pelos sucessores de Dan Fodio, o Estado encontrava-se dividido e governado regionalmente por emires, de ascendência hauçá e principalmente fulâni, que passaram a formar uma poderosa aristocracia. Papel importante na administração central coube aos vizires, que eram os conselheiros dos califas, cabendo a eles a administração das finanças e o privilégio de indicar um conselho de eleitores, no seio do qual dispunham de grande influência. No terceiro período (*c.* 1860-1903), a autoridade dos califas e dos vizires enfraqueceu aos poucos, tornando-se praticamente nominal. Na atualidade, Sokoto é um estado da República Nigeriana. Ver EMIR; FULÂNIS, HAUÇÁS; SOKOTO, Califado de; USMAN DAN FODIO.

SOKOTO, *Jihad* de. Expressão usada em Boakye (1982, v. II) para designar a guerra santa liderada por Usman dan Fodio.

SOLONG, Sulaiman (*c.* 1650-1680). Primeiro sultão muçulmano do estado sudanês de Darfur, lembrado como o fundador da dinastia Kayra.

SOLONGOS. Povo banto integrante do grupo Congo (Kongo) e habitante da antiga província de Sonyo ou Soyo. No Brasil, seus indivíduos foram conhecidos como sorongos ou mussorongos. Ver SONYO.

SOMÁLIA. País situado no Chifre da África. Desde a Antiguidade, no litoral do Mar Vermelho e no golfo de Aden, era intensa a atividade de exportação de resinas aromáticas e madeira para cidades árabes. Esse comércio foi a base de diversos estados, como o Sultanato de Adal, que, no século XVI, empreendeu uma guerra religiosa contra a Etiópia

SOMÁLIA, Península da

cristã, sob o governo de Ahmad Gran, morto em 1543. Nos séculos XVIII e XIX, os portos somális eram controlados pelo Império Otomano, e, nesse último século, a influência europeia cresceu, com o acirramento da disputa entre as potências, sobretudo França e Inglaterra. Em 1884, os britânicos estabeleceram protetorado sobre o território da atual República Somáli, e na Conferência de Berlim França e Itália foram contempladas com partes dele. Daí a participação de soldados nativos na Batalha de Adua, em apoio aos italianos e contra as tropas etíopes de Menelik II. Nesse contexto, o nome Somália compôs as seguintes expressões: a) **Somália Britânica**, denominação que recebeu, em 1894, a unidade colonial situada no Chifre da África, nas proximidades do Golfo de Aden, também referida como "Somalilândia Britânica" e que correspondia ao território que, desde 1991, declarou sua independência (não reconhecida) em relação à atual República da Somália; b) **Somália Francesa**, colônia estabelecida em 1896 em uma área correspondente ao território do atual Djibuti, também conhecida como Somalilândia francesa; c) Somália Italiana, protetorado estabelecido pelo Reino da Itália no período situado entre 1889 e 1908 nos territórios costeiros somális de Uarseik, Mogadixo, Merca e Brava. Ver ADAL, Sultanato de; ADUA, Batalha de; AHMAD GRAN; MENELIK II.

SOMÁLIA, Península da. Denominação cartográfica da região popularmente conhecida como Chifre da África. Ver CHIFRE DA ÁFRICA.

SOMÁLIS, Costa dos. Ver DJIBUTI.

SOMÁLIS. Povos pertencentes à comunidade etnolinguística pertencente ao grupo afro-asiático localizada esparsamente no Chifre da África, sobretudo nas atuais Somália, Etiópia, Iêmen, Djibuti e Quênia.

SOMB. Localidade no atual território do Senegal outrora pertencente ao Reino Sinê, integrado também pelas comunidades de Fandane e Thiouthioune. Em 18 de julho de 1867, nela ocorreu a Batalha de Somb, também referida como "Batalha de Fandane-Thiouthioune" (ou Thiouthiogne). O confronto, visto como uma guerra religiosa entre os sererês e os marabus muçulmanos de Senegal e Gâmbia, tinha também uma dimensão política e econômica, pois ambos os grupos pretendiam hegemonia no Sinê. Ver MARABU; SERERÊS.

SOMBAS. O mesmo que batammariba. Ver BATAMMARIBA.

SOMNO. Povo das margens do rio Níger. Ver MAMARI KOULIBALY.

SONGAIS (*Songhay, Songhai*). Povo oeste-africano estabelecido, por volta do século VII, às margens do rio Níger, desde a região de Niamey até Gao, de onde, cinco séculos depois, tinha se expandido até Djenê (HOMBURGUER, 1957, p. 45). Na atualidade, os songais se localizam sobretudo na República do Níger, onde constituem o quarto maior grupo populacional, e no norte do Mali, entre as cidades de Tombuctu e Gao. Por vezes referidos em algumas fontes como "Sonrai", seus ancestrais foram os construtores do Império Songai de Gao, assim referido em alusão à cidade-Estado que o originou, chamada Gao ou Al-Kawkaw (LOPES; MACEDO, 2017, p. 269). O império. Resultante de um processo de expansão capitaneado pela elite dirigente da cidade de Gao (*Kawkaw),* ampliado com as conquistas de importantes núcleos populacionais do antigo Mali, como Tombuctu e Djenê, assim os songais ergueram seu império. Segundo Timowsky (2005, p. 215), no auge de sua expansão, o vasto território ocupado pelo Songai se estendia: na direção leste, do oceano Atlântico e das terras do antigo Mali até o Aïr e as cidades-Estado hauçás; e, nas direções norte, sul e sudeste, de Tegaza até Hombori e ao redor de Kankan. Uma parte desse território era ocupada por estados dependentes do Songai. No sudoeste, estava o Mali; no leste, as cidades-Estado hauçás, inclusive Kano, Katsina e outros centros. Entre as demais unidades dependentes, Diara constituía uma "chefatura", e o Aïr era ocupado por nômades. Alguns grupos tuaregues, também nômades, controlavam as minas de sal de Tegaza e os oásis saarianos de Ualata e Arauan, bem como as rotas transaarianas que atravessavam essas localidades. Mas em 1591 o império ruía diante das poderosas forças do sultanato do Marrocos, que objetivava e conseguiu o controle das minas de ouro do Sudão ocidental. **Decadência e fim**. Após a queda do império, nos séculos seguintes a história dos songais passa a ser apenas a dos povos invasores. Assim, em 1670, Biton Koulibaly, rei bambara do Segu, apossa-se de Tombuctu. Depois, os tuaregues *Oullimiden*, provenientes de Adrar dos Ifogas, atacam Gao em 1680 e Tombuctu em 1787. Mais tarde, deram-se as invasões dos peúles, nos séculos XVIII e XIX. Enfim, nesse último século, no momento da chegada dos colonialistas europeus, o Songai, arruinado por sucessivas invasões, era um todo despedaçado

em pequenos estados desunidos, entre os quais somente dois ou três gozavam de relativa independência (N'DIAYE, 1970a, p. 222). Ver ARMAS; ÁSQUIA; BAGAYOGO; BALAMA SADIKI; BITTON; CRÔNICAS AFRO-MUÇULMANAS; GAO; HAUÇÁS; ISHAQ I, Ásquia; KANO; KATSINA; MALI, Império do; MUHAMAD AQIT; PEÚLES; SONI ALI; TEGAZA; TINDI; TOMBUCTU; TONDIBI, Batalha de; TUAREGUES.

SONI ALI (*Sunni Ali*). Governante de Gao a partir de 1464, foi destacado como estrategista, líder militar e fundador do Império Songai. A partir de suas conquistas, o Songai se consagrou como modelo político, social e econômico para os povos recém-islamizados do Sudão ocidental, transformando-se num poderoso império (BOAKYE, 1982, p. 25-26). Segundo Boakye (1982, p. 26), apesar de não ter sido muçulmano nem demonstrado gosto por estudos, Soni Ali foi um líder militar dotado de coragem e força de vontade incomuns, além de um grande tino político. Sucedido por Soni Baru, seu cognome "Ali Ber", segundo a mesma fonte, tinha o significado de "Ali, o Grande".

SONINQUÊS (*Soninké*). Povo oeste-africano cujos indivíduos são também referidos como markas (*marka*) ou saracolês. Ver SARACOLÊS.

SÔNIO. O mesmo que Soyo ou Sonho, reino dependente do Congo, segundo a grafia adotada em Silva (2002). Ver SONYO.

SONYO. Antiga província do Reino do Congo, situada entre os rios Congo e Ambriz, também referida como Nsoyo, Soyo ou Sonho. Habitat natural do povo solongo, constituiu uma das partes principais dos domínios do Manicongo. Entretanto, em 1614, seu governante, o Conde do Sonyo, revoltou-se contra o rei do Congo, pelo que, em 1638, a província se tornava um reino independente. Em 1641, com a tomada de Luanda pelos holandeses, o Congo e os estados vizinhos associaram-se aos invasores. Cinco anos mais tarde, o Congo reconheceu a soberania do Sonyo (M'BOKOLO, 2009, p. 418), cujos exércitos, em 1670, derrotaram os portugueses. Segundo Almeida (1978, p. 330), no embate, as forças lusitanas foram "totalmente desbaratadas, abandonando inclusive artilharia e munições". Em 1785, o Sonyo expulsava os comerciantes e missionários portugueses de seu território, e no século XIX defendia tenazmente sua independência, tanto contra o Reino do Congo quanto em relação aos colonizadores portugueses. Esse período deu aos solongos um grande prestígio como povo guerreiro.

SORI, Ibrahima. Ver IBRAHIMA SORI.

SORIYA. Denominação que identificou cada um dos descendentes ou partidários de Ibrahima Sori. Ver IBRAHIMA SORI.

SORONGOS. Ver SOLONGOS.

SOSHANGANE. Ver SOCHANGANE.

SOSSOS (*Soussou*). Povo oeste-africano cuja origem remonta aos tempos da formação do Império do Mali, e do qual fez parte a linhagem dos *Kanté*. Entre os séculos XIII e XV, seus indivíduos tiveram uma importante participação na expansão mandinga em direção ao oeste, fixando-se em comunidades da atual Guiné-Conacri e da Senegâmbia. Praticantes da religião tradicional no Futa Jalom, foram forçados pelo Karamoko Alfa, líder dos peúles *c.* 1725, a converter-se ao islamismo.

SOTOS (*Sotho; Suthu*). Grupo etnolinguístico da África Austral, cujos membros são também referidos como bassutos. Falantes do idioma soto, compreendem, entre outros, os subgrupos Tsuana, Venda, Lemba e Makololo, além dos sotos propriamente ditos. Habitam o território da antiga Bassutolândia, no atual território do Reino de Lesoto. Guerras. Por cerca de cinquenta anos, as chamadas "Guerras dos Bassutos" opuseram indivíduos desses grupos (não exatamente unificados) tanto aos bôeres quanto aos ingleses. A sociedade propriamente dita só foi agrupada em um território comum pelo rei Mochoechoe (1824-1860) e escapou dos bôeres que, entretanto, a despojou de metade de suas terras, pelo que os sotos se colocaram sob proteção da Coroa britânica em 1868. Treze anos depois, num acordo leonino que provocou um grande descontentamento, os bassutos tinham garantido o direito de manter suas instituições e seu território, porém com a condição de somente usarem armas de fogo com a permissão do governo inglês, sediado na Cidade do Cabo, após o pagamento de uma taxa. Segundo o *English-Zulu-English Dictionary*, a denominação *suthu* designaria inicialmente apenas os seguidores de Cetshwayo (DOKE *et al.*, 1990, p. 771). Ver CETSHWAYO; MUJAJI.

SOUS. Região situada na circunvizinhança de Agadir, entre o norte do Saara e o sul dos Montes Atlas, até a borda do oceano Atlântico. Por volta de 1880, era um dos mais importantes centros econômicos do Marrocos e da Argélia.

SOUZA, Francisco Félix de. Ver CHACHÁ DE AJUDÁ.

SOYO (*Nsoyo*). Ver SONYO

SUAÍLI (*Swahili*). Relativo aos suaílis, povo formado, entre os séculos XII e XV, na costa oriental africana e nas ilhas próximas. O termo nomeia tudo o que é referente à cultura desse povo, falante do *ki-suaíli* ou simplesmente suaíli, língua do grupo banto com forte influência do árabe. A denominação do povo provém do árabe *sawahila*, "habitante da costa", e é formada pela raiz *sahil* (plural *sawahil*), a mesma do vocábulo "sahel" (LENSELAER, 1983, p. 6). **O ambiente.** Parte do litoral oriental da África banhada pelo oceano, a costa suaíli compreende os territórios que se estendem aproximadamente de Mogadixu, na Somália, até Sofala, em Moçambique. Outrora referida como "país de Zanj", entrou na História por força de sua atividade comercial. Desde a Antiguidade, todos os povos navegadores do oriente, como árabes, persas, indianos e chineses, conheceram essa zona, na qual adquiriam escravos, marfim, metais e outras mercadorias. No final do século XV, exploradores portugueses chegados pela primeira vez à região, depois de contornar o Cabo da Boa Esperança, surpreenderam-se com o vigor das cidades e o volume da atividade comercial e se dispuseram a conquistá-las. **Portugueses na Costa.** Forçando o domínio do comércio e das riquezas locais, os portugueses ancoravam seus navios, equipados com canhões, nas enseadas das importantes cidades, e ameaçavam bombardeá-las caso suas exigências de tributos não fossem atendidas. Por volta de 1505, o assédio às cidades suaílis era ainda mais frequente e violento. Assim, depois de pilharem as cidades de Quíloa, Sofala e a insular Moçambique, os invasores assumiam o controle do comércio de ouro entre Sofala e a região do planalto no atual território do Zimbábue. Em seu plano de desalojar os muçulmanos e se apossar do comércio de ouro e especiarias, os portugueses puseram em prática uma impiedosa política de pilhagem de cidades, além de impor trabalho forçado a populações nativas, quando não as massacravam. Apesar disso, jamais foram totalmente bem-sucedidos, e isto porque seus efetivos não eram suficientemente numerosos para impor seu sistema e sua autoridade sobre tão vasta área. Como resultado, embora impusessem tributos aos governantes locais, além de fidelidade ao rei de Portugal, eles não conseguiam controlar o contrabando e outras ações de insubordinação das populações locais. Pelo início do século XVII, os lusitanos tinham perdido a influência na região, e, com a ajuda dos omânis, os suaílis aos poucos retomaram o controle. Até que, por volta de 1729, os portugueses se afastaram, só retornando para uma breve estadia poucos anos depois, e então nunca mais voltaram. Entretanto, os omânis passaram a exercer um maior e mais duro controle sobre a África Índica, e assim o ressurgimento da independência dos suaílis durou pouco. O litoral tornou-se efetivamente parte do Sultanato de Oman, numa situação que perdurou até o século XIX. **Civilização Suaíli.** A civilização florescida na costa suaíli, entre os séculos XII e XV, foi tida como primorosa e exemplar, e o seu declínio, segundo alguns historiadores, teria sido causado pela conquista portuguesa, a qual teria destruído a pujante cultura local. Já outros

SUÁZIS (*Swazi*)

analistas acreditam que a decadência já tivesse ocorrido antes da chegada dos portugueses, pela conjunção de diversos fatores, entre eles a grande seca que assolou a região em 1498. Esse evento climático teria forçado alguns contingentes populacionais a migrarem para territórios pouco férteis, o que acabou criando uma competição por terras e água, tendo como resultado conflitos que se prolongaram por séculos. Tais foram as guerras que envolveram, por exemplo: Pate contra Lamu; Malinde contra Mombaça; Quíloa contra Sofala, pelo controle do comércio do ouro e do marfim. Independentemente do fato de os portugueses terem sido ou não os únicos responsáveis pelo declínio da Civilização Suaíli, eles aceleraram o processo que já estava em curso, e o resultado foi o mesmo. O comércio declinou, e a prosperidade geral que tinha marcado a região por muito tempo desapareceu. As indústrias existentes ao longo da costa chegaram a um ponto em que a outrora próspera indústria têxtil de Pate, Mogadixu, Mombaça e Quíloa foi destruída, e o povo dessas cidades foi reduzido à dependência de tecidos importados da Índia. A siderurgia, outrora tão importante em Malinde, Sofala e outras cidades-Estado, também parou. Ao mesmo tempo, o povo das cidades-Estado de Mombaça, Brava e Sofala, outrora mercadores e agricultores independentes, foram reduzidos a fazedores de esteiras e cestos de palha para vender aos portugueses. Em 1698, a tomada do Forte Jesus pelos muçulmanos determinou o fim do domínio português no norte de Moçambique e possibilitou o revigoramento da civilização Suaíli, observado no século XVIII. Nesse século, com a expulsão dos portugueses e a chegada dos omânis, a costa reviveu. Embora jamais recuperasse inteiramente os níveis que tinha alcançado antes do século XVI, ela mais uma vez se tornou um polo comercial e cultural (PAGE, 2005, v. III, p. 275). **Língua veicular**. A denominação "língua veicular" designa o idioma que pode ser utilizado, entre si, por pessoas falantes de línguas diferentes, numa possibilidade concretizada por aproximações e adaptações feitas através dos tempos. Língua do grupo banto, incorporando principalmente elementos do árabe – e, mais tarde, do inglês –, o suaíli teve como núcleo difusor o comércio entre os povos de Kilwa, Lamu, Pate e outras cidades litorâneas do Índico com a região dos Grandes Lagos Africanos. No início do século XIX, era falado ao longo de todas as rotas de caravanas que cruzavam o território africano. E assim, por permitir a comunicação entre falantes de línguas diversas, tornou-se a mais difundida das línguas africanas (OLDEROGGUE, 1984, p. 222).

SUÁZIS (*Swazi*). Povo da Essuatíni, originário de um dos subgrupos dos Ngúnis. Ver ESSUATÍNI.

SUDANÊS. Habitante ou natural do Sudão; relativo a Sudão (o país ou a região). Na época focalizada neste dicionário, o termo era usado sobretudo para designar o indivíduo nativo da região, ao norte da linha do Equador, situada no grande arco circular que envolve o amplo espaço do Senegal a Camarões. Ver SUDÃO [2].

SUDÃO [1]. Nome (do árabe *sudan*, "negros") durante muito tempo aplicado a toda a África ao norte do Equador e ao sul do Saara, do Senegal ao Mar Vermelho. **Sudão Nilótico**. Denominação da região do Sudão ao longo do curso do Nilo. **Sudão Ocidental**. Antiga denominação especificamente aplicada aos atuais territórios de Senegal, Gâmbia, Mali, Guiné-Bissau, Guiné-Conacri, Serra Leoa, Libéria, Costa do Marfim, Burkina Fasso, Gana, Togo, Benin, Nigéria, além de partes de Níger e Mauritânia.

SUDÃO [2]. Zona bioclimática da África intertropical, intermediária entre o Sahel, ao norte, e a zona equatorial, das florestas, ao sul. Compreende, no âmbito deste dicionário, os territórios dos seguintes países: Senegal, Guiné, Mali, Burkina Fasso, Níger, Nigéria, Camarões, Chade, República Centro-Africana, Sudão e Sudão do Sul.

SUDÃO [3]. Nome que na atualidade designa dois países localizados na bacia do Alto Nilo, no nordeste da África: o Sudão propriamente dito e o Sudão do Sul.

SUDÃO ANGLO-EGÍPCIO. Denominação dada ao Sudão, país do nordeste africano, em território do antigo Cuxe, a partir de 1898, quando se tornou propriedade comum de Inglaterra e Egito, mas sendo dirigido de fato pelos britânicos. A denominação persistiu até 1956.

SUDÃO FRANCÊS. No período colonial, denominação dos territórios subsaarianos sob protetorado francês.

SUDÃO OCIDENTAL. No período colonial, expressão que denomina os territórios da África Ocidental.

SUDÃO TURCO-EGÍPCIO. Expressão usada para designar o Sudão, país do nordeste africano, durante o período em que esteve sob domínio dos turco-otomanos do Egito, da tomada do país por Muhamad Ali, em 1821, até a queda de Cartum ante as forças do Mahdi, em 1885. Ver CARTUM; MAHDI; QUEDIVA.

SUDOESTE AFRICANO. Ver Deutsch Sud-West Afrika.

SUECOS E DINAMARQUESES NA ÁFRICA. Ver CHRISTIANSBORG.

SUEZ, Canal de. Ver EGITO.

SUFI. Adepto do sufismo.

SUFISMO. Corrente mística do islamismo, divergente de ortodoxia sumita, pois baseada numa relação pessoal com o divino através de um culto íntimo de Maomé e de sua mensagem (Lopes; Macedo, 2017).

SULTANATO FUNJE. Estado muçulmano africano, também mencionado como Califado de Funje, Monarquia de Funje, Reino de Funje e Sultanato Azul (em árabe, com o sentido de "negro"). Localizado em território da atual República do Sudão, entre o noroeste da Eritreia e o oeste da Etiópia, seu nome evoca o povo que o fundou, os funjes. No final do século XV, sob o sultão Amara Dungas e com capital em Sennar, o reino se tornou o centro do império, que se estendia de Dongola, no norte, até as montanhas Nuba, no sul. As áreas do norte pouco se conectavam com as do sul, onde povos falantes de línguas afro-asiáticas seguiram seu modo tradicional de vida até o século XIX. **Domínio egípcio e britânico.** No século XVIII, o território abrigava dois sultanatos: o Funje, entre o Nilo Azul

SULTÃO

e o Nilo Branco; e o de Darfur, a oeste do Nilo, em uma rota comercial que se estendia do Egito à África Ocidental. Em 1821, o país foi conquistado pelo quediva do Egito, Muhamad Ali. Uma base militar foi estabelecida em Cartum, a partir da qual se concretizou, em 1876, a ocupação total do país, através de exploração, uso de força militar e escravidão, mas com pouco sucesso. No sul, as populações eram acossadas por poderosos mercadores de escravos, como o célebre Zubair Paxá. Essa forte presença gerou um clima de grande descontentamento. Logo depois do fim do reinado do quediva Ismail, o líder sudanês Muhamad Ahmad, autoproclamado como o "Mahdi", comandava uma bem-sucedida *jihad* pelo reavivamento do islamismo, encontrando resposta imediata, principalmente entre as populações islamizadas do norte. Os ingleses, que ocupavam o Egito desde 1882, não conseguiram debelar a insurreição dos mahdistas, que, dando combate sem tréguas aos governantes estrangeiros, ocuparam Cartum em 1885 e estabeleceram o primeiro governo nacional. O Mahdi e o califa Abdulai, seu sucessor, governaram o Sudão como um estado islâmico por treze anos. A existência desse estado ameaçava os planos ingleses de criar uma unidade colonial unida, desde o Cairo até a Cidade do Cabo. Então, em 1898, as tropas anglo-egípcias o atacaram; a França, também interessada no Sudão, enviou suas tropas ao teatro das operações, ao fim das quais a velha rivalidade entre ingleses e franceses se fez sentir. Entretanto, a França reconheceu o predomínio britânico sobre a região. Assim, o Sudão se tornou propriedade do condomínio anglo-egípcio (AFRICAN ENCYCLOPEDIA, 1974, p. 490). Ver MAHDI; MUHAMAD ALI I.

SULTÃO. Título privativo dos príncipes muçulmanos que governam, com soberania e independência, os territórios sob seu domínio, os "sultanatos". Proveniente do árabe *sultan*, "soberano", "rei", "príncipe", na África, entre os hauçás, o título sobrevive na expressão *sultan musulmi*, "rei muçulmano", como título do rei de Sokoto (ROBINSON, 1925, v. I, p. 383). Ver HAUÇÁS.

SUMÁ (*Souma*). Chefe dos bambaras de Segu (1697-1712), sucessor de Danfassari. Avô de Mamari Koulibaly, que o sucedeu.

SUNSANÁ (*Sounsana*). Capital dos bambaras chefiados por Niangolo localizada na região do Kaarta. Em 1754, foi assediada pelos bambaras do Segu, liderados por Mamari Koulibaly.

SUZÊNIO (*Sizínio*). Imperador (*négus*) da Abissínia, atual Etiópia, no período de 1606 a 1632. Governou o país em uma conjuntura de grande instabilidade política, alcançando o poder numa intrincada e violenta disputa de sucessão. Em face das dificuldades internas, esperou estabelecer uma aliança com Portugal e Espanha e se manteve muito próximo dos jesuítas, que há cerca de meio século procuravam reconverter os etíopes segundo os princípios do catolicismo latino. Após negociações diplomáticas e entendimentos com o jesuíta Pero Pais, Suzênio se converteu formalmente ao catolicismo em uma cerimônia pública em 1622. Nos dez anos que se seguiram, eclodiram diversas revoltas, e em 1630 ele foi derrubado do poder, sendo sucedido pelo filho, Fazílidas. Ver ABISSÍNIA; FAZÍLIDAS.

SVANE, Frederick Pedersen. Ver FREDE-RICK PEDERSEN SVANE.

SWIKIROS. No Monomotapa, denominação dos tradicionalistas responsáveis pela preservação e transmissão dos acontecimentos relativos à história das altas linhagens e dos governantes. Segundo algumas fontes, o termo também designa aquele que é possuído pelo espírito dos ancestrais (Lopes; Macedo, 2017, p. 281). Ver MONOMOTAPA; TRADIÇÃO ORAL.

T

TABACO. *Nicotiana Tabacum*, planta da família das solanáceas cujas folhas são usadas na produção do fumo. O tráfico atlântico de escravos potencializou a importância do tabaco como item de exportação das Américas para os centros consumidores europeus e africanos. E, na segunda metade do século XVII, uma nova espécie de produto, o tabaco em rolo (fumo de rolo ou de corda), surgiu na Bahia. Feito com folhas de fumo enroladas, embebidas em melaço e envoltas em couro para não ressecar nem perder o aroma, a novidade teve grande aceitação, e, assim, tornou-se mercadoria indispensável nos negócios fechados na Costa dos Escravos (VERGER, 1966; SILVA, 2012, p. 47). Na outra face da moeda, estava o tabaco ordinário, barato, consumido pela escravaria. Dele, se fazia o axá (do ioruba *àsà*), fumo de rolo triturado com sal, usado para mascar. Ver ECONOMIA DO TRÁFICO.

TABASKI. Em uolofe, denominação do décimo segundo mês do calendário muçulmano. Nele, realiza-se a Festa da Tabaski, comemorativa do sacrifício de Abraão, na qual os muçulmanos sacrificam um carneiro (DIOUF, 2003, p. 327). Segundo Mauny (2011, p. 99), a festa correspondente ao *Aïd el Kébir* dos árabes, conhecido também como "festa do cordeiro", comemorado em várias partes da África Ocidental nos séculos XVIII e XIX. Ver FESTIVAIS E CERIMÔNIAS.

TABOM. Denominação pela qual se tornaram conhecidos os afro-brasileiros retornados para a antiga Costa do Ouro, no atual território da República de Gana. Segundo a tradição oral, esta denominação teria sido criada pela população africana local para ironizar os primeiros imigrantes chegados ao seu território. E isto pelo fato de os recém-chegados, com dificuldade para compreender as palavras da língua local, repetirem excessivamente a expressão afirmativa "está bom". Alguns desses *tabom* estabeleceram-se nas fortalezas dinamarquesas de Ada e Keta como traficantes de escravos, caso de João Gonçalves Baeta, José de Mora (Moura), Cesar Cerqueira Lima e Francisco Olympio da Silva, que lá chegou em 1853. Mas o número maior era de cativos, retornados principalmente da Bahia e estabelecidos em Acra a partir de 1829, quando sete famílias desembarcaram do cargueiro Salisbury. Um segundo grupo, com cerca de duzentas pessoas chegadas em 1836, era provavelmente constituído de libertos envolvidos na Revolta dos Malês, ocorrida no ano anterior. Outro grupo teria chegado no mesmo ano vindo do Brasil, através de Lagos, sob a liderança de Mahama Sokoto, tido como ligado a Usman dan Fodio. No decurso do século XIX, segundo Amos e Ayesu (2005, p.

38-40), formaram-se, na Costa do Ouro, diversas famílias de "brasileiros", como as dos Aruna, Nassu, Ribeiro, Asuman (Azumah), Tintingi, Adama, Peregrino, Abu, Marselieno (Marcelino, Marciliano, Maslino ou Maslieno), Sokoto, Viara (Vieira?) e Aliptara. Ver COSTA DO OURO; FRANCISCO OLYMPIO DA SILVA; RETORNADOS; USMAN DAN FODIO.

TADÔ. Região, na atual República do Togo, importante ponto de passagem, por onde entraram os primeiros migrantes de Oyó e Queto no território togolês.

TAFILALET. Região do sudoeste do Marrocos correspondente à atual unidade administrativa de Meknès-Tafilalet, a noroeste de Marraquexe e a sudoeste de Rabat. Vinculada historicamente à cidade de Sijilmassa e proeminente até o século XV, por estar na rota das caravanas transaarianas, perdeu gradualmente a importância nos séculos seguintes.

TAKLA HAIMANOT II (1754-1777). Imperador (négus) da Etiópia, reinante em Xoa, então importante centro do cristianismo etíope. Quase homônimo de outros dois governantes anteriores, referidos como "Mara Takla Haimanot" – o primeiro, fundador da dinastia Zagué, no século X; e o segundo, governante no período aproximado de 1135 a 1270, venerado como santo (Lopes; Macedo, 2017, p. 283). O personagem deste verbete, mencionado como Takla Haimanot II em referência ao rei santificado, assumiu o governo pouco antes de completar 15 anos, em 1769, quando seu pai foi morto em batalha na região do Tigre, supostamente por ordem sua. Governou em um período muito conturbado em virtude do acirramento de disputas locais, de fundo religioso. Ver ETIÓPIA.

TAKRUR (*Tekrur*). Antigo Reino dos tuculores do Senegal. Em tempos remotos, o nome designou toda a região outrora referida como *Bilad al-Sudan* ou "país dos negros".

TAMAXEQUE (*Tamasheq; Tamachek; Tamazigh; Tamazight*). Denominação vernácula da língua dos tuaregues. Por extensão, é utilizada na autodenominação desse povo.

TAMBORES FALANTES. A tradição africana conhece diversos tipos de tambores que, imitando o ritmo e as variações tonais da fala humana, são usados como veículos de comunicação. Recebendo o nome de "tambor falante" (*talking drum*, em inglês; *tambour parlant*, em francês), essa espécie de instrumento musical é conhecida genericamente por diversos nomes africanos, como *dundun* e *gangan*, entre os iorubás; *dondo*, entre os povos akan; *kalangu*, entre os hauçás; e *tama* ou *tamma*, entre sererês, uolofes e mandês. O estudo das práticas culturais vinculadas a esses tambores levou o etnomusicólogo ganês Georges Niangoran-Bouah a estabelecer as bases científicas de um campo de conhecimento, na África, que ele denominou de drumologia (*drummologie)*, isto é, o estudo dos códigos sonoros tamborinados resultantes do uso dos "tambores falantes". A fabricação desses instrumentos, bem como a iniciação e a prática em sua utilização são mostradas sob formas bastante diversificadas através dos tempos. Assim, já no século XVI, no Reino Djolof, André Álvares de Almada observava que os tambores regulavam o movimento dos guerreiros durante os combates, num fenômeno também registrado por Pieter de Marees entre os povos da Costa do Ouro no século XVII. Em 1625, o cabo-verdiano André Donelha forneceu uma breve descrição sobre os tambores que viu serem usados nas guerras pelos povos temne de Serra Leoa, chamando-os "bombalos" (SILVA, 2012a, p. 199-200). Descrição mais detalhada aparece em 1795, num relato de Mungo Park, que observou o uso de instrumentos de percussão com a finalidade de comunicação social no Reino de Bondu. Ali, o som de determinados tambores, ao serem tocados publicamente, codificava certas frases de comando em língua mandinga, facilmente compreendidas pelos presentes. Em cerimônias públicas, pelo som dos toques todos entendiam qual era o momento de sentar, de calar, de prestar atenção etc. (PARK, 2008, p. 52-53; 83).

TAN DATE. Rei dos Agnis da Costa do Marfim no século XVIII. Foi o fundador do Reino Abrem de Gyaman. Ver ABREM.

TANGANICA (*Tanganyka*). Lago situado longitudinalmente na atual fronteira entre Tanzânia e República Democrática do Congo, banhando ainda o sul de Burundi e o norte da Zâmbia. Com cerca de 35 mil quilômetros quadrados de superfície, é o segundo maior lago africano. Seu nome designa também o território que, junto com os das ilhas de Zanzibar, Pemba e outras menores, forma o da atual República Unida da Tanzânia. Ver TANZÂNIA.

TANGOMAUS. Termo que, na região da Alta Guiné, durante os séculos XV a XVII designava cada um dos filhos nascidos de concubinatos, ou "casamentos à moda africana", entre lançados e mulheres nativas, envolvidos em atividades comerciais de variada procedência diretamente com chefes e mercadores africanos, consideradas pelas autoridades portuguesas como ilegais (LOPES; MACEDO, 2017, p. 284). Entre esses negócios, o tráfico negreiro nos "rios da Guiné" ganhou uma gradual centralidade. Devido a sua independência em face dos interesses da Coroa portuguesa e dos colonos portugueses estabelecidos em Cabo Verde, a imagem de tais indivíduos tendeu a ser depreciada, e o termo, bem como sua variante "tangomão", ganhou sentido depreciativo. Ver CRIOULIZAÇÃO; LANÇADOS; TUNGUMAS.

TANZÂNIA. País da África Oriental, limitado por Uganda, Ruanda, Burundi, Zâmbia, Maláui, Moçambique e oceano Índico. Outrora referido como Tanganica, nome de sua porção continental, na atualidade o país compreende também o conjunto insular composto por Zanzibar, Pemba, Mafia e ilhas menores. **Influência portuguesa.** Ao contrário dos antigos imigrantes árabes e persas, que tinham desenvolvido uma extensa rede de comércio que chegava até o interior, os portugueses, chegados à região no fim do século XV, não desenvolveram relações positivas com os povos do litoral, integrantes da comunidade linguística suaíli. Como resultado, a influência portuguesa levou à ruptura tanto da vida urbana quanto do comércio, e finalmente ao declínio geral. No fim do século XVI, os zimbas, um grupo vindo do sudeste, empreendeu uma violenta incursão ao longo da costa. Isso empurrou muitos grupos para o interior, onde eles se misturaram com o que havia de pior na população mais antiga, ao mesmo tempo que novos imigrantes iam chegando do sul da Arábia e do Golfo Pérsico. O perfil exato desses grupos, contudo, incluindo aqueles que viviam nas áreas mais longínquas do interior, não é precisamente conhecido. Aliás, o único grupo especificamente mencionado pelos cronistas portugueses é o do povo sageju, localizado próximo à cidade-Estado de Malindi. (Observe-se que muitos grupos do interior da Tanzânia, como taitas, chaggas, shambaas e quicuios, identificam uma cidade conhecida como Shungwaya como o local de sua origem. Mas poucos desses povos mantêm tradições que indiquem uma monarquia centralizada ou traços islâmicos associados a Shungwaya.) Em 1698, tropas portuguesas foram derrotadas por uma combinação de forças locais e árabes do sultanato de Oman. E isto, exceto por um breve renascimento português por volta de 1725, levou a um segundo período de ascendência árabe, dessa vez sob a égide de sultões de Oman. **Ascendência árabe-muçulmana**. Ocorreu que a aliança entre os governantes omanianos e os árabes do litoral afetava cada vez mais o poder português, ao mesmo tempo que animavam os franceses a comerciar, principalmente com escravos, na região. Em 1776, a presença francesa atraiu a atenção do sultão de Muscat sobre as possibilidades comerciais da costa leste africana, e um novo governante omâni foi indicado para Quíloa, de cujo interior vinha a maior parte dos escravos. A influência omâni tinha crescido com a chegada ao poder da dinastia Buzaida, em Oman, e o surgimento na cena política da família Mazrui, em Zanzibar. Esta influência atinge sua culminância

durante o reinado do sultão Sayyid Said (1791-1856), que não somente solidificou o poder omâni na África Oriental como transferiu sua capital de Muscat, na península arábica, para Zanzibar, em 1856. Entretanto, pressionados pelos ingleses, os filhos do sultão, após a morte do pai, dividiram o domínio herdado, separando o sultanato em dois. Não obstante, esse período assistiu ao desenvolvimento do comércio e da prosperidade em muitas partes da região, com novas rotas de caravanas cruzando o interior, e com o comércio de ouro, cativos, e marfim aumentando, de fato, foi a possibilidade de participar desse comércio, que começou a trazer forças coloniais europeias para a região ao longo do século XIX. **Resistência nativa**. Por esse tempo, no nordeste, o chefe Kimweri expandiu o Reino Vuga, e um outro poderoso estado foi erguido pelo líder Horombo, ao sudeste dos montes Kilimanjaro. No centro do território, outro líder, Mirambo, uniu vários grupos do povo nyamwezi, na década de 1870. Durante essa segunda metade do século, além de muitas sociedades terem sofrido com o aumento das guerras para capturas de escravos, outras mais sofreram também a fúria conquistadora dos Ngonis que, na sequência de eventos conhecida como *Mfecane*, chegaram até o lago Vitória. Muitos dos mais bem-sucedidos líderes locais, como Nyungu-ya-Mawe, nas décadas de 1870 e 1880 assimilaram métodos de guerra dos ngonis. **Sob o imperialismo**. Nesse quadro, em 1884, os alemães, através da Sociedade de Colonização Alemã (*Gesellschaft fur Deutsche Kolonisation*), fundada por Karls Peters, que arrendara a faixa costeira ao sultão omâni, começaram a cimentar seu caminho imperial. Para tanto, primeiro fizeram acordos com chefes, mas logo passaram a tomar áreas à força. Muitos povos locais resistiram, mas não puderam suportar o poderio bélico europeu. No sul, o povo hehe, liderado por Mkwawa, travou uma amarga e longa guerra contra os germânicos. Em outras partes do país, o povo teve que fazer acordos, cedendo a propriedade de suas terras aos colonizadores. A maior resistência ocorreu na Revolta de Maji-Maji, na qual os africanos foram derrotados, mas Zanzibar já era protetorado britânico desde 1890 (AFRICAN ENCYCLOPEDIA, 1974, p. 498-499). Na Conferência de Berlim, Alemanha e Inglaterra disputaram os direitos sobre o território, que afinal foram concedidos aos ingleses. Ver HOROMBO; MAJI-MAJI, Revolta de; MALINDI; MAZRUI, Família; MIRAMBO; MKWAKWA; NYAMWEZIS; SUAÍLI; ZANZIBAR.

TAODENI. Ver TAUDENI.

TAPAS (*Tàpà*). Nome pelo qual os indivíduos do povo nupe são chamados pelos iorubás (LOPES; MACEDO, 2017). Ver NUPE.

TARIQA. Vocábulo da língua árabe com o significado literal de "caminho ascético". Denomina cada uma das irmandades ou confrarias místicas muçulmanas vinculadas ao sufismo, importantes na difusão e consolidação do Islã na África. Seus líderes tinham e ainda têm, anteposto aos nomes, o título "xeique" (nas formas *Sheik, Cheikh, Chek, Cheikou, Seku*), e são comumente mencionados como "homens santos" ou marabus (marabout, marabou). As mais importantes turuq (plural de tariqa) foram as seguintes: **Tijania** (*Tidjaniya*), fundada por Ahmed al-Tijani in Madi, na Argélia, em 1782, difundida em Fez em 1788. **Kadíria** (*Qadirya*), fundada por Abdal Qadir al-Jilani, em Bagdá, no século XII, e introduzida a partir de 1450 no Marrocos, engajou-se na luta contra o colonialismo na Argélia, no século XIX. Sanusia, fundada por Sidi Muhamad bin Ali al-Sanusi, falecido em 1835 na Líbia (os sanusis combateram os governantes turcos na região, bem como o projeto colonial europeu no século XIX). Shadhiliyya, fundada por Abul Hassan Ali al-Shadilli, no século XIII. **Múrida**, fundada por volta de 1886-1888 por Amadu Bamba no Senegal, onde vigora o princípio da santificação pelo trabalho. **Confrarias negras**. No Magrebe, os povos negros escravizados se organizaram igualmente em confrarias ou em "casas", algumas delas dedicadas a homens santos muçulmanos, como a Confraria de Sidi Mehrez, santo protetor da cidade de Túnis. Outras estavam ligadas a homens santos negros, como a Confraria de Sidi Sâd, ou Sidi Frej, e outras ainda eram identificadas simplesmente por etnônimos ou topônimos que indicavam a proveniência de seus frequentadores, como a "Casa Bornu", "Casa Bambara" (M'BOKOLO, 2009, p. 367). Segundo o sábio malinês Amadou Hampâté Bâ, as confrarias são famílias espirituais, e não "seitas" (Bâ, 2003, p. 27), como às vezes são mencionadas. Ver CHEIKU; DERVIXES; DILA; islamização; rahmaniya.

TARIKH. Termo da língua árabe, também transliterado como *tauárikh*, correspondente ao português "história". Designa o gênero literário das crônicas históricas muçulmanas (LOPES; MACEDO, 2017, p. 284).

TARIKH MANDINKA DE BIJINI. "História dos mandingas de Bijini". Manuscrito redigido parcialmente em árabe e parcialmente em mandinga, preservado pelas famílias dos Kasama de Bijini (ou Bigene), comunidade situada na Guiné-Bissau. Trata-se de uma compilação de diversas fontes antigas que reproduzem desde narrativas míticas das origens dos mandingas e soninquês e do desenvolvimento do estado do Kaabu até sua conquista pelos fulânis do Futa Jalom na segunda metade do século XVIII. A fixação do texto data do século XIX, e sua transmissão daí em diante se fez por manuscritos e pela oralidade. Em 2007, a obra foi publicada em forma impressa pelos linguistas Cornelia Giesing e Valentin Vydrine. Ver CRÔNICAS AFRO-MUÇULMANAS.

TASSILI, Montanhas (*Tassili n'Ajjer*). Cadeia de montanhas localizada no sudoeste da Argélia, nas fronteiras com Líbia, Níger e Mali.

TAUARAS (*Tawara*). Povo de Moçambique integrante do grande grupo étnico Xona (OLIVEIRA, 1976, p. 17). É localizado na região do Tete, no sul da bacia do rio Zambeze. Ver MOÇAMBIQUE; TETE; XONAS; ZAMBEZE.

TAUDENI (*Taoudenni*). Centro de mineração de sal situado em um oásis na região desértica do norte do Mali, 664 quilômetros a norte de Tombuctu. As minas foram descobertas no início do século XVI, e gradualmente passaram a substituir a exploração anteriormente feita em Tegaza. Na época focalizada neste dicionário, a atividade estava sob controle dos povos nômades de Arauane,

que levavam o sal em duas grandes caravanas anuais até Tombuctu.

TAYTU BETUL (*c*. 1851-1918). Nome pelo qual passou à história Walatta Mikael, imperatriz consorte da Etiópia (1889-1913) pelo casamento com o imperador Menelik II, do qual foi a terceira esposa. Participou diretamente dos eventos políticos e militares, inclusive no cenário militar da Batalha de Adua, em 1896, quando os etíopes venceram o exército italiano. Nesse episódio, esteve à frente de uma força militar de 3 mil homens, além de organizar um grupo de mulheres para prestar assistência médica aos feridos. É celebrada também como a fundadora de Adis Abeba, a capital etíope.

TCHI. Variante da língua twi falada pelo povo fânti; o mesmo que fânti-twi (BAUMANN; WESTERMANN, 1948, p. 453). Ver FÂNTIS; TWI.

TCHIBINDA ILUNGA. Ver KIBINDA ILUNGA.

TCHILU (século XVII). Rei da Tchiyaka, um dos reinos dos povos ovimbundos no planalto angolano, governando por volta de 1650. Ver OVIMBUNDOS.

TCHILULU. Chefe de um ramo do povo uambo, em Angola, fundador do Reino de Tchyaka, por volta de 1650 (FORTUNA, 2011, p. 69).

TÉ AGBANLIN. Nome pelo qual passou à história o líder do povo gun, no antigo Daomé, que em meados do século XVII fundou o Reino de Porto-Novo, originalmente conhecido como Hogbonu. O nome que o identifica é traduzido pela expressão "antílope raiado de branco" (SEGUROLA; RASSINOUX, 2000, p. 437).

TEATRO

TEATRO. O continente africano é berço de inúmeras manifestações teatrais, algumas de origem bastante remota. As mais antigas são puramente orais, criadas de improviso, à moda da *commedia dell'arte* italiana e naturalmente representadas em línguas nativas. Nelas, a concepção de espaço teatral e as relações entre atores e plateia são fluidas e informais: qualquer área pode ser usada como palco de uma atuação, e o público é livre para interagir com os atores de várias maneiras e, mesmo, entrar no espaço cênico durante a performance. Em um artigo datado de 1916, citado em Meillassoux (1964, p. 27-28), Maurice Delafosse assinalava, surpreso, a existência, na África Ocidental, de um "verdadeiro teatro africano", o *kote manyaga*, que lhe fora revelado pelo intérprete Moussa Travélé. Doze anos mais tarde, esse artista publicava, em parceria com Henri Labouret, um estudo no qual descreviam o teatro mandinga, agora chamado *kote koma manyaga*, como um divertimento público que acontecia, em praças de aldeias, dividido em duas partes: as danças de abertura, executadas por mulheres e homens – estes portando guizos presos nos tornozelos –, em roda, e executando volteios e dando saltos. A seguir, apresentava-se pequenos monólogos cômicos interpretados pelos homens. Iniciando a segunda parte, como prólogo, um ator com o rosto caiado de branco e malvestido chamava os personagens. Estes eram representados por intérpretes maquiados, disfarçados, sendo que alguns eram homens vestidos como mulheres. Os personagens eram típicos: o doente, o cego, o aleijado, o imbecil, o caçador desastrado, a mulher adúltera, o marido enganado se gabando da mulher – mas os autores do estudo não viam, nessas encenações, nenhuma intenção moralizante, embora o ladrão fosse sempre castigado; o poltrão, desmascarado; o adultério, tratado de modo cômico; o traído, ridicularizado; e a mulher adúltera sempre voltasse para o marido. Como escreveu o já citado Meillassoux, o teatro africano foi uma das expressões culturais que, perseguidas e estigmatizadas ao longo dos tempos coloniais, conseguiram sobreviver à ação neutralizadora e desmobilizadora do poderoso aparato de devastação usado pelo colonialismo. E as encenações teatrais certamente se colocam nos mesmos ambientes e patamares dos contos e fábulas populares narrados pelos griôs das grandes cortes oeste-africanas, sobre os quais escreveu o etnógrafo Leo Frobenius em seu *El decamerón negro* (1938, p. 95): "Os europeus não conheceram este aspecto do povo africano porque, orgulhosos de sua superioridade e seu domínio, não souberam insinuar-se na intimidade das alegres reuniões, junto ao fogo, nas noites frescas, suaves e brilhantes, grata compensação da laboriosa e suarenta jornada". Entretanto, essa cultura "bárbara e primitiva", como se dizia na Europa, contribuiu em grande medida para a revitalização da própria arte europeia, da "culta" e "desenvolvida" civilização dos colonizadores. Por obra e graça do colonialismo e do neocolonialismo – aqui cito Houari Boumédiène, então presidente da Argélia –, "a cultura africana foi negada como tal, condenada ao exotismo, ao folclore ou à morte parcial nos museus".

TCHIUÍ. Ver TWI.

TÉCNICOS E EMPREENDEDORES. Conforme apontado em diversos verbetes desta obra, no período aqui enfocado a inserção dos povos do litoral africano em atividades econômicas transcontinentais envolvendo a Europa e a América levou a interações que resultaram na transformação gradual das condições de produção desenvolvidas no continente, com a circulação de técnicas e métodos de plantio de determinados produtos agrícolas destinados ao comércio exterior. Tais atividades vinculam-se à iniciativa de negociantes e fazendeiros, e alguns deles alcançaram posições de destaque em seus respectivos locais de origem e na Europa. Outros desenvolveram conhecimentos que refletem os avanços industriais e técnicos observados no contexto ou após a Revolução Industrial. Ver ASAMANI; BOAKYE, Kwasi; DAVIES, James Pinson Labulo; ESTRUTURAS SOCIAIS; FERGUSON, George Ekem; MUBARAK, Ali; PANET, Leopold; RIFA'A RAFI AL-TAHTAWI; TETTEH QUARSHIE.

TEDZKIRET EN-NISIAN FI AKHBÂR MOLOUK ES-SOUDAN. Conjunto de textos em árabe, de autoria anônima, contendo documentos relacionados à história do Sudão Ocidental e um dicionário biográfico (*Tedzkiret en-Nisian*) focalizando as vidas de governantes locais desde a conquista marroquina do Império Songai até meados do século XVIII, no período de governo da dinastia Arma. A obra foi traduzida por Octave Houdas, governador da África Ocidental, com o título *História dos paxás de Tombuctu* (1901). Ver ARMAS.

TEGAZA (*Taghaza; Teghaza;* Terhazza). Localidade no deserto do Saara, ao norte do atual território do Mali. Permaneceu durante séculos como um importante centro de extração de sal, sendo, ao final do século XVI, disputada pelos marroquinos e os governantes do Império Songai. A partir de 1596, enfrentou a concorrência das minas de Taodeni. Ver SAL; TAUDENI.

TEGBESSU (*Tegbesu; Tegbessou*). Rei do Daomé, governante de *c.* 1732 a 1774. Por vezes também referido pelo nome Bossa Ahede ou Bossa Aháde, ganhou o epíteto de "rei-sacerdote" pelas importantes mudanças que, junto com sua mãe, a *kpojitó*. Na Hwanjile, introduziu na organização religiosa do reino. Essas iniciativas, segundo algumas fontes, seriam influência de sua estada em Oyó como refém da corte do *alafin*. Entre elas, conta-se a instituição do casal Mawu e Lissa como progenitores primordiais de todo o panteão das divindades daomeanas, tal como Obatalá e Odudua em algumas tradições iorubás (GROMIKO, 1987, p. 223) e o apoio ao sistema divinatório Fá. E, além dessas inovações, Tegbessu criou o cargo de *adjaho*, cujo titular era, ao mesmo tempo, o ministro encarregado dos cultos aos voduns e o chefe da polícia secreta do rei (PARÉS, 2016, p. 188). Como plano estratégico, mas também baseado na religião, tentou restabelecer o status de Alada como fonte tradicional de legitimação política, restaurando a monarquia nesse reino, embora em posição apenas nominal e subalterna. E isso através da instalação, lá, de um sacerdote responsável pelo culto de Adjahutó, o primeiro ancestral da dinastia desse reino (PARÉS, 2016, p. 54). Na galeria do palácio real de Abomé, Tegbessu aparece representado como um búfalo, o que se deve provavelmente a sua grande capacidade como comandante guerreiro. Consoante Le Herissé (1911, p. 16), no momento em que assumiu o governo, vestido com a túnica de seu pai, teria dito aos opositores, *"Awou djè agbo ko bo klon klon gbo"*, que em fongbé significa "O búfalo vestido é difícil desvestir" (JOLLY; ARAÚJO, 2007, p. 58). No longo período de governo desse *dada* (rei), o Daomé estendeu sua influência até o litoral, dominando localmente os negócios do tráfico nos fortes de Djekin, Ajudá. O período corresponde também, como vimos, ao momento de ampliação da estrutura de governo, da criação de uma administração palaciana em Abomé e da fixação de chefes locais nas áreas incorporadas ao reino. No campo da diplomacia, Tegbessu é destacado pelo envio de uma missão ao Brasil em 1750, certamente para trato de assuntos relativos ao comércio negreiro. Do ponto de vista militar, embora tenha tido sucesso nas guerras contra Huedá e os povos mahi, não obteve sucesso na guerra contra Oyó, sendo forçado a pagar um tributo anual em 1738. O seu reinado aparece detalhadamente descrito no relato do negociante inglês Robert Norris, escrito em 1790. Ver AJUDÁ; ALADA; DAOMÉ; EMBAIXADORES; KPOJITÓ; NA HWANJILE; OYÓ.

TEKES (*Teke*). Povo banto do centro-oeste africano localizado no território da atual República do Congo (Congo-Brazzaville), a norte do lago Malebo. Seus indivíduos são também referidos como anzicos, batequês, tekes e tios. **Rebeldia e insubmissão.** Tidos como rebeldes e insubmissos, os tekes ocuparam a região referida em Parreira (1990a, p. 121) como Anzinkana, cujo nome remete ao etnônimo "anzicos", pelo qual são também conhecidos, sendo que Page (2005, v. III, p. 281) dá o nome "Anzico" ao reino por eles criado. A rebeldia evidenciou-se nas lutas dos tekes por independência ante os poderosos reinos do Congo e do Loango. Com elas, seu objetivo, segundo Silva (2002, p. 389), era sair do papel de meros produtores e coletores de escravos para participarem da totalidade do comércio atlântico. Para tanto, romperam os laços de dependência com o Congo, em meados do século XVI. Com sua independência assegurada, no século XVII os tekes se tornaram mercadores influentes. Relações mercantis. Localizado a oeste dos tekes, o Reino costeiro do Loango era parceiro comercial de portugueses e holandeses, aos quais fornecia, entre outros itens, o marfim exportado para a Europa. Por essa época, o marfim rareava no litoral, por causa da caça predatória praticada durante séculos. Assim, os exportadores do Loango encarregavam os tekes do contato com os caçadores de elefantes, no interior, oferecendo-lhes, em troca, bens manufaturados que lhes chegavam da Europa. Os tekes também forneciam ao Loango grandes quantidades do cobre que extraíam da região planáltica de seu território, usando mão de obra escrava. Chegado o século XIX, sucumbindo à forte influência francesa que dominou a região da bacia do rio Congo, o Reino Teke se tornou protetorado (Page, 2005, v. III, p. 281), até compartilhar o destino de todo o Congo, selado na Conferência de Berlim. Ver MAKOKO.

TEKLA HAIMANOT II. *Négus* (imperador) da Etiópia reinante entre 1754 e 1777 e assassinado no exercício do poder. Ver ETIÓPIA; IYASU I.

TEMBA NDUMBA. Personagem lendária da história africana, tida por algumas tradições como rainha dos jagas. Consoante algumas versões, teria sido mulher e lugar-tenente do jaga Zimbo, a mando de quem teria chefiado uma expedição guerreira até Serra Leoa. Segundo os exploradores portugueses Capelo e Ivens, no livro *De Angola à contracosta*, era filha de Mussassa, mulher igualmente notável do guerreiro Donji, rei de Matamba. Em outra linha de relatos tradicionais, Temba Ndumba, cujo nome é também grafado nas formas *Tembandumba*, *Ntemba Ndumba* ou *Ndumba Ntemba*, um ser masculino, teria sido o herói fundador dos jagas, ou seja, aquele que primeiro os liderou e que criou os ritos do quilombo e o conjunto de normas e regras de funcionamento do grupo, conhecidas como quijila ou "lei dos jagas". Ver JAGAS.

TEMBOS (*Thembu*). Povo banto da África do Sul, localizado nas atuais regiões de Transkei e Ciskei, falante da língua xosa. Na primeira metade do século XVIII, envolveram-se em guerras com diversos povos, e em 1829, juntando suas forças às de outros povos do grupo Xosa, resistiram aos ataques do povo ngwane que, sob a liderança do rei Matiwane, deslocava-se através do rio Orange vindo do atual Lesoto durante a sequência de eventos da *Mfecane*. Por volta de 1846, alguns dos tembos lutaram sem sucesso contra os colonialistas europeus, sendo derrotados e cedendo parte de seu território. A outra porção do povo, que não teve maiores contatos com os europeus, passou a ser conhecida como os "verdadeiros tembos" (AFRICAN ENCYCLOPEDIA, 1974, p. 505). Estes, habitantes do território historicamente conhecido como *Thembuland* e liderados pelo chefe chamado Maphasa, formaram um reino independente, no qual o clã reinante era o *Madiba*, nome adotado como cognome por seu mais célebre descendente, o estadista Nelson Mandela (1918-2013). Ver MFECANE.

TEMNÉS (*Temné*). Povo localizado no território da atual República de Serra Leoa. No início do século XVI, provenientes do atual território da Guiné-Conacri, batendo povos locais como lokos, limbas e kapés, estabeleceram-se no atual território (HOMBURGUER, 1957, p. 53). No século seguinte, seus líderes constituíram um poderoso império, que se tornou próspero graças às atividades comerciais na área próxima à floresta. Essa prosperidade despertou a cobiça de guerreiros mandingas, que atacaram os postos de comércio e conquistaram os Temnés. Ao longo do tempo, os conquistados foram sendo assimilados pelos invasores, inclusive se agrupando com os nomes de seus clãs e adotando a religião muçulmana. Entretanto, muitas tradições se mantiveram, como as das sociedades Poro e Bundu, também observadas entre os povos mende etc. (AFRICAN ENCYCLOPEDIA, 1974, p. 502-503). Ver CRIOULIZAÇÃO.

TENDAS (*Tenda*). Nome pelo qual é comumente designado o conjunto formado pelos povos coniagui, bassari, badyaranké, tenda boeni e tenda mayo, localizados no território da atual Guiné-Conacri, próximo às fronteiras com

Senegal e Guiné-Bissau. Nos séculos XVIII e XIX, esses povos foram, segundo algumas fontes, duramente atingidos pelo tráfico negreiro centrado na região do Futa Jalom.

TENGUELÁ, Koli. Ver KOLI TENGUELÁ.

TEODORO II (1818-1868). Imperador (*négus*) da Etiópia, reinante de 1855 ao fim de sua vida. Chefe do povo de Qwara, na fronteira com o Sudão, ao assumir o trono trocou o nome nativo *Kassa* pelo de *Tewodros*, ocidentalizado como "Teodoro" (PANKHURST, 1984, p. 60) em homenagem ao homônimo, reinante na Etiópia no século XV. Além de enfrentar os adversários internos e conter rebeliões regionais, esbarrou em sérias dificuldades diplomáticas com a Inglaterra. Quando decretou a prisão do legado britânico, Lord Cameron, uma expedição militar a serviço do governo inglês invadiu a Etiópia. No ataque ao palácio real, Teodoro cometeu suicídio.

TEÓFILO (*Theophilos*). Imperador (*négus*) da Etiópia. Reinou sob o nome *Asrar Sagad* entre os anos 1708 e 1711. Irmão de Iyasu I, governou em meio a sedições e revoltas em virtude das disputas de sucessão. Ver ETIÓPIA.

TEQUES. Ver TEKES.

TERRAS FIRMES. Expressão usada, até o século XIX, para designar o distrito de Moçambique, abrangendo a península de Mossuril e as localidades de Cabeceira Grande e Cabeceira Pequena.

TESFA SEYON (1508-1550). Monge etíope, também referido como *Pietro Malbazó*, *Mlheso* e *Indiano*. Pertencente à comunidade do mosteiro de Debre Libanos e destacado por sua capacidade intelectual, realizou gestões diplomáticas durante as guerras dos etíopes contra o Sultanado de Adal. Em 1538, estabeleceu contatos em Roma e desempenhou um importante papel na aproximação entre as igrejas romana e etíope, a qual levou à organização de uma missão jesuíta na Etiópia (1555-1632). Ver ADAL, Sultanato de.

TETE. Cidade de Moçambique localizada no vale do rio Zambeze. Antes da chegada dos portugueses, foi um importante centro do comércio suaíli que atraiu a atenção dos portugueses em seus esforços para alcançar as fabulosas minas de ouro do Monomotapa. Assim, por volta de 1531, os exploradores lusitanos lá fundaram um de seus empreendimentos. Sob essa influência, Tete se tornou, por volta do século XVII, um importante centro do comércio de ouro e marfim, e em 1763 ganhava da Coroa portuguesa a condição de cidade. Na língua local, o xinhungue ou "cafre tetense", uma das traduções do vocábulo *tete*, além de outras com a ideia de fragilidade, é "caniço" (COURTOIS, 1900, p. 66), palavra que, em Moçambique, designa bairro ou moradia das camadas populares (HOUAISS *et al.*, 2001). Ver MONOMOTAPA; ZAMBEZE.

TETELAS (*Tetela*). Povo do grupo linguístico Mongo, localizado no norte do território do Congo-Quinxassa, também referido como batetelas. É tido como grande cultor dos dons da oratória (MAQUET, 1962, p. 24). Ver BATETELAS, Revolta dos; NGONGO LUTETE.

TETTEH QUARSHIE (1842-1892). Pioneiro da agricultura no território da atual República de Gana, responsável pela introdução do cacau em seu país. Filho de um casal do povo ga-adagbe,

TIMBO

na adolescência foi aprendiz de ofícios artesanais em uma missão religiosa europeia originária da Basileia, em Akropong. Trabalhando com afinco, logo se tornou um mestre, destacando-se como o primeiro ferreiro estabelecido em Akuapem-Mampong. Por volta de 1870, trabalhou em fazendas de plantio de cacau nas ilhas de Fernando Pó (Guiné Equatorial), São Tomé e Príncipe. De retorno a sua terra, introduziu, em 1878, o cultivo do cacau na fazenda de sua propriedade, tornando-se um próspero e respeitado empresário. Ver AGRICULTURA; ESTRUTURAS SOCIAIS; MERCANTILISMO – África Ocidental; REVOLUÇÃO INDUSTRIAL – Reflexos na África.

TEVE. Estado africano ao sul de Manica, entre os rios Pungué e Save, no território do atual Moçambique (Silva, 2012a, p.179).

TIBSHASHA. Em Tombuctu, no período de 1591 a 1750, designação correspondente ao título de paxá, atribuído aos governantes.

TIBUS. Ver TUBUS.

TIDJANI TALL. Líder oeste africano, soberano do Reino Tuculor do Maciná. Sobrinho de El Hadj Omar Tall, em 1864 tomou como capital do reino a cidade de Bandiagara. Ver BANDIAGARA; EL HADJ OMAR TALL; MALI; TUCULORES.

TIGRÉ (*Tegray; Tigrai; Tigray; Tigre*). Região do norte da Etiópia, a oeste do Planalto de Danaquil. Nela, ergueu-se a cidade de Axum, sede do poder abissínio (Lopes; Macedo, 2017, p. 288).

TIJANIA (*Tijaniya*). Confraria mística muçulmana (*tariqa*) fundada em 1782 por Ahmed al-Tijani, homem santo de origem argelina, respeitado pregador e líder espiritual com passagens pelo Egito e o Marrocos. Notabilizada pela simplicidade de sua organização, tornou-se a mais difundida em toda a África Ocidental. **O fundador.** Al-Tijani nasceu na Argélia em 1737, e com cerca de 45 anos de idade fundou a irmandade, expandida da Argélia até Fez, a capital marroquina, cinco anos depois, e daí conquistando adeptos por toda a faixa de território que se estende entre os atuais territórios de Níger e Senegal. Assim, a Tijania ocupava gradualmente o espaço político ocupado pela Kadíria, antes hegemônica entre os adeptos do islamismo na região. O líder faleceu em 1815, quase octagenário, mas seu exemplo frutificou em diversas lideranças posteriores. **Referências póstumas.** Em 1852, o líder El Hadj Omar Tall, sobrinho de Al-Tijani e membro da confraria, iniciava sua guerra santa, historiada em outra parte desta obra, e seu movimento recebeu a denominação de *Jihad Tijani* (Boakye, 1982, v. II, p. 9). Na década seguinte, um sobrinho do líder Omar, honrosamente chamado Tidjani Tall, na condição de líder dos tuculores, fundava o Reino de Bandiagara, no qual reinou sozinho por cerca de vinte anos, até sua morte. Ver ARGÉLIA; BANDIAGARA; EL HADJ OMAR TALL; KADÍRIA; TARIQA.

TIMBO. Comunidade muçulmana que, em meados do século XVIII, servia como centro do movimento de reforma religiosa implantado pelos fulânis na região do Futa Jalom.

TINDI. No Império Songai, nome atribuído aos artesãos, sobretudo aos alfaiates e construtores.

TINUBU, EFUNROYE. Ver EFUNROYE TINUBU.

TIPPU TIP. Um dos nomes pelos quais foi conhecido Hamed bin Muhammed bin Mohammed el Murjeb, também *Tippo Tip*, *Tippo Tipo* etc., o mais poderoso dos traficantes afro-árabes de Zanzibar. É descrito em Hochschild (1999, p. 141) como "um homem bem-apessoado, barbado, forte", que em 1887 foi nomeado governador da província oriental do Estado Livre do Congo. Nascido de uma família árabe fortemente impregnada de sangue africano (M'BOKOLO, 2011, p. 335), celebrizou-se com os acúmulos de poder e riqueza obtidos nas rotas do tráfico, no interior da África Central, especialmente na área cultural Luba--Lunda. Em 1869-1870, algumas de suas caravanas eram compostas por até 4 mil pessoas. Em 1887, escolhido pelo rei Leopoldo da Bélgica, assumiu o governo da província leste do chamado "Estado Livre (ou Independente) do Congo", durante o período de instalação do domínio colonial belga. Ver CONGO, Estado independente do; LUBAS; LUNDA.

TIOS (*Tyo*). Ver TEKES.

TIYO SOGA (1829-1871). Jornalista, escritor, músico, tradutor e missionário evangelista sul-africano. Com formação teológica na Escócia, destacou-se, em seu país, como o primeiro negro ordenado sacerdote. Na década de 1860, com uma intensa atividade intelectual na Cidade do Cabo, traduziu para seu idioma nativo, o xosa, inúmeros textos bíblicos, como o clássico *Pilgrim's Progress*, de John Bunyan. Também compositor de hinos religiosos, deixou para a posteridade 29 hinos escritos na língua de seu povo.

TLEMCEN. Antiga cidade do noroeste da atual Argélia. Seu nome é tido como derivado da palavra berbere *tilmisane*, que significa "nascentes". Ocupada desde tempos imemoriais por diferentes comunidades históricas do Magrebe, devido a sua importância comercial foi disputada por turcos e espanhóis, na luta pelo controle do Mediterrâneo, nas primeiras décadas do século XVI. Permaneceu sob domínio otomano até 1830, perdendo a importância que tinha anteriormente. Em 1833, passou ao domínio dos sultões marroquinos da dinastia Alauíta, e em 1842 foi conquistada pelos franceses – que a ocuparam de modo permanente a partir de 1858.

TLOKWAS. Clã do povo ngúni (ou zulu). Em 1822, seus membros foram atacados pelo chefe hlubi Mpangazitha (MEREDITH, 2017, p. 253). Ver HLUBIS; MFECANE.

TOFFA, DÉ (1830-1908). Soberano do Reino de Alada ou Hogbonu, reinante em Porto-Novo (1874-1908), no sudeste do atual território do Benin. Descrito em Palau Marti (1964, p. 106) como um rei meramente decorativo, beberrão e temeroso dos exércitos daomeanos de Abomé. Entretanto, o que mais se destaca em sua biografia é a necessidade de se libertar da vassalagem que prestava ao Reino do Daomé, pelo que se associou a colonialistas franceses e a reis vizinhos, durante o reinado do poderoso inimigo Glele. Uma outra versão desta mesma história conta que Toffa, filho e sucessor do rei de Alada falecido em 1864, desde então foi incitado por colonialistas ingleses a tomar à força o trono de Porto-Novo, o que recusou, preferindo buscar apoio em Abomé, onde teria sido bem recebido pelo rei Glele. Assim, só assumiu o trono que lhe era devido em 1874, com a ajuda de forças de Abomé. Entretanto, para, ao mesmo tempo, distanciar-se dos ingleses e romper a vassalagem que prestava ao rei daomeano de Abomé, Toffa celebrou, em 1882, o tratado que fez de Porto-Novo um protetorado francês. E esse foi o estopim das chamadas "Guerras Daomeanas", ocorridas entre 1890 e 1894, ao final das quais a França assumiu o controle político de todo o Daomé, cujo território conservou esse nome até a independência, em 1960, quando o país passou a se chamar República Popular do Benin. Ver ABOMÉ; ALADA; DAOMÉ; GLELE; PORTO-NOVO.

TOGO. País oeste-africano localizado no Golfo da Guiné, entre as atuais repúblicas de Gana e Benin. O território da atual República Togolesa é limitado a norte por Burkina Fasso, a nordeste pelo Benin, a oeste por Gana e ao sul pelo oceano Atlântico. Algumas tradições referem que, por volta de 1500, os ewés, dos atuais Togo e Gana, ainda se concentravam na região de Nuatsie ou Notsie (BOAHEN, 2010, p. 477). Segundo versões estabelecidas, no fim do século XVI, teriam partido de Tado dois grupos do povo ewe: um dirigindo-se para o lugar mais tarde conhecido como Atakpamé e o outro, mais numeroso, rumando na direção sul para estabelecer-se num bosque, onde depois nasceu Nouatché ou Notsé. Nesta cidade, reinou Agakoli, soberano que a protegeu com um grande muro de argila. Consoante algumas tradições, esse rei se revelou um tirano, e, por isso, grupos de descontentes aos poucos foram destruindo a muralha e fugindo do reino. O certo é que, com o crescimento da população, os ewés foram progressivamente se dispersando, em várias ondas migratórias, tanto na direção de Kpalimé quanto para Ho, ou em busca do litoral, tanto para os lados da atual Gana quanto para o atual território togolês, onde fundaram Lomé. No século XV, os portugueses começaram a explorar a costa; entretanto, desprovido de abrigos naturais, o litoral se mostrou difícil à penetração. Até que, mais tarde, os contatos se estabeleceram em Popô Pequeno, que no século XVII foi também porta de entrada para exploradores holandeses. Por esse tempo, chegaram contingentes do povo gun, procedentes do território da atual Gana, bem como os dos povos Tchokossi e Moba, migrados de territórios vizinhos, atualmente localizados nas repúblicas de Gana e Burkina Fasso. Na passagem para o século XIX, formou-se no Togo a comunidade *brésilien* (brasileiros) que, a partir de Popô Pequeno, escreveu um capítulo polêmico na história do tráfico atlântico de escravos. Até então, prevalecia a competição entre os europeus pelo tráfico negreiro, mas quando este se tornou ilegal, o comércio de azeite de dendê foi tomando seu lugar, a partir de 1830. No fim do século XIX, os alemães dominavam a maior parte do comércio na costa e começavam a expandir seu controle para o interior do território, que foi declarado protetorado em 1883. Apesar da resistência dos povos locais, sobretudo nas revoltas de Kabyé (1890) e Konkomba (1897-1898), eles dominaram e colonizaram a área, usando, para tanto, de extrema violência. No século XIX, o país hoje chamado Togo se situava entre os do povo fon, a leste, e o dos axânti, a oeste, governados por regimes militares muito bem estruturados. Assim, seu solo comumente servia tanto como campo de batalha quanto como local de refúgio. Em 1883, os franceses estabeleceram protetorado sobre Grande Popô, Popô Pequeno, depois Aného e Porto Seguro. Mais tarde, a administração alemã foi instalada em Baguida (PIRAUX, 1977, p. 34-39). Ver AGOKOLI; ANÉHO, DENDÊ; GRANDE POPÔ; POPÔ PEQUENO.

TOKOROR. Variante de tuculor. Ver TUCULORES.

TOM EWUSI (século XVII). Nome pelo qual foi conhecido o mercador e traficante de escravos Thomas Edward Barter. Nascido de pai inglês e mãe africana em Cape Coast, no atual território de Gana, foi enviado em 1690 para a Inglaterra, onde recebeu educação formal sob os auspícios da *Royal African Company*. Ao retornar, em 1693, serviu durante algum tempo de intermediário dos britânicos nos negócios do comércio escravista, logo passando a atuar por conta própria, tornando-se o principal traficante local a partir de 1702. Ver CRIOULIZAÇÃO; TRAFICANTES.

TOMBUCTU (*Timbuktu; Timbuctoo; Tombouctou*). Cidade oeste-africana fundada em território do atual Mali por volta do ano 1000 d.C. e destacada como grande centro comercial e de saber islâmico. **O Paxalique**. Em 1591, conquistada pela dinastia saadiana do Marrocos, a cidade e os territórios circunvizinhos passaram a ser governadas por uma linhagem de paxás inicialmente a serviço dos sultões marroquinos, sendo então o governo referido como o "Paxalique de Tombuctu" – sendo o termo "paxalique", talvez, uma forma irônica para "paxalato", governo de paxás. A linhagem dos Arma, criada em 1618, reconheceu em 1670 os sultões alauítas como seus soberanos, mantendo-se leais a eles. O paxalique de Tombuctu, como esse governo é por vezes referido, foi destruído pelos tuaregues, que ocuparam a cidade em 1737, e depois em 1770, pondo fim ao período de dominação marroquina. **Exploradores europeus**. No século XIX, no processo de exploração das regiões interioranas do continente africano, a Sociedade Geográfica Francesa instituiu uma premiação a quem conseguisse ir à legendária Tombuctu e de lá regressar. Um major inglês conseguiu chegar lá, mas foi assassinado, e o prêmio foi conquistado em 1828 pelo explorador e naturalista francês René Caillié, que só conseguiu voltar à Europa porque se disfarçou de peregrino muçulmano (DANIELS; HYSLOP, 2004, p. 263). Observe-se que, por essa época, no âmbito da *jihad* de Cheiku Amadu, Tombuctu estava sob controle dos fulânis do Maciná. **Os "Manuscritos de Tombuctu"**. Com esta designação, nomeia-se o conjunto de textos escritos, em árabe e em língua local, de forma narrativa e epigráfica, por indivíduos pertencentes às sociedades da Bacia do Níger, nas áreas saheliana e saariana, entre os séculos XII e XIX. Tal produção diz respeito a temas comerciais, administrativos, geográficos, cronísticos e, sobretudo, de natureza religiosa guardados no interior de madraças ou em outros locais. Seu acervo, compreendendo mais de 200 mil manuscritos, tem sido recuperado por pesquisadores ligados à Unesco, já que, por seu inestimável valor histórico, foi considerado Patrimônio da Humanidade. A parte principal deles encontra-se na Biblioteca de Manuscritos Mamma Haidara, no *Institut des Hautes Études et de Recherches Islamiques Ahmed Baba* e na Biblioteca de Manuscritos Al Wangara, na República do Mali. Ver ALAUÍTAS; CHEIKU AMADU; FULÂNIS; JIHAD; MACINÁ; SANKORÉ, Mesquita de; TIBSHASHA; TUAREGUES.

TONDIBI, Batalha de. Confronto militar ocorrido em 1591, opondo as tropas marroquinas da dinastia saadiana, sob a liderança de Juder Paxá, renegado de origem espanhola, às forças militares do Império Songai, em uma disputa pelo controle das minas de sal de Tegaza. A vitória marroquina, conseguida graças à utilização de armas de fogo (arcabuzes e canhões) por um exército de 5 mil homens, parte deles mercenários, determinou o fim da hegemonia local exercida pelos Ásquias. Após liderar o ataque a várias cidades na Bacia do Níger e garantir a ocupação do estado Songai, Juder Paxá entregou o comando a Mahmoud Zarqun, retornando a Marraquexe, onde morreu. Ver ARMAS; ÁSQUIA; JUDER PAXÁ; MARROCOS; SONGAIS; TEGAZA; ORGANIZAÇÕES MILITARES.

TONDYON. Denominação do corpo de infantaria do exército do Reino bambara de Segu, criado pelo *fama* (rei) Mamari Koulibaly, também mencionado como "Bitton Koulibaly". O nome resultava da junção dos elementos *dyon* e *ton*, da língua bambara, o primeiro significando efetivamente "escravo", e o segundo, costumeiramente traduzido como "associação", para formar a expressão "associação de escravos". Segundo N'Diaye (1970b, p. 27), o *ton* era uma espécie de "classe de idade", daí a extensão do termo para o sentido de "associação". Para a constituição desse corpo, Mamari recrutou escravos, devedores e condenados a diversas penas, saldando suas dívidas ou os anistiando em troca de sua incorporação à tropa e colocando-os à sua disposição e a serviço de sua corte e de seu culto religioso, pelo que eram absolvidos, mas privados de sua liberdade pessoal. Assim, criou uma tropa forte e eficiente, mas extremamente perigosa para a estabilidade do reino, como mais tarde se comprovou. A denominação da corporação estendeu-se a cada um de seus membros, mencionados como "os *tondyon*". Segundo N'Diaye (1970b, p. 26), de início, os *tondyon*, então chamados *ton'den*, constituíam efetivamente uma associação de escravos que desfrutavam de certos privilégios e, assim, causavam inveja aos escravos comuns. Assim, a maior parte dos tondyon não era constituída de escravos nem de seus descendentes, mas, sim, de devedores ou delinquentes. Outros eram filhos de pessoas que deviam ao rei. Era nessa circunstância que Ngolo Dyara, descendente de uma grande família nobre, tinha sido incorporado aos *tondyon* da família real por seu pai não ter pagado impostos devidos ao "Bitton", rei do Segu (N'DIAYE, 1970b, p. 95). Ao que parece, Mamari Koulibaly formou seu exército a partir deles e depois foi agrupando indivíduos de outras condições sociais, por adesão

TONGAS (*Thonga*)

voluntária, formando, segundo Maurice Delafosse (1912, v. II, p. 284), um exército permanente dividido em diversas companhias, tendo ao comando os *tondyon* mais antigos e, depois, os seus descendentes. Isto explica que, dentro de algum tempo, os *tondyon* tenham adquirido uma considerável influência, vindo a constituir uma oligarquia militar, e o próprio termo que os denominava perdeu o sentido aviltante inicial e ganhou foros de nobreza. Ver BAMBARAS; SEGU; CEDDO; CLASSES DE IDADE; GUARDA NEGRA; MAMARI KOULIBALY; ORGANIZAÇÕES MILITARES.

TONGAS (*Thonga*). Denominação, o mesmo que *tsongas*, aplicada a um conjunto de povos da África Austral localizados na poção meridional de Moçambique, ao sul do rio Save, compreendendo, entre outros, os subgrupos falantes das línguas ronga, konde ou maconde, e chopi. Obenga (1985, p. 29) relaciona, em separado, uma outra língua tonga localizada entre os bantos do Médio Zambeze, também denominado Toka ou We. Segundo Figueirinhas (1999, p. 32), o termo tinha em sua origem um sentido pejorativo, pois era o designativo dado pelos conquistadores angônis aos conquistados, denominados rongas. Os portugueses, por sua vez, denominaram-nos algumas vezes de Changanas (*Sotchanganas*), em referência ao nome do líder *angôni*, Chochangane ou Soshangane, que os conquistara. Essas denominações nunca foram adotadas pelos rongas, que as consideraram insultuosas, embora esta última, por comodidade, tenha passado a designar a língua falada na região. Encontram-se organizados em seis clãs principais, denominados Ronga, Djonga, N'Ualungo, Lhangano, Bila e Chêngua. Ver ANGÔNIS; RONGAS; SOCHANGANE.

TONGA. Em São Tomé e Príncipe, designação aplicada ao filho de pais estrangeiros nascido em território santomense (HOUAISS *et al.*, 2001). Ver CRIOULIZAÇÃO.

TORO (*Tooro*) [1]. Antigo reino localizado no sudoeste do atual território de Uganda, originário do grande império de Quitara, florescido provavelmente no século XVI. A criação do Toro se deu, no século XIX, quando o príncipe Olimi Kaboyo Kasunsunkwanzi, filho do rei do Bunioro, sucessor do mencionado Quitara, anexou a porção meridional do território governado pelo pai, declarando-se rei, provavelmente na década de 1830.

TORO [2]. Ver FUTA TORO.

TORODO (*Tooroodo*). Nome clânico que designa uma facção do povo Tuculor e cada um de seus integrantes (NIANG, 1997, p. 100). A denominação estendeu-se para designar cada um dos ativistas muçulmanos que desde o século XVII, a partir da região do Futa Toro, promoveram diversos movimentos de reforma político-religiosa, sendo propagadores e popularizadores do Islã na África Ocidental. Ver TUCULORES.

TOURÉ, Vakaba. Líder mandinga fundador do Reino de Kabadugu, no território da atual Costa do Marfim, entre 1840 e 1850.

TOURÉ. Patronímico (sobrenome que evoca um ancestral) muito difundido na África ocidental, denominativo de famílias ou linhagens de origem soninquê ou mandinga. A difusão deste patronímico está relacionada com a expansão dos povos mandingas ocidentais desde os séculos XIII e XV rumo aos atuais territórios de Burkina Fasso, Costa do Marfim, Serra Leoa, Guiné-Conacri, Guiné-Bissau, Gâmbia e Senegal. Ver TURÊ.

TOYON, Dè. Soberano de Alada reinante em Porto-Novo (1828-1838). Ver ALADA; TOFFA, Dé; PORTO-NOVO.

TRADIÇÃO ORAL. Neste dicionário, a expressão "tradição oral" refere o veículo pelo qual os protagonistas da história africana puderam aprender de seus antepassados, através da palavra falada, o conjunto de conhecimentos e costumes praticados ao longo dos tempos. Nas sociedades africanas do período enfocado neste dicionário, a oralidade continuava a desempenhar um papel central na conservação das tradições e das regras de convivência, fortalecendo-as e lhes fornecendo modelos a serem repetidos de geração a geração. Nessas sociedades, o saber transmitido oralmente assume funções determinantes, quais sejam: a de justificar o poder através da rememoração da história de linhagens ou dinastias reais; a de legitimar direitos e privilégios de determinados clãs em relação a domínios privados para caça, pesca etc.; a de assegurar a manutenção do prestígio social ou poder político de determinados grupos sobre outros, através da explicação da origem dos costumes; a de preservar a coesão interna dos grupos sociais através da explicação da origem e do significado de ritos e festas coletivas (GAYIBOR, 2008, p. 17-18). Na África, devido à vasta extensão do continente, ainda convivem múltiplas formas e modalidades de transmissão oral, bem como diferentes gêneros pelos quais essa transmissão ocorre. No oeste africano, por exemplo, a responsabilidade pela transmissão oral é costumeiramente reservada a grupos de indivíduos, com preparo específico, submetidos a sucessivos processos de iniciação para atuar como guardiões da memória e dos costumes. Nas áreas de influência mandê ou mandinga, esses indivíduos são localmente conhecidos pelo termo *djeli* e suas variantes dialetais, ou seja, como "griôs", termo aqui analisado em um verbete respectivo. Já no Daomé, os tradicionalistas ou assemelhados eram chamados *hanjitó*, e no Reino de Queto, arautos, talvez com função semelhante, são mencionados como *Baba Elégún Oyédé* (MARTI, 1964, p. 61). Devido ao gradual reconhecimento da importância dos registros orais para a reconstituição do passado das sociedades africanas, nos anos 1970 a 1990 foram criados diversos centros de preservação e tratamento da tradição oral, entre os quais o *Centre pour l'Étude Linguistique et Historique pour la Tradition Orale* [Centro para o Estudo Linguístico e Histórico para a Tradição Oral – CELHTO], na República do Níger, e o *Centre Régional de Recherche et de Documentation sur les Traditions Orales et pour le Développement des Langues Africaines* (Centro Regional de Investigação e Documentação sobre as Tradições Orais e para o Desenvolvimento das Línguas Africanas – CERDOTOLA), na República dos Camarões (MBAYE, 2004, p. 484). **Tradicionalistas**. Durante o período abordado nesta obra, diversas sociedades africanas dispuseram de códigos escritos ou formas compósitas de escrita criadas a partir de combinações de elementos heterogêneos, como signos árabes e letras do alfabeto latino. Não obstante, tanto as sociedades ágrafas como aquelas que dominavam a escrita atribuíram um grande valor à oralidade, que acabou por constituir um traço particular e distintivo desses grupos sociais. A palavra falada desempenhava um papel central na conservação das tradições, das regras de convivência, fortalecendo-as e conferindo-lhes o papel de modelos a serem repetidos de geração a geração. Sua força evocativa era tamanha que a transmissão oral, na África Ocidental, como já vimos, costumava ser reservada a grupos de indivíduos especialmente iniciados. Na área mandê, esses indivíduos recebiam diversas denominações: *dyéli*, entre os bambaras; *djeli, jeli e djeliw*, entre outros mandingas; *géwal*, entre os uolofes; *gawlo, bambaado, jalli, jaawando, jaarejo*, entre os tuculores etc. As primeiras menções a esses transmissores das tradições datam do século XIV, e sua existência é referida em textos sobre os povos da Guiné e da Gâmbia ao final do século XVIII. Nas áreas de influência uolofe, entre os povos de Cayor, Baol, Sinê e Salum, a presença desses tradicionalistas na corte chamou a atenção de diversos escritores, que a eles fazem menção. Sempre agregados a famílias de alta linhagem, sobretudo de governantes, nas quais eram mantidos em situação de dependência doméstica, os tradicionalistas eram inseridos na estrutura social em condição subalterna, junto aos artesãos e a outros indivíduos classificados como "gentes de casta". Embora gozando de liberdade corporal, constituíam um grupo fechado, endogâmico, enquadrado numa categoria social sobre a qual pesavam certos interditos, inclusive a proibição de serem sepultados nos mesmos locais reservados aos indivíduos plenamente livres e os que pertenciam às camadas dominantes. Observemos que, na África Centro-Ocidental, aos tradicionalistas cabe a recitação dos *malunda* e dos *musendo*, pelos qual são descritas as narrativas de origem e as genealogias das principais linhagens dos povos de origem imbangala; e no Monomotapa cabia aos *swikiros* o papel de preservação da memória social. Ver GRIÔ; HUETANU; HWENOHO; MALUNDA; MONOMOTAPA; MUSENDO; SAMBA GUÉLADIO; SWIKIROS.

TRAFICANTES. No período estudado neste dicionário, o termo é aplicado a mercadores, intermediários ou negociantes relacionados ao tráfico negreiro, nascidos ou não na África. O termo tem origem na língua italiana, e ocorre na língua portuguesa a partir de 1813 (Cunha, 1982). Ver AJI, Sulimane Bona; ALVARENGA, Rosa de Carvalho; AKROSAN, Irmãos; ANA MULATA, Dona; ANTERA DUKE; ATITSOGBI; AURÉLIA, Mãe; BANNERMAN, James; BIBIANA VAZ; BISAS; BREW, Família; DOMINGOS JOSÉ MARTINS; EFUNROYE TINUBU; FENDA LAWRENCE; FRANCISCO OLYMPIO DA SILVA; FREDERICK PEDERSEN SVANE; GUMBU SMART; HEARD, Betsy; IYE IDOLORUSAN; João de oliveira; KABES, John; MAMMY SKELTON; MASSINGIR; Mpongwe; Nyambi, Mataka; Paulo mariano dos anjos; PUMBO; ROBIN JOHNS, Irmãos; SEMBOJA; TIPPU TIP; TOM EWUSI; TRÁFICO; TUCKER, Família; Urrobos; ZEMIO IKPIRO.

TRÁFICO. Vocábulo que designa negócio, comércio, "trato mercantil" (HOUAISS *et al.*, 2001). Originário do italiano *traffico* e usado, por extensão, na acepção de "negócio indecoroso", tem uso na língua portuguesa desde o século XVI, sendo que o derivado "traficante" é registrado pela primeira vez no século XIX (CUNHA, 1982). Neste dicionário, o termo e seus derivados ocorrem em inúmeros verbetes, o que dá a exata medida do impacto do comércio de seres humanos na História da África, especialmente entre os séculos XVI e XIX.

TRÁFICO NEGREIRO. Nome genérico dado ao comércio internacional de africanos escravizados incrementado a partir do descobrimento da América e só legalmente proibido no século XIX. Integrado no contexto da "escravatura comercial". O vocábulo "tráfico" conota comércio ilegal e clandestino, e no âmbito do escravismo transatlântico, embora a decretação da ilegalidade só tenha ocorrido no século XIX, o costume nos autoriza a caracterizar como "tráfico" o comércio de escravos em todas as suas fases. **O tráfico transaariano.** O comércio, através do Saara, entre a África Ocidental e o Mediterrâneo estabeleceu-se, provavelmente, nas primeiras décadas após a hégira muçulmana. A principal mercadoria desse comércio foi, inicialmente, o ouro do antigo Gana, mas entre os itens comerciais contava-se, também, marfim, pedras preciosas, sal, produtos agrícolas e escravos. O comércio transaariano de escravos, que perdurou, amparado em costumes ancestrais, além da proibição do tráfico negreiro para as Américas, defendido como obra de redenção, pacificação e civilização da África, foi uma das principais justificativas para o colonialismo europeu. **O tráfico índico.** O comércio de escravos através do oceano Índico, entre a costa oriental africana e a Ásia, vem, também, de tempos remotos, bastante anteriores às grandes explorações portuguesas, principalmente em duas direções, impulsionado por mercadores árabes: ao longo do litoral e em direção ao Golfo Pérsico e à Índia. As principais rotas de penetração dos mercadores árabes responsáveis por esse tráfico iam de Quíloa até além do lago Niassa; de Zanzibar até o interior do Congo; e de Mombaça até o lago Vitória. Com os europeus, criou-se uma outra rota, em direção ás Ilhas Mascarenhas e às outras ilhas colonizadas, como Seicheles e Comores (DORIGNY; GUINOT, 2017, p. 42). A partir do século XVII, entretanto, europeus começam a subtrair a esses árabe-muçulmanos a hegemonia do chamado "tráfico índico", arrebanhando, também na costa oriental, africanos escravizados para o trabalho nas Américas. O tráfico atlântico. Entre 1650 e 1850, cerca de 12 milhões de africanos chegaram às Américas para trabalhar sob o regime de escravidão. Mas, além disso, durante os cerca de quatro séculos da ordem escravista, a África Subsaariana sofreu o impacto do tráfico através do oceano Atlântico, em direção às Américas – primeiro, a partir, principalmente, da alta Guiné, e, depois, da Costa da Mina, de Angola e da Contracosta. Durante esse tempo, mais de dez gerações de africanos viveram em sobressalto, temendo pela liberdade e pela vida, suas e de seus próximos. Essa situação atingiu populações litorâneas e dos sertões, e, na costa, principalmente as áreas hoje pertencentes às repúblicas de Senegal, Gâmbia, Serra Leoa, Libéria, Gana, Togo, Benin, Nigéria, Camarões, Guiné Equatorial, Gabão, Congo-Brazzaville e Angola. O tráfico atlântico trouxe da África Subsaariana para o Novo Mundo milhões de indivíduos, e ceifou outros tantos milhões de vidas nas guerras que incentivou e na resistência que teve de enfrentar. Essa sangria humana sem precedentes levou a que Walter Rodney (1975, p. 137) advogasse a ideia de que, do século XVIII ao XIX, o contingente populacional do continente teria permanecido estagnado, mas pesquisas posteriores demonstraram que o volume populacional, na realidade, decresceu. Em vez de evolução, houve uma involução populacional (LEPINE, 2000, p. 99). **Fortalezas europeias**. Ao longo da História, as inúmeras fortalezas que serviam ao tráfico negreiro distribuíram-se, na costa ocidental africana, de Arguim, na atual Mauritânia, até Benguela, no sul de Angola. Só na Costa do Ouro, um mapa em Dorigny e Gainot (2017, p. 39) mostra 32 estabelecimentos dessa natureza, pertencentes a ingleses, holandeses, dinamarqueses, portugueses, franceses e brandemburgueses (prussianos). **Expansão do tráfico**. No início, essa atividade era um negócio limitado, e isto porque os portugueses monopolizavam o comércio de escravos em todos os mercados da África Ocidental. O predomínio marítimo permitiu a Portugal alcançar uma situação econômica privilegiada, inclusive diante da França, Holanda e Inglaterra. Mas, por causa de disputas dinásticas sucessórias, o país caiu sob o domínio da Espanha entre 1580 e 1640. Entre 1636 e 1642, os holandeses, com a ajuda de alguns grupos africanos do litoral, tiraram os portugueses de seus redutos nos rios da Senegâmbia e da Costa do Ouro e quebraram seu monopólio. A obtenção de escravos na África Ocidental se tornou, então, um "livre-comércio", compartilhado por todas as nações europeias. E essa foi uma das causas principais do volumoso crescimento dessa atividade nos séculos XVII e XVIII. Com a expansão brutal do tráfico, alguns chefes gananciosos passaram a usar motivos, às vezes fúteis, para ordenar ataques a aldeias e povoados, para com isso conseguir mais e mais cativos, o que sempre deixava um rastro de destruição e fome. Além disso, a pena de escravização passou a punir até devedores insolventes, num ambiente em que o comércio negreiro foi se tornando mais importante que as atividades mercantis tradicionais (GUEYE, 1979, p. 195-196). Entretanto, na alvorada do século XIX, a escravidão já era questionada, tanto por razões éticas e humanitárias como por sua inadequação à moderna economia industrial. Assim, em 1807, o aparelho judiciário britânico tornava ilegal o tráfico, e a partir daí o sistema escravista era tornado proscrito em todo o império, o que autorizou a Marinha inglesa a interceptar os navios negreiros abastecidos de carga humana na África Ocidental. Este era o primeiro grande passo no sentido da abolição total do escravismo nas Américas. **Tráfico triangular**. O tráfico atlântico, em boa parte, adotou o modelo triangular de comércio, no qual a Europa exportava, principalmente, tecidos e bebidas alcoólicas para África, de onde eram embarcados cativos para as Américas, em cujos portos, perfazendo a triangulação, eram embarcados,

TRÁFICO NEGREIRO

essencialmente, açúcar, tabaco e algodão para a Europa. **Responsabilidades.** Tanto o tráfico europeu de escravos, pelo vulto econômico que adquiriu, quanto o tráfico árabe – além do "tráfico intra-africano", em que dirigentes e elites locais praticavam a escravatura em benefício próprio (DORIGNY; GAINOT, 2017, p. 22-23) – contaram, a partir de um certo momento, com a efetiva colaboração de africanos de vários segmentos sociais, desde monarcas a simples transportadores. Havia mercados de aldeias que dispensavam os traficantes estrangeiros das perigosas incursões continente adentro, e a evidência de que a resistência negra não era o que mais preocupava os europeus está no fato de que as fortificações por eles construídas no litoral africano nunca assestavam suas baterias para dentro do território, e sim para o mar, de onde poderiam chegar possíveis invasores. Mas a participação africana no tráfico negreiro não diminui a responsabilidade dos europeus. Foram eles que corromperam soberanos e súditos, tornando esse tipo de comércio humano altamente rentável e tentador. E se não houvesse procura é evidente que não haveria a abjeta oferta da mercadoria humana. Entre 1580 e 1680, período em que duraram as chamadas "Guerras Angolanas", envolvendo, principalmente, Portugal, Holanda e os Ambundos liderados pela legendária rainha Nzinga Mbandi, estima-se que cerca de 1 milhão de cativos tenham sido vendidos de Angola para as Américas. Da mesma forma, nas guerras entre Axântis e Fântis, na atual Gana, no início do século XIX, com participação inglesa; e também nas refregas entre Iorubanos e Daomeanos, a partir do século anterior.

Entre 1751 e 1800, atravessaram o Atlântico cerca de 3.780.000 de pessoas de ambos os sexos, e, apenas no período entre 1801 e 1870, este número correspondeu a aproximadamente 3.270.000 de pessoas (MACEDO, 2013, p. 106). Considere-se ainda que, ao contrário dos parceiros e intermediários africanos, cuja influência era meramente local, a dimensão internacional dos negócios mobilizados pelo tráfico persistente e regular de cativos levou a que eles fossem regulados e controlados por instituições político-econômicas muito poderosas, como órgãos públicos dos governos europeus (caso, por exemplo, do Conselho Ultramarino em Portugal) e de companhias de comércio, segundo os pressupostos da política mercantilista. Embora tenham participado muitos agentes e intermediários, de diferentes continentes (África, Europa e América), as regras e determinações que davam sustentação ao sistema concentravam-se na Europa, e, por força delas, estabelecia-se uma lógica perversa: para obter escravos, era preciso capturá-los como prisioneiros de guerra; para fazer a guerra e, assim, conseguir escravos, era preciso ter armas; e para conseguir armas, era preciso dar escravos em troca. Assim, o ciclo trágico continuou até a destruição total (GORDON, 2003, p, 49). **Tráfico interno**. Esta expressão distingue o conjunto de atividades de compra e venda de escravos desenvolvidas dentro do continente africano, daquelas configuradas pela exportação de cativos para Ásia, Europa e Américas. Na África, indivíduos podiam ser submetidos a cativeiro em três situações principais: por compra e venda, por dívidas ou por guerra, o que constituía a situação mais frequente. A circulação de cativos, de pequena intensidade antes dos primeiros contatos com mercadores muçulmanos e cristãos, tendeu a aumentar em certos locais em razão do fortalecimento das unidades políticas (reinos, cidades-Estado) e da constituição de impérios, tendo o aumento numérico de cativos sido um fator de fortalecimento político e econômico dos governantes. Para afirmar o seu poder de mando, os governantes buscavam encontrar, nos contingentes de cativos do palácio ou de guerreiros de condição escrava, grupos desprovidos de laços de sangue ou de qualquer tipo de aliança com os clãs e linhagens, como forma de fortalecer suas bases de autoridade local. O papel social de grupos socialmente dependentes, vivendo em condição de escravidão – como os Abid, integrantes da Guarda Negra dos sultões do Marrocos, os Ceddo do Reino de Kayor, na Senegâmbia, ou os Tondyon do Reino bambara do Segu, ou mesmo os Ruga-Ruga, de Uganda e da Tanzânia – deve ser observado em sua especificidade. E, em certos casos, houve exploração de trabalho coletivo em obras ou na agricultura, sendo a mão de obra proveniente de grupos submetidos ao cativeiro por alegada motivação religiosa, como ocorreu no Império Songai e mesmo no Imamado do Futa Jalom. Tema pouco explorado até bem recentemente pelos historiadores africanos, a "escravidão endógena" tem sido objeto de uma maior atenção nos últimos tempos, e pesquisas como as de Paul Lovejoy (2002) têm procurado explicar o alcance e o significado das formas locais de aquisição, emprego e circulação de cativos, bem como sua relação com as rotas transcontinentais do tráfico. **Resistência africana**. A aceitação passiva do tráfico negreiro e a participação nele não foi, como muitas vezes se quer mostrar, regra geral entre os governantes africanos. A começar com Afonso I, no século XVI, no Congo, até a extinção desse nefando comércio, muitos se insurgiram, notadamente os do Daomé, tidos como grandes aliados e beneficiários dos traficantes europeus. Na década de 1730, por exemplo, o rei daomeano Agajá, entendendo que o tráfico era um obstáculo ao desenvolvimento de seu país, saqueou e queimou os fortes e armazéns de escravos e bloqueou o acesso às fontes do interior. Esse fato deu ensejo a uma retaliação por parte dos europeus, concretizada por uma espécie de bloqueio econômico, o que fez com que a atividade se restabelecesse. **Efeitos e consequências**. O tráfico produziu efeitos devastadores, decisivos no processo de empobrecimento e desestruturação social do continente africano. Esses efeitos foram, principalmente: o extermínio da população ativa (dava-se preferência, pela ordem, a homens e depois mulheres entre 16 e 30 anos); a miséria, a fome e a destruição, com aldeias inteiras queimadas e pessoas mortas; o maior incremento das guerras entre povos, já frequentes mas, com o tráfico, tornadas mais sanguinárias pela introdução das armas de fogo. Ademais, as guerras, outrora motivadas, em geral, por ambições expansionistas ou por defesa, eram agora movidas por simples ganância. E todo esse quadro levou, paulatinamente, ao abandono de atividades profissionais como manufatura, fundição, artesanato etc.; à ruptura do desenvolvimento agrícola e industrial,

TRÁFICO NEGREIRO

pelo fato de ser prejudicial aos interesses coloniais; e ao sufocamento do desenvolvimento das instituições, principalmente no terreno jurídico, como no caso do povo axânti, que se notabilizara por criar legislações exemplares. **Justificativas**. No século XVII, no cenário dos ideais iluministas de "liberdade, igualdade e fraternidade" da Revolução Francesa, a escravização de milhões de africanos intensificou-se a tal ponto que na centúria seguinte o sistema econômico ocidental era totalmente dependente dela. Então, os argumentos de defesa do escravismo vinham no sentido de que o sistema dava ao africano consciência de que a liberdade se conquistava com o trabalho ou que o trabalho humanizava o africano. **Estimativas**. Na avaliação de alguns especialistas, do século VIII ao XVI, o volume do tráfico através do Saara e do Índico foi mantido a uma taxa anual de 5 a 10 mil escravos, o que perfaz o montante aproximado de 7,2 milhões de pessoas enviadas em contingentes regulares para o Oriente Médio (Damasco e Bagdá), o Egito e mesmo para cidades mediterrânicas europeias (como Roma, Florença e Veneza). Quanto ao tráfico transatlântico, os pesquisadores se dividem entre aqueles que são qualificados como "minimalistas" (como John Fage e Philip Curtin), que avaliam em torno de 10 milhões o número total de africanos transferidos para o Novo Mundo, ou os "maximalistas" (como Walter Rodney, David Eltis e Joseph Inikori), que avaliam o montante de indivíduos vitimados pelo tráfico entre 15 e 20 milhões de pessoas. O indiscutível é que, como escreveu Popov (1984, p. 16), "com o tráfico negreiro, cerca de quinze gerações de africanos

viveram temendo pela sua liberdade, a sua vida, o destino dos seus próximos. Os homens tinham medo do futuro, não confiavam nas suas forças, não possuíam estímulo criador, desconfiavam uns do outros. Viviam o seu dia de hoje sem saber se amanhã seriam livres, se seriam mortos à noite durante a incursão dos negreiros ou se encontrariam no dia seguinte uma caravana de escravos enganchados pelo pescoço". O mesmo autor reforça informando que entre 1650 e 1850 a expressão numérica da população africana não acusou nenhum aumento e, em termos absolutos, até diminuiu. **Brasil: Tráfico clandestino**. No Brasil, a proibição legal do tráfico negreiro no Brasil somente ocorreu em 1850, quando da instituição da Lei Eusébio de Queirós, cuja promulgação reduziu significativamente o número de africanos trazidos cativos para o Brasil, mas não pôs fim ao tráfico, que subsistiu na clandestinidade. Ver ABOLICIONISMO; ÁFRICA CENTRAL E CENTRO-OCIDENTAL; ÁFRICA DO SUL, República da; ÁFRICA ORIENTAL; ANÉHO; ARMAS DE FOGO; BAKELE; BENGUELA; CEDDO; CHACHÁ DE AJUDÁ; COLONIALISMO; COMPANHIAS DE COMÉRCIO; COSTA DA MINA; COSTA DO OURO; COSTA DOS ESCRAVOS; DAOMÉ; DIÁSPORA AFRICANA; ECONOMIA DO TRÁFICO; ESCRAVATURA COMERCIAL; ESTADOS NEGREIROS; FEIRAS; GUARDA NEGRA; IMAMADO; ÍNDIA, Africanos na; MERCANTILISMO – África Ocidental; MPONGWE; NAVIO NEGREIRO; NIGÉRIA; PORTOS DE EMBARQUE DE ESCRAVOS; PUMBO; RACISMO; RECAPTIVES; RUGA-RUGA; SONGAIS; TEGBESSU;

TIPPU TIP; TONDYON; TRAFICAN-TES.

TRANSGARIEP. Ver NAMÍBIA.

TRANSPORTADORES NO INTERIOR DA ÁFRICA. No continente africano, ao longo dos tempos, muitas trabalhadores, isoladamente ou em grupo, foram empregados, em condição escrava, servil ou mediante pagamento, no transporte de mercadorias e pessoas através das redes comerciais do interior do continente. Na falta de ajuda mecânica e mesmo pelas condições das rotas, esse transporte dependia fundamentalmente do esforço humano, e mesmo no caso de utilização de animais, como camelos, além dos condutores dos animais, o esforço dos carregadores era também necessário. Nas caravanas que percorriam as longas distâncias entre os entrepostos do Sudão Central, da região do lago Chade até as florestas situadas nas áreas próximas ao litoral, através do Califado de Sokoto e do Kanem-Bornu, os líderes transportadores eram chamados de *madugu* e mantinham sob o seu controle extenso número de dependentes, desde os guias, denominados *jagaba*, e escrivães, conhecidos como *malamin ayari*. Mas o trabalho braçal era realizado por carregadores e condutores de origem hauçá, os *talakawa* (LOVEJOY, 2006). Algumas dessas expedições chegavam a envolver até 5 mil homens. Na África Central, o efetivo de transportadores cresceu progressivamente no período dos contatos com os europeus, ganhando especial relevo durante os séculos XVIII e XIX nas caravanas de marfim, tecidos, cativos, sal e outras mercadorias. Uma parte considerável desses carregadores provinha do povo Bisa (PAGE, 2005, v. III, p. 35), e, através das rotas que ligavam os reinos Lunda e Luba, a serviço de negociantes árabes, europeus, indianos e suaílis, percorriam territórios que se estendiam da costa do Índico até o litoral Atlântico.

TRANSVAAL. Região no território da atual República da África do Sul situada acima do rio Vaal, no nordeste do país. De início, o nome Transvaal designava o território ocupado pelos bôeres, informalmente referida como República do Transvaal, e que ocupava quase toda a parte setentrional da atual África do Sul. No final do século XIX, a descoberta de ouro e diamantes na região fez eclodir uma violenta guerra entre bôeres e ingleses, encerrada por um tratado de paz celebrado em 1902. Esse acordo reconheceu a soberania britânica e ensejou a unificação de todas as possessões inglesas na atual África do Sul.

TRAORÊ (*Traoré*). Denominação de um dos clãs ou linhagens dos povos mandês.

TRARZA. Nome designativo de uma linhagem de guerreiros mouros atuantes na região do futuro Sudão Francês, entre os séculos XVIII e XIX; mencionados como "mouros trarza".

TREK-BÔERES. Bôeres que efetuaram a Grande Migração (Trek).

TREK, Grande. Expressão que designa, na história da África do Sul, o conjunto das migrações do litoral em direção ao interior, realizadas sobretudo entre os anos 1837 e 1839 pelos bôeres, referidas como "Grande Migração" (Trek), "Grande marcha" ou "Grande Jornada" (M'BOKOLO, 2011, p. 509). Deu origem a três países independentes: o Transvaal, Natal e o Estado Livre de Orange. Na segunda metade do século XIX, na disputa por esses territórios, os bôeres estiveram envolvidos em uma série de conflitos com povos de origem africana e com os ingleses, sendo o mais intenso a chamada "Guerra dos Bôeres" (1899-1902).

TRÍPOLI. Cidade e porto da Líbia, no litoral do Mediterrâneo. Conquistada pelos otomanos em 1551, foi o centro de um dos Estados Barbáricos. Durante a Era Otomana, interesses comuns uniam as elites governantes aos diversos grupos de mercadores, o que também ocorria em Túnis e Argel. No início do século XVII, janízaros tomaram o poder, e o governador enviado de Istambul teve de compartilhá-lo com o representante deles, que passou a ostentar o título de *Bei*. Ver ARGEL; BARBÁRICOS, Estados; BEI; JANÍZAROS; OTOMANOS; TÚNIS.

TSÉ-TSÉ. Designação comum a diversas espécies de moscas hematófagas do gênero Glossina (HOUAISS *et al.*, 2001). Algumas espécies propagam uma das formas da tripanossomíase, conhecida como "doença do sono", de ocorrência frequente nas áreas de savanas e de florestas tropicais, com alto grau de letalidade, vitimando humanos e animais. Na África, várias espécies deste inseto foram e ainda são encontradas do Senegal ao oeste de Uganda, e das áreas meridionais de Mali e Chade, no norte do continente, até Zâmbia e Botsuana, no sul. A importância histórica da mosca tsé-tsé, além da devastação que, por diversas vezes, provocou em rebanhos, plantéis e comunidades humanas, é que sua incidência fez com que, por exemplo, muitos povos abandonassem a pecuária e a agricultura e mesmo deixassem de utilizar cavalos, ou migrassem com seus rebanhos em busca de terras menos insalubres. Sem falar que, em muitos casos, o perigo da tsé-tsé foi um freio à penetração de exploradores e conquistadores através dos sertões africanos. O nome "tsé-tsé" nasceu entre os botsuanas ou bechuanas da África Austral e foi difundido através da língua francesa (CUNHA, 1982).

TSEGA ZEAB (+ 1539). Clérigo abissínio conhecido na Europa como Zaga Zabo ou Tdsega Zabo. Visitou Lisboa e Bolonha em 1527, como embaixador do *négus* Dawit II (1508-1540) junto ao rei português D. João III (1521-1557).

TSOEDE (1465-1591). Herói do povo Nupe, no atual território da Nigéria, também referido como *Edegi*. Segundo M. K. Yahaya (2003, p. 95), sua mãe era nativa desse povo e seu pai era um príncipe do povo Igala, em cuja corte o filho foi criado. Já adulto, Tsoede teria voltado ao núcleo de origem de sua genitora, portando os paramentos mágicos e simbólicos de sua condição aristocrática, e aí, segundo Palau Marti (1964, p. 162), após eliminar um tio materno, apossou-se do trono. Tinha então 30 anos e, tendo vivido até então no país de seu pai, teria, segundo a tradição, introduzido entre os nupes técnicas aperfeiçoadas de trabalho em metais, como a fundição e a moldagem do bronze, e em madeira, como a construção de barcos (AFRICAN ENCYCLOPEDIA, 1974, p. 514). Ganhando o controle de todo o território, unificou os diversos segmentos de seu povo, formando, assim, um estado poderoso. A partir daí, muitas vezes a bordo de um barco manobrado por doze remadores escravos, singrou as

TSONGA

águas do rio Níger, envolvendo-se em guerras de conquista – inclusive com o Reino de Oyó, localizado ao sul de seu território – até morrer em uma de suas missões expansionistas. Como os heróis míticos da Antiguidade, tinha como símbolo de seu poder a "corrente de Tsoede", uma grossa cadeia de elos de ferro cuja representação, evocada ritualisticamente em cerimônias locais da Religião Tradicional, chegou à contemporaneidade servindo para estrangular indivíduos condenados por crimes de lesa-majestade (MARTI, 1964). Ver NUPE; NUPES; RELIGIÃO TRADICIONAL AFRICANA.

TSONGA. Povo banto do sul de Moçambique. O mesmo que *thonga* e diverso de *tonga* (OBENGA, 1985, p. 30). Ver TONGA; TONGAS.

TSUANAS (*Tswana*). Povo banto, subgrupo do povo Soto (OBENGA, 1985, p. 30). Ver BOTSUANA; SOTOS.

TUAREGUES (*Touareg*; *Tuareg*). Denominação de um dos povos do Saara originária do vocábulo árabe *tuareg,* plural de targuí, "habitante do deserto". Autodenominando-se *tamaxeques*, os indivíduos deste povo se afirmam descendentes de antigos clãs berberes. Segundo suas tradições, a partir do século VII, esses seus ancestrais, escapando à conquista árabe, refugiaram-se no Saara, onde tiveram que adotar um novo estilo de vida, influenciado pelos povos que subjugaram, notadamente, os hauçás da atual Nigéria (GRANGUILLHOME, 1979, p. 34). Entre 1680 e 1688, os tuaregues ocuparam Gao; depois, em 1737 e 1770, fustigaram Tombuctu e dominaram Gurma. Mas, por volta de 1750, encontraram uma forte resistência da parte de Ngolo Dyara, rei do Segu. Ver BERBERES; GAO; GURMA; HAUÇÁS; NIGÉRIA; SAARA; SEGU; TOMBUCTU.

TUBUS (*Toubou*). Denominação de um conjunto de povos de pastores seminômades, atualmente localizados no norte do Chade, no sul da Líbia, no nordeste do Níger e no noroeste do Sudão, sendo que alguns de seus grupos vivem como agricultores nas proximidades de oásis. São geralmente estudados em dois grupos intimamente relacionados, como sejam: o Teda (ou Teda, Toda) e o Dazagra (ou Dazaga, Dazagara, Daza). São também referidos, em seu conjunto, como Tabu, Tebu, Tebou, Tibi, Tibbu, Toda, Todga, Todaga, Tubu, Tuda, Tudaga e Umbararo. Segundo algumas fontes, os grupos Teda e Dazagra compartilham uma origem comum e falam duas variantes linguísticas estreitamente relacionadas, denominadas Tedaga (Téda Toubou) e Dazaga (Dazaga Gouran). Os Dazaga são, às vezes, referidos como Gouran (ou Gorane, Goran, Gourane), termo de origem árabe. A adoção do Islã pelos tubus remonta ao período de governo do sultão Idris Aluma, que os dominou depois de reiterados movimentos de rebeldia e resistência.

TUCKER, Família. Clã de mercadores baseado na Ilha de Sherbro, no sul de Serra Leoa. Seus integrantes, mestiços afro-europeus, eram frutos da união conjugal de uma mulher da aristocracia local com o negociante e agente inglês John Tucker, que ali se estabeleceu em 1665. No século XVIII, a família controlava política e economicamente a ilha, mencionada em algumas fontes como "país Sherbro" ou "Reino de Sherbro", sendo seu membro mais conhecido Henry Tucker, descrito no diário do traficante de escravos Nicholas Owen, atuante na costa africana entre 1746 e 1757, como um homem extraordinariamente rico, que desfrutava "da reputação de um bom comerciante entre os europeus e de todo o seu contrário entre os negros" (M'BOKOLO, 2009, p. 491). Os Tucker continuaram influentes em Serra Leoa no século XIX, dando origem a diversos nomes proeminentes na vida política do seu país. Ver CRIOULIZAÇÃO; TRAFICANTES.

TUCULORES. Nome com que são referidos os fulânis ou peúles falantes do dialeto *pulaar* e habitantes, principalmente, dos atuais territórios de Mauritânia, Senegal e Gâmbia (Niang, 1997, p. IX); também chamados futankobês. A origem do termo é o uolofe *tukulóor* (DIOUF, 2003, p. 352), daí a adoção, neste dicionário, da forma com que abrimos o verbete. Segundo Bâ (2003, p. 26), os tuculores não constituem um grupo étnico no sentido exato do termo, e sim um conjunto de etnias unidas pelo uso da mesma língua. Seu grande líder foi El Hadj Omar Tall, o qual, lutando por um Islã renovado, constituiu o Estado teocrático referido como Império Tuculor. A partir de 1855 e até 1893, toda a parte ocidental do território que compreende a atual República do Mali estava submetida à autoridade de Tall e de seus sucessores, entre eles seu filho mais velho Amadu Cheikou, sultão do Segu (Bâ, 2003, p. 36), cognominado *Lamdo Dioulbé*, "o chefe daqueles que oram" ou "comandante dos crentes". Ver EL HADJ OMAR TALL; FULÂNIS; PEÚLES.

TUIFO. O mesmo que Twifo. Ver TWIFO.

TUMBEIROS. Denominação pela qual eram referidos os navios negreiros. Provavelmente do quicongo *ntumba*, "covil", "toca", "antro", "ninho de ratos", ou de "tumba", "sepulcro", devido a seu grande índice de mortandade. Ver DIÁSPORA AFRICANA; NAVIO NEGREIRO; PASSAGEM DO MEIO; TRÁFICO NEGREIRO.

TUMBUKAS. Povo habitante do território de Maláui. Ver MALÁUI.

TUNGUMAS. Nos textos portugueses sobre os povos da Alta Guiné, o vocábulo designa mulheres de origem africana, também referidas como *nhara* ou *nhanha*, envolvidas em "casamentos à moda africana" (concubinatos) com europeus designados como *lançados* (HAVIK, 1996, p. 170). Os filhos dessas relações eram designados como *tangomaus*, o que os diferenciava dos *lançados*, que eram em geral indivíduos (de fé cristã ou judaica) oriundos da Europa. Ver CRIOULIZAÇÃO; DONAS; família; GRUMETES; LANÇADOS; SIGNARES.

TÚNIS. Cidade e porto da Tunísia, antiga Ifríquia, ao fundo do Golfo de Túnis, no Mar Mediterrâneo. Durante o período otomano, foi, juntamente com Argel e Trípoli, uma das três capitais provinciais subordinadas ao governo central sediado em Istambul. No século XVIII, o *bei*, comandante dos janízaros e também responsável pela coleta dos impostos rurais, tomou uma parcela do poder, e, no início do século seguinte, um deles fundou uma dinastia, a dos Husseinidas. Ver ARGEL; BEI; JANÍZAROS; OTOMANOS; TRÍPOLI.

TUNÍSIA

TUNÍSIA. País litorâneo da África Setentrional, limitado a norte e nordeste pelo Mar Mediterrâneo, a oeste pela Argélia e a leste pela Líbia. No século VII, os berberes locais resistiram com tenacidade à penetração árabe. Entretanto, depois de aderirem ao Islã, alguns de seus principais líderes se tornaram grandes difusores da fé islâmica e da cultura árabe, fazendo florescer aí uma importante civilização mista, dita "árabo-berbere". O desenvolvimento do comércio marítimo europeu atraiu corsários turcos para a região, o que levou ao domínio do Império Otomano, mas o interior do país permaneceu sob domínio dos berberes, com os quais os turcos foram levados a negociar o poder. Desde o início do século XVIII, foi governada por integrantes da dinastia dos Husseinidas, fundada por Hussein Ibn Ali em 1705. No século XIX, depois da ocupação francesa da Argélia, a penetração econômica europeia se fez sentir, até a ocupação pelos franceses em 1882 (Enciclopédia, 2000, p. 568). **Abolicionismo**. Em 1846, a Tunísia se tornou o primeiro país africano a decidir soberanamente abolir a escravatura. Como o contingente de escravos negros era numeroso em Túnis (pelo fato de a cidade ser o ponto de chegada de inúmeras rotas de caravanas), o ministro reformador Keir ed-Din, temendo uma ocupação colonial semelhante à ocorrida na vizinha Argélia e tendo em curso um plano de modernização do país, tomou a decisão (Dorigny; Gainot, 2017, p. 82).

TURCOS. Denominação genérica aplicada, na Etiópia pré-colonial, a todos os muçulmanos vizinhos do Reino cristão, em alusão aos senhores do Império Otomano e aos árabes e egípcios súditos dele (M'Bokolo, 2011, p. 116).

TURÊ (*Touré*). Transliteração em português da denominação de um dos clãs ou linhagens dos povos mandês. Ver TOURÉ.

TURKANA, LAGO. Formação lacustre localizada no Vale do Rift, na fronteira entre Etiópia e Quênia. Outrora denominado lago Rodolfo, é o maior lago alcalino do planeta e um dos Grandes Lagos Africanos. Ver GRANDES LAGOS.

TURKANAS. Povo do Quênia.

TUTSIS (*Batutsi*; *Watusi*). Povo localizado no território da atual República de Ruanda, onde forma, com os hutus, os principais conjuntos populacionais do país. Ver RUANDA; UBUHAKE.

TWAS (*Twa*). Denominação de povos caçadores-coletores de pequena estatura, identificados pela historiografia canônica indiscriminadamente como "pigmeus", vocábulo de origem greco-romana que designava antigos povos alegadamente localizados na Índia e da Trácia (Saraiva, 2000, p. 986). Também referidos como *batuas*, ocupam desde tempos muito remotos áreas de florestas na região dos Grandes Lagos, sobretudo no sudoeste dos atuais territórios de Uganda, Ruanda e Burundi. Ver MÚSICA E DANÇA.

TWAKALY HIJA. Xeque da Ilha de Quitangonha, em Moçambique, no estado muçulmano que remonta ao século XVI. Governou de 1775 a 1804, sendo destronado pelos portugueses. Após diversas revoltas, recebeu uma pensão anual do governo lusitano. Ver QUITANGONHA, Sultanato de.

TWI. Língua falada, com variações tonais e lexicais, entre os povos do grupo Akan, notadamente no território da atual República de Gana. Cada subgrupo akan fala um dialeto específico desta língua, designados como *akwapem-twi*, *axante-twi*, *twi-fante* etc. Observe-se que a denominação é também transliterada, em algumas fontes antigas, como tchi. Daí a referência, na historiografia brasileira, a um povo "tchi" e também a uma língua ou uma variante dela assim denominada. Veja-se ainda que, em Kotey (1996, p. 10), a pronúncia, na língua *twi*, do grupo consonantal "tw" é informada como a ouvida na expressão inglesa *catch wind*. Ver AKAN; TCHI.

TWIFO. Povo do grupo Akan cujo nome significa literalmente "povo de Twi". Ver AKAN; DENQUIRA; EGUAFO, Reino de.

TXIACA. Reino do planalto angolano fundado por volta de 1650 pelo chefe Txiculo.

UAGADUGU (*Wagadugu; Ouagadougou*). Cidade situada no planalto central do território da atual República de Burkina Fasso. É mencionada como um dos "estados negreiros" da África, entre os séculos XVII e XVIII (Dorigny; Gainot, 2017, p. 40). Ver BURKINA FASSO; ESTADOS NEGREIROS.

UÁLI (*Wali*). Título muçulmano do responsável por uma região administrativa; governante de província. Também referido como Uale. Do árabe *wali*, "amigo", "companheiro", "senhor" (Vargens, 2007, p. 213).

UALO (*Oualo; Waalo*). Antigo reino no atual território do Senegal. Seu antepassado mítico, Ndiadiane Ndiaye, é considerado, pela tradição oral, como o herói construtor do reino no século XIII, tendo sido também o fundador da unidade política conhecida como Estado do Grande Jolof ou Império Jolof. Segundo as tradições, este herói, também mencionado por outros nomes ou epítetos, como Sabur Minguê Ndiaye e Burba Jolof, teria sido um líder de espantosa sabedoria e capaz de aparições miraculosas. Antes de sua chegada à região, o território era ocupado por clãs dos sererês, lamanes e peúles, e outros. Assim, ao longo dos tempos, esse território foi palco de muitas guerras internas, envolvendo três dinastias que aspiravam ao poder: a Loggar, dos mouros; a Dyoos, dos sererês; e a Tediek, dos peúles ou fulânis. A maioria dos povos locais é constituída, até a atualidade, por uolofes, peúles, tuculores, saracolês e mouros trarzai, mas a região é considerada como o berço da língua e da cultura uolofes. Após Ndiaye, os reis do Ualo passaram a ser identificados pelo título de soberania *brak*. A palavra, segundo algumas versões, seria derivada de Barka Bo Mbooc, nome do primeiro sucessor de Ndiadiane Ndiaye. Para outras, viria do vocábulo árabo-berbere *baraka* ou *barka*, conotado como "boa sorte", "felicidade", "benefícios". Ver MOUROS; SENEGAL; SERERÊS; UALO; UOLOFES.

UAMBO. Ver HUAMBO.

UÂNGARA (*Wangara*). Antigo país localizado no atual território da Guiné-Conacri notabilizado por sediar grandes estabelecimentos de fundição de ouro, por volta do século XI (Davison, 1981, p. 52). Como a maioria dos negociantes de ouro era de indivíduos mandingas desse país, o nome *uângara* ganhou também o significado de "mercador", além de se estender à designação de todo o litoral oeste-africano. Mais ainda, o nome *diúla*, do dialeto mandinga falado pelos "uângaras" (Silva, 2002, p. 164), ganhou também o significado de "mercador". Observe-se que, em bambara, o vocábulo correspondente ao português "mercador", "comerciante" é *dyoura*, e que seu correspondente em uolofe é *jula*. Ver DIÚLAS; GUINÉ-CONACRI.

UGANDA

UBUHAKE. Na África pré-colonial, sistema de relações sociais envolvendo os povos hutus e tutsis, predominantes no território das atuais repúblicas de Ruanda e Burundi. Próximo do feudalismo, através dele ficava estabelecido que os hutus, na condição de *garagu*, poderiam usar o gado tutsi em troca da prestação de serviços pessoais e militares, recebendo dos tutsis (*shebuja*) ajuda e proteção. E os hutus subordinavam-se a senhores tutsis, fornecendo-lhes produtos agrícolas em troca do uso da terra e do gado. Com o tempo, o ubuhake ganhou a dimensão de um sistema de classes, através do qual a terra, o gado e, portanto, o poder estavam nas mãos da minoria tutsi. Esse tipo de relacionamento está na origem da rivalidade que se estabeleceu entre os dois povos (MAQUET, 1971, p. 197-200). Ver ESTRUTURAS SOCIAIS.

UEGBADJA (*Houebadja; Hwebagdja; Ouebadja*). Terceiro rei daomeano em Abomé. Reinou entre 1645 e 1685, aproximadamente. Ver ABOMÉ; DAOMÉ.

UGAAS, Raage. Ver RAAGE UGAAS.

UGANDA. País da África Central, na região dos Grandes Lagos, localizado entre os territórios de Quênia, Sudão, Congo-Quinxassa, Ruanda, Tanzânia e o lago Vitória. Era habitado, desde aproximadamente o século XIII, principalmente pelos cuézis, povo de pastores migrado do norte que deu origem à dinastia reinante de Bunioro. Durante o século XV, muito do que hoje constitui o sul e o oeste do país era parte do Império de Quitara, que se expandiu sob os governantes cuézis, cujo reino ruiu por volta de 1500 por força da invasão de outros povos também procedentes do norte do atual território. Entre os séculos XVII e XVIII, ligados, pelo tráfico negreiro, com a costa oriental e o Sudão, formaram-se os reinos de Buganda, Busoga e Ankole. Em meados do século XIX, mercadores árabes, vindos de Zanzibar e do Egito para adquirir escravos e marfim, competiam por influência e hegemonia, num momento em que europeus também começavam a chegar. Em 1875, espalhou-se a notícia, possivelmente falsa, de que o *kabaka* (rei) Mutesa teria pedido ajuda aos ingleses contra o avanço de muçulmanos egípcio-sudaneses. Então, em 1887, chegaram missionários protestantes ingleses e, depois, católicos franceses, e isso dividiu a aristocracia local em partidários da França e da Inglaterra. Essa divisão gerou a polarização entre Bunioro, apoiado pelo tráfico sudanês, e o Buganda, ligado aos xirazes de Zanzibar. No começo do século XIX, a balança pendeu para o lado do Buganda. Os aliados do Bunioro tinham se tornado independentes e criado o Reino de Toro. A grande consequência foi a consolidação da presença europeia no país. A influência inglesa em Buganda aumentou quando a Companhia Imperial Britânica da África Oriental foi credenciada a administrar a área. Enquanto isso, o poder germânico em Tanganica estava crescendo e, em 1890, ingleses e alemães estabeleceram as fronteiras da região. Quatro anos depois, o governo britânico tomou a administração de Uganda da Companhia e tornou o país um protetorado inglês. A resistência mais forte partiu de Kabarega, governante do Bunioro-Quitara que estava tentando estabelecer o poder do antigo Reino Quitara. Mas esse líder foi derrotado e destronado pelos britânicos, que puseram em seu lugar Kasagama, como rei de Toro. O *kabaka* Mwanga II resistiu, mas foi mandado para o exílio junto com Kabarega. Ver ANKOLE; BUGANDA; BUNIORO; BUSOGA; KABAREGA; KABAKA; MWANGA II; QUITARA; TORO; XI-RAZES; ZANZIBAR.

UIDÁ (*Wydah; Ouidah*). Antiga cidade-Estado monárquica localizada no sul do território da atual República do Benin. Fundada por migrantes do povo Huedá vindos de Tado, região que se estendia aproximadamente do planalto de Parahoué até o rio Mono, chamou-se inicialmente Gléhoué. Entre os séculos XVIII e XIX, incorporada ao Reino de Daomé, após ser conquistada por Agajá, em 1727, mantinha-se como uma espécie de província (SILVA, 2012a, p. 75). Sua denominação original, Huedá (em fongbé *Xweda* – pronuncia-se "ruedá") deu origem, por corrupção fonética, às variantes Ajudá, Ouidah e Wydah. A cidade abrigava a importante Fortaleza de São João Batista de Ajudá. Ver AGA-JÁ; CHACHÁ DE AJUDÁ; HUEDÁS.

UMAR DUNGAS. Ver AMARA DUNGAS.

UMAR, Xeique (*Shehu Umar*). Nome pelo qual ficou lembrado o filho de Al-Kanemi, de nome Umar Ibn Muhamad al-Amin, governante do Kanem-Bornu de 1835 a 1880. Foi destronado em 1853, mas retomou o poder em 1854. Ver AL-KANEMI.

UMBUNDO (*Umbundu*). Língua dos povos ovimbundos. Na atualidade, é falada em uma vasta região, abrangendo as províncias angolanas de Benguela, Bié e Huambo. Ver OVIMBUNDOS.

UMPANDE (*Mpande*). Comandante zulu após 1840, sucessor de Dingane. Ver DINGANE.

UNCIONISMO. Na Abissínia do século XVII, denominação de uma corrente de interpretação da doutrina cristã considerada polêmica e herética, identificada na língua geêz pelo vocábulo *qibatoch*. Baseava-se na ideia de que Cristo tinha duas naturezas (divina e humana), as quais teriam sido unificadas apenas pela unção do Espírito Santo. A interpretação mais frequente era defendida pelos religiosos do Mosteiro de Tekla Haimanot, muito ligados à dinastia salomônica, para os quais as duas naturezas encontravam-se perfeitamente unidas, sendo por isto conhecidos como "unionistas" e não "uncionistas", de "unção". As disputas de influência decorrentes dessas interpretações divergentes logo assumiram conotação política, e os *négus*, implicados nelas em virtude da associação estreita entre cristianismo e monarquia, tiveram que arbitrar ou se posicionar em relação a elas, gerando discordâncias, adesões e rebeliões, sobretudo no período de governo de Joanes I, entre 1667 e 1682 (M'BOKOLO, 2009, p. 526-527).

UNIÃO SUL-AFRICANA. Denominação da unidade política antecessora da atual República da África do Sul, entre 1910 e 1961, quando o país se tornou independente do Reino Unido.

UOLOFES (*Ouolof; Woloff*). Povo oeste-africano localizado na região da Senegâmbia e em partes da atual Mauritânia. **Antecedentes**. Originários, segundo tradições diversas, da região do Futa Toro, ao norte do rio Senegal, de onde, pressionados por fulânis e berberes, teriam migrado para o sul, ou resultantes da amálgama de diversos povos, como sererês, tuculores, fulânis, saracolês etc. (ORTIGUES, 1989, p. 304), os uolofes criaram uma civilização importante. O marco dessa civilização foi o estado conhecido como o Grande Jolof, que afirmou ascendência sobre todos os reinos da Senegâmbia e liderou, no século XIII, uma confederação que, sob a liderança do líder Ndiadiane Ndiaye, o "Burba Jolof", pôs fim a todas as disputas e rivalidades existentes entre os antigos reinos, alguns deles também uolofes. **Expansão**. Segundo J. Boakye (1982, p. 54-56), o Império Uolofe cresceu principalmente graças aos lucrativos laços comerciais estabelecidos e mantidos, ao longo do tempo, com o norte do continente e com Estados como Gana, Mali e Songai. A partir da segunda metade do século XV, somaram-se à pauta de negócios também o comércio regular com navegadores portugueses. Os impostos cobrados aos mercadores nômades fulas e os tributos pagos pelos reinos e povos dependentes satisfaziam grande parte das necessidades advindas da manutenção do numeroso exército, estimado em cerca de 100 mil soldados de infantaria e 10 mil cavaleiros (BOAKYE, 1982, p. 55). **Fracionamento e colonização**. Em meados do século XVI, o reino entrou em decadência e acabou por se fraccionar em vários pequenos estados, como Cayor, Ualo, Baol, Jolof (dos uolofes), Sinê e Salum (dos sererês). Estes estados, inclusive os sererês, mantinham contatos estreitos e inclusive celebravam alianças matrimoniais, além de manterem organizações sociopolíticas bastante semelhantes. A presença dos europeus e a instalação de feitorias ao longo do litoral, de início, estimularam os uolofes a colaborarem com as ações comerciais dos advindos. Inclusive a fundação de cidades, não só na costa como no interior, era vista, de um modo geral, como benéfica. Num episódio provavelmente lendário narrado em Page (2005, v. III, p. 301), por volta de 1670, marabus da Mauritânia teriam convencido ingênuos camponeses uolofes a se rebelarem contra seus líderes, com a promessa de ensiná-los a colher os frutos de seu trabalho apenas por recursos mágicos, sem o esforço de semear e esperar o tempo de colher. Os camponeses teriam se unido aos marabus, e dessa união teria resultado a queda de Kayor, Ualo e do Jolof nas mãos dos mauritanos. Entretanto, como não obtiveram os resultados mágicos esperados em suas plantações, os camponeses teriam reinstalado no trono a família real e banido os usurpadores de volta para a Mauritânia. De todo modo, os uolofes desempenharam um papel importante no desenvolvimento da Senegâmbia, até a potencialização das ações colonialistas dos franceses a partir de 1850 e a efetivação da conquista colonial francesa no final do século XIX. Ver EUROPEUS NA ÁFRICA (A presença francesa); JOLOF; SENEGAL.

URIETA KAZAHENDIKE (1837-1936). Missionária e tradutora nascida no seio do povo Herero, em território da atual Namíbia. Convertida ao cristianismo em 1858 por missionários protestantes germânicos na Cidade do Cabo, atual África do Sul, aprendeu a ler e escrever e realizou a tradução de histórias bíblicas para a língua otjiherero. Dominava a escrita holandesa do Cabo, a língua alemã e o inglês. É autora de uma gramática e de um dicionário de otjiherero. Por seus conhecimentos, recebeu o título honorário de doutora na Universidade de Leipzig, em 1873. Ver CRISTIANIZAÇÃO; HEREROS.

URROBOS (*Urhobo*). Povo localizado no extremo sul do território da atual Nigéria, na porção noroeste do Delta do rio Níger. São também mencionados pelo nome *Sobo*, tido por algumas fontes como um termo depreciativo, mas usado para referir o conjunto formado pelos urrobos e seus vizinhos do povo Isoko, apesar das acentuadas diferenças entre os dois. Os urrobos atuais falam uma língua do ramo Benué-Congo, da família níger-congo. Após os contatos com os exploradores europeus, os urrobos se dedicaram, além das atividades econômicas tradicionais, ao tráfico negreiro, e, com o subsequente domínio colonial inglês, ao cultivo de dendezeiros e seringueiras, para extração e venda de óleo de palma e látex.

USMAN DAN FODIO (1754-1817). Chefe reformador hauçá-fulâni, cujo prenome é também grafado nas formas *Othman, Uthman* etc. Líder, erudito, político e, acima de tudo, ardoroso muçulmano, nasceu em Gobir, no país hauçá, território da atual Nigéria, num clã fulâni originário da região do Futa Toro, no Senegal. O elemento dan de seu nome tem, na língua hauçá, o sentido de "filho de"; então é de se acreditar que o termo *Fodio* refira seu pai. Recebeu educação elementar em Agadez, no atual Níger, através do célebre mestre Jibril Ibn Umar. Com cerca de 20 anos de idade, retornou a Gobir, onde iniciou carreira como mestre e pregador. Dirigindo sua pregação contra as práticas anti-islâmicas, desvirtuadas e até mesmo "pagãs" dos governantes hauçás, Usman enfatizou a necessidade de observância da ortodoxia na prática islâmica e propagou a instauração de uma revolução como a única forma de se atingir as reformas desejadas. Sua fama como pregador e erudito se expandiu, atraindo uma grande massa de seguidores, inclusive Nafata, governante de Gobir, que o escolheu como tutor de seus filhos. Entretanto, a maioria dos governantes se sentia incomodada com a severa condenação do líder ao seu modo de vida. Assim, seu ex-pupilo Yunfa, filho de Nafata, tão logo sucedeu o pai, colocou-se ostensivamente contra Usman e suas ideias. Então, em 1804, o líder deflagrou a guerra, para a qual muitos fulânis e milhares de camponeses hauçás atenderam ao seu chamado. Eclodindo a luta armada, Usman rumou para Gudu, o que contribuiu para aumentar seu carisma, já que a fuga foi interpretada por seus discípulos como uma reedição da "Hégira" de Maomé. De Gudu, então, o líder levou avante sua guerra reislamizadora, o que culminou com a submissão de Gobir, Kano, Zaria e Katsina, com o fim das cidades-Estado hauçás e a hegemonia de Sokoto, num movimento jihadista que transformou inteiramente a história social e política do norte da atual Nigéria. Suas vitórias militares, com a conquista de todos os estados hauçás além de boa parte do Bornu, deram origem a um vasto território, abrangendo, ao norte, partes do Saara e, ao sul, partes da floresta equatorial. Com o centro do poder na cidade de Sokoto, fundada por seu filho Muhamad Bello, em 1809, Usman dan Fodio foi, como ressaltado por Boakye (1982,

v. II, p. 3-4), o responsável pela emergência da região como uma poderosa força unificada que desempenhou um papel decisivo na História nigeriana. Morto em 1817, seus seguidores continuaram sua luta até 1859. Por essa época, outra *jihad* já se realizava, partindo do atual Senegal: era a luta de EI Hadj Omar Tall, mais dirigida, entretanto, contra os colonizadores franceses. Na atual Nigéria, em Sokoto, os sucessores de Dan Fodio governaram até 1903. Ver HAUÇÁS; IMAMADO; ISLAMIZAÇÃO; GOBIR; JIHAD; MUHAMAD, Abdullah Ibn; SOKOTO, Califado de.

UTHMANA, Aziza. Ver AZIZA OTHMANA.

VAN-DUNEM. Sobrenome pelo qual, desde o século XVII, é conhecida uma das principais famílias euro-africanas em Angola. Segundo Ratelband (2003, p. 256, n. 46-47), deriva de Baltazar Van Dunem, cavaleiro da Ordem de Aviz e um dos mercadores mais ricos de Luanda, naturalizado como português por Dom Joao IV e domiciliado em Luanda desde 1620. Uniu-se por casamento com a euro-africana Maria Bonini, da família Bonini, de Florença, e possuía, em sua propriedade no Bengo, uma vasta escravaria. Segundo outras fontes, Baltazar seria filho de pai flamengo (de Flandres) e mãe portuguesa. Ver CRIOULIZAÇÃO; FAMÍLIA.

VANGÚNIS. Grafia, observada em algumas obras, para o etnônimo *Ngúni*. É equivocada, pois usa o prefixo denotativo de plural e, ao mesmo tempo, a terminação "s". O mesmo ocorre, por exemplo, com Bacongos e Watutsis. Ver BACONGOS; WATUTSIS.

VAZ, Bibiana. Ver BIBIANA VAZ.

VÊNUS HOTENTOTE. Ver BAARTMAN, Sarah Saartjie.

VERÔNICA I (séculos XVII-XVIII). Rainha de Matamba, Angola, sucessora do *ngola* (rei) Kanini, seu irmão, em 1681. Em seu governo, oscilou entre a paz e a guerra com os portugueses, que a chamavam "Dona Verônica Guterres". Em 1688, mandou atacar Kahenda, uma chefatura então sob domínio português, o que desencadeou um conflito que se prolongaria por dois anos. Faleceu em 1721. Ver ANGOLA; MATAMBA.

VIEIRA, Páscoa. Ver VIEIRA, Rita de Cássia Santos.

VITÓRIA, Lago. Um dos Grandes Lagos Africanos, também referido como *Victoria Nyanza* na língua cinyanja, falada na região. Situado na parte ocidental do Vale do Rift, na África Oriental, atualmente em território pertencente ao Quênia, Tanzânia e Uganda, é mencionado desde o século XII em textos árabes. Entre os anos 1857 e 1858, foi visitado pelo explorador inglês John Hanning Speke, então em busca da nascente do rio Nilo, o qual lhe deu o nome, em homenagem à rainha dos britânicos.

VIYÉ (século XVIII). Herói fundador do Reino do Bié, no planalto angolano, por volta de 1750. Ver BIÉ, Planalto de.

VIZIR. Título originário do árabe *al-wazir*, "ministro" (VARGENS, 2007, p. 213). No período abrangido por este dicionário, o termo designava uma função equivalente ou próxima à do *quediva* do Egito ou dos paxás de Tombuctu. O cargo de vizir era parte integrante da administração central do Califado de Sokoto e do Kanem-Bornu. Ver CALIFADO; GRÃO-VIZIR; KANEM-BORNU; PAXÁ; QUEDIVA, TOMBUCTU.

VODUM (*Vodún*). Entre o povo Fon do antigo Daomé, palavra que designa cada uma das divindades da Religião Tradicional. As primeiras ocorrências do vocábulo provêm dos textos de missionários europeus, desde pelo menos a metade do século XVII, que o empregaram para evocar, entre os africanos que observaram, a ideia de divindade, aproximando-o impropriamente do que definiram como "fetiche" (SEGUROLA; RASSINOUX, 2000, p. 469), da idolatria e do conceito cristão de "diabo". Nas tradições culturais de matriz fon, os voduns são considerados a representação objetiva de um atributo do Ser Supremo, e, por extensão, de cada uma das principais divindades desse povo (KOSSOU, 1981, p. 94). São divindades às quais estão vinculadas distintas esferas de influência no mundo espiritual, como a sabedoria, as guerras e a morte, sendo reverenciadas com oferendas (álcool, azeite de dendê etc.) e sangue proveniente de sacrifícios rituais, em troca de proteção, bem-estar, poder e prosperidade. Observe-se que o conceito fon de vodum corresponde ao de orixá, entre os iorubás, e ao de *obosom,* entre os povos do grupo *Akan* etc. E que, na atualidade, a designação estende-se às práticas religiosas dos fons, mencionadas como "religião vodum" pelo antropólogo Luís Nicolau Parés (2016). Entre os voduns mais cultuados entre os fons, estão: Mawu (Mahu), Nana Buluku (Nanã Buruku, Nana Buku, Nana Bouclou), Hevioso e Sakpata. **Presença histórica**. Segundo Parés (2016, p. 302-303), durante o escravismo, a religião vodum permeava boa parte do processo, da captura à venda, no embarque e no controle dos cativos. Nas guerras, o uso de amuletos e outros objetos impregnados de força sobrenatural eram também usados como defesa. Nas campanhas militares, como em todos os atos da vida, era indispensável a consulta prévia ao oráculo, a subsequente preparação de oferendas propiciatórias e o retorno à presença oracular, após a vitória, para os necessários agradecimentos. Nas travessias do oceano, na palavra do autor mencionado, há notícias de oferendas, feitas e bem-sucedidas, para acalmar a força das águas, como a que teria sido realizada em 1694 por Agbanlá, rei de Uidá, além da menção à prática segundo a qual, no Reino de Popô, os mercadores eram obrigados a presentear os ritualistas locais para garantir, sem percalços, a travessia da perigosa barra do mar. Ver AKPLOGÁN; ARABÁ; bokonon; ifá; ORIXÁS; RELIGIÃO TRADICIONAL AFRICANA.

VOLTA, Rio. Importante via fluvial do oeste africano. Nasce no território da atual República de Gana e deságua no Golfo da Guiné, na fronteira entre Gana e Togo, na antiga Costa do Ouro. Ver ANLOS; BENIN, Antigo; EWÊS; MACINÁ; MOSSIS; SAMORI TURÊ.

WAALO. Ver UALO.

WADAI (Ouaddai). Antigo Reino a leste do lago Chade, criado por uma dissidência do povo Bulala, resistente à reconquista do Kanem por Idris Katgarmabé no início do século XVI (LOPES; MACEDO, 2017, p. 300). No início dos anos 1800, passou a sediar o Sultanato Wadai, constituído por Abd al-Karim Sabun, com capital em Abeché. Por volta de 1909, opondo-se à dominação francesa, o sultão Dud Murra foi destronado pelos colonialistas, que colocaram em seu lugar um governante fantoche. Mas a resistência continuou até o *kolak* (sultão) Asil, capturado pelos franceses em 1912.

WAIYAKI WA HINGA (século XIX). Influente mercador e líder político do povo Quicuio, no Quênia. No período da conquista colonial britânica, assinou em 1890 um tratado de cooperação com o governo britânico, representado por Frederick Lugard, para a construção do forte inglês de Dagoretti. Logo depois, percebendo as perigosas consequências do ato, liderou um ataque ao forte, o que deu início ao conflito armado que se encerrou com sua prisão e, provavelmente, seu falecimento no ano seguinte. Ver QUÊNIA; QUICUIOS.

WALATA PETROS (século XVII). Santa cultuada por um dos ramos da Igreja Ortodoxa Etíope. Vivendo entre 1593 e 1643, foi casada com um dignitário da corte do *négus* Suzênio, seguidor da fé católica, e enviuvando, em 1633, ingressou em um mosteiro da Igreja Ortodoxa na área do Lago Tana, localizado na região de Amara, nordeste do país. Posicionando-se, com um grupo de servidores, contra as ações do *négus*, foi alvo de perseguição seguida de exílio em Jabal, na fronteira ocidental da Etiópia. Nesse exílio, criou a primeira das sete comunidades religiosas que, segundo uma alegada profecia, deveria fundar. Coincidentemente, nesse momento, o movimento anticatólico ganhou força na corte, e Walata Petros foi autorizada a retornar à área do lago Tana, onde fundou as comunidades de Chenqwa e Mesela. Por volta de 1632, o imperador abandonou a ideia de impor a fé católica romana na Etiópia. Morrendo pouco depois, seu filho e sucessor Fazílidas restaurou a fé monofisista no país. Assim, Walata Petros foi honrada e reverenciada como uma heroína popular por sua longa resistência ao catolicismo. A partir daí, viajou pelo país, ensinando com renovado zelo, reunindo novos discípulos e fundando novas comunidades religiosas, até falecer, com cerca de 50 anos de idade, e ser reconhecida por sua contribuição substancial para a restauração da Igreja Ortodoxa Etíope, segundo o rito de Alexandria. Ver ETIÓPIA; FAZÍLIDAS; MONOFISISTA; SUZÊNIO.

WALATI, Muhamad Al-Bartili Al-. Ver AL--WALATI, Muhamad Al-Bartili.

WALDA HEYAT. Filósofo abissínio do final do século XVII, também referido como Mektu. Foi discípulo de Zera Yacob. Ver YACOB, Zera.

WANG'OMBE (1840-1902). Chefe guerreiro no interior do território da atual República do Quênia. Filho de pai quicuio e mãe massai, nas décadas de 1880 e 1890 chefiou diversas expedições com bandos de mercenários de ambas as nações, promovendo ataques e pilhagens em comunidades desses dois povos. Numa trajetória ambígua e polêmica, acumulou riqueza e prestígio e colaborou ativamente com os ingleses na conquista colonial. Ver MASSAIS; QUÊNIA; QUICUIOS.

WANSHARISI, Ahmad Al-. Ver AL-WANSHARISI, Ahmad.

WARE I, Opoku. Ver OPOKU WARE I.

WARRI. Ver ITSEKÍRIS.

WASSOULOU, Império. Estado oeste-africano também referido como Império Mandinka. Existiu, no atual território da Guiné-Conacri, por apenas duas décadas, entre 1878 e 1898, originando-se como resultado da fragmentação do Império Tuculor após a morte de El Hadj Omar Tall, ocorrida em 1864. Acabou conquistado pelo líder mandinga Samori Turê em 1881 e destruído pelo exército colonial francês dez anos depois. Ver GUINÉ-CONACRI; SAMORI TURÊ; TUCULORES.

WATERBOER, Nicolas (1819-1896). Último chefe independente do povo Gríqua, atuou como seu líder com o título de "capitão" (*kaptjin*) a partir de 1852. Lutou pelo direito de permanência dos gríquas contra os bôeres da Colônia do Cabo no período da descoberta das minas de diamante, e liderou uma revolta contra o império britânico em 1878, o que o levou a ser preso e exilado durante dois anos em Hopetown. Ver BÔERES; GRÍQUAS.

WATTARA, Sékou. Líder mandinga no território da atual Costa do Marfim, no século XVIII. Muçulmano, em 1705, após destronar a dinastia dos Lassaris, praticantes da Religião Tradicional, criou o Império Kong. Ver KONG.

WATTÁSIDAS (*Wattasids*). Ver OATÁCIDAS.

WATUTSIS. O mesmo que Tutsis. Ver observação em VANGÚNIS. Ver TUTSIS.

WYDAH. Uma das transliterações do nome Uidá.

WILLIAMS, George Washington (1849-1891). Historiador afro-americano nascido na Pensilvânia e falecido em Blackpool, Inglaterra. Em 1890, viajou ao Congo em um trabalho de pesquisa e, de volta, publicou uma "Carta Aberta", na qual denunciou as atrocidades cometidas em território africano por prepostos do rei belga Leopoldo II, então dono, pessoalmente, de toda a bacia do Rio Congo – atrocidades estas, depois, amplamente confirmadas. Objeto de uma campanha de descrédito, morreu tuberculoso, pobre e endividado. Ver BÉLGICA; COLONIALISMO; EUROPEUS NA ÁFRICA; RESISTÊNCIA ANTICOLONIALISTA.

WITBOOI, Hendrick (1830-1905). Chefe do povo Khoikhoi, na atual Namíbia. Batizado no cristianismo pelos missionários em 1868, deu continuidade à liderança exercida por sua família, destacando-se na década de 1880 em combates contra os hereros. Liderou a resistência dos povos Namaqua no período de ocupação germânica, primeiro no período de 1890 a 1894, depois em uma revolta contra o general Von Trotha, iniciada em 1904 e prolongada até 1907, na qual encontrou a morte. Ver HEREROS; NAMÍBIA.

WORODUGU (*Worodougou*). Reino mandinga fundado no território da atual Costa do Marfim no final século XVII. Com lideranças praticantes da Religião Tradicional e resistentes à islamização, no final do século XIX caiu sob o domínio de Samori Turê. Ver SAMORI TURÊ.

WUNDENG. Ver NGUNDENG BONG.

XANGAMIR (Changamir; Changamire). Título real autoatribuído por Xanga, príncipe do Reino Rózui, dependente do Reino xona do Monomotapa, no século XV. Tornando seu domínio independente, Xanga derrotou Niauma, sucessor natural do *mwene* Mutapa, e reinou por quatro anos, até ser morto pelo filho do derrotado (KI-ZERBO, 1972, v. II, p. 443). A denominação "xangamir" seria resultado da apropriação do título árabe "emir", anteposto ao seu nome – Xanga Amir, significando "príncipe Xanga" – e acabou por se tornar um título dinástico. **A dinastia.** Reinante no Zimbábue, a dinastia rózui dos xangamires controlava o comércio de marfim e a extração de ouro entre os rios Zambeze e Limpopo, desenvolvendo estreitas relações com mercadores árabes e portugueses do litoral índico. Na segunda metade dos anos de 1600, o gradual enfraquecimento do Reino Monomotapa e a fragmentação de autoridade de seus governantes ensejaram o surgimento de pequenos estados antes mantidos sob a sua influência. Nesse contexto, surge a liderança do mais conhecido dos xangamires, o Xangamir Dombo. **O Xangamir Dombo.** Com o Reino do Monotapa sob domínio português, o xangamir Dombo, soberano do Reino Rózui, concentrou seus esforços no sentido de expulsar os invasores do interior do território e afirmar sua soberania diante do Monomotapa, de quem era dependente. Assim, em uma sangrenta campanha militar, entre 1693 e 1695, chegou até a cidade de Tete, no atual Moçambique, apossando-se das terras do Monomotapa e exterminando a população portuguesa. Mas, enquanto isso ocorria, seu trono era tomado por um usurpador, chamado Niacambiro. Entretanto, os portugueses reconheceram o poder de Dombo, conformados em ter sob sua influência apenas um pequeno território entre Sena e Tete (FAGAN, 1970, p. 132-133). Ver LOBENGULA; MFECANE; MONOMOTAPA; MZILIKAZI; NDEBELES; RÓZUIS; ZIMBÁBUE.

XARIA (Sharia). Conjunto de leis da fé islâmica, compreendo as normas do Alcorão, a Suna (narrativa da vida do profeta Maomé), além de antigos sistemas de direito árabe, tradições etc.

XAXÁ DE AJUDÁ. Ver CHACHÁ DE AJUDÁ.

XEICADO. Unidade política governada por um xeique.

XEIQUE (Shaykh; Sheik; Cheikh). Título genérico para chefe muçulmano, líder de uma cidade, de uma região ou mesmo de um país; designa, mais apropriadamente, o ancião respeitável, e, especificamente, cada um dos líderes das confrarias ou irmandades, conhecidas como *tariqas*. Variante: "xeque". Na história da África, aparecem inúmeras formas variantes, como *Cheiku, Seku, Shehu.*

XERIFE

XERIFE. Título usado por muçulmanos que realizaram três ou mais vezes a peregrinação a Meca, ou adotado por um soberano como distintivo de sua condição de descendente de Maomé (HOUAISS *et al.*, 2001, p. 2895). Ver SAADIANOS.

XHOSAS. Ver XOSAS.

XINJES. Povo banto do nordeste de Angola, do mesmo grupo etnolinguístico dos lundas e chócues (SILVA, 2012a, p. 464).

XIRAZES (*Shirazi*). Povo da região de Xiraz, na antiga Pérsia. Contribuiu decisivamente para a formação da Civilização Suaíli, na costa oriental africana.

XOA (*Choa; Shewa; Shoa*). Região de planalto na porção oriental do território da Etiópia, sede da província etíope de mesmo nome. Antigo centro do poder cristão estabelecido no período da dinastia dos zagués, entre os séculos X e XIII. Durante o século XVII, a região foi gradativamente invadida pelos oromos, povo de pastores que antes já tinha ocupado outras regiões, onde, mudando de vida, inclusive se tornando agricultores, ocuparam as fontes de trabalho que garantiam o sustento das populações originais. Por isso, os oromos provocavam muita rejeição em Xoa, principalmente por parte dos amharas, que tinham sido forçados a migrar para uma região montanhosa a nordeste. No século XVIII, diversos imperadores etíopes foram reparando as perdas causadas pelas migrações dos oromos. Como resultado, no fim do século seguinte, Xoa já tinha recuperado boa parte de suas antigas estruturas sociais e econômicas (PAGE, 2005, v. III, p. 244). Ver OROMOS.

XONAS (*Shona; Chonas; Ma-xonas*). Conjunto de povos bantos localizados ao sul do rio Zambeze, nos atuais territórios de Zimbábue e Moçambique, mencionados em Fagan (1970, p. 124) como "Carangas ou Xonas". Constituem um numeroso grupo de sociedades, importantes, sobretudo, por seu passado, como interpreta Granguillhome (1979, p. 34), já que, no século XIX, vivenciaram eventos danosos a partir dos ataques dos angônis e que se prolongaram com a colonização. A comunidade etnolinguística dos xonas compreende, entre diversos outros, os povos falantes das línguas Caranga e Kalanga ou Kalana. Obenga (1985, p. 29-30) inclui no subgrupo linguístico "Kalanga", e não Caranga, a língua do povo Rózui, Lozi ou Barotse, aparentando-os, portanto. Segundo Fagan (1970, p. 128), a fase principal da história dos Xonas foi protagonizada pelos rózuis, lozis ou barotses, membros de um clã que subira ao poder em virtude de sua supremacia religiosa. Seriam eles os criadores do Estado que passou à história como o Reino do Monomotapa ou Grande Zimbábue. Mas, além dele, os povos xonas constituíram outros estados fortes e independentes, como Barué, Manica, Uteve e Xangamir, que mantiveram seu domínio na área mais meridional do centro de Moçambique, da margem sul do Zambeze ao interior de Inhambane (ISAACMAN, 2010, p. 212-213; 226). Juntamente com o Congo e o Loango, esse Estado figurou, até o século XV, como um dos mais importantes das Áfricas Central e Austral (JOUANNEAU, 1983, p. 22-23). Em meados do século XV, os Xonas tinham estendido seu território do Oceano Índico até o deserto de Kalahari. O Grande Zimbábue tinha dado lugar a duas ramificações do comércio aurífero dos reinos xonas: o comércio de ouro do Império Torwa para o oeste, e o do Monomotapa para o nordeste. O Reino Rózui dos xonas, governado pela dinastia Xangamir, dominou a região até o século XIX. Por esse tempo, o Reino Xona entrou em declínio por força das migrações dos Ngúnis que conquistaram a região. Ver ANGÔNIS; MONOMOTAPA; NGÚNIS; RÓZUIS; ZAMBEZE; ZIMBÁBUE.

XOSAS (*Xhosa*). Povo da África meridional, de língua e cultura Ngúni, que os europeus chamavam "cafres". A pronúncia aproximada do vocábulo *Xhosa* é *Kossa* – então, talvez, deva ser esta (*Kossa*) a transliteração mais apropriada. Entre os povos nativos do atual território sul-africano, por serem pastores e agricultores como os bôeres, foram os que mais se envolveram em conflitos com eles. Assim, de 1779 a 1879, estiveram envolvidos nas chamadas "Guerras Cafres" contra bôeres, holandeses e ingleses, resistindo às invasão e ocupação de suas terras. Esses conflitos desdobraram-se, na realidade, em três sequências de guerras: a primeira, entre 1779 e 1781; a segunda, em 1793; a terceira, entre 1799 e 1802; e a quarta, em 1877-1879, num conjunto habitualmente mencionado como "Guerra dos Xosas". Ver BÔERES; CAFRES; MAKANDA.

XUETANU. O mesmo que Huetanu. Ver FESTIVAIS E CERIMÔNIAS; HUETANU.

YAA ASANTEWAA. Título da rainha-mãe entre os axântis da atual República de Gana. Outro título é *aberewatia*, traduzido exatamente como "rainha-mãe" e derivado de *aberewa*, "mulher idosa" (KOTEY, 1996, p. 17). O vocábulo que, entre os axântis, designa uma rainha, simplesmente, é *hemmea*, daí a referência *asantehemmea*, usada por alguns autores. Uma das mais célebres dessas rainhas-mães foi a mencionada como **Konadu Yaadom** (1750-1809), que, no reinado do axântiene Osei Kwadwo, desempenhou um importante papel na unificação do estado, criando as condições para a aproximação entre as lideranças locais de Mampong, Juaben, Bekwai e Kokofu e o reconhecimento de Kumasi como sede administrativa do governo. Outra importante rainha-mãe axânti foi Adoma Akosua (1773-1838). Ocupando o posto após Konadu Yaadom, no período de 1809 a 1819, tentou estabelecer negociações com o chefe de Abrem para derrubar o axântiene Osei Bonsu – mas, com sua trama descoberta, acabou banida do palácio real. Entretanto, a efetivamente mais celebrizada foi a última delas, referida como **Yaa Akyaa Asantehema** (1840-1921). Nascida ao sul de Ejisu, próximo a Kumasi, foi mulher de Awosu Kwabena, um dos irmãos do axântiene Osei Bonsu. Em 1900, liderou a rebelião, conhecida como "Guerra do Trono de Ouro" contra o Império Britânico, em nome de seu filho, o axântiene Prempeh I, derrubado do poder em 1893. Após diversos ataques, foi aprisionada e deportada junto com o filho para as ilhas Seicheles, onde morreu, já octogenária. Ver AXÂNTIENE; AXÂNTIS; GANA; KUMASI; OSEI BONSU.

YACOB, Zera (1599-1692). Filósofo etíope, cujo nome é também transliterado como Zara Yaqob, Zara Ya'aqob ou Za'ra Ya'eqob. Nascido em uma comunidade agrícola pobre, próxima a Axum, a antiga capital do norte da Etiópia, ainda menino, impressionando seus primeiros mestres por sua inteligência, foi encaminhado a uma escola mais avançada, onde estudou retórica, poesia e pensamento crítico por quatro anos. Em seguida, estudou a Bíblia por dez anos em outra escola, recebendo ensinamentos de católicos e de coptas, bem como da tradição cristã ortodoxa, majoritária no país. Na década de 1620, com a conversão do imperador Suzênio ao catolicismo romano, imposto como religião oficial da Etiópia, perseguido como "livre pensador", Yacob fugiu, levando uma pequena porção de ouro e uma cópia dos "Salmos de Davi". Refugiando-se numa caverna, onde permaneceu por dois anos, o filósofo aprofundou seus conhecimentos bíblicos, reforçados mais tarde, em outra escola, com mais ensinamentos adquiridos, inclusive sobre a tradição cristã ortodoxa. Autor do tratado intitulado

Hatata, escrito em gueês no ano de 1667, nele Zera Yacob faz um profundo exame dos fundamentos do conhecimento e da fé cristãos segundo os princípios etíopes. Apesar de ostentar, em essência, o mesmo nome, este personagem não deve ser confundido com Zara-Jacó, imperador etíope no século XV, verbetizado em Lopes e Macedo (2017, p. 308).

YAGBA. Povo da Iorubalândia localizado na região de Kabba. O nome designou também o reino por eles criado. Ver IORUBALÂNDIA.

YAK, Anek Mathiang. Ver ANEK MATHIANG YAK.

YAKAS. Denominação de um povo que, na documentação histórica sobre Angola e Congo, aparece, em geral, como sinônimo de "Jaga" (Parreira, 1990a, p. 114). Segundo Hilton (1981), originalmente este designativo não tinha uma acepção étnica particular, pois o vocábulo *aka* no idioma umbundo designa o "outro", isto é, o "estrangeiro", o "atacante", o "salteador". O nome yaka designa um dos 28 idiomas bantos do grupo Kongo listados em Obenga (1985, p. 24), também referido como "maiaca" e falado pelo povo de mesmo nome. Na época colonial, os maiacas estavam localizados em grande parte do antigo Congo Belga e em uma pequena faixa do território de Angola, ao longo da margem esquerda do rio Cuango (Milheiros, 1956, p. 13). Ver JAGAS.

YAMOA PONKO (c. 1730-1785). Homem de negócios e político axânti no território da atual República de Gana. Filho de imigrantes de Denquira, fez fortuna como mercador no interior do país. A partir de 1764, no reinado do axântiene Osei Kwadwo, passou a ocupar importantes cargos na administração pública, como o de chefe de província e também na vida militar. Faleceu durante o reinado de Osei Kwame Panyin. Ver AXÂNTIS; DENQUIRA.

YAMWO NAMEDJI. Ver NAWEEJI I.

YAOS. Ver AJAUAS.

YASU II. Imperador (*négus*) da Etiópia, governou de 1730 a 1755. Ver ETIÓPIA.

YERO, Buba. Ver BUBA YERO.

YIKWAN, Akyaawa. Ver AKYAAWA YIKWAN.

YOKO DE SENEHUN. Ver MAMMY YOKO.

YOLA. Emirado oeste-africano fundado por fulânis na região de Adamaua, em território que compreendia partes dos que hoje correspondem às repúblicas de Nigéria e Camarões. A partir de 1806, integrou o Califado de Sokoto, sob a liderança de Modibbo Adama, que declarou sua independência em 1841. Ver ADAMAUA; FULÂNIS; SOKOTO, Califado; Jihad.

YORUBALAND. Ver IORUBALÂNDIA.

YOSTOS. Imperador (*négus*) da Etiópia governante de 1711 a 1716. Ver ETIÓPIA.

YOVOGAN (*Yevogan*). Ver AVOGÁ.

YUSI, Sidi Lahcen AL-. Ver AL-YUSI, Sidi Lahcen.

YUSUF, Abu. Ver ABU YUSUF.

YUSSUF BIN AL-HASSAN (século XVII). Sultão de Mombaça. Filho de Hassan Bin Ahmad, foi entronizado em 1627 sob o nome "Dom Jerônimo Chingulia". Em 1631-1632, insurgiu-se contra os portugueses, árabes e suaílis convertidos ao cristianismo. Ver MOMBAÇA; SUAÍLI.

ZA DENGEL. Imperador (*négus*) da Etiópia, sucessor de Sarsa Dengel no curto período de 1603 a 1604. Convertido ao catolicismo romano, introduziu o jesuíta português Pero Pais em sua corte, dando origem a uma revolta que resultou em sua morte. Ver ETIÓPIA.

ZAIRE (*Zádi; Nzadi*). Denominação vernácula do rio Congo, significando, no idioma quicongo, "grande", "em grande quantidade", ou mesmo "rio". O nome designou também a atual República Democrática do Congo (Congo-Quinxassa), entre 1970 e 1997.

ZAMBEZE. Rio da África Austral. Nasce no noroeste da Zâmbia, próximo às fronteiras desse país com Congo-Quinxassa e Angola, e corre para o sul, por Angola, até desaguar, após um percurso de cerca de 2.600 quilômetros, no canal de Moçambique. A região conhecida como Vale do Zambeze, que se estende do oceano Índico ao Zumbo, foi objeto de um projeto de criação, pelos portugueses, de um império mercantil. Mas, segundo Isaacman (1979, p. 25), a resistência dos povos locais minou a consolidação desse objetivo. Em 1560, uma missão católica foi desbaratada, sendo seu chefe executado sob acusações de praticar feitiçaria. À resistência dos nativos se somaram casos de incúria administrativa, incompetência profissional, deslealdades dos concessionários de prazos, crise agrícola e despovoamento das terras pelo tráfico negreiro. Ver MOÇAMBIQUE; PRAZOS, Sistema dos; ZUMBO.

ZAMBÉZIA. Antiga denominação da região do curso inferior do rio Zambeze, da foz até acima do Zumbo, também conhecida como "rios de Sena". Ver ZAMBEZE; ZUMBO.

ZAMBEZIANO. Relativo ao Zambeze e à cultura florescida no vale desse importante rio.

ZÂMBIA. País da África Central localizado entre Angola, Congo-Quinxassa, Tanzânia, Maláui, Moçambique, Zimbábue e Botsuana. Entre os mais antigos habitantes do território da atual República de Zâmbia, contam-se ancestrais dos contemporâneos bembas e lundas, além de outros povos, fundadores de vários reinos. Esses povos criaram e desenvolveram redes de comércio de longa distância, nas quais negociavam mercadorias como cobre, marfim e sal com parceiros árabes e suaílis, e também com portugueses presentes no litoral índico a partir do século XVI. No sítio arqueológico de Ingombe Ilede, foram localizados restos de uma rica sociedade mercantil datados do século XIV. No século XVII, o antigo Reino Maláui comerciava principalmente ouro e marfim com os portugueses, mas, no século seguinte, com o predomínio do tráfico negreiro, muitos povos locais, inclusive os chewas, foram vítimas de expedições de captura promovidas por povos vizinhos. Nesse quadro, bembas e lozis tiveram hegemonia na região. Por volta de 1835, protagonizando o *Mfecane* ou *Difaqane* zulu, hordas ngonis penetravam pelo sul do atual território zambiano e submetiam diversos povos dos atuais territórios de Maláui e Zimbábue e da Zâmbia. No leste, guerreiros comandados pelo chefe Mpezeni submetiam chewas e nzengas, saqueando suas povoações. Durante as décadas de 1870 e 1880, missionários cristãos começavam a chegar ao atual território zambiano, entre eles o célebre David Livingstone. Enquanto isso, com as atividades de mineração de ouro e diamante expandindo-se na África do Sul, o interesse europeu pelas porções meridional e central do continente africano crescia rapidamente. Agentes do magnata inglês Cecil Rhodes impunham acordos ou entravam em choque com lideranças nativas nos futuros territórios de Rodésia e Zâmbia. Nos anos seguintes, agricultores, mineiros e comerciantes europeus foram se fixando nessas áreas. A Companhia Britânica da África do Sul, com o apoio do governo britânico para colaborar no combate à escravidão e barrar de vez a expansão portuguesa na região, assumiu a administração das áreas onde esses europeus se fixavam; e, em 1911, o território da atual Zâmbia passou a se chamar Rodésia (de "Rhodes") do Norte. Ver ANGOLA; ANGÔNIS; BEMBAS; CHEWAS; COMPANHIAS DE COMÉRCIO; LOZIS; LUNDA; MALÁUI; MFECANE; RODÉSIA; SUAÍLI.

ZAMFARA. Uma das antigas cidades-Estado hauçás, localizada no noroeste do território da atual República da Nigéria. É informada como um dos "estados negreiros" da África, entre os séculos XVII e XVIII (Dorigny; Gainot, 2017, p. 40). Ver ESTADOS NEGREIROS; HAUÇÁS.

ZANGINA, Naa. Rei do Dagbon (1648-1677), no norte do território da atual República de Gana. É mencionado como o primeiro chefe nativo convertido ao islamismo pelos mandingas que se estabeleceram na região. Estendendo sua influência ao Reino de Gonja, estimulou a entrada de mercadores muçulmanos, inserindo o seu povo nas rotas de longa distância do comércio caravaneiro. Ver DAGBON; GANA; MANDINGAS.

ZANJE, Civilização. Complexo cultural que floresceu no leste da África. Chegando à costa oriental africana, no século VII, os árabes chamaram a região de *Zandj ji bar*, "costa dos negros", daí o topônimo Zanzibar. Nesse litoral, entre Mogadixo e Sofala, com a contribuição civilizatória do suaíli, a mais difundida das línguas do grupo banto, e com a estrutura econômica favorecida pelas riquezas naturais do interior, edificaram a civilização Zanje, diretamente relacionada com a Arábia, a Pérsia, a Índia, a China e o Sião. Em algumas fontes, a costa suaíli foi mencionada como "País de Zanje". Ver KITAB AL ZUNUG; SUAÍLI; TRÁFICO NEGREIRO; ZANZIBAR.

ZANZIBAR E PEMBA. Ilhas no oceano Índico, no litoral da atual República da Tanzânia. Desde tempos remotos, Zanzibar foi o principal porto africano para os mercadores, sobretudo árabes, em busca de marfim e escravos procedentes do interior do continente. No século XVI, portugueses passaram a competir nesse comércio, mas foram expulsos, no fim do século seguinte, por habitantes nativos e árabes. Esses eventos fizeram crescer a influência arábica, pelo que, em 1840, o sultão de Oman, Sayyd Said, transferiu completamente sua capital para Zanzibar com o objetivo de explorar as ricas potencialidades mercantis do interior africano. Segundo a *African Encyclopedia* (1974, p. 553), no auge do comércio escravista, cerca de 100 mil escravos eram anualmente vendidos no mercado de Zanzibar e exportados para além-mar. Diante de tais cifras, o controle da área estendeu-se à vizinha Pemba e a algumas áreas litorâneas do continente. Então, extensos campos de cultivo foram criados, o que garantiu a prosperidade das ilhas mesmo após a abolição do tráfico negreiro e levou muitos mercadores indianos a se fixarem em Zanzibar durante o século XIX. Quase ao final desse período, entretanto, potências europeias tomaram dos árabes de Oman o poder sobre as ilhas, e em 1890 Zanzibar e Pemba se tornaram possessões britânicas. Ver ECONOMIA DO TRÁFICO; TRÁFICO NEGREIRO.

ZARA SCHLEMEN (1793-1831). Missionária sul-africana nativa do povo Khoi. Cristianizada aos 20 anos de idade, trabalhou como evangelista e tradutora na cidade do Cabo, África do Sul. Casada com um missionário alemão de quem ganhou o sobrenome, em 1824, junto com ele, tornou-se autora da primeira tradução do *Novo Testamento* para a língua de seu povo.

ZARIA. Uma das antigas cidades-Estado hauçás, localizada no norte do território da atual República da Nigéria. Também referida como *Zazzau*, é incluída entre os "estados negreiros" da África, entre os séculos XVII e XVIII (DORIGNY; GAINOT, 2017, p. 40). Ver ESTADOS NEGREIROS; HAUÇÁS.

ZAYAANI, Abu Al-Qasim Ibn Ahmad Al- (1734-1833). Líder político e cronista marroquino nascido em Fez. É considerado um dos maiores conhecedores da história do Marrocos antes do período moderno. Atuou como secretário na corte dos sultões alauítas, representando-os junto às lideranças locais e como embaixador junto ao império otomano. Ocupou temporariamente o cargo de governador, vizir e camareiro. Escreveu mais de vinte livros sobre história e geografia, e o mais importante deles se chama *al-Turjumaan al-Mur'ib ib'na Duwal al-Mashriq wa al-Maghreb* [Interpretação lúcida dos Estados do Oriente e do Ocidente]. A obra trata da história desde os tempos da criação (segundo a tradição muçulmana) até o século XIX, e a última seção é especialmente dedicada à evolução dos acontecimentos no Marrocos desde a ascensão da dinastia alauíta até o ano de 1812. Ver CRÔNICAS AFRO-MUÇULMANAS.

ZAYANI, MOHA OU HAMMOU. Líder da tribo de Ait Harkat, na Confederação Zayan. Sua liderança teve início em 1871, na cidade de Khenifra, que décadas mais tarde se tornaria um importante centro de resistência contra a ocupação francesa na região dos Montes Atlas.

ZAZZAU. Ver ZARIA.

ZEAB, TSEGA. Ver TSEGA ZEAB.

ZEMENE MESAFINT (*Zamana Mesafint*). Designação, em gueês, do período histórico conhecido como "Era dos Príncipes" ou "Era dos Juízes" na Etiópia. Durou cerca de um século, entre 1769 e 1855, período em que a autoridade dos

ZIMBÁBUE (*Zimbabwe*)

imperadores da dinastia salomônica foi fortemente contestada por uma série de revoltas ou disputas entre governantes (*ras*) das províncias de Damot, Gojjam, Xoa, Semien, Tigré e Lasta, que se tornaram efetivamente autônomas. A crise teve início com a ascensão do *ras* Mikael Sehul (1692-1794), que orquestrou o assassinato do imperador Yoas (1755-1769) e de Johanes II (1769). A retomada de controle pelo poder central teve início no governo de Teodoro II (1855-1868). Ver ETIÓPIA.

ZEMIO IKPIRO (século XIX). Líder guerreiro e traficante de escravos nascido na década de 1840, no seio do povo Azande, no território da atual República Centro-Africana próximo à fronteira com o Congo-Quinxassa. Faleceu na década de 1910. Chefe do ramo Zemio de seu povo, que também deu nome à capital dos azandes, é igualmente referido como Zemio Ikpiro Zande. Manteve relações com o Egito turco-otomano e colaborou com os belgas do rei Leopoldo II na década de 1890. Ver COLONIALISMO; CONFERÊNCIA DE BERLIM; CONGO-QUINXASSA; REPÚBLICA CENTRO-AFRICANA.

ZIMBÁBUE (*Zimbabwe*). País da África Austral, com território localizado entre os de Zâmbia, Moçambique, África do Sul e Botsuana. Em parte desse território estão as ruínas do Grande Zimbábue, conjuntos de edificações de pedra erguidos entre os séculos XI e XIII. Por volta do fim do século XVII, o império do povo Rózui, subgrupo dos xonas que se tornara a mais poderosa força no antigo Reino do Monomotapa, ocupava agrupamentos populacionais, constituídos por cidades de pedra amuralhadas.

Uma dessas povoações situava-se provavelmente em Khami, próxima à atual Bulawayo. Os exércitos dos rózuis desalojaram os portugueses, chegados a partir do século XVI. Porém, continuaram mantendo, com eles, relações comerciais. Mas essa presença portuguesa desmantelou o próspero comércio com o oriente, provocando a decadência econômica da região. Reagindo à ganância dos portugueses pelo ouro, os governantes nativos soterraram suas minas, mantendo apenas a metalurgia do ferro. Após a década de 1820, contingentes do povo Ndebele migraram da Zululândia em direção ao norte e, alguns anos depois, chegaram à porção ocidental do atual território do país. Lá, derrotaram os rózuis, que fugiram mais para o oeste, abandonando suas bem-organizadas cidades, seus campos cultivados e seus canais de irrigação. Sob o comando de Mzilikazi, os ndebeles fundaram seu próprio Estado. Na primeira metade do século XIX, o território estava dividido entre os povos xonas, no noroeste, e o Reino dos ndebeles, chamado Matabele, que ocupava todo o sudoeste. Entre 1888 e 1889, Lobengula, sucessor de Mzilikazi, celebrou um acordo com ingleses para conceder à Companhia Britânica da África do Sul, do magnata inglês Cecil Rhodes, o monopólio da exploração das reservas minerais do país. Como resultado, colonizadores europeus começaram a ocupar a terra. Segundo vozes autorizadas, Rhodes teria subornado Lobengula com armas, um barco a vapor e uma pensão vitalícia (ENCICLOPÉDIA, 2000, p. 599). Diante da invasão de suas terras, os ndebeles se insurgiram e pegaram em armas, sendo, entretanto, derrotados pela força

ZINDER

britânica. Três anos depois, forças dos xonas aliaram-se aos ndebeles em uma nova guerra contra os europeus, também sem sucesso. Assim, a administração europeia indicou como chefes alguns líderes locais que tinha sob controle. A Companhia Britânica da África do Sul assumiu a administração do país, dando-lhe o nome Rodésia, em homenagem ao mencionado Rhodes. Durante a década de 1890, muitas importantes cidades foram transformadas em campos de mineração, e a população europeia cresceu rapidamente (AFRICAN ENCYCLOPEDIA, 1974, p. 428). Ver MATABELE; MZILIKAZI.

ZINDER. Cidade da atual República do Níger, sediou o Sultanato de Damagaran em 1736, integrado pelos kanúris. Mantinha contatos comerciais com Kano e com o Kanem-Bornu, sendo ponto de passagem e de negócios de tuaregues, uma vez que estava inserida como ponto de passagem nas rotas de comércio transaarianas. Ver KANEM-BORNU; KANO; KANÚRIS; TUAREGUES.

ZIONISTAS. No sul de Moçambique, denominação aplicada a igrejas protestantes criadas sob inspiração de missionários metodistas e anglicanos no final do século XIX, as quais assumiram feições próprias nas décadas seguintes. A denominação é uma corruptela, através do inglês *zionist*, do adjetivo "sionistas", que refere as igrejas que têm como referencial o Reino bíblico de Israel e, em especial, a cidade de Jerusalém.

ZUANGUENDABA (*Zwangendaba*). Chefe guerreiro ngúni, filho de Zwidé e dissidente das tropas zulus. Impelido para o norte do país entre 1811 e 1812 por causa de uma campanha infeliz contra Chaka, rei dos zulus, rumou com seus seguidores, em uma migração de mais de 1.600 quilômetros ao longo de vinte anos, durante a série de eventos conhecida como *Mfecane*. Deixando um rastro de destruição por onde passou, a horda chegou ao sopé dos montes Libombo, no curso inferior do rio Limpopo. Entrando em choque com outras forças inimigas, no início dos anos de 1820, Zuanguendaba seguiu mais para o norte até atingir o rio Save, onde seus guerreiros devastaram o Reino Caranga e venceram os rózuis do Zimbábue, já nos princípios da década seguinte. (FAGAN, 1970, p. 172-173). Depois, atravessaram o rio Zambeze, cortaram os territórios dos suazis, rongas e xonas, raptando mulheres e incorporando jovens ao seu exército, e chegaram ao lago Tanganica. O líder morreu em meados do século XIX, provavelmente já sexagenário. Observe-se que, no idioma zulu ou ixi-zulu, o termo *zwangendaba* designa a pessoa que "recolhe as informações" (DOKE, 1990, p. 902). Ver CHAKA; LIMPOPO; MFECANE; SUÁZIS; XONAS; ZAMBEZE; ZIMBÁBUE; ZULU GAMA; ZULUS.

ZUAVOS (*Zouaves*). Designação de batalhões de infantaria integrados, na África, por populações sob domínio colonial ou escravizadas. A mais antiga organização desse tipo surgiu na Argélia em 1831, quando, além do batalhão de atiradores (*tirailleurs*), foi criado um corpo de infantaria ligeira do exército composto por indivíduos recrutados em diferentes comunidades berberes, mas, sobretudo, entre os cabilas da confederação *Zwawa* ou *Zouave* (HOUAISS *et al.*, 2001). Tais forças auxiliares foram empregadas pelo governo francês

ZULUS

em diversos conflitos extra-africanos, como na Guerra da Crimeia, no México, e na Guerra Franco-Prussiana. Paralelamente, a instituição foi adotada em outros locais (Canadá, Estados Unidos) e em áreas de língua portuguesa, onde apareceram formações militares semelhantes, como a dos voluntários negros conhecidos como "Zuavos Baianos" na Guerra do Paraguai (1863-1870). Em Moçambique, entre 1851 e 1854, o general português Pinto de Magalhães tentou criar, sem sucesso, um desses batalhões, integrado por escravos. A iniciativa fracassou, pelas más condições físicas e psicológicas dos escravos enviados pelos proprietários e pela fuga de outros, levando consigo uniformes e armas (AZEVEDO *et al.*, 2003, p. 195). Ver COLONIALISMO; EUROPEUS NA ÁFRICA; RUGA-RUGA; SOFA.

ZULU GAMA (século XIX). Comandante do exército de Zuanguendaba, filho e sucessor de Zwidé, chefe do clã Ndwandwe dos angônis, dissidentes do zulu Chaka. Com a morte de Zuanguendaba em 1848, viu crescer sua influência entre seu povo e as elites dirigentes, entretanto, parece não ter almejado o comando geral. Embora guerreiro destemido e participante de diversos conflitos encarniçados, faleceu de causas naturais em 1858. Ver ANGÔNIS; CHAKA; ZUANGUENDABA; ZULUS.

ZULULÂNDIA (*Zululand*). Nome atribuído à colônia britânica criada, no atual território da África do Sul, em 1887, e mais tarde incorporada à colônia de Natal.

ZULUS. Nome com que foram designados os ngúnis que, no século XIX, mantiveram-se sob a autoridade do líder Chaka, enquanto os rebelados ficaram conhecidos como angônis (*ngoni*). Na atualidade, seu território localiza-se na província de Natal ou *KwaZulu*, a antiga "Zululândia", na República da África do Sul, sendo seu idioma o zulu (*isiZulu*), aparentado com a língua Xosa. O etnônimo "zulu" tem origem em uma expressão de louvor ao poder do rei (*inkosi*), elogiado como "altíssimo", "da altura do céu", nome étnico originado de um epíteto de louvor ao rei, expressão essa registrada mais exatamente no léxico da língua xosa, com o significado de "céu", "azul": *zulu* (FISCHER *et al.*, 1985, p. 592; DOKE, 1990, p. 730). **Origens.** Em sua origem, os zulus são um subgrupo dos Ngúnis que, no século XIX, sob o comando de Chaka, transformados em uma legendária "máquina de guerra", conquistaram outros povos, expandiram seu território e se afirmaram como uma grande potência. "Além de inovar o estilo e os métodos de guerrear", escreveu Mazisi Kunene (1985, p. 19), "Chaka implantou um tipo de liderança que buscava restabelecer a lei social, enfraquecida por egoístas lideranças políticas. Segundo a crença zulu, essa lei social se materializava nos códigos sagrados dos ancestrais". O escritor zulu ainda disse mais: "A liderança de Chaka baseava-se na ideia de serviço, segundo a qual o chefe assume os mesmos riscos que o resto da população. Desde então, a abnegação no serviço à comunidade constituiu-se num dos princípios fundamentais do Estado zulu, instituindo-se o mérito como critério para a seleção dos dirigentes em todos os níveis". Em 1828, morto Chaka, sobressaíam os nomes dos novos líderes, Dingane, Mpande e Cetshwayo, em luta não só contra os inimigos

REINO ZULU – Governantes (*Nkosi*)

locais, mas principalmente contra os interesses colonialistas ingleses. Em 1879, forças britânicas tomaram Ulundi, a capital de Cetshwayo, incendiaram a cidade e capturaram o chefe. A partir daí, o estado Zulu foi fragmentado em pequenas unidades, chefiadas por títeres dos ingleses, inclusive por um aventureiro escocês (M'BOKOLO, 2011, p. 305). Os objetivos britânicos foram alcançados e consolidados no início do século XX. Ver ÁFRICA DO SUL, República da; AMABUTHO; ANGÔNIS; BOTSUANA; CETSHWAYO; CHAKA; COLOLOS; DINGANE; DINGUISWAYO; DRAKENSBERG, Cordilheira do; GAZA; GOVERNO, Formas de; ISANDHLWANA, Batalha de; KHUMALO; KWA; LANGANLIBALELE; LESOTO, Reino de; MAKOLOLO, Reino de; MALÁUI; MFECANE; MIRAMBO; MOÇAMBIQUE; MZILIKAZI; NANDI; NATAL; NDWANDWES; NGÚNIS; NGWANES; NXABA; ORGANIZAÇÕES MILITARES; REINO; RESISTÊNCIA ANTICOLONIALISTA; SOCHANGANE; TLOKWAS; UMPANDE; ZÂMBIA; ZIMBÁBUE; ZUANGUENDABA; ZULU GAMA; ZULULÂNDIA; ZWIDÉ.

REINO ZULU –
Governantes (*Nkosi*)

NOME	PERÍODO DE GOVERNO
Chaka	1808-1828
Dingane (Dingaan)	1828-1840
Umpande (Mpande)	1840-1856
Cetshwayo	1856-1884
Dinuzulu	1884-1913

Fonte: LIPSCHUTZ; RASMUSSEN, 1989, p. 256.

ZULUS, Princesas. Ver MAWA; MKABAYI KAJAMA.

ZUMBO. Região no atual território de Moçambique, na margem esquerda do rio Zambeze, a cerca de trezentos quilômetros de Tete. Sediou um entreposto, conhecido como "Feira do Zumbo", que foi o mais longínquo estabelecimento mercantil lusitano, por situar-se no limite ocidental das terras moçambicanas, próximo à atual fronteira com a República de Zâmbia.

ZUNUG, Kitab Al. Ver KITAB AL ZUNUG.

ZWANGENDABA. Ver ZUANGUENDABA.

ZWIDÉ. Chefe do povo Ndwandwe, do grupo Ngoni, adversário de Chaka, contra quem lutou e foi derrotado em 1820. Isto o forçou a conduzir seu povo em uma fuga para o norte do atual Transvaal (KI-ZERBO, 1972, v. II. p. 11), durante o período do *Mfecane*. Ver MFECANE; ZULUS.

Bibliografia

A DICTIONARY of the yoruba language. Ibadan: London; Oxford University Press, 1976.

ABRAHAM, R. C. *Dictionary of Modern Yoruba*. Londres: Great Britain Hodder and Stoughton Educational, 1981.

ABRANCHES, Henrique. *A Konkhava de Feti*. Luanda: União dos Escritores Angolanos, 1985.

ADANDE, J. C. L'art africain et l'imaginaire des autres entre le XVII et le début Du XX siècle. *Afrika Zamani*, Dakar, n. 9-10, p. 60-76, 2001-2002.

ADESINA, Jimi. Práticas da sociologia africana: lições de endogeneidade e gênero na academia. In: SILVA, Tereza Cruz (Org.). *Como fazer Ciências Sociais e Humanas em África: questões epistemológicas, metodológicas, teóricas e políticas*. Dakar: CODESRIA, 2012. p. 195-210.

A DICTIONARY OF THE YORUBA LANGUAGE. London/Ibadan: Oxford University Press, 1976.

AFRICAN ENCYCLOPEDIA. London: Oxford University Press, 1974.

AGUALUSA, J. E. *A conjura*. Rio de Janeiro: Gryphus, 2009.

AKINJOGBIN, L. A. Le concept de pouvoir dans l'Afrique traditionelle: l'aire culturelle yoruba. In: UNESCO. *Le concept de pouvoir em Afrique*. Paris: Les Presses de l'Unesco, 1981. p. 9-27.

AKYEAMPONG, Emmanuel K.; GATES Jr., Henry Louis (Dirs.). *Dictionary of African Biography*. Oxford: Oxford University Press, 2012. (6 vols.)

ALBUQUERQUE, Luís de (Org.). *Dicionário de história da expansão portuguesa*. Lisboa: Editorial Caminho, 1994. (2 vols.)

ALMEIDA, Pedro Ramos de. *História do colonialismo português em África*. v. I. Lisboa: Imprensa Universitária, 1978.

ALPERS, Edward A. Africanos orientais. In: SCHWARTZ, L.; GOMES, F. (Orgs.). *Dicionário da escravidão e liberdade: 50 textos críticos*. São Paulo: Companhia das Letras, 2018. p. 84-91.

ALTUNA, Padre Raúl Ruiz de Asúa. *Cultura tradicional bantu*. 2ª. ed. Luanda: Secretariado Arquidiocesano de Pastoral, 1993.

AMOS, Alcione Meira; AYESU, Ebenezer. Sou brasileiro: história dos Tabom, afro-brasileiros em Acra, Gana. *Afro-Ásia*, v. 33, p. 35-65, 2005.

AMSELLE, Jean-Loup; M'BOKOLO, Elikia (Orgs.). *No centro da etnia: etnias, tribalismo e Estado na África*. Petrópolis: Editora Vozes, 2017.

APPIAH, Kwame; GATES Jr., Henry Louis. *Africana: the Encyclopedia of the African American Experience*. NewYork: Basic Civitas Books, 1999.

ARNAUD, S.; J.C., Ethnies. In: VENNETIER, Pierre (Org.). *Atlas de la Côte d'Ivoire*. Paris: Editions J.A., 1978. p. 26.

AWDE, Nicholas; WAMBU, Onyekachi. *Igbo-English/English-Igbo Dictionary & Phrasebook*. New York: Hippocrene Books, 1999.

AZEVEDO, Domingos de. *Grande dicionário português-francês*. Lisboa: Bertrand, 1984.

AZEVEDO, Mário et al. *Historical Dictionary of Mozambique*. Oxford: The Scarecrow Press, 2003.

BÂ, Amadou Hampâté. *Amkoullel, o menino fula*. São Paulo: Palas Athena; Casa das Áfricas, 2003.

BÂ, Amadou Hampâté. A tradição viva. In: KI-ZERBO, Joseph (Org.). *Metodologia e Pré-História da África*. v. I. Brasília: MEC; UNESCO; UFSCar, 2011. (Coleção História Geral da África.)

BAHIANA, Henrique Paulo. *O Togo ontem e hoje*. 2. ed. Rio de Janeiro: Editora CBAG, 1984.

BALANDIER, G.; MAQUET, J. *Dictionnaire des civilisations africaines*. Paris: Fernand Hazan Ed., 1968.

BALANDIER, Georges. *Au royaume de Kongo: du 16 au 17 siécle*. Paris: Hachette, 1965.

BARBOSA, Alexandre. *Guinéus*. Lisboa: Livraria Progresso Editora, 1968.

BARKINDO, B. M. O Kanem-Bornu: suas relações com o Mediterrâneo, o Baguirmi e outros Estados da bacia do Chade. In: *HGA – História Geral da África*. v. V. Brasília: Unesco; MEC; UFSCar, 2010. p. 582-610.

BASCOM, William. *The Yoruba of Southwestern Nigeria*. New York: Holt, Rinehart and Winston, 1969.

BIBLIOGRAFIA

BAUMANN, H.; D. WESTERMANN. *Les peuples et civilisations de l'Afrique; suivi de Les langues et l'education*. Paris: Payot, 1948.

BAZIN, Jean. A cada um o seu Bambara. In: AMSELLE, Jean-Loup; M'BOKOLO, Elikia (Orgs.). *No centro da etnia*. Petrópolis: Vozes, 2017. p. 119-167.

BERNARD, Augustin. Le Sahara occidental. *Annales de Geographie*, Paris, n. 229, p. 91-94, 1932.

BOAHEN, A. Os Estados e as culturas da costa da Guiné Inferior. In: *HGA*. v. V. Brasília: MEC; UNESCO; UFSCAR, 2010. p. 475-518.

BOAKYE, Jacob. *The history of West Africa: revision questions and notes*. Accra; Gana: Asempa Publisher, 1982. (3 vols.)

BOUQUEREL, Jacqueline. *Le Gabon*. Paris: Presses Universitaires de France, 1970.

BRIERRE, Jean F. *Spectacle féerique de Gorée*: *The Pageant of Gorée*. Dakar: Festival Mondial des Arts Nègres, 1966.

BRIGGS, Philip. *Gana*. Reino Unidos: United Kingdom Bradt Travel Guides, 2008.

BRITO, Bertelina Maria do Rosário de. *Comércio de algodões e cavalos em Cabo Verde (1460-1535)*. Lisboa: Universidade Nova de Lisboa, 2013.

CAMPOS, Rita de Cássia Boeira. Judeus, rotas comerciais e redes de comunicação no mundo mediterrânico. In: MACEDO, José Rivair (Org.). *Os viajantes medievais da Rota da Seda*. São Paulo: EDUFRGS, 2010. p. 55-72.

CAMPS, Gabriel. Une "société archéologique" à Fez au XVI siècle: les canesin de Jean-Léon l'Africain. *Revue des mondes musulmans et de la Méditerranée*, n. 13-14, p. 211-216, 1973.

CAPELA, José. *Donas, senhoras e escravos*. Porto: Ed. Afrontamento, 1996.

CARNEY, Judith. *Arroz negro: as origens africanas do cultivo do arroz nas Américas*. Bissau: IBAP – Instituto da Biodiversidade e das Áreas Protegidas, 2017.

CARVALHO, Sol de (Org.). *História de Moçambique*. v. 2. Maputo: Departamento de História, UEM, 1983.

CASCUDO, Luís da Câmara. *Dicionário do folclore brasileiro*. São Paulo: Ed. Melhoramentos, 1980.

CASHMORE, Ellis. *Dicionário de relações étnicas e raciais*. São Paulo: Selo Negro, 2000.

CHRÉTIEN, Jean-Pierre. L'empire des Bacwezi: La construction d'un imaginaire géopolitique. *Annales ESC*, Paris, n. 40-46, p. 1335-1377, 1985.

CISSOKO, Sekené Mody. Formations sociales et état en Afrique précoloniale: approche historique. *Presence Africaine*, n. 127-128, p. 50-71, 1982-1983.

COQUERY-VIDROVITCH, Catherine. As cidades pré-coloniais: tentativa de definição e periodização. *Revista Internacional de Estudos Africanos*, Lisboa, n. 4-5, p. 266-267, 1986.

COELHO, Virgilio. Em busca de Kabasa: uma tentativa de explicação da estrutura político-administrativa do Reino de Ndongo. In: *Actas do VVAA – Encontro de povos e culturas em Angola*. Lisboa: Comissão Nacional para as Comemorações dos Descobrimentos Portugueses, 1999. p. 445-477.

CONCEIÇÃO, José Maria Nunes Pereira. *África, um novo olhar*. Rio de Janeiro: CEAP, 2006.

CONRAD, Robert Edgar. *Tumbeiros: o tráfico de escravos para o Brasil*. São Paulo: Brasiliense, 1985.

CORNEVIN, Robert. *Histoire du Dahomey*. Paris: Berger-Lévrault, 1962.

CORNEVIN, Robert. *Le Dahomey*. Paris: P.U.F., 1970.

COURTOIS, Victor José. *Diccionário cafre-tense-portuguez*. Coimbra: Imprensa da Universidade, 1900.

CRAVEIRINHAS, José. *Introdução ao estudo dos bantos*. Lisboa: Hugin, 1999.

CUNHA, Antonio Geraldo da. *Dicionário etimológico Nova Fronteira da Língua Portuguesa*. Rio de Janeiro: Nova Fronteira, 1982.

CUNHA, Manuela Carneiro da. *Negros estrangeiros: os escravos libertos e sua volta à África*. São Paulo: Companhia das Letras, 2012.

CURTO, José C. *Álcool e escravos: o comércio luso-brasileiro do álcool em Mpinda, Luanda e Benguela durante o tráfico atlântico de escravos e seu impacto nas sociedades da África central ocidental*. Lisboa: Ed. Vulgata, 2000.

DADDIEH, Cyril K. *Historical dictionary of Côte d'Ivoire*. London: Rowman & Littlefield, 2016.

DANIELS, Patrícia S.; HYSLOP, Stephen G. *Atlas da história do mundo*. São Paulo: National Geographic Brasil; Editora Abril, 2004.

DAVIDSON, Basil. *À descoberta do passado de África*. Lisboa: Sá da Costa Editora, 1981.

DAVIDSON, Basil. *Mãe Negra – África: os anos de provação*. Lisboa: Sá da Costa, 1978.

DAVIDSON, Basil. *Guia para História de África*. Luanda: União dos Escritores Angolanos, 1977.

BIBLIOGRAFIA

DELAFOSSE, Maurice. *Haut-Sénégal-Niger*. Tome II. Paris: Emile Larose, 1912.

DELASALLE, Simone; VALENSI, Lucette. Le mot 'nègre' dans les dictionnaires français d'Ancien régime: histoire et lexicographie. *Langue Française*, Paris, n. 15, p. 79-104, 1972.

DELGADO, Ralph. *História de Angola*. v. 1. Luanda: Edição do Banco de Angola, 1946.

DESCHAMPS, Hubert. *L'Afrique noire précoloniale*. 3. ed. Paris: P.U.F., 1976.

DIAGNE, P. As estruturas políticas, econômicas e sociais africanas durante o período considerado (sécs. XVI-XVIII). In: *HGA*. v. V. Brasília: MEC; UNESCO; UFSCAR, 2010. p. 27-53.

DIAGNE, Pathé. Le pouvoir en Afrique. In: VVAA. *Le concept de pouvoir en Afrique*. Paris: Les Presses de l'UNESCO, 1981.

DIAS, Jill. *África nas vésperas do mundo moderno*. Lisboa: Comissão Nacional para as Comemorações dos Descobrimentos Portugueses, 1992.

DICIONÁRIO BARSA DO MEIO AMBIENTE. São Paulo: Barsa Planeta, 2009.

DIOUF, Jean-Léopold. *Dictionnaire wolof-français et français-wolof*. Paris: Éditions Karthala, 2003.

DIOP-MAES, Louise-Marie. Essai d'évaluation de la population de l'Afrique Noire aux XVe et XVIe siècles. *Population*, 40, n. 6, p. 855-884, 1985.

DOKE, C. M. *et al*. *English-Zulu: Zulu-English Dictionary*. Johannesburg: Witwatersrand University Press, 1990.

DONATO, Hernâni. *Dicionário das batalhas brasileiras*. São Paulo: IBRASA, 1966.

DORIGNY, Marcel; GAINOT, Bernard. *Atlas das escravidões: da Antiguidade aos nossos dias*. Petrópolis: Vozes, 2017.

ENCICLOPÉDIA DO MUNDO CONTEMPORÂNEO. São Paulo: Publifolha; Rio de Janeiro: Ed. Terceiro Milênio, 2000.

DRAMÉ, Man Lafi. *Parlons mandinka*. Paris: L'Harmattan, 2003.

ESOAVELOMANDROSO, Manassé. Madagáscar de 1880 a 1939: iniciativas e reações africanas à conquista e à dominação coloniais. In: *HGA*, v. VII. Brasília: MEC; UNESCO; UFSCAR, 2010. p. 251-279.

EVANS-PRITCHARD, E. E. Inversão sexual entre os Azande. *Bagoas*, Natal, v. 6, n. 7, 2012.

FAGAN, Brian M. *África Austral*. Lisboa: Verbo, 1970.

FAGE, J. D.; TORDOFF, William. *História da África*. Lisboa: Edições 70, 2017.

FERREIRA, Eugénio. *Feiras e presídios*. Luanda: União dos Escritores Angolanos, 1985.

FERREIRA, Roquinaldo. O Brasil e a arte da guerra em Angola (séculos XVII-XVIII). *Revista Estudos Históricos*, Rio de Janeiro, n. 39, p. 3-23, 2007.

FERRETTI, Sergio F. *Querebentã de Zomadônu: etnografia da Casa das Minas do Maranhão*. 3. ed. Rio de Janeiro: Pallas, 2009.

FINNEGAN, Ruth. *Formal Speaking, and other Stylized Forms*. Cambridge: Open Book Publishers, 2014. Disponível em: https://bit.ly/3hQRZN4. Acesso em: 2 maio 2019.

FISCHER, Arnold *et al*. *English-Xhosa Dictionary*. Springfield: Oxford University Press, 1985.

FISHER, Robert B. *West African Religious Traditions: Focus on the Akan of Ghana*. Nova York: Orbis Books, 1998.

FITUNI, L. L. *Angola: natureza, população, economia*. Moscou: Edições Progresso, 1985.

FONSECA, Isadora de Ataíde. *A imprensa e o império na África portuguesa: 1842-1874*. Lisboa: Universidade de Lisboa, Instituto de Ciências Sociais, 2014.

FORTES, Meyer; EVANS-PRITCHARD, E. E. (1940). *Sistemas políticos africanos*. Lisboa: Fundação Calouste Gulbenkian,1981.

FORTUNA, Vladmiro. *Angolanos na formação dos Estados Unidos da América*. Luanda: Edição do autor, 2011.

FRELIMO. *História de Moçambique*. Maputo: Ed. do Departamento de Trabalho Ideológico, 1978.

GALVÃO, Enrique; SELVAGEM, Carlos. *Império Ultramarino Português*. v. IV. Lisboa: Empresa Nacional de Publicidade, 1953.

GARCÍA, Jesús C. *Caribeñidad: afroespiritualidad y afroepistemologia*. Caracas: Fundación Editorial El Perro y La Rana, 2006.

GAYIBOR, Nicoué. Le savoir historique et ses detenteurs en Afrique Noire. In: CHASTANET, Monique; CHRÉTIEN, Jean-Pierre; PERROT, Claude Helene (orgs). *Entre la parole et l'écrit: contributions à l'histoire de l'Afrique en hommage à Claude-Hélène Perrot*. Paris: Karthala, 2008.

GEBARA, Alexsander L. A. *A África de Richard Burton*. São Paulo: Alameda, 2010.

BIBLIOGRAFIA

GERBEAU, Hubert. O tráfico esclavagista no oceano Índico: problemas postos ao historiador, pesquisas a efetuar. In: UNESCO. *O tráfico de escravos negros: sécs. XV-XIX*. Lisboa: Edições 70, 1979. p. 237-265.

GILROY, Paul. *Atlântico negro: modernidade e dupla consciência*. São Paulo; Rio de Janeiro: Editora 34; Universidade Candido Mendes, 2001.

GIRI, Jacques. *Histoire économique du Sahel*. Paris: Karthala, 1994.

GLASGOW, Roy A. *Nzinga: resistência Africana à investida do colonialismo português em Angola (1582-1663)*. São Paulo: Ed. Perspectiva, 1982.

GOMES, Laurentino. *Escravidão: do primeiro leilão de escravos em Portugal até a morte de Zumbi dos Palmares*, v. 1. Rio de Janeiro: O Globo, 2019.

GONÇALVES, António Custódio. *História revisitad de Kongo e de Angola*. Lisboa: Estampa, 2005.

GORDON, April A. *Nigeria's Diverse Peoples: A Reference Sourcebook*. Santa Barbara; California: ABC-CLIO, 2003.

GRANGUILLHOME, Jesús Contreras. *Introducción al estudio de Africa*. México: Universidad Nacional Autonoma, Facultad de Ciencias Politicas e Sociales, 1979.

GROMIKO, A. A. (Org.). *As religiões da África: tradicionais e sincréticas*. Moscou: Edições Progresso, 1987.

GUEBOGUO, Charles. L'homosexualité en Afrique: sens et variations d'hier à nos jours. *Sociologos*, Paris, v. 1, 2006. Disponível em: https://doi.org/10.4000/socio-logos. Acesso em: 23 nov. 2021.

GUEYE, Mbaye. O tráfico negreiro no interior do continente africano. In: UNESCO. *O tráfico de escravos negros: sécs. XV-XIX*. Lisboa: Edições 70, 1979. p. 193-234.

GURAN, Milton; CONDURU, Roberto. *Architecture Agouda au Benin et au Togo*. Brasília: Ministério das Relações Exteriores, 2016.

HAGAN, George. Le concept de pouvoir dans la culture akan. In: UNESCO. *Le concept de pouvoir en Afrique*. Paris: Lês Presses de l'Unesco, 1981. p. 56-83.

HALL, Gwendolin Midlo. *Escravidão e etnias africanas nas Américas: restaurando os elos*. Petrópolis: Ed. Vozes, 2017.

HAM, Anthony *et al. West África*. 7. ed. Franklin: Lonely Planets Publications, 2009.

HAMPATÉ-BÂ, Amadou. *Amkoullel, o menino fula*. São Paulo: Casa das Áfricas; Phalas Athena, 2003.

HAVIK, Philip. Comerciantes e concubinas: sócios estratégicos no comércio atlântico da Costa da Guiné. *Revista Internacional de História da África*, tomo II, p. 161-179, 1996.

HEINTZE, Beatrix. *Asilo ameaçado: oportunidades e consequências da fuga de escravos em Angola no século XVII*. Luanda: Ministério da Cultura; INPC, 1995.

HENIGE, David. John Kabes of Komenda: An Early Entrepreneur and State Builder. *The Journal of African History*, Cambridge University, v. 18, n. 1, p. 1-19, 1977.

HÉRITIER, Françoise. *Masculino/feminino: o pensamento da diferença*. Lisboa: Instituto Piaget, 1998.

HGA – História Geral da África. Brasília: UNESCO; MEC; UFScar, 2010. (8 vols.)

HILL, Richard. *A biographical Dictionary of Sudan*. London: Frank Cass & Co, 1967.

HILTON, Anne. The Jaga Reconsidered. *Journal of African History*, v. 22, n. 2, p. 191-202, 1981.

HOCHSCHILD, Adam. *O fantasma do Rei Leopoldo*. Sao Paulo: Companhia das Letras, 1999.

HOMBURGER, L. *Les langues négro-africaines et les peuples qui les parlent*. Paris: Payot, 1957.

HOUAISS, Antonio *et al. Dicionário Houaiss da Língua Portuguesa*. Rio de Janeiro: Ed. Objetiva, 2001.

HOURANI, Albert. *Uma história dos povos árabes*. São Paulo: Companhia das Letras, 2006.

HOWATT, G. M. D. (Ed.). *Dictionary of world history*. London: Thomas Nelson & Sons, Ltd, 1973.

HSAIN, Ilahiane. *Historical Dictionary of the Berbers*. Lanham; Maryland; Toronto; Oxford: Scarecrow Press, 2006.

IGUÉ, John O. *Les villes precoloniales d'Afrique noire*. Paris: Karthala, 2008.

IMBERT, Jean. *Le Cameroun*. Paris: Presses Universitaires de France, 1973.

LIENHARD, Martin. *O mar e o mato: histórias da escravidão (Congo, Angola, Brasil, Caribe)*. Salvador: EDUFBA; CEAO, 1998.

INSOLL, Timothy. *The Archaeology of Islam in Sub-Saharan Africa*. Cambridge: Cambridge University Press, 2003.

BIBLIOGRAFIA

ISAACMAN, Allan F. *A tradição de resistência em Moçambique: o vale do Zambeze, 1850-1921.* Porto: Ed. Afrontamento, 1979.

ISAACMAN, Allan F. *Os países da Bacia do Zambeze.* In: *HGA.* v. 6. Brasília: UNESCO; MEC; UFSCar, 2010. p. 211-247.

JEAN-LEON L'AFRICAIN. *Description de l'Afrique.* Paris: Maisonneuve, 1981. (2 vols.)

JOLLY, André; ARAÚJO, Emanuel (Orgs.). *Benin está vivo ainda lá: catálogo da exposição.* São Paulo: Museu Afro Brasil, 2007.

JOUNNEAU, Daniel. *Le Zimbabwe.* Paris: P.U.F, 1983.

KABICHTCHANOV, Iuri. Etnias e culturas da Etiópia. In: *O desenvolvimento etnocultural dos países africanos.* Moscou: Academia de Ciências da URSS, 1984. p. 163-182.

KENYATTA, Jomo. *Facing Mount Kenya.* London: Heinemann, 1985.

KI-ZERBO, J. *História da África Negra.* Mem-Martins: Publicações Europa-América, 1972. (2 vols.)

KONARÉ, Oumar. La notion de pouvoir dans l'Afrique traditionnelle et l'aire culturelle manden en particulier. In: UNESCO. *Le concept de pouvoir en Afrique.* Paris: Lês Presses de l'Unesco, 1981. p. 130-170.

KOTEY, Paul A. *Twi-English-Twi: Concise Dictionary.* Nova York: Hippocrene Books, 1996.

KOSSOU, Basile. La notion de pouvoir dans l'aire culturelle aja-fon. In: UNESCO. *Le concept de pouvoir em Afrique.* Paris: Lês Presses de l'Unesco, 1981. p. 84-106.

KUNENE, Mazisi. Chaka, o Grande. *Correio da Unesco,* Rio de Janeiro, v. 13, n. 10, p. 19-20, 1985.

KWAME; GATES Jr., Henry Louis. (1999). *Africana: The Encyclopedia of the African American Experience.* 2. ed. London: Oxford University, 2005. (5 vols.)

LABOURET, Henri. La sorcellerie au Soudan Occidental. *Africa: Journal of the International African Institute,* v. 8, n. 4, p. 462-472, 1935.

LAMAN, K. E. (1936). *Dictionnire Kikongo-Français.* s/ed. Brussels: The Greg Press Inc., 1964.

LE HERISSÉ, A. *L'Ancien royaume du Dahomey: moeurs, religions, histoire.* Paris: Emile Larose, 1911.

LENSELAER, Alphonse. *Dictionnaire swahili-français.* Paris: Karthala,1983.

LEPINE, Claude. *Os dois reis de Danxome: varíola e monarquia na África ocidental – 1650-1800.* Marília: UNESP-Marília; São Paulo: FAPESP, 2000.

LESTRANGE, Monique. *Les Coniagui et les Bassari.* Paris: P.U.F., 1955.

LEVY, Patricia. *Cultures of the World: Nigeria.* Nova York: Benchmark Books, 2004.

LIPSCHUTZ, Mark R.; RASMUSSEN, R. Kent. *Dictionary of African Historical Biography.* Berkeley: University of California Press, 1989.

LOPES, Nei. *Bantos, malês e identidade negra.* 3. ed. Belo Horizonte, Autêntica, 2011a.

LOPES, Nei. *Enciclopédia brasileira da diáspora Africana.* 4. ed. São Paulo: Selo Negro, 2011b.

LOPES, Nei: MACEDO, José Rivair. *Dicionário de história da África: Séculos VII a XVI.* Belo Horizonte: Autêntica, 2017.

LÓPEZ-DAVALILLO LARREA, Júlio. *Atlas histórico mundial: desde el paleolítico hasta el século XX.* Madrid: Síntesis, 2003.

LOUCOU, Jean-Noël; LIGIER, Françoise. *La Reine Pokou.* Paris: ABC; Dakar: NEA, 1977.

LOUCOU, Jean-Noël. *Histoire de la Cote d'Ivoire.* v. I. Abdijan: CEDA, 1984.

LOUCOU, Jean-Noël. Histoire. In: VENNETIER, Pierre (Org.). *Atlas de la Côte d'Ivoire.* Paris: Editions J. A., 1978. p. 24-25.

LOVEJOY, Paul E. Mercadores e carregadores das caravanas do Sudão central, século XIX. *Tempo,* v. 10, n. 20, p. 50-71, 2006.

LOVEJOY, Paul. Kola in the History of West Africa. *Cahiers d'Études Africains,* Paris, v. 20, n. 1-2, p. 97-134, 1980.

LOVEJOY, Paul. *A escravidão na África: uma história e suas transformações.* Rio de Janeiro: Editora Record, 2002.

M'BOKOLO, Elikia. O separatismo katanguense. In: AMSELLE, Jean-Loup; M'BOKOLO, Elikia. *No centro da etnia.* Petrópolis: Vozes, 2017. p. 235-283.

M'BOKOLO, Elikia. *África negra: história e civilizações.* t. I. Salvador: EDUFBA; Casa das Áfricas, 2009.

M'BOKOLO, Elikia. *África subsaariana: história e civilizações.* tomo II. Salvador: EDUFBA; Casa das Áfricas, 2011.

MACEDO, José Rivair. *História da África.* São Paulo: Editora Contexto, 2013.

MAESTRI, Mário. *A agricultura angolana nos séculos XVI e XVII.* Porto Alegre: IFCH, 1978.

BIBLIOGRAFIA

MAIA, António da Silva. *Dicionário complementar português-kimbundu-kikongo*. Cucujães: Ed. Missões, 1964.

MALHERBE, Michel; POULLOIS, Amaury Rosa de. *Les musiques de l'humanité*. Paris: Criterion, 2012.

MANDELA, Nelson. *A luta é a minha vida*. Rio de Janeiro: O Globo, 1988.

MAQUET, Jacques. *El poder negro en África*. Madrid: Ed. Guadarrama, 1971.

MAQUET, Jacques. *Les civilisations noires*. Paris: Marabout Université, 1962.

MARGOLIOUTH, D. S. *Islamismo*. 2. ed. Barcelona; Buenos Aires: Editorial Labor, 1929.

MARTI, Montserrat Palau. *Le roi-dieu au Benin: Sud Togo, Dahomey, Nigéria occidentale*. Paris: Ed. Berger-Levrault, 1964.

MARTIN, Denis; MARTIN, Marie-Christine. *Le Kenya*. Paris: P.U.F., 1988.

MARZOUK, Yasmine. Sociétes rurales et technologies hydrauliques en Afrique. *Études Rurales*, n. 115-116, p. 9-36, 1989.

MASHINGAIDZE, Ellec K. O impacto do Mfecane sobre a colônia do Cabo. *In: HGA*, v. VI. Brasília: UNESCO; MEC; UFSCar, 2010. p. 147-168.

MATA, Inocência (Org.). *Nzinga Mbandi: história, memória e mito*. Lisboa: Edições Colibri, 2012.

MAUNY, Raymond. *Glossaire des expressions et termes locaux employés dans l'Ouest africain*. Paris: Éditions Écriture, 2011.

MAUPOIL, Bernard. *A adivinhação na antiga Costa dos escravos*. São Paulo: EDUSP, 2017.

MBAYE, Saliou. Sources de l'Histoire africaine aux XIX-XX siècles. *Bibliothèque de l'École des Chartes*, Paris, tomo 162, p. 483-496, 2004.

MBEMBE, Achille. *África insubmissa: cristianismo, poder e estado na sociedade pós-colonial*. Mangualde; Luanda: Edições Pedago; Edições Mulemba, 2013.

MBWILIZA, Joseph Frederick. As rotas de comércio na África Oriental. *O Correio da Unesco*. Rio de Janeiro: Fundação Getulio Vargas, 1984.

MEILLASSOUX, Claude. La farce villageoise à la ville: le koteba de Bamako. *Presence Africaine*, Paris, n. 52-54, 4. trim., p. 27-59, 1964.

MEREDITH, Martin. *O destino da África: cinco mil anos de riquezas, ganâncias e desafios*. Rio de Janeiro: Zahar, 2017.

MERLOT, C.; VIDAUD, P. *Unité des langues negro-africaines*. Paris: G. P. Maisonneuve et Larose, 1967.

MILHEIROS, Mário. *Anatomia social dos Maiacas*. Luanda: [s/ed.], 1956.

MILLER, Susan Gilson. *A history of modern Morocco*. Cambridge: Cambridge University Press, 2013.

MILLER, Joseph C. África central durante a era de comércio de escravizados, de 1490 a 1850. In: HEYWOOD, Linda M. (Org.). *Diáspora negra no Brasil*. São Paulo: Ed. Contexto, 2009. p. 29-80.

MOTT, Luiz. *Raízes históricas da homossexualidade no Atlântico lusófono negro*. Afro-Ásia, Salvador, v. 33, p. 9-33, 2005.

MPLA – Movimento Popular de Libertação de Angola. *História de Angola*. Porto: Ed. Afrontamento, 1975.

MPLA– Movimento Popular de Libertação de Angola. *Histórico sobre a criação dos alfabetos em línguas nacionais*. Luanda: INALD; Lisboa: Edições 70, 1980.

MUNANGA, Kabengele. *Os Basanga de Shaba. Um grupo étnico do Zaire: ensaio de antropologia social*. São Paulo: FFLCH, 1986.

MWANZA, Henry A. Iniciativas e resistência africanas na África oriental, 1880-1914. *HGA*. v. VII. Brasília: UNESCO; MEC; UFSCar, 2010. p. 167-189.

N'DIAYE, Bokar. *Groupes ethniques au Mali*. Bamako: Ed. Populaires, 1970a.

N'DIAYE, Bokar. *Les castes au Mali*. Bamako: Ed. Populaires, 1970b.

NIANG, Mamadou. *Pulaar-English/English-Pulaar Standard Dictionary*. Nova York: Hippocrene Books, 1997.

NOGUEIRA, Rodrigo de Sá. *Dicionário ronga-português*. Lisboa: Junta de Investigações do Ultramar, 1960.

NORRIS, Robert. *Mémoires du règne de Bossa-Ahadée, roi de Dahomé, état situé dans l'intérieur de la Guinée, et voyage de l'auteur à Abomé, qui en est la capitale, traduit de l'anglais*. Paris: Gatten; Librairie du Palais Royal, 1790.

NSONDÉ, Jean de Dieu. *Langues, culture et histoire koongo aux XVII et XVIII siècles*. Paris: Harmattan, 1995.

OBENGA, Théophile. *Les bantu: langues, peuples, civilisations*. Dakar: Ed. Présence Africaine, 1985.

BIBLIOGRAFIA

OKEKE, Chika. *Fante*. Nova York: The Rosen Publishing Group, 1998

OLAJUBU, Oyéronké. *Women in the yoruba religious sphere*. Albany: State University of New York Press, 2003.

OLDEROGGE, Dimitri. Formação das unidades linguísticas. In: *O desenvolvimento etnocul tural dos países africanos*. Moscou: Academia de Ciências da URSS, 1984. p. 204-225.

OLIVA, Anderson Ribeiro. *A invenção dos iorubás na África Ocidental*. Estudos Afro-Asiáticos, Rio de Janeiro, ano 27, n. 1-3, p. 141-180, jan-dez. 2005.

OLIVEIRA, Carlos Ramos de. *Os tauaras do vale do Zambeze*. Lisboa: Junta de Investigações Científicas do Ultramar, 1976.

ONAMBÉLÉ, Raphaël. *Histoire*. In: *Atlas de la République Unie du Cameroun*. Paris: Éditions Jeune Afrique, 1979. p. 28-30. (Les Atlas J. A.)

OUTHWAITE, William; BOTTOMORE, Tom (Orgs.). *Dicionário do pensamento social do século XX*. Rio de Janeiro: Jorge Zahar Editor, 1996.

PACHKOV, G. A. (org.). *África vista pelos amigos*. Moscou: Ed. Progresso, 1984.

PAGE, William F. (Ed.). *Encyclopedia of African History and Culture*. v. III. Nova York: Factos on File Inc., 2005.

PANTOJA, Selma. *Uma antiga civilização africana: história da África Central Ocidental*. Brasília: Ed. UnB, 2011.

PAQUES, Viviana. *Les bambara*. Paris: Presses Universitaires de France, 1954.

PARÉS, Luís Nicolau. Africanos ocidentais. In: SCHWARTZ, L.; GOMES, F. (Orgs.). *Dicionário da escravidão e liberdade: 50 textos críticos*. São Paulo: Companhia das Letras, 2018. p. 77-83.

PARÉS, Luís Nicolau. *O rei, o pai e a morte: a religião vodum na antiga Costa dos Escravos na África Ocidental*. São Paulo: Companhia das Letras, 2016.

PARÉS, Luís Nicolau. *A formação do candomblé: história e tradição da nação jeje na Bahia*. Campinas: Ed. Unicamp, 2006.

PARK, Mungo. *Viajes a las regiones interiores de África*. La Coruña: Ediciones del Viento, 2008.

PARREIRA, Adriano. *Dicionário glossográfico e toponímico da documentação sobre Angola, séculos XV-17*. Lisboa: Editorial Estampa, 1990a.

PARREIRA, Adriano. *Economia e sociedade em Angola na época da Rainha Jinga: século 17*. Lisboa: Editorial Estampa, 1990b.

PANKHURST, Richard. *Let's visit Ethiopia*. Londres: Burke Publisinhg, 1984.

PERRET, Michel. Villes impériales, Villes princières: note sur le caractere des Villes dans l'Éthiopie du XVIII siècle. *Journal des Africanistes*, v. 56, p. 55-65, 1986.

PERROT, Claude Helène. *Les Eotilé de cote d'Ivoire aux XVIII et XIX siècle*. Paris: Publications de La Sorbonne, 2008.

PERSON. Ives. Estados e povo da Senegâmbia e da Alta Guiné. In: *HGA*. v. VI. Brasília: UNESCO; MEC; UFSCar, 2010. p. 741-770.

PIRAUX, Maurice. *Le Togo Aujourd'hui*. Paris: Editions J.A., 1977.

RATELBAND, Klaas. *Os holandeses no Brasil e na costa africana*. Lisboa: Vega Editora, 2003.

PIRES, Vicente Ferreira. (1800). *Viagem de África em o Reino de Daomé*. Organizado por Clado Ribeiro de Lessa. São Paulo: Companhia Editora Nacional, 1957.

POPOV, Lu. *Fundamentos da economia política: países em vias de desenvolvimento*. Moscou: Ed. Progresso, 1984.

RANDLESS,W. G. L. *L'Empire du Monomotapa du XV au XIX siècle*. Paris: Mouton & Co; École des Hautes Études en Sciences Sociales, 1975.

REIS, João José; GOMES, Flávio dos Santos; CARVALHO, Marcus. *O alufá Rufino: tráfico, escravidão e liberdade no Atlântico negro*. São Paulo: Companhia das Letras, 2010.

RESTALL, Matthew. *Los siete mitos de la conquista española*. Barcelona: Editorial Paidós, 2004.

ROBINSON, C. H. *Dictionary of Hausa Language*. Londres: Cambrige University Press, 1925. (Vol. I: Hausa-English; vol. II: Engligh-Hausa.)

RODNEY, Walter. *Como a Europa subdesenvolveu a África*. Lisboa: Seara Nova, 1975.

RODRIGUES, Eugénia. Rainhas, princesas e donas: formas de poder político das mulheres na África oriental nos séculos XVII-XVIII. *Cadernos Pagu*, Florianópolis, n. 49, 2017.

RODRIGUES, Jaime. O tráfico negreiro e a experiência diplomática afro-luso-brasileira: transformações ante a presença da corte portuguesa no Rio de Janeiro. *Anos 90: Revista do PPG de História da UFRGS*, Porto Alegre, v. 15, n. 27, p. 107-123, 2008.

RODRIGUES, Maria Conceição. *O antigo dinheiro em África*. Coimbra: Universidade de Coimbra, Departamento de Antropologia, 2002.

BIBLIOGRAFIA

ROGOZINSKI, Jan. *The Dictionary of Pirates*. Great Britain: Wordsworth Editions, 1997.

ROUGERIE, Gabriel. *La Côte d' Ivoire*. Paris: P.U.F, 1967.

RYDER, Allan F. C. *Benin and the Europeans: 1485-1897*. London: Longman Group, 1977.

SAAD, Elias N. *Social History of Timbuktu*. Cambridge: Cambridge University Press, 1983.

SANTOS, Deoscóredes Maximiliano dos. *História de um terreiro nagô*. 2. ed. São Paulo: Max Limonad, 1988.

SANTOS, Eduardo dos. *A questão do Barotze*. Lisboa: Instituto de Investigação Cientifica Tropical, 1986.

SANTOS, Eduardo dos. *Movimentos proféticos e mágicos em Angola*. Lisboa: Imprensa Nacional; Casa da Moeda, 1972.

SANTOS, Joel Rufino dos. *Na rota dos tubarões: o tráfico negreiro e outras viagens*. Rio de Janeiro: Pallas, 2008.

SARAIVA, F. R. dos Santos. *Novíssimo dicionário latino-português*. Rio de Janeiro; Belo Horizonte: Livraria Garnier, 2000.

SARDAN, Jean-Pierre Olivier de. *Concepts et conceptions songhay-zarma: histoire, culture, société*. Paris: Nubia, 1982.

SAUVANT, M. *Dictionnaire Bambara-Français et Français-Bambara*. Argel: Maison-Carrée, 1926.

SCHAEFFNER, A. La découverte de la musique noire. *Le monde noir: Présence Africaine*, numéro spécial 8-9, P. 205-218, mar. 1950.

SEGUROLA, B.; RASSINOUX, J. *Dictionnaire Fon-Français*. Madrid: Ediciones Selva y Savana; Societé des Missions Africaines, 2000.

SETAS, António. *História do Reino do Kongo*. Luanda: Mayamba Editora, 2011.

SILVA, Alberto da Costa e. *A manilha e o libambo: a África e a escravidão de 1500 a 1700*. Rio de Janeiro: Nova Fronteira; Fundação Biblioteca Nacional, 2002.

SILVA, Alberto da Costa e. *Um rio chamado Atlântico*. Rio de Janeiro: Nova Fronteira; Ed. UFRJ, 2003.

SILVA, Alberto da Costa e. Prefácio. In: HILL, Pascoe Grenfell. *Cinquenta dias a bordo de um navio negreiro*. Rio de Janeiro: Jose Olympio, 2006. p. 9-13.

SILVA, Alberto da Costa e. Introdução. In: ACHEBE, Chinua. *O mundo se despedaça*. São Paulo: Companhia das Letras, 2009. p. 7-15.

SILVA, Alberto da Costa e. *Imagens da África*. São Paulo: Penguim, 2012a.

SILVA, Alberto da Costa e. *Francisco Félix de Souza, mercador de escravos*. Rio de Janeiro: Nova Fronteira, 2012b.

SILVA, Arthur Augusto da. Usos e costumes dos Felupes da Guiné. *Boletim Cultural da Guiné Portuguesa*, n. 57, p. 16-23, 1960.

SILVA, Benedicto *et al.* (Coord.). *Dicionário de Ciências Sociais*. Rio de Janeiro: Fundação Getúlio Vargas, 1986.

SILVA, Dilma de Melo. *Por entre as Dórcades encantadas: os Bijagó da Guiné-Bissau*. São Paulo: Terceira Margem, 2000.

SILVEIRA, Renato. *O candomblé da Barroquinha: processo de constituição do primeiro terreiro baiano de Keto*. Salvador: Edições Maianga, 2006.

SITOE, Bento. *Dicionário changana: Português*. Maputo: Instituto Nacional do Desenvolvimento da Educação, 1996.

SKELTON, Geoffrey. Invasion in to the Heart of Darkness. In: *Military History,* Virginia, v. 15, n. 5, p. 66-73, 1998.

SLENES, Robert. Malungu, ngoma vem: a África coberta e redescoberta no Brasil. *Revista USP*, n. 12, p. 48-67, 1992.

SLUITER, Engel. New Light on the "20and Odd Negroes": Arriving in Virginia, August 1619. *The William and Mary Quarterly*, v. 54-2, p. 395-398, 1997.

SMITH, Robert. *Kingdoms of the yoruba*. London: The University of Wisconsin Press, 1988.

SMITH, Robert. Peace and palaver: international relations in Pre-colonial West Africa. *Journal of African History*, v. XIV, n. 4, p. 599-621, 1973.

SOSA RODRIGUEZ, Enrique. *Los ñañigos*. Havana: Casa de las Américas,1982.

SOSA, Enrique. *El Carabalí: La Habana*. Cuba: Editorial Letras Cubanas, 1984.

SOUZA, Marina de Mello. Catolicismo e poder no Congo: o papel dos intermediários nativos, séculos XVI a XVIII. *Anos 90*, Porto Alegre, v. 21, n. 40, p. 51-63, 2014.

STÖRIG, Hans Joachin. *A aventura das línguas*. São Paulo: Melhoramentos, 1993.

SURET-CANALE, Jean. *Essais d'histoire africaine: de la traite des Noirs au néocolonialisme*. Paris: Éditions Sociales, 1980.

SWEET, James. Mutual Misunderstandings: Gesture, Gender and Healing in the African

BIBLIOGRAFIA

Portuguese World. *Past and Present*, Londres, v. 15, p. 128-143, 2011.

SWEET, James. *Domingos Álvares: African Healing, and the Intellectual History of the Atlantic World*. Chappel Hill: The University of Carolina Press, 2017.

SWEETERMAN, David. *Grandes mulheres na História africana*. Lisboa: Ed. Nova Nórdica, 1988.

TAVARES, António J. Chrystêlo. *Marcos fundamentais da presença portuguesa no Daomé*. Lisboa: Universitária Editora, 1999.

TAYLOR, F. W. *Fulani-English Dictionary*. Nova York: Hippocrene Pratical Dictionary, 1995.

THORNTON, John. Cannibals, Witches, and Slave Traders in the Atlantic World. *The William and Mary Quarterly*, v. 60, n. 2, 2003. Disponível em: https://bit.ly/2UqUrRH. Acesso em: 21 jul. 2021.

THORNTHON, John K. Religião e vida cerimonial no Congo e áreas Umbundo, de 1500 a 1700. In: HEYWOOD, Linda (Org.). *Diáspora negra no Brasil*. São Paulo: Ed. Contexto, 2009. p. 81-100.

TIMOMSKY, Michal. Le territoire et les frontières du Songhaï à la fin du XVe e au XVIe siècle: Le problème du centre et des territoires périphérique d'um grand Etat de l'Afrique occidentale. In: UNESCO (JRM). *Des frontières en Afrique du XIIe au XXe siècles*. Paris, UNESCO/CISH-ICHS, 2005. p. 213-238.

UCHENDU, Victor. Slaves and Slavery in Igboland, Nigeria. In: MIERS, Suzanne; KOPYTOFF (Eds.). *Slavery in Africa: Historical and Anthropological Perspectives*. Madison: University of Wisconsin Press, 1979. p. 121-132.

VANSINA, J. O Reino do Congo e seus vizinhos. *In: HGA*. v. V. Brasília: UNESCO; MEC; UFSCar, 2010. p. 647-694.

VANSINA, Jan. *Les anciens royaumes de La savane*. Leopoldville: Institut de Recherches Économiques et Sociales, 1965.

VARGENS, João Baptista M. *Léxico português de origem árabe*. Rio Bonito: Almádena, 2007.

VERGER, Pierre. *O fumo da Bahia e o tráfico de escravos no Golfo do Benin*. Salvador: Universidade da Bahia, 1966.

VERGER, Pierre. *Orixás*. Salvador: Ed. Corrupio, 1997.

VERGER, Pierre. *Fluxo e refluxo do tráfico de escravos entre o Golfo do Benin e a Bahia de Todos os Santos*. 2. ed, Salvador: Ed. Corrupio, 1987.

VERWEY, E. J. *New Dictionary of South African Biography*. Pretoria: HSRC, 1995.

VIEIRA, Rita de Cássia Santos. Páscoa Vieira, uma escrava angolana: do casamento arranjado ao tráfico atlântico. In: *Anais do V Encontro Internacional de Jovens Investigadores em História Moderna*. 2017. Disponível em: https://bit.ly/36ToDYe. Acesso em: 21 jul. 2021.

YAHAYA, Mohammed Kuta. The Nupe People of Nigeria. *Studies of Tribes and Tribals*, v. 1, n. 2, p. 95-110, 2003.

Este livro foi composto com tipografia Bembo Std e impresso em papel Off-White 80 g/m² na Formato Artes Gráficas.